北京大学新闻学研究会学术文库 ❷

东亚新闻事业论

East Asian Journalism

［新加坡］卓南生 著

中国社会科学出版社

图书在版编目(CIP)数据

东亚新闻事业论 /(新加坡)卓南生著. —北京:中国社会科学出版社,2020.8

(北京大学新闻学研究会学术文库)

ISBN 978-7-5203-6901-5

Ⅰ. ①东… Ⅱ. ①卓… Ⅲ. ①新闻事业—研究—东亚 Ⅳ. ①G219.31

中国版本图书馆 CIP 数据核字(2020)第 146593 号

出 版 人	赵剑英
责任编辑	田 文
责任校对	张冬锐
责任印制	王 超

出　　版	中国社会科学出版社
社　　址	北京鼓楼西大街甲 158 号
邮　　编	100720
网　　址	http://www.csspw.cn
发 行 部	010-84083685
门 市 部	010-84029450
经　　销	新华书店及其他书店

印刷装订	北京君升印刷有限公司
版　　次	2020 年 8 月第 1 版
印　　次	2020 年 8 月第 1 次印刷

开　　本	787×1092　1/16
印　　张	32.25
字　　数	580 千字
定　　价	158.00 元

凡购买中国社会科学出版社图书,如有质量问题请与本社营销中心联系调换
电话:010-84083683
版权所有　侵权必究

"北京大学新闻学研究会学术文库"
总　序

程曼丽　　[新加坡] 卓南生[*]

经过一番甄选与琢磨，"北京大学新闻学研究会学术文库"即将陆续出版。它既是学会复会六年来所开展的学术研究与学术活动的集萃，也是吾辈向创会前辈敬献的一份厚礼。

历史上的北大新闻学研究会成立于1918年10月14日，由时任校长蔡元培亲自发起并担任会长，他同时聘请留美研习新闻学归国的徐宝璜、《京报》社长邵飘萍担任研究会的导师，这三人也因此被称为北大新闻学研究会的三驾马车。

蔡元培校长亲自起草研究会章程，确立研究会宗旨为"灌输新闻知识，培养新闻人才"。学会拟定的章程、宗旨，学会开设的课程，出版的刊物、教材，成为中国新闻学科建设最初的范本，也使北京大学毫无疑问地成为中国新闻教育和新闻学研究的摇篮。

北大新闻学研究会的会员很多是当时的进步学生，其中的一些后来成为中国最早的马克思主义者，中国共产党的早期领导人，也有一些成为著名的新闻人。据史料记载，在获得证书的55人中，就有毛泽东、罗章龙等人的名字。这段往事已经在中国新闻发展史上留下了深刻的印记。

2008年4月15日，北京大学新闻学研究会恢复成立，按照惯例，许智宏校长任会长，并聘请首批10位海内外学者担任研究会导师。《光明日报》用整版篇幅介绍了北京大学新闻学研究会的历史及恢复成立的情况；人民网对导师聘任仪式进行了全程直播报道。

---

[*] 程曼丽，北京大学新闻学研究会执行会长、北京大学新闻与传播学院教授、中国新闻史学会会长。

卓南生，新加坡旅华学者，北京大学新闻学研究会导师兼副会长、北京大学新闻与传播学院客座教授、日本龙谷大学名誉教授。

恢复成立后的北京大学新闻学研究会一方面继承和发扬历史传统，另一方面力求开拓进取，创造新的业绩。

复会以来，研究会连续举办了五届年会，主题分别为"纪念五四运动90周年暨五四时期新闻传播专题史研究"、"东亚新闻学与新闻事业的回顾与反思"、"新闻史论教育与研究面临的难题与困惑"、"如何研究新闻史？如何弘扬学术精神——以《新闻春秋》公开发行为契机"、"新闻传播学的本土化与主体性的再思考"。

复会以来，研究会传承历史，连续举办了五届新闻史论师资特训班，截至2013年，毕业学员达到100名。学员来自国内三个新闻机构、一所海外大学和64所国内高校，包括北京大学、清华大学、中国人民大学、复旦大学、中国传媒大学、河南大学、河北大学、湖南大学、厦门大学、广西大学、西北大学、暨南大学、上海大学、华中科技大学，等等。2011年，特训班学员自行成立了同窗会，2012年和2014年又相继成立了两湖分会和东北分会。

复会以来，研究会与北京大学世界华文传媒研究中心联合举办了40多次北大新闻学茶座。光临茶座的有来自美国、英国、加拿大、日本、新加坡以及中国大陆、中国香港、中国台湾的学者和业界人士。茶座讲座的部分内容刊登在《国际新闻界》《世界知识》《参考消息》《新闻春秋》、新加坡《联合早报》等报刊和财团法人卓越新闻基金奖的网站上。近年来，北大新闻学茶座吸引了一批志同道合的中青年学者、学子，形成了一个跨国、跨界、跨校、跨学科的学术共同体。

复会以来，研究会出版《北大新闻学通讯》13期（第14期正在编辑中），并且开设了专门的网站（http://ioj.pku.edu.cn）和专门的公共邮箱（iojpku@126.com）。

在广泛开展学术交流活动的基础上，2013年7月，学会成员首次走出国门，与韩国言论学会联合举办有关两国媒介产业发展的研讨会，搭建起了中韩两国学者可持续交流的平台。

2013年11月9日，在国务院新闻办的支持下，北大新闻学研究会和新闻与传播学院联合举办了"十年再出发——中国新闻发布实践与创新论坛"，各部委十数位新闻发言人与会并围绕如何推动新闻发布制度建设等问题进行了探讨。人民网、中国网全程直播，《人民日报》《中国青年报》等作了大篇幅的报道。论坛文集《十年——新闻发言人面对面》已由清华大学出版社出版。

复会以来，北大新闻学研究会开展的一系列学术活动在海内外新闻传播学界产生了较大的影响，获得了广泛的认可。在北京大学新闻与传播学院建院十周年之际，新闻学著名教授、中国新闻史学会创会会长、北大新闻学研究会学术总顾问方汉奇先生对于北大的新闻学教学、研究作出这样的评价："北大新闻与传播学院建院十周年了。她在新闻学研究和新闻教育方面拥有四个全国第一，加上站在她背后的北大的声望和影响，近年来发展十分迅速，已经后来居上，跻身于中国新闻教育的第一团队。希望她脱颖而出，为中国新闻学研究和新闻教育的发展继续努力，不断作出新的贡献。"（参见方汉奇教授2011年5月29日的微博）2013年12月21日，在纪念北京大学新闻学研究会成立95周年、复会五周年的学术研讨会上，方汉奇教授作为学会成长的见证者在发言中强调："从复会到现在，会员们对新闻理论与实践中的众多问题进行了研究和探讨……北大新闻学研究会复会后五年的工作已经为中国新闻传播学研究的发展作出了贡献，我们期待她百尺竿头再进一步，为中国新闻传播学研究的发展，作出更多的贡献。"

"北京大学新闻学研究会学术文库"即是研究会复会六年来所开展的学术研究与学术活动的全面展示。它主要由四个部分组成：经典新闻学著作的再版，研究会导师的研究成果，特训班学员的优秀成果以及研究会学术活动荟萃。我们的初衷和心愿是：通过"文库"的出版，贯通"古今"，延续血脉，传承薪火，砥砺来人，让北京大学新闻学研究会的优良传统在新的时代发扬光大。对于吾辈而言，这也是一份历史责任。

2014年10月14日
复会六周年纪念

目 录

自序　试论中日近代新闻纸起源、衍变之异同与特征 …………（1）

第一部分　近现代华文新闻史的探源与发现

第一章　美国在华首家华文报刊《中外新报（1854—1858；
　　　　1858—1861）》原件及其日本版的考究 …………（3）

第二章　宁波《中外新报》（1854—1858；1858—1861）的
　　　　编辑方针与"国益论" ……………………………（34）

第三章　中国近代报业史研究的线索与误区
　　　　——兼论日本"官版翻刻汉字新闻"与戈公振的
　　　　困惑 ……………………………………………（60）

第四章　首家以"杂志"命名的中文报刊《中外杂志》
　　　　（1862—1863）
　　　　——以日本"官版翻刻汉字新闻"为探析素材 ………（78）

第五章　从"猪仔问题"报道看《香港船头货价纸》的编辑
　　　　方针与定位 ……………………………………（107）

第六章　南京汪伪政权的新闻论及其治下的报纸…………（123）

第七章　南京汪伪政权的新闻法令及其管理体制…………（147）

第八章　从近代华文报业的演变看华文报的特征与使命…（162）

附录一　方汉奇先生与中国新闻史学 ………………………（171）

附录二　（书评）卓南生：《中国近代新闻成立史
　　　　1815—1874》 …………………………[日]西里喜行（180）

第二部分　日本的新闻学与大众传媒

第一章　从新闻学到社会情报学
　　——日本新闻与传播学教育演变过程……………(187)

第二章　战后日本新闻（学）界和战前的连续性与非连续性
　　——我在日本摸索新闻学的历程与思考……………(210)

第三章　日本的新闻学与新闻事业 ……………………(221)

第四章　日本大众传媒中国报道的特征与走向……………(235)

第五章　北京奥运会举办年（2008）日媒的报道姿态与
　　基调………………………………………………(245)

第六章　日媒怎样看待民主党"新政"与鸠山外交 …………(257)

第七章　日本对外扩张与舆论诱导
　　——辨析日人"日清战争"观背后的逻辑思维………(271)

第八章　"明治维新"与近代化论争
　　——从"明治百年祭"到"明治150年纪念"的
　　"舆情"营造………………………………………(278)

附录一　凤凰卫视世纪大讲堂：日本修宪声中的乱象与
　　真相………………………………………………(292)

附录二　日本媒体的乱象与真相
　　——聚焦对外传播与文化交流论…………………(302)

第三部分　东南亚华文报业纵横谈

第一章　早期传教士在东南亚创办的中文报刊及其影响……(311)

第二章　新马华文报业的发展与特征 ……………………(322)

第三章　东南亚华文报的过去、现在与未来 ………………(333)

第四章　战后冷战与东南亚华文报的生存空间与嬗变 ………(338)

附录一　我所知道的新马报界前辈冯列山博士 ……………(345)

附录二　我与《联合早报》的国际时评如何结下不解之缘 …… (355)

附录三　五四运动对新马华文文化界的冲击和影响 ………… (360)

第四部分　与青年学者分享研究的苦与乐

第一章　正本清源新闻史　纵横策论天下事
　　　　………………………… 访谈者：章　彦　王永亮 (369)

第二章　研究的起点是找准自我定位 ……… 访谈者：陈　娜 (385)

第三章　中国近代新闻史研究的虚像与实像 ……………… (397)

第四章　日本新闻学界与知识界之观察 …………………… (407)

第五章　研究方法论之探讨（一）
　　　　——问题的提出与思索 ………………………… (421)

第六章　研究方法论之探讨（二）
　　　　——个案的研究与实例 ………………………… (441)

附录一　北大再造传播新摇篮
　　　　——与北大新闻与传播学院创院常务副院长龚文庠
　　　　教授一席谈 …………………………………… (460)

附录二　我与华中科技大学的一段缘 …………………… (464)

附录三　从"自强不息""新闻学教育摇篮"到
　　　　探索学术传承之道
　　　　——《厦大新闻学茶座》出版有感 ……………… (471)

索　引 ………………………………………………………… (482)

后　记 ………………………………………………………… (490)

自 序

试论中日近代新闻纸起源、衍变之异同与特征

对于有别于传统或固有的信息传媒（如欧洲的"新闻信"、中国的"邸报"等"古代报纸"或日本"瓦版（新闻）"的"新闻类似物"），滥觞于近代欧洲、传播信息的新型定期印刷出版的刊物，日本新闻史学者称之为"近代新闻（纸）"（即"Modern Newspapers"），19世纪中国萌芽期近代报刊和报业先驱则常称之为"新报"。

"近代新闻（纸）"（或"新报"）缘何而来，又如何发展？针对这两个课题，日本新闻史学家，特别是以研究"瓦版（新闻）"著称的日本新闻学奠基人小野秀雄（1885—1977）及其战后第一大弟子平井隆太郎（1921—2015）倾向于称之为"新闻发生史"和"新闻发达史"。

笔者在20世纪70年代初期师从平井先生攻读硕博课程时，便把研究领域集中于考究中国近代报纸产生的缘由以及其发展史（即中国近代新闻纸的"发生史"和"发达史"）。本书的一大重点则在此基础上，试图通过各章节的考察与辨析（而非狭义或严格意义上的对比），探讨中日两国近代新闻纸肇始与发展道路的异同与特征。

以下是本书中文版的出版缘由和内容的梗概说明。

2010年，笔者提前从日本龍谷大学退休，转至中国以北京大学新闻学研究会和北京大学世界华文传媒研究中心为平台，继续从事新闻学和国际关系学的教学工作。为总结笔者在日本教学期间后期的科研成果，当时曾出版了一本题为《東アジアジャーナリズム論——官版漢字新聞から戦時中傀儡政権の新聞統制、現代まで》（《东亚新闻事业论——从官版汉字新闻、战（争）时（期）傀儡政权的新闻统制到现在》）的日文著作（彩流社，2010年）。此书既可视为笔者从报界转至学界（1989年）后出版的《日本のアジ

ア報道とアジア論》（日本評論社，2003 年）① 一书的续篇，也可视为拙著《中国近代新闻成立史 1815—1874》（ペリカン社，1990 年）② 的补充与延伸。

　　本书中文版最初的构想，是在日文版《东亚新闻事业论》的基础上，增添数篇对中国新闻史论学界诸多热门话题探讨的文章。但一拖就是数年，其间不仅写了几篇与日文版的主题内容，即本书的第一部分："近现代华文新闻史探源与发现"和第二部分："日本的新闻学与大众传媒"（日文版原题为："东亚的动向与新闻论调"）相关的文章，也发表了好几篇面向中国读者，介绍东南亚华文报业发展史及其生存空间的讲稿（即本书的第三部分："东南亚华文报业纵横论"）；加之在北大新闻学研究会等学术团体的讲稿、访谈或茶座等的记录（即第四部分："与青年学者分享治学的苦与乐"），中文版的篇幅与探讨范围远超于日文版。日文版原有的副题已不足以涵盖本书的内容，故中文版删去副题。

　　尽管如此，本书的中心内容仍然遵循着"论从史出"的基本方针，先从中日两国近现代新闻史的共同源头——欧美在已沦为英国殖民地的香港及华南沿海"通商口岸"所办的华文报及其日本版（即"官版翻刻汉字新闻"③）——谈起，继而探讨两国在此之后新闻纸发展道路之异同与特征。

　　在日文版的《东亚新闻事业论》中，笔者在第一部分着重发掘美国传教士玛高温（Deniel Jerome MacGowan，1814—1893）及其后继者应思理（Elias B. Inslee，1822—1871）创办的首家美国在华华文报刊——宁波《中外新报》（1854—1858；1858—1861）的原件与准原件（即日本翻刻的《官板中外新报》）的资料，并论析其前后两任编辑办报的共同理念与方针（详见本书第一部分第一章和第二章）。本书第一部分第四章则在此基础上，增加了一篇对首家以"杂志"命名、由英国传教士麦嘉湖（John MacGowan，？—1922）在上海出版的中文月刊《中外杂志》（1862—1863）的考究长文，并予以详尽的论证。与此同时，第一部分还增加了一篇面向中国学界，解读日本"官

---

　　① 中文版内容有所增加，书名为《日本的亚洲报道与亚洲外交》，世界知识出版社 2008 年版；繁体字版，台北：巨流出版社 2008 年版。

　　② 中文繁体字版为《中国近代报业发展史 1815—1874 年》，台北：正中书局 1998 年版；简体字"增订版"和"增订新版"分别于 2002 年和 2015 年由中国社会科学出版社出版。

　　③ 有关"板"和"版"的书写，本书在谈论日本翻刻汉字新闻（纸）的具体报刊时，皆依据翻刻版原有之写法，如《官板中外新报》《官板六合丛谈删定本》《官版香港新闻》（按：前二者为"官板"，《香港新闻》则为"官版"），但一般性谈论日本版的翻刻汉字新闻时，则统称之为"官版"，即"官版翻刻汉字新闻"。

版翻刻汉字新闻"给戈公振及后来的中国新闻史研究者带来的研究线索与困惑的论文（详见本书第一部分第三章）。

"殖民地报纸"与"居留地新闻（纸）"①特色

通过上述文稿与新篇章的探究，笔者对"西力东渐"背景下，西方传教士引介"新报"的概念，及其对中日两国近代新闻发展史带来的冲击与影响，更有信心地予以如下的分析与总结：

其一，再次确认中日两国近代报刊之诞生，并非出自两国的"内因"，而是来自"外因"。被日本新闻史奠基人小野秀雄视为"与《官板巴达维亚新闻》一样"，同属"我邦（指日本）报纸的祖先"的"官版翻刻汉字新闻"，其原报正是来自欧美传教士和商人在中国东南沿海被迫"开埠"的港口与已沦为英国殖民地香港所办的中文报刊。中日两国所接触的"近代报刊"的"原型"和时期是相近的。说得确切些，日本人接触西人"近代报刊"的概念，还比中国人略为晚些。

其二，正如日本江户传播史权威，也是笔者学生时代的恩师平井隆太郎教授在为拙著《中国近代新闻成立史 1815—1874》撰写序文时的结语指出一般：

> 最后，想附带指出的是，这些早期的华文报纸是作为殖民地报纸而创始的，这种情况与幕府末期外国人在日本发行的居留地新闻（纸），在许多方面有其类比之处。②

西人在华创办的早期华文报始于"殖民地报纸"、外国人在幕府末期最早发行的是"居留地新闻（纸）"，两者有其近似共性，平井老师对中日两国近代新闻纸发生史的观察是深刻和犀利的。

所谓"殖民地报纸"或"居留地新闻（纸）"之类的报刊（包括"官版

---

① "居留地新闻（纸）"原本是指幕府末年至明治期间外国人在日本官方允许居住与营业活动的地区（即"居留地"，近似中国的"租界"），以"居留地"的外国人为对象而发行的报纸，后来延申至居留地外国人利用其治外法权在居留地发行，以日本人为对象的日文报纸也称为"居留地新闻（纸）"。
② ［新加坡］卓南生：《中国近代新闻成立史 1815—1874》，第 7 页；同书中文简体字增订新版《中国近代报业发展史 1815—1874》，第 44 页。

翻刻汉字新闻"及其原报），说白了就是带有"殖民地色彩"或"居留地性格"烙印的媒体，其共同点是西人在已沦为西国殖民地、"开埠港口"或租借地（包括"居留地"），站在西人的角度和立场来办报。

就以本书第一部分探讨的美国在华首家华文报刊，也是首家以"新报"自我命名的华文定期刊物《中外新报》（1854—1858；1858—1861）（后传入日本，被翻刻为《官板中外新报》）而言，其基本编辑方针除了传教之外，始终不忘东来拓教的传教士在鸦片战争之前于东南亚或广州办报另一日益显现的宗旨——冀图改变中国人对西方、西人、西学的形象，维护"西人在华的共同利益"。

"国益论"与"双重标准"的"范式"

同样的，本书第一部分探讨的另一份宗教报刊——第一家以"杂志"自我命名的华文定期刊物《中外杂志》（1862—1863）（后传入日本，被翻刻为《官板中外杂志》），也有鲜明的上述色彩。

前者（《中外新报》）最突出的例子，莫过于编者对两次鸦片战争全面支持派兵侵华的态度，后者（《中外杂志》）的鲜明立场则充分体现于该刊新闻栏对太平天国和太平军充斥"贼"、"匪"、"贼军"、"逆匪"、"长发贼"、"毛贼"等贬义词的表述，并力数其残暴与不得人心及其兵力位处下风的相关报道上。

针对部分美国人批评英军骄横的如下看法，《中外新报》的第二任编者应思理是深表不满的：

> 可怪者、有花旗人闻知是事（按：指第二次鸦片战争）、或议英人、至天津时、语言未免过激、举动未免太骄、以致华人开炮轰击、以挫其锋①

就是说，有美国人发表言论称，攻打天津的英国人无论是语言还是举止，未免过于偏激与傲慢，从而激起华人的不满和反击。对此言论，美国传教士报人是这样评论的：

---

① 《官板中外新报》第五号，咸丰九年八月初一（1859年8月28日），第4页。

> 试思花旗所以得与华人立约者、赖谁之力欤、倘十八年前、英人不与华人攻战、花旗人能晏然以入中华乎、若云英人有过、则花旗人亦不能无过、何则花旗人乘英之利以为利、譬诸盗人货财、花为窝主、欲罪惟均、尚得自谓无过乎①

意思是说，如果18年前（指1840年）英国人没有发动鸦片战争，美国人哪能在中国得到后来的利益（指1844年中美签署的《望厦条约》）？紧跟英国人抢夺他国财物的美国人犹如窝藏赃物的"窝主"，如果说抢人财物的强盗有罪的话，两国都应有罪，怎能说自己就无过错呢？在此，传教士报人显然是站在"盗人货财"者一边，以战争得益者或分赃者的姿态，强调美国人的利益与出兵攻打中国的英国人之利益捆绑在一起，美国人没有理由在这个问题上以"仁义者"的姿态说三道四或装腔作势，该刊公开支持两次鸦片战争的激情跃然于纸上。

由此可见，随着第二次鸦片战争之爆发与欧美军事、经济力量对华的扩张与膨胀，与"军""政"并肩作战，形成"政、教、商"铁三角关系一大支柱的传教士所办的华文报，其维护"西人在华共同利益"的露骨姿态，比起拓教期的诸多报刊（迫于客观形势，最初采取相对较为迂回、隐蔽的态度）只有过之而无不及。

不过，如果仔细阅读美国传教士在宁波出版的《中外新报》的现存原件或其日本版《官板中外新报》和英国传教士在上海编辑的《中外杂志》（通过日本版《官板中外杂志》），不难发现尽管美英两家报刊在"维护西人在华共同利益"的基本点紧密地拥抱在一起，但彼此的编辑方针还有其微妙的差异。这个差异具体体现在两报刊的舆论导向都同时与其母国对外扩张的"国策"紧密挂钩，奉行"国益至上"的路线。前者不忘宣扬美国制度的完善及建构其良好形象，后者则无处不在渲染英国传统文化、先进城市的优雅与优越性。尤有进者，当母国"在华利益"与其他西方国家出现矛盾时，有些在华媒体还会出面为其母国说话。

最明显的例子是，针对英国邀请美国的钦差大臣共同向中国施加压力，迫使中国允许各个开埠的码头公开贩卖鸦片事宜，美国传教士所办的《中外新报》便明确表示"花旗人皆不悦是议"。主要原因不是因为鸦片对人有害，而是：

---

① 《官板中外新报》第五号，咸丰九年八月初一日（1859年8月28日），第4页。

因鸦片本出自天竺（按：指印度）、天竺为英之属国、英之所以利其土者、以其地可产鸦片、于英大有利耳、若我花旗、本不产鸦片、即商人为是业者、亦甚寥寥、中国禁与不禁、于花旗无关紧要、何必与我花旗、同允是议、以立为定例耶①

　　因为美国不产鸦片，也未拥有产鸦片的殖民地，且鸦片商人为数不多（按：实际情况未必如此），美国获利不大（按：指与"大有利"的英国相比），所以"花旗人皆不悦是议"，这就是美国传教士报人的基本态度。

　　由此可见，美国人在宁波创办的、同时也是在中国创办的第一份中文报刊《中外新报》的编辑方针是十分鲜明的：彻底贯彻"国益论"，即凡是符合"美国利益"的，便全面支持；与"美国利益"无关者则高高挂起。此种以美国"国益"（往往是当权者的利益）和美国企业利益为至上的态度，与该刊在报道与评论有关中国国内时弊（如贪污腐败、科举作弊与"缠足"问题等）时如数家珍，高举"正义"与"人权"旗号、道貌岸然的姿态不能不说有巨大的差距。认真分析，如此这般采取"双重标准"的美国传教士报纸的言论基调，到战后直到今天欧美主流媒体对中国（或者其他亚、非、拉等第三世界国家）的报道与评论，其实是一脉相承的。20世纪70年代，发展中国家为了维护自身的利益，围绕建立"均衡、平等"的世界信息传播新秩序问题而与掌控国际传媒话语权的工业先进国展开论争，并于1978年在联合国教科文组织大会上通过《大众传媒宣言》（1980年，以此宣言为基调的"麦克布莱德报告"《多数声音，一个世界》获通过），充分说明了这一点。

　　换句话说，"国益论"与"双重标准"是首家以"新报"命名的华文定期刊物提供给中日两国新闻从业者的办报"范式"。

　　了解了早期欧美传教士在华南与香港所办华文报上述具有"殖民地报纸"或"居留地新闻（纸）"色彩的传媒特性与"范式"，我们再回头探讨西方"新报"或"杂志"的媒介概念传入中国及经由中国传入日本（特别是通过"官版翻刻汉字新闻"的传播）所带来的冲击与影响时，就不会想当然地，或者片面地从"新报"带来"新知"和"跨文化交流＝正能量论"的简单与粗浅逻辑来开展。

　　恰恰相反，从这些具有"殖民地报纸"或"居留地新闻（纸）"色彩的

---

① 《官板中外新报》第一号，咸丰八年十一月十五日（1858年12月19日），第4页。

早期华文报及其日本版的"范式"中，我们更加关注的是，中日两国往后的报人（日人称之为"新闻人"）怎样看待这些"范式"？是毫不保留地接受与继承，并发扬光大，还是审慎地吸收其办报概念，并从中摸索和掌控"新报"之道？

对于中国的反应与影响，笔者在拙著《中国近代报业发展史 1815—1874》中，已有较为详尽和全面的分析；对于日本，笔者则在本书第二部分"日本的新闻学与大众传媒"中通过若干个案予以考察。

"华人资本、华人操权"鲜明旗帜

针对中国先驱报人的反应，笔者明确的结论是：

> 对于西人带来的舶来品——新报，最早接触和参与新报或"准新报"活动的中国报业先驱王韬等虽然有所心仪，也对"泰西日报"予以高度评价并力倡推广新报，但从一开始便对"借事生风"或者"冀幸中国之有事以为荣"的西人西报，保持高度的警惕。他们并不盲目赞颂新报。特别是通过自身的实践和体验，他们深知媒体控制权与舆论之间的相互关系。中华印务总局同人之所以高举"华人资本、华人操权"的旗号，无疑正是报业先驱们对既有"西土馆主"所办华文新报的诸多限制不满的结果。①

这些不满的情绪，正如拙著反复强调一般：正是促使他们出资自办新报的原动力。

> 萌芽期中国近代报业史，其实正是一部中国人要求摆脱外国势力对传媒的控制、争取言论自由，从而表达国家民族意识的斗争史。②

针对外报在中国的创办与发行，中国报人与报学研究者固然对它之评价不一，但总体而言都相对保持着高度的警惕。王韬及其同年代的报界先

---

① 《增订新版自序——我对中国近代新闻史研究的若干思考和体会》，[新加坡]卓南生：《中国近代报业发展史 1815—1874》（增订新版），中国社会科学出版社 2015 年版，第 28 页。

② 同上。

驱是如此，戈公振在其《中国报学史》中，更直截了当，指出以传教为主要目的的外报是"去一偶像而又立一偶像"，"且流弊所及，一部分乃养成许多'Boy'式之人材，舍本逐末，为彼辈之走狗，得不偿失，无过于此"。[1] 他同时也注意到："若就近日之外报言之，几一致为其国家出力，鼓吹资本主义与帝国主义"，"关于外交问题，往往推波助澜，为害于我国实大"。[2] 足见中国新闻界与新闻学界在传统上对西人办报的"范式"并未照单全收。

"近代化模式"与"富国强兵"路线

至于日本的反应，本书在第二部分通过日本媒体对明治维新100周年、150周年纪念的评价、日人"日清战争（即甲午战争）观"的辨析乃至对今日日本主流媒体对国际问题（包括中日关系问题）报道与评论特征的考察，发现"国益论"与"双重标准"始终占据着日本主流媒体的主线。换句话说，幕府末年西人在东亚所办、具有"殖民地报纸"或"居留地新闻（纸）"色彩的办报"范式"，即使是到了今天还可以看到其尚未消失的烙印与痕迹。"明治维新百年祭"为何被高调颂赞？"明治150年"被推崇的精神是什么？说穿了，无非是沿袭西方"近代化模式"，走"富国强兵"的路线与信奉"弱肉强食"的哲学（详见本书第二部分第八章）。至于被视为推动上述路线与宣扬上述哲学不可或缺的报纸及后来相继登场的各种新传媒（包括广播和电影等），则早就与"国策"捆绑在一起。特别是在日本侵略亚洲各国的战争时期，日本大众传媒更积极扮演了"战争协力"（即"协助战争"）的角色。事实上，日本报纸的发行量也在战争的刺激下，紧随着战火的加剧与战线的扩大而不断上升。从这个角度来看，日本的大众传媒既是战争的推动者，也是战争的得益者。正如明治维新之后日本所走的"近代化"道路是以欧美国家为榜样和目标（"追越欧美、赶超欧美"），并被西方国家喻为"优等生"一般，日本传媒在遵循"国益论"与"双重标准"的新闻路线，及其舆论诱导的方式和水平，与其师从的欧美工业先进国家相比，毫不逊色。

---

[1] 戈公振：《中国报学史》，上海商务印书馆1927年版，第三章第46页；同书，香港：太平书局1964年版，第112页。

[2] 同上书第三章第47页；太平书局1964年版，第112页。

针对战前日本大众传媒的不光荣记录，在战后的民主化运动与反战运动迈向高潮的20世纪50、60年代乃至70年代，日本的新闻学者和报人也曾有过一段反思的时期。在东京大学新闻研究所诸多名师及优秀的新闻工作者的带动下，日本战时的法西斯新闻体制及其渊源与影响曾被解剖和批判，就是佳例。①

但令人感到惋惜的是，这样对战争新闻体制的反思与批判的研究学风与方向并无法长久持续。紧随着日本政坛迈向"总保守化"，原本反思不彻底的日本学界也逐步起了重大变化。至于新闻业界、尽管战后的环境与战前截然不同，但日本独有的"记者俱乐部"制度仍然在发挥其舆论诱导的功能与作用。加之根植于日本的"政、官、商、媒"铁四角关系在战后基本上不变，日本的大众传媒舆情诱导的基调"旧态依然"，即遵循着西人东来最早的办报"范式"，特别是在涉及日本与外国发生摩擦的话题时，其"国益论"与"双重标准"之色彩尤为鲜明（详见拙著《日本的亚洲报道与亚洲外交》）。

从"义战论"到"大东亚解放论"

时至今日，不少日本人对甲午战争及随后签署的《马关条约》，为何丝毫不存有"侵略"与"掠夺"的罪恶感？历史小说家司马辽太郎（1823—1996）正面评价日俄战争以前的日本近代史为何在战后的日本拥有广大的市场？说穿了，既与战前"皇国史观"的拥护者（包括其推波助澜的大众传媒）将甲午战争定位为"开化之国——日本"与"因循陋习之国——清国"之战，即"文明"国家攻打"野蛮"国家的"（正）义战（争）论"的史观有关，也与战后日本学界和大众传媒对这段历史不彻底的反思和总结不无关系（详见本书第二部分第七章）。

所谓"义战论"，或者后来的"大东亚解放论"，其出发点无一不是为日本发动侵略战争寻找借口或者美其名为"理论依据"。支撑"义战论"最强有力的思想武器之一，就是以"近代化"与否作为衡量一个国家之行为是否正当，或者一个国家是否值得尊重的标准。"大东亚解放论"则以"驱逐

---

① 例如，[日] 荒濑豊：《日本軍国主義とマス・メディア》（《日本军国主义与大众传媒》），《思想》1957年9月，第33—47页；[日] 内川芳美、荒濑豊、香内三郎等：《日本ファシズム言論統制に関する研究1》（《关于日本法西斯言论统制的研究①》），《东京大学新闻研究所纪要》(8)，1959年，第129—181页等。

白人，解放东亚"为出师之"大义名分"。两者的共同点都以"大日本帝国"的利益（即"国益"）为依归。

至于要知道战后日本学人或报人是否真的"革新"或是否对战前的日本彻底反思，从亚洲人的角度来看，最简单的衡量标准就是看他们如何看待与总结百年来日本的扩张政策与对亚洲的侵略战争。在这个问题上，也许说得最透彻的，莫过于京都大学井上清教授（1913—2001）在20世纪60年代对诸多著名知识分子（包括被视为"开明派"或"革新派"人士）的批判。①

针对中国文学的研究者，也是"亚细亚主义"的研究者和奉行者竹内好（1908—1977）坚持其"大东亚战争"的"二重性"（即"侵略战争"和"帝国主义与帝国主义之间的战争"并有）观点，及战后对他在1941年12月8日日本发动"大东亚战争"时"激情"撰写与颂赞的宣言，既不收回也不感到可耻的态度，井上教授写道：

> 日本和美、英、荷等国的战争，如果把它从第二次世界大战的整体中分割出来看，的确是帝国主义相互间的战争。因此，说"大东亚战争"一方面也"是对帝国主义的战争"，这也是事实。正确地说，是对帝国主义的，在日本本身来说，也是帝国主义的战争。但是，怎么能够说，由于它是帝国主义相互间的战争，就可以不引以为耻呢？②

他同时提醒论者，太平洋战争固然存有日美两个帝国主义为争夺统治弱小民族的一面，但同时也"完全是日本对中国和东南亚单方面的侵略战争"③。

"太平洋战争……完全是日本对中国和东南亚单方面的侵略战争"——井上教授这一明快的论断，从亚洲人的亲身体会与视角来看，是黑白分明的不争的事实。

---

① 详见［日］井上清《戰後日本の歷史》，现代評論社，1966年，第9—22页；井上清著，天津市历史研究所、南开大学历史系译校：《战后日本史》（内部读物），天津人民出版社1972年版，第3—25页。
② 同上书，第20页；同译本，第22页。
③ 同上书，第20页；同译本，第23页。

应"从全盘否定大东亚战争出发"

对于当时种种流行于日本论坛、似是而非（包括以"自由派"自居的"革新人士"）的四种战争观（即"必然论"、"把侵略者和被侵略者颠倒起来的说法"、"文学的、情感的和辩护论"与"对帝国主义战争的肯定论"），井上教授的明确回应是："战后的历史，只有从全盘否定大东亚战争出发，才是正道。"①

笔者从赤道的星洲前往东瀛求学的20世纪60年代中期，时逢亚洲冷战进入最严酷的年代，也是日本国内围绕日本之进路（包括"安保问题""战争问题"与"宪法争议"等）大鸣大放，反战浪潮进入高峰的时刻。对于日本知识界反战的思潮和行动的活力，我们也深受启发和产生共鸣，但针对当时日本国内的诸多论争，特别是对第二次世界大战的论述与总结，老实说，笔者与同年代的亚洲留学生和学人有时也存有格格不入、不甚协调或难以理喻之感。这些"文化摩擦"乃至"文化震撼"，不仅来自于与"皇国史观"者或撒播其言论的媒介之接触中，也发生在和其对立面，高举反战或反保安旗号"革新派"（包括师友）的争议中。当时百思莫解与困惑的是，在谈论二战问题时，为何不少"开明"人士在有意无意的言谈中会经常流露出在亚洲人看来分明是为侵略战争辩护的"大义名分"或"理论"。几经认真思考与辨析，笔者和同年代不少朋友的共同看法是：根源正如井上教授所指出的一般，其战争观并不是"从全盘否定大东亚战争出发"。

环顾当时日本学界、论坛的知名人士，特别是与"亚洲"有关的人士，几乎毫不例外地曾卷入"大东亚战争"的"总动员"当中，并扮演其相应"协助战争"的角色（详见本书第二部分第二章）。在战后宪法与"民主化改革"措施和民众运动热火朝天开展的大格局下，日本知识分子顽固坚守战前思想者固然有之，投身于战后的民主运动，努力改造自己和社会，并以崭新姿态出现者不在少数。但与此同时，只是迫于战后形势，摇身一变（或者表面"转向"，内心充满矛盾）成为"开明派"或"前卫者"也大有其人。从这个角度来看，我们那个年代的亚洲留日青年固然十分敬重这些活跃于当

---

① 详见［日］井上清《戦後日本の歴史》，現代評論社，1966年，第9—22页；［日］井上清著，天津市历史研究所、南开大学历史系译校：《战后日本史》（内部读物），天津人民出版社1972年版，第5—25页。

时论坛的名学者与名报人，也设法理解他们的处境与所处时代的影响和战后反思的局限性，但不会因为对方的名气或者所举旗号就轻易对其自圆其说的"学说"信以为真，遑论尊他们为偶像并直接或间接推售其惑人的"智慧"与"学知"。不少旅日亚洲知识分子之所以常在日本论坛理直气壮地吁请日本学人与新闻人记取战前教训，不重走战前老路，不少日本文化界、出版界的有识之士之所以提供平台，极力倡议"虚心听取亚洲人的声音"，正是这时代的另一烙印和特征。

在那样的一个年代里，不消说，赤裸裸为日本侵略战争辩护的"ABCD包围圈论"（即日本是在美英中荷的包围下被迫发动战争的理论）在亚洲没有市场，即使是多重包装、已被日本知识分子公认为臭名昭彰，旨在配合时局，为日本发动战争寻找"学理"依据的"近代的超克论"，也只能由爱好此道的日本知识人关起门来孤芳自赏，自娱自乐。本书第二部分涉及这些话题，与其说是要卷入其"复杂"（将简单的问题复杂化）的"概念游戏"与论争，不如说是要反映与留存我们同年代不少留日亚洲青年对当年日本文化界某些动向的纯朴的质疑，以供后人参照和思考，并借此试测近代西人"新报""杂志"的"范式"对战争期间与战后日本知识界的影响与射程。

当然，作为一个与日本学界、报界打交道超过半个世纪的东南亚学子和报人，笔者对日本严谨的学风与日本知识分子的勤奋精神、细微思考和辨析的优良传统并非视若无睹。实际上，在探求新闻史与新闻学的理论与实践的漫长道路上，笔者得益于日本学界和报界良多。确切地说，笔者诸多不成熟的学术成果和思考方式，有不少是在接触日本书刊并在诸多日本良师益友的引导和协助下逐步累积、成长和形成的。精明的读者不难从本书第四部分"与青年学者分享治学的'苦'与'乐'"当中，发现这一点。从强调"问题意识"的重要性到如何找准研究的自我定位，从关注中日新闻研究者早期的交流到对日本新闻学教育之变迁与发展的考察，无一不与笔者长期在日本学习与教学经历有关。

前殖民地与战后冷战制约

至于本书的第三部分"东南亚华文报业纵横谈"，虽非本书的重点，但作为欧美的前殖民地与列强在亚洲的角逐场，东南亚的报业不论是在战前或战后，都有其独特的发展过程和面临的近似难题。19世纪东来拓教的西方传教士为何到东南亚创办面向中国读者的华文报？米怜1815年创刊的世上最早的近代华文报刊《察世俗每月统记传》为何"阴差阳错"地诞生于马六甲？东南亚的华文报怎样从战前的"侨报"嬗变为今日自我认同为当地的报刊？在战后亚洲冷战的严酷格局下，东南亚华文报怎样生存与发展，其前景又是如何？……针对这些错综复杂的难题，本书虽未一一挖掘与深究，但却尽可能勾勒出其基本轮廓与面貌。

简而言之，本书着重探讨的两大分课题，即东亚近代新闻（纸）的起源（即日本新闻史学家所说的新闻发生史）和今日东亚媒体的走向（特别是中日两国相互报道的基本论调），实际上是笔者在1966年踏上日本国土留学以来50多年关心之所在。正如本书日文版《东亚新闻事业论》"后记"所述一般：

> 从表面上看，这两者似乎欠缺关联，但对我而言，通过对上述课题长期的观察与研究，时常可以发现不少古今东亚新闻事业（Journalism）的共同点，及两者相呼应的痕迹与现象。不管是美国人在华第一家华文报纸的报道姿态（以"国益论"为轴及其对内对外的不同编辑方针与"双重标准"），或者是汪伪政权的新闻管制体制及其自圆其说的新闻理论，人们都不难从中发现迄今仍不过时的有关国际新闻媒体本质及其功能的论议。[①]

东亚新闻学与新闻事业往何处去？东亚的传媒如何相互评论与报道？东亚诸国（特别是中日两国）将如何缩短彼此之间"既近又远"的距离？……显然还有待进一步的探讨和研究。

感谢半个多世纪以来一直引导与鞭策笔者的恩师、高龄九旬的荒濑豊教授对本书溢美的推荐语，感谢中国日本学界元老吴学文先生为本书的书名题字。荒濑老师的推荐语当然是出自对晚辈与弟子的爱护、鼓励与期待，吴先生的墨宝则无疑增添本书的光彩。

卓 南 生

2019年秋书于京都

[①]［新加坡］卓南生：《東アジアジャーナリズム論——官版漢字新聞から戦時中傀儡政権の新聞統制、現代まで》，彩流社2010年版，第288頁。

第一部分

近现代华文新闻史的探源与发现

第一章

美国在华首家华文报刊《中外新报》(1854—1858;1858—1861)原件及其日本版的考究*

一 报史学界知之不多与产生混乱缘由

紧随着1842年《南京条约》的签署以及随后西方列强一系列迫使中国开放东南沿海五个口岸通商及赋予各种特权条约的实施,等候已久的西方传教士也相继涌入中国。他们或以沦为英国殖民地的香港为据点,或以中国沿海五个通商口岸作为"医学播道"和"文字播道"的中心。1854年,早在19世纪40年代初期就曾在宁波行医,进行"医学播道"的美国浸礼会传教士玛高温(Deniel Jerome MacGowan,1814—1893)就在宁波创办了一家中文报刊《中外新报》(*Chinese and Foreign Gazette*),揭开了宁波近代报刊史的序幕。这家由美国传教士首次在中国创办的中文"新报"[①],比英国传教士麦都思(Walter Henry Medhurst,1796—1857)在1853年于香港创刊的《遐迩贯珍》(1853—1856)仅晚9个月[②],而比另一名伦敦布道会传教士伟烈

---

* 本文日文版原载于日本龙谷大学《国际社会文化研究所纪要》第9号(2007年),第127—147页。原题为《宁波における最初期の近代华字新闻——〈中外新报〉(1854—1861)とその日本版についての研究》。中文简体字版刊于程曼丽主编《北大新闻与传播评论》第三辑(2007年),第260—291页。繁体字版刊于台湾政治大学《新闻学研究》第96期(2008年7月),第1—44页。

① 为了与传统的"邸报"及"京报"等有所区别,19世纪中期以后的中文报刊常以"新报"为其报名或以"新报"自居。玛高温在宁波创刊的《中外新报》虽然具有浓厚的宗教色彩,但也颇重视内容的时宜性,它是中国最早以"新报"为报名的中文报刊。

② 对于宁波《中外新报》的诞生,《遐迩贯珍》的编者是十分关注的。该刊不仅对此有所报道("宁波府有花旗国人、镌造中土字新文纸、每礼拜二次、中士人多购而阅之"[第6页]),还在其英文目录中提及"Establishment of a Chinese Newspaper at Ningpo",见《遐迩贯珍》,1854年9月,第9号。

亚力（Alexander Wylie，1815—1887）在上海创办的《六合丛谈》（1857—1858）还早了两年又七个月。论其出版的期间，则始自1854年5月，而停刊于1861年2月（详情容后论述），比起同年代的前述两刊还要长得多。

换句话说，当时宁波的《中外新报》不仅与香港的《遐迩贯珍》和上海的《六合丛谈》齐名，曾在同一时期发行，《中外新报》的编者玛高温还目睹了《遐迩贯珍》的盛衰及《六合丛谈》的诞生和消亡，并对此有所评述。针对《遐迩贯珍》的停刊，玛高温就曾经写道：

> 香港新报、名曰遐迩贯珍、现已停止不刊、因刊印之费大、而见售者少、予观其报、与予所著之新报为较胜、而在广售卖者何以见少、在宁售卖者何以见多、此盖江浙人之善于广识胜于广东人、又观今年进士录江浙二省地图不及广东之大、而中进士者、江苏有十三名、浙江有十八名、而广东则止五名、由此二事观之、则广东人之不及江浙人远矣①

他也曾为文向读者介绍《六合丛谈》即将出版的如下消息：

> 明年正月初一日、上海墨海书馆有新刊新报、名曰六合丛谈、其纸账（按：原文）有六页每本计卖价钱十二文、予思新报一事、为中外修好之法、盖彼此事务、得有新报载明、则了如指掌、甚愿五码头人民具有新报可买、则消息不隔远近、一切国事民事、（按：原标点）以及商贾买卖均有利益焉②

在《六合丛谈》紧随《遐迩贯珍》结束发行之后，玛高温更引以为戒，吁请读者给予《中外新报》强有力的支持；他同时也在寻求其接班人（详情容后叙述）。1858年年底，一名通晓中文、已在宁波传教两年的美国传教士应思理（Elias B. Inslee，1822—1871），终于接替玛高温主持《中外新报》，并持续至1861年才告停刊。

然而，对于这么一家在当时名气不逊《遐迩贯珍》和《六合丛谈》、出版期间远比两者为长的《中外新报》，报史学者知之不多。原因之一是由于《中外新报》的原件大部分散失与不易寻觅；另一因素是该刊曾由前述的两

---

① 《中外新报》第三卷第六号，咸丰六年六月十五日（1856年7月16日），第4页。
② 《中外新报》第三卷第十二号，咸丰六年十二月十五日（1857年1月10日），第1页。

第一章　美国在华首家华文报刊《中外新报》(1854—1858；1858—1861) 原件及其日本版的考究

名美国传教士，即玛高温和应思理先后主持，后者所编的《中外新报》未继承前者所编的序号，致使一部分只接触其中一名编者主持的《中外新报》的后来研究者对该刊的创始年月和内容等有所误解和混乱。

特别是由于应思理主持的《中外新报》在日本幕府文久期间（1861—1863年）曾被翻刻为《官板中外新报》（共十二号，其中第9号欠缺），①其中第一号第一页的影印件曾刊载于1927年和1928年戈公振的《中国报学史》（上海商务印书馆版）上，②一部分研究者即依此而误将日本版（根据应思理主持的《中外新报》而删定的翻刻版）的《中外新报》第一号出版日期（咸丰八年十一月十五日，即1858年12月19日）视为该刊之创刊日，而更严重的则据此孤证而创立"新说"，片面否定了更早时期玛高温于1854年创刊的《中外新报》的存在。③

除此之外，也有将宁波的《中外新报》和《香港中外新报》混为一谈的。最明显的例子是上海古籍出版社于2003年出版的戈公振《中国报学史》（插图整理本）。该书的插图整理者在戈氏论及《香港中外新报》的"中文日报"部分，穿插了两张图片，其一是原载于戈氏原著中有关"中文杂志"的宁波《中外新报》的图片，即《官板中外新报》第一号（见插图本第85

---

① 有关日本"官版翻刻汉字新闻（报纸）"的"版"和"板"的书写，正如本书自序注③指出一般，本书在谈论具体的报刊名时，皆根据其原文写法（如《官板中外新报》《官板六合丛谈删定本》等），但在谈论这些日本版汉字报刊时，则统称之为"官版"报纸。另，《官板中外新报》最后之编号为"第十二号"，照理应有12册，但日本各图书馆现在保存者只有11册，皆欠缺"第9号"，这是因为《官板中外新报》未翻刻第9号，还是翻刻版第9号已散佚，原因不明。

② 戈公振：《中国报学史》，上海商务印书馆1927年版，插于第四章第4页与第5页之间；1928年版则插于同书的第70页与第71页之间。

③ 例如，中国人民政治协商会议宁波市委员会文史资料研究委员会编的《宁波文史资料》收录的一篇报刊录就指出："戈公振认为此报于1854年创刊"是"不确"的，而主张《中外新报》创刊于"1858年12月19日（咸丰八年十一日十五日）。"见郑芬华辑：《宁波报刊录》，《宁波文史资料》（第三辑），1985年8月，第146页。又如，《宁波晚报》在一篇题为《宁波最早的中文报纸——数张珍贵原件从国外找回》的新闻报道中，就配以原本刊于戈著的《官板中外新报》第一号的插图（误信为《中外新报》原件的影印件），称之为"图为《中外新报》报纸复印件"。其新闻导言是："今天是宁波最早的中文报纸《中外新报》创刊145周年纪念日，1858年12月19日，第一号《中外新报》在宁波创刊发行。"见中国宁波网（http://www.cnnb.com.cn/gb/node2/channel/node13890/node14068/node14073/node14113/userobject7ai1018130.html），2003年12月19日。与此新闻相关的是，在一篇探讨宁波《中外新报》的署名论文中，两名研究者即以前述数张从国外找回的珍贵原件（即应思理编辑的《中外新报》）为据，而对"戈公振曾经在大英博物馆看过1855年出版的第二卷，及稍后几年出版的第三、四卷部分原件（即玛高温编辑的《中外新报》）"持怀疑态度，并声称"戈公振所公布的《中外新报》创刊号影印件（按：实为日本《官板中外新报》第一号的影印件）是可靠的"，进而推断"《中外新报》正确的创刊时间应为1858年"。同文还断定方汉奇说"该报为半月刊"是"不对"的。见龚缨晏、杨靖《关于〈中外新报〉的几个问题》，《社会科学战线》2005年第3期，第316页。

页）；其二是将拙著《中国近代报业发展史 1815—1874》（增订版）中的《香港中外新报》封面版图片原封不动地刊印于插图本的第 86 页，予人两者系同一报刊的错觉。由此可见，"插图整理本"的这一侵权行为（从拙著中移图过纸而不加任何说明者不下 20 张），不仅妨碍了人们对戈公振《中国报学史》这部经典著作原貌之认识，还增添了读者对报史的混乱。

为了还原宁波《中外新报》的真实面貌，笔者谨将多年来所收集与发掘的《中外新报》原件（玛高温主持时期的 29 期，应思理主持时期的 4 期）、日本《官板中外新报》（即应思理主持，由日本官方审核、批准翻刻的删定版）11 期和同年代日本知识界流传的多种《中外新报》抄本等，对《中外新报》创刊、闭刊日期、版式及其内容的特征做进一步的考究与梳理。

二　玛高温编撰的《中外新报》(1854—1858) 考

（一）创刊日期之推断

有关宁波的《中外新报》，报史学界基本上是沿袭 1927 年戈公振《中国报学史》（上海商务印书馆版）的说法，认为该刊系由玛高温创办于 1854 年，后归应思理主持，而停刊于 1860 年。《中国报学史》对《中外新报》的相关叙述全文如下：

> 中外新报（原名 Chinese and Foreign Gazette），为半月刊，于咸丰四年（一八五四年）发刊于宁波；每期四页，所载为新闻、宗教、科学与文学。咸丰六年，（一八五六年）改为月刊，始由玛高温（Daniel Jerome Macgowan）主持。后彼赴日本，乃归应思理（E. B. Inslee）主持。至一八六〇年停刊。[①]

据笔者考究，上述说明基本上符合事实，但"后彼赴日本"及"一八六〇年停刊"之说并不准确。因为据伟烈亚力之记载，玛高温确曾于 1859 年去过日本，但只是短暂的居留，[②] 因此与其说他把编务工作转给应思理是

[①] 戈公振：《中国报学史》，上海商务印书馆 1927 年版，第三章，第 5 页。
[②] Alexander Wylie, *Memorials of Protestant Missionaries to the Chinese*, Shanghai, 1867, p. 243.

由于"彼赴日本",不如说是"彼离宁波"更为妥当。至于停刊日期,正如笔者在拙著《中国近代新闻成立史 1815—1874》一书中所述一般:"笔者看到的日本翻刻版《官板中外新报》收录着'中外新报第十二号、一千八百六十一年咸丰十一年正月初一日刊'(即 1861 年 2 月)的内容,可见至少是在 1861 年 2 月,《中外新报》尚未停刊。"①

另据前述伟烈亚力同文之记载,编者应思理及其家人是在 1861 年 4 月 27 日离开宁波返回美国的,从时间段来看,正好是在《中外新报》第十二号发行之后不久。在这短短的两个月时间,临别宁波而又忙碌的传教士应思理,似乎不太可能再为这不定期的中文报刊《中外新报》付出心血。因此,在未有任何新资料佐证之前,我们可以推断 1861 年 2 月号的《中外新报》就是该刊的停刊号。

至于《中外新报》最初"为半月刊,一八五六年改为月刊"一事,这与该刊的创刊编者玛高温在第三卷第一号("一八五六年、咸丰六年正月十五日刊")的"小序"中的叙述是相吻合的。"小序"写道:

> 第一卷第十九号第二卷二十号今年第三卷只十二号因逢月朔见售故也、诸君子如共见爱、可至本寓合买、其价另议②

换句话说,《中外新报》最初是每逢朔望刊印(即每逢农历初一和十五日出版),但从第三卷(咸丰六年正月,即 1856 年 2 月)开始,则改为每月十五日发行。

不过,对于《中外新报》究竟创刊于何时一事,戈著只写 1854 年,而伟烈亚力的记录则只提到"1854 年 5 月起每月呈现两次"及"第一卷共收录 18 号",而未注明其具体创刊的日期。③

由于《中外新报》的卷号系以咸丰年号排序,假设《中外新报》第一卷真的只出版了 18 号,按照每月初一、十五日各刊印一号推算,该刊的创刊日期应为咸丰四年五月初一日(即 1854 年 5 月 27 日)。但据玛高温本人在上述"小序"中所述,他所编的《中外新报》的第一卷共刊印了 19 号,

---

① [新加坡]卓南生:《中国近代新闻成立史 1815～1874》,ペリカン社,1990 年,第 16 页;中文繁体字版《中国近代报业发展史 1815—1874》,正中书局 1998 年版,第 9 页;同书简体字版(增订版),中国社会科学出版社 2002 年版,第 6 页。
② 《小序》,《中外新报》第三卷第一号,咸丰六年正月十五日(1856 年 2 月 20 日),第 1 页。
③ Wylie, op. cit., p.133.

如果编者所述无误,按照推算,《中外新报》的创刊日期应为咸丰四年四月十五日(即 1854 年 5 月 11 日)。由于目前所能看到的最早的原件为大英图书馆所藏的第二卷第二号(咸丰五年正月十五日,即 1855 年 3 月 3 日),笔者虽无法肯定其确切的创刊号日期,但倾向于同意编者本人的自述,即第一卷共刊印了 19 期,而推断为 1854 年 5 月 11 日。

(二)从半月刊改为月刊之缘由

那么,《中外新报》为何要从"每月朔望编售"(见第二卷第二号原件封面)出版的"半月刊"改为只在"每月之望编售"(见第三卷第一号原件)出版的"月刊"呢?玛高温医生在上述"小序"中的前部分也有所叙述。他写道:

> 吾每欲遍谢两江诸君子、来卖吾报虽吾所作之报、未必见悦于诸君子然而行之已久矣、今已第三卷、余非挟此以试、甚愿诸君子乐观不息、俾吾报可以久行、并可以广行、吾且欲广刻博物等事、又欲刻图明指、但现苦亏本、不能如愿耳、报内之故有一二从吾已意所出、吾虽不能道其详亦可以知其略、一从外面借抄吾、虽知其迹而未能探其原、且报中屡有差误、因报限于时日、倘日已临近、报尚未刻、未免急遽、即刻报者亦只知依期亦不得细心查究、望诸君子鉴原可也①

很清楚,"现苦亏本",是他不能"如愿"继续出版双周刊的主要原因。此外,编者也对报刊中"屡有差误"表示歉意并作一说明,即"限于时日"(双周刊的截稿期限)的压力、"只知依期"而无法"细心查究"。

针对《中外新报》从双周刊改为月刊事宜,编者玛高温在另一篇相关的文章中就说得更清楚了。他写道:

> 予作新报非以谋利盖欲利益于人、前本每月二次刊著、因买者少、故一月一次、然每月终耗费洋银数元、惟前月买报者较往时约多一半、窃望以后买报者日渐加多、则予或仍可每月刊著二次、或每报添增页

---

① 前引《小序》,《中外新报》第三卷第一号。

第一章　美国在华首家华文报刊《中外新报》(1854—1858；1858—1861) 原件及其日本版的考究

数、或可减价以售、庶不至于亏截①

换句话说，"因买者少"、一直出现赤字（"每月终耗费洋银数元"），是该刊无法长期维持双周刊，而被迫改为月刊的直接原因。玛高温希望在"买报者日渐加多"，《中外新报》不亏损的情况下，该刊可以恢复为双周刊，或者以增页和减价的方式回报读者。

为此，他紧接着在同篇刊于首页，类似告读者书的文告中奉劝"未买者"购阅其报，"已买者"则"劝谕同人使雅俗得以共赏。"

他还列举同年代香港与上海等地"新报"由于赤字影响相继停刊一事，既有所感慨但又有所寄望地写道：

昔香港新报、名遐迩贯珍、上海新报、名六合丛谈、因买之者少、亏截浩繁、故皆截然中止、惟予所作新报浙宁人稍有买之、故每月虽有亏截、而巍然独存、尚日后能广行吾报、予虽回国不能刊著、而继予作者必有人焉。②

从这段文字中，可以看出当年西方传教士在华办报之不易。不管是在已沦为英国殖民地香港所办的《遐迩贯珍》，或者是开埠五口之一的上海所办的《六合丛谈》都未受到中国读者（受众）的欢迎，皆因"买之者少、亏截浩繁"而被迫停刊。相对而言，据美国传教士玛高温的自我评价，他本人在宁波所办《中外新报》虽然也处在惨淡经营、每每亏损的状况，但其生命力总算比前二者为强（用编者本身的原话说，是"浙宁人稍有买之、故每月虽有亏截、而巍然独存"）。对此，玛高温一面自我庆幸，另一面则希望这"稍有买之"的《中外新报》今后能够"广行"（扩大销路），从而鼓励后来者在他"回国不能刊著"时继承其事业，维持该报之出版。

玛高温对《中外新报》发行的上述总结与期待是发表在该刊"一千八百五十八年咸丰八年五月十五日刊"（即1858年6月25日）的第五卷第五号。在这之后，该刊的发行状况相信不会有太大的改变。不过，结合后来的美国传教士应思理在同年年底接管《中外新报》，并于"一千八百五十八年、咸丰八年十一月十五刊"（即1858年12月19日）印其《中外新报》第

① 《中外新报》第五卷第五号，咸丰八年五月十五日（1858年6月25日），第1页。
② 同上。

一卷第一号来看，玛高温在发抒其上述感慨时，实际上已经在积极接触与寻找在他"回国不能刊著"时继承其事业，续办《中外新报》的后来者。

（三）应思理续编于1858年12月的根据

玛高温编辑的《中外新报》究竟停刊于何时？由于手头上没有确切的资料，无法准确判断。但在现存的原件中，最后一期是"一八五八年咸丰八年六月十五日刊"印的"第五卷第六号"《中外新报》，足见玛高温主持的该报至少是出版至"一八五八年咸丰八年六月十五日刊"印（即1858年7月25日）的第五卷第六号。不过，值得注意的是，玛高温在该号有关《天津和约》的新闻报道的结语中，还写有"此意予容下报详之"的字眼，① 由此可以推测"咸丰八年六月十五日刊"印的"第五卷第六号"并非玛高温主持的《中外新报》的停刊号（至少是编者本身当时尚未有停刊的决定）。

另，细阅小野秀雄个人藏书手抄本《外国新文集》，笔者发现其中还录有《中外新报》（"我安政四年丁巳［卓按：应为安政五年戊午］、西洋一千八百五十八年、清咸丰八年八月十五日刊"）有关"日本国君"与"花旗钦差"重立新约、"大清皇上"割地给"峨罗斯"的消息，由此可见玛高温编撰的《中外新报》，至少是持续至"清咸丰八年八月十五日"，即1858年9月21日刊印的第五卷第八号。

至于在此之后，玛高温是否还持续编撰其第五卷第九号（咸丰八年九月十五日刊）和第十号（咸丰八年十月十五日刊），由于目前尚缺乏资料佐证，不能定断。不过，有一点可以推定的是，"一千八百五十八年咸丰八年十一月十五日"（按照原本的序号，应为"第五卷第十一号"）的《中外新报》已经由应思理接管。果真如此，玛高温总算找到了他"回国不能刊著"时的接班人。

笔者之所以深信"一千八百五十八年咸丰八年十一月十五日刊"的《中外新报》系由新编者应思理编撰，最主要的依据是日本版《官板中外新报》以此期为第一卷第一号（图1-1）。

针对这一点，日本新闻史学界一向以日本新闻史权威小野秀雄之说为准，即：《官板中外新报》第一卷第一号的原报系玛高温主编，从第二号（一千八百五十九年咸丰八年十二月十五日刊）开始由应思理主持，理由

---

① 《中外新报》第五卷第六号，咸丰八年六月十五日（1858年7月25日），第4页。

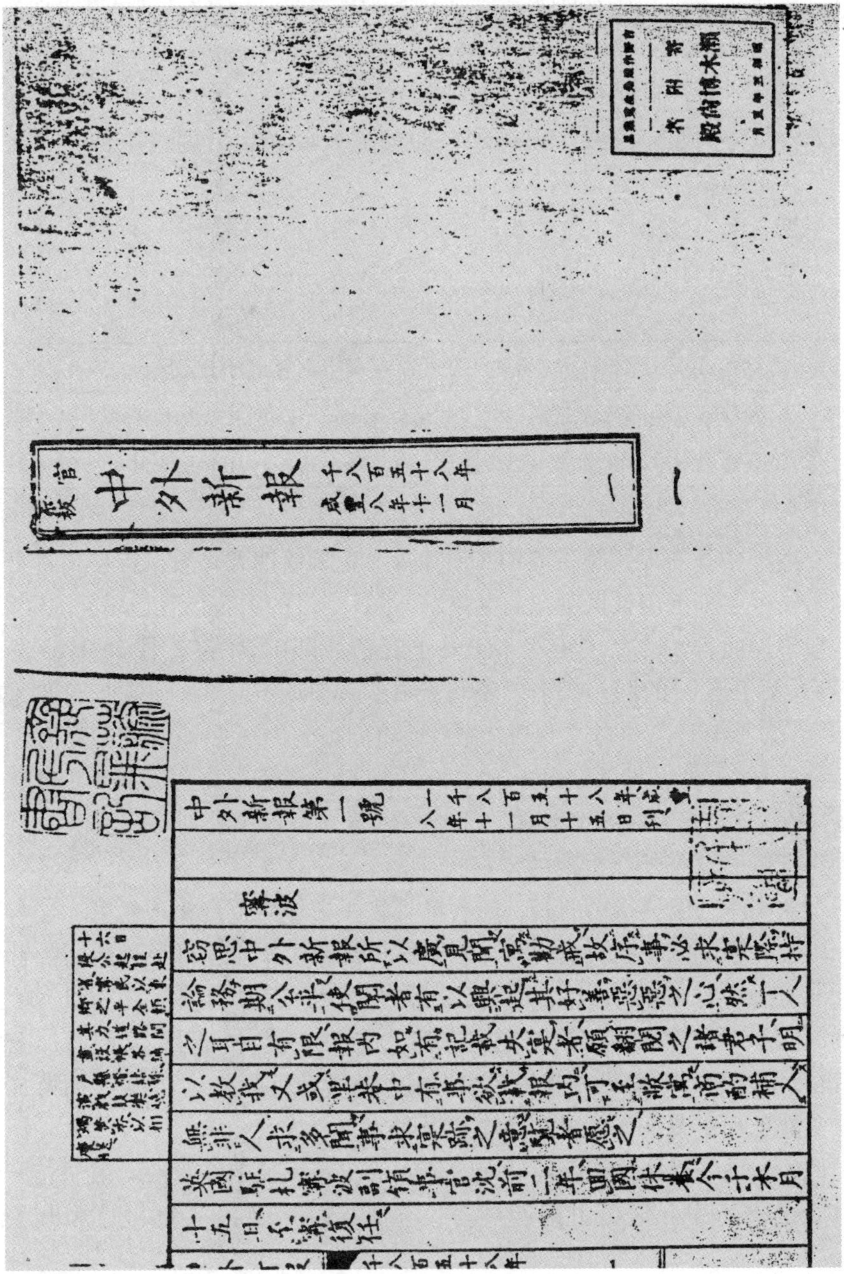

第一章　美国在华首家华文报刊《中外新报》(1854—1858;1858—1861) 原件及其日本版的考究　11

图 1-1 《官板中外新报》第一号的封面和第一页

是从第二号，也就是1859年度的第一号开始，《官板中外新报》的首页才有署名"浙宁应思理撰"的字眼。①

《官板中外新报》第一卷第一号为何未有编者的署名？署名"浙宁应思理撰"为何在第一卷第二号才出现？由于"第一卷第一号"，即"一千八百五十八年咸丰八年十一月十五日刊"印的《中外新报》原件散佚，目前无法回答这个问题。

但据目前完整保留下来的相关年份的《中外新报》原件，计有下列 3 册（皆依原件首页首行书写）：

第五卷第一号耶稣降世一千八百五十八年咸丰八年正月十五日刊

第五卷第五号耶稣救世后一千八百五十八年咸丰八年五月十五日刊

第五卷第六号耶稣救世一千八百五十八年咸丰八年六月十五日刊

上述《中外新报》第五卷的 3 册原件，正如前四卷一般，皆在其封页上左侧写明系"耶稣门徒医士玛高温撰"，足见当时的编者仍然是玛高温无疑。从一般常理而言，已在咸丰八年正月十五日（即 1858 年 2 月 28 日）发行"第五卷第一号"的同名编者，不可能在同咸丰年号的十一月十五日（即 1858 年 12 月 19 日），另改期刊之序号而将同报名的《中外新报》列为"第一卷第一号"。可以推断，日本官方特许翻刻的《官板中外新报》（包括第一卷第一号），皆为应思理编撰，日本的两卷《官板中外新报》其实都是应思理接管后的《中外新报》的删定版。

与此同时，应该指出的是，如果将《官板中外新报》第一卷第二号与现藏于哈佛大学、应思理所编的第二号原件相比较，不难发现原件内文的首页并无《官板中外新报》内文首页第二行的"浙宁应思理撰"之字眼，可见日本版的"浙宁应思理撰"只是翻刻者为向日本读者说明之方便而加上的（何况日本版的其他期号并非每号都注明系应思理所撰），不足以说明第二号起才是应思理所编（详情参照下文之说明）。

此外，另一间接佐证编者易人的是体现在《官板中外新报》第一卷第一号首页的文章中。这篇由编者撰写，类似当时"新报"新刊时常出现的

---

① 见［日］小野秀雄《我邦初期の新闻とその文献について——本书に採录させる新闻及び书籍の解题に代ふ》，《明治文化全集》第十七卷《新闻篇》，日本评论社，昭和 3 年，第 4 页；以及同氏《翻刻新闻杂志の原书について》，《新闻学评论》第一号，日本新闻学会，1952 年，第 68 页。

"小序"之类的告读者书，有着如下之记载：

> 窃思中外新报所以广见闻、寓劝戒、故序事必求实际、持论务期公平、使阅者有以兴起其好善恶恶之心、然一人之耳目有限、报内如有记载失实者、愿翻阅之诸君子、明以教我、又或里巷中有事欲载报内、可至敝寓、商酌补入、无非人求多闻、事求实迹之意、览者愿之①

这篇刊于第一页、类似开场白的告读者书，虽未直接提到《中外新报》"创刊"、"续刊"或编者更换之事宜，但从其行文，特别是编者积极邀请读者今后至其住所进行交流或阅读其报刊的内容来看，编者与其说是即将离开宁波，准备卸下编务工作的玛高温，不如说更像是新任编者应思理的口吻。

基于上述的分析，笔者深信《官板中外新报》第一卷第一号并非玛高温主编，而系由应思理接管和主持。

三 应思理编撰的《中外新报》(1858—1861) 考

(一)《官板中外新报》与日本手抄本的微妙差异

长期以来，报史学界除了少数学者（如小野秀雄、戈公振等）曾在大英图书馆阅读过玛高温编撰的《中外新报》的原件并对此有所记载之外，一般研究者只能从戈著《中国报学史》（1927 年或 1928 年上海商务印书馆版）的插图 "中外新报第一号咸丰八年十一月十五日刊"，看到应思理编辑的该报第一号第一页的版面。

正如前面所述，这 "中外新报第一号" 第一页版面的插图并非复制自《中外新报》的原件，而是取自日本版的《官板中外新报》。② 原来在日本

---

① 《官板中外新报》第一卷第一号，咸丰八年十一月十五日（1858 年 12 月 19 日），第 1 页。
② 关于戈著《中国报学史》（1927 年及 1928 年上海商务印书馆版）刊载的日本官版《中外新报》等两面插图，小野秀雄在前引论文《翻刻新闻杂志の原书について》中称系他当时借给戈公振复制的（按：原文中将戈公振误称为 "戈振青"，见《新闻学评论》第一号，日本新闻学会，1952 年，第 53 页）。由于《中国报学史》当时未清楚写明系复制自日本的官版汉文报刊，这也许是后来研究者对《官板中外新报》与《官版香港新闻》等产生混乱的主要原因。针对这一点，小野在同文中表示他曾考虑致函给戈氏澄清，但可惜戈氏已离开人间。详见本书第三章。

文久年间，幕府当局在被迫结束其原本奉行的锁国政策时，为满足当时对海外知识的要求，曾将当时从中国东南沿岸传入的中文报刊，由洋学研究所的"蕃书调所"（1862年改称为"洋书调所"）审核、批准而翻刻成小册子（即所谓"官版翻刻新闻"）。正是在这样的背景下，宁波的《中外新报》与上海的《六合丛谈》和《中外杂志》（1862—1863）等，作为"记载海外各国变革的新闻书"而被翻刻为"官板汉字新闻"（即官方特许翻刻的汉字报纸）。由于这些报刊都先经过"蕃书调所"或易名后的"洋书调所"教授们的检阅，上述"汉字新闻"在翻刻时，有关传教的文章（因为当时严禁外教）或被认为已经过时的有关贸易状况的记载等，皆被删除。①与此同时，为了方便读者的阅读，"官板"都注上日文句号和训读的符号。②发行者为当时的御用书商"老皂馆东都坚川三之桥万屋兵四郎"。③此外，为了有别于中国的原报或者清楚表明系官方特许的复刻版，这些在文久年间由日本官方审核、翻刻的汉字小册子一般皆在其原有报名前加上"官板"或"官版"二字。（按：据笔者调查，仅有《香港新闻》写为《官版香港新闻》而非《官板香港新闻》，原因不明。）也许，最忠实交代此官方"删定"特性的是《六合丛谈》的日本版，其封面版头就明明白白写着《官板六合丛谈删定本》。宁波《中外新报》的日本版封报头虽未写上"删定本"的字眼，而只注明《官板中外新报》，但从《官板中外新报》11册的内容中全未收录传教的文章来看，可以推测《官板中外新报》也和《官板六合丛谈删定本》一样，难逃被删减的命运。

　　对于应思理主持的《中外新报》，长期以来由于原件未被发掘，报史学界只能通过日本版进行研究。为此，笔者在20世纪80年代为日本百利坚出版社发行的《日本初期新闻全集》撰写有关日本官版汉字报纸及其原报的"题解"时，只能从两方面介绍《中外新报》。其一是偏重介绍笔者于20世纪70年代在大英图书馆所看到的，系玛高温主持的《中外新报》的原件及其面貌；其二是从玛高温编撰，颇富宗教色彩的《中外新报》版头与相关内容，推测应思理主持，但被"洋书调所"审阅并删定的《官板中外新报》

---

① 参看［日］小野秀雄前引论文《翻刻新闻杂志の原书について》，第54—56页，以及同氏前引《我邦初期の新闻とその文献について——本书に採录させる新闻及び书籍の解题に代ふ》，第4—5页。
② 同上。
③ 同上。

的原报的原有面貌。①

　　除此之外，另一可以尝试的做法是从同年代日本知识界私下流传的手抄本（即写本）着手，从而印证与窥视《官板中外新报》原报《中外新报》的一部分面貌。以下即对日本手抄本与日本《官板中外新报》进行比较与考查。

　　原来在日本文久年间官方大量翻刻官版汉字报纸之前，当时精通汉文的日本知识分子为了获取海外的消息和知识，已在辗转抄写来自中国东南沿海城市的汉字报刊。其中流传最广、版本最多的写本，莫过于香港发行的《遐迩贯珍》。推究其因，一来是因为《遐迩贯珍》对1853年6月培利（M. C. Perry，1794—1858）到日本及第二年3月缔结美日友好条约的经过及其内容，有详细的记录，并曾连载与培利同行的中国人罗森的《日本日记》。② 这些报道和日记，引发了当时日本知识界的广泛兴趣而辗转抄录；另一个原因，也许是由于《遐迩贯珍》流传入日本较早，当时尚未有官方翻刻版的缘故。在蕃书调所（或易名后的洋书调所）批准翻刻的汉字报刊大量出现之后，抄自原件的写本虽较少见，但仍不间断。这些写本不少是经过辗转抄写的，其中难免有所疏漏或差误。但从另一个角度来看，这些未经官方正式审核或受其条条框框的限制而抄写的抄本，其内容比起官版的翻刻本往往更能接近原报的面貌。在原件无法觅得之前，这些日本民间留传下来的不同版本的写本，无疑是我们窥视与印证官版汉字报纸之原报面貌的另一可行的宝贵途径。

　　与多版本的《遐迩贯珍》写本相比，宁波《中外新报》的写本，除了已故小野秀雄个人收藏的一部分手抄本《外国新文集》（以日本相关信息为主）和京都大学收藏的《中外新报钞录》（只抄录与日本有关的内容）（见图1-2）之外，较为人所知且较完整的是收录于《铃木大杂集十六》的抄本。

　　《铃木大杂集十六》收录的《中外新报》共7期（第一号至第八号，其中第六号欠缺）。③ 其具体的序号与日期（依各号内文首页首行之原文书写）为：

---

① 参看［新加坡］卓南生《解说　官板華字新聞及び中国語原紙について》，《日本初期新闻全集》1，ペリカン社，1986年，第vi页。
② 参看［新加坡］卓南生前引《中国近代报业发展史1815—1874》（增订版），第80、81和83页。
③ 《铃木大杂集十六》，［日］早川纯三郎编：《铃木大杂集三》（非卖品），日本史籍协会，大正7年6月，第57—117页。

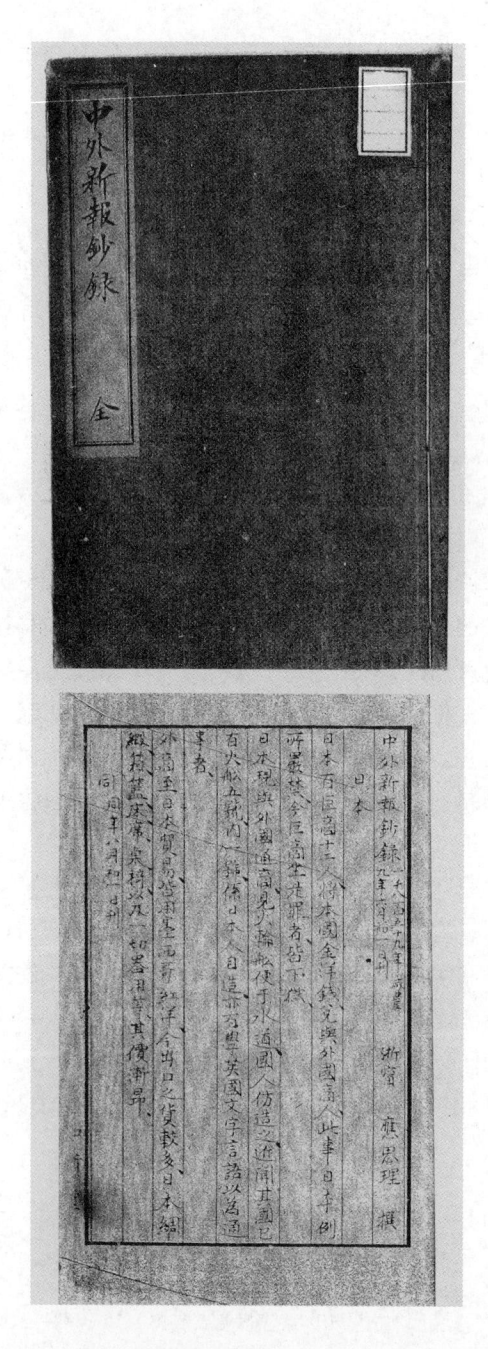

图1-2 《中外新报钞录》写本的封面和第一页

第一章　美国在华首家华文报刊《中外新报》(1854—1858；1858—1861) 原件及其日本版的考究

第一号耶苏救世后一千八百五十八年　咸丰八年十一月十五日刊

第二号耶苏降世后一千八百五十八年　咸丰八年十二月十五日刊

第三号救世耶苏降世后一千八百五十九年　咸丰九年三月初一日刊

第四号救世主耶苏降生后一千八百五十九年　咸丰九年六月初一刊

第五号救世主耶苏降生后一千八百五十九年　咸丰九年八月初一刊

第六号　（欠缺）

第七号耶苏降世后一千八百五十九年　咸丰九年十一月初一日刊

第八号救世主耶苏降世后一千八百六十年　咸丰九年十二月初一日刊

（按：据原件第二号、第四号、第七号和第十号，原文是"耶鯀"而非"耶苏"）

仔细比较《官板中外新报》11 期与《铃木大杂集十六》收录的 7 期抄本的内容，我们可以发现有不少微妙的差异。

为了方便说明，谨将《官板中外新报》每期首页有关刊号与日期的大标题（依"官板"原文书写）整理如下：

中外新报第一号　一千八百五十八年　咸丰八年十一月十五日刊

中外新报第二号　一千八百五十九年　咸丰八年十二月十五日刊　　　　　浙宁　应思理　撰

中外新报第二卷第一号　一千八百五十九年　咸丰九年三月初一日刊①　　　　浙宁　应思理　撰

中外新报第四号　一千八百五十九年　咸丰九年六月初一日刊　　　　　浙宁　应思理　撰

中外新报第五号　一千八百五十九年　咸丰九年八月初一日刊

中外新报第六号　一千八百五十九年　咸丰九年十月初一日刊　　　　　浙宁　应思理　撰

---

① 从前后的序号来看，《官板中外新报》的"第二卷第一号"正确的排序号应该是"第三号"。这究竟是中文版编者之错，还是日本版编审者之误，小野秀雄就曾提出质疑。见前引小野秀雄《翻刻新闻雜誌の原書について》，第 68 页。

	续表
中外新报第七号　一千八百五十九年　咸丰九年十一月初一日刊	浙宁　应思理　撰
中外新报第八号　一千八百六十年　咸丰九年十二月初一日刊	浙宁　应思理　撰
中外新报第九号　（欠缺）	
中外新报第十号　千（按：原文）八百六十年　咸丰十年四月初一日刊	
中外新报第十一号　一千八百六十年　咸丰十年九月初一日刊	
中外新报第十二号　一千八百六十一年　咸丰十一年正月初一日刊	

　　从《铃木大杂集十六》收录的 7 期抄本和 11 期《官板中外新报》的序号、日期等的说明中，首先可以发现抄本在各序号之后与西历年份之前都加有诸如"耶苏降世后"、"救世耶苏降生后"或"救世主耶苏降世后"的字眼。与此相反，《官板中外新报》皆未出现此类的文字。抄本中的"耶苏降世后"等的文字，相信不是杜撰而系抄自原报；至于"耶苏降世后"等字眼之不统一，究竟是原报如此，还是抄者之误，则有待进一步的考察。

　　不过，可以肯定的是，遵循禁止外教等编审方针，执行审阅工作的蕃书调所或洋书调所的教授们不会让"耶苏降世后"或"救世主耶苏降世后"之类的文字轻易过关。

　　比较上述手抄版与《官板中外新报》之差异，不难发现，负责审阅的教授们对《中外新报》中与传教相关的文章采取下列的三种编审方针与态度。

　　其一，删除相关的全篇文章或新闻。

　　例如，《中外新报》抄本"第八号救世主耶苏降世后一千八百六十年咸丰九年十二月初一日刊"中一篇题为《原教》长达 600 余字的传道文章就未见诸于《官板中外新报》的第八号（一千八百六十年咸丰九年十二月初一日刊）。[①] 另如，抄本"第二号耶苏降世后一千八百五十八年咸丰八年十二月十五日刊"中一则有关美国传教士的出版消息（全文为"花旗耶苏教士丁韪良先生新著喻道传一书即浅见深无深非浅最引人入胜"），[②] 亦未见于

　　[①]　《铃木大杂集十六》，[日] 早川纯三郎编：《铃木大杂集三》（非卖品），日本史籍协会，大正 7 年 6 月，第 116—117 页。

　　[②]　同上书，第 66 页。

《官板中外新报》的第二号。

其二，采取部分删减的做法。

例如抄本"第三号救世主耶苏降世后一千八百五十九年咸丰九年三月初一日刊"中，一篇题为《民数》长达 200 余文字的文章，[①] 虽然也翻刻于《官板中外新报》的"第二卷第一号一千八百五十九年咸丰九年三月初一日刊"中，但后者只刻印该文的前半部分，即有关地球上"四大洲"人口之分布与各宗教信仰人口的统计。至于评述各宗教之盛衰，富有传道色彩的后半部皆被删除。[②]

其三，将原文中有关"耶稣"、"天主教"等字眼删除，或改称为"西教"或"洋教"。例如，抄本"第四号救世主耶苏降生后一千八百五十九年咸丰九年六月初一日刊"中的《亚美利加土人》中提到的"英国耶苏教士"，[③] 在《官板中外新报》的第四号（一千八百五十九年咸丰九年六月初一日刊）的同篇文章中，就被删改为"英传教士"；至于同文中提到的"天主教"，则被改为"西教"。[④]

又如抄本"第八号救世主耶苏降世后一千八百六十年咸丰九年十二月初一日刊"中"欧罗巴"消息中提到的"天主教"，[⑤] 在《官板中外新报》第八号的《欧罗巴》消息中，则被改为"洋教"。[⑥]

（二）《中外新报》原件与抄本及《官板中外新报》之差异

在仔细比较《官板中外新报》与《铃木大杂集十六》收录的抄本之差异之后，如果我们再将它们与现存的同时期《中外新报》之 4 期原件作进一步的核校，《官板中外新报》的编审方针及其删减或删改的原则就会更加清楚。这无疑有助于我们对《官板中外新报》及应思理主持的《中外新报》全貌的认识。

[①] 《铃木大杂集十六》，[日]早川纯三郎编：《铃木大杂集三》（非卖品），日本史籍协会，大正 7 年 6 月，第 79—80 页。

[②] 《官板中外新报》第二卷第一号（实为第三号），第 7—8 页。

[③] 《铃木大杂集十六》，[日]早川纯三郎编：《铃木大杂集三》（非卖品），日本史籍协会，大正 7 年 6 月，第 89—90 页。

[④] 《官板中外新报》第四号，第 7 页。

[⑤] 《铃木大杂集十六》，[日]早川纯三郎编：《铃木大杂集三》（非卖品），日本史籍协会，大正 7 年 6 月，第 110 页。

[⑥] 《官板中外新报》第八号，第 2 页。

鉴于应思理主持的《中外新报》之原件目前仅能见到4册，仔细阅读并比较比现存原件还多达7册的《官板中外新报》（共11册），仍然不失为窥视应思理编撰时期的《中外新报》全貌的重要途径。

由应思理主持，已知的现存《中外新报》的原件共有4期，其具体序号与日期（依各号内文首页首行之原文书写）如下：

第二号耶稣救世后一千八百五十九年　咸丰八年十二月十五日刊

第四号救世主耶稣降世后一千八百五十九年　咸丰九年六月初一日刊

第七号救世主耶稣降世后一千八百五十九年　咸丰九年十一月初一刊

第十号救主耶稣降世后一千八百六十年　咸丰十年四月初一日刊

其中第二号、与第四号和第七号既翻刻于《官板中外新报》中，也有抄本收录于《铃木大杂集十六》。比较三者之微妙差异，不难印证前述的推论：日本知识界流传与保留下来的抄本比《官板中外新报》更忠实于原报。前述的抄本在各号首页首行年号之前保留原文的"耶稣救世后"等字眼（虽然也有笔误之处）是一个例子；一部分被"官板"删除或修改的宗教传道或文字保留于抄录本是另一个例子。

尽管如此，对于原报中比较直接宣传基督教的文章，抄本也同样采取较为谨慎的态度。例如原件第二号一篇题为《辩教说》和原件第四号、第七号与第十号封二刊载的《劝读耶稣圣经说》，皆未被抄录。

第七号原件中的《明镜无遗》①与第十号原件中刊载的一篇题为《回心向道说》②的传教文章也未见诸《官板中外新报》和写本。此外，第十号另一被删除的文章是对和约中牵涉到有关在中国行教的问题，特别是条约中对耶稣教与天主教二者采取莫辨其异的态度深表不满而抒发的评论。③

现将应思理《中外新报》4期原件的目录，与《官板中外新报》及手抄本的目录作一比较与梳理：

---

① 《中外新报》第七号原件，咸丰九年十一月初一日（1859年11月24日），第4页。
② 《中外新报》第十号原件，咸丰十年四月初一日（1860年5月21日），第5页。
③ 同上，第3页。

第一章　美国在华首家华文报刊《中外新报》(1854—1858；1858—1861) 原件及其日本版的考究

	《中外新报》原件	《官板中外新报》	《铃木大杂集十六》抄本
第二号	第二号　耶稣救世后一千八百五十九年　咸丰八年十二月十五日刊	中外新报第二号　一千八百五十九年　咸丰八年十二月十五日刊 　　　浙宁　应思理　撰	第二号　耶苏降生后一千八百五十九年　咸丰八年十二月十五日刊
	宁波	宁波	宁波
	南京	南京	南京
	鄞县公案	鄞县公案	鄞县公案
	东乡安始末　续前	东乡安始末　续前	东乡安始末　续前
	辨教说	(欠缺)	(欠缺)
第四号	(封二) 劝读耶稣圣经说	(欠缺)	(欠缺)
	第四号　救世主耶稣降世后一千八百五十九年　咸丰九年六月初一日刊	中外新报第四号　一千八百五十九年　咸丰九年六月初一日刊 　　　浙宁　应思理　撰	第四号　救世主耶苏降生后一千八百五十九年　咸丰九年六月初一刊
	宁波	宁波	宁波
	上海	上海	上海
	南京	南京	南京
	广东	广东	广东
	日本	日本	日本
	外国新闻	外国新闻	外国新闻
	亚美利加土人	亚美利加土人	亚美利加土人
	附宁波	附宁波	附宁波
第七号	(封二) 劝读耶稣圣经说	(欠缺)	(欠缺)
	第七号　救主耶稣降世后一千八百五十九年、咸丰九年十一月初一日刊	中外新报第二号　一千八百五十九年、咸丰九年十一月初一日刊 　　　浙宁　应思理撰	第七号　救主耶苏降世后一千八百五十九年咸丰九年十一月初一日刊
	宁波	宁波	宁波
	上海	上海	上海
	广东	广东	广东
	日本	日本	日本
	天竺	天竺	天竺

续表

	《中外新报》原件	《官板中外新报》	《铃木大杂集十六》抄本
第七号	欧罗巴	欧罗巴	欧罗巴
	亚美利加	亚美利加	亚美利加
	亚非利加	亚非利加	亚非利加
	金刚石	金刚石	金刚石
	明镜无遗	（欠缺）	（欠缺）
第十号	（封二）劝读耶稣圣经说	（欠缺）	（欠缺）
	第十号　教主耶稣降世后一千八百六十年　咸丰十年四月初一日刊	第十号　一千八百六十年　咸丰十年四月初一日刊	
	宁波	宁波	
	舟山	舟山	
	杭州	杭州	
	上海	上海	
	潮州	潮州	
	香港	香港	
	黑龙江	黑龙江	
	日本	日本	
	天竺	天竺	
	萨尔盖西亚	萨尔盖西亚	
	西班牙	西班牙	
	茄佛岛　荷兰属	茄佛岛　荷兰属	
	英吉利	英吉利	
	佛兰西	佛兰西	
	花旗	花旗	
	造醋法	造醋法	
	造纲（卓按：原文，系"钢"字之误）法	造纲（卓按：原文，系"钢"字之误）法	
	回心向道说	（欠缺）	
	附苏州	附苏州	

综合上述的考察及对应思理主持的《中外新报》三种版本（4 期原件、7 期手抄本和 11 期《官板中外新报》）的辨析，我们可以得出如下的初步结论：应思理主持的《中外新报》前后共出版 12 号。即始于 1858 年 12 月 19 日（咸丰八年十一月十五日）的"第一号"，而闭刊于"第十二号"的 1861 年 2 月 10 日（咸丰十一年正月初一）。除第九号内容不详之外，余者基本上皆收录于日本官方删定（删除、删减或删改有关西教的宣传文章和字眼）的《官板中外新报》第一卷和第二卷中。从这 12 期（第九号欠缺）的出版间隔周期来看，不难发现编者虽尝试按其目标，在农历"每月或间月"之朔（初一）或望（十五）刊印，但在实际上往往脱期，其中有者之间隔甚至长达半年之久。从这层意义上来看，应思理主持的《中外新报》与其说是定期的宗教期刊，不如说是不定期的宗教刊物。

四　玛高温与应思理主持的《中外新报》的连续性与非连续性

那么，这家由应思理编撰，前后为期两年有余，但只发行 12 期的《中外新报》，与由玛高温创刊，始自 1854 年而停刊于 1858 年的《中外新报》，是否有其连续性呢？

要回答这个问题，首先得对两名编者的简历及他们两者发行报刊的宗旨有明确的认识。

（一）两名编者经历之异同与对待定期刊物态度之差异

《中外新报》创刊编辑玛高温是一名美国浸礼会传教医师。1843 年 2 月底，也就是英国占有香港殖民地后不久，他奉派前往中国从事"医学播道"抵达香港。同年 9 月，他离开香港北上，途经舟山抵达目的地宁波。11 月，他在当地开办诊疗所，但在 3 个月后就将它关闭而离开宁波。1845 年 4 月，他重返宁波并重新开办诊疗所，继续开展其"医学播道"的工作。1859 年，他曾往日本作短暂的居留，但鉴于健康的理由，旋即与其英籍夫人前往英国。[①]

创刊于 1854 年 5 月的《中外新报》，便是玛高温寓居于宁波期间，在从事"医学播道"的同时，出版的一份中文定期刊物。

---

① Wylie, op. cit., pp. 132–133.

从玛高温的上述简历，不难看出他是奉派至中国"拓教"的最早一批美国传教士中的一名成员，也是最早前往宁波活动的美国传教士。

他两度在宁波开办诊所，正好是在宁波正式开埠（1844年1月1日）及美国政府迫使清朝政府签署包括同意美国人得以在五个通商口岸建立教堂和医院等协定的《望厦条约》（1844年7月3日）前后的敏感期间。

在这么一个中外（特别是中美）关系十分微妙的时刻抵达通商口岸宁波，并以宁波为据点开展拓教活动的美国传教士玛高温，他在掌握了中国语言与当地的风俗、文化与民情之后，正如其他欧美传教士一样，也开始以中文撰写和刊印其宣传基督教或宣扬西方科技与文明的中文印刷物，积极进行其"文字播道"的工作。

据记载，玛高温在创办《中外新报》之前，曾先后在宁波刊印的中文印刷物计有如下三种：①

(1) 1851年刊印的《博物通书》(*Philosophical Almanac*，共40页)；

(2) 1852年刊印的《日食图说》(*Plate of the Solar Eclipse with Explanation*，图文并茂并附中英文字的一大张图片)；

(3) 1853年刊印的《航海金针》(*Treatise on Cyclones*，共35页)。

正是在连续三年刊印且累积了以中文撰写、编译的小册子等"文字播道"经验之后，玛高温在1854年5月11日（咸丰四年四月十五日）于宁波创办了初为半月刊，后改为月刊的《中外新报》。

至于接替玛高温，承担编撰《中外新报》任务的美国传教士应思理，也与玛高温有着近似的经历。他是奉基督教长老会派遣而于1856年12月抵达上海，旋即前往目的地宁波的。从1857年1月1日抵达宁波至1861年4月27日离开宁波返回美国四年多的日子里，他都以宁波为据点开展其"播道"的工作。②

据记载，他在接管《中外新报》期间，也曾在宁波刊印了下列两本传教的中文小册子：③

其一是1858年刊印的《圣山谐歌》(*Hymn set to Music.* pp. x80)；

其二是1860年刊印的《圣教鉴略》(*Church History*，38页)。

由此可见，与前辈的美国传教士玛高温相比较，应思理前往中国传教的

---

① Wylie, op. cit., p. 133.
② Ibid., p. 243.
③ Ibid., p. 244.

日子可以说是非常短，他在宁波的时间也仅仅是四年有余。1858年年底，也就是应思理抵达宁波快满两年的时候，他肩负起续编长年以来玛高温一手编撰的中文定期刊物的工作。这显然不是一项轻松的任务。

也许是意识到定期出版中文刊物任务之沉重，应思理在接替临别宁波的玛高温编撰这份被玛高温形容为"浙宁人稍有买之"，但仍有亏损的《中外新报》时，不敢掉以轻心，虽力图继承玛高温"每月之望（农历每月十五日）编售"之传统，但在其封面版头上却声称"或每月或间月编售"。

换句话说，应思理在接管《中外新报》时，对于能否按期出版并不具有充分的信心，而将其出版周期定位为"或每月或间月编售"的"月刊"或"双月刊"。

在这一点上，应思理与创刊编者玛高温先将《中外新报》定位为"每月朔望编售"的"双周刊"，后因"买者少"、"每月终耗费洋银数元"而被迫改为"每月之望"发行的"月刊"的态度是截然不同的。两名编者对编撰定期报刊《中外新报》的自信与热忱，显然有着巨大的差距。

也许，最能反映玛高温编者重视定期报刊之时宜性与定期性原则的，莫过于他对"截稿消息"所采取的编辑手法，及他对延迟出版所处的严肃态度。

对于截稿以后的消息，玛高温采取两种编辑方式。其一是将之附加于小册子末页的空白处（其中也包括有些只是为了填满末页的空白者），而在分类的栏目小标题上，注明"附宁波"、"附广东"等，以别于正文中的"宁波"栏、"广东"栏等。其二是在其刊物内相关栏目的栏外上方空白处补刻其最新消息。

关于前者，应思理在接编《中外新报》后也继承其传统。在现存的第四号（咸丰九年六月初一日，即1859年6月30日）和第十号（咸丰十年四月初一日，即1860年5月21日）的原件中，就可以分别看到附于末页的"附宁波"与"附苏州"的最新消息。

至于将最新消息简短地刻于相关新闻栏外上方空白部分的编辑手法，应思理也萧规曹随。最能体现此精神的，莫过于惟妙惟肖、翻刻自原报的《官板中外新报》（见《官板中外新报》第一卷第一号，咸丰八年十一月十五日，即1858年12月19日刊印的首页版面）。对于应思理继承的这一编辑手法，前述的《中外新报》日本手抄本也十分重视。也许是由于手抄本不易体现这一特征，抄本将此"截稿消息"附录于同号的页末。抄本《中外新报》第五号（咸丰九年八月初一日，即1859年8月28日）便有此"附录"。为了忠实反映原报的状况，抄者还在"附录"的栏目标题下加注如下的说明："此条原本在宁波栏外盖编成后追录者故今附录于此"①。

然而，对于首任编辑玛高温严守定期性原则，或者在延误出版时向读者致以歉意或说明的态度，应思理显然无法办到。

纵览现存玛高温编撰时期的《中外新报》25 期原件，不难感受到编者竭尽所能，按期刊印其定期报刊的精神。换句话说，编者在最初的一年多里（即咸丰四年的第一卷和咸丰五年的第二卷），争取每两周出版一期（每逢农历初一、十五日刊印），但从第三卷（咸丰六年）开始，则改为每月十五日刊印而未脱号。在无法如期刊印而延误时，编者玛高温也有所交代。

例如，在第三卷第二号（咸丰六年二月十五日，即 1856 年 3 月 21 日）的首页，编者便写道：

> 中外新报向依期无误今之稍迟误者实因带新闻之火轮船在洋上船内火轮机忽坏故耽搁数日始得倒也

又如第四卷第一号（咸丰七年正月十五日，即 1857 年 2 月 9 日）首页的上方栏外空白处，编者有此声明：

> 新报向限每月十五日刊印近来数报何以较迟因寄信火轮每月十五到上海而到宁波或迟数日若于十五日刊出而迟到数日之新闻纸可于下报刊印则广东打仗一案何以辨谣言之真伪故近来数报迟刊数日

反观应思理在接替玛高温编辑此中文定期刊物时，从一开始对其"定期性"与"时宜性"就不那么重视，而是采取较为含糊的态度。他在接编《中外新报》时，将原来封面版头上的"每月之望编售"改写为"或每月或间月编售"，主要当然是为了减轻截稿期限的压力，但在实际上多少已有为他不能如期刊时做好下台阶的准备。至于他后来断断续续之出版，其间隔甚至长达半年之久，则正如前面所述，已将玛高温的半月刊（后改为月刊）的定期报刊，编撰成徒有"新报"之名而无"新报"之实的不定期刊物。从这个角度来看，应思理的《中外新报》与玛高温的《中外新报》是有其非连续性的。

---

① 《铃木大杂集十六》，前引书，第 101 页。

（二）封面设计、版式与编辑方针之比较

在本章最初的部分，笔者曾提到由于应思理所编的《中外新报》未继承玛高温所编的《中外新报》的序号，致使一部分只接触其中一名编者主持的《中外新报》［有者在实际上只看到刊于戈公振《中国报学史》（1927年或1928年商务印书馆版）的《官板中外新报》第一号的插图］的研究者对《中外新报》的创始年月和内容等有所误解和混乱。

有关这一点，只要我们认真对比现存两者原件的封面设计、版式和内容，就不难发现两者不管是报刊的名称，还是编辑方针与自我定位都是一脉相承的。

正如现存玛高温编撰的《中外新报》最早的原件（第二卷第二号，咸丰五年正月十五日，即1855年3月3日）（图1-3）与现存应思理编撰的《中外新报》最早的原件（第二号，咸丰八年十二月十五日，即1859年1月18日）（图1-4）所示一般，两者封面都以斗大"中外新报"四个字的报刊名称作为版头，两者的右侧都写道：

> 拜真神尊帝王畏官长亲爱兄弟圣经之要旨也故是报以此数者为宗旨不敢悖理妄录。

"拜真神尊帝王畏官长亲爱兄弟圣经之要旨也故是报以此数者为宗旨不敢悖理妄录"云云，实际上是开门见山，向读者清楚表明《中外新报》是一家以宣传基督教的《圣经》为宗旨，提倡"拜真神"（拜上帝）的宗教报刊。

紧接着，它写道：

> 且据道光廿四年九月十三日万年和约奉　宣宗成皇帝钦定章程第廿四条内准议彼此书籍可以互相发卖云云然其中所言惟谨守名分耳

这段话，无非是要向读者表示，《中外新报》这份宗教报刊是根据中法在1844年10月24日（"道光廿四年九月十三日"）签署的《黄埔条约》（"万年和约"）之条文，并经中国皇上钦定批准"互相发卖"彼此书籍的"合法刊物"。

图 1-3 玛高温编撰的《中外新报》原件的封面

第一章 美国在华首家华文报刊《中外新报》(1854—1858;1858—1861) 原件及其日本版的考究

图 1-4 应思理编撰的《中外新报》原件的封面

正当西方列强紧随着《南京条约》之签署，纷纷迫使清政府结束闭关政策，相继签署不平等条约的时刻，美国传教士报人在其报刊开宗明义，既表明报刊旨在宣传"拜真神"之《圣经》，又强调它具有中国皇上认可的"合法"地位，是有其特殊的含义的。

因为，以往的宗教定期刊物虽然也旨在宣传基督教，但限于当时的客观环境（清政府的严教政策及中国民众，包括远离中国到南洋谋生的华侨对西教难以接受的态度），都还采取比较含蓄的态度。例如，1815 年在马六甲创刊的中文报刊《察世俗每月统记传》，其封面版头的右侧就只写一行引自中国《论语》的"子曰多闻择其善者而从之"。同样的，1823 年在巴达维亚（现雅加达）创刊的《特选撮要每月纪传》也在封面版头的右侧引用《论语》的语录："子曰亦各言其志也已矣"。即使是被认为比较"圆滑"但更具攻击性的传教士郭士立 1833 年在广州创办《东西洋考每月统记传》时，他在封面版报刊名的左侧所引用的语录，也是源自《论语》的"人无远虑必有近忧"。①

从这个角度来看，在中文报刊的封面版上，露骨且详尽表明旨在宣传基督教并声明是合乎"万年和约"的"合法刊物"者，还是首创自美国在华的首家中文报刊《中外新报》。应思理在接编之后，继续使用同样的封面版头，并保留上述既直截了当阐明其"拜真神"的宗旨，又强调其"合法"地位的"说明"，也揭示了他将继承玛高温对《中外新报》的编辑方针，两者对《中外新报》的基本定位是一致的。

不仅如此，一反过去宗教月刊的编者在封面以笔名署称（《察世俗每月统记传》的编者自称"博爱者纂"、《特选撮要每月纪传》的"尚德者纂"和《东西洋考每月统记传》的"爱汉者纂"）的传统作风不同，《中外新报》的创刊编者玛高温在其报刊名左侧最后一行堂堂正正地写着："耶稣门徒医士玛高温撰　浙宁北门外爱华堂刊印"。这一切充分地反映了在 1844 年中美《望厦条约》和中法《黄埔条约》签署之后，美国传教士玛高温自认在中国已取得"合法播道"的身份，故《中外新报》的宗教色彩及他本人的传教士身份，可以更为大胆地表露于报刊的封面。

不过，也许是意识到"耶稣门徒"四个字过于刺眼和敏感，应思理接编后的《中外新报》将封面版的此行文字改为"浙宁大府前应先生撰"（见原件第二号的封面版）。当然，编者自称为"应先生"是不合乎常规的，这也

---

① 详情参见［新加坡］卓南生：前引《中国近代报业发展史 1815—1874》（增订版），第 3 章和第 4 章。

许是日后改为"浙宁　应思理撰"（见原件第四号、第七号和第十号的封面版）的原因所在。

至于出版周期、发行地点和售价等，应思理也沿袭玛高温的做法，写明在《中外新报》的报头左侧。

有关出版周期，正如前面所述，玛高温时期的《中外新报》最初两卷为半月刊（封面上写明"每月朔望编售"），从第三卷起则改为月刊（封面上写明"每月之望编售"）；至于应思理，则虽表明《中外新报》是"每月或间月编售"，但在实际上却沦为不按期出版的不定期期刊。

对于该报的销售地点和报费，玛高温在封面版上也有如下的交代：

<blockquote>定于宁波日升街汲绠书庄发卖或灵桥门内福音医馆西门真神堂对门寄售每本计钱十文凡外府县书庄来兑可至本堂另议</blockquote>

应思理则写道：

<blockquote>定于宁波大府前礼拜堂内发卖每本计钱十文凡外府县书庄来兑可至本堂另议（按：见原件第二号封面版。另，现存原件第四号、第七号和第十号还注明该报同时"并寄至上海洋泾滨丰顺洋行内发售"。）</blockquote>

两相比较，可以发现两者的具体售报地点虽略有所异，但两名传教士编者都以自己在宁波的"播道"地点或住宅为据点，"每本计钱十文"出售（尽管在实际上购买者甚少），且都特别欢迎"外府县书庄来兑"，应思理的《中外新报》甚至还在"上海洋泾滨丰顺洋行内发售"，以图扩大其影响力。

由此可见，不管是玛高温编撰时期，或者是后来应思理的续编时期，两者都把《中外新报》定位于立足宁波，进而对周边地区推行"文字播道"的宗教刊物。

五　小结

综上所述，可以得出如下之结论：

宁波最早的中文新报《中外新报》创刊于1854年5月11日（咸丰四年四月十五日），首任编辑为美国浸礼会传教士玛高温。该刊最初为半月刊，从1856年2月开始改为月刊。1858年12月19日（咸丰八年十一年十五日），另一由基督教长老会派遣抵宁的美国传教士应思理接替玛高温的编务工作，并另改序号出版，一直持续至1861年2月10日（咸丰十一年正月初一日）。日本文久年间官方核准翻刻的《官板中外新报》及当时日本知识界流传的各种《中外新报》手抄本等，皆源自应思理编辑时期的该报。换句话说，日本《官板中外新报》只翻刻应思理主编时期的该报（1858—1861）。

特别应该指出的是，戈公振《中国报学史》1927年和1928年上海商务印书馆版刊载的"中外新报第一号"影本插图，并非来自原件，而系取自日本的《官板中外新报》。足见1858年"中外新报第一号"系应思理续编后的第一号，而不能据此否定在此之前由玛高温主持、现存原件不少于29期的《中外新报》的存在。换句话说，戈公振《中国报学史》问世以来报史学界的"一八五四创刊"之说并无错误；与此相反，"一八五八创刊"之说纯系对戈著插图的错误解读。

仔细阅读《中外新报》原件、日本官版和手抄本，不难发现应思理编撰的《中外新报》，虽然无法全面坚守创刊编者玛高温遵循定期刊物的"定期性"与"时宜性"的出版原则，且未继承前任编者编纂之《中外新报》的序号而呈现"非连续性"的现象，两名不同教派出身的编者对《中外新报》的定位及其编辑方针是一脉相承的。

有关这一点，如果我们对该报两个时期的内容作进一步的比较，两名美国传教士编者对该报的此一自我定位及其总体的编辑方针，就更加清楚了。

简单地说，不管是玛高温或者是后来的编者应思理所编的《中外新报》，有着下列三条鲜明的共同主线。

其一，正如前面所述，两个时期的《中外新报》在各号内文第一页写明其序号之后，皆在公元年号之前写上诸如"耶稣救世后"的字眼。与此同时，除了直接刊登传教的文章之外，两者在新闻报道或兼夹的评语中都不忘宣传基督教的教义或为"播道"的传教士说好话，充分体现了该报作为宗教刊物的浓厚色彩。

其二，《中外新报》两个时期有关新闻栏目的分类和排序，基本上都以"宁波"栏为头条，其次是周边地区的新闻（十分重视社会新闻），最后才是其他大城市如"上海""南京""广东""厦门"等新闻栏目。

其三，对于中外关系，《中外新报》十分重视，可以说是该报的报道与评论的重点之一。其中特别是"花旗"（即"美国"）栏，在相对上不仅数量多，且多正面之报道，流露出了美国传教士报人重视其"国策"的倾向。

可以这么说，上述有关"宗教"、"宁波"和"花旗"三条主线的内容始终贯穿于不同年号的《中外新报》的新闻报道与评论中。前后期两名编者的新闻嗅觉与视野基本上是相一致的。

至于两个时期的《中外新报》如何立足于宁波，既重视地方新闻，又不忘其"播道"的基本任务，且为其"花旗"之"国益"服务，则有待下一章对其内容进行详尽的具体分析。

第二章

宁波《中外新报》(1854—1858；1858—1861) 的编辑方针与"国益论"[*]

在上一章，笔者曾指出，不管是玛高温（Deniel Jerome MacGowan, 1814—1873）或者是后来的编者应思理（Elias B. Inslee, 1822—1871）续编的《中外新报》，都有着如下三条鲜明的主线：

其一，不忘宣传基督教的教义。

其二，以"宁波"栏为头条新闻，其次是周边地区（特别是其他四个通商口岸和已沦为英国殖民地的香港）的新闻，最后才是其他大城市的新闻栏目。

其三，重视国际新闻，特别是与花旗国（美国）有关的信息。

本章则拟在此基础上进一步探讨玛高温与应思理两名编辑在不同的时期，如何具体落实《中外新报》上述立足于宁波，既重视地方新闻，又不忘其"播道"（即传播基督教教义）任务，且为其花旗国"国益"服务之编辑方针和报道倾向。

一 新闻栏目编排特色与地方报刊的自我定位

在进一步探讨《中外新报》的上述编辑方针与报道倾向之前，这里有必要先对《中外新报》的版式和新闻栏目的排序等作一番考察，也有必要扼要比较该刊与同年代的华文报刊新闻处理手法之异同，从而窥视该刊的自我定位与特征。

---

[*] 本文日文版原载于日本龙谷大学《国际社会文化研究所纪要》第10号（2008年），第131—154页。原题为《宁波「中外新報」（1854—1861）の编集方针と报道姿势》。中文版曾刊于程曼丽主编《北大新闻与传播评论》第四辑（2009年），第95—121页。

（一）版式与新闻栏目特征

先谈《中外新报》的版式和新闻等栏目编排的特征。

正如早期西方传教士在东南亚各地、广州或香港与上海创办的华文报刊一样，19世纪中叶两名美国传教士在宁波创刊与续编的《中外新报》都采用线装书册之形式，每册4至5页（8至10面），封面页也效仿《京报》，使用黄色绵纸。其版式（长宽为25cm×14.5cm）比《遐迩贯珍》（19cm×12cm）和《六合丛谈》（19.5cm×13cm）的开本都略为大些。

玛高温的《中外新报》每期都有4至17条的新闻或其他栏目的标题，最常见的是7至8条。如以目前所能看到的最早《中外新报》原件（第二卷第二号，咸丰五年正月十五日，即1855年3月3日）为例，其栏目标题的排列次序是：宁波、上海、厦门、潮州、广东、香港、京报、英吉利、花旗、英佛土（按：指英国、法国和土耳其）与俄国战争和一篇银洋说。

若根据现存已知的29期玛高温编辑时期的原件内容作一统计（见表1）。《中外新报》国内新闻栏出现频率最高的是"宁波"栏（共32条，其中有3期同时刊载2条），其次是"广东"栏（共30条，其中有6期同时刊载2条）、"上海"栏（共29条，其中有3期同时刊载2条）、"香港"栏（共20条，其中1期同时刊载2条）、"福州"栏（10条，其中1期同时刊载2条）。

表2-1 现存《中外新报》（玛高温编）中国国内各地区新闻栏目一览表

卷/号	宁波	上海	广东	香港	福州	潮州	厦门	苏州	天津	黑龙江	温州	镇江	北京	贵州	杭州	泉州	山东	顺天	舟山	澳门
2/2	1	1	1	1		1	1													
2/3	1		1	1																
2/19	1	1	1																	
3/1	1	1	1	1																1
3/2	1	1	1																	
3/3	1	2		1																
3/4	1	1	1	1		1														

续表

卷/号	宁波	上海	广东	香港	福州	潮州	厦门	苏州	天津	黑龙江	温州	镇江	北京	贵州	杭州	泉州	山东	顺天	舟山	澳门
3/5	1	1	1	1	1															
3/6	1	1	1	1	1							1				1				
3/7	1	1			1		1													
3/8	1	1	2				1													
3/9	1	1																		
3/10	2	2	2	2	1	1								1		1	1			
3/11	1	1	2	1				1												
3/12	1	1	2			1			1											
4/1	1	1	2																	
4/2	1		1	1		1		1												
4/3	1																			
4/4	1	1		1															1	
4/5	1	1	1	1	2	1														
4/8	1		1	1																
4/9	1	1													1					
4/10	2	1	1	1	1															
4/11	1	1	1	1																
4/12	2	2	2			1						1	1							
4/13	1		1	1								1								
5/1	1	1	1								1									
5/5	1	1						1				1								
5/6	1	1	1					1												
总计	32	29	30	20	10	4	4	3	3	2	2	2	1	1	1	1	1	1	1	1

在同一期的《中外新报》，之所以同时刊载两条相同的新闻栏目，有时可能只是在于填补版面的剩余空白，但在更多的情况下是为了及时报道相关栏目的最新信息，宛如后来报纸的"截稿消息"。为了和原有的"宁波"

栏、"广东"栏等有所区别,编者将这些来自同地区的"截稿消息"的栏目署为"附宁波"、"附广东"等。

此外,在上述 29 期《中外新报》的国内新闻栏目中,"潮州"栏和"厦门"栏的新闻各刊载了 4 条,而"苏州"栏与"天津"栏的新闻则各占 3 条。

上述数字显示,创刊编者玛高温对《中外新报》的定位是十分清楚的。那就是:将"宁波"栏的新闻置于一切新闻之上,其次是来自其他四个通商口岸及香港乃至上述五地区周边城市的新闻。

(二) 立足宁波、放眼通商口岸与香港

玛高温这一立足于宁波,放眼其他四个通商口岸与香港的编辑方针,应思理在续编《中外新报》后也予以继承并反映在其版面上。

从应思理编辑,后经日本幕府删定、翻刻出版的 11 期《官板中外新报》有关中国国内新闻栏的统计数字(见表 2),可以看出其新闻取向与玛高温编辑时期基本上相去不远。首先是每期的头条新闻,依旧是"宁波"栏。在总共仅 11 期的内容当中,便有 12 条"宁波"栏(其中一期循玛高温处理"截稿消息"的编辑手法,在最后一页加上"附宁波"之栏目)。如果再加上宁波附近市镇的新闻("余姚"栏 2 条、"东乡案"2 条和"鄞县公案"2 条),应思理重视其发行所在地,也是其读者群所在地宁波及其周边市镇发生的新闻更显突出。

除宁波及其周边市镇的新闻之外,新闻栏目标题出现频率高低之顺序为"上海"栏 9 条、"广东"栏 6 条、"南京"栏 3 条、"香港"栏和"北京"栏各占 2 条,"厦门"栏、"天津"栏、"舟山"栏、"潮州"栏、"杭州"栏;"黑龙江"栏和"苏州"栏则各占 1 条。

表 2-2　　现存《官板中外新报》(原报为应思理编辑)
中国国内各地区新闻栏目一览表

卷/号	宁波	余姚	上海	南京	广东	香港	厦门	天津	舟山	杭州	潮州	黑龙江	北京	苏州
1/1	1	1	1	1	1	1								
1/2	1		1											
2/1	1	1	1		1									

续表

卷/号	宁波	余姚	上海	南京	广东	香港	厦门	天津	舟山	杭州	潮州	黑龙江	北京	苏州
2/4	2		1	1	1									
2/5	1							1						
2/6	1		1		1									
2/7	1		1		1									
2/8	1		1											
2/10	1		1		1				1	1	1	1		1
2/11	1		1										1	
2/12	1		1		1								1	
共计	12	2	9	3	6	2	1	1	1	1	1	1	2	1

了解了该刊以宁波为据点，重视地方新闻的特征之后，如果我们仔细比较该刊与同年代英国传教士在香港所办的中文报刊《遐迩贯珍》（1853—1856）及上海《六合丛谈》（1857—1858）的内容，不难发现有如下之异同。

其一，《中外新报》的编者对于其传教基地（对于创刊编者玛高温来说，就是其"医疗播道基地"），也是其刊物所在地的宁波乃至江浙的读者和民众多有美言与迎合。这与该刊对"中外不合"焦点所在地广东和广东人（特别是广东省的潮州人）多有贬义和负面的报道，恰好成强烈的对比。这是过去的任何外人在华所办的宗教报刊所未见的。

在一篇有关"潮人被劫案"（见《中外新报》第四卷第一号）的新闻报道中（详文容后再述），述及潮州人意图对付所有在宁波的外国人的消息时，编者强调"熟知本地人之性、且与本地人和好、亦信本地官员、作事周旋"，是一个例子。他在报道香港《遐迩贯珍》停刊消息时，强调其《中外新报》之所以能继续生存与发展，不是因为他的新报办得比前者好，而归功于"江浙人之善于广识胜于广东人"，是另一个例子。

在解释于广东售卖的《遐迩贯珍》"何以见少、在宁卖中外新报者何以见多"时，编者玛高温写道：

此盖江浙人之善于广识胜于广东人、又观今年进士录江浙二省地图不及广东之大、而中进士者、江苏有十三名、浙江有十八名、而广东则

第二章　宁波《中外新报》(1854—1858；1858—1861) 的编辑方针与"国益论"

止五名、由此二事观之、则广东人不及江浙人远矣①（按：正如上一章，本章引文标点符号皆据原文标注。）

其二，与《遐迩贯珍》和《六合丛谈》相比较，《中外新报》的编者，特别是玛高温对新闻的时宜性异常重视，这既体现在该刊常在末页空白处增加最新消息的"附宁波"、"附广东"等新闻，也体现在其刊物内栏目的栏外上方空白处补刻其最新消息。

（三）重视最新消息、不拘格式

为了及时将最新的消息传达给读者，《中外新报》不拘泥于每面几行、每行几字的格式（正常为每面 15 行、每行 32 字），而是采取较为灵活与不规则的编排手法，根据需要将字体缩小。就以第五卷第六号咸丰八年六月十五日（1858 年 7 月 25 日）第 4 页（也是末页）为例，编者为了将"四国和约章程"的详文印刻于该期，居然将后半部的文字大幅度缩小，而将该面的格式改为 22 行、每行 32 字。这是同年代其他中文新报所未见的。

（四）主要信息来源——取自美欧报刊和来华西方人士

至于新闻来源，除了编者本身耳闻目睹的一部分事物或其个人的观察（用玛高温本人的原话是"报内之故有一二从吾已［按：原文］意所出"）之外，正如《遐迩贯珍》与《六合丛谈》一般，《中外新报》主要是依靠"火轮船"（商船）运来的中外文新报、西方友人和传教士的信件及来自欧美驻华使馆人员等。

仔细阅读《中外新报》有关中国国内其他城市的消息，不难发现既有转载自同时期的中文报刊如《遐迩贯珍》的新闻与评论，但更多的是摘译自其他四个通商口岸和香港的英文新报。

有关这一点，创刊编者玛高温在一篇有关"广东打仗之案"的告读者书中就清楚地写道：

广东打仗之案、前号内所载中国官与外国官、来往书札、是予从香

---

① 《中外新报》第三卷第六号，咸丰六年六月十五日（1856 年 7 月 16 日），第 4 页。

港新报中翻译出来、而香港新报、乃由汉文原底翻译英吉利文字、再三转手、不过得其大略而未曾详备①

这里的"香港新报",显然是指香港的英文报。

接着,编者还告诉读者他已从香港友人处获得详述"彼此来往公文一字无误"、名曰《粤事公牍》的"原底汉文",他欢迎"欲探粤事缘由者",可至其住宅"北门外爱华堂来观"。

除了摘译自"上海新闻纸"、"香港新闻纸"之外,《中外新报》刊载的《京报》内容,有些其实是从英文新报的英译本重译成中文的。

例如,第三卷第八号(咸丰六年八月十五日,即1856年9月13日)的"京报"栏,其开头语就写道:"据上海新报内翻译京报云……"

由此可见,摘译是编者每期不可或缺的主要工作。

这些摘译或者编译的内容出处,并不仅限于中外文新报,同时还包括前述的西方友人、传教士的信件和来自领事馆人员的渠道。由于《中外新报》两名编者皆为美国籍传教士,其消息来源在很大的程度上是依靠美国商人、美国传教士和美国领事馆人员的提供。有关这一点,《中外新报》都有不少的说明和反映。这与迄今为止以伦敦布道会的英国传教士或由同布道会派遣的欧洲大陆传教士华文报刊编者所仰赖的消息来源,是有所不同的。毫无疑问,这也直接或间接影响了《中外新报》新闻报道的倾向和视角,而促使该报与其他同时期外国人在华发行的华文报刊产生微妙的差异。

除此之外,也许是由于宁波并非"中外不合"之中心所在地,美国也不是中外争执、交战的主角,《中外新报》在论述有关中外纷争等问题时,比起《遐迩贯珍》与《六合丛谈》更能放开地畅述编者的看法(详情容后分析)。夹叙夹议的新闻报道和评论差不多贯穿于每一期的内容中,诸如"予思""余观""据吾之意"等字眼更屡见不鲜。

可以这么说,不管是从信息量或者评论话题的角度来看,《中外新报》(特别是玛高温主持时期)都远比《遐迩贯珍》和《六合丛谈》更为丰富与多样化。

---

① 《中外新报》第三卷第十二号,咸丰六年十二月十五日(1857年1月10日),第1页。

二 对宁波地方新闻的报道与评论态度

那么，玛高温与应思理是以什么样的视角来大量报道宁波及其周边市镇的新闻？上述相关新闻内容的重点又是什么呢？

(一) 及时报道热门的社会新闻

首先应该指出的是，正如前面所述，尽管创刊编者玛高温医士的基本任务是在中国开展其"医疗播道"的工作，但他对于新闻的时宜性及其报刊读者群（受众）的重视（即心目中不忘其服务的对象或争取的对象），并不亚于专业的新闻工作者。

这体现在《中外新报》上的，就是他及时报道或点评容易吸引当地读者眼球，并成为话题的社会新闻，如宁波发生的抢劫案、洋人与华人发生摩擦、长毛（按：指太平军）在宁波之出没或被捕的消息及宁波物价起落和市场动向的状况等。

其典型的报道内容如下：

> 当月底有匪徒卅余人、抢劫江东源初当幸未被劫当铺人当将三人拿住、纽送县官、讯问之下而三人已于江桥上枭首示众①
>
> 又宁人说宁谷府业经恢复、今据外国人自南京来者云、宁谷府粮食已尽、长毛自退、又本月十二日、云本地获有长毛一名、未知果否、又十四日、在奉化松墓地方、获有匪徒廿余人②

同样的，应思理在续编《中外新报》之后，也以宁波地区的社会新闻为其重点。例如：

> 夏永福者、居住长锡、家称富有、十二月二十日、被匪徒掳抢、将其父擒去勒赎、于廿六日呈求提释③

---

① 《中外新报》第三卷第十二号，咸丰六年十二月十五日（1857年1月10日），第1页。
② 同上。
③ "鄞县公案"，《官板中外新报》第二卷第一号，咸丰八年十一月十五日（1858年12月19日），第4页。

又如：

> 宁地早报禾稼丰登、米价颇贱、钱贴亦不甚贵、人心较去岁为安、惟商字贸易、则均多亏折①

（二）针对时弊夹叙夹议

除了上述客观反映社会现象或事件的新闻报道之外，《中外新报》最常见的报道是采取夹叙夹议的方式表达编者对宁波社会现象的观察，其中有的实际上是属于评述的文章或者堪称新闻评论。它具体体现在玛高温编辑时期的以下三例：

其一，针对"奉劝勿点淫邪小戏之帖"有感而写的有关敬神之道的评论文章。编者先是介绍宁城街坊上有奉劝勿点淫邪小戏之帖。此帖之中心内容为：

> 敬神酬愿、礼莫大于演戏者、演出古今忠孝节义与奸盗诈伪之报应、最足感化人心、可为醒世指迷之金鑑、近来轻薄者、喜点淫邪小戏、使少年妇女子弟、见之情移心荡、因而失节丧行、神明鉴察、罪魁祸首、必归点戏之人……②

接着，编者便开门见山，指出此帖作者关心世道人心固然无可厚非，"诚为美事"，但却看不清问题之根源所在。编者写道：

> 于思此帖诚为美事有关于世道人心不少、然云敬神酬愿、礼莫大于演戏、则误矣、夫敬则不戏、戏即不敬、敬与戏大相悖也、演戏而曰敬神、且曰礼莫大于此、执是说而欲禁淫邪耶小戏之作、犹浊其源而望其流之洁也、乌乎能哉……③

换句话说，编者认为中国人以大戏敬神酬愿做法的本身就是一大错误。

---

① 《中外新报》第七号，咸丰九年十一月初一日（1859年11月29日），第1页。
② 《中外新报》第二卷第三号，咸丰五年正月十五日（1855年3月3日），第1页。
③ 同上。

因为"敬则不戏、戏即不敬"。只要不以戏敬神,自然就不会有所谓"淫邪小戏"之出现。

不仅如此,编者还借题发挥,介绍西方人如何以"深悔痛改"的态度对待耶稣教之"真活神",并抨击中国人"陈设于木偶前"、"妄思求媚"的轻浮态度。他写道:

> 西方耶稣教、以敬神为主其所敬者、止一主宰造化无形无像之真活神、敬之之道、惟是自认己罪深悔痛改、倚靠耶稣、以求其赦、断不敢将饮食娱乐之具、陈设于木偶前、妄思求媚、转增亵渎……①

显然,编者一方面是在批评中国人不知敬神之道;另一方面,则试图宣扬与传播"主宰造化无形无像"之西方耶稣教。

其二,出自同样的目的,编者在一篇题为"宁波 奉偶像"栏目的文章中,对宁波府城隍庙之大装修、劳民伤财的现象予以如下的报道:

> 宁波府城隍庙、自道光某、年间大修以来、不过三十年、今又改建两庑、装点前后正殿台亭头二门、并诸塑像、焕然一新、是举也、当道者为之倡、绅富继之、本月十七日、满庙开光、先念佛七日、后乃演戏庆贺、闻十六夜妇女宿山者、不下数百人、官不能禁、十七日自卯至午、已卖牒八万张约、以每张廿四文、当得钱乙千九百贯之多、若至廿三日圆满不知又加几何②

接着,编者对中国人拜"塑像"之举表示难以理喻,并指出西方人只知"有一在天之活神","凡拜者当以悔罪改过之真心与信仰",方可得救。

> 噫、异矣、无论塑像无灵、所费尽属虚妄、即以为有灵也、如此行经、成何体面、况明神在天、有不降殃而降福者哉、予西方人也、但知有一在天之活神、凡拜之者、当以悔罪改过之真心、与信倚耶稣而得救斯已矣、并无所谓关牒念佛等事、世之望西方者、其亦可以惺然乎、言

---

① 《中外新报》第二卷第三号,咸丰五年正月十五日(1855年3月3日),第1页。
② 《中外新报》第四卷第三号,咸丰七年三月十五日(1857年4月9日),第1页。

念及之、不能默默、故附笔于此①

其三，玛高温编辑重视宁波的社会新闻与社会现象，并借此引申其个人的观点及宣扬西教与西学优越性的另一典型文章，是反映在其"评论小脚"一文上。

文章先提出作者抵达中国后对"小脚"之所见所闻及其感想：

> 予至中华、见中华妇女颇有姿色、甚规矩、甚聪明、但观其行路则甚不便、因皆以裹足为尚、又见途中小女时闻哭声、因有裹足之痛楚、然予思尧舜时未有裹足之风载于经典、况身体发肤受之父母不敢毁伤、曾子言之降及后世、有昏君主如李后主者、始创其事、则于身体有损、与儒教大不合矣、予意此事、仁者当所不取、乃历览书册见随园尺牍内答人求娶妾一事、曰今之习尚有火化其父母之骸以为孝者、遂有裹小其女子之脚以为慈者、败俗伤风事同一例、然则裹足之事、不惟与仁人之意不合、且与造天地之真神不大相合②

接着，作者表示：

> 将来耶稣教行于中华、人必皆将奉之、裹足之风庶乎可绝焉、因教中人皆以仁为本、岂以裹足损体为无害于仁乎③

不过，在中国人还未信教之前，要除去此风俗并不容易。于是乎，作为医生的编者玛高温从外科手术的角度，提出了其一套可"使妇女脚小之法"。在介绍其方法之前，玛高温先为西人"惜力省工"的优越性大唱赞歌：

> 予西方人作事时、思有惜力省工之法、如织布放花以及日用诸事、皆用机器为之、不劳力而功成、不废时而功就、予作新报亦欲使人惜力省工、今有使妇女脚小之方、使人人其知④

---

① 《中外新报》第四卷第三号，咸丰七年三月十五日（1857年4月9日），第1页。
② 《中外新报》第二卷第十九号，咸丰五年十一月十五日（1855年12月23日），第5页。
③ 同上。
④ 同上。

第二章　宁波《中外新报》(1854—1858；1858—1861) 的编辑方针与"国益论"

他接着将其"不劳力废工、人欲脚小若干即可使其若干"的"脚小之法"具体描述如下：

> 倘人有女在怀抱时、可叫屠人以刀割其足、何以割之、须从其脚面割下、将近脚底之皮不宜直割下去、须横削其肉、全留其脚底之皮割已、将所留之脚底皮、从前包转用膏药裹之、过数十日即愈、如生成小脚、一般人若以脚小为美观、则此更为美观矣①

对此，编者担心有人会批评此举颇为不仁，但他认为与裹足之劳力废工和痛苦期间相比，此法还值得提倡。他写道：

> 若以此法为不仁、则裹足之风强使其小当更为不仁、且若以此法为妇女未能耐痛、然此痛不过暂时、不若裹足之痛日积月累之为甚也、且一转手间即成小脚、不若裹足者之劳力废工、致多不便焉、予望仁人君子劝化世人皆除此事、学予所说此方也②

综合上述三篇评论的文章，不难看出其共同特点是抨击当地社会的陋习与迷信，和宣扬西学与西方耶稣教的优越性。

与首任编者玛高温一样，应思理在续编《中外新报》之后，也常刊载其个人对中国社会现象的感想，特别是对官吏欺上与祸国殃民行为予以抨击。

也许，最能反映其上述看法的是下面的两篇短文。

其一是揭发地方官员在江边任其船只腐朽，以求中央政府拨出"修费"而中饱私囊的腐败行为。

作者先是提出他对"中华船只、多有腐朽江边"之现象感到迷惑不解的疑问。因为"其板虽朽、尚可拆卖、以为民间器用、奚为任其腐朽至此"。他曾为此向人询问，众人之回答是："此战舰也、非民间所得卖、板虽朽、尚有修费可领以充衙役私囊、倘有无知小民窃取其板者、必执而置之法。"③

于是，作者表达其如下结论：

---

① 《中外新报》第二卷第十九号，咸丰五年十一月十五日 (1855 年 12 月 23 日)，第 5 页。
② 同上。
③ 《官板中外新报》第二卷第一号 (实际上是《官板中外新报》第三号)，咸丰九年三月初一日 (1859 年 4 月 3 日) 第 1 页。

> 予闻言之下、不胜惊骇、窃思一物之微、欺上如此、而又陷民于罪、不啻鱼网之设、则他事之误国殃民、可胜言哉①

其二是借宁波乞丐众多之现象发表他对地方官吏为政之道的看法。作者先是描述他对乞丐问题的一般观察：

> 宁地良莠不一、而懒惰性成者、莫如乞丐、不事工作、乞食民间、甚有让呼悲号、时闻道左、因利乘便、穴隙相窥②

接着则指出之所以出现此现象，固然是斯人（指从事乞食者）之咎，但也可以说是"长官之过"。因为"下多游民、必上无良吏"，"官长诚能督率之、宁地之大、岂无工作"。

谈到具体解决方案，作者指出：

> 如道路之崎岖、城垣之倾塌、河渠之淤塞、沟渎之污秽、皆可使此辈操作、每日给以辛工、倘有顽梗不化、心在偷安、而好为乞丐者、执而置诸法、至于费用不足、而民家铺户、每日所布施者、可以交官、以供其费、即或不足、亦可劝捐以羡其用、将见城垣道路焕然一新、沟渎河渠、清而不浊、往来行人、举步尽乐康庄、暑时不受秽气、其为利益何如也③

最后，作者表示只要落实上述的政策，宁地之治安肯定会大有改善。他写道：

> 况无业者使之有业、则日作暮息、僻志潜消、而抢夺偷窃之事、不严自除、所谓道不拾遗、夜不闭户之风、安在不可见于今日耶④

---

① 《官板中外新报》第二卷第一号（实际上是《官板中外新报》第三号），咸丰九年三月初一日（1859年4月3日）第1页。
② 《中外新报》第二号原件、第1页；《官板中外新报》第二号第2页，咸丰八年十二月十五日（1859年1月19日）。
③ 同上。
④ 同上。

第二章　宁波《中外新报》(1854—1858；1858—1861)的编辑方针与"国益论"

除了上述编者根据自己的观察而写的评论之外，《中外新报》偶尔也有刊登中国读者以匿名方式揭发中国社会黑暗面的文章。

在介绍一篇有关揭发科场顶替考试丑闻的匿名文章时，编者应思理之按语写道："多有士人以科场新闻告予、盖实事、亦奇事也、故节其词、没其名、附刻于报"。

接着，则附刻该"奇事"之摘要：

> 国家明经取士、务选真才、律法纂严、门斗识认、杜顶替也、分号列舍、绝代倩也、围墙布棘、防传递也、不谓行法无人、玩法日甚、近科浙围、弊难枚举、顶替代倩传递、无一不作、鄞县有潘某者、身食廪饩、素号谨慎、乃心为利疚、前科为费某代倩中式、得钱数千贯、今科居丧、已不得考、乃为吴姓顶替入场、又镇海县举人谢某、惯作传递、甲辰科为张某中、辛亥科为胞弟中、今年为陈某中、文则佳矣、王法何在、更有异者、监生陈某、佣工出身、税吏起家、几于目不识丁、副贡生李某、为之等昼赴试、作文抄卷一切假手于人、居然中试①

最后，该报还反映匿名"士人"对此科场腐败丑闻之感叹及报道与此"奇事"相关之续闻：

> 夫乡会者、朝廷进贤之路、科第者、士人登用之阶、而坏法乱纪、一至于此、无怪乎、上无可、（按：原文标点）任之官、下无可倚之吏、帑乏民贫、皆充私囊云云、又闻今科直隶乡试、竟有优人滥登贤书　皇上已将主试革职坐台、十六同考官降级、监试提调皆被处分、杀新举子四名、停试者五十名、予谓若果如是彼舞弊者、能不危哉②

上述三篇评论，充分反映了第二任编者应思理对当时中国官吏与科场贪污腐败现象的强烈不满。从编者的行文中，不难发现编者与当时江浙的知识分子（"士人"）多有交往。《中外新报》对当局的诸多批评及反映这些"士

---

① 《中外新报》第二号原件、第1页；《官板中外新报》第二号第2页，咸丰八年十二月十五日（1859年1月19日）。

② 同上。

人"的心声,也可以视为编者与这些知识分子交流的结果。不过,仔细阅读现存《中外新报》的原件和日本版等,类似的评论文章并不多见。从内容上来看,该报拨出更多的版位反映中外之摩擦与社会之不安。

三 对中外摩擦的社会新闻处理手法

19世纪50年代、60年代是西方列强猛敲中国大门,中外矛盾重重,社会治安混乱,盗窃、绑架事件频频发生,中国民众与抵华洋人摩擦乃至冲突事件层出不穷的年代。

对于这些现象,特别是中外矛盾与冲突,紧随着西方商人、官员与炮舰,抱着"播道"任务抵达中国的美国传教士编者,是采取什么样的编辑方针呢?

(一)抨击葡萄牙等"西洋小国"行为、维护西国西人形象

先从有关洋人与华人冲突的社会新闻处理手法谈起。以下是一则颇具典型的"盗案"的新闻报道:

> 旧岁十二月间、有潮州人、自上海往潮州去、途遇葡萄牙国盗船、即小西洋所有财物、尽被劫去、船亦被夺、以至宁波、吾思凶恶莫如为盗闻之者尚且恶之、彼身受其害者、有不深恨乎、因此潮州人、意欲复仇、将西洋人之在宁波者、尽行剿灭、幸亏本地官禁之、时有外国行教者、闻知此事、因思目前广省与英吉利有隙、而潮州乃广省属府、恐有生变、以致玉石不分、故或有避至上海去、但久居宁波者、熟知本地人之性、且与本地人和好、亦信本地官长、作事周旋、所以不动声色、然亦非胆敢自恃、盖思外国人、有善有恶、恶者屡肆其虐、而善者则谨守本分、中国人岂有不分善恶、而玉石俱焚乎、且我外国人之在中国、手下用事等人、屡假外国人权势、以肆凶暴、而中国人俱能辨其诚伪、今日潮州之案、奚致延害我等乎、虽然潮州之案、本地官总宜严究、可将西洋人所劫财物、加倍还潮州人、以后且不拘何国之人、倘有侮中国人、俱宜如此究治①

---

① 《中外新报》第四卷第一号,咸丰七年正月十五日(1857年2月9日),第1页。

第二章 宁波《中外新报》(1854—1858；1858—1861) 的编辑方针与"国益论"

这则新闻先是报道有关广东省的潮州人前一年（1856年）遭受"小西洋"的葡萄牙国盗船的抢劫事件，并对遇盗者表示同情："吾思凶恶莫如为盗闻之者尚且恶之、彼身受其害者、有不深恨乎"。

接着则指出"因此潮州人、意欲复仇、将西洋人之在宁波者、尽行剿灭"，但幸好宁波当地官员出面禁止。尽管如此，编者透露仍有部分外国行教者担心会有"玉石不分"的事件发生而避居于上海。因为"目前广省与英吉利有隙、而潮州乃广省属府"。不过，作为"久居宁波者、熟知本地人之性、且与本地人和好、亦信本地官长"者，编者表示虽不敢掉以轻心，但却不以为然。理由是："盖思外国人、有善有恶、恶者屡肆其虐、而善者则谨守本分、中国人岂有不分善恶、而玉石俱焚乎"。

除此之外，编者还承认旅华外国人的手下常有"屡假外国人权势、以肆凶暴"的事实，并呼吁中国人能一如既往"辨其诚伪"，不要将潮州之案，延害至"我等"外国人。

该评论最后呼吁当地官吏对潮州之案严加追究，"可将西洋人所劫财物、加倍还潮州人、以后且不拘何国之人、倘有侮中国人、俱宜如此究治"。

换句话说，这则新闻要强调的是：

（1）这回引起中外摩擦的祸首是"西洋小国"的葡萄牙盗船。中国人不应将之迁怒到所有的外国人。

（2）旅华外国人手下也常有假借外国人权势为非歹之徒，但他们的行为与西洋人无关。

《中外新报》之所以要反复重申上述主张，目的无非是要纠正中国人"凡是来华的外国人都不怀好意"的"排外情绪"，从而改变中国人对西人、西教与西学的态度。

针对"小西洋"葡萄牙等不循正规途径、牟取暴利之行为，玛高温编辑的《中外新报》就屡有怨言和负面的报道。

例如，在论及有关英国巨商主张与中国订立通商的新条约（指1858年的《天津条约》）时，编者虽表示支持，但不忘提醒"英花佛"（即英美法）三国得防止"小外国"趁机而入与滋事。

他写道：

> 盖欲外国人于中国、不据何处、可以出入通商一端、在英花佛三国之人、原皆有循理而行、不致滋事、况有领事管束、即偶有不法之徒、尽可扭送究办、但另有小外国乘间而入、并无领事管束、恐不免于多

事、如葡萄牙之不法、屡次贻害民间①

他同时建议：

> 据吾之意、立意法须防一弊、若使外国人出入内地、须有中外官文凭、亦并有保人、然后可以许之、即有变故、亦可便于查考、又中国亦须许有领事之国、其领事亦并非商人所为者、又其势足以弹压自己民人、然后使其出入内地、至于不法之小国、并无领事管束者、无领事管束、必致滋事、其领事或使商人为之、商人为领事、多私而不公、断不可许其出入内地、并不可许其船在海口通商②

换句话说，编者认为"不法"之"小西洋"、"小外国"，如葡萄牙者，是害群之马，爱闹事，"循理而行"的英美法三个西洋大国应与它们划清界限，阻止其商船到中国内地港口通商。

（二）反对拐骗"猪仔"、提倡合法招募佣工

特别是对于以澳门为据点的"小西洋"国家不择手段拐骗中国劳工，从事猎取、贩卖所谓"猪仔"的行为，《中外新报》就常有所报道和揭发。

例如，在一篇分析有关"外国匪徒"骗拐华人的背景及其手法的文章中，创刊编者玛高温写道：

> 中国佣工人多而身工钱少、外国佣工人少而身工钱多、故外国人愿出身工以招华人往彼处为佣、此事固亦无妨、但有外国匪徒、因此骗买华人以为业时有胡船驶至中国、或骗买女子、或骗买小儿、或骗买壮者、此乃最为凶恶、在外国例所严禁、有为此者、外国人视之、如盗匪一般、无如此辈恬不知耻、外假航船之名、谓载华人往某处为业、吾不过取其船钱而已、内实骗载华人往某国贩卖以图厚利故船至中国时暗使一华人以为中保、即纳银于彼以骗华人云、是船乃往某处去、某处身工

---

① 《中外新报》第四卷第九号，咸丰七年八月十五日（1857年10月2日），第3—4页。
② 同上，第4页。

第二章 宁波《中外新报》(1854—1858；1858—1861) 的编辑方针与"国益论"

甚大、愿往者可趁是船、受愚者一入其壳、则终身受困矣……①

同样的，针对有关事件，续编《中外新报》的第二任编者应思理也常有相似的夹叙夹议的文章。在一篇有关"澳门、福州等处海滨有外国匪徒贩卖华人至外国为佣"的报道中，编者首先揭发"猪仔"们的如下悲惨遭遇：

现被贩至哈佛那、西班牙属海岛、或亚美利加东海滨者、已有十万、去时死于船中者约小半、迨后生还者、仅二十人、又有贩至秘鲁国、开掘鸟粪者、或被秘鲁人击毙、或因劳苦遇甚而死、或不堪其苦、自愿坠崖而死、届今生还者曾无一人②

接着则指名"澳门有馆名猪仔"，"系外匪所设贩卖华人之所"：

其法串合华匪诱赌民家子弟、有输而不能偿钱者、辄勒入馆中、卖与外匪、倘其人不愿填写姓名立押为佣、即被外匪鞭挞……③

《中外新报》同时还举出老妪至教士处投诉其子被匪所拐，而由教士协助救出的具体例子，详加报道：

近有一老妪、至耶稣教士处、诉以妪有一子、被匪拐入馆中、望先生代为查觅、教士遂与妪同入是馆、见馆中有内室三间、每室禁人三四十名、启视之、见室内地狭人多、臭不堪言、不啻豚笠一般、时妪果见其子、亦禁在是室、教士即将其人放回、其子随至教士处、诉云、有人交我大钱六千、诱我为赌、不料赌输后是人即索我欠勒入馆中、欲卖至外国为佣、我不愿立名画押、曾被鞭挞殊甚、今幸先生救回、恩同再造矣④

对此，编者应思理的评语是：

---

① 《中外新报》第四卷第三号，咸丰七年三月十五日（1857 年 4 月 9 日），第 2 页。
② 《中外新报》第四号原件，咸丰九年六月初一日（1859 年 6 月 30 日），第 2 页；《官板中外新报》第四号，第 3 页。
③ 《中外新报》第四号原件，第 2 页；《官板中外新报》，第 3—4 页。
④ 《中外新报》第四号原件，第 2 页；《官板中外新报》，第 4 页。

予思此事乃中外匪徒串谋渔利、中外官宜协拿严禁、不得置为周闻①

这则新闻与同年代英商在香港所办的中文报《香港船头货价纸》(《香港中外新报》的前身) 所报道的内容, 在枝节上虽略有所异,② 但其中心主题无非是在揭发澳门"小西洋"非法骗拐华工的贪婪与凶残的同时, 也向中国读者传颂西方传教士"富有人性"的善举和美谈。③ 从时间上看, 宁波《中外新报》的这则新闻(1859年6月30日) 比刊登于《香港船头货价纸》的近似报道(刊于1859年6月2日) 晚了差不多一个月, 从当时信息主要依靠轮船传递的角度来看, 这则发生于汕头的故事先刊于香港的中文报, 后刊于宁波的中文报刊是可以理解的。两则近似的新闻可能皆取材自当时的英文报刊, 或者是旅华西方人士流传的书信中。

综上所述, 可以看出不管是玛高温或者是后来的应思理, 两名美国传教士编者对于"小西洋"或"小外国"不择手段、谋求暴利的行为, 特别是有关猎取"猪仔"、贩卖"猪仔"和"薄待华人"之态度, 都与同年代英商所办的《香港船头货价纸》的立场颇为相近。两者的报道倾向, 在一定程度上也反映了美英两国在黑奴贸易废除后, 反对"猪仔贸易", 鼓吹建立"合法的"、"合乎人道主义的"、"规范的"劳动力市场的政策。④

也许最能反映如此报道态度的, 是《中外新报》刊载的一则有关"招募佣工"的新闻。招募者是一名"开行在粤、亦开珍同行于上海、兼为知利国领事官"的花旗国商人。其具体条件如下:

江浙二省人肯为佣工于巴西国乎、现有合同一纸、其中条款具在、一允华人作工、每月计工银五元、每年给华人衣服铺盖等、一允华人愿往者、先交银十五元、俟后工银内酌议扣还、一允每礼拜七日内给华人米肉以及一切食物等、如有不愿领取者、每月补回银二大元、一允华人

---

① 《中外新报》第四号原件, 第2页;《官板中外新报》, 第4页。
② 《中外新报》刊载的这则新闻写的是 "近有一老妪至耶稣教士处、诉以妪有一子……",《香港船头货价纸》同则新闻是 "在汕头有传道教师名未士赞有一日见一釐妇约六十岁在街上悲哭称说伊独生一子被奸人拐去卖猪仔……"(《香港船头货价纸》第248号、己未五月初二、1859年6月2日)。
③ 有关洋人, 包括传教士的"善事义举",《香港船头货价纸》也常有报道。详文参看本书第一部分第五章。
④ 同上。

倘有疾病等情、东家须延医调治、一允每年新正、例准华人闲暇三日、不减工银、又凡遇礼拜日不必做工、倘东家有要事须做并自己勤力不歇工者、皆另补此日工银一钱八分、一与华人立约、以五年为期、如做一年后欲去此适彼、须先一月声明其主方可、华人如有愿往者、即便拨大船一只至江浙来载、大约可载八百人之数云云①

对此，尽管编者玛高温表示"此乃商人为业之事、予职司行教恐未能顾及"，但同意刊登于《中外新报》，并建议多加如下几个条件：

但予观合同内所议之款、尚缺几条、盖华人出外为业、家中俱有父母妻子、须将五元工钱内分拨几元以给其家、理宜派一外国人、或在宁波或在上海、主理其事、又华人出外、必有书札来往、每年或限几次可以寄信、又五年期满、宜限定华人回家盘费若干、不致有勒索等情、盖为工五年、每人约有二百元银可积、若回家之日盘费耗其一半、则华人亦枉在外矣②

但即使如此，编者表示不惯于航海的江浙人未必就会远渡重洋去当劳工，这与"素习水性"的福建人和广东人是不同的。

编者同时还强调，外国人只有善待华人，才有后继者踊跃而赴：

倘自后有数百人愿往、而外国人俱宜善待之、盖华人必有回字转家、若云外国人厚待华人、则后之踊跃而赴者必多云云、前者秘鲁国掘鸟粪一事、秘鲁国人薄待华人、予屡于前报中评之、今闻华人在彼掘鸟粪者、秘鲁国人皆善待之、然所厚待之、不过已在彼国之人而后之闻风不愿往者则甚多、今巴西亦闻秘鲁国薄待华人而华人不愿往者多、故立此合同欲募华人往彼作佣、谅必鉴秘鲁国之事而厚待华人焉③

四 对中外矛盾问题的基本立场与态度

与同年代先后在香港出版的宗教报刊《遐迩贯珍》和上海的《六合丛

---

① 《中外新报》第二卷第十九号、咸丰五年十一月十五日（1855年12月23日）、第4页。
② 同上、第4—5页。
③ 同上、第5页。

》相比较，宁波《中外新报》对"中外不合"或"中外不睦"问题的报道和评论，可以说是采取更为积极与大胆开展评论的态度。

（一）抨击华官鄙视"外夷"之态度

首先，是反映在该报公开抨击"叶大人出赏以杀英人"政策的新闻报道上。其次，是对中国清政府"用夷字以鄙外国人"的态度深表不满。也许，最能表达上述不满情绪的，是一则来自上海的如下报道：

> 上海近有大宪札饬、内云夷人往内地买茧、律所必禁、倘有本地匪人、引夷入内、无论滋事不滋事、一经察出、即将本地人重究并将夷人交于领事究治、后县主奉谕、即行出示晓谕本地人、毋许引外国人擅入内地买茧、一经察出、即行重究、并将外国人交于领事究治云云、今见此札外国人俱怒、非怒其禁入内地、怒其于札中用夷字字样、夷者鄙夷之称、有蔑视外人之意、夫在上者、用夷字以鄙外国人、则在下者、必以鬼子呼外国人、蔑视孰甚焉、不知以夷字为鄙外人之称、亦属无益、徒以激外人之怒、必如县主示中、称以外国人方为合理①

编者玛高温接着指出：

> 吾思因此一字、中外多有不睦后必有外国匪人、寻隙无由、因此事为起衅之端、以与中国官长、结为仇雠、如广东叶大人、旧岁出示云、有得英人头者、赏银若干、自示之后、所得者不过数人之头、而怀怨者、不啻千万人、英人至今忧于此事、未肯便休、华官亦于轻重之间、未曾致意焉、今查外国人在上海者、仍复出入内地、毫无拘束、知大宪虽有谕札严禁、甚属无益、徒以招尤己耳②

同样的，续编者应思理对中国清政府使用"夷"字也颇为反感。他指出：

---

① 《中外新报》第四卷第十一号，咸丰七年十月十五日（1857年11月20日），第1页。
② 同上，第1—2页。

又去岁天津立约、有禁用夷字一条、彼时华官、曾许其议、迨英船退后、所有上喻奏疏、仍叠用之、显见华人早有背约之意、视外国人、为无足重轻也①

(二) 强调英美在华的"共同利益"

针对中国上下采取鄙视外国人的态度，《中外新报》传教士编者应思理着重指出美英两国人在华处境之相似：

况在华人之意、皆以一例视之、在上者概而称之曰夷人、在下者概而呼之曰红毛人、为英为花、谁能辨之②

为此，他还进一步表示，美英在华利益是相一致的：

故虽近闻花旗钦差已入京都、换约不改、和好如初、然英人之事、不日不了、则花旗之约、虽成亦徒成焉③

谈到美英在华利益之相一致，美国传教士编者还针对某些美国人责怪英国抵达天津时态度"过激"与举动"太骄"而激怒华人开炮的说法，④ 表示不满。他明确指出：

试思花旗所以得与华人立约者、赖谁之力欤、倘十八年前、英人不与华人攻战、花旗人能晏然以入中华乎、若云英人有过、则花旗人亦不能无过、何则花旗人乘英之利以为利、譬诸盗人货财、花为窝主、欲罪惟均、尚得自谓无过乎⑤

换句话说，要不是英国人打先锋，在十八年前发动了鸦片战争，攻打中

---

① 《官板中外新报》第五号，咸丰九年八月初一日（1859年8月28日），第4页。
② 同上。
③ 同上。
④ 其原文为："可怪者、有花旗人闻知是事、或议英人至天津时、语言未免过激、举动未免太骄、以致华人开炮轰击、以挫其锋"
⑤ 《官板中外新报》第五号，咸丰九年八月初一日（1859年8月28日），第4页。

国，逼迫清政府签订了中英《南京条约》（1842年），"花旗国"哪有能力和机会随后迫使清政府签署中美《望厦条约》（1844年），夺取在中国的利益，及准许外人在通商口岸设堂传教？因此，花旗人在坐享"过激"与"太骄"的英国人攻破中国锁国体制的果实时，没有资格摆起"清高"与"公允"的姿态。因为，如果是英国人此举有罪，花旗人何尝就无罪？

他还坦率与生动地比喻紧跟英国人夺取中国财富的花旗人，犹如"盗人货财、花为窝主"，即美国人其实也是窝藏赃物的当事人。他认为，如果要论罪过，英美应该是同罪，花旗人大可不必戴着貌似公正的伪善面具。

在这里，美国传教士编者应思理露骨地流露出了他对英国发动的鸦片战争和英法联军攻打天津的支持与欢呼。

值得注意的是，宁波《中外新报》发行的日期，恰好涵盖了《天津条约》（1858年）和《北京条约》（1860年）签署的时间。针对这两个不平等条约的签署经过（包括有关之战役）和内容，《中外新报》便有诸多报道和评论。两名美国传教士是采取怎样的报道态度及给予评论的，笔者将另文详细分析。但有一点可以明确指出的是，两者首先站在欧美在华共同利益的立场上，要求中国早日打开内地的门户（包括准许传教士在各省自由出入传教、自由建造教堂，以便传播其"福音"等）。在这一点上，《中外新报》和同年代或比该刊更早发行、以英国传教士为中心的在华中文宗教报刊和英商创刊的中文报刊，并无不同之处。

（三）以"花旗国""国益"为至上

不过，与此同时，如果仔细阅读《中外新报》处理"中外不合"的新闻报道与评论，还可以发现另一个特征，那就是无时无刻不紧跟着"花旗国"的国策，站在维护"花旗国""国益"的立场上向中国读者进行说教。

以下是两个明显的例子。

其一，在一篇有关美国当局宣布"禁止外国船载华人往别国"政策的新闻报道中，编者玛高温先对此能否有效阻止"诱人乘船去别国"事件的发生，深表怀疑：

> 余思此意虽佳、而同立和约之国、若花旗英吉利佛兰西即或禁止、而其中有喜此生意者、每船可载数百人每人出银二百元借别处小国旗号

而去、焉能盖禁乎①

接着则着重指出：美国驻华使馆公布有关政策，至少可以让人知道此类事件倘若还继续发生，并非"花旗国"之过（"然虽不能盖禁、此示一出、俾人人知非我国之故、亦已矣"）。

其二，针对英国钦差邀请"花旗国"钦差一同向中国施加压力，促使后者统一在各码头公然发售鸦片事宜，《中外新报》编者应思理便断然表示"花旗人皆不悦是议"。理由是：

> 因鸦片本出自天竺、天竺为英之属国、英之所以利其土者、以其地可产鸦片、于英大有利耳、若我花旗、本不产鸦片、即商人为是业者、亦甚寥寥、中国禁与不禁、于花旗无关紧要、何必与我花旗、同允是议、以立为定例耶②

换句话说，对于拥有栽种鸦片的殖民地印度的英国来说，与中国商议鸦片解禁问题事关英国利益甚大，但这与鸦片商相对不多，且未拥有栽种鸦片殖民地的美国来说，是完全不同的。站在美国的"国益"，编者应思理表示美国没有必要在鸦片的禁与不禁的问题上与英国共进退。

他还接着指出：

> 噫、鸦片本害人之物、中国向有例禁、人尚吸食贩卖、若立为定例、则贩卖者公然无阻、吸食者、群相效尤、小则殒身殒命、大则败俗伤风其沛毒伊于胡底耶③

不过，从全篇评论的行文中，不难看出传教士编者并未把这一出自道义上的理由，作为反对公然发售鸦片的首要原因。他之所以不赞同美国钦差出面支持英国的鸦片贸易政策，归根结底是因为此举对美国而言，在相对上并无（大）利可图。

了解了两名紧随美国势力东渐的传教士编者在华办报，不忘其"花旗

---

① 《中外新报》第三卷第一号，咸丰六年正月十五日（1856年），第3页。
② 《官板中外新报》第一号，咸丰八年十一月十五日（1858年12月19日），第4页。
③ 同上。

国""国益"的上述编辑方针之后,如果我们再回头比较现存《中外新报》的相关内容,就可以发现"花旗"栏及其相关信息,远比其他国家,包括"英吉利"等为多。

至于内容,既有报道有关美国在华官员人事变动的消息,如"麦医生能识闽浙之言语、知名利之礼义、现今升授宁波领事官"①,也有"花旗国"商人和传教士的动态,还有宣传"花旗国"制度优越性的文章。

最明显的例子是,在一篇介绍"花旗国"总统选举制度的文章中,编者玛高温写道:

> 花旗无国君递嬗之礼惟有一统领国政之人如国主……其人系通国民庶所推立以四年为任满之期任满后复选推选新者……②

接着则大唱赞歌,啧啧称奇地说道:

> 此事在他国人见之、莫不惊奇、以为如此推立国主、恐启争端、迨策定后、争推选者、忽平安无事、则尤惊其奇、虽然花旗通国中、若愚者较多、必须有国君递嬗之礼、以相为治、今人皆敏达、国中自相为治、其立主也、不过择一统领之人、以为民望、故得如此推选、公同而断、毫无变端焉③

五 小结

综上所述,可以看出《中外新报》作为美国传教士在华的第一家中文宗教报刊,不管是创刊者玛高温或者是续编者应思理,都有着如下明确的编辑方针。

第一,无时无刻不在宣传基督教教义。在这一点上,《中外新报》比起同年代的宗教报刊,显得更为直截了当,这既体现在其封面之公开宣扬"拜真神尊兄弟畏官长亲爱兄弟"的"圣经之要旨"的主张,也反映在每期发行日起皆写明"救世主耶稣救世后"的公元年号上,更流露于内页正文直接

---

① 《中外新报》第三卷第一号,咸丰六年正月十五日(1856年2月20日),第4页。
② 《中外新报》第四卷第一号,咸丰七年正月十五日(1857年2月9日),第3页。
③ 同上,第4页。

传教的文章，及其夹叙夹议的报道与评论中。

第二，两名编者都把宁波作为据点，清楚地将其报刊定位为宁波及其附近地区的地方报纸，每期都以"宁波"栏为头条新闻。为了吸引读者的眼球，该刊十分重视当地的社会新闻，其间也掺杂对当地社会风俗与时弊的评论。

第三，在中外发生摩擦与矛盾的诸多问题上，《中外新报》始终站在美、英、法三国的立场说话，维护西方的利益；至于葡萄牙等"小西洋"、"小外国"，该刊则视之为"害群之马"，多加贬斥。两名编者都在力图改变中国人读者对西人、西教与西学的印象。

与此同时，值得注意的是，一旦西方的其他国家与美国的利益（即所谓"国益"）有所冲突，《中外新报》则断然紧跟着美国国策走。其重视"国益论"与奉行"双重标准"编辑方针的露骨态度，比起同年代西人在华的其他中文报刊，只有过之而无不及。从总体内容上来看，正如《遐迩贯珍》和《香港船头货价纸》在一定程度上肩负起香港殖民地政府"准中文官报"的角色一样，美国在华的第一家中文报刊《中外新报》，也具有替美国国策说话的"准中文官报"之浓厚色彩。

第三章

中国近代报业史研究的线索与误区[*]

——兼论日本"官版翻刻汉字新闻"与戈公振的困惑

今天我想跟大家谈谈新闻史学界,包括一些教科书经常出现混乱的几个有关中国近代报业史的话题。

这些问题我曾在不同场合谈过,也在我的著作或论文中论述过,但也许是因为长话短说,后来我得到的反馈是,还有些研究者误读或误解了我的意思。其中最常见的是日本官版翻刻汉字报纸(即"官版翻刻汉字新闻")与中文同一报纸原件之异同及由此产生的相关问题。

关于19世纪日本官版翻刻的汉字报纸,也许很多人知之不详。

幕府末年的日本处于锁国时代,只跟荷兰有交往。日本所谓的"兰学"("兰"指的是"荷兰"),到今天对日本学界还有一定的影响。现在一些年轻的学者已经对"兰学"不那么感兴趣了,但当时日本最有学问的知识分子是应该懂得荷兰文的,同时还有一部分传统的知识分子,他们是精通汉文的。即使是到了明治时期,他们虽然不能流畅地说汉语,但却能够和同年代的中国报人王韬(1828—1897)笔谈得津津有味。[①] 翻刻汉字报纸实际上是日本幕府末年也就是明治维新前采取锁国政策的日本当局获取海外信息的一种途径。这种情形跟"官版巴达维亚新闻"类似,因当时的印度尼西亚是荷兰的殖民地,所以巴达维亚新闻其实是荷兰在巴达维亚(今雅加达)办的荷

---

[*] 本章为作者在北京大学新闻学研究会第一届"新闻史论师资特训班"(2009年)上讲课内容的记录与整理,初稿曾刊于《新闻春秋》2012年第1期,第11—17页,原题之副题为:"着重探讨日本'官版翻刻汉字新闻'"。整理者:湖南大学新闻传播与影视学院副教授阳美燕。本章在此基础上略有修订和补充。

[①] 王韬:《漫游随笔·扶桑游记》,湖南人民出版社1982年版;王晓秋:《中日文化交流史》,商务印书馆1996年版,第174—180页。

文报纸，那是幕府末年日本知识界获取海外信息的重要来源之一。同样的，在文久年间（1861—1863）翻刻的官版汉字新闻，借用日本新闻学奠基人小野秀雄（1885—1977）的话来说，就是今天日本报纸的"老祖宗"之一。

所谓"官版翻刻汉字新闻"，是指19世纪西教西学传入中国东南沿海一带之后，西人在已沦为英国殖民地的香港和上海、宁波等通商口岸所办的一些汉字报纸，输入到日本之后翻刻的报纸。这些报纸经过当时日本知识分子，即"蕃书调所"（1862年易名为"洋书调所"）御用官僚的审阅、删减，取其能满足他们信息需求的内容重新翻印复刻。换句话说，"官版翻刻汉字新闻"，其实就是日本官家特许的翻版书。这些官版汉字报纸广泛流传于日本的知识分子中（关于这一点我下面会详细叙述），不少图书馆和读书人都有良好的保存和收藏，可以说是替我们留下了一些珍贵的记录和线索。因为，洋人早期办的中文报刊很多都流失了，在中国几乎都找不到原件了，我在20世纪70年代开展有关的调查研究时，首先就遇到如何觅取原件的难题。一开始，我的研究依据就是这些报纸的部分原件再加上它们的日本版，这些日本翻刻版当然不是完整的版本，而是经过删改的官版汉字报纸。但根据这些报纸去推测、推敲，还是多少能窥视早期华文报的面貌。我的《中国近代报业发展史 1815—1874》（日文版为《中国近代新闻成立史 1815—1874》），就有部分章节是借助日本官版翻刻汉字新闻的内容及其线索的。

有关日本官版汉字报纸，即日本版的"翻刻汉字新闻"，不管是中国大陆还是台湾、香港，都没有人研究过。即使是在日本，除了小野秀雄从日本报业史的角度有所梳理之外，基本上也是空白的。我是从小野秀雄那里获得灵感、线索和启发踏入这个领域的。

一　《察世俗每月统记传》等被视为近代中文报开端之缘由

小野秀雄是从日本新闻史的角度来研究官版翻刻汉字新闻的，我则从中国新闻史的角度对这些报刊予以探讨和分析。在深入探讨这些问题之前，我想先对报纸的定义作个界定。中国报史学界基本上将中国的报纸分成两个阶段：其一是"古代报纸"（或称之为"新闻信"），其二是近代报纸或现代报纸，即所谓"新报"。一般而言，古代报纸包括"邸报"、"朝报"、"杂报"、"条报"、"除目状"、"状报"，还有《京报》等。这些近代报纸出现前的

"古代报纸"或"新闻信",也有人称之为"新闻类似物"。

"新闻类似物"这个词汇中文比较少用,日本人用得多一些,意即"类似报纸的东西"。我们知道,亚洲的汉字报纸跟西方报纸的发展所走过的道路并不完全相同。我们不能全盘套用西方的报纸概念,用今天的标准来衡量草创期的中文报刊。最明显的一个例子,是关于《察世俗每月统记传》等宗教月刊,究竟是"刊"还是"报"的问题。我可以直截了当地说,它既是"刊"也是"报",因为,中国近代报业的发展是由"刊"而"报",周期由长到短是一个发展演变的过程。如果我们咬文嚼字,用今日的"刊"与"报"的概念来区分,并不符合中国近代报刊历史的发展情况。有关这个问题,我在拙著《中国近代报业发展史 1815—1874》绪论的第一个注解中其实早已有详细的说明。①

我认为,我们研究一份报纸或某个时期的报刊史,应回到它的历史年代去考察,不能用我们今天的概念来衡量,说《环球时报》是报纸,《读书》是杂志,因为后者以书本形态编印,是"刊"而不是"报",因此,同样是书本形态出现的《察世俗每月统记传》等,只能归于杂志类,不能称为近代中文报纸的鼻祖。实际上,日本也有日本的"新闻类似物",最具有代表性的"新闻类似物"是"瓦版(新闻)"。"瓦版(新闻)"是指以"瓦"为模版的报纸。用今天的概念来看,"瓦版(新闻)"其实也不是一份正式的报纸,它没有很明显的周期性,发生了什么大事件,就通过文字、图画来传播信息。哪里发生火灾、哪里发生地震,贩卖报纸的人就一面读报一面卖报。这后来也成为日本报纸发行、推售的一种形式。

有关中国的近代报刊,从戈公振到今天的报史学界,都把《察世俗每月统记传》作为中国近代华文报业史的开端。近来有些人对此提出质疑,认为:第一,《察世俗每月统记传》的出版地点不在中国,不应视为中国报刊史的一部分;第二,这明显是一份杂志,连它的英文名字都是 *Chinese Monthly Magazine*,所以其实在马礼逊的脑海中是把它当做杂志来看待的,因此,应该推翻戈公振的看法。到底戈公振的这种分类法是否有错?我的基本看法是:"没错。"为什么呢?这份报纸严格来说应该叫做"报刊",日本人根据其出版周期称之为"月刊新闻纸"。由于"月刊新闻纸"或"月刊报纸"用中文来讲有点别扭,我倾向于称之为"报刊"。中国新闻史学界也有人称之

---

① [新加坡] 卓南生:《中国近代报业发展史 1815—1874》增订版,中国社会科学出版社 2002 年版,第5页。

为"报纸杂志混合物"①，我觉得倒是有一定道理的，因为那时候还没有严格划分"报"和"刊"的界限。中国近代报刊史是先有刊，后有报，周期由长而短逐渐发展起来的。从"刊"到"报"是一个过程，那时期前后办报刊的虽然未必是同一拨人，但从时代的大背景、办报者的经验累积和受众逐步接受报刊的概念等因素来看，两者都有着前后不可分割的关系。这就是华文报业史上"刊"和"报"的基本关系。

那么，为什么《察世俗每月统记传》不在中国出版而我们又把它当作中国报刊史的鼻祖呢？有关这个问题，我在拙著《中国近代报业发展史1815—1874》的第3章中已有说明。其原因是，这家报刊虽然是在马六甲办的，但把它当作中国报纸的起源，这实际上是有很特殊的背景，这样的特殊背景是其他国家，无论欧洲还是美洲所没有的。

要了解这特殊性，也许我们得先搞清楚马礼逊到底是怎样的一名传教士？如果单单从他热衷于学习中文、热衷于交流等表象来看，好像他是一个文化使者，但实际上我们知道当时的中国并不是没有宗教，亚洲并不是没有宗教，问题是西方人自认为他们的宗教比亚洲的宗教要高一等，于是他们要到亚洲或者非洲来传播他们的"福音"。为此，他们必须借助各种手段，也需要资金（才能前来传教）。马礼逊作为伦敦布道会首名被派往中国传播新教的传教士，从一开始就获得欧美政界、商界人士强有力的支持（详细过程这里就不谈了）。他来到广州，时逢中国清政府采取禁教政策，对西教予以严厉取缔。因此他必须挂职在东印度公司，在后者的庇护和提供高薪的支撑下生存与发展。这样，从一开始教商就结合在一起了，他可以不愁吃、不愁穿，拿着高薪安心去学习中文、编译词典。当然，学习中文并不是他的最终目的，而是手段，通过这个手段和掌握汉文媒介的这个武器，开展"文字播道"的工作。可是，当时中国严禁文字传教，违反者是要掉脑袋的，马礼逊觉得很危险，所以就派遣他的助手米怜去了马六甲。为什么选择马六甲？一来是因为马六甲距离中国相对没有那么远；二来是马六甲是当时华侨聚居较多的地方；而更重要的是这个地方是信仰基督教的英国的势力范围。有了明确的传播对象——华侨（目的是通过他们将"福音"传入中国），有了政治上的安全保障，即有了英国政府的庇护，加上西方商界财力的资助，传教士们就可以安心出版他们的中文报了。由此可见，伦敦布道会最初虽然是在南洋办报，但其受众的目标从一开始

---

① 冯爱群编：《中国新闻史》，台北学生书局1967年版，第42—50页。

就锁定中国人,将这些草创期的中文报刊列入中国报业史的范畴,并无不妥之处。到了《东西洋考每月统记传》(1833—1835;1837—1838)的时代,这种政教商的铁三角关系就更加清楚了:你是政、是商,而我是教,其实我们都有一个共同目标——把中国这个神秘大国的大门打开,商人可以得到鸦片售卖等利益,政府可以在东方获得殖民地,传教士可以在这神州大地展开拓教活动,传播"福音",安心地出版报刊,进而改变中国人对西人、西学、西教的各种偏见与形象,让中国人知道、对待外国人应该平等,不能称西人为"夷"。当然,从今天的角度来看,待人平等的精神应该提倡,但问题是在那个年代,西人缘何要迢迢千里跑到东方受人"歧视"。这就涉及一个不能不让人深思的核心问题:"西力东渐"究竟是怎么回事?说白了,其实就是西方殖民主义势力打进中国、打进亚洲,开拓殖民地、争市场、抢资源的一个具体表现。

《察世俗每月统记传》无论是印刷还是内容其实是非常粗糙的,文字也是似通非通,被米怜所雇用的中国工人梁发所受教育不高,只是个刻工,也是第一个新教的中国人教徒。过去是把他定位为趋附于西教的一个中国底层人物,但有意思的是,现在听说有人把他当成了文化交流的使者。究竟应该怎样评价这个人物,我想史学家自有公论。《察世俗每月统记传》的内容是以宗教为中心的,但如果只有传教的内容谁也不想看,因为它与宗教的传单或小册子没有两样。因此,必须要穿插一点有趣的东西,用编者米怜的话来说:"但人最悦彩色云",所以在内容上增加了一点颇似小品文、副刊式或近似新闻类的内容,即所谓"彩色云",以便吸引读者。这份刊物是免费赠送的,编者最大的期盼是,通过当地华侨送往中国,影响中国国内的人。华侨出外谋生,有机会是要衣锦荣归的,他们也会把在海外获得到的东西和信息带回去。传教士认为印刷媒体最能发挥影响作用,因为它无脚走遍天下,这些刊物表面上看没什么,但长远来说肯定会发挥其作用。特别是在科举考试的时候分发这类报刊和传单,肯定会给当时的知识分子带来一些影响甚至是冲击。

在我的《中国近代报业发展史 1815—1874》一书里,我把中国近代中文报纸分为两个阶段:一是宗教月刊时期(1815—1857),像《察世俗每月统记传》《天下新闻》《东西洋考每月统记传》《各国消息》《遐迩贯珍》等;二是新报时期(1857—1874),这个时期的宗教报刊已非中文报的主流,取而代之的是受西方商业报纸影响而办的报纸。这些"新报"的诞生显然是跟商业社会初期的商品经济有关。尽管如此,中文报刊第一家以"新报"为名的是美国传教士玛高温1854年在宁波创办的宗教报刊《中外新报》。当时之所以取名为"新报",其概念是与传统的中国报刊,即"古代报纸"相对应的。换句话说,"新报"是有别于"邸报"、《京报》传统报刊,以新形式、新内容、新姿态出现的报纸。从"古代报纸"发展到"新报",这是一个过程。这个过程也涵盖了宗教月刊,包括我近年来研究的宁波《中外新报》。宁波《中外新报》跨度比较长,从1854年到1861年。(有关宁波《中外新报》的问题,详见本书第一部分前两章。)这里我要强调的是,早期近代化中文报纸是先有宗教月刊,后有"新报"的。这些宗教报刊从最初就是月刊,只有宁波《中外新报》比较特殊,它不是英国传教士办的报纸,不是伦敦布道会办的报纸,而是美国传教士办的报纸,最初是半月刊,后来改为月刊,最后则成为不定期刊物。

上述宗教月刊有个共同点,都是由教会或在西方人士支持下出版的,实际上都是免费赠送的,中国人买的非常少,所以编者常有怨言,说中国人吝啬,不肯买他们的报纸。认真地说,这些以传教为主的报刊,即使是免费赠送,当时很多人还是不愿意接受的。

先有宗教月刊,后有"新报",这是中国近代报业发展与演变的过程和特征。香港最早的中文新报《香港船头货价纸》(后来易名为《香港中外新报》)开始是周三次刊,即一个星期出版三次,然后在另外的三天发行仅刊载商业信息的市场报,最后才发展成为完整的日报(周一至周六出版、星期日休息)。这说明当时在已沦为英国殖民地的香港及五个通商口岸开始有些小商人、小买办需要一些商业信息,主要信息是船期、货价等,比如,香港什么时候有船开到海外,什么时候货到,还有辣椒、纱布、茶叶乃至鸦片等的价格起落,都是他们急需知道的行情。作为中国首家中文日报《香港中外新报》前身报,《香港船头货价纸》的命名即充分反映这一点。"船头"是指船只的出航和抵达的船务信息,"货价"是货物进口、出口的价格。这样的信息,对其受众来说很重要,因此得放在头版,因为当时最主要的读者群就是这些小商人。

二 日本"官版翻刻汉字新闻"与中文报刊的关系

接下来我要谈的就是源自中国东南沿海口岸中文报刊的日本官版翻刻汉字报纸。前面提到,为了应付"西力东渐",幕府当局急需寻求一些海外信息,来自荷兰殖民地——荷属印度尼西亚的巴达维亚(今雅加达)新闻是一个主要线索。但与此同时，他们也试图从同样使用汉字的中国方面觅取一些信息。最初输入到日本的中文报刊是《遐迩贯珍》。《遐迩贯珍》（1853—1856）是在鸦片战争之后，基督教传教士在香港办的第一份受人注目的中文月刊。我曾经考察过流传于日本的《遐迩贯珍》的各种手抄本，不少是原文的抄录，因为当时的日本知识分子可以直接看汉字，并不一定需要翻译。其中也有日文翻译本，特别是摘录跟日本有关系的内容。比如，1853年6月美国东印度舰队司令培利准将（M. C. Perry，1794—1858）率领的军舰驶进日本江户湾，逼日本跟它通商开国（即所谓"黑船事件"）的有关新闻，《遐迩贯珍》就有详细的记述。当时美国黑船到日本的时候，船上有个通译，这个通译不是日本人而是中国人罗森，他懂汉字也懂一点英语就充当翻译，并把他所见所闻的《日本日记》连载在《遐迩贯珍》上，日本人对这方面的信息特别感兴趣。不少手抄本便以此题材为重点（详见前述拙著第五章）。

第一份传进日本的近代中文报刊是《遐迩贯珍》。不过，当时幕府当局并未将《遐迩贯珍》刻成官版汉字新闻。但对这之后出版的几家中文报刊，就有官方特许的翻刻版了。如《官板中外新报》《官板六合丛谈删定本》《官版香港新闻》和《官板中外杂志》（按："板""版"皆根据原件之写法。迄今为止，笔者所看到的官版汉字新闻之原件，只有《香港新闻》使用"官版"二字，即刻为《官版香港新闻》，余者皆写明为《官板××××》，小野秀雄一律称之为《官板××××》）。

在小野秀雄战前出版的《日本新闻发达史》（大阪每日新闻社，1922年）的书中对此就有所提及。当时，他是从日本新闻史的角度，谈到日本近代报纸的老祖宗时提到的。在梳理日本近代新闻史的源流时，日本新闻史学者除了着重谈及日本新闻类似物的瓦版（新闻）之外，都会简洁介绍中国汉字报纸对日本的影响。戈公振在《中国报学史》（1927年及1928年商务印书馆版）第三章有关外报创始时期的附图介绍中，也有涉及相关的报刊，如香港的《遐迩贯珍》（见图3-1）、宁波的《中外新报》、香港的《香港新闻》、上海的《六合丛谈》（见图3-2）和上海的《中外杂志》（见图3-3）。其中给后来的研究者带来较多难题和混乱的是《香港新闻》。首先是戈公振根据小野秀雄早年的说法，说《香港新闻》曾出版八卷，实际上后来小野秀雄发现这是一个错误。他是根据一则广告（即老皂馆有关官版汉籍书刊的出版预告）而写的，但后来发现其实只出了二卷，并没有出八卷。小野秀雄也曾想将其订正的信息传递给戈公振，但遗憾的是，那时后者已经离世。

针对这段早期中日近代报刊史记述的错误及由此产生的误解，小野秀雄是耿耿于怀的。他在战后曾两次郑重澄清并追忆他与戈公振之交往。一次是发表在日本新闻学会的机关刊物《新闻学评论》的创刊号（1952年）上，一次是记述于其学术生涯的自传《新闻研究五十年》（每日新闻社，1971年）中。尽管两者的论述在细节上有个别相互矛盾之处及明显的错误，如前者将戈公振误称为"《申报》的戈振青"（按：误将同年代中国著名报人邵飘萍［1886—1926］的别名"振青"，混称为戈公振的名字），后者（《新闻研究五十年》）则相信是笔误或者排字之错误而将原本有误的"戈振青"误植为"才振青"，小野秀雄对相关部分的叙述是有一定的说服力的。

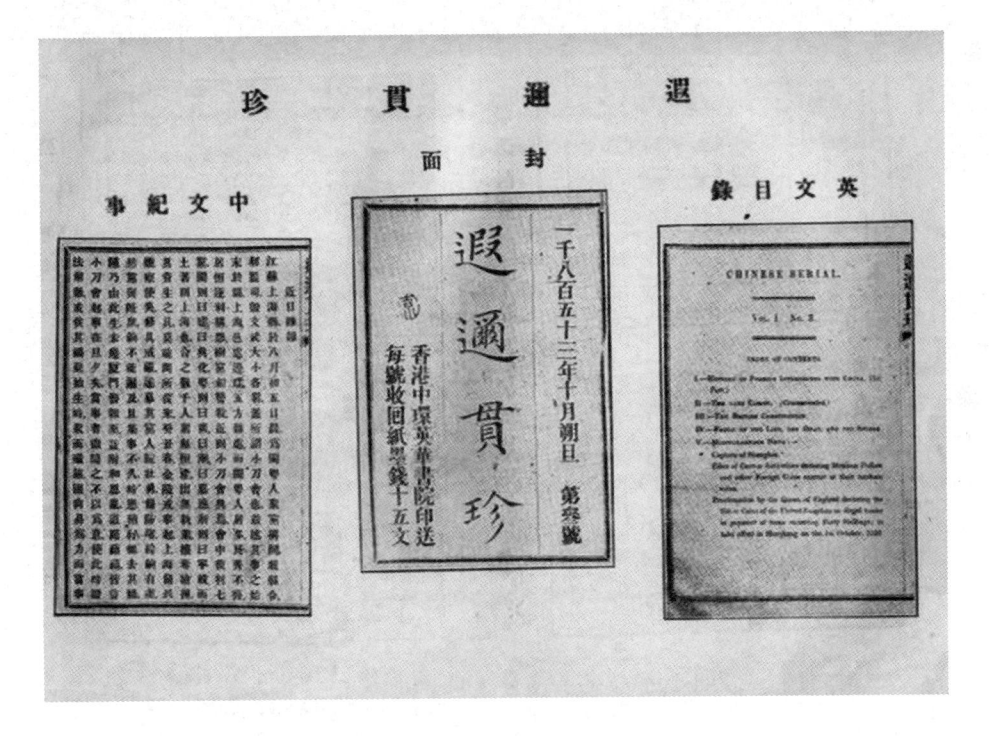

图 3-1 《遐迩贯珍》
（卓按：此图系中文原件的影印本）

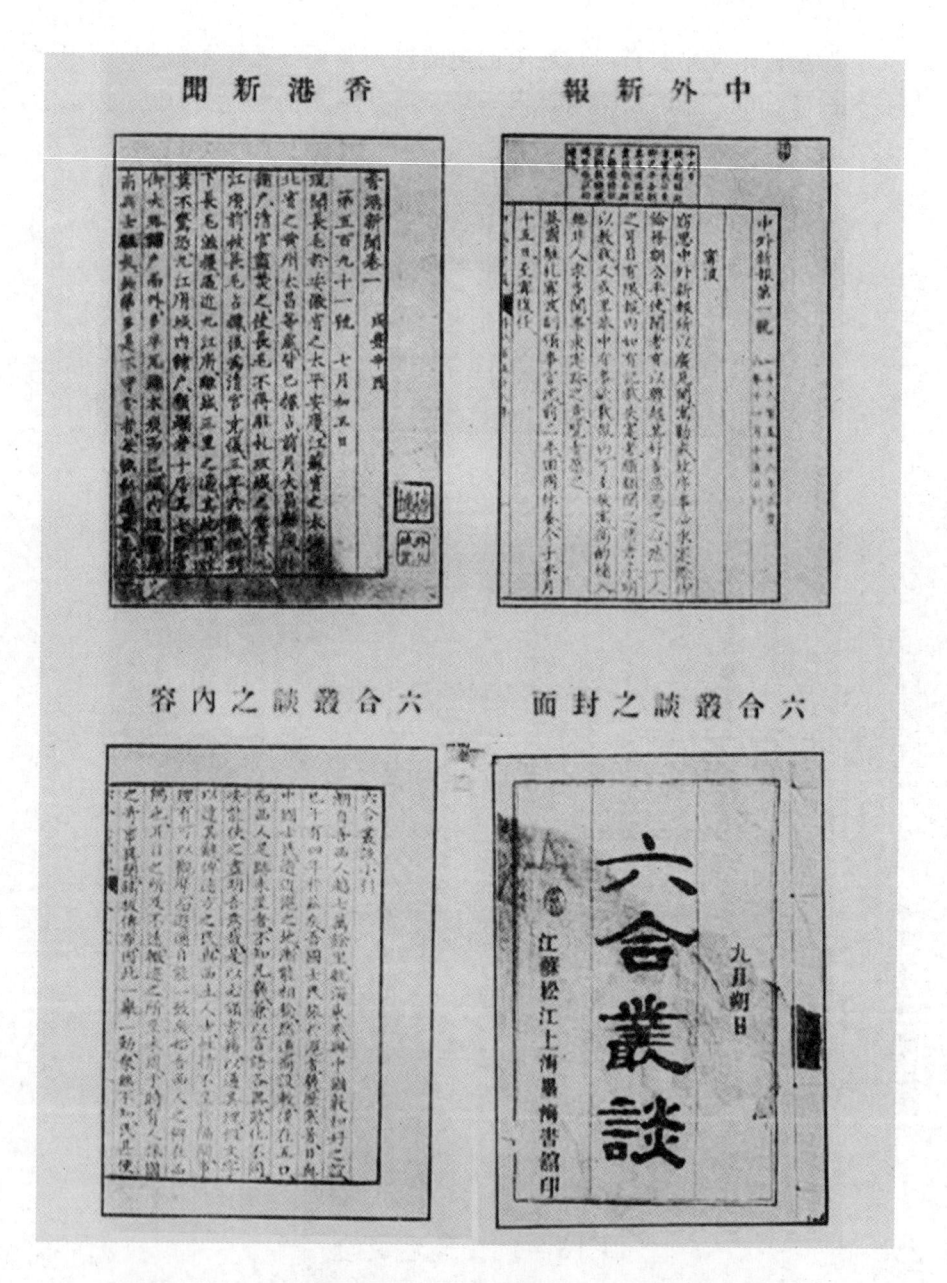

图 3-2 《中外新报》《香港新闻》和《六合丛谈》

（卓按：图中宁波的《中外新报》实为日本官版翻刻汉字新闻《官板中外新报》的影印本；《香港新闻》实为日本官版翻刻汉字新闻《官版香港新闻》的影印本。上海的《六合丛谈》则为中文原件的影印本。）

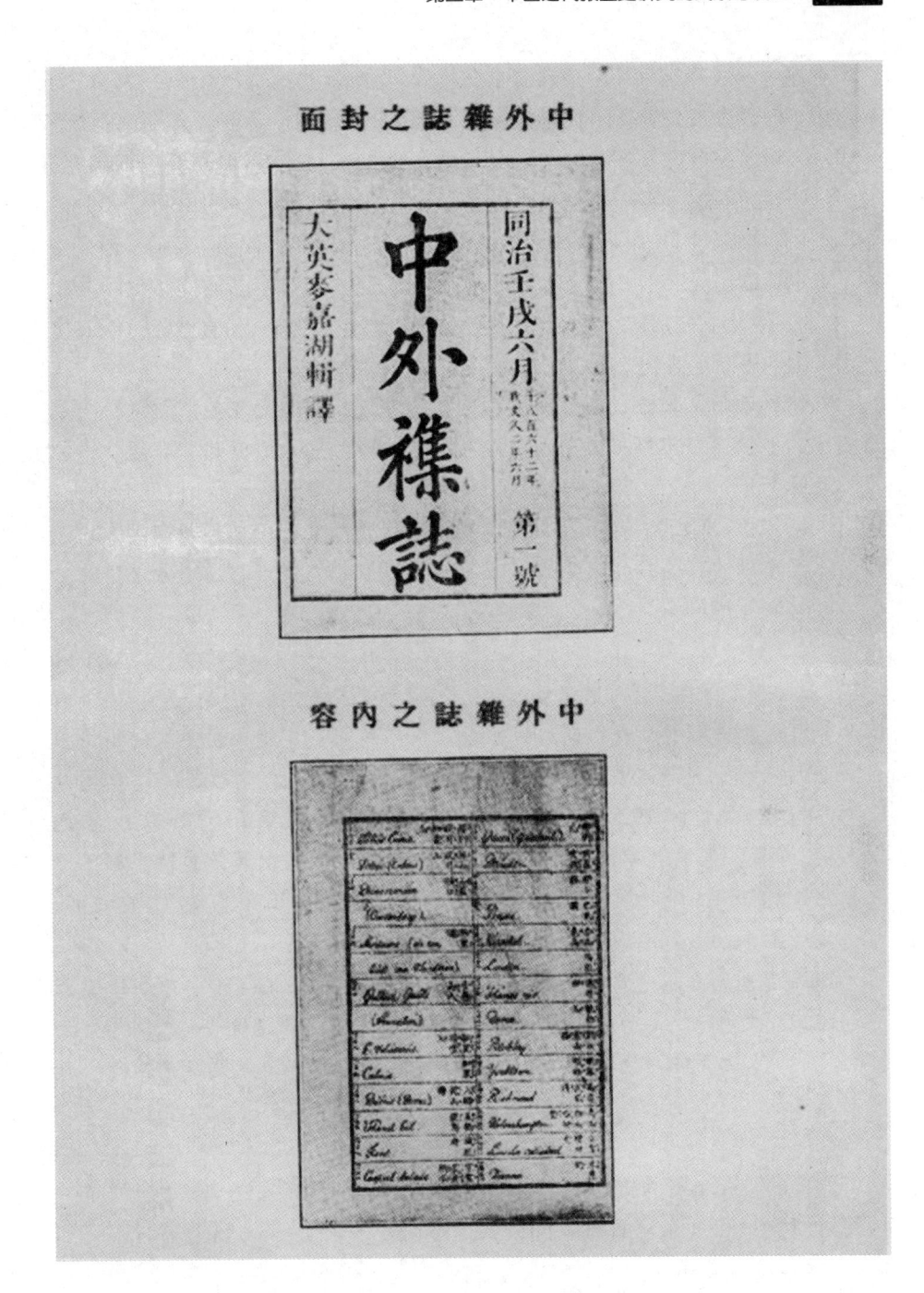

图3-3 《中外杂志》
(卓按：此图实为日本官版翻刻汉字新闻《官板中外杂志》影印本)

在题为《关于翻刻新闻杂志的原书》(《翻刻新聞雑誌の原書について》)一文中,时任东京大学新闻研究所首任所长兼日本新闻学会创会会长的小野秀雄表示,由于戈振青(按:原文)是参看了他的《日本新闻发达史》的说法而将《香港新闻》(实际上是日本的官版翻刻汉字新闻)写为出版了"凡八卷",他有详细说明并纠正相关诸多错误的义务。小野秀雄同时表示,他是在看了老皂馆的出版广告"香港新闻 八册"后在其《日本新闻发达史》写上"八卷"的,但在之后除了第一卷和第二卷的合订本之外,一直未见有续卷之出版,因此可断定该刊只出版"二卷"而非"八卷"。①

在谈到他与戈公振(按:原文写为"戈振青")的交往关系时,小野秀雄指出,他的《日本新闻发达史》出版于大正十一年(一九一二年——原文,实际上是一九二二年——按),其中对官版的翻刻新闻及杂志都各写三两行。第二年,他拿了岩崎家的奖学金前往欧洲考察,在大英博物馆发现了所有未经整理的有关教会出版的(汉字)定期刊物,他当时是十分兴奋的。

他接着写道:

> 归朝(按:指回返日本)后《申报》的戈振青(按:原文)君表示要向我借用附加我的说明的官版(汉字新闻)实物,我便同时借给他我刚得到的《遐迩贯珍》和《六合丛谈》的原件。戈君便将这些图片整理后穿插在其1927年出版的《中国报学史》的第70页与第71页之间。(按:据笔者考察,图1和图2在1927年版的戈著是穿插于第三章第4页与第5页之间,1928年版才插于同书的第70页与第71页之间;至于图3,1927年版的戈著是穿插在第三章的第6页与第7页之间;1928年版则穿插于第72页与第73页之间。)从其记述中,似乎深受东洋文库之影响,但却有不少谬误。特别是有关《香港新闻》,几乎是全无研究,从其书中可看出当地完全没有相关资料。一度想写信给他,却获悉他已逝世。②

同样的,在小野秀雄的回忆录中提及其《日本新闻发达史》(作为《大阪每日新闻》和《东京日日新闻》纪念事业的一环)成为畅销书时,有如

---

① [日]小野秀雄:《翻刻新聞雑誌の原書について》(《关于翻刻新闻杂志的原书》),《新闻学研究》创刊号,1952年,第56页。

② 同上。

下的一段记述：

> 由于《每日新闻》在其新闻贩卖店都有代销此书，据说就连朝鲜、满洲、中国等地也甚为普及。之后，我发现上海的新闻记者才振青（原文——按）在首次发行其《中国新闻史》（按：正确书名应为《中国报学史》）时，错误理解《日本新闻发展史》（按：正确书名应为《日本新闻发达史》）第二章第二节的一部分内容并予以转载，而犯了极大错误。其错误是将洋书调所印发的《香港新闻》，误解为正如其他翻刻新闻一样，曾经有过一份（汉文报刊）《香港新闻》。我曾经向他提出订正，却未获回音，因为才（原文——按）氏已经逝世于莫斯科途中（按：戈氏实际上是在考察回国后不久逝世于上海），而不了了之。这一误解，在其后发行的所有中国新闻史中也照样被继承了。①

有关《香港新闻》的谜底是最复杂的，小野秀雄花了不少精力去打破这个谜底，我则在他的基础上去寻觅原件，证实日本版的《香港新闻》等，其源头实际上就是中文报《香港船头货价纸》（《香港中外新报》的前身）。至于《香港船头货价纸》何时易名为《香港中外新报》，现在还没有找到原件准确印证。由此我们可以发现，日本近代新闻史和中国近代新闻史的起源其实是有交叉的，说得准确一点，日本萌芽期的近代报业发展比中国萌芽期的近代报业发展略为晚些，两者都受到当时西方传教士或商人在华创办的汉字报纸的直接或间接的影响。

综上所述，可以得出如下结论：《香港新闻》等日本版所带来的一些混乱，戈公振是负有一定责任的。因为戈著《中国报学史》中的好几张插图，如《遐迩贯珍》《中外新报》《香港新闻》《六合丛谈》等，都是向小野秀雄借来的，其中有的是原件，如《遐迩贯珍》和《六合丛谈》，有的是日本的删定版，即官版翻刻汉字报纸，如宁波的《中外新报》（准确写法应该是《官板中外新报》）《香港新闻》（准确写法应该是《官版香港新闻》）。戈著对此没有清楚说明。当时小野秀雄的《日本新闻发达史》已先出版，戈公振曾向小野秀雄借了这些资料，并参考小野秀雄的看法，但由于戈著对此没有清楚的交代（也可能是对原件与官版之微妙差异欠缺辨析和研究），致使后来的研究者以讹传讹。正如小野秀雄指出一般，戈公振这一疏忽，往后中国

---

① ［日］小野秀雄：《新闻研究五十年》，每日新闻社1971年版，第142页。

新闻史的著作，包括白瑞华（Roswell S. Britton, *The Chinese Periodical Press 1800－1912*, Shanghai, 1933）、林语堂（Yutang Lin, *A History of the Press and Public Opinion in China*, Shanghai, 1936）等都跟着错了。

同样，宁波的《中外新报》之所以令人感到混乱，一是因为该报原件大部分丧失了；二是由两位不同教会的美国传教士先后主持该报；三是续编者未继承前编者所用的序号；四是日本版《官板中外新报》带来的混乱，而这个混乱也与戈著《中国报学史》对从小野秀雄借来的资料（即《官板中外新报》的插图）未清楚说明有关。

关于宁波的《中外新报》，曾有一名中国学者在哈佛大学看到了三份宁波《中外新报》的原件，由此他得出一个结论说，戈公振称《中外新报》创刊于1854年，但根据他看到的原件及刊登于戈公振著作中的《中外新报》插图创刊号上明明写着1858年，因此认为1858年创刊才是对的。一部分媒体也广加报道，一部分学界人士也根据这"新说"作出订正：过去认为宁波《中外新报》是玛高温创刊于1854年的说法是错的，实际上国人（按：前述学者）从海外带回来三份珍贵的原件副本证明它其实创刊于1858年。

但认真分析，这位学者的失误是他只看到宁波《中外新报》的第二任编者应思理（E. B. Inslee）编辑的三份原件，而未接触到首任编者玛高温（Deniel Jerome MacGowan）主持时期的《中外新报》。①

早在20世纪70年代，我就接触和复印了玛高温时期的几十份该报原件，还有日本官版的整套报纸，我本来想稍微慢一点再梳理，后来看到上述有关报史要修改的信息，我觉得我有责任提前把论文写出来。这里的问题出在哪里呢？出在宁波《中外新报》实际上有两个时期：一是1854年至1858年玛高温主持的时期；二是1858年至1861年由另外一个美国传教士应思理续编的时期，这两个时期的报名、报头都相同或相似，但是序号却不同，两名传教士也属于不同的教派。应思理编的《中外新报》并没有根据玛高温那个时期的序号来编排。如果他1858年接手办《中外新报》时根据原来的序号，那肯定不是第一号而是第几卷的第几号了。而尤其令人感到混乱的是，该报封面虽然模仿玛高温编辑时期的排列和书写，但却署名为"浙宁　应思理撰"（最初为"浙宁大府前应先生撰"）。未见过玛高温时期原件者或不了解这个背景的人，也许就会被应思理编辑时期的三份原件所误导。我觉得这个问题比较严重，所以我就做了一个梳理。首先是错在戈公

---

① 有关详情见本书第一部分第一章第5页。

振，因为他在《中国报学史》的相关插图中，未对日本版《中外新报》（即《官板中外新报》）予以清楚说明，但他对该报刊的基本叙述是正确的，尽管他没有对该报有进一步的研究，他知道玛高温于1854年创办该报，初为半月刊，后为月刊，继任者是应思理。

三 《香港新闻》、宁波《中外新报》令人感到混乱的原因

另外，《香港新闻》和《官版香港新闻》等让人感到混乱的原因是，《六合丛谈》的日本翻刻版叫《官板六合丛谈的删定本》，宁波《中外新报》的日本翻刻版叫《官板中外新报》。那么，既然日本有翻刻版的《官版香港新闻》和《香港新闻》，那肯定也有一份中文报刊叫《香港新闻》吧？但实际上，香港并未出版过一份名为《香港新闻》的中文报或中文杂志。那么《香港新闻》是怎么跑出来的呢？小野秀雄花了不少精力去梳理，发现《香港新闻》与他藏有的手抄本《香港船头货价纸》是同一家报章。在小野先生的启发下，我探访了不少图书馆和私人收藏家，终于在美国的 Essex Institute（后易名为 Peabody Essex Museum）觅得了79份报纸原件予以印证。原来，流传于日本的《官版香港新闻》或《香港新闻》，其实就是《香港船头货价纸》的日本版。那为什么当时幕府的知识分子会把《香港船头货价纸》的"船头货价"四字删掉呢？因为，"船头"就是有关船只几时抵达、几时离开的消息，这些信息在日本刊印时已经没有任何意义了，因为这之间可能已经过了几个月或者几年，故"船头"可以省掉。同样的，"货价"其实也没有任何意义，因为，几个月前或几年前的白银等价位对阅读者来说已没有意义了。所以审阅《香港船头货价纸》的幕府教授们就把它省略称为《香港新闻》。但这一来，《香港新闻》就带来了一些混乱，戈公振以为中国曾经出版过一份叫《香港新闻》的报刊。与此同时，由于《香港新闻》在日本是以小册子的形态出现的，所以戈公振又将它列为杂志类。另外，有些新闻史学者根据我的立论订正过去的说法，指出《香港船头货价纸》是《香港中外新报》的前身，但对《香港新闻》还持原有的态度，以为香港当年还曾出版过一本《香港新闻》的月刊。我看到好几个版本的教科书就是这样写的。为了正本清源，我曾将几个日本版本，包括手抄本的相关资料与原件的出版日期，包括西历、中历和日本的年号都一一对比与推敲，从而得出相对可信的结论。

与此同时，值得注意的是，日本版和原件并不完全相同，其差异在哪

里，它删掉了哪些字眼，是否对原文有所更改等，都得一一检验，这些都是比较繁杂的工作。日本版删掉的敏感字眼，首先是传教的文字，因为当时日本也是严禁外教的，因此，谈到基督教的地方就把它删掉，有时编者还自作主张，添加了一两个字。这些官版翻刻汉字新闻，既是时代的产物，也可以说是当时特殊环境下的文化交流、中西与日本制造的混合物。试论其功与罪，我的基本看法是：在中文原件佚失或残缺不全的情况下，完整保留下来的日本官版翻刻汉字新闻帮我们保存了不少接近原始资料的内容，替我们提供了一个研究的线索，让我们得以寻根问底。但它同时也给新闻史学界带来了混乱，在香港、台湾乃至中国大陆的部分相关书籍或论文，其实到今天还是没有完全摆脱这个混乱，这不能不说是官版带来的问题。

接下来我想进一步和大家谈谈《官版香港新闻》《香港新闻》《香港新闻纸》的几个版本问题。当时，流传于日本知识界的有好几个版本，除了《官版香港新闻》之外，还有《香港新闻》等。其中，《香港新闻》（也称之为《香港新闻纸》）是翻译成日文的，其他几个汉字版本有的还加上日文句号和训读的符号。我曾经做过一个比较，我把从美国的图书馆看到的《香港船头货价纸》原件跟这些译成日文的《香港新闻》作比较，发现它们的"本馆字启"内容完全相同。这是我证明它们系同一家报纸的根据之一。至今为止，我在剑桥大学发掘的《香港中外新报》（1872年5月4日）是我们所能看到的该报最早的原件，在它之前的原件，就是1859年该报前身《香港船头货价纸》的79份原件。两者的版式是十分相似的。如果将戈公振书中所刊载的该报1912年的版头跟新加坡私人收藏家拥有的该报原件（1889年4月13日）的版头作个比较，就会发现，直到1889年4月13日为止，该报尚未从《香港中外新报》易名为《中外新报》，也未加上"戊午年始创"（即1858年始创）的字眼。从这个角度来看，戈公振在撰写《中国报学史》时，由于只看到1912年的《中外新报》而未觅得更早的原件，他将《香港中外新报》称为《中外新报》及相信该报创刊于1858年是有其道理的，因为他当时所看到的是后来已删掉"香港"二字的《中外新报》。他也许不知道该报早期的报刊名字是《香港中外新报》。至于《香港中外新报》何时易名为《中外新报》，目前我还未找到确切的资料可以佐证。但可以肯定的是，在1889年4月13日，该报还使用原有的报刊名《香港中外新报》。

刚才着重谈的是《香港中外新报》。接下来我想谈谈宁波的《中外新报》。

这两家《中外新报》名称相同，但完全是两个概念。宁波《中外新报》

1854年创刊于宁波，是小册子形态、线装本的宗教月刊（最初为半月刊），后来成为不定期的宗教刊物；香港出版的《香港中外新报》的前身是《香港船头货价纸》，创刊于1857年，从一开始就以报纸形态出版，并非宗教报纸，它易名为《中外新报》是后来的事。宁波《中外新报》的首任编辑是美国传教士玛高温，他在报刊封面上写得清清楚楚："耶稣门徒医士玛高温撰"；后来由一个叫应思理的美国传教士来编辑，他也模仿玛高温清楚标明为："浙江大府前应先生撰"，自称是应先生，后来又把"应先生"改成"应思理"，可能是有人告诉他不能自称为先生的缘故。前面提及的一位中国学者的错误，是因为他只看了三份原件再加上戈公振书中一个官版影印本就轻易断定1854年的《中外新报》根本不存在。但我必须指出这位学者是非常坦率诚恳和严肃的，他在看到我订正其论文之后曾来函表示同意我的考证。我想，学界就应该有这样的互相切磋、改进的态度。

在这里，我想强调的是，我们应该尽量根据原件说话，在还没有充分证据、没有充分掌握资料的情况下，轻易下结论是非常危险的。特别是要对前人的学说、前人的论点提出异议时，我个人认为要非常的慎重。

宁波《中外新报》的玛高温时代是1854年到1858年，同样信仰基督教、不同教派的传教士应思理续编的是1858年到1861年，但只有1858年到1861年的部分，即应思理编辑的《中外新报》才有日本官版；至于为什么玛高温时期的《中外新报》没有发行日本官版，则不得而知。日本的《官板中外新报》是应思理接管后的报刊，该刊的第一号也是根据第二任编辑，即应思理接办后的序号而注明为第一卷第一号，如果我们搞不清楚这些背景的话，就会漠视玛高温时代的《中外新报》，以为1858年该报才告诞生。

四 《中国报学史》插图整理本带来的问题

谈到这里，我想说一个题外话。我想，尽管中国的新闻史学界都公认《中国报学史》的重要性，但令人感到遗憾的是，今天能看到真正戈公振原著版本（1927年或1928年上海商务印书馆版）的学者不多，因为收藏这两个版本的图书馆并不多。

我相信诸位所看到的《中国报学史》，不少是上海古籍出版社2003年出版的《中国报学史》（插图整理本）。所谓"插图整理本"，其实是一个非常不负责任的版本，"插图"究竟是插谁的图？没说清楚。实际上我在很多年前中国新闻史学会主办的新闻史论师资培训班上就已经公开表示，我保留起诉该书侵犯版权的权利。时任中国新闻史学会会长赵玉明教授希望我能将获赔的款项捐给史学会，我也当场表示同意。因为，该书在未获我的同意的情况下，原封不动地将我书中的 20 余张图片任意穿插在该书中。作为学术讨论，我想今天也顺便跟大家谈谈这个版本存在的一些问题。

也许是因为戈公振著作的正版已不容易找到，上海古籍出版社的《中国报学史》（插图整理本）据说销路不错，包括很多海外的图书馆都收藏了这本书。但这本书是采取非常投机取巧的做法，一方面它以商业利益为取向，并不是完完整整地刊印戈公振的著作，加之编者不是新闻史的专家，在"整理"的过程中，凡觉得没有趣味的，自己觉得不重要的就任意删除，但又保留着戈公振自己的序言，弄得像个正本似的。对我个人来说，正如前面所述，是把我的《中国近代报业史 1815—1874》增订版的插图，至少 20 多张任意穿插在这插图整理本里。我觉得这对我不公平，对戈公振也不公平。为什么呢？第一，戈公振在那个年代没有发现的一些资料，插图整理本在未经说明的情况下把后来研究者发现的资料穿插在其书中，大有今人笑古人之嫌，因为明明一份有力的资料摆在那里，可戈公振写的却是不同的内容。第二，这里面有很多是拿我或者是其他学者发掘的资料塞在里面的。如果从严肃的学术角度来说，读者看完后根本无法知道哪一些插图是戈公振原著刊载的，哪一些是后来加上的。因为，该书没有清楚说明，促使读者产生混乱。

另外，插图整理本的编者根本就不知道《香港中外新报》跟宁波《中外新报》是两回事，所以把这两份报纸的插图摆在一起，就是说把戈公振书里面刊登的宁波《官板中外新报》插图，插在戈著有关《中外新报》的论述部分，并在次页插入我在剑桥大学图书馆发掘的《香港中外新报》原件图片[1]，予人一种两报系同一报纸的错觉，这其实是张冠李戴。如果学生们根据这个版本来念新闻史，肯定会产生错觉以为两者是同一源流的报纸。本来戈公振当年由于疏忽犯了一些错失，已经半混乱了，现在再加上插图整理本这么一搅就更加混乱了。

有关宁波《中外新报》及日本官版的相关问题，我已在北京大学《新闻与传播评论》中刊登和说明，这里就不详述了。简而言之，为何宁波《中外新报》会给人造成这样一个混乱呢？一是该报原件大部分佚失；二是由两位不同教会的美国传教士先后主持该报；三是续编者未继承前编者所用的序号；四是日本版《官板中外新报》带来的混乱，而这个混乱由于戈著《中

---

[1] 见戈公振：《中国报学史》（插图整理本），上海古籍出版社 2003 年版，第 85—86 页。

国报学史》对从小野秀雄处借来的资料（即《官板中外新报》的插图）没有说明而造成报史学界对此产生误解。也正因为如此，宁波《中外新报》的梳理显得比较艰难。

五 小结

"官版翻刻汉字新闻"在日本的报业发展史上占有很重要的位置，小野秀雄将它与《官板巴达维亚新闻》并列为"我邦（日本）报纸的祖先"。从中国报业发展史的角度来看，可以从几方面来探讨：首先，由于原件的中文报纸大量佚失，日本官版给报史研究者提供了不少宝贵的相关资料与线索，应该给予正面的评价；但与此同时，由于官版翻刻汉字报纸对原报刊的删改乃至改头换面，也给我们带来了混乱，或者说制造了一些误区，促使报史学界对此产生了误会。举个例子来说，如果拿日本官版的汉字新闻跟原件相比较，就可得出如下的结论：不管是在日本还是中国都没有出版过《香港新闻》或《香港新闻纸》这份汉字报纸或杂志。有些中国教科书里迄今仍然说有一份叫《香港新闻》或《香港新闻纸》的报纸或杂志，是错误的。另外，像宁波《中外新报》由于前后有两个附属不同教会的编者，续编者没有继承前人的序号，但其封面设计又基本不变，所以就造成了混乱。加之日本官版只翻刻第二任编者应思理主持的《中外新报》，而未翻刻首任编者玛高温时期的该报，更加深了后来者对该报的误解与误判。

但无论如何，从结果上来看，还得感谢日本官版翻刻汉字报纸为我们提供了研究早期华文报的珍贵线索和资料。这些线索与资料，对中国近代报业史研究者来说，既是"陷阱"，也是促使我们探求真相、正本清源的"诱惑"。愿与大家共勉之！

第四章

首家以"杂志"命名的中文报刊《中外杂志》(1862—1863)*

——以日本"官版翻刻汉字新闻"为探析素材

一 《官板中外杂志》研究的缘起与意义

在上一章,笔者论述了日本"官版翻刻汉字新闻"给中国近代报史研究者提供了研究的线索及带来的困惑与误区,本章则将着重对其中的《官板中外杂志》的特征与内容予以深一层的分析。

正如上一章所述一般,日本新闻史奠基人小野秀雄十分重视这些在文久年间(1861—1863年)由"洋书调所"审阅、删减后翻刻的"官版翻刻汉字新闻",将它们与《官板巴达维亚新闻》并列为"我邦(日本)报纸的祖先"。

针对这些在幕府被迫结束锁国政策,为满足当时对海外知识的需求,作为"记载海外各国变革的新闻书"而翻刻的"官版翻刻汉字新闻",小野秀雄曾对其原书(指原报刊)的由来,予以如下的说明:

> 翻刻新闻(纸)是洋书调所将当时在南支那(原文,指华南)发行的汉字新闻所翻刻的……其原书主要是由英美新教的牧师为传教目的而刊印,并非由支那人(原文)所办。这些汉文新闻(纸)的鼻祖是英国伦敦教会的牧师米怜博士。他在 1816 年(按:实际上是 1815 年)在马六甲创办了题为《察世俗每月统记传》的汉文月刊杂志。1842 年鸦片战争的结果,支那(原文)开放了上海、宁波等诸港口,

---

* 本章初稿曾刊于中国新闻史学会学报《新闻春秋》2019 年第 2 期,第 8—22 页。

第四章　首家以"杂志"命名的中文报刊《中外杂志》(1862—1863)

并割让香港给英国，于是乎，英美的牧师也在上述各地开始传教。其结果是各地都有汉文新闻（纸）的发行。①

接着，针对"官版翻刻汉字新闻"与其原报刊的差异，小野写道：

  这些新闻（纸）的目的是为了宣传基督教，其内容不少是有关基督教的。当时我邦（按：指日本）对基督教采取的是禁教政策，因此洋书调所将之一一删除后进行翻刻。翻刻新闻（纸）都注上句号和（日语）训读的符号以木板印刷发行。发行者同样是万屋兵四郎，皆为十页左右的小册子……②

这段文字清楚指出：日本的"官版翻刻汉字新闻"源自英美传教士在华南诸通商口岸和已沦为英国殖民地的香港所办的汉文报纸。它们与原报刊的最大差异，是一部分内容（主要是与基督教相关的报道和介绍）被删除。也许最忠实体现此差异的是《六合丛谈》的日本版，它在封面上明明白白宣称为《官板六合丛谈删定本》。从中国新闻史研究的角度来看，"删定本"当然不能算是原件或第一手资料，但在原报刊大部分已佚失或暂时还无法觅得的情况下，这些经过日本官僚机构"删定"但完整保留下来的"官版翻刻汉字新闻"，毫无疑问地为我们提供了重要的研究线索和考察材料，堪称"准原件"。

拙著《中国近代报业发展史 1815—1874》（日文版为《中国近代新闻成立史 1815—1874》）中的第 6 章"上海最早的中文报刊——《六合丛谈》(1857—1858)"、第 7 章"中国最早的中文日报——《香港中外新报》及其前身《香港船头货价纸》"，以及本书第一部分第一章和第二章有关宁波《中外新报》的考究及其内容分析，其中不少章节便是借助"官版翻刻汉字新闻"提供的素材与线索。

据小野秀雄的考究，文久年间经幕府"洋书调所"翻刻的汉字报纸共有下列四种：

1. 《官板中外新报》十三册。
2. 《官板六合丛谈》（按：笔者依据日本官版原件，称之为《官板六合

---

① [日]小野秀雄：《我邦初期の新聞と其文献について——本書に採録せる新聞及書籍の解題に代ふ》，《明治文化全集》第 17 卷《新聞篇》，日本評論社，昭和 3 年（1928 年），第 4—5 页。
② 同上书，第 5 页。

丛谈删定本》）十五卷。

3.《官板香港新闻》（按：笔者依据日本官版原件，称之为《官版香港新闻》）二卷。

4.《官板中外杂志》七卷。

在这四种"官板翻刻汉字新闻"当中，笔者结合新发掘的原件等曾对前三者提供的素材与线索予以探讨和分析，唯独对《官板中外杂志》未有进一步的考察。主要原因是因为在笔者走访的海内外图书馆和私人收藏家当中，迄今尚无法觅得该刊的中文原件。笔者原本期待在发掘《中外杂志》的哪怕是一页半页或破损不堪的原件之后才予以梳理和探究，但经多年的努力，看来此期待已经落空。为此，笔者决定乘本书出版之际，以《官板中外杂志》的内容为中心，对该刊的特征与内容予以探析。

二 中外学界对《中外杂志》的简介和定位

在现存已知的文献中，最早对《中外杂志》的编者及该刊有所介绍的是1867年在上海出版，由曾任《六合丛谈》编者伟列西力传教士（Alexanda Wylie）编著的 *Memorials of Protestant Missionaries to the Chinese*。

该书除了明确指出《中外杂志》的编者为 John MacGowan（中文名为麦嘉湖）之外，还对该刊作如下的简介：

> 中外杂志 Chung wai tsa che, Shanghae Miscellany Shanghae, 1862. This was a monthly serial of about twelve or fifteen leaves each number, consisting of religions, scientific and literary articles, besides news of general interest. It was began in the summer of 1862 and continued about 6 months.[1]

对于《中外杂志》，戈公振在1927年由上海商务印书馆出版的《中国报学史》是这样描述的：

> 中外杂志（原名 Shanghai Miscellany）于同治元年（一八六二）发行于上海。每月一册，约十二页至十五页，所载除普通之新闻外，有关

---

[1] Alexander Wylie, *Memorials of Protestant Missionaries to the Chinese*, Shanghai, 1867, p. 257.

于宗教、科学与文学之著作；英人麦嘉湖（John Macgowan）为主笔。至同治七年（一八六八年）停刊。①

两相比较，不难发现戈著对《中外杂志》的简介基本上是沿袭伟列西力的说法。两者唯一的差异是伟列西力指出该刊的出版"始于1862年夏天并持续出版约6个月"（"It was began in the summer of 1862 and continued about 6 months"），而戈著则认为1862年创刊的该刊发行"至同治七年（一八六八年）停刊"。换句话说，戈氏认为该刊前后出版了6年。考虑到该刊的日文版（即《官板中外杂志》）仅于同治壬戌六月至同治壬戌十一月，即1862年7月至1863年1月出版7卷（即7期），及戈公振《中国报学史》的相关插图（包括《中外杂志》，实为《官板中外杂志》）系戈氏向小野秀雄借用的事实（这说明戈氏手头上没有该刊的原件或其复印件，详见上章之考察），戈氏的出版6年之说显然欠缺依据而无法成立。

与此相反，提供《官板中外杂志》材料给戈公振的小野秀雄则在1922年出版的《日本新闻发达史》的"第二章　翻译、翻刻新闻时代"，明确指出该刊只发行6个月，小野秀雄的说法是较有说服力的。该书对《官板中外杂志》简介的全文如下：

　　《官板中外杂志》七卷自同治元年六月（1862年）至同年十一月发行于上海的月刊杂志。其编者系英国传教士麦嘉湖（ジョン・マグゴワン），内容以科学相关者居多。②

1928年，小野秀雄在为日本早期报纸的相关文献撰写题解时，对《官板中外杂志》的描述，除了确认其原有的看法之外，也略加如下的补充：

　　卷尾刊载上海贸易品的行情等。翻刻本发行于文久三年（按：1863年）至元治元年（按：1864年）期间。③

---

① 戈公振：《中国报学史》，上海商务印书馆1927年版，第三章第6页。
② ［日］小野秀雄：《日本新聞発達史》，大阪毎日新聞社，大正11年（1922年），第17—18页。
③ ［日］小野秀雄：《我邦初期の新聞と其文献について——本書に採録せる新聞及書籍の解題に代ふ》，《明治文化全集》第17卷《新聞篇》，日本評論社，昭和3年，第5页。另，笔者在细阅《官板中外杂志》时，也注意到该翻刻版杂志在其第二号（即原件同治壬戌七月［1862年8月］号）的末页注明"文久三年刻"（即1863年刻），见本章图4-3，足见《官板中外杂志》翻刻于1863年至1864年一说无误。

此后，日本学界对此刊物未有进一步的探讨和发现。1986年，笔者在为《日本初期新闻全集》撰写有关"官版翻刻汉字新闻"及其汉文原报刊的题解时，曾对《中外杂志》予以梳理和探讨。全文如下：

《中外杂志》(*Shanghai Miscellany*) 是由伦敦布道会派遣的英国传教士麦嘉湖 (John Macgowan) 于1862年（清·同治元年）发行的月刊报纸。内容以宗教、科学和文学为中心，有时也刊载一般的新闻和"进出口货价"（经济新闻）等消息。

与应思理编辑的（宁波）《中外新报》一样，本刊的中文原件已佚失（按：笔者在执笔时只看到玛高温编辑时期的《中外新报》，而未觅得应思理编辑时期的原件，后发现应思理时期的四期原件，详见本书第一部分第一章），因此无法将日本版与中文原版进行比较，但细读本刊日本版的内容，不难发现其编辑方针与新闻的分类等系以《遐迩贯珍》或《六合丛谈》为范本。本刊也常转载已经停刊的《遐迩贯珍》的文章。从这角度来看，本刊以"杂志"为刊名是有其道理的。作为中文的定期刊物，以"杂志"自我命名的，这应该是第一家。

另，日本版《中外杂志》对宗教相关的记载并非完全删除。①

笔者的上述"题解"，旨在确认以下观点：
1. 《中外杂志》系伦敦布道会派遣的英国传教士麦嘉湖在上海所办的月刊报纸。
2. 本刊发刊于1862年。
3. 由于原报刊已佚失，只能从《官板中外杂志》着手研究。
4. 本刊（依据日本版的素材）的编辑方针和新闻的分类，显然是以《遐迩贯珍》或《六合丛谈》为范本。
5. 本刊经常转载《遐迩贯珍》的文章。
6. 本刊系首家以"杂志"自我命名的中文定期刊物。
7. 当年幕府采取禁教政策，"官版翻刻汉字新闻"原则上会删去原报刊所有与基督教相关的内容与记载，但细阅《官板中外杂志》的内容，其中也有漏网未被删除者。（按：《官板中外新报》也有近似之处，参看本书

---

① 详见［新加坡］卓南生《解说　官板華字新聞および中国語原紙について》，北根豊编：《日本初期新聞全集》1、ペリカン社，1986年，第v-vii頁。

第一部分第一章。）

综上所述，与同年代或之前出版的宗教中文报刊相比较，也许本刊最受人注目之处，是自我命名为"杂志"。在中文"新闻（纸）"与"杂志"尚未严格划分或者说两者还处于"混合体"阶段的19世纪中叶，一家以"杂志"自我命名的中文刊物的出现，是有其一定的意义的。以下即以《官板中外杂志》为素材，对该刊编者的编辑方针、该刊的内容与特征予以进一步的考察。

三 麦嘉湖对"文字播道"的重视及其中国观

在探析《中外杂志》的内容与特征之前，也许得对该刊的诞生背景和编者有一番考察。

先谈谈编者麦嘉湖（John MacGowan, ?—1922年，也有人译之为麦高温）的生平。

依据伟列西力有关早期传教士在华活动记录的简介，被伦敦布道会派遣到中国传道的麦嘉湖是在1860年偕其夫人抵达上海的。1863年夏天，他转移到厦门传教；但由于夫人健康的关系，他们于1864年9月初起航离开厦门，取道纽约回返伦敦，但夫人不幸于同年10月29日死于船上。1866年6月2日，麦嘉湖重返厦门继续其对华的传教活动。[1]

从这个简介中，足见麦嘉湖在上海传教的时间实际上只有三年多（即1860年3月至1863年夏天）。这个事实也间接否定了戈公振的"《中外杂志》至同治七年（一八六八）停刊"之说。在这三年多里，麦嘉湖除了编辑《中外杂志》（1862—1863），还出版了两本以中文书写、教导中国人学习英语的教材：《英话正音》（Vacabulary of the English Languages, Shanghae, 1862年，共2册，共125页）、《英字源流》（Spelling Book of the English Language, Shanghae, 1863年，共60页），和一本有关学习上海方言的英文著作：（A Collection of Phrases in the Shanghai Dialect Systematically Arranged, 8vo., Shanghae, 1862年，共196页）。[2] 前两本中文教材是为中国人学好英语而编著的，后一本英文著作则显然是为协助欧美人士学习与掌握上海方言而编辑。两者的共同目的都在促使欧美旅华人士等与中国人的"沟通"，方

---

[1] Alexander Wylie, *Memorials of Protestant Missionaries to the Chinese*, Shanghai, 1867, p. 256.
[2] Ibid., p. 257.

便传教士的"口头传道"（preaching）。因为，在 1842 年《南京条约》签署之后，西方传教士在已沦为英国殖民地的香港和五个通商口岸已可"合法"地建教堂，公开传教；而在 1860 年《北京条约》签署之后，其宗教势力更可长驱直入中国内地，这与之前拓教期传教士只能依靠书报打入中国，迂回开展"文字播道"的处境已大不相同。

尽管如此，麦嘉湖在抵沪的第二年即创办《中外杂志》，说明他对东来的基督教传教士传统的"文字播道"，还是十分重视的。

麦嘉湖何以那么重视"文字播道"？《中外杂志》缘何出版？在我们所能看到的 7 册《官板中外杂志》中，并没有任何相关的记载。这和之前问世的宗教月刊如香港的《遐迩贯珍》，或上海的《六合丛谈》都有面向中国读者的"序言"或"序"，说明发刊缘起的情况是有所差异的。

尽管如此，麦嘉湖在其后来的著作中，对在中国"文字播道"事业的意义与效果，倒有十分清晰与明确的记述。

前面提到麦嘉湖在 1866 年重返厦门，根据其自述，往后他就一直以厦门为传教的基地。共著有《中华帝国史》《厦门方言英汉字典》《华南写实》《华南生活见闻》等书，可以说是当时欧美传教士当中精通中国事务的中国通。在其代表作 *Men and Manners of Modern China*（中译本书名为《中国人生活的明与暗》）一书中，这本刊印于 1909 年，具有总结作者旅华 50 年观察心得的著作就曾坦率指出印刷品对其布道事业的重要性。他写道：

> 传教士最初来到这方外国人从未涉足的土地，开始试图影响自己周围的中国人的时候，很快便发现，最能给中国人留下深刻印象的就是印刷品。[1]

他同时注意到：

> 中国的知识分子处于生活的最前列，人们以最深广的敬畏与虔诚看待古籍，甚至连古老而神秘的汉字都受到识字和不识字的每个人同样的角度敬重。[2]

---

[1] ［英］麦高温：《中国人生活的明与暗》（*Men and Manners of Modern China*），朱涛、倪静译，中华书局 2006 年版，第 306 页。

[2] 同上。

第四章 首家以"杂志"命名的中文报刊《中外杂志》(1862—1863)

他举例指出,在中国的各城市都能看到有人肩挎竹筐,竹筐上相当醒目地写着"敬惜字纸"的字样。这些人是被雇来走街串巷捡拾写了字的碎纸和瓷片的。其目的是将它"体面地焚烧在专门建造于公共场所的高炉里"。原因是,在中国人看来,这些记录帝国伟业的汉字如果被践踏在路人脚下是有失体统的。①

正因为认识到中国人"敬惜字纸"及中国知识分子"敬畏与虔诚看待书籍"的传统,麦嘉湖认为通过书本影响中国知识分子的意义非凡。

他写道:

> 书本是任何特定地区学者可以接触到的唯一载体,传教士在其布道集会上很难碰到这些高贵的人,这些学者蔑视传教士,不屑于接近他们。此外,他们高傲刚愎得足使蛮夷之人不敢给他们充当教师,更不敢声称有资格启蒙一个足以胜任教诲全世界之职的国家。②

但对于这些"高傲刚愎"视西方传教士为"蛮夷"的中国读书人,麦嘉湖表示不能不予以重视,他继续写道:

> 然而,影响这些人是至关重要的。他们是中国的唯一精神贵族和思想家,更是帝国各地学校的教师,在主导潮流和影响人民大众方面占据不可替代的地位。③

他还同时表示:

> 现成的书本对他们有特殊的感召力。涉及宗教思想演变的书籍由于提出了从未在本国经典著作中讨论过的重大问题而深深吸引了他们。随着时间的推移,广泛涉及历史、科学和国际法等领域的西方优秀著作也都被传教士翻译过来并传给了中国的读书人。④

---

① [英]麦高温:《中国人生活的明与暗》(Men and Manners of Modern China),朱涛、倪静译,中华书局2006年版,第306页。
② 同上书,第307页。
③ 同上。
④ 同上。

综上所述，可以看出，尽管麦嘉湖抵达中国时已是传教士可以在五口通商的城市乃至内地"合法"口头传教的年代，但正如鸦片战争前拓教期一样，传教士仍然十分重视"文字播道"，并把出版"印刷物"和争取中国知识分子的理解与支持视为其重点工作。在这一点上，尽管麦嘉湖没有像创办《东西洋考每月统记传》（1833—1835；1837—1838）的郭士立（Karl Friedrich August Gutzlaff 或 Charles Gutzlaff，1803—1851，亦译为郭实猎和郭甲利）那么直截了当，指出其书刊旨在改变中国人对西人西学的偏见及其高傲态度，以便维护旅华西人的共同利益，但其目的是一样的。

那么，要怎样将他们印制的"印刷品"传递给被视为"主导潮流和影响人民大众方面占据不可替代的地位"的中国读书人呢？麦嘉湖对此也有所描述：

> 事情不久便很显然，传教士在中国旅行、传教过程中的一大辅助品便是带在身边并卖给听众的那些书。传教士继续自己的旅程后书本留给了他的听众，早年这些书籍等全是宗教方面的，包括福音和涉及风俗习惯的小册子，专供更多尚未听过布道的人们阅读研究。①

此外，另一途径是正如拓教期东来基督教传教士一般，后来的西方传教士也十分关注中国科举考试的举办，认为那是分发其印刷物的良好时机。

他表示：

> 在三年一度的科举考试中与中国的读书人相见是影响他们最适宜最有效的途径。这种约有万人参加的进士考试在大清帝国各省城举行，这是争取那些从五乡六县云集到省城的名流的绝好时机，因为可以在一座城市这样的小范围内向如同贵族惯常那样保守排外的群体散发充满新思想的书籍。②

麦嘉湖上述对"印刷物"在中国受到格外重视与敬畏（具体体现在他对"敬惜字纸"的上述描述），以及他对"高贵"的中国知识分子主导潮流

---

① ［英］麦高温：《中国人生活的明与暗》（*Men and Manners of Modern China*），朱涛、倪静译，中华书局2006年版，第306—307页。
② 同上书，第307页。

和影响人民大众具有"不可替代的地位"的细微观察，既是他对在华"文字播道"50年的经验总结，也可理解为他为何热衷"文字播道"（包括早年初抵上海就出版定期刊物《中外杂志》）的原因所在。

换句话说，正如伦敦布道会早期东来的马礼逊、米怜、麦都恩和郭士立等传教士那样，麦嘉湖把宗教小册子（包括定期刊物《中外杂志》）视为传教过程中的"一大辅助品"，并把其首要受众锁定在"中国的读书人"。

至于怎样将这些"印刷物"传递到既"高傲"且对传教士"蔑视"的中国读书人呢？麦嘉湖的做法和其前辈一样，其一是四处"旅行"，颁布书册；其二是利用三年一度的科举考试期间，散发其传教印刷品。

在麦嘉湖的自述中，虽未具体提起其《中外杂志》怎样发行与流通，但不难想象，作为传教的"一大辅助品"，其传播途径也和上述方式不会有两样。

四 《官板中外杂志》的封面设计及其折射含义

与香港的《遐迩贯珍》（1853—1856）和上海的《六合丛谈》（1857—1858）相比较，不难看出《官板中外杂志》的封面设计与目录排列与前二者十分近似。由于《中外杂志》原件已经佚失，我们固然无法将《官板中外杂志》与《中外杂志》原件一一予以比较，但如将幕府洋书调所翻刻的《官板六合丛谈删定本》与《六合丛谈》原件相比较，不难发现"官板"与原版最大的差异是"官板"删去了原版中与宗教相关的文字，余者尽量保留原状。因此，在无法觅得原件的情况下，通过《官板中外杂志》考察其与《遐迩贯珍》和《六合丛谈》版面之差异，还是有其一定意义的。

日本翻刻版的《官板中外杂志》共刻自原件7期（即自同治壬戌年六月至十一月［1862年7月至1863年1月］，其中包括闰八月，每月一期），其封面版都和《遐迩贯珍》与《六合丛谈》近似，中间以大字体书写报刊名字，右侧写上出版年月，左侧写明发行者或编者名字。《官板中外杂志》除了在创刊号的右侧写明"同治壬戌六月"，以小字体写上"千八百六十二年、我文久二年六月"（见图4-1）之外，其余各号的封面版都仅写中国的同治年号和阴历年月（与《遐迩贯珍》和《六合丛谈》相同）。《中外杂志》原件是否写上"千八百六十二年"的文字不得而知，但可以肯定的是，封面版右侧的"我文久二年六月"是不可能出现的。因为"文久"是日本的年号，"我文久"分明是翻刻者为方便其读者阅读而刻印上的。也许是考虑到如此书写有不妥之处,从第二号(见图4-2)开始,这一换算为"千八百六十二年,我文久二年"云云的文字就删除了。

图4-1 《官板中外杂志》第一号封面

图4-2 《官板中外杂志》第二号封面

与此同时,值得注意的是从第二号开始,《官板中外杂志》封面版左侧的"大英麦嘉湖辑译"也改为"英 麦嘉湖辑译"并往下方位移动。"大英"删了"大"字并将之向下移位,也许是为了体现发行者的谦卑姿态,拉近编者与被视为"高傲"的中国读书人(也是该刊最重视的读者群)的距离。

在这里,也许最值得我们注意的是该刊封面左侧在大英或"英 麦嘉湖"的编者下面,还加上"辑译"二字。这和之前各宗教月刊,如《察世俗每月统记传》(1815—1821)的"博爱者纂"、《特选撮要每月纪传》(1823—1826)的"尚德者纂"、《东西洋考每月统记传》(1833—1835;1837—1838)的"爱汉者纂"不同,也与以发行单位名义出版的《遐迩贯珍》的"香港英华书院印送""香港英华书院印刷"或《六合丛谈》的"江苏松江上海墨海书馆印"相异。

"辑译"二字中的"辑"字是指聚集诸多材料而成书刊,与前述诸刊物编者搜集材料编成书刊的"纂"字相去不远,但加上"译"字则含有"辑集翻译"的含义。如再加上该刊以"杂志"二字命名的创举,麦嘉湖在创办《中外杂志》时也许已有将该刊明确定位为"辑译"中外事务的"杂志"

的意向，而与同年代由美国传教士玛高温在宁波创办（1854—1858）、后由另一美国教会传教士应思理续办（1858—1861）的美国在华首家中文报刊《中外新报》（也是首家以"新报"命名的中文定期刊物），在其封面版写上"玛高温撰"或"应思理撰"的强调"撰"字是截然不同的。

换句话说，尽管19世纪60年代的上海《中外杂志》和同年代的宁波《中外新报》（1854—1858；1858—1861）两者基本上都归属"宗教月刊"的范畴，但从中国近代报业发展史的角度来看，首家以"新报"自我命名冀图以"新报"自我定位的《中外新报》，与首家以"杂志"自我命名的《中外杂志》，多少反映了两报刊编者自我定位（至少是办刊时的主观愿望）的迥异与走向。《中外新报》编者在其封面版自己的名字下面写上"撰"字，与《中外杂志》编者的自我定位为"辑译"，显然是有其各自的用意和取向。如果结合萌芽期中国近代报业发展史的特征，《中外杂志》的诞生也许还可解读为中文报刊从"报纸杂志混合型"的状态呈现分化的一大征兆。

五 《官板中外杂志》的编排形态与内容特征

与香港《遐迩贯珍》和上海《六合丛谈》相比较，不难看出《官板中外杂志》与前二者有着下列的异同。

其一，与前二刊一样，《官板中外杂志》是以书本式形态编印的。该刊在第一页也有简要的目录（第一号除外）（详见附录之目录一览表），但未像前二刊同时附上比中文目录还详细的英文目录。由于《中外杂志》的原件佚失，麦嘉湖在上海创办的《中外杂志》是否如此，不得而知。因为，即使原刊载有英文目录，该刊的日本版正如《官板六合丛谈删定本》一样，肯定也会被删除的，因为它对旨在了解"海外各国变革"的幕府当局并无任何价值。

其二，从附录的《官板中外杂志》目录一览表中，可以知道该刊内容的顺序基本上是沿袭《遐迩贯珍》和《六合丛谈》的编辑传统，先是介绍西国（主要是传教士编者麦嘉湖的母国英国）的历史（如第一号的《英国纲鉴卷一》）、城市（如第一号有关英国首都伦敦的简介）、文化、西方天文学等科普知识，然后才是较有新闻性的"泰西（按：指欧美各国）近事述略"和"长毛（按：指太平军）近事"或"近事杂记"等栏目。其中，第二号和第三号还模仿《六合丛谈》，在末尾刊载"进出口货价"（见图4-3）。

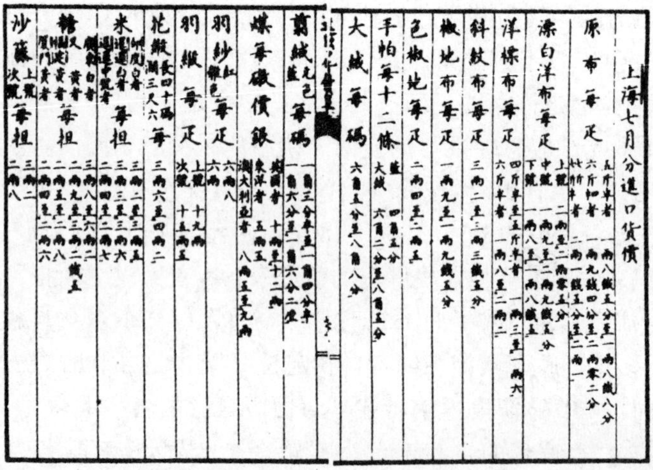

上海七月分進口貨價

原布每疋

漂白洋布每疋

洋標布每疋

斜紋布每疋

襖地布每疋

色襖地每疋

手帕每十二條

大絨每碼

羽紗每疋

羽緞每疋

花緞每疋

米每担

沙藤每担

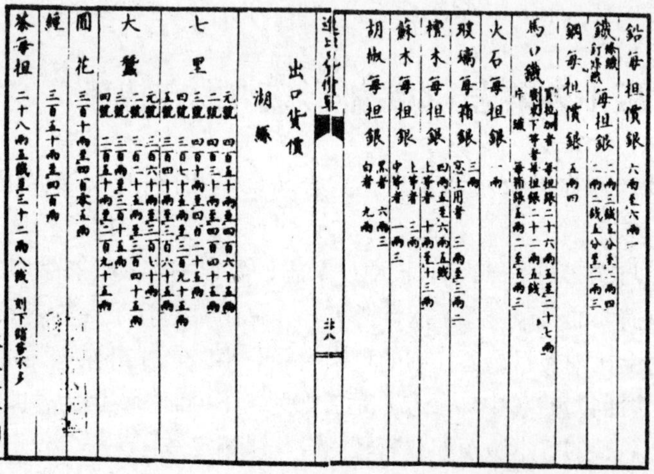

鉛每担價銀

鐵每担銀

鋼每担價銀

馬口鐵

火石每担銀

玻璃每箱銀

檀木每担銀

蘇木每担銀

胡椒每担銀

出口貨價

湖絲

七里

大蠶

茶每担

文久三年刻

图 4－3 《官板中外杂志》第二号“进出口货价”栏

其三，该刊介绍的西国西事西学多为转载之作，其中不少还连载数期。例如，简介英国史的《英国纲鉴》，就一连刊载了 6 期。

其四，从第二号起，该刊不少文章是转载自 1856 年已停刊的《遐迩贯珍》（尽管其中有些转载文章未注明录自《遐迩贯珍》）；到了第七号，该刊的所有内容，即《续生物论》《茶叶通用述略》和《补灾救患普行良方》皆注明由“遐迩贯珍录出”，在实质上已沦为旧刊《遐迩贯珍》文萃的翻印版。

以下是该刊转载自《遐迩贯珍》的具体文章一览表：

第四章　首家以"杂志"命名的中文报刊《中外杂志》（1862—1863）

《官板中外杂志》	录自《遐迩贯珍》
第二号（同治壬戌闰七月，1862年8月） 《佛朗西国烈女若晏记略》	1855年第五号（1855年5月） 《佛朗西国烈女若晏记略》（英文目录：History of Joan of Arc）
第三号（同治壬戌八月，1862年9月） 《英国政治制度》	1853年第三号（1853年10月） 《英国政治制度》（英文目录：The British Constitution）
第四号（同治壬戌闰八月，1862年10月） 《极西开荒建治析国源统》	1853年第四号（1853年11月） 《极西开荒建治析国源统》（英文目录：Discovery of America and Independence of the United States）
第四号（同治壬戌闰八月，1862年10月） 《生物总论》	1854年第十一号（1854年11月） 《生物总论》（英文目录：Divisions and Clases of the Animal Kingdom; the Orders of the Mammalia）
第五号（同治壬戌九月，1862年11月） 《续生物论鸟类》	1854年第十二号（1854年12月） 《续生物论鸟类》（英文目录：Divisions and Clases of the Animal Kingdom; No. Ⅱ. Birds.）前半部
第五号（同治壬戌九月，1862年11月） 《火船机制述略》	1852年第二号（1853年9月） 《火船机制述略》（英文目录：First Principles of the Steam Engine）
第六号（同治壬戌十月，1862年11月） 《续生物论》（按：原文）	1854年第十二号（1854年12月） 《续生物总论鸟类》后半部
第六号（同治壬戌十月，1862年11月） 《泰西种痘奇法》	1854年第十二号（1854年12月） 《泰西种痘奇法》（英文目录：Vaccination, Reprinted from a Treatise published by Sir George Staunton and Dr. Pearson, in 1805）
第七号（同治壬戌十一月，1863年1月） 《续生物总论虫鱼类》	1855年第四号（1855年4月） 《续生物总论虫鱼类》（英文目录：Divisions and Clases of the Animal Kingdom; No. Ⅲ. Reptiles and fishes）
第七号（同治壬戌十一月，1863年1月） 《茶叶通用述略》	1853年第五号（1853年12月） 《茶叶通用述略》（英文目录：The Rise and Progress of the Foreign Tea Trade）
第七号（同治壬戌十一月，1863年1月） 《补灾救患普行良法》	1854年第一号（1854年1月） 《补灾救患普行良法》（英文目录：Principles of Life and Fire Assurance）

从编者麦嘉湖刊载及上述转录自《遐迩贯珍》的文章中，可以看出其如下的译辑方针：

其一是简介欧美天文学、生物学等的科普知识；

其二是介绍西国，特别是英国史、英国城市及其政治制度等西方历史与文明；

其三是力陈中西交流、合作对双方之利与益。

换言之，《官板中外杂志》的内容仍然离不开开拓期传教士冀图通过简介西方"新知"，西国各种制度，借以改变中国人眼中西人西学形象的目的。

在《英国城市伦敦》①一文中，作者除了介绍伦敦的地理环境及历史沿革之外，就不忘指出伦敦城市之开发与贸易之繁荣（"商客往来亦最繁盛"，道路"较中国阔数倍，以便车马之常出入"）。在结尾部分，同文提起伦敦有"极大之信局"，在 1855 年的一年间"约有信四千五百万"，借以说明英国邮政通信之发达。它同时还报道 1857 年伦敦发行报刊的如下盛况：

> 有新闻四百六十四、有一日出者、有一礼拜出者、有一月一出者、有三月一出者

换句话说，单单是 1857 年，伦敦所发行的报刊（包括日报、周报、月报和季刊）就有 464 种。最后，该文强调该都会之如下魅力：

> 伦敦所出之物、极工极巧、故钟与表为天下冠、马车亦为天下冠、其地之长、相去虽四十里、有火轮车往来、故立时可至、其车之价亦不贵、行路三里计钱二十文、至礼拜堂不特所建甚多、而更极有美观也

在转录自《遐迩贯珍》的《英国政治制度》②一文中，作者先是开门见山，以一外国人的身份论述对中国之"乱"的观察及强调英国政权之长久与稳定。

> 余以外邦人、常历观中土、因思今之民人、与朝廷作乱相持、终久必有一胜者、无论孰胜、苏庶民之政治、待外邦之制度、必有一次更张

---

① 《官板中外杂志》，同治壬戌六月（1862 年 7 月），第一号，第 10—11 页。
② 《官板中外杂志》，同治壬戌八月（1862 年 9 月），第三号，第 1—5 页。

改作、惟我英国政治制之式、已绵历数百年、悉顺黎庶之恩、逐渐增积于无形、而衷集以至于今日

接着，则着重介绍英国的君主制与国会之具体运行方式与状况。最后，该刊期望"中土人"也能采取此受"上帝之宠"的英国政治制度并从中得益：

> 凡此英国美政嘉模、更直深感上帝之宠锡（原文，恐为"赐"之误）所致、复祈其延之永久、昭垂无穷、虽此政制、或未能得美脩万全、然屡欲更求逾于此者、竟不可多得、所愿中土人能同由斯道、而共沾斯益也、岂不休欤

六 《官板中外杂志》"泰西近事"栏目关注焦点

在前后仅出版 7 期的《官板中外杂志》当中，从第一号至第六号都设有"泰西（按：指欧美）近事述略"或"泰西近事"栏，第二号和第三号则有"进出口货价"或"进口货价"栏；至于有关中国国内的新闻，除了第一号写明为"长毛（按：指太平军）近事"栏之外，自第二号至第四号皆录于"近事杂记"或"近事杂录"栏里。第五至第七号则未刊中国国内新闻。

从"泰西近事"栏中，不难发现该刊的关注点有三。

其一是有关英国社会动态的社会新闻，如英国皇室的动向、伦敦新生婴儿的数目、英国某地之产煤量等。

其二是有关"花旗国"（按：指美国）"南北战争"（1861—1865）的内战信息及由此给英国棉织业制造商和劳工带来的深刻影响。"泰西近事"栏每期都以大篇幅刊登相关消息。其共同报道方式是先述"南北战争"的战讯、后述英国"织洋布为生者"之苦，再来是陈述和寻求解除此"困境"的途径，下面是几则相关报道的典型例子：

（1）"英国近有一万人多失业者、因向织洋布为生、今南北旗有争战事、棉花不能至英、以此营生者、不免困顿矣"[1]

（2）"自花旗国搆兵以来、棉花甚少、然英国有一地、恃此为生、因此困苦无聊、目今有数千人、游食而已、故现在有多人、会集商议相助之法、

---

[1] 《官板中外杂志》，同治壬戌六月（1862 年 7 月），第一号，第 14 页。

于伦敦地已有捐银四万两……又英主亦出旨意、将民间钱粮以济其地食用也……"①

（3）"现英国北处民人、贫苦者仍多、王与各商民等、均思措捐钱文、以济此难、其故因花旗有战事、棉花之来着甚少、英民以此为生者、难以度日矣、今印度大种棉花、约来年花必极甚、不至再有缺乏"②

显然，（1）是指出由于美国"南北战争"尚未结束，依靠美国进口棉花加工的纺织业者已陷入困境，失业人数已逾万人。此类报道几乎每期都如此重点强调；（2）是在叙述此困境的同时，该刊不忘指出各地不少有识之士正在"集会商议相助之法"，并捐款资助；与此同时，英主（按：指英国国王）"亦出旨意"，予以支持；（3）是在捐助款项救济之余，该刊期待"大种棉花"的印度（按：大英帝国在亚洲的殖民地）在第二年"（棉）花必极甚"，解救英国纺织业棉花短缺的困境。

换句话说，工业国家英国在面临廉价原料供应短缺而造成的经济困境和危机的时刻，除了倡导和反映国内各界人士（上至"国主"下至平民）慷慨解囊，以期共渡难关之外，也把目光投射到其远东的殖民地印度。印度之所以被赋予"大种棉花"的使命，显然是与大英帝国国际分工战略的经济算盘分不开的。

出自同样的考量，《官板中外杂志》的"泰西近事"栏对曾为大英帝国开拓东方疆土立下汗马功劳的将领倍加赞赏：

> 现有名望之兵头、其人曾于前年印度打仗、大得其功、故有多人捐银二万两、将此银为黄铜像置于伦敦、又为黄铜马像、置于加而格得（按：指加尔各答，即 Calcutta，自 1772 年直到 1911 年为英属印度的首都）、是印度之名城也、又为日食器具送之、各器上铭捐户之名、其器值银三千两③

当然，大英帝国对东方的兴致不仅仅止于印度，它对地广物博的中国的动向也无时无刻不予以密切的关注。《官板中外杂志》的"泰西近事"栏就有如下的一则报道：

---

① 《官板中外杂志》，同治壬戌八月（1862 年 9 月），第三号，第 19 页。
② 《官板中外杂志》，同治壬戌闰八月（1862 年 10 月），第四号，第 19 页。
③ 《官板中外杂志》，同治壬戌八月（1862 年 9 月），第三号，第 20 页。

现今得志攻打宁贼之英兵、闻于英主嘉其勇敢而赞赏也①

所谓"攻打宁贼之英兵",无疑是指 1862 年 5 月以来英法在宁波城外的驻军协助清军向太平军发动攻击,从太平军手里夺走了宁波城的英军,此处的"宁贼",指的就是 1861 年 12 月以来占领宁波的太平军。"英主"对"勇敢"攻打太平军的"英兵"予以鼓励和嘉奖,充分地表达了英国国王全力支持英军协助清朝镇压太平军的军事行动的支持。1862 年是《北京条约》(1860)签署后英法等国家为进一步巩固和加大其在华的最高利益而对太平军从伪"中立"的模糊态度转至采取实际行动,积极协助清军的重要年头。《官板中外杂志》在其"泰西近事"栏的相关新闻中,称宁波城的太平军为"宁贼",显然是站在支持"英主"、"英兵"参与镇压太平军的军事行动的立场。如此这般的报道方式与编辑方针,在该刊反映中国国内新闻的"长毛近事"栏和"近事杂记"或"近事杂录"栏中就更加鲜明与毫不保留了。

七 《官板中外杂志》怎样处理太平军战讯

纵观《官板中外杂志》有关中国国内的新闻报道(即第一号的"长毛近事"栏、第二号与第三号的"近事杂记"栏和第四号的"近事杂录"栏),可以看出该刊除了反映天然灾害和地方武装贼匪搅民的个别社会新闻之外,余者皆集中于"长毛"的动向、清军和太平军交锋的战讯以及英美兵士与由华尔②训练出来的"洋枪队"(后改为"常胜军")配合清军镇压太平军的相关信息。其报道有着如下的明显特征与倾向:

其一,凡是提到太平军之处,必加上"贼"、"匪"、"贼军"、"逆匪"、"长发贼"、"毛贼"等贬义词,并力数其残暴与不得人心及其兵力位处下风的信息。下面是几个典型:

● 辛酉十二月十六日浦东奉贤县界南桥镇失守后、南汇川沙两城

---

① 《官板中外杂志》,同治壬戌八月(1862 年 9 月),第三号,第 19 页。
② 华尔(Huar, Fredecick Towsend Ward, 1831—1862),美国人,系 1860 年组织旨在协助清廷镇压太平军的"洋枪队"头目。这支由外国人组成的"洋枪队"随后改为"中外混合军",1862 年初因伙同英法军队在上海战役中击退太平军有功,受到清廷赞赏,华尔的"洋枪队"改称为"常胜军"(Ever-victorious Army)。1862 年 9 月 21 日,华尔在进攻慈溪时被太平军击成重伤,次日毙命于宁波。"常胜军"遂由其副手美国人 H. A. Burgevine(白齐文)接管。

并高桥等处相继复失、苦无官兵阻敌、以致生民涂炭、妻离子散、被害者、自殉者、有万数人、贼初入川沙、先有马队二十余匹、贼首领带大红巾、身穿黄马褂、手执洋枪、后贼拥进、自称二万雄兵、将城外房屋拆毁、增高城堵、沿城深开壕沟、杀戮无辜、奸淫妇女、总总不法、真禽兽不如也、生民之苦、实难罄言……①

● 廿五日闻西路逆匪、由嘉定等处、窜至真如大场、及彭王庙、掳掠殆尽、各村庄又受其毒、居民携老扶幼、纷纷逃避、或云此众逆匪因粮尽乏食、出外掳劫、或云逃避、或云有东窜意、官军未能截杀、以至于此②

● 近闻洞庭山之伪监军叶惠帆、暨师师（按：旅团长）汪尧阶等、不为地方办公、安抚百姓、反借逆索诈、居民遭此荼毒、惨不忍言、以致三餐虚空、豆麦不继、闻者无不泪下、并因苏城逆匪缺少火药、二人献策、将该处居民房屋、拆砖熬硝、置造火药、以济贼用、该处商民、莫敢声言、道路以目、惟冀大兵速来攻克、立拿该乡官等、碎尸万段、以昭炯戒、而快人心、企予望之③

● 探得嘉城、昨有数百余贼、冲至黄渡一带、大肆焚掠、该处居民、纷纷逆避七宝云云④

其二，对英国"国主"应中国"国主"之要求，出兵协助清军围剿"贼匪"的行动及"常胜军"的动向十分重视。

● 前中国主欲英主造火轮船来助剿毛贼、今已造船六只、即日可至、又遣一英之能干大员前来、每年俸银约一万五千两、其余应用之款、亦于中国开销、其船至后、即行会剿、各处毛贼、自不难尽数歼除矣⑤

● 本月十三日、李抚宪督（按：指李鸿章）率亲兵、会同常胜军、攻剿青浦逆匪、至午刻、官军从南门打进、杀死贼匪千余、余俱鼠逃、

---

① 《官板中外杂志》，同治壬戌六月（1862年7月），第一号，第16页。
② 《官板中外杂志》，同治壬戌七月（1862年8月），第二号，第24页。
③ 同上，第22—23页。
④ 同上，第23页。
⑤ 同上，第21页。

第四章 首家以"杂志"命名的中文报刊《中外杂志》(1862—1863)

遂将青城克复……①
- 英轮船昨日由宁波来云、日前英法兵丁、会同中国官兵、前往凤化攻打、发贼初次小败、嗣即合攻、将凤化城收复、惟英兵官民博心克铁、即从前出京打仗之勇将、又有名益勿兰者、二员俱受伤、带常胜军之外国人（按：指华尔）、死伤一员、现在凤化城均系官兵驻守②
- 现闻中国官与外国官商订、所有华尔所带之常胜军、暂交华尔副手名白聚文（按：指美国人白齐文，H. A. Burgevine，1836—1865）者管带③
- ……又松郡探称、常胜军即日出队、前往嘉定攻剿、系西人排葛利统带、车轮炮一切军火、均已下船、并闻昆山之贼日内甚少④

其三，描述太平军在英法出兵及洋人组成的"常胜军"协助清军的"围剿"下逃亡、被捕与迈向分崩离析的窘境。

- 贼首四眼狗、姓陈、名玉成、在寿州、被苗沛霖诱获、解至胜保大帅营中、供称我系广西梧州府、腾县人、十四岁时从洪秀全、自广西至金陵、后封为英王、提掌天朝九门羽林军、自咸丰四年至今、所到之处、无不势如破竹、不料今日被擒、我受天朝恩重、不能投降、败军之将无颜求生……四眼狗口供如是⑤
- 现闻各道踞贼、剩下粮已大匮、每日止得二粥、被胁百姓、已至绝粮、观其情形、十分危急、际此大兵云集、何难歼除丑类、一鼓荡平、行见捷音叠至、共享升平矣⑥
- ……至贼匪伪忠王头对贼众、亦约有千余人、全行剃头、身穿（按：《官板中外杂志》编者原注：恐为穿）大红镶边号衣、头戴我兵大帽、所打旗帜、与我军一样、该逆前在苏城假扮时、曾经探丁报明、是以该逆此次出队、毫无成效、已打败数次、连曹桥分水共有贼匪三四

---
① 《官板中外杂志》，同治壬戌七月（1862年8月），第二号，第23页。
② 《官板中外杂志》，同治壬戌闰八月（1862年10月），第四号，第22页。
③ 同上，第22—23页。
④ 同上，第23页。
⑤ 《官板中外杂志》，同治壬戌六月（1862年7月），第一号，第17页。
⑥ 《官板中外杂志》，同治壬戌七月（1862年8月），第二号，第23页。

千多人、现在我军出队、以青布裹头、并出口令、以杜蒙混①

综上所述，可以得知《官板中外杂志》在报道太平军问题上，立场是十分鲜明的，即遵循英国当局协助清朝镇压太平军的国策，敌我分明，新闻报道中频繁出现的"我军"，其信息源可能出自清朝当局，但也充分反映了麦嘉湖主编在选稿辑译时的鲜明色彩和倾向。

《官板中外杂志》这样的辑译方针，如果是和比该刊早9年创刊的宗教月刊《遐迩贯珍》与早5年出版的《六合丛谈》相比较，其异同之处是：

1853年出版的《遐迩贯珍》发刊于太平天国攻陷南京、欧美各国在表面上虽宣称"中立"，实则在刺探中国国内各方的情报以谋求各自在华最大利益的时刻。在这非常时刻，紧跟着英国"国策"办报的《遐迩贯珍》对太平军的报道与评论很自然地与英国当局的立场保持一致，采取"中立"与"暧昧"的态度。这不仅流露在该刊对太平军的高度评价，并对清朝"官军"受挫和残酷性"语含刺讽"而招惹清朝官吏之不满，也反映在该刊所报道之战讯与清廷大臣奏折之迥异。

最明显的例子，莫过于该刊对官军于1854年夏天攻打上海城的消息与官方记载的不同。针对这个事件，《遐迩贯珍》曾作如下的报道：

廿九日、上海官军与城中人交仗、是日寅刻、官军用火药轰城、城崩陷三丈余、城内屋宇、亦有倒塌者、有官军二百名、同外国在逃不肖水手数名入城、行不数武、城中人即行攻逐、击毙官军四十人、官军入城之计遂阻、现值周围进攻、亦未能得手、而西北城边、城中人击逐官军、现在军营有一船、系外国船只、先经吴道价买者、开炮与城外临河之党人炮台对仗攻击、其船受炮中二十三弹、船身已坏、船内人有被弹伤数名、有打断两足者、有打去一腿者、余伤不知几何、而城中党人、亦死五人、伤一人②

但对于这官军无法攻破上海城"不得进城、而贼与兵各有所伤"的"皆的确之事、人所共闻"的战讯，《遐迩贯珍》的编者〔时任编者相信是香港殖民地政府的首席治安法官，麦都思女婿奚礼尔（Charlen Batten Hill-

---

① 《官板中外杂志》，同治壬戌闰八月（1862年10月），第四号，第23页。
② 《遐迩贯珍》1854年7月第七号，第9页。

第四章　首家以"杂志"命名的中文报刊《中外杂志》（1862—1863）

ion）〕发现《京报》对七月二十日之役，"与贯珍所载、大相径庭"。①

对此，编者写道：

　　京抄载江苏抚台奏云、该日臣率兵往剿上海贼、得获大胜、朱批内亦有杀贼一千五百一语、今余之所以表白之者、凯为好评以为直乎②

针对中国朝廷官员如此虚报战讯之行为，该刊编者声色俱厉地写道：

　　盖欲中国朝廷、君罔以辩言乱旧政、臣罔以宠利居成功、君明臣良、兆民众赖耳、更有二故、一以明贯珍所载无一虚谬、盖赫赫上帝在上、不可欺罔、最恶虚伪者也、一因当道之人、粉饰太平、假言乱奏、罔上欺君、诚堪太息、使今日者、中华诸臣、果能事君以忠、则国家可计日而复兴也③

换言之，编者除了强调信奉上帝、不说假话的《遐迩贯珍》"所载无一虚谬"之外，对为求功名宠利而"假言乱奏"的"欺君""虚伪者"予以痛斥，并期待中华诸臣"能事君以忠"，从而促使国家早日复兴。

显然，当时的《遐迩贯珍》并未与清廷"官兵"站在一起，而是试图摆出"超然"的姿态，"客观"地反映其所获的相关信息，并对清朝大臣的虚报军情予以抨击。

至于创刊于1857年，停刊于1858年的《六合丛谈》，适逢第二次鸦片战争（1856—1860）的敏感时期，除了创刊号的"金陵近事"栏有一则关于太平天国的消息之外，该刊极力避开中国内部动乱的话题。

由此可见，《官板中外杂志》虽然是以《遐迩贯珍》和《六合丛谈》为范本而办的一家中文月刊，但它与摆"中立"姿态，标榜"所载无一虚谬"的编辑方针，时而讥讽清朝"官军"窘境，并力斥大臣"假令乱奏"的《遐迩贯珍》的态度截然不同；也与对太平军采取视若无睹的态度，成为"在中国国内发行，但不登载有关中国新闻的中文报刊"《六合丛谈》④ 没有

---

①　《遐迩贯珍》1854年12月第十二号，第13页。
②　同上。
③　同上。
④　［新加坡］卓南生：《中国近代报业发展史　1815—1874》（增订新版），中国社会科学出版社2015年版，第95页。

任何共同之处。正如前面所考察一般，《官板中外杂志》报道下的太平军，基本上都是负面与贬义，不是"残暴"，就是"惊慌而逃"；与此相反，对于"官军"与英法的正规部队及由华尔训练出来的"洋枪队"或其易名后的"常胜军"，则常以为"我军"的视点予以报道，并极力塑造其正面形象。

至于有关战讯等的消息来源，除了有个别的地方，写明"闻得抚辕报"（即从巡抚军营得到）或"闻据抚辕侦探报称"与"英轮船昨日由宁波来云"之外，绝大多数的战讯都以"闻""现闻""闻得""又闻""探得""又探得"为开头语，这与《遐迩贯珍》在引述自《京报》时明确注明系转载自"京抄"《京报》的报道态度显然有巨大的差距。尤其令人感到惊异的是，其中有些信息源写明为"有人自广东来，言……"。这种欠缺依据而写的社会新闻，与1949年后香港和东南亚的一部分华文报经常出现的"广东来客称"的报道手法，不能不说有惊人相似的"偶合"。

尤其令人感到意外的是，传教士编者麦嘉湖在太平军问题上，除了全面站在官军和英法美军队的立场，极力渲染"我军"之战果与唱衰"贼兵"之外，还长篇详尽报道了浙江诸暨县城包村的包立生（1838—1862）①如何神奇地与太平军作战的新闻。这些消息的来源虽写明系"闻得署福建县知县赵香灵云"，但对于历来不遗余力，力斥中国人不拜真神（即上帝）拜偶像的迷信态度的基督教中文月刊来说，《官板中外杂志》绘声绘色登载如下神化包立生的故事，不能不让人啧啧称奇：

> • 四月初绍兴诸暨县、及各处贼匪麇集大股、攻犯包村、该逆队伍离包村不过数里、而包立生毫无预备迎敌、手下人等禀知贼匪逼近、即请派队迎剿、包立生始将宝剑携出、贼匪自何方而来、即剑头出寸余、诣其方而设之、顷间、包立生手下人等回称贼皆抛戈垂手、夹道相立、包立生即谕手下人等、前去斩决、即将逆众一切军械尽为包立生所

---

① 包立生（1838—1862），又作包立身，诸暨人。1861年太平军开辟浙江根据地后，曾在本村（包村）组织地主武装"东安义军"，自任统领。当时，附近一些地主纷纷进入包村，一时"东安义军"达数万人，声势浩大，成为威胁太平天国浙江根据地的一支地主武装。太平军曾数次攻打包村不遂。包立生自称修仙得道，能预测祸福吉凶，有"包神仙"的名头。清代野史有人把他说得神乎其神，可凭一己之力抵挡数万太平军。1862年七月二十七日太平军攻下包村，包立生突围逃命，在马面山被太平军击毙。

●　至五月间、包立生亲赴绍兴府城、与贼首借饷银五万两、该逆首当时怒发冲冠、呼逆众立拿包立生斩首、刚被拿获、即刻不见、该逆首等大为惊异、不数日、存城各馆之银失去、共该数目、通符五万、与包立生所借之数相合、从此传说、无不惊恐②

●　六月间，亲笔写信一封，差人送至诸暨县城内，向贼首借兵米一千担，兵饷一千两，该逆甚为惊恐，即进米饷如数……③

至此，编者与其说有如米怜在 1815 年《察世俗每月统记传》序文中所述一般，把讲"神理"（"上帝乃唯一真神"的道理）摆在第一位，不如说更在乎新闻的内容是否符合泰西国家在华的"共同利益"，即是否对打击英法等伙同清廷共同追讨"逆贼"的舆情有利。

八　小结

综合以上的考察，我们可以得出如下的几点结论：

（1）鉴于迄今尚无法觅得《中外杂志》的原件，我们对该刊的研究仅能从其日本版，即《官板中外杂志》着手。"官板"虽非《中外杂志》的原件，但从《官板六合丛谈删定本》与《六合丛谈》、《官板中外新报》与《中外新报》等之差异比较研究结果来看，《官板中外杂志》除删去"神理"文章等之外，相信基本上都会保留原貌，堪称"准原件"。

（2）《中外杂志》是第一家以"杂志"为名的中文宗教月刊，发刊于上海，编者为 John Macgowan（中文名为麦嘉湖），自同治壬戌六月至同治壬戌十一月（包括闰八月），每月出版一期，即自 1862 年 7 月至 1863 年 1 月共出版 7 期。日本《官板中外杂志》翻刻于文久三年（1863）至元治元号（1864）期间。

（3）不论是其封面、目录之排列，所刊文章内容之倾向，或者是新闻栏目与行情栏目之顺序排列等来看，都不难发现该刊系以《遐迩贯珍》和《六合丛谈》为范本。特别是对 1856 年就停刊的《遐迩贯珍》，该刊更毫不

---

① 《官板中外杂志》，同治壬戌七月（1862 年 8 月），第二号，第 25 页。
② 同上，第 26 页。
③ 同上。

忌讳地大量刊载，开了"杂志"以大篇幅转载旧报刊文稿的先河。

（4）与开拓期中文宗教月刊编者在封面版上以笔名写明为"博爱者纂""爱汉者纂"、《遐迩贯珍》等以主办单位名义出版如"香港英华书院印送"，或者宁波《中外新报》编者署名"玛高温撰""应思理撰"等不同，《中外杂志》的编者在封面版上就写明为"麦嘉湖辑译"。"辑译"二字也许多少透露了编者对"杂志"所载内容有别于"纂""印送"或"撰"的定位与设想。

（5）从所载（包括转载）文章的内容来看，该刊基本上可以说都离不开宗教月刊从 1815 年《察世俗每月统记传》以来就十分重视，但在 1833 年郭士立创办《东西洋考每月统记传》之后更为突出的一大办报主线，即通过介绍西方文明的"新知"的手法，以便改变中国人眼中西人、西学形象的目的。

在 1833 年《东西洋考每月统记传》创刊前夕，郭士立在面向西方人士的英文出版计划书中就曾对该刊的宗旨予以如下的说明：

> 这个旨在维护广州与澳门的外国人利益的月刊，就是要促使中国人认识我们的工艺、科学及基本信条，与其高傲和排外的观念相抗衡。[1]

他接着还表示：

> 本刊物将不谈论政治，也不要在任何问题上以刺耳的语言触怒他们。我们有更高明的办法显示我们并非"蛮夷"。编者认为更佳之手法是通过事实的展示，从而说服中国人，让他们知道自己还有许多东西需要学习。[2]

郭士立是后来负责《南京条约》的中文起草者。他在为《东西洋考每月统记传》撰写上述"出版缘起"时，正逢中国采取严教政策，外人不得在中国传教与刻字出版中文书刊的严酷时代。他当时迫于形势，强调该刊只谈"工艺、科学"等"新知"，不谈政治，也避免正面冲突，是有其苦衷的：非不为也，实不能也。为此，他倡议曲线大谈政治，即通过今日西方智

---

[1] 转引自［新加坡］卓南生《中国近代报业发展史 1815—1874》（增订新版），中国社会科学出版社 2015 年版，第 47 页。
[2] 同上。

库所说的"软实力"来达到其政治目的——维护西人在华的共同利益。[①]

与郭士立迫于形势,只谈"新知"、表面上不谈政治姿态相比较,《南京条约》(1842)、《北京条约》(1860年)等签署之后出版的《中外杂志》(1862—1863),可就肆无忌惮地大谈政治了。该刊转录自《遐迩贯珍》的《英国政治制度》一文,就极力宣传其体制的优越性,并劝"中土人"能"同由斯道,而沾斯益"是一个例子。该刊在"泰西近事"栏对曾于年前攻打印度,为大英帝国开拓东方疆土、立下汗马功劳的"有名望之兵头"的"黄铜像置于伦敦"倍加赞赏,是另一个例子。至于在处理太平军的战讯的"近事杂记"等新闻栏目上,《中外杂志》站在英法联军、华尔的"常胜军"与清朝"我军"这一边的鲜明立场,更流露无余。

至此,长期以来为大英帝国出谋献策,后来参与《南京条约》中英文起草的宗教月刊编者郭士立创办《东西洋考每月统记传》装腔作势打出的"不谈政治"旗号,已被视为多余,《中外杂志》的新闻栏对太平军相关报道充斥"贼"、"匪"、"贼军"、"逆匪"、"长发贼"、"毛贼"等贬义词,并力数其残暴与不得人心及其兵力位处下风的信息,充分地说明了这一点。第一家以"杂志"为名出版的中文月刊,不论是从其所载文章的内容或新闻报道的倾向,显然有其更加鲜明的"辑译方针"。从这个角度来看,《中外杂志》似乎比起其范本《遐迩贯珍》标榜的"贯珍所载无一虚谬"及其对清廷大臣"假言乱奏"虚报军情予以讥讽或猛烈抨击的"客观"报道态度还要倒退一步。但深一层分析,两者以大英利益(即所谓"国益")为依归的编辑方针或辑译方针并没有丝毫的改变。不同的只是两刊发行时期的大环境与中英关系变化的差异:1853年创刊的《遐迩贯珍》时逢太平天国攻陷南京,英、法、美各国表面上宣称"中立",实则紧锣密鼓刺探中国内情以谋各自最高利益之际。在这微妙时刻,紧跟"国策"办报的英国传教士报人(实际上有者是上海领事馆或香港殖民地的高层官员)当然可以以"超然"态度报道相关战讯,并时而对来自《京报》的奏折与清廷的"我军"冷嘲热讽。与此相反,1862年面世的《中外杂志》面对的中外格局是英、法及华尔组织的"常胜军"已和清廷完全站在一起,共同镇压太平军。为此,遵循"国益至上"办刊的《中外杂志》不但没有必要和清廷的"我军"划清界限或对《京报》所载内容提出质疑或说三道四,而且还可倾其全力予以支持和渲染。就连来自清廷官员绘声绘色描述的

[①] 详见[新加坡]卓南生《中国近代报业发展史 1815—1874》(增订新版),中国社会科学出版社 2015 年版,第 4 章。

"神奇人物"包立生击垮太平军的诸多与基督"神理"相克的神话,也可全文照录无误而不加任何按语,充分地说明了第一家以"杂志"命名的《中外杂志》给中文杂志史留下的范本是:与其说重视信息源的是否可靠,不如说更重视其对包括英法在内的"我军"舆情是否有利。在《中外杂志》的新闻栏目里,以"闻""现闻""闻得""又闻""探得""又探得"……为开头语、有选择性的战讯比比皆是,就是明证。

从这个角度来看,《中外杂志》所辑译的文章或刊载的新闻内容都远不如其范本的《遐迩贯珍》,加之该刊有不少文章系转载自《遐迩贯珍》(第七号全录自《遐迩贯珍》),出版时期又十分短暂(只维持 7 个月),称之为亚流的《遐迩贯珍》或《遐迩贯珍》的选录版,也不为过。

不过,从中国近代报业发展史的源流与谱系来看,1862 年创刊的《中外杂志》的出版与停刊(固然有其他不可忽视的因素)并沦为亚流的《遐迩贯珍》,正好印证了笔者对 1815 年至 1874 年 60 年间中国近代中文报业从诞生、萌芽到成长的重要演变时期的总结分析。

在拙著《中国近代报业发展史 1815—1874》的总结章中,笔者将这 60 年分为两个阶段。第一个阶段是宗教月刊时期,即从 1815 年伦敦布道会在马六甲创办《察世俗每月统记传》开始至 1857 年创刊于上海的《六合丛谈》在 1858 年停刊为止。第二个阶段是"新报"的萌芽与成长期。年代则以 1857 年底附属于香港英文报《孖剌西报》的中文周三次刊《香港船头货价纸》(后易名为《香港中外新报》)创刊开始,至 1874 年中国人出资自办成功的中文日报,也是中国的首家政论报纸《循环日报》诞生为止。①

笔者同时指出,1858 年《六合丛谈》停刊后"半杂时事、介绍知识的宗教月刊虽然还继续存在与发展,但已经不是华文报界的主流,它所刊载的新闻也不再像早期期刊那样具有其特殊的意义"②。

1862 年发行的《中外杂志》,无疑正是"1858 年《六合丛谈》停刊后"出版的"半杂时事、介绍知识的宗教月刊",它之无法与以报道商业信息为己任、每周出版三次的香港华文"新报"相比拟,其理至明。麦嘉湖之所以将刊物命名为"杂志"并把自己的任务局限于"辑译"而不是宁波《中外新报》编者玛高温的"撰"(按:作为首家以"新报"命名的华文宗教期

---

① [新加坡]卓南生:《中国近代报业发展史 1815—1874》(增订新版),中国社会科学出版社 2015 年版,第 205 页。
② 同上。

刊，首任编者玛高温最初也许还有意朝向真正的"新报"方向发展，并以半月刊为起点，但不久之后便打退堂鼓，改为月刊。详见本书第一部分第一章），多少流露出了编者从一开始要办的就是一份有别于新兴"新报"的定期刊物。如果说，19世纪初期萌芽期近代化中华报业特征之一是"报纸"与"杂志"尚未严格区分（有人称之为"报纸杂志混合型"）的话，香港周三次刊"新报"兴起后上海中文月刊《中外杂志》的自我标榜与定位为"杂志"，无疑是揭开了近代中文报刊史上"报"与"刊"分道扬镳、两者概念日益明晰化的序幕。它也同时间接宣称或者象征着"宗教月刊"正式退出华文报界的主流。

附　录

《官板中外杂志》目录一览表

第一号	按：《官板中外杂志》未列目录，若依第二号起的目录列法，其目录如下： 英国纲鉴卷一 天文日说 珊瑚说 英国城说伦敦 泰西近事述略 长毛近事
第二号	目录 天文日说 若晏记（按：内页小题为"佛朗西国烈女若晏记略"，系自"遐迩贯珍录出"，但未注明） 空中气说（按：内页小题为"空中气"） 泰西近事（按：内页小题为"泰西近事续说"） 近事杂记 近出口货价（按：内页小题为"上海七月份进口货价"） 出口货价（按：内页有此小题，但未列于目录）
第三号	目录 英国政治制度（按：系自"遐迩贯珍录出"，但未注明） 声气说 英国纲鉴（按：内页小题为"英国纲鉴续说"） 天文行星论（按：内页小题为"天文星论""金星""火星""木星""天王星"） 泰西近事 近事杂记 进口货价（按：内页小题为"上海八月份进口货价"）

续表

第四号	目录
	极西开荒建治析国源流（按：系由"遐迩贯珍录出"，但未注明。）
	英国纲鉴（按：内页小题为"英国纲鉴续说"）
	生物总论（按：内页小题注明"遐迩贯珍录出"）
	泰西近事
	近事杂录
第五号	目录
	续生物论（按：内页小题为"续生物论鸟类"遐迩贯珍录出）
	入水钟
	英国纲鉴（按：内页小题为"英国纲鉴续说"）
	火船机制述略（按：系由"遐迩贯珍"录出，但未注明。）
	泰西近事
第六号	目录
	续生物论（按：内页小题为"续生物论　遐迩贯珍录出"）
	英国纲鉴续说
	泰西种痘奇法（按：内页小题为"泰西种痘奇法　遐迩贯珍录出"）
	泰西近事
第七号	目录
	续生物论（按：内页小题为"续生物总论虫鱼类　遐迩贯珍录出"）
	茶叶通用述略（按：内页小题为"茶叶通用述略　遐迩贯珍录出"）
	补灾救患善行良方（按：内页小题为"补灾救患善行良方　遐迩贯珍录出"）

第五章

从"猪仔问题"报道看《香港船头货价纸》的编辑方针与定位[*]

《香港船头货价纸》[①]是中国第一家中文日报《香港中外新报》的前身，也是中国第一份华文商业报纸，创办于1857年11月3日。作为香港第一家英文日报《孖剌西报》(The Daily Press)的中文版，虽然《香港船头货价纸》标榜的是一份"有益于唐人"的报纸，编辑也是华人，但是作为殖民地西报的附属报纸，该报并没有跳出洋人在华办报的基本方针，还不能"自我操权"，我们不能把它列入华人自我办报的范畴。

但是，在处理一些不是很敏感的社会新闻上，相对而言，中国编辑似乎拥有较大的编辑权。其中最令人注目的是有关"猪仔问题"的系列报道与评论。在现有的原件与资料中，早期华文报纸有计划地针对一个特定专题展开舆论诱导，并提出鲜明主张的，可以说还是首次。

以下就是针对该报有关对"猪仔问题"的报道与评论及刊载的相关告示，作进一步的探讨和分析。

一 "猪仔问题"报道的倾向与特征分析

《香港船头货价纸》是一份以船期、货价、行情和广告等商业信息为主要内容的中文商业报纸，"新闻"版面相当有限。作为一份小型版报纸，该

---

　　[*] 本章为作者和厦门大学助理教授毛章清合写的论文，原刊于日本龍谷大学《国际社会文化研究所纪要》第8号（2006年），第321—332页；曾刊于厦门大学《南洋问题研究》2007年第2期，第57—65页。

　　[①] 作为中国第一份中文日报《香港中外新报》的前身，《香港船头货价纸》在中国报业发展史上是具有特殊意义的。关于《香港中外新报》及其前身报《香港船头货价纸》的详细考证与研究，详见［新加坡］卓南生《中国近代报业发展史1815—1874》（增订版）和（增订新版）第7章。

报每次出版一张，两面印刷，容纳四千字左右的四号字，"新闻"栏目只保持在三四百字，但刊载的内容却十分广泛。

现有发掘出来的全部79份《香港船头货价纸》（NO. 197—285，即1859年2月3日至8月27日，内有缺号）原件中，如果从报道的针对性、连续性和主题性这个角度来审视这些所谓的"新闻"，最具特色的社会新闻莫过于"猪仔问题"了。

在《香港船头货价纸》的"新闻"栏目下——包括刊登《京报》的内容、从宁波报纸转载的"宁波新闻"等——总共有277条新闻32967个字，平均每份报纸仅有3.5条新闻，每条新闻只有119个字。涉及"猪仔问题"报道的有17号，共有20条新闻5674个字，占所有新闻总量的17%，平均每条新闻有284字之多。

从报道内容来看，该报对"猪仔问题"的报道有两个集中时段，一个是1859年4月份8条新闻，集中在第224号到第238号，报道焦点是反映中国朝野上下和香港殖民当局舆情；另一个是同年7月份（中间有缺号）已知的4条新闻，集中在第261号到第277号，主要是报道"拐卖猪仔"新闻官司。

从版面安排来看，《香港船头货价纸》的"新闻"栏目全部安排在一版，以直线分栏（由右到左，每版四栏），竖向排版，每条新闻没有标题，也没有标点，中间只以符号"○"相区别，但不是非常严谨。在20条"猪仔"新闻中，刊于第一版第一栏的共有11条，其中头条有5条；第二栏8条，头条有5条。新闻评论——《猪仔论》可能是篇幅宏大（776个字）的缘故，编排在第220号第2版第三、四栏，原文同样没有标点。具体情况参见附表。

上面的统计数字充分反映了《香港船头货价纸》在这有限的新闻版面中，对"猪仔问题"的报道格外重视，无论是在报道的深度和广度方面，都有别于其他题材。

《香港船头货价纸》关于"猪仔问题"报道一览表
（1859年2月3日至8月27日）

刊号	日期	星期	条数	字数	内容	版面
第206号	2月24日	四	1	194	汕头"猪仔"招工的窘境	一栏第4条单列
第220号	3月23日	二	1	776	评论："猪仔"问题的由来与对策	二版三、四栏单列整栏

续表

刊号	日期	星期	条数	字数	内容	版面
第224号	4月7日	四	2	75	1. 黄埔"猪仔头"的下场 2. 南海、番禺"捉拐"告示	二栏头条、二条单列
第225号	4月9日	六	1	584	粤省商民致英国"禀帖"	二栏单列整栏
第228号	4月16日	六	2	676	1. 粤东良民"长红" 2. 广东巡抚"禁"与"赏"	一栏头条单列整栏 二栏第3条
第229号	4月19日	二	1	446	广东巡抚柏贵"告示"	一栏头条单列整栏
第230号	4月21日	四	1	78	英、法提督"告示"	一栏第2条
第234号	4月30日	六	1	261	西班牙"猪仔头"的劣行	一栏头条单列
第237号	5月7日	六	1	90	宁波"猪仔"贸易猖獗	一栏第2条单列
第238号	5月10日	二	2	347	1. 西洋人士救"猪仔"记 2. 花旗船拐卖"猪仔"记	一栏整版
第248号	6月2日	四	1	257	汕头传教士救"猪仔"记	一栏头条单列
第255号	6月18日	六	1	560	潮州知府赵大人"告示"	二栏单列整栏
第261号	7月2日	六	1	228	"贩卖猪仔"新闻官司之一	一栏头条单列
第264号	7月9日	六	1	579	"贩卖猪仔"新闻官司之二	二栏单列整栏
第267号	7月16日	六	1	114	"贩卖猪仔"新闻官司之三	一栏第5条
第272号	7月28日	四	1	41	汕头外商吁请"严办拐匪"	二栏第4条
第277号	8月9日	二	1	368	扶桑口番人拐子的遭遇	二栏第3条
总计	17号/期	二：4 四：5 六：8	20	5674	"评论"类：1 "公告"类：5 "新闻"类：14	一版一栏：11条 一版二栏：8条 二版三栏：1条

二 "猪仔问题"报道的内容与背景分析

(一) 新闻报道分析

《香港船头货价纸》对"猪仔问题"的报道,主要采取了三种报道视角,一种是涉及新闻事件的报道,一种是针对民间舆情的报道,还有一种是有关政府公告的通告。

1. 新闻事件的报道

对"猪仔"新闻事件的报道,主要围绕两个主题,其一是从"人道主义"立场出发,记叙"猪仔"的悲惨遭遇,揭露"猪仔贩"的贪婪残暴;其二是报道西方商人、官员、传教士等的"善事义举"。

(1) 有关记叙事件,揭露暴行的报道

澳门、香港是"猪仔"贸易的转运站,而"猪仔"的主要源头却在汕头、厦门、广州、宁波等通商口岸。从现有材料来看,《香港船头货价纸》对汕头、广州的"猪仔问题"的报道数量最多。[①]

> 兹接到汕头信云……又有一只船名亚厘卑仁在汕头招人去洋,俗云"卖猪仔"。近日汕头地方招人甚难,因历年招去多人,百无一返中国,亦无音信归家。或有一二返回原籍者,言唐人在古巴岛地方为奴,受主人约束极严,受尽多少恶言、臭语、打骂,做猪仔者十死一生。所以汕头各处人民严禁子弟云云。故现在澳门每得猪仔一名,番人肯出银三十大员,赏与引带之人。有此重赏,即有一等无赖之徒,往各处拐骗无知无识之人矣。[②]

这是一条典型的有关"猪仔问题"的社会新闻报道。既对"猪仔""十死一生"的悲惨命运寄予同情,又对"猪仔头"及幕后主使,也就是罪魁祸首的澳门"番人"进行揭露。针对"番人"与"猪仔头"两者沆

---

① 这与报纸的创办与发行的地点有关系。由于汕头是未经条约承认的对外开放港口,"那里进行着大量的鸦片贸易和苦力贸易,它似乎得到每一个参与这种贸易的人的默许;香港的报纸定期刊登汕头的船期表"。据官方统计,1855 年整年汕头载运苦力船有 12 艘,运出苦力 6388 人。参见陈翰笙主编《华工出国史料汇编·第三辑》,中华书局 1981 年版,第 115、15 页。

② 《香港船头货价纸》第 206 号,己未年正月廿二日(1859 年 2 月 24 日)。

第五章　从"猪仔问题"报道看《香港船头货价纸》的编辑方针与定位

瀣一气,狼狈为奸,为达目的各种手段无所不用其极的事实,①《香港船头货价纸》对此多有记载与揭露。② 下面这条新闻揭发的是从事人口拐卖的西班牙"番人"在黑奴禁运之后,转至中国贩卖"猪仔",牟取暴利的事实。③

> 兹有一西班雅人名化兰,到中国数年,俱是贩卖猪仔为业……此人在澳门买得一支旧船名亚巴,时装一载猪仔驶往古巴岛夏华拿埠。其船在洋海漏水太多,全赖各猪仔日夜打水出船,幸得平安到埠。该船到埠,各猪仔尽上岸为奴。内中有数名猪仔已经在夏华拿做满八年奴者,欲搭船返回唐山,未仕化兰即要每人交水脚银二十三大员,然后将此烂船装他来唐山。该船漏水愈甚,其船伙长将该船驶埋南亚美利驾利澳耗尔罗埠,将船上各猪仔客再卖与该处西洋人为奴。此段事乃系前几个月之事,查此未士化兰曾往亚非利加贩卖黑奴,但因各国战船稽查甚紧,故伊离了亚非利加而到中国贩卖猪仔获利。

(2) 有关洋人"善事义举"的报道

《香港船头货价纸》在揭露澳门"番人"非法掠夺华工的贪婪凶残时,同时也报道了西方商人、官员、传教士等"富有人性"的举措。试举两例:

> 在汕头有传道教师,名未士赞。有一日见一婆妇约六十岁在街上悲哭,称说伊独生一子被奸人拐去卖猪仔。此子靠以养老,与及继香灯

---

① 1859年4月12日,英国驻广州领事阿礼国致英国驻华公使、香港总督包令的呈文坦言:"这类暴行表面上虽然由中国人下手,但他们只是些受别人利用的工具,而外国人则是收纳被拐之人的买主或雇主。悬挂外国旗帜的船舶则为拐匪提供了进行拐骗的掩护和便利。"参见陈翰笙主编《华工出国史料汇编·第二辑》,中华书局1980年版,第173页。

② 在现存《香港船头货价纸》所有涉及"猪仔问题"的报道中,绝大部分的材料都对"猪仔"贸易的暴行有所揭露与评论。比如,第277号载,"故有番人棍徒上岸,或用甜言拐骗,或用气力强捉唐人下船,卖去番国为奴。虽有人禀告,法兰西官知法官置若罔闻。"第237号载,"在宁波地方亦有棍徒拐带良民为猪仔客,内有番人六名,日携利刃在身,周围拐带强捉迫勒人为猪仔。有一佛兰西船在此等候,载装此处土人,业已具禀于英领事官。惟领事官不理,云:此非英人,故不究办云云。"第238号载,"惟今此罗查(按:澳门"猪仔船")驶往黄埔,将猪仔客过一花旗船名士华罗。因此船租已满,如过限一日罚银二百员,故此迫转拐徒四边远近勒捉之故耳"。这里既有对乡民如何沦落为"猪仔"的报道,又有对殖民当局的草菅人命、推诿扯皮的揭露。

③ 《香港船头货价纸》第234号,己未年三月廿八日(1859年4月30日)。

者，今竟被人拐去，则终身无所靠矣。言及至此，哀哭不止。在旁观者，无不泪下。未士赞亦可怜此妇，及同此妇人往猪仔馆内寻觅伊子。路遇一英商，乃未士赞之好朋友。未士赞将妇人失子之事一一告知。此友人亦愿同往助其一二。后查了三个猪仔馆，方寻得见此妇人之子，赎出使其母子再得相逢。据其子云，于某日有某某人叫他赌钱，又肯借银与他赌，遂借得银五元半入场。输了后，某某勒取回银两，无银填还，故称说欠银一事，将他打骂捉去猪仔馆，受苦不能尽说。幸得未士赞与友人救出，故母子再得团圆云云。①

这则报道记载了"以传播福音为己任"的传教士拯救沦落为"猪仔"的乡民的故事。

迩来棍徒猖狂，设谋拐带良民为猪仔一事，闻者伤心，见者流泪。兹有一华人，其兄弟被拐，故往求黄埔痕公司伙伴名巴兰札救其兄弟。后巴兰札亦承命，登即开船查问，果有此人被拐在船，故求船主释放。惟船主要银一百员，方能允肯。后船上有一人对船主云：此人今断不可放，他诚恐有事更，兼此人回去尽将船内情由与人说知，则后无人敢来矣。如若念情，要放此人，待船启行时放他，方可以免后患。因此议论纷纷。故巴兰札在船等候许久，未见船主实意，又因有事乃返行。后此人竟不能救拔矣。②

这是一则洋人搭救落难"朋友"亲人未遂的故事。此外，《香港船头货价纸》也对外国商人要求严禁"猪仔贸易"的案子有所报道。例如，"又闻在汕头地方各外国商人聚集商议，禀请各国驻扎汕头领事官员，严办拐带男女出洋卖猪仔一案"③。

2. 传达民间舆情的报道

广东、福建是"猪仔贸易"的重灾区，社会危害大，民怨沸腾。广大民众以逮杀人口贩子作为伸张正义、发泄怨愤的方式。《香港船头货价纸》对此有颇多生动的描绘与叙述。

---

① 《香港船头货价纸》第 248 号，己未年五月初二日（1859 年 6 月 2 日）。
② 《香港船头货价纸》第 238 号，己未年四月初八日（1859 年 5 月 10 日）。
③ 《香港船头货价纸》第 272 号，己未年六月廿九日（1859 年 7 月 28 日）。

第五章 从"猪仔问题"报道看《香港船头货价纸》的编辑方针与定位

例子之一:"闻说黄埔地方有两个拐子,俗名即'猪仔头',被人捉拿,裸身吊起。旁边设有线香一把点着,如有人埋看者,无不拈香烧之。后放下来,其二人几乎将死。"①

例子之二:"各处唐人见有番人拐子,登即攻杀之……番人自后不敢出外远游。有许多唐人不识那个番人是拐子不是拐子,总之不分清白,逢见番人在外便叫打拐子而已。"②

传单和揭帖是乡民常用的舆论武器,当时有称之为"长红"与"禀帖"的。1859 年 4 月 11 日,英法联军驻防广州统领衙门委员巴夏礼在给英国驻华公使卜鲁斯的文件中声称:"拐卖人口的买卖迅速发展,现已有危害广州及其附近地区和平与秩序之势。据说中国人从头面人物到普通百姓都在纷纷抱怨。……市内每一个角落都贴有传单和揭帖,用强烈语言,控诉拐骗猪仔为老百姓造成的危险、痛苦和祸害。土著拐匪和外国招工商人都受到谴责。"③ 这里既记叙了"猪仔贸易"造成的祸害,也有民间舆论的不平与抗争。

为了充分反映民间的悲情与抗议,《香港船头货价纸》拨出大量版面,全文刊载《粤东良民长红》④ 和《粤省商民禀帖》⑤。在刊载《粤东良民长红》时,编者还加了按语说:"近日拐子猖狂,各处乡民皆贴长红,儆醒愚民免受出洋做奴之苦……"这些"长红"和"禀帖"皆以悲愤的语言,揭露拐骗猪仔的卑劣行径,控诉拐骗猪仔给社会造成的危险、痛苦和祸害,谴责土著拐匪和外国招工商人的贪婪凶残。

《粤东良民长红》指出,被拐骗"猪仔","中其计者虽生犹死,被其害者积少成多";"其惨大抵凶残,戎狄豺狼成性;其设计之毒,则烈于虎噬;其害人之惨,则倍于鲸吞。凡属洞悉情弊者,金恨食其肉而寝其皮,取彼凶人祭獭而葬诸鱼腹,悬枭而大振雄城,然后众怒乃得其平"。《粤省商民禀帖》则声言:"由是卖出外洋为奴受苦,万无一生。家内父母妻儿望其供养,

---

① 《香港船头货价纸》第 224 号,己未年三月初五日(1859 年 4 月 7 日)。
② 《香港船头货价纸》第 277 号,己未年七月十一日(1859 年 8 月 9 日)。
③ 陈翰笙主编:《华工出国史料汇编·第二辑》,中华书局 1980 年,第 183 页。
④ 《香港船头货价纸》第 228 号,己未年三月十四日(1859 年 4 月 16 日)。
⑤ 《香港船头货价纸》第 255 号,己未年五月十八日(1859 年 6 月 18 日)。这是以广东省三十多个行业公司名义联合致"大英国领事馆"的一封公开信,这份"禀帖",在陈翰笙主编《华工出国史料汇编·第二辑》中,收录的是由英译文转译的材料,《香港船头货价纸》为我们保存了一份难得的原始材料。两者略有出入,其中最为明显的是,在原文中的"西洋人"在英译文中一律由"葡萄牙人"所取代。参见陈翰笙主编《华工出国史料汇编·第二辑》,中华书局 1980 年版,第 174 页。

乃久不见归，无人倚靠，朝夕悲哀。甚至有数代孤传，孀居守节，独得一男，望其继奉香灯，竟被拐卖，立至嗣绝无依，因而恫伤自尽，家散人亡。可怜被拐一人，即害死一家之命。"

不仅如此，《粤东良民长红》还从道义角度对"猪仔"贸易着力批判，信奉因果报应，"今日之祸到处蔓延，恐尔西洋，祸将有报"，否则必遭"天谴"，"况天眼昭昭，疏而不漏。待至罪恶贯盈，尔等断无逃活，或水火瘟疫，刀兵之劫，为凶人所不及料之事，突然祸及乃身，所谓多行不义必自毙者，信有征焉"。但解决问题之道在于期待对方的"内省"和"良心的发现"，"伏愿贸易澳门者，暨四方良士，时存警悟之心，免堕其术"。《粤省商民禀帖》则不仅诉诸悲情，还进一步指出："事切我粤东与贵国通商二百余年，彼此诚信相孚，各皆乐利。"并寄望于殖民政府能"仰体上天好生之德，务祈严行查办"。在对待"猪仔贸易"问题上，"商民"的认识似乎比"良民"更加深刻。

可以说，"长红"与"禀帖"成为了《香港船头货价纸》传达民间控诉声的重要表现形式。这也充分表达了中国编辑对民间自发的悲愤之情予以同情与强有力的支持。

3. 政府公告的刊载与报道

《香港船头货价纸》对政府有关查禁"猪仔问题"的公告——无论是中国政府公告还是殖民当局公告，都十分重视。

（1）中国政府公告

在民间舆情沸沸扬扬的背景下，在"猪仔"之祸惨烈的广东省，从县、府、省三级政府都相继发布了查禁告示。《香港船头货价纸》拨出巨额篇幅，详加报道。

针对县级告示，《香港船头货价纸》只是一笔带过："又闻南、番两县皆出示，捉拿拐子甚严云云。"该报没有进一步刊载南海、番禺两县知县联衔告示的具体内容。[①]

[①]《香港船头货价纸》第224号，己未年三月初五日（1859年4月7日）。陈翰笙主编《华工出国史料汇编·第二辑》收录了告示的英译文，"为严禁拐骗人口以重民命而肃法纪事"，"出洋作工之事亦宜及早妥立章程"云云。参见陈翰笙主编《华工出国史料汇编·第二辑》，中华书局1980年版，第178页。

第五章　从"猪仔问题"报道看《香港船头货价纸》的编辑方针与定位

但对府级告示的"赵大人之示"①和省级告示的"柏大人之示"②，《香港船头货价纸》则重视有加，全文刊载。由于这两项告示的原件已不易获觅，《香港船头货价纸》为史学家研究"猪仔"问题留下可供参考的重要资料。

《赵大人之示》是潮州知府"为访拿严禁""贩人外洋"而颁布的告示。告示首先表明官府的态度，声称："拐卖人口，例有明条，而贩人外洋，尤为法所必诛，罪所不赦。"紧接着告示揭露"拐子手"常用的拐骗伎俩，拐卖经过，那些被雇佣的"猪仔贩"往往采用诱赌、蒙骗甚至掳掠的勾当，以达成其罪恶的目的。具体拐卖的经过是先由"猪仔头"在内陆掠夺"猪仔"到"孤悬海中间"的汕头妈屿岛，然后就"运交澳门，发往他处"。告示还叙述了被拐骗"猪仔"的凄苦境况，控诉贻害，"卖一人则丧一人之命，破一人之家。往往有数世单传，孀居守节，只此一子继续香灯。一旦被拐，遂至绝人之嗣，斩人之宗祧，断人之似续，非惟天理所不容，留下抑亦王法所不宥"。由于潮州知府"闻风已久，前经示禁再三，此风稍戢。近闻又有故智复萌，偷行尝试"，针对这种屡禁不止的情况，知府大人痛下决心，采取一系列措施，那就是：发布告示，派军驻防，甚至密探暗访，驱逐"猪仔船"，缉拿严惩"猪仔贩"，不留任何情面。告示是这么说的："为此出示，访拿严禁，除移知武营札饬潮阳、澄海两县，严行拿办。另委干员密行查访外，并着广行詹广珍、郭广顺，外砂谢明记、谢明利等，遇有收买人口华艇等船到屿，即行公司驱逐，毋令片刻停留。至妈屿弹丸之地，稽查较易，一有贩卖咕哩之人，立即就近捆送招宁司，锁解来辕，置之重典。俾此等匪类知害人适以害己，嗜利终必亡身。该行户在屿有年，自必深明大义，慎勿显惜情面，或以旧时相识而有心庇护，或以本乡子弟而故隐瞒，自干咎戾辜予厚望，其各凛遵。"

至于《柏大人之示》则为广东巡抚柏贵为严拿拐匪而公布的告示。在告示中，柏大人认为："粤东地方商民杂处，人烟稠密，其中有贫无生计者，

---

① 《香港船头货价纸》第255号，己未年五月十八日（1859年6月18日）。
② 《香港船头货价纸》第229号，己未年三月十七日（1859年4月19日）。值得一提的是，在中国传统的"猪仔"贸易研究中，这份告示只有"英译"文档，也就是当时殖民政府非常重视"柏大人之示"，将告示翻译成英文，广为传播，把它看作中国清政府同意外国人从中国自由移民出洋的凭据。这份告示于是"出口转内销"，又由英文翻译成中文，作为"猪仔"贸易研究的重要史料。难能可贵的是，随着《香港船头货价纸》79号报纸的发掘，这份告示的原件终于露出了它的庐山真面目。参见陈翰笙主编《华工出国史料汇编·第二辑》，中华书局1980年版，第177页。

就食四方，或自行暂离家乡，贸易出洋；或受雇于远人，为之工作获利。如果情甘愿往，自可勿庸禁止。"这无疑是向社会公众发出了要把华工出国合法化的信号；但是，由于"猪仔贸易"的社会危害，"日久不得还乡，使人父母不相见，兄弟妻子离散，情殊可惨"，广东巡抚柏贵严正指出，政府继续将严厉打击非法走私苦力贸易："该匪等骗受财贿，愍不畏法，忍心害理，置人生命于不顾，其险恶阴谋甚于盗贼，殊堪发指。此而不严拿惩办，何以肃法纪而安善良，除通饬各文武督率兵役，严密访拿，外合行晓谕，为此示！"对待"猪仔头"，柏贵认为，"此等枭獍之徒，人人得而诛之"。为此，政府颁布了奖惩措施，"现在澳门每得猪仔一名，番人肯出银三十大员，赏与引带之人。有此重赏，即有一等无赖之徒，往各处拐骗无知无识之人矣"①。而政府为"严拿拐匪，以除民患"，当局决定，如有人能抓到一名"拐匪"，解送至政府衙门，"一经审实，每名赏给花红银四十元，引拿报信者，每名赏给花红银十元，银封存库，讯实即给，决不失言"。这也看出广东政府惩治"拐匪"，杜绝"猪仔"贸易的决心。对于那些视告示为"具文"者，"如有窝留拐匪之家，即将房屋照例拆毁，并治以窝留之罪"。

（2）殖民当局公告

《香港船头货价纸》是一份典型的殖民地中文报章，在政治上完全以英国殖民政府的利益为归依，香港殖民地当局的公告"宪示"，该报经常是全文照录的，以便传达港英政府当局的旨意。但是，在涉及"猪仔问题"的报道上，《香港船头货价纸》似乎并不仅仅是纯粹扮演传声筒的角色。

我们来看一则材料："本港皇家新闻纸，有英、法两国提督大人出示，严禁拐卖猪仔，以靖地方而安良善事。但因本纸已有抄印'粤东良民长红'，并'柏大人之示'，都是大同小异，故未有将英、法提督告示抄印。"② 从表面上看，该报之所以未"全文抄印，是由于英法提督的告示，在内容上与民间舆论的代表"长红"和官方舆论的象征"告示"都是大同小异，但仔细分析，两者的精神内核是一致的，那就是"反对猪仔贸易，倡导华工出洋合法化"。

（二）新闻评论分析

纵观《香港船头货价纸》，夹叙夹议的新闻报道甚多，单纯的新闻评论

---

① 《香港船头货价纸》第206号，己未年正月廿二日（1859年2月24日）。
② 同上。

第五章　从"猪仔问题"报道看《香港船头货价纸》的编辑方针与定位　117

很少出现。但是《猪仔论》的刊载,让人为之侧目。①（全文见附录）这是目前能看到的该报唯一的一篇评论文章。

　　这篇长达700字的评论,针砭时弊,入木三分。《猪仔论》痛斥外国商贩以澳门为根据地,进行拐带"猪仔"的罪恶行为,在剖析"猪仔贸易"的弊病与罪恶的基础上,又契合当时的实际情况,提出解决问题的具体方案,那就是:"如果西国确在某地方开荒种植,要来中国招若干工人前往开荒,当禀知该国领事官,咨会中国地方官,出示声明:在省城外国人某行招人,每日给食用多寡,每月工银多寡,今先给一年工银安家。本年某月扬帆,明年某月船回中国,可带来往书信、银两。如愿往西国庸工种植者,来某行书名,届期各带或父或母或妻或子来行领银及收执据纸,以便第年来行交收来往书信、银两。"评论进一步指出:"如果慎重周详,利之所在,人谁不去?且中国现值干戈四起,耕市失业,游手闲人充炽。如果招之得法,各人父母、妻儿得收一年工银数十金安家,其家知往某地方开荒种植,嗣后可交收来往书信、银两,谁不愿往?……利之所在,蜂拥而来,何必将银付奸人拐贩之手,累人母子分离,妻离子散,仁者之用心,何乐为此耶!"从《猪仔论》可知,《香港船头货价纸》反对"猪仔贸易",支持"华工出洋"的态度,不言自明。

　　从新闻评论发展史的角度来看,《猪仔论》立足现实,感情充沛,论据充足,观点鲜明,和今日报纸的"社论"、"评论"相比,一点也不逊色。加之《猪仔论》这篇评论的"匿名性",卓南生将之定位为"中文报纸最早的'社论'"②。《猪仔论》新闻评论文章的刊载,多少反映了当时的报人已经懂得应用报纸这一媒介,发挥舆论的作用。

　　但是我们也应当清楚地知道,这篇评论,抑或社论,固然有值得高度评价之处,特别是反映了华人编辑对其惨遭迫害的同胞的愤懑与不平之心声,并力图寻求解决方案的焦虑心情,但其结论在实际上只能停留在呼吁洋人以"合理"与"合法"的手段招募客工（实际上是苦力）,并未脱离英国香港殖民当局所推行的基本政策及《孖剌西报》发行人划定的框框。1864年,译自《香港船头货价纸》的日文版翻刻汉字新闻《香港新闻纸》第1076号还刊登了一篇英国公司《招工过国》的长篇文章,详细明列其招工的具体条

---

① 《香港船头货价纸》第220号,己未年二月廿五日（1859年3月23日）。
② ［新加坡］卓南生:《中国近代报业发展史　1815—1874》增订版,中国社会科学出版社2002年版,第145页。

件，更具体说明了该报之编辑方针与其母报《孖剌西报》一样，是英国"自由移民"与"契约劳工"的积极支持者。

（三）社会背景分析

作为西报的"中文版"及部分扮演香港殖民政府"中文官报"角色，《香港船头货价纸》之所以能够肆无忌惮地揭发与严厉抨击"猪仔馆"、"猪仔头"及其"引路之人"的"惨无人道"、"自私自利"，在舆论上为其不幸的同胞讨个公道，维护正义，这是与下列的客观环境和客观事实分不开的。

首先，作为《孖剌西报》的所有人孖剌，早期曾经参加过运送苦力的活动，在被指控涉嫌诱拐与贩卖奴隶罪而被罚款之后，开始在香港和伦敦猛烈地开展反对苦力贸易的活动。一个典型的案例就是，他所办的《孖剌西报》曾对"澳门总理差役审案官化难地时"从事"猪仔贸易"予以揭发和抨击。《香港船头货价纸》第261号、第264号及第267号三度以新闻的形式刊载这起"贩卖猪仔"的新闻官司，即报道《孖剌西报》主人孖剌因揭发"澳门总理差役审案官"与"猪仔贸易"有关而被告以刊载"假新闻"，及双方后来在庭外和解（"在外厢和妥"）的有关经过。《香港船头货价纸》揭露："澳门西洋人三画"，"身当澳门总理差役官，乃自投番摊赌馆，聚藏匪徒，买得火轮船数只，装载猪仔，来澳门以图利，实乃为富不仁之甚"。三画则控告孖剌报馆"诬捏假传新闻，故意欲坏伊名声"。从中我们也可以看出，《香港船头货价纸》的报道内容主要取材于西报，特别是来源于《孖剌西报》。

《香港船头货价纸》的母报《孖剌西报》及其主人孖剌既然可以大张旗鼓地与澳门从事"猪仔贸易"的权贵针锋相对、唇枪舌剑，甚而大打官司，作为标榜"有益于唐人，有合于同好"的《香港船头货价纸》，当然没有理由不顺水推舟，不将此"迩来省垣远近"有关"拐子猖狂"的新闻予以淋漓尽致的报道和追踪。可以说，《香港船头货价纸》对伤天害理的"猪仔问题"的诸多描绘与猛烈的抨击，是获得其母报《孖剌西报》及其主人孖剌的认可的。

其次，当时拐带"猪仔"的最大根据地是葡萄牙殖民地的澳门，而非报纸发行地的英国殖民地香港。《香港船头货价纸》紧随其母报《孖剌西报》把矛头对准在澳门从事"猪仔贸易"的"番人"及受其雇佣的"猪仔头"的诸多揭发与申诉，并不抵触香港殖民地当局的基本利益，也无损于它扮演香港殖民地准"中文官报"的角色。

尤其值得注意的是，英国为了表示从香港出口的华工是"自由移民"，以便与"猪仔贸易"划清界限，采取了两项具体措施。在澳门的葡萄牙人看来，这是英国人别有用心，目的在于"以求单独禁止澳门异地的移民出洋事业"。①

其一是在1855年颁布"华工出洋条例"，规定凡是英国船只运载华人出洋，必须经受检验，以便确定出洋者是否出自自愿。

其二是在英法联军占领广州期间，胁迫广东巡抚柏贵颁布了一个契约劳工出口"合法化"的文件，即前文所述的《柏大人之示》。告示虽然也对"猪仔贸易"予以猛烈抨击，但是也明确表示"如果情甘愿往，自可无庸禁止"。这成为了主张以"自由移民"代替"猪仔贸易"的英国获得中国官方同意出口苦力的"合法化"的文字根据。

从这个角度来看，《香港船头货价纸》揭发"猪仔贸易"的阴暗面及刊载《柏大人之示》，不但无损于以"自由移民"之名目运载华工出洋的英国当局的利益，还间接协助英国当局向中国读者解释了英国船只运载华工出洋之"合法化"与"合理化"，充当了香港殖民政府对中国民众"沟通"的"公关角色"。

四 结语

关于"猪仔问题"的系列报道与评论，可以说是标榜"有益于唐人，有合于同好"的《香港船头货价纸》设置的一个议题。鸦片战争以后，买卖鸦片与贩卖"猪仔"十分猖獗，成为当时外国公司在中国最主要的两项贸易。《香港船头货价纸》敏锐地把报道视角投射到当时社会所关注的问题，每天报道鸦片行情的同时，对"猪仔问题"进行了富有人性的报道，既掌握了受众关心的焦点，又成为受众抒发悲愤的代言人。但是这并不能改变《香港船头货价纸》是一份典型的殖民地中文报章，在政治上完全以英国殖民政府利益为归依的性质。

《香港船头货价纸》对"猪仔头"及其背后以澳门为据点的"番人"丑恶面目的揭露与批判，是应该予以高度评价的。与此同时，《香港船头货价

---

① 转引自陈为仁《苦力贸易——拐骗掳掠华工的罪恶勾当》，中国华侨出版社1992年版，第27页。

纸》对洋人救出或试图救出"猪仔"的"好人好事"也多加报道,冀图塑造"番人也有好人"的正面形象。我们知道,《香港船头货价纸》批判的是非法的、不正当的、不道德的"猪仔贸易",鼓吹合法的、正当的、合乎人道主义的"劳工输出",建立"规范"的劳动力市场。这在相关的报道与评论中有充分的展现。这里有深刻的社会背景。由于黑奴贸易的废除,国际舆论的谴责,加之西方列强殖民统治势力的消长,以英国、法国、美国为代表的新兴殖民势力和以西班牙、葡萄牙、荷兰为代表的传统殖民势力,在涉及殖民统治需要的市场、原材料和劳动力问题上发生冲突与斗争。作为英国殖民地报纸,《香港船头货价纸》在廉价劳工"猪仔"的争夺上,自然有所报道,有所倾向。

作为外人在华华文报业的先驱,《香港船头货价纸》在"猪仔问题"的报道上似乎体现了华文报纸和华人编辑与西洋人士、殖民政府之间微妙的关系,那就是既要扮演好准"中文官报"的角色,又要体现为华人社会服务的色彩。这和后来以"华人资本、华人操权"为标榜的《循环日报》畅所欲言,对西字日报与西洋人士的"言论之谬",进行正面交锋的态度是截然不同的。可以这么说,在《孖剌西报》羽翼下诞生、成长的《香港船头货价纸》,尽管其华人编辑在"猪仔问题"等社会新闻上,比起英法联军出兵等敏感的政治、外交问题有较大的言论空间,但认真分析,还是十分局限的。这些局限,其实也正是促使同年代华人主笔与编辑努力自筹资金,渴求自办一份"一切事务皆我华人操权"的日报的原动力。①

19世纪华文报业先驱王韬、黄平甫(即黄胜,《香港中外新报》及其前身《香港船头货价纸》主编)和陈蔼廷(《香港华字日报》及其前身《中外新闻七日报》主编)在其《倡设循环日报小引》中,对于当时的华文报纸的缺点与自办"华人日报"之重要性,就有着这么一段话:"然主笔之士虽系华人,而开设新闻馆者仍系西士,其措词命意难免径庭。或极力铺张、尊行自负、顾往往详于中而略于外,此皆由未能合中外为一手也。欲矫其弊,则莫如由我华人日报始……"②

文中所述的华人主笔与西洋人士"难免径庭"的苦恼及其局限性,显然也包括中国第一家中文日报《香港中外新报》及其前身《香港船头货价纸》华人编辑(包括其早期编辑人员的黄胜)的亲身感受与体验。可以想象,在

---

① 载于《循环日报》,1874年2月12日。
② 载于《循环日报》,1874年2月5日。

处理当时最热门话题之一的"猪仔问题"上,华人编辑会遇到同样的苦恼。

综上所述,以我们今日所能看到的有限资料,尽管《香港船头货价纸》在"猪仔问题"上是站在中国人的立场说话,展开舆论宣传,痛斥"猪仔馆"、"猪仔头"、"番人"的罪恶行为值得高度评价,但作为殖民地西报的附属报纸,该报并没有跳出洋人在华办报的基本方针,还不能"自我操权"。职是之故,我们不能把它列入华人自我办报的范畴,但在处理一些不很敏感的社会新闻上,相对而言,华人编辑拥有较大的编辑权。

附录　堪称"中文报纸最早的'社论'"——《猪仔论》全文*

迩来省垣远近地方,父母寻子,妻寻其夫,诸如此类,苦不胜言。似此均被人拐往澳门,卖入猪仔行中去矣。闻澳门地方有外国富商贩人载运外国售利,亦有招人到外国开荒,二者转托华人寻觅,不拘拐来、捉来,带到澳门外国人处,说"愿去外国"四字,而外国人则给该猪仔头银六十五元。倘该猪仔说曰:"某带我来,原说在澳门做工,并未说往外国。吾不愿往外国也!"该外国即将猪仔交回带来原手,原手带回猪仔行,将之锁禁一房,绝食饿之数日,问他:"愿生愿死?愿死饿之至死,愿生则复带你见外国人,说愿往外国四字,你方可得生。"人到此地,生死在猪仔头人之手。然外国人或要猪仔一千几百,或数千,多寡不等,而托华人某承揽,则先交银壹万几千。伊遣人雇华船,扯外国旗号,在澳门装货上省或到黄埔,随收落猪仔。凡遇猪仔船比遇贼船尤为利害。盖遇贼船不过劫去钱财衣物,然遇猪仔船连人劫去,一人可卖银数十。是以近来拐诱,千方百计,日肆猖狂。或到店买物先交银多寡,尚欠多寡,要该店伙伴送货开船收银;或雇挑夫携贵贱物件开船,伴许工钱多些;或装病雇人扛扶开船;或称雇人做水手,或做木(工)各等,不胜枚举。到船则拘入舱中,数至百十,装到澳门卖银。忖思拐贩猪仔辈,昧心丧良,卖人求利,累人父母绝离,妻离子散。天下冤情,莫大于此。吾谁欺?欺天耶!愿西国富商大贾,力劝止是事,禁止是事。如果西国确在某地方开荒种植,要来中国招若干工人前往开荒,

---

* 原刊于《香港船头货价纸》第220号,己未二月廿五日(1859年3月23日),原文没有标点符号。

当禀知该国领事官，咨会中国地方官，出示声明：在省城外国人某行招人，每日给食用多寡，每月工银多寡，今先给一年工银安家。本年某月扬帆，明年某月船回中国，可带来往书信、银两。如愿往西国庸工种植者，来某行书名，届期各带或父或母或妻或子来行领银及收执据纸，以便第年来行交收来往书信、银两。如果慎重周详，利之所在，人谁不去？且中国现值干戈四起，耕市失业，游手闲人充炽。如果招之得法，各人父母、妻儿得收一年工银数十金安家，其家知往某地方开荒种植，嗣后可交收来往书信、银两，谁不愿往？然金山淘金地方要费数十金，尚有人去，况不费分文盘费，又得数十金安家，利之所在，蜂拥而来，何必将银付奸人拐贩之手，累人母子分离，妻离子散，仁者之用心，何乐为此耶！

第六章

南京汪伪政权的新闻论及其治下的报纸*

紧随着1940年3月南京汪伪傀儡政权（以下简称汪伪政权）的成立，日本侵略军于同年10月间决定将上海新闻检查所的管理权"归还"给汪精卫的所谓"国民政府"，并于同年12月16日由汪伪代表在上海主持接收仪式。① 据汪伪政权"中华民国政府宣传部中央报业经理处"② 1941年12月公布的数字，同"国民政府"治下的报纸，除上海分区17种之外，尚有南京分区的18种、苏州分区的5种、杭州分区的4种，共44种（详情见附表1）。毫无疑问，这些报章充当了主张"和平反共建国"的汪伪政权，与中国全国上下一心抗日救亡运动之间舆论争夺战的最先锋。

本章旨在探索与阐明南京汪伪政权利用媒体展开宣传战时的新闻理念及其运作的基本方式。

首先，应该指出的是，汪伪政权是在中国民众的怒骂声中诞生的。它赖以生存的唯一法宝就是日本的武力。正是在日军武力的庇护下，它

---

* 本章系作者为日本龍谷大学国际社会文化研究所2002~2004年度共同研究课题《日本占领与中国新闻事业》（课题主持人：卓南生）第一部分《日本占领下的中国报纸及其舆论操纵》撰写的论文。日文版曾刊于龍谷大学《国际社会文化研究所纪要》第6号，2004年第225~243页。中文版刊于程曼丽主编《北大新闻与传播评论》，第一期（2004年），第317~343页。

① 详情参见马光仁主编《上海新闻史（1850—1949）》，复旦大学出版社1996年版，第884页。
② 有关"中华民国政府宣传部中央报业经理处"的设置，南京汪伪政权于1940年10月21日公布的"中央报业经理处组织章程"第一条规定其宗旨为"改进报业谋各报社经营之合理化并扶助其发展"。在解释"中央报业经理处"与各报馆的关系时，"宣传部"规定其任务是在彻底推动"国民政府"的新闻政策，全面参与有关的工作，并对"宣传部"统辖下的各报发号业务命令并执行之。见"中华民国政府宣传部中央报业经理处"编印《大东亚战争与新闻工作》（《报业旬刊》日文版第二辑），1942年3月，第70页。

以国民党的正宗继承者为标榜，制定了"全国重要都市新闻检查暂行办法"，强化占领区的新闻检查制度。其禁载内容包括：（1）关于违反和平反共建国国策，破坏三民主义或其他有反动形迹者；（2）关于挑拨离间，企图颠覆政府，危害国民者；（3）关于造谣惑众，企图扰乱地方治安，破坏金融者；（4）关于损害中华民国利益者；（5）关于破坏邦交者；（6）关于泄露政治军事外交应守秘密者；（7）关于妨碍善良风俗者；（8）关于破坏公共安宁秩序者；（9）关于诉讼事件依法尚未公开及不许刊登者；（10）其他经宣传部通令禁止发表者。上述各条例都没有明确的标准和确定的内涵，而由执行者的好恶任意解释。特别是第10条的"宣传部通令禁止发表者"更是无从限制，可以随心所欲。对违反者，轻者处以警告，有期停刊或无期停刊；重者"应照危害国民论罪"，即可以处以极刑。①

换句话说，限制言论自由、加强对言论的控制及采取高压政策，是依靠外来势力的傀儡政权首先要做的事。

一　制定"国家计划新闻制度"及规定报人使命

然而，当权者十分清楚，单单依靠武力与高压政策并无法保证政权的稳定。于是乎，如何有效地利用媒体宣传傀儡政权的政策，遂成为汪伪"国民政府宣传部"被赋予的重大使命。

针对这一点，汪精卫的亲信，也是"宣传部长"的林柏生②，在为其"中华民国政府宣传部中央报业经理处"（亦称为"国民政府宣传部中央报

---

① 马光仁主编：《上海新闻史（1850—1949）》，复旦大学出版社1996年版，第949—950页。
② 有关林柏生的简历，1942年8月日本情报局（编者代表松本勇造）编的《大东亚战争事典》有如下的记述："中国新国府宣传部长，号石泉。广东省人，1901年出生，曾就读于广东基督教学校，毕业于莫斯科中山大学。从旧《中华日报》总编辑时代开始，就持续展开反蒋运动。作为新国府的发言人，他纵横发挥其手腕。"（第455页）日本陆军省报道部长陆军大佐谷荻那华雄在为林柏生的演讲、声明等结集成书（日文）写序时，曾誉之为"在汪精卫阁下的领导下挺身活跃的爱国者"、"其魂魄比铁还硬"（林柏生：《致盟邦之友》，东京郁文社1942年版，第2页）。另据王文彬编《中国现代报史资料辑》（重庆出版社1996年版）之记述："抗日战争胜利，林逆被捕，国民党法院多次审讯，到1946年6月1日，始由国民党首都高等法院宣判，判处林逆柏生死刑。又经过三个多月之久，到1946年10月8日，始在南京对林逆柏生执行枪决。"（第853页）

业经理处",以下简称"中央报业经理处")的内部刊物《报业旬刊》①(非卖品)的创刊号而撰写的《新中国建设与报人之使命》一文中,便着重强调近代报纸的功能。他认为"报人就是一个演说家","在空间上,他的听众可以由几千几万到无限之多;在时间上……可以几日几月到几十年之久……"。他还引述英国学者 Bryce(按:指詹姆斯·布莱斯,James Bryce, 1839—1922)之下列谈话,强调报纸最能胜任"唤起民众"的工作:

> 新闻纸的力量,比演说家还大,他能够同时向极多数人民演说,并且,他有使人不得不看的势力;因为他载有许多不在政治范围内之新闻,多数人都因业务的关系必定要看的,其余的也因好奇而要看的。社会上大多数人民对于政治总是有兴趣的,不过没有极大的兴趣可使他们参与政治集会或阅读立法院的议事录;对于这一般人,新闻纸实在是他们唯一的渊源,也许是他们唯一的读品。②

针对今后中国新闻事业之发展,林柏生强调要牢记以下四个基本方针:
(1)必须确立一个代表国家的计划新闻制度。
(2)必须打破个人自由主义的流弊。
(3)必须扫除官僚主义的积习。
(4)必须使政府、人民与舆论三者,打成一片,以共进于国家建设之伟大目的。

所谓"代表国家的计划新闻制度",目的无非是要报纸有效地负起"唤

---

① 《报业旬刊》创刊于 1941 年 10 月 20 日,由"中华民国政府宣传部中央报业经理处发印",标榜之宗旨为:"讨论政策之实施,研究报业改进之方案,交换报人之主张"。但在实际上,是"中央报业经理处"面向报界,监督报界,对报界贯彻其新闻政策的机关刊物。从 1942 年 7 月 15 日起,该刊易名为《新闻月刊》。在最后一期的《报业旬刊》,该刊以"中央报业经理处"名义,刊登如下的启事:"兹者自七月份起决即扩大为《新闻月刊》,而《报业旬刊》事实上已至发展的解消之阶段,今后阵容一新,内容愈益充实,且印刷份数较前倍增,当可普遍赠寄各地报业同仁,以为参考实践之资。并应各界要求,酌定低廉价格,发配各地书店以便爱读者随时随地得以购取。"(见第二卷十六、十七、十八合订本,1942 年 6 月 30 日,第 1 页)。不过,正如《报业旬刊》常出版"合订本"一样,由于"宣传部"骨干人员短缺,易名后的《新闻月刊》也常脱期出版,甚至曾由于"编辑同人分赴各地工作以致有数阅月之间歇"(见《新闻月刊》第 9 期编后话,1944 年 4 月 1 日,第 16 页)。

② "中华民国政府宣传部中央报业经理处"编印:《中国新闻的理念与批判》(《报业旬刊》日文版第一辑)(非卖品),1941 年 12 月,第 17 页;"中华民国政府宣传部中央报业经理处"编印:《新中国新闻论》,1942 年 7 月,第 32 页。

起民众"与"指导民众"的重大任务。

有关这一点，林柏生毫不忌讳地指出：

> 原来，一般民众的旧心理，是易于为感情所动，常常做肤浅的观察，他们很少有冷静理智的分析，因为职业和时间上的忙迫（按：中文版原文），也不允许他们有详细讨论的机会，所以非靠报纸来指导他们不可。社会上每发生一个问题，一般民众只知受其成果，而常常不知道他的真因……①

针对当时的"特殊环境"下，一般民众对社会上发生的问题的反应，林认为报人有必要纠正他们下列的态度，告诉"真因"。

其一是"不解"。即对于社会问题有时"不能了解"。林认为由于对某些社会问题不了解，"连带的对国家大计也就不能了解，于是发生政府与人民背道而驰的恶果，而要推行政策，非得大多数民众之了解不可"②。

中国的民众对于当时的"社会问题"，最大的"不解"是什么呢？林"宣传部长"虽然没有明说，但一目了然，是指日本对华的侵略及汪派沦为日本的傀儡。针对这一点，林"宣传部长"要求报人"担任使人民了解的工作"。他还强调："此在我国文盲之多，一般民众知识之不足，以至国民教育尚未普及之情形之下，报人之使命尤为重大。"他认为："报人的工作一方面是国策的宣传，一方面是推广社会教育。合起来，也便是唤起民众，使他们全体清醒，参加建设工作。"③

其二是"误解"。林"宣传部长"认为"社会问题常含一种深晦难明的背景；而国家政策则往往不能不牺牲目前小利而为百年大计之打算；且有时为了国家的利益而不得不牺牲私人之利益，因之很容易引起人民之误解"。为此，他希望报人能"以冷静的头脑，由正确的理路，用远大的眼光以唤醒人民，使对社会问题，有精确之了解，然后国家之建设才可以得到多数民众之助力，而底于成"。④

换句话说，他希望报人协助"国家"说服民众支持哪怕是有损于"目

---

① "中华民国政府宣传部中央报业经理处"编印：《中国新闻的理念与批判》（《报业旬刊》日文版第一辑）（非卖品），1941年12月，第18页；前引（中文版）《新中国新闻论》，第32—33页。
② 同上书，第18页；《新中国新闻论》，第33页。
③ 同上书，第19页；《新中国新闻论》，第33页。
④ 同上书，第19页；《新中国新闻事业论》，第33—34页。

前小利",但有利于国家"百年大计"的"国策"。

其三是"曲解"。林"宣传部长"开门见山,指责"政府之反对党,或操纵政治之野心家,常常把一个社会问题,或政治措施,故意加以曲解,以为政争之工具。所谓仓皇反复,颠倒是非,或故意制造谣言,淆惑观众,以遂其私愿"。他将这些"曲解行为"定位为"国家建设之死敌",呼吁报人"出而揭穿,加以辩证,予以打击"。他认为"称报人为第四阵线的,就在这种理论上的斗争",① 俨然以"伸张正义者"的姿态出现。

除此之外,他还指出,中国人有两个不利于"国家建设"的障碍。其一是"守旧",其二是"狂嚣"。前者是指"在五千年之中华大国,一般人民的拘于积习,安于旧惯";后者是指"近年以来,血性青年,激于过去之积弊而不免于流于横决"。他认为"在建设之初,必须以报纸鼓吹与宣传,一方面扫除人民之守旧性,一方面纠正青年之狂嚣"。②

最后,他强调在建设中最要紧的,是政治、经济和文化。他认为:"政治之建设,首在唤起人民之政治兴趣,提高人民之政治知识,养成人民之守法精神,促进政治组织之健全,增大政治工作之效能,凡此种种都必须有报人为之倡导,为之鼓吹,为之宣传,为之解释。"③

换句话说,"国策"的倡导、鼓吹、宣传和解释是报人的基本任务。为了加强汪伪政权的合法地位及利用中国民众对中国国父孙中山总理的景仰,他还借用其名言,指出报人的鼓吹和倡导,就是孙总理所说的"唤起民众"。

综上所述,可以看出报人出身的林柏生"宣传部长"把报纸摆在非常重要的地位,并赋予"宣传国策与普及社会教育",及"唤起民众"积极参与"和平反共建国"的任务。

林"宣传部长"之所以如此重视报纸的宣传作用,一方面固然与他本人长期从事新闻工作有关;另一方面也与他对报纸的认识有密切关系。

二 提倡报纸新理念及对原有报纸的批判

那么,在认识了报纸的重要性及它在倡导、鼓吹、宣传与解释"国策"上所扮演的角色之后,汪伪政权的"宣传部"及直接执行"指导"与监督

---

① 参看"中华民国政府宣传部中央报业经理处"编印《中国新闻的理念与批判》(《报业旬刊》日文版第一辑)(非卖品),1941年12月,第19—20页;《新中国新闻论》,第34页。
② 同上书,第20页;《新中国新闻论》,第35页。
③ 同上书,第21页;《新中国新闻论》,第35页。

报业的"中央报业经理处"又是以什么样的"理念"和"新闻伦理"贯彻其政策呢？

有关这个问题，"中央报业经理处"在其机关刊物《报业旬刊》中都有明确的阐述。以下即根据该机关刊物所阐述的报纸的理念及其伦理进一步予以探讨。

在题为《报纸的新理念》的卷头语中，《报业旬刊》开宗明义，表明其基本立场为"我人现于和平反共建国的旗帜下，图重建中国；拟在东亚建设新秩序，以确保东亚全民族的生存"。正是在支持日本"东亚新秩序"的信念的基础上，该刊指出要产生与过去截然不同的思维方式。它指出"国府负荷如此的划时代的重任，应把此信念注入于政治、经济、文化及国家财政等各种施策的全面，迅速使浸润于和平区域的全民众，建树一切新的计划，迈进实践安定民心，领导民众"。①

换句话说，为了协助日本建立"东亚新秩序"，"国府"将倾其全力促使"民心安定"，并进而领导民众向新目标迈进。

至于要如何实践这些任务，该机关刊物接着毫不含糊地指出："报纸实是实践以上各新政的尖兵，引路人，且担任给蠢动于过去习性中者以反省的粮食之任务。"所谓"过去习性"，是指"报人惟以私生活的满足为念，办报者做了其背景势力的代办人，个人野心的对象；随波逐流于世事变迁之中"。②

正是在纠正上述"堕落"为"私"的性质的报纸，"国府"提出了报纸应具有"公"的性质的方针，并赋予报纸充当推行"和平建国"尖兵之任务。

那么，南京汪伪"国民政府"所指的报纸的"公"的性质的内涵究竟是什么呢？在我们进一步对此考察之前，也许有必要先了解被"中央报业经理处"指为堕落的报纸的问题是什么。

有关这一点，前面提及的林柏生"宣传部长"在强调要确立"代表国家的新闻制度"（即发挥报纸的所谓"公"的性质）的同时，还强调要打破"个人自由主义的流弊"和扫除"官僚主义的积习"。换句话说，"个人主义"、"自由主义"和"官僚主义"对于"和平建国"是无益而有害的。

为纪念将于"新京"（指长春）举行的"东亚新闻记者大会"，汪伪政

---

① "中华民国政府宣传部中央报业经理处"编印：《中国新闻的理念与批判》（《报业旬刊》日文版第一辑）（非卖品），1941年12月，第3页；前引（中文版）《新中国新闻论》，第38页。

② 同上书，第4页；《新中国新闻论》，第38页。

权的"中央电讯社总编辑"许锡庆对此有更进一步的阐明：

> 中日事变发生之前，中国报纸是走个人主义的路，走自由资本主义的路。当时的报纸，大致分为两种，一种是政府的报，一种是私人经营的报。政府的报只是政府的代言人……。报纸上的一切言论记载是与民众绝缘的……另一种报纸是私人经营的报纸，他们只知推广销路，所以他们只知办报的方针就是迎合观众，所以黄色新闻（社会新闻）的夸张渲染，色情小说的连篇累牍，而至低级趣味的提倡，毒素新闻的流布，对社会对国家有什么影响，他们都不管，只要销路增加，广告增加，收入增加，便算办报有成绩。①

换句话说，私人经营的报纸，如果不是为了赚钱，就是另有其他目的，而呈现了如下的情景："军阀政客也办报，贪官污吏也办报"。他认为他们办报是为了替个人做喉舌，替个人培植私人势力。②

为了更有系统，更有"理论"地推广其由国家主导、指导的"公"的性质的新闻论，"中央报业经理处"还把过去中国的报纸分为三个时期。其一是"官办报纸的时代"；其二是"民权报纸的时代"；其三是"营业的报业时代"。

所谓"官办报纸的时代"是指邸报和京报之类报纸的时代。"宣传部"将之定位为"上意下达"报纸的时代，其"中心任务是封建制度的维护"。它承认这类报纸具有"指导力"，但指出其指导力是单方面的。③

"民权报纸的时代"是指"因反对封建势力的民主主义思想的蓬勃"而兴起的报纸，如《苏报》《国民日报》等。"国府"的"中央报业经理处"将之定位为"由下而上"，"由下层涌出来的民族的力量，充溢于纸面之上"的报纸，但同时强调它们只做到"革命工作的一半"。④

至于"营业的报业时代"的报纸，则以营利为目的，而"绝不用为发展国家民族的宣传利器"。"中央报业经理处"认为"报纸的商品化"，正是

---

① 许锡庆：《新中国报人的性格——纪念最近将在新京举行之东亚新闻者大会》，《华文大阪每日》第8卷10期（86号，1942年5月15日），第16页。
② 同上。
③ 原载于《报业旬刊》，后收录于"中华民国政府宣传部中央报业经理处"编印：《新中国新闻论》，1942年，第48页。
④ 同上。

"报纸的堕落——宣传力的私有化的根源"所在,也是"报纸变成了军阀政客获取政治地盘的工具"的原因。①

"由上而下"的"官办报纸"不行,"由下而上"的"民权报纸"只做到"革命工作的一半"。至于"商品化"的报纸,则只知赚钱,迎合低级趣味,及沦为"军阀政客获取政治地盘的工具",而丧失了国家的"指导力"。

那么,什么样的新闻体制才符合汪伪政权的心愿呢?

"中央报业经理处"的标准答案是,首先得"上下一致,集中一切力量",即"必须政府和民众团结一致。因为只有力量的集中,"此旷苦艰难的工作才能完成"。至于所谓"此旷苦艰难的工作",无疑就是指被汪伪政权定位为"国民革命的再出发"的"和平革命"。而报纸则被赋予应"时代要求",发挥其"强大的指导力"的"使命"。②

换句话说,在日本推动"东亚新秩序"的过程中,主张降服日本,协助日本完成"艰难工作"的汪伪政权以推动"国民革命的再出发"为大义名分,将报纸定位为推动与领导"和平革命"的有力宣传武器。而报纸的"指导力",应有别于第一个时期或第二个时期的"片面的指导力",而"须具有一方面推动政府,他方面领导民众的指导力"。即报纸的性格,应是兼有"由上而下"及"由下而上"的双方面的指导力。

为了让报纸有效地发挥此方面的指导力,"中央报业经理处"认为应该办到以下三点:(1)确立新的宣传伦理;(2)确立"公"的经营体;(3)各报社构成一个组织体。③

所谓"新的宣传伦理","中央报业经理处"也有其一套自圆其说的看法。正如前面所述,它认为报纸应具有"公"的性质;但与此同时,它还附加下列注解:"'公'不是'官',当然更不是'私'。于兹,报纸一方面具有其'宣传的自由性',同时也有其'宣传的限定性'。"它强调"'公'是国家民族之意,是超越了'官'和'私'的范畴的"。④

在这里,汪伪政权突出了约制报纸"公器"的最高宣传伦理为"国家民族"。它明确地指出:"报纸不许漠视国家民族前途的自由豪放的宣传。这一点,是报纸活动应受国家民族最高伦理严格限制的理由。这可以说是

---

① 原载于《报业旬刊》,后收录于"中华民国政府宣传部中央报业经理处"编印:《新中国新闻论》,1942年,第48—49页。
② 同上书,第50页。
③ 同上书,第51页。
④ 同上书,第61页。

一个'宣传的伦理'。所以报纸决不许其借口没有违反法律的规定，而恣所欲。"①

换句话说，汪伪政权虽然也标榜"宣传的自由性"，但一切得受"国家民族"的"最高伦理"的制约。这就是它的所谓"宣传的自由性"与"宣传的限定性"两者的相互关系。

于是乎，这里便引出了一个什么是"国家民族"的利益（即"国益"）的大问题。

有关这个问题，在1941年12月8日太平洋战争（日本人称为"大东亚战争"）爆发之前，汪伪"中央报业经理处"的宣传战略首先强调"新中国"是继承孙中山尚未成功的革命，指出中国正处于"和平革命"与迈向"现代国家"的阶段。紧接着则指出"中国问题，已不能仅作为一个中国的单纯问题而求解决"。该宣传机构同时还引述汪精卫呼吁"为中国、为日本、为东亚"的谈话，强调"历史的现阶段"是"在东亚的规模中求解决，被视为世界问题的一环而讨论"。说得更加清楚些，汪伪政权把自己和"日本"及日本领导的"东亚"捆绑在一起，大唱"东亚命运共同体"。

与此相反，任何主张抗战和反对日本侵略的理论和力量，都是汪伪政权要声讨和铲除的对象。

在题为《报纸和指导舆论》的一篇指示中，"中央报业经理处"除了强调"舆论应该是创造的，前进的，统一的"及重申"报纸是舆论的领导者"之外，还具体地指出推动"和平舆论的创造及团结"是报纸的使命。它写道：

> 我们现在的使命，是一方面割除抗战理论的杂草，一方面播种和平理论的新苗。现时的社论，应由一社的主张，提高为一国和平理想的主张。一张报纸的社论，应该较诸其他任何版更明了地表现其播育和平种子的态度。②

由此可见，"中央报业经理处"的所谓"为了国家民族"，就是指支持汪伪政权与"日本"、"东亚"共进退的政策，允许日本侵犯中国领土，在中国为所欲为，并同意与协助日本在中国推动其"和平革命"与"和平建

---

① 原载于《报业旬刊》，后收录于"中华民国政府宣传部中央报业经理处"编印：《新中国新闻论》，1942年，第61页。
② 同上书，第56页。

设"的工作。

值得注意的是,"中央报业经理处"虽然提出报纸的新的性格是"由上而下"及"由下而上"的双面的指导性,但不忘强调在"和平革命"与"和平建设"的过渡时期,报纸的主要任务是对"下"的宣传。它表示:

> 现在和平舆论,还没有系统的组织,所以眼前的急务,是对"下"而非对"上"。我们现在所播下的种子,不久就会萌芽,到了那个时候,我们才能引导此萌芽,发挥对"上"的指导力。①

由此可见,"中央报业经理处"主张"各报社构成一个组织",目的无非是要集中火力,制造舆论,全面对"下"开展其"曲线救国"的投降理论与方针。

三 "大东亚战争"爆发后报纸使命的定位及其理念

如果说上述宣传理论还停留在"新中国"的"和平反共建设"的范畴的话,在1941年12月8日"大东亚战争"爆发后,"中央报业经理处"对新闻界的任务已转为鼓动与制造如下的"舆论":"与友邦日本民族'同甘共苦'",积极支持日本的"大东亚战争"。在题为《中国报纸对大东亚战争的态度》的卷头语中,旨在"向日本报人欣慰报告"中国报界动态的《报业旬刊》日文版第二辑的编者先是兴奋地为大日本帝国所取得的"战果"而欢呼:"大东亚战争的开展,包括对支那事变的处理,大大地、清楚地描绘了我们翘望已久的东亚新秩序建设的正确轮廓。"②

接着,是表达汪伪政权对日本的认同及对中国过去所采取的"错误"态度的自我反省:"国民政府还都以来,汪主席一有机会,就向国民传达东亚的观点,唤起国民的自觉心,从而了解重建新中国的意义。正是在对过去一切的矛盾与谬论的反思及认识中国作为东亚一个成员的基础上,全中国民族才能再生与繁荣,这是唯一的出路。"③

---

① 原载于《报业旬刊》,后收录于"中华民国政府宣传部中央报业经理处"编印:《新中国新闻论》,1942年,第55页。
② "中华民国政府宣传部中央报业经理处"编印:《大东亚战争与新闻工作》(《报业旬刊》日文版第二辑),卷头语,第1页。
③ 同上。

与此同时,"卷头语"不忘抨击重庆政府"不合时代的潮流"。它写道:"蒋介石一伙人与世界的大潮流逆道而行,仍然附庸于盘踞在东亚的美英势力,追求狭隘的民族意识的梦想,依然在愚蠢地策划以夷制夷的陋策。"①

紧接着,它更对日本的"赫赫战果"大声叫好:"自从友邦日本对美英宣战以来,在开战的两个月之间,先是击垮香港、马尼拉,接着是占领新加坡,席卷包括荷属印度尼西亚及缅甸的东亚全区域。美英占据的点与线已被一扫而清。这就是东亚民族解放战争。"②

最后,《报业旬刊》日文版第二卷的卷头语明确指出中国四亿国民及其报人将负起"重建东亚的新中国"的任务。它写道:"历史翻开了新的一页,写下了光荣的记录,作为拥有四亿人口的中国民族,为了不让有四千年之久的历史留下羞耻的记录,应严格地自我反省,正视现实的新事态,采取正确的态度。"

它接着指出:"至于报纸的任务,越来越加明显。所幸我们已有明确的新理念,将利用报纸这'公'的机构,负起重任,并努力付诸实践。我们将在新理念的基础上,促使组织具体化,并在四亿国民不犯错误的认识下重建东亚的新中国,以期完成我们的任务。"③

为了更明确地为自己定位,在一篇为《确立东亚的宣传态度》的文章中,"中央报业经理处"先是再度强调"新中国的建设,已不能单独作为中日间的问题而解决",及指出随着"时代的转移,已把此扩大为大东亚的问题"。接着则引述"汪主席"在1942年1月发表的《新国民运动纲要》中的训示("现在四年有余的中日事变,已一转而为保卫东亚的大战争。在这新关头,没有新精神,怎样能担任这新责任"),指出"新中国"的宣传工作人员要对自己的"新责任"有明确的认识,应"郑重检讨自己,明确地认识自己时代的处境"。④

与此同时,该文也重述"汪主席"在1941年12月18日广播中的谈话("此次战争,若不幸为英美所败,则整个东亚民族,将随印度及非洲的黑人种,同受奴隶的待遇"),强调面对"历史现实"的重要性。

为此,"中央报业经理处"得出如下的结论,并以此作为其指导舆论的

---

① "中华民国政府宣传部中央报业经理处"编印:《大东亚战争与新闻工作》(《报业旬刊》日文版第二辑),卷头语,第1页。
② 同上。
③ 同上。
④ 同上书,第2—9页。

基本"理论"与"伦理"。

（1）"我们"的直接目的，是"新中国的建设"，但"新中国的建设，有俟于大东亚的建设"，而"大东亚的真正建设，又以新中国的建设为不可缺的条件"。

（2）然而，由于"从来的东亚体制——英美支配下的殖民地体制下，绝不能求中国的独立解放，中国欲脱离其次殖民地的地位，有俟于英美侵略的打倒。此秩序的打倒，是建设新中国的前提条件"。

（3）正因为如此，"我们从事宣传工作的，不可单从中国的观点求新中国的建设，而应由东亚的观点争取之"。

换句话说，在"新的时代"的要求下，"中央报业经理处"强调"新中国报人"的"责任范畴，已现实地扩大为东亚的规模"。它要求所有从事宣传工作的人员，确立此"东亚的宣传态度"。

那么，为了"大东亚的建设"，为了"打破英美殖民地体制"，大东亚的宣传工作者又该如何落实其"东亚的宣传态度"呢？

"中央报业经理处"强调宣传工作之"东亚的统一"的重要性。因为，"我们若能真正持东亚的宣传态度，真正一体化，则英美的宣传反攻就相对微弱化……胜败的归趋，自然决定了。所以大东亚的团结，不仅是我们的宣传纲领，抑且是我们宣传工作部门的'东亚的组织原则'。"[1]

在谈到"大东亚的团结"时，"中央报业经理处"还强调应依照东亚的规模所规划的"质的统一"，即必须确立中心势力。所谓"中心势力"的确立，可分为两个层次，其一是"东亚的中心势力的确立"；其二是"各个民族的中心势力的确立"。前者是指"中日两大民族"。为此，"中央报业经理处"再度抬出孙中山的大招牌，指出"国父一再力言中日两大民族的结合"，就是说"要解放大东亚，建设大东亚，应该组成大东亚的中心势力"。

至于后者，即有关"东亚诸民族确立其各个的民族中心势力，成为东亚团结的一个单位"的问题，汪伪政权不忘替自己加上如下的"特殊使命"："我们的对南洋侨胞宣传工作，就得加以善导，使他们和该地的弱小民族，融洽结合。……应该协力各民族的力之结合，加以推动，诱导，使成为大东

---

[1] "中华民国政府宣传部中央报业经理处"编印：《大东亚战争与新闻工作》（《报业旬刊》日文版第二辑），卷头语，第5—6页。

亚新秩序的一单位。"①

换句话说，怎样诱导东南亚的华侨，支持日本的"大东亚战争"及"与当地弱小民族融合"，并进行"新东亚的建设"，是南京政权宣传机器在"新时代"被赋予的另一使命。

基于上述的宣传方针，汪伪政权"中央报业经理处"指示作为"舆论的指导、舆论的创造者的'宣传工作者'"不应该斤斤计较于报纸销路与"和平报纸"数目的增加，而应该利用报纸这个武器"保有伟大的吸引力"，使其纸面充溢着魅力。它强调报纸的"气魄"乃至"势"的重要性。它写道：

> 在世界战史上占灿烂一页的此次日军的空袭夏威夷，与飞机体一并冲入敌战斗舰的"势"——我们应该以此种精神为宣传行动的精神。宣传的泼辣的跃动——即宣传之"势"，才能抓住读者的心理，才能击破敌人宣传反攻。我们应把此"势"由一张纸推广到全国的报纸，由一国推广到二国，三国，使大东亚的全体新闻，成为东亚解放的尖兵。②

至此，汪伪政权的宣传监督机构把报纸和报人定位为"大东亚民族解放战的战斗员"和"大东亚建设的宣传工作者"，认为这就是"大东亚战争"爆发后中国报纸与报人的"新精神"与"新责任"。

换句话说，如何"对日协力"（即如何与日本"同甘共苦"）已被摆在"战时新闻体制"及其"伦理"的最高位。对此，前述的"中央电讯社总编辑"许锡庆进一步作如下的诠释：

> 在复兴中国的前面有一个更遥远的影子，这个影子也有一个名字，叫做复兴东亚。自从大东亚战争爆发之后，这个影子的轮廓更加鲜明，更加接近我们。……但是新东亚的建设，不能单靠用军事力量把英美势

---

① "中华民国政府宣传部中央报业经理处"编印：《大东亚战争与新闻工作》（《报业旬刊》日文版第二辑），卷头语，第7页。有关汪伪政权对南洋华侨宣传工作之重视及"友邦日本"赋予"国府"的有关任务，也突出地表现在1942年2月15日新加坡沦陷之后。在以当地华侨为对象的华文报《昭南日报》的创刊号（1942年2月21日）上，该报头除了刊载"大日本军司令官山下奉文"声明之外，还特地刊登汪精卫写的《中国与东亚》（此文原载于日本的《中央公论》，1939年10月），表示强力支持日本的"东亚协同体"与"建立东亚新秩序"。参看［新加坡］横堀洋一《〈昭南新闻〉（1942—1945）付〈昭南日报〉及其他重要版面缩印版》，五月书房1993年版。

② 《大东亚战争与新闻工作》，前引书，第8—9页。

力赶出东亚便可成功,一定要使东亚共荣圈每一个国家都以建设新东亚为共同的目标……①

于是他自我宣称为"我们是为新中国建设而努力的报人,同时也是为新东亚建设而努力的报人"。

正是在如此既"为新中国建设而努力的报人",又是"为新东亚建设而努力的报人"的"自我定位"方针引导下,汪伪"中央报业经理处"提出下列有关宣传战术的三原则:其一是自己(东亚轴心)的强化;其二是对敌人(英美势力)的击灭;其三是获取第三者(东亚弱小民族及第三国)的共鸣。②

它还再三强调"对日协力,并不是以第三者的立场去声援日本",而应该"视大东亚战为中华民族的解放战,视之为自身的问题"。

为了有效地强化"东亚轴心",击灭英美势力及获取东亚弱小民族的"共鸣","中央报业经理处"指示其属下的报纸首先做好自己的工作,即:

> 我们应详细分析自己报纸读者的知识水准,职业,趣味及关心的程度,以能够吸引读者的内容。具体地指导民众以今日此地,应如何行动的南箴。我们对大东亚战争的宣传工作,应包含社论的选择,新闻的取舍,编辑的方面,文艺版经济栏的改良等全部在内。这些都具有新闻的指导力的。③

与此同时,为了使民众对政府的政策有进一步的了解,使报纸和民众"结合为一",对民族发挥力量,"中央报业经理处"强调须"正面宣传,反面宣传,侧面宣传,同时并行,直接宣传及间接宣传双管齐下。此种宣传方法,应分别地巧妙地进行"。④

至于宣传战的形式问题,即有关如何领导民众的问题,它表示:"报纸首先整其领导阵容,各报应在各版统一及集中宣传"。此外,"和平区内的全部报纸应有统一战线"。"中央报业经理处"同时还主张"新中国"报纸的

---

① 许锡庆:前引文、第17页。
② 同上。
③ 《大东亚战争与新闻工作》,前引书,第16—17页。
④ 同上书,第17页。

组织体和日本的宣传工作团体作有机的结合，结成宣传工作的联合及统一战线。①

1943年1月9日，汪伪政权正式向英美两国宣战。"国府宣传部长"林柏生迅速发表《参战后报纸的使命》的指示，吁请新闻界从本身"自肃"开始，作如下的努力：

> 今后必须集中力量，翼赞国策，摒弃个人主义的言论自由说法，而服从国家至上，民族至上的信条，我们必须忠诚的奉行中枢方面于战时所必须采取的文化统治政策，在这一个目标下面，共同团结起来，以建立我们更坚固更纯化的第四战线，刻苦耐劳，勇猛精进。②

他还同时指出："中国今日所最缺少的，不仅是战时的体质，尤其缺少适应战时体制的共同精神，中国今日所最可虑的不只是物资的缺乏，不只是军备之不足，而尤其重要的是人民意志的消沉。"他号召报人积极提倡"新国民运动"的精神，"使人民发生强力的斗争意志，锻炼此意志，运用此意志，始足以打击一切扰乱东亚的共同敌人"。③

对于怎样从事参战后的宣传工作，汪伪政权"宣传部次长"郭秀峰有进一步的补充。在积极方面，他认为报纸要鼓励国民"同仇敌忾"，并指出"和平运动"的"正确性"和"大东亚战争的建设性"，且阐扬东方固有文化及其优越地位。④

至于消极方面，他认为宣传的重点应放在：（1）肃清崇拜欧美、依靠欧美的旧观念；（2）打破受物质文明诱惑的堕落颓废的思想；（3）肃清个人主义的遗毒。⑤

对于"渝共（指重庆政府和共产党）的罪恶"，则应"随时揭发，群起而攻之"，从而加速其崩溃。⑥

换句话说，在汪伪政权尾随"友邦日本"宣战之后，报纸已被令确立"战时体制"和进入"战斗的新闻"的时代。原来"与友邦同甘共苦"的口

---

① 《新中国新闻论》，前引书，第20页。
② 《新闻月刊》第5期，1943年1月1日，第2页。
③ 同上。
④ 郭秀丰：《怎样从事本年的宣传工作》，《新闻月刊》第5期，第3页。
⑤ 同上。
⑥ 同上。

号,也在"汪主席"的号召下,转为"与友邦同生共死"。已易名为《新闻月刊》的"中央报业经理处"机关刊物就强调"为国民师表及指导者新闻及报人所负的责任,当然要比参战前更为重大。"汪伪政权的一名官员更清楚地表示,在"战时体制"的总力战的时代,东亚全民族已无前后线之分,更无军事政治经济文化之别,"新闻报道岗位"的唯一任务,就是"报国"。①

四 "中央报业经理处"对其治下报纸的评审与指导

为了更好地贯彻"报纸新理念"与"加强其实践力",机关刊物《报业旬刊》及其易名后的《新闻月刊》,经常刊载对其治下各报的社论和编辑的评论,并进行详尽的"指导"。

在探讨"中央报业经理处"怎样评论与"指导"各报的社论之前,首先得了解"中央报业经理处"对报纸社论的基本看法。

正如前面所述,"中央报业经理处"把报纸定位为宣传的尖兵,它对社论是十分重视的。它称社论为报纸的"司令塔",并规定其任务为"直视现在,设计未来,为国家民族的发展,指示民众现实行动的具体目标"。它同时表示:"社论不应该仅止于观察的提示,事实的说明或解释,而应更进一步,做民生的领导者。"即"大众行动的指标"。

换言之,社论应有下列三个基本概念:(1)社论是"公"的主张。(2)社论是对读者大众的行动指针。(3)社论是新闻编辑之综合的结论。②

有关第一个原则,是指只许发表"为了国家民族的发展"的主张,而"断断不可"是个人的主张,或独立一社的主张。第二个原则是指"社论不仅是舆论的创造者,且应该进而做舆论的激发者"。它同时强调,"宣传的最终目的,在于被宣传者的具体的行动化。要使被宣传者有一个意思,引导之行动化,则须给予被宣传者以具体的行动指针"。正如前面所述,报纸"既不是单单的真理的探讨者,也不是单单的理论的阐明者,而是大众的组织者"。③

至于第三个原则,是在"新闻整理编辑"把将"转变无常的世界事象"加以整理编辑(无形之中有一个主张)的基础上,给以"综合的结论"。它认为:

---

① 许锡庆:《总力战下的报纸与电讯社》,《新闻月刊》第7期,1943年4月15日,第2页。
② 详见《新中国新闻论》,前引书,第89—94页。
③ 同上书,第93页。

社论应该在与民众生活的关联上写,应该在于国家民族的关联上写,而"不是遥远的将来之理想,而应提出今日的问题,图民众的行动化"。这就是"报纸的社论和一般杂志论文和书本的论文的不同之处"。①

至此,"中央报业经理处"不再装腔作势,谈什么报纸扮演"由上而下"和"由下而上"的双重任务,而是赤裸裸地强调报纸在宣传中的领导作用。而被定位为"司令塔"的社论更是被赋予制造舆论的重大使命。它写道:"社论不单以舆论的反映为满足。舆论是要创造的。——社论就是舆论的创造者。"它同时表示:"舆论自身,不一定是'对'的。舆论是大众相对的总意,但此总意,却不一定指示国家民族的前进。这和多数不一定'对'少数不一定'不对',其理相同。"它强调:"我们对于'不对的'舆论,应该与之抗争,加以粉碎,而自己去创造新的舆论。"②

了解了"中央报业经理处"对社论的定位及其期待,我们再回头看它对其治下各报有关社论之点评,就能更清楚地知道其准则之所在。

例如,针对1941年11月1日至5日上海、南京各报的社论(《中华日报》除外),"中央报业经理处"编辑部就指出其下列的两个缺点。其一是社论与新闻未很好相配合;其二是社论选题偏重国际新闻。

有关前者,评审者认为已大大地削弱了宣传的指导力。至于后者,则存在下列的问题:"有关欧洲问题的评论,在相对上是比较容易的——如果真的是采取如此选择安易,而避开困难的国内问题的态度的话,无疑否定了报纸本身的指导性地位。"③

又如,对同年10月30日甲级地方报纸社论内容之"贫乏"状况,《报业旬刊》的评审者指出:"当然,从地方报纸的现状来看,确实面对人与物的大难题。加以社论撰述者由于工作上的关系,无法全神贯注。如果情况确是如此,作为暂定的措施,可以考虑减少社论的篇数,而代之以随时刊载内容较为充实的社论。这也许是解决的办法之一。"它同时建议:"与其刊载没有自信心的国际评论,不如撰写身边的问题,因为后者显得更有必要与更有效果。特别是地方报纸,是不是更应该采取这样的态度呢?"④

---

① 参看《新中国新闻论》,前引书,第93页。
② 同上书,第92页。
③ 《对各报社论的批判》,《中国新闻的理念与批判》,前引书,第44页。
④ 同上,51页。

值得注意的是，随着时局的变化，特别是1941年12月8日太平洋战争的爆发，"中央报业经理处"对于报纸，特别是其社论的"指导性"有了新的内涵的要求。在对"各报社论的批判"的按语中，《报业旬刊》的评审者先是引用"汪主席"的"四年有余的中日事变，已经一变而为东亚战争保卫东亚的战争"的谈话，及他强调"新精神"、"新责任"与"新任务"的重要性，接着着重指出：

> 我们的报纸，在过去只是负起贯彻和平理论与创造和平舆论的任务。但随着今日（的战线）已扩大至亚洲的规模……报纸和报人得有亚洲的精神，负起亚洲的责任向前迈进，也得确立新的宣传态度。①

同评审者还进一步指出："报纸及作为指导民众的司令的社论已被赋与新的使命。"

正因为局势已经从"日中事变"（指"七七事变"）转为"保卫东亚的大战"，《报业旬刊》评审者对其治下报纸社论的监督与批判，也着重于对下列三点是否积极推行及其宣传效果：（1）三个"新"的意义的贯彻（"新精神"、"新责任"和"新使命"）；（2）"与友邦日本同甘共苦"；（3）击灭英美势力。

在贯彻有关"三个'新'的意义"的问题上，"中央报业经理处"强调其治下的报纸已成为"国家政治的一翼"，并被赋予参与"大东亚战争"的历史使命。它还引述"汪主席"有关"日本是站在前线，中国是站在后方"的谈话，指出"报纸和报人已成为后者的战士"，得负起动员民众参与伟大的后方工作。它表示，报纸已开始其新的跃进。②

对于其统治下南京、上海的三大报纸的社论，"中央报业经理处"是有所不满的。例如，针对《民国日报》（1942年1月6日）的社论《马尼拉攻陷后之太平洋战局》，只提到它对"重庆的英美鹰犬性的冲击"及"同盟的牺牲"，评审者认为是不够的，而主张应该警告重庆如不放弃成为"英美殉葬品"的态度，则正如"林宣传部长"指出一般，将被断定为"民族解放的障碍物"而成为被打倒的对象。评审者希望社论能显露出其应有的气魄。③

---

① 《大东亚战争与新闻工作》，前引书，第27页。
② 同上。
③ 同上书，第28页。

此外，作为报纸监督机构的"中央报业经理处"对同篇社论在文中使用西历也极为不满而提出批判。针对社论的中间部分提到"故马尼拉之攻陷在1942年东亚解放史上最重要一页"，评审者的评语是："在谈东亚解放时却掉以轻心地使用西历1942年，这难道不应该加以留意的吗？当然，这不等于说我们要绝对排除西历。"①

至于有关第二个宣传重点，即"与友邦同甘共苦"，汪伪政权的报纸监督机关"中央报业经理处"强调社论应提出"建设性的主张"。

对《民国日报》的"坚定信念紧密协力复兴东亚"、"中日极应协力之一事"及《中华日报》的"我们应有的努力"的社论，《报业旬刊》的评审者虽认为有"一读"之价值并表示"欣慰"，但紧接着则指出："然而，这只是与过去的社论相比较，而决不是说已经取得了十分有效的宣传效果。"②

评审者对其治下报纸的社论还流露出下列的不满：（1）大多数社论只是重复理念，而未进一步提出具体的指示而显得贫乏。（2）社论的指导内容不够，其用在"激发民心"的苦心还不充分。（3）社论所提出的内容缺乏策划性。

换句话说，"中央报业经理处"要求其治下各报的社论"在这历史的转折时期，为了达成胜利，进一步进行慎重的策划，开展有建设性的主张，从而完成作为创造舆论，激发舆论的任务"③。

至于第三点，即"击灭英美势力"问题，"中央报业经理处"对其治下各报的社论做出如下评语："各报虽做出一定的努力，该提到的也总算提到，但仍不能满足我们想要达到的预期效果。"④

其中一个原因也是"缺乏策划性"⑤。

> 例如上海《中华日报》在1941年12月9日发表《太平洋大战爆发了》的社论，但在10日却转为谈《美国的实力如何》、11日谈《土耳其的态度》、12日谈《东亚民族解放斗争中我们应尽的责任》……根本没有计划性，而有"过一天算一天"之嫌。⑥

---

① 《大东亚战争与新闻工作》，前引书，第28页。
② 同上书，第31—32页。
③ 同上书，第32页。
④ 同上书，第35页。
⑤ 同上。
⑥ 同上书，第36页。

汪伪政权的报业指导机关认为这主要是因为社论撰写者缺乏对"大东亚解放战"应有的充分的认识，忘记中国是"解放战的战斗员及对现实缺乏迫切感"。它强调太平洋战争不只是日美英战争，中国并不是第三者，要求其治下各报社论"把解放战当为'我们自身的问题'，更用心，更努力地引导与制造舆论"。①

除了对社论予以批评之外，《报业旬刊》及后来的《新闻月刊》也定期刊载对甲、乙、丙各级报纸版面的评语。

针对各级报纸所负的共同及"分工"的任务，汪伪政权的报业监督机构经常提醒各报忠守其职责，并对其内容进行"坦率的点评"。

例如，对于1942年各级报纸的新年特辑，突出"解放东亚、保卫东亚、与（日本）同甘共苦，进行总力战的新春伊始，宣布让人久待的新国民运动的纲领"的主题，评审者认为是颇有"深刻意义"的。特别是对于各报自我约束，少刊登"没有意义"的署名贺年广告，而竭尽所能刊载有建设性的文章，评审者更对各报编辑之努力表示"敬意"，认为特辑的出版不在于页数的多寡，而誉之为"有良心的编辑策划"。②

不过，在"1941年12月8日友邦日本挥起大铁锤，猛然打击与处罚鸦片战争以来侵略东亚的美英"之事件上，评审者对各报版面之缺乏策划，则深表不满。特别是对《芜湖新报》的报道态度，报业指导机关更责之为"编辑的大失态"。③

原因是"对于汪主席在8日上午对大东亚战争发表的重大声明，9日的版面、10日的版面居然一字不提"。负责监督报业的评审者声色俱厉地表示："对于漏掉这样重大的声明，不是编辑不留意一句话就能了决的。正如10日'中央政府开紧急会议'所指示一般，对于中央有关大东亚战争的重大会议记录只以一栏或刊登于头版最下的一栏，都说明编者对问题缺乏应有的认识。"④

除此之外，"中央报业经理处"对其治下各报编辑缺乏"积极性"及"努力不够"也深表不满，经常督促各报加以留意。

在1943年1月"国府"宣布"参战"之后，"中央报业经理处"对其治下的报纸，有更高的要求。但令它不满的是，从1943年1月10日至15日

---

① 《大东亚战争与新闻工作》，前引书，第37页。
② 同上书，第52页。
③ 同上书，第60页。
④ 同上书，第60—61页。

间京沪的"大报"《中华日报》《平报》《国民新闻》《新中国报》《民国日报》《中报》的版面中,都"不免微嫌低调",而没有充分发挥"战斗的新闻"的"指导力"及"魄力"。

同样的,对乙级各报对"大东亚战争"新闻的版面安排等,监督者并不满意,其评语是"大同小异",缺乏新意,希望各报认真研究和作出努力。①

《报业旬刊》的评审者希望各级报纸紧跟"国民政府"的政策,有计划性地进行报道,并刊载"新闻解说","刷新版面",从而提高舆论的宣传效果。②

在一方面得"物资节约",另一方面得"扩大宣传"的情况下,汪伪政权的报业监督机构认为:"现阶段的报纸价值,不仅为报道批判而已,一切的一切都与过去时代的性格迥异,盖由指导作用之有无为决定其存在价值的根本要素。"③

它还同时介绍日本报纸为节省纸张而缩短标题,从而达到"昂扬宣传力量"的动向,吁请其治下各报采取同样的办法,减少出版张数和缩短标题。

五 小结

综上所述,可以知道紧随着 1940 年 3 月汪伪政权的成立及同年 10 月日本侵略军将上海新闻检查所的管理权"交还"给"国民政府",汪伪政权"行政院"也公布了"中央报业管理处组织章程"等有关报业法令,授权"宣传部"设置"中央报业经理处",以便"改进报业谋各报社经营之合理化并扶助其发展"。

换句话说,汪伪政权在加强对"全国重要都市新闻检查暂行办法"(1940 年 10 月)等高压政策的同时,也十分重视其治下报纸的管理与"发展",并努力提高其宣传效果。

为了达到最高的宣传效果,报人出身的"宣传部长"林柏生充分利用"中央报业经理处"及其机关刊物《报业旬刊》与易名后的《新闻月刊》,传达"国民政府"的意旨及指导报纸与报人配合当局的政策,发挥舆论的作用。

为了更好开展其宣传的工作,林柏生"宣传部长"及其"中央报业经理处"的官员们也尝试从日本导入和制造其一套新闻伦理与新闻理论,并对

---

① 《大东亚战争与新闻工作》,前引书,第 61 页。
② 同上书,第 11 页。
③ 同上书,第 1 页。

其治下报纸的版面（从社论到其他各版）进行严格的审批与指示，直接负起对其治下各级报纸的监督与"指导"的工作。

林"宣传部长"首先强调确立一个"代表国家的计划新闻制度"的重要性，并赋予报纸"唤起民众"、"指导民众"的重大任务。

为了替其"计划新闻制度"自圆其说，他对过去封建体制下"上意下达"的"官办报纸的时代"、"下意上达"的"民权报纸的时代"及以营利为第一目的的，"营业的报业时代"进行抨击，认为专制的"官僚主义"、"自由主义"与"营利主义"皆对"和平反共建国"时代的中国不利。他强调应建立"新的宣传伦理"及将报纸视为"公的经营体"。而这"公的经营体"或者是具有"公的性格"的报纸既不是"官"，也不是"私"，而是"国家民族"，远远超越了"官"和"私"的范畴。

正因为汪伪政权将"国家民族"视为最高伦理，于是其报纸的理论与实践的重点即放在如何解释对"国家民族"有利与不利的问题上，即怎样倡导、鼓吹、宣传和解释"国策"，是报纸与报人的首要任务。

在这个问题上，可以很清楚地看出"中央报业经理处"在1941年12月8日"大东亚战争"爆发之前与这之后的宣传重点有着明显的不同。

在"大东亚战争"爆发之前，依靠外来势力扶植的汪伪政权赋予其宣传机器——报纸的使命，是宣传如下的理论：（1）以"和平革命"为号召的"新中国"是在继承孙中山"未完成的革命"；（2）在指出"和平革命"的"新中国"正朝向"现代国家"迈进的同时，强调中国的问题不是中国一国本身所能解决的问题，而必须与"友邦日本"及"东亚"的问题共同解决。

换句话说，如何为"国家民族"宣传"和平革命"、"和平建设"与"东亚命运共同体"等理论与政策，是报纸编辑方针之所在。

但在1941年12月8日"大东亚战争"爆发之后，汪伪政权的所谓"为国家与民族"之定位，已转为与"友邦"的日本"同甘共苦"，积极支持"大东亚圣战"。

为此，"中央报业经理处"要求其治下的报纸确立"东亚的宣传态度"，指出随着时代的推移，战局已转为"保卫东亚"的大战争，中国的报纸与报人不能再以旧有观点看待问题，而必须从大局着想，以"东亚"的角度和立场展开斗争。为了落实上述政策，"大东亚的宣传"有必要加以统一，而"日华两民族"将成为"中心势力"，再结合"大东亚各民族"的力量，共同"粉碎英美势力"。

它再三强调"新中国"及其报纸与报人不是旁观的第三者,而是"大东亚解放战争"的"战斗员",应该积极参与制造舆论。

1943年1月,汪伪的"国府"宣布"参战","中央报业经理处"更进一步指出形势已从与日本"同甘共苦"转为"同生共死",要求报纸与报人发挥"报道救国"的精神与使命。

然而,在民众抗日的怒火中依靠外来势力诞生的汪伪政权及其"中央报业经理处"是否有效地推行舆论传播政策,其治下的报纸是否有办法协助"宣传部长"林柏生一扫他所担心的中国民众对其政权的"不解"、"误解"和"曲解",从而达到"唤起民众",并支持其"和平反共建国"的理论,乃至支持"大东亚战争"爆发后及"国府参战"后的"保卫东亚"的"大东亚圣战"呢?有关这方面的具体问题,显然还有待进一步的实证性研究与分析。

附表6-1　　　　汪伪"国民政府治下新闻一览表"

区别	级别	新闻社	所在地	社长	主笔·总编辑·主编	创立年月日
南京分区	甲级中央纸	民国日报	南京	秦墨哂	周雨人	民国27.8.1
	甲级地方纸	安徽日报	蚌埠	尤半狂	蒋德俊	27.5.15
	乙级纸	扬州新报	扬州	朱康	陆希圃	27.3.20
		芜湖新报	芜湖	胡延禧	郑守文	27.7.17
		安庆新报	安庆	江质清	江质清	27.8.27
		新镇报	镇江	郁理	施又依	27.3.11
	丙级纸	句容甦报	句容	杨玉波	曹曲峰	27.8.6
		新丹阳报	丹阳	胡志明	胡志明	27.9.13
		新金坛日报	金坛	冯鸣玉	冯鸣玉	27.7.16
		江浦新报	江浦	/	潘霜庐	28.9.18
		当涂新报	太平	张今吾	周雪青	28.6.10
		新皖日报	庐州	方尚明	张思元	28.8.1
		淮南报	巢县	王立明	李子京	29.1.1
		六合新报	六合	薛克礼	汤希平	29.6.1
	×	中报	南京	罗君强	关企予	29.3.30
	×	民报	南京	开少峰	达剑峰	29.7.15
	×	时代晚报	南京	朱朴	王羽中	28.10.1
	×	京报	南京	葛伟昶	生率斋	29.8.16

续表

区别	级别	新闻社	所在地	社长	主笔·总编辑·主编	创立年月日
苏州分区	甲级地方纸	江苏日报	苏州	凭节	陈方中	民国 26.12.21
	乙级纸	常熟日报 新锡日报 武进日报 新江阴报	常熟 无锡 常州 江阴	孟知吾 张瑞初 郭文轨 贾义生	张守一 宋叔勤 沙奎玉 梅友生	27.1.23 27.1.1 27.1.23 27.6.24
杭州分区	甲级地方纸	浙江日报	杭州	程季英	何治平	26.12.30
	乙级纸	嘉兴日报 湖州新报	嘉兴 湖州	宋尚文 陆墨舞	张寿彭 张季英	27.5.6 27.1.2
	丙级纸	海宁新报	硖石	宋希奎		27.9.1
上海分区	乙级报	江北新报 新皋报	南通 如皋	丁宇一 管家栋	丁宇一 王廉民	27.3.29 27.3.29
	丙级纸	松江新报 嘉定新报 新崇明报 海门新报 靖江新报 青浦新报 太仓新报 新金山报 浦南日报 新奉贤 宝山新报	松江 嘉定 崇明 海门 靖江 青浦 太仓 金山 上海 奉贤 宝山	杨士杰 吴雁秋 施鼎颐 陈汝诘 远兆熊 姚明仁 顾息兮 彭健行 胡寄萍 梁新 陶鹏飞	沈新 吴雁秋 施鼎颐 陈汝诘 谭木公 朱士元 顾息兮 金眉生 胡寄萍 梁新 杨渚莱	27.7.1 27.10.1 27.5.6 28.6.1 28.6.1 28.7.1 27.3.21 28.11.24 29.1.20 29.8. 29.8.
		中华日报 平报 国民新闻 大英晚报	上海 上海 上海 上海	林柏生 金雄白 李士详 汤良礼	刘静哉 陆光杰 鞠仲池 黄国明	21.4.21 （复刊）28.7.10 29.9.1 29.3.19 27.10.1
	×					
	×					
	×					

引自汪伪"中华民国政府宣传部中央报业经理处"编《中国新闻的理念与批判》（日文版），1941年12月

原备注：×＝以直属的报馆看待。

第七章

南京汪伪政权的新闻法令及其管理体制*

在前一章，笔者着重论述了1940年汪伪政权成立"中华民国宣传部中央报业经理处"（以下简称"中央报业经理处"）后，对其治下报纸进行严密的监督与"指导"。其中特别探讨了"中央报业经理处"对如下问题的基本思维及其舆论诱导方向：

（1）制定"国家计划新闻制度"及规定报人的使命。
（2）提倡报纸新理念及对原有报纸的批判。
（3）"大东亚战争"爆发后报纸使命的定位及其理念。
（4）"中央报业经理处"对其治下报纸的评审与指导。

本章将对上述问题进一步予以探讨，但重点将放在汪伪政权四个新闻相关法令的颁布，及"中央报业经理处"对其治下报纸组织的分类、经营管理与广告的"指导"与"评审"。

一　新闻相关四法令的理念与目的

"中央报业经理处"是根据1940年10月21日"行政院"通过的"宣传部中央报业经理处组织章程"开展其活动的。与此同时，为了让"中央报业经理处"对其治下的报纸有效进行管制与开展宣传工作，汪伪政权的"宣传部"还先后发布了如下的三个"部令"：

（1）"宣传部直属报社管理规则"（1941年5月19日）；
（2）"宣传部直属报社分区改革委员会组织通则"（1941年8月30日）；
（3）"宣传部直属新闻社组织通则"（1941年9月24日）。

此三"部令"，再加上前述"行政院"通过的"中央报业经理处组织章

---

* 本章日文版曾刊于日本龙谷大学《国际社会文化研究所纪要》第7号（2005年），第7—17页。

程",统称为"新闻相关四法令"。在此四法令中,既详细罗列了"中央报业经理处"、"直属报社"与"分区改进委员会"的组织系统与任务,也明确规定了"中央报业经理处"与后两者的相互关系。"新闻相关四法令"可以说是提供了"宣传部"对其治下的报纸"管理"与"组织"的法的根据。

在解说此相关法令诞生的背景时,"中央报业经理处"指出:

> 国府鉴于时代旳急速变迁,报纸的使命重大,拟实施根据新的理念的新闻政策,将各报社结成为一个完整的组织体之基本规则。①

当局为何要建立"完整的组织体"(即"报纸组织化")呢?"宣传部"强调以下三个条件的重要性:(1)确立宣传伦理的必要;(2)集中宣传力的必要;(3)宣传工作合理推进的必要。②

有关(1)即"确立宣传伦理"之必要性的问题,正如前一章所述,"宣传部"认为这是"宣传的基本问题、本质的问题"。因为"报纸就是国家机构的一翼",就得肩负着"唤起正确的中华民族的舆论"的工作。③

为此,"宣传部"反复强调认识报纸具有"公的性格"的重要性,必须确保其"宣传的纯洁性"。它表示:"我们曾说,一切报纸,只在有益于国家民族的发展条件下,我们否定宣传私有化,旨在争取宣传伦理。我们已知道,宣传的私有化,在过去如何阻害了国家民族的发展。"④

针对第(2)点,即"宣传力的统一集中"为何是"紧迫的"课题时,"宣传部"有如下的说明:

> 要打破我们现在所遭遇的历史难关,须有强大政治力的集中,欲集中强大政治力,先须集中宣传力。宣传力的统一集中,可以说是现下的急务了。我们须按照计划,普遍地发扬宣传的指导力,才能普遍地激发民众的力量,使之集中于一点。申言之,于实行新国民革命之际,我们

---

① 《管理規則・組織通則による各新聞社処理辦法の略说》,"中华民国政府宣传部中央报业经理处"编:《大東亞戦争と新聞工作》(《報業旬刊》日文版第二辑,非卖品),1941年3月,第68页。
② 《新聞組織化の基本理念とそのアジア的交流》,"中华民国政府宣传部中央报业经理处"编:《新聞の組織と其の実践》(《報業旬刊》日文版第三辑,非卖品),1942年7月,第3页。
③ 《新聞の公的性格の昂揚へ》,《新聞の組織とその実践》,同上书,第1页。
④ 《新聞組織化の基本理念とそのアジア的交流》,前引文,第4页。

首先应考虑到宣传力质及量的集中。我们既不可不普遍地发扬报纸的指导力，所谓民众唤起，更不可作跛行的推进，致陷政治力的集中于不可能，使政治力变为了弱体。所以报纸本身，应于日常工作中，发挥其指导力；且这些报纸，应团结一致，合成一个组织体，发挥整个的宣传力。宣传统一之筹划，暨宣传集中之遂行，有俟于如此组织体的结成；反过来说，须有了这样的组织体，才能普遍地唤起全国民众。①

至于第（3）点，即"宣传工作运营合理化"之必要性，"宣传部"认为"我们现正从事于新东亚的建设战"，它同时也是"未曾有的消耗战"。正因为面对着这"似乎相矛盾的命题"，"宣传部"要求新闻工作者遵循"汪主席的训令，用新的精神来对待新时代，努力克服时艰。……力避浪费，图其合理化"。②

它还具体指出：

> 一滴油墨，一页白纸，也当思其来源不易，务使用在国家民族的发展上才好。一切人力物力，都得在宣传的至高伦理之下动员及消费才好。从而全部报纸，应在一定的计划之下经营，向所定的任务，遂行最大限度的合理的工作。时在今日，各报间的竞争销路，是断断不可以的，同时，新闻宣传的不统一和重复，也非力为避免不可。③

它还强调"报纸统一的合理化"并不是新闻工作的消极的统制，而是"旨在克服现阶段的人力物力的艰难，收获较高度的宣传效果"。也正因如此，"宣传部"将其治下的报纸分为甲、乙、丙三级，并为各类报纸明确其定位，并分担其宣传的对象。

了解了"宣传部"的宣传理念及其为何急于通过报纸相关四法令，我们再回头看四法令对相关组织的各项规定，就有更明晰的概念。

在阐述何以要设置"中央报业经理处"时，"行政院"在有关的"组织章程"的第一节中，对其性质有如下的规定："宣传部为改进报业谋各报社

---

① 《新聞組織化の基本理念とそのアジアの交流》，前引文，第3—4页。
② 同上书，第7页。
③ 同上。

经营之合理化并扶助其发展，设置中央报业经理处。"①

至于具体任务，在有关"组织章程"的第二条，也有如下明确的规定②：

（1）各报社用纸之采购及分配事项。
（2）各报社所需印刷机器材料之采购及分配事项。
（3）国内外广告之绍介事项。
（4）其他有关扶助各报社经营之附带。

换句话说，"中央报业经理处"从"用纸之采购及分配"、"印刷机器材料之采购及分配"乃至"国内外广告之绍介"与经营相关的事务等都拥有管理权。

为了有效地执行上述任务，"中央报业经理处"还成立了"总务组"、"调查组"、"供应组"和"广告组"负责具体的工作。

此外，"中央报业经理处"还派专员驻扎在各地负责联络及经"宣传部"核准应办之事务。

有关这些驻扎在各地的"驻在员"所扮演的角色，"中央报业经理处"的机关刊物《报业旬刊》有如下的说明：

> 分驻于各地的专员，是将经理处的任务推行于地方的负责人，并加紧和其他方面的联络，以期报社的任务，可以顺利遂行。③

换句话说，"报业经理处所派往各地的专员，是'分区改进委员会'委员的一人，不仅协助指导"报社自身的强化、充实及整备，对于区内其他各报社的指导，也和指导报社负共同的责任；因此之故，例如和其他机关的联络等工作，该专员当然也应负责。④

所谓"分区改进委员会"，究竟是什么样的一个组织呢？

针对这个问题，在报纸相关四法令中，"直属报社分区改革委员会组织通则"中的第一条，便有明确的规定：

---

① "中华民国政府宣传部中央报业经理处"编：《中国新闻の理念と批判》，（《報業旬刊》日文版第一辑，非卖品），1941年12月，第67页。
② 同上。
③ 《新聞組織化の基本理念とそのアジアの交流》，前引文，第71页。
④ 同上。

本部为谋各直属报社之健全发展起见，分区设置"宣传部直属报社某某分区改进委员会"，负责督导区内各直属报社，业务之改善与发展。①

由此可见，"宣传部"赋予"分区改进委员会"的任务，就是促使各地依据新闻政策具体落实各地报章被赋予的任务。

在向业界人士解说此"分区改进委员会"的任务时，"中央报业经理处"还强调其具体工作，包括下列数点②：

（1）指导各报社迅速成立董事会，使之彻底了解由董事会担任该地报社责任的理由。

（2）对于各报社设施的充实及新设，不可凡事都需依赖中央，俾地方报纸，成为该地政府和民众的共同机关，作充分的利用及发展。欲达到此目的，应由当地的政府和民众为主力，以期增强报社的力量。

（3）须增深如上所述的官民的认识，阐明报社董事会的责任，再加代行中央指导的改进委员会的任务，则中央地方和其他民众的合作，必能集中于此等各报社。

（4）中央报业经理处的地方专员，以报业专家的资格驻在各地，乃改进委员会的一员，与指导报社社长协力而实践行中央的指导方针，其任务的重大，可想而知。

综上所述，可以看出"宣传部"通过"分区改进委员会"及"中央报业经理处"派驻各地的"驻在员"（作为委员会的一名成员），对其治下报纸进行名为"指导"，实为"强化统制"的政策。

不过，对于业界人士来说，"强化统制"毕竟不是一个正面的名词。为此，"宣传部"有此说明：

所谓新闻政策，所谓强化统制，并不是单单墨守章则，或于实施之际作划一的推进，就可藏事。须彻底应用所规定及制定之章则，推行在结果上极合理的有系统的计划，以强化宣传价值的向上，发挥各级报纸的指导力。③

---

① 《中国新闻の理念と批判》，前引文，第68页。
② 《新聞組織化の基本理念とそのアジアの交流》，前引文，第71—72页。
③ 同上书，第72页。

换句话说，"强化统制"的新闻政策，是在推进"合理的有系统的计划"、"强化宣传价值的向上"以及"发挥各级报纸的指导力"的名目下开展的。

二　报纸的分级与任务之分担

"中央报业经理处"对其治下报纸管理的另一特色，是将其治下的报纸分为甲、乙、丙三级，并为各类报纸明确其定位，及分担其宣传的对象。其概要如下：

（1）甲级报纸

"甲级报纸"又分为"甲级中央报"和"甲级地方报"。所谓"甲级中央报"，是指在首都南京（《国民日报》）及上海（《中华日报》）发行，代表"国民政府"，"具有对于内外一般的指导宣传性的'代表报'，篇幅最大，价格最高，现日出六页"。所谓"甲级地方报"，系在"省政府"所在地发行，"以报道省政及省内主要新闻为主体而编辑，并参用国际重要消息，及相当限度之中央要闻，以满足大部分本省人民中中坚分子的欲求，期指导的确适。篇幅仅次于中央报，价格相同。如《江苏日报》、《浙江日报》、《安徽日报》是，现每星期三天发行六页，四天发行四页。"[1]

（2）乙级报纸

"乙级报纸"是指"在上述甲级报纸所在地之次级主要城市"发行的报纸，其编辑方针系"以与所在都市有关之新闻为主体，作为响导（按：中文版原文）其地方官民生活之报纸，本省重要新闻处于次要地位，且必要之国际消息，中央要闻亦可酌量其重要性加以编入。"[2]

（3）丙级报纸

"丙级报纸"是指"乙级所在地以外之县政府所在地发行之小型报纸，又在大都市所发行的小型报"，其编辑目标，则"以引导当地居民之生活为主"。[3]

---

[1]　"中华民国政府宣传部中央报业经理处"编：《新中国新闻论》，1942年7月，第109页。
[2]　同上。
[3]　"丙级报纸"包括：南京分区——句容甦报（句容）、新丹阳报（丹阳）、新金坛日报（金坛）、江浦新报（江浦）、当涂新报（太平）、新皖日报（庐州）、淮南报（巢县）、六合新报（六合）；苏州分区——无；杭州分区——海宁新报（海宁）；上海分区——松江新报（松江）、嘉定新报（嘉定）、新崇明报（崇明）、海门新报（海门）、靖江新报（靖江）、太仓新报（太仓）、新金山报（金山）、浦南日报（上海）、新奉贤（奉贤）、宝山新报（宝山）。（按：报纸书名号省略）

在解说各级报纸分类的目的时，"中央报业经理处"阐明其如下的理论依据：

> 凡构成社会的基本分子，若从知的方面表现于一种类型，则它可以说是立体三角形。属于所谓知识上层阶级者，是位于立体三角形尖端之一部分，位于其次的，便是一般较优秀的商民和农民，及政民机构之下级干部。而其以下的阶级，识字份子虽然亦不少，但不识字仍是绝对的多数。①

它强调，报纸的发行应考虑其效果，而不能重蹈过去报纸的如下覆辙：

> 但从来各报本身，多半忽视其社会之真实状况与报纸应有的任务，对于各时代之皮相的欲求，毫无反省地以求迎合，故若非陷于报人之独善，则成为其背后势力之私有机关，或当它为一种企业，结果报纸自身只有徒然乱用其生命所托的指导作用而已。一般社会人士对于它历史的错误观念是必须从速加以纠正的。②

正因为"宣传部"认为报纸的最大作用在于宣传效果，它认为乙级报纸的编辑方针与内容的重点应有别于甲级报纸，丙级报纸的编辑目标则应以"引导当地居民之生活为主；不过还应该以中坚以下的民众全部为对象，引导全体民众，为报纸的全部内容。"③

为了刺激报纸的发行量，"中央报业经理处"对各级新闻纸售价也有明确指示：

> 即就新闻纸的售价言，亦自有甲、乙、丙三等级之分。购买甲、乙级报纸者，必为有经常收入或有相当资产之人。他们不但对任何报价之支付不感困难，且有自愿购读之意念。然而一般下层平民，则对甲、乙两级报纸实有难于入手之苦。又以知识水准关系，过于高级之气氛与其生活意趣亦不合拍。④

---

① "中华民国政府宣传部中央报业经理处"编：《新中国新闻论》，1942年7月，第107页。
② 同上书，第108页。
③ 同上书，第110页。
④ 同上书，第111页。

它认为，此种报纸与下层平民"不无隔靴搔痒之感"，"不能指望为指导下层平民发挥指导力量。丙级报之重要性亦寓于此"。

为此，它主张丙级报纸"价格不及乙级报之半额，且其内容，与下层平民之知识程度相近，趣味亦相投，以零细之费用购读之，便得体认其生活指导之价值。于是新闻政策所企图之指导力便可充分发挥"①。

"中央报业经理处"之所以将其治下的报纸分为甲、乙、丙三级，目的不外是为了更有效地发挥"报纸的使命"及其"指导力"。

对于各级报纸所负的共同及"分工"的任务，汪伪政权的报业监督机构经常提醒各级报纸忠守其职责，并对其内容进行"坦率的点评"。

在点评各甲级报纸的社论时，该监督机构经常提醒它们不能忘记作为"和平建设先驱"的责任，不要忘记发挥其"指导力"，它同时强调各甲级报纸要有为"和平"而"战斗"的精神，要发挥"启蒙宣传"的精神。例如，针对南京发行的甲级中央报《民国日报》（1941年10月15日）一篇有关"美国的参战问题"的社论，该监督机关报即指出：

> 有关美国参战条件尚未成熟问题，虽有举例说明，但仅仅只是说明是不够的，多少有陷入"客观主义"。②

它认为："社论不应止于对事实的解说，而应该对读者有所启发，发挥报纸的指导力。"

对于"甲级地方报"，它同样要求不要忘记以下三点任务③：

(1) 重新认识社论的必要性
(2) 再次确认甲级地方报自己的立场和自己的使命
(3) 作为和平革命的先驱者，应该努力发挥其指导力。

它呼吁各报的社论撰写者不该敷衍了事，而是应"埋头苦干，鼓起热情努力迈进"。

在一篇题为"对甲级地方报的批判与检讨"的文章中，它强调甲级地方报应"经常以省内问题摆在第一位来思考、定划与编辑"。它还引用德意志纳粹党宣传部长戈培尔在谈到与兵士展开宣传工作时强调应与兵士打成一片

---

① "中华民国政府宣传部中央报业经理处"编：《新中国新闻论》，1942年7月，第111页。
② 《"平和を闘い取れ！"各新聞の論調未だに低調》，《中国新聞の理念と批判》，前引书，第49页。
③ 同上。

第七章 南京汪伪政权的新闻法令及其管理体制

的名言，主张甲级地方报站在省民的角度展开报道与评论。原因是，对于省民来说，他们与其说是关心英美的政局变化，不如说是更加关心本区域内盐价的起落。但与此同时，"中央报业经理处"提醒甲级地方报的编辑始终站稳"新中国报纸"的基本立场，不可陷入"一省门罗主义"，不可忘记其"作为新东亚建设宣传尖兵"的任务。①

它指出，甲级地方报的宣传制度，首先要记住本身是一省的中心报纸，进而认识到自己是"新中国"的报纸，也是"新东亚"的报纸。这便是甲级地方报必须牢记的"现实的宣传世界观"。②

不过，不管是对于"甲级中央报"或"甲级地方报"，"中央报业经理处"都经常对其欠缺编辑的企划性"深感不满"。

此外，另一个令舆论监督者不满的问题是，各报对国际问题的报道与评论仍然未完全摆脱英美的"殖民地化"的心态。针对这一点，"中央报业经理处"的机关报《报业旬刊》就曾经对重庆和上海的报纸过于依赖路透社等英美的外电进行尖刻的批判。它表示，这些西方媒体旨在离间日美关系、鼓吹 ABCD 对日包围论，试图搅乱和平的阵营。③

为了与西方主流媒体相对抗，它强调南京"国民政府"成立"中央电讯社"（"国民政府"独一无二的通讯机关），发出自己的声音，从而确保"国民政府"的"独立自主权"。它认为，此举宛如"友邦日本"在昭和11年（按：1936 年）1 月 1 日成立国家通讯社"同盟通信社"的完整组织，以便推行其国策一般。④

尽管如此，1944 年 4 月，已成立三年半的"中央报业经理处"在其机关报《新闻月刊》⑤ 上仍对其治下报纸的如下倾向表示不满：

> 上海各报自租界回收以来，在排除英美色彩的今日，于不知不觉之中，仍受有残存的英美侵略余毒之影响，尚未能彻底予以清算。然而党（按：原文）兹重大时代中，实有从速清算英美侵略之必要，此实有赖

---

① 《新聞の組織とその実践》，前引书，第 46 页。
② 同上。
③ 《中国新聞の理念と批判》，前引书，第 34 页。
④ 同上书，第 35 页。
⑤ 从 1942 年 7 月 15 日起，《报业旬刊》易名为《新闻月刊》，发行所仍为"中华民国政府宣传部中央报业经理处"，但编辑、发行却署名为伍麟趾（系经理处主任）。《报业旬刊》为"非卖品（禁止转载）"，《新闻月刊》却â定价每册二角，一般读者亦可于各大书店购取。

于京沪两地报业同人之完全合作,以协力政府施策之推进,而上海报界,尤又确立战时体制之必要,谨献刍言,幸留意焉。①

针对"乙级报纸","中央报业经理处"认为应扮演"县政实践之先锋"的角色。它表示:

> 各县的县政府,就是担任政治实践先锋的机关。故在县政府所在地,和县政府及县民大众在一起的报社的任务,可说是政府对国民的连锁机关的代表的实践机关。换言之,政府的上意下达的指导,虽为任何级报纸的共同使命;直接接触县民,为政治先锋机关的县政府所在地的乙级报社,除上意下达之外,还需负"下意上达"的重任。下达的上意的反响如何,和民众生活的现实关系如何,或民众的喁望是什么,诸如此类之事,都得由县政府所在地的报社去代办,去报道,并资舆论的正当唤起。②

换句话说,乙级报纸的"特殊使命",是报道"各地之实业,或以该地为中心而集散的物资动静;若系交通的中心地,则对于以该地为交通中心的四周地域住民,应特别留意,使新闻的报道,足资适当的生活指导"③。

不过,从《报业旬刊》及易名后的《新闻月刊》各期对乙级报纸的批判,可以看出当局对其报道与评论之水平及其专题的"企画性"(即"策划性")仍存有甚大的不满。

至于同样被赋予"上意下达"的先锋机关、"下意上达"的直接机关之任务的丙级报纸,当局也认为存有上述同样的"缺点"。

"中央报业经理处"十分重视丙级报记者的素质,因为"与县民相处一地的丙级报社同人,和那些同甘共苦的县民最为接近,故作他们的指导者是最适任的。以这样的自觉来尽其重任,对于记者自身资格的涵养与努力是决不够闲却的"④。

但在实际上,"中央报业经理处"却发现丙级各报有如下的问题:

---

① 伍麟趾编:《新闻月刊》第六期,1944 年 4 月 1 日。
② 《新聞の組織と其の実践》,前引书,第 54—55 页。
③ 同上书,第 55 页。
④ 同上书,第 79 页。

最近各地的丙级各报，在已经经过了二年乃至四年的现在，其进步的痕迹实在微乎其微。其中在编辑技术上总算有一些进步痕迹的，只有海宁新报，新皖日报，崇明报而已；但就是这几张报，也仅是编辑得稍微像样些，各版的编辑，还是毫无系统，当然不能说是良好。①

三　新闻广告观念的变革及其处理方式

针对报纸的广告，"宣传部"也认为有必要改变传统的观念及其处理方式。

在一篇题为《广告处理观念及其相互性》的文告中，"中央报业经理处"先指出其如下问题：由于广告收入在报社经营中占重要的地位，因此各报都异常努力，推新出奇，积成了许多习惯。但这些旧观念，已有许多"不合实际"，有"此路不通"之感。例如，在过去，大都会都有专门的广告公司，从事广告主与报馆之间的中介工作，由于"这种广告的转辗授受，遂发生了种种积弊及习惯"。②

它同时认为，如果广告仍和过去一样，将之视为报纸的营业收入而办理，乃是大大的错误。它强调，报纸是有报格和使命的，因此登载于报上的广告，当然也得审慎考虑。例如，广告的选择，广告版的编排，都应该加以充分的研究，决不可让新闻消息的性格及使命，受广告的不良影响，或是被其玷污。它认为，今后应该特别审慎，就是一行一小块的广告都非审慎处理不可。③

此外，由于形势的变化，"中央报业经理处"表示：今后得面对两个问题。其一是广告种类的减少，其二是广告之"质"的变化。这一切，显然不是个别的报馆所能应付和解决的。

正是在新的观念的指导下及为了面对新形势，"中央报业经理处"强调各报馆的广告必须由"国府"当局在确立其新闻政策的基础上统筹统办。而出面负责具体任务的，就是"中央报业经理处广告组"。

该文告还特别强调报纸的广告（实际上是整个报馆的组织及其方针），应服从于新的形势及政府的新闻政策。

---

① 《新闻の組織と其の実践》，前引书，第79页。
② 《新中国新闻论》，前引书，第165页。
③ 同上书，第166页。

现在全世界都遭遇到重大变革，到处展开着血的斗争。东亚民族，若不于此际团结一致，确保自主，自卫及生存，则我们的子孙，将永无出头的日子。所以政府仍于此际根据新的理念，调整各报，为使其合理化须依其彼此间的相互性，组织为一大有机体，这不能不说是适当的措置，也是实施新政的一种表现。①

它认为，在这样的局面下，报社"自然也应根本改变其经营观念；不仅广告，即全面的经营，都非改弦易辙不可。今后全国报纸将增益其相互的关联性，经营的合理化，也须以此相互的关联性为前提，一切新的计划，也才能具体化"②。

那么，作为"宣传部扶助协助各报的机关，同时又担负办理全国各报社各种应用物品的共同机关的重大任务"的"中央报业经理处"，又如何负起有关广告协调的工作呢？该文告指出："中央报业经理处广告组"是替各报馆承接出版地以外的中外广告，为各报社保持正当广告刊费的共同机关。其具体的使命和内容如下③：

（1）广告组之性质，因系中央报业经理处的一组，故目的并不在于营利。该组之设立，目的在于遂行中央报业经理处的新闻政策，即图各报社的经营合理化，通盘协助其广告业务。

（2）办理广告的种类，不仅限于报纸，其他广告，也悉数办理，俾可基其一贯的理想，从任何角度发挥广告的效力。例如大都市的露天广告，利用交通机关火车公共汽车之广告，以至于政府机关的公告布告，该组均可代办。又政府各机关的必要广告，假如要指定刊登某几种报纸，也可由该组妥为分配，以期无有遗漏。

（3）如上所述，该组所承办者，不仅限于报纸广告，（平面的）并以广告价值之立体效果为前提，不嫌烦杂，承办报纸以外之任何广告业务。故其目的，一为基于正确认识的对社会文化的贡献，二为生产及消费经济的媒介任务。但欲达到此两大目的，须有一个总的机构，从每个角度加以综合办理，方克有济。

---

① 《新中国新闻论》，前引书，第166页。
② 同上。
③ 同上书，第167—168页。

(4) 各报广告费务须求其公正妥当。中央报业经理处，一方面是全国报纸的原料共同配给机关，他方面又是宣传部的附属机关，负荷协助报纸的任务，所以关于广告费之定价，对于各报社定能不偏不私，规定准确公平的单价。关于这一点，可说是广告组的重要特性，大家应充分认识此特点，而正大地发挥其存在的价值。

综上所述，可以看出"中央报业经理处"对广告的定位，已从往日的"营利"目的转为优先贯彻当局的宣传政策及其"理念"。

有关这一点，《报业旬刊》及易名后的《新闻月刊》在点评各级报纸时就常提醒各报的责任者应摆脱重视"营利"之恶习。例如，针对被定位为"负有中央报的使命"，且有"高倡和平理论，高举和平革命烽火"传统的甲级中央报《中华日报》，评审者就曾表示"遗憾"，因为，"在非得做'战斗新闻'的那一天，却依然和平时一样，第二版以下各版面，完全是广告一色"[①]。

针对"战时体制"与"缺纸"的情况下，《中华日报》竟然走入了"歧途"，成为"广告日报"一事，评审者不止一次抨之为"忘记了报纸的天职"。在详细列举该报广告与新闻所占版位不正常比例的统计数字之后，评审者提出如下的警告：

> 我国已放弃和平革命的方式，于去年实行参战，其后即积极确立战时体制，于此期间，由于时代的进展，我国所附的责任极重，中华日报既为政府的机关报，自亦须与政府采取相同的途径前进，负起更大的责任，此为中华日报干部人员所应三致意者。[②]

为了激励"国府"新闻工作者"报国"的士气，汪伪政权的报业监督机构在抨击中国共产党领导的"新四军"的"反日罪行"为"人神之所共弃，天地之所不容"的同时，吁请其治下的报人向资源欠缺的"匪共对手"效法。评审者写道：

> 他们（按：指新四军）从极少数的武力，扩充成目前的局面，虽遭受

---

① 伍麟趾编：《新闻月报》第6期，1943年1月1日。
② 同上，第9期，1944年4月1日。

多次打击，犹能继续发展，当然也有他之所以能存在的条件，从他们的报纸上看起来，我们觉得新四军对于新闻的保护和便利是无微不至的。①

评审者对这些新闻工作人员的工作精神表示"极可钦佩"。他接着指出：

我们可以看到全部以手写而同于印刷的报纸，我们可以看到胜过锌版的木刻，我们更看到印刷较上海报更精美的小型报，据曾经在新四军中从事新闻工作的人员谈，匪共（按：原文）新闻从业员，随时准备流动出版，因此铅字是每人一盘由排字工人背着，到处可以做报，用缮写版印报的，有时因胶滚缺乏而以手臂代替，从军记者，随战斗部门出发……②

评审者希望"大东亚的战斗员"能效法"新四军"，振作起来。他写道：

这种种生气蓬勃的工作精神，是值得我们效法，敌方物资条件，远逊于我。可是他们都能以人力克服环境，而我们却以有用的资财作无意识的消耗，不能不惭愧。③

针对当时一方面得"物资节约"，另一方面得"扩大宣传"的情况，汪伪政权的报业监督机构认为："现阶段的报纸价值，不仅为报道批判而已，一切的一切都与过去时代的性格迥异，盖由指导作用之有无为决定其存在价值的根本要素。"它还同时介绍日本报纸为节省纸张而缩短标题，从而达到"昂扬宣传力量"的动向，吁请其治下各报采取同样的办法，减少出版张数和缩短标题。④

四 小结

正如上面所考察，为了配合当时政局的迫切需要，汪精卫伪政权成立后

---

① 伍麟趾编：《新闻月报》第9期，1944年4月1日。
② 同上。
③ 同上。
④ 同上。

不久的1940年10月,"行政院"就通过了"中央报业经理处组织章程",直接负起"宣传部"对报纸的监督与"指导"的工作。紧接着,"宣传部"更宣布三个"部令",赋予"中央报业经理处",对直属新闻社的管理大权之法的根据。

这四个新闻相关法令,不仅对"中央报业经理处"之权限有明确之规定,也对其治下报纸的组织系统有清楚的划定。

为了有效地推行"宣传部"赋予的任务,"中央报业经理处"成立了"总务组"、"调查组"、"供应组"和"广告组",直接负起各种具体的事务工作。"中央报业经理处"同时还派专员驻在各地,以"直属新闻分区改进委员会"之委员身份,负起"沟通"与"监督"的工作。"直属新闻分区改进委员会"在维持"宣传部"报业机关内部的组织的"沟通"上,可以说是扮演着十分重要的角色。

与此同时,为了有效地发挥宣传的作用,"中央报业经理处"将其治下的报纸分为"甲级中央报"、"甲级地方报"、"乙级报纸"和"丙级报纸",各赋予不同的使命和"风格";"中央报业经理处"经常监督各级报纸"安分守纪",认识其基本使命,并设法努力提高其宣传力,而不能敷衍塞责,马虎了事。它呼吁各级报纸应有更高的战斗力,及进行有策划性的报道与评论。

针对报纸的广告,"中央报业经理处"强调必须放弃过去以"营利"为目的的旧观念与恶习,而必须优先贯彻新闻政策的新理念。

特别是在物质资源短缺的"特殊背景"下,"中央报业经理处"强调其统筹统办之重要性。"中央报业经理处"机关报《报业旬刊》及其易名后的《新闻月刊》对其治下报纸提出的"批评"与"指导",实际上是扮演着当局严密监管传媒的角色,可以视之为汪伪政权"宣传部"操控媒体与舆论诱导的大管家和指挥棒。

第八章

从近代华文报业的演变看华文报的特征与使命[*]

香港是中国近代报业，也就是所谓"新报"[①]的发祥地。中国第一家中文日报《香港中外新报》的前身《香港船头货价纸》就是在这里诞生的，时为1857年11月3日，距离今天（2002年）恰好是145年。[②]

紧接着，有两家在中国近代报业发展史占有重要地位的中文日报在香港出现。它们是1872年4月17日诞生的《香港华字日报》（其前身为1871年以《德臣西报》（The China Mail）中文专页形式出现的《中外新闻七日报》）和1874年2月4日创刊的《循环日报》。[③]

这三家香港的"新报"各有其特色，可以说正好反映了早期华文报业发展的三个阶段。《香港中外新报》及其前身《香港船头货价纸》是《孖剌西报》（The Daily Press）附属的中文报（或者说是其中文版），其形式与内容之借鉴于英文母报，自不待言。《香港华字日报》及其前身，即原本作为《德臣西报》中文专页诞生的《中外新闻七日报》，虽然请了被王韬喻为"西学巨擘"的陈蔼廷主持编务，并标榜"朝着华人意愿"方针办报，但正如《循环日报》在该报的倡刊启事所指出一般，由于"开设新闻馆者仍系西士，其措词命意难免径庭"，未能满足当时"新报"先驱者们（包括陈蔼廷本人）的愿望。香港的中文报或者说中国的中文报真正能代表华人说话的，是在1874年王韬倡办，标榜"华人资本、华人操权"的《循环日报》诞生以后的事。[④]

---

[*] 本文为作者于2002年11月29日世界中文报业协会在香港举行的年会上发表的专题演讲内容。曾刊于新加坡《联合早报》2003年2月16日。

① 参看本书第一部分第一章注1。
② ［新加坡］卓南生：《中国近代报业发展史 1815—1874》各版本第7章。
③ 参看同上书，第8章和第9章。
④ 参看同上书，第9章。

换句话说，从 1857 年《香港船头货价纸》问世后的 17 年里，当时置身于报界的先驱们通过自己的体验与实践，充分地认识到传媒控制权与舆论之间的相互关系。他们深知外资控制下的传媒，言论受到诸多限制。这些强烈的感受与不满的情绪，也正是促使他们决心出资自办报纸的原动力。从这个角度来看，我们可以先得出一个结论，即华文媒体的先驱们在向西方学步办报的草创时期，就面对着报纸该为谁服务及如何摆脱外资操权的情况下舆论被操作的困境。

以今日的眼光来看上述 100 多年前的三家日报，未免会觉得当时的报纸在形式与内容上都显得过于简朴与单调。但如果深一层地对这些报纸进行分析和思考，就会发现许多困扰着后来的报人与新闻学者的根本问题，包括今年世界中文报业协会年会探讨的中心主题："华文媒体的性质与任务"，在当时早已被华文报业的先驱们提出，并具体地落实在他们所办报纸的版面上。

一 三大"新报"的异同与特征

为了让大家对上述三家中文"新报"有个概括性的认识，这里有必要对香港三大新报诞生的背景及其内容作个简单的介绍。

首先，应该指出的是，1857 年诞生的《香港船头货价纸》可以说是当时香港繁忙商业社会（以"船"和"货价"为中心与象征）的产物，也可以说是鸦片战争后西方势力打入古老封建王朝的中国，香港沦为英国殖民地的副产品。随着中西贸易的繁盛及中国商人阶层（特别是与洋人贸易的买办阶层）的形成，社会上便出现了对商业讯息的迫切需求。《香港船头货价纸》（后改名《香港中外新报》）先是每周三次出版，后是每日出版"行情纸"，并于 1873 年以"日刊"形态出版。这个过程充分地反映了"商业讯息"是促使中文报业早日从周三次刊进入日刊阶段的主要原动力。《孖剌西报》主持人孖剌（Yorick Jones Murrow，1817—1884）之所以创办英文报及试办中文版《香港船头货价纸》，基本上是从经济利益角度着眼。因为他意识到一个以"船"和商业为中心的港口城市，人们（包括日渐增加的华籍商人）对商业讯息的需求将与日俱增。《香港船头货价纸》及其易名后的《香港中外新报》能够生存与发展，反映了当时办中文报已经不是宗教月刊时期的纯粹"慈善事业"，而是有利可图或有此潜能的行业。

正是在上述的编辑方针引导下，《香港船头货价纸》从一开始便具有十分浓厚的商业报纸的色彩与特征。它除了重视商业讯息之外，也十分重视广告和读者的购阅。由陈蔼廷主持，从《中外新闻七日报》发展起来的《香港华字日报》及王韬倡办的《循环日报》之所以重视商业讯息，甚至将头版全版刊登货价起落新闻，及竞相另纸刊印"行情纸"，说明了即使是志不在营利的"新报"也不能忽视商人渴求的商业讯息，而不得不将之摆在首版。这是当时"新报"的一大特色。

其次，三报都仿效西报的版面安排，后来的中文报都以《香港中外新报》为模式，其版面编排为：第一版全版为货价起落的商业讯息；第二版是中外新闻（其顺序是《京报》、"本港新闻"、"外报新闻"以及转载自上海等其他各地报纸的新闻等）；第三版续登载第二版未刊完的新闻，余者为船期与广告等；第四版全版为广告。

不过，在内容及言论立场方面，三报都各有其特色，清楚地反映了如下的不同编辑方针和立场。

（1）尽管《香港船头货价纸》创刊背景与旨在传教或宣扬西方文明优越性的宗教月刊（如《察世俗每月统记传》《东西洋考每月统记传》）等不同，作为《孖剌西报》附属的中文报，毕竟是英国人所办，加之报纸内容主要取材自西报（特别是《孖剌西报》），因此，它无法摆脱《孖剌西报》的影响。特别是在香港殖民地问题、英法出兵等直接影响英国利益的问题上，它完全站在英国人一边，在一定程度上扮演了英殖民当局的"官报"角色。不过，在对待其他欧洲国家的问题上，该报相对享有一定的言论自由，得以提出异议或批评。在中国国内的问题上，该报除了在关系到英国利害的问题时，对清廷政府极尽讥讽抨击之能事之外，有时也对当局提出善意的批评，多少流露出中国人编者要求中国改革的愿望。例如，对贪官污吏与腐败的问题，《香港船头货价纸》就曾不客气地予以抨击。它指出清廷官员为了将鸦片归入正饷，而将鸦片称为"元白茶"，是一项自欺欺人的行为。①

不过，以我们今日所能看到的有限资料，该报除了在"猪仔问题"上能真正站在中国人的立场说话，展开舆论宣传，痛斥"猪仔馆"的罪恶行为之外，基本上是沿着"开设新闻馆者"的"西士"的办报方针，传递香港殖民政府的"宪示"，乃至替英国的侵略政策说话，它可以说是一份典型的殖民地报纸。由此可见，忽视该报出资者与"操权者"系洋人（即《孖剌西报》主人）的事实，只是由于该报编辑人员为中国人，而将它归入"中国

---

① 《香港船头货价纸》No. 201，己未年正月初十日（1859年2月11日）。

人自办报纸"的范畴，是不恰当的。①

（2）与《香港船头货价纸》相比较，陈蔼廷主持的《中外新闻七日报》在言论上就显得较富有中国人的意识。该报当时虽然只是《德臣西报》的中文专版，但编者从一开始就清楚表明要沿着中国人的意向办报。与此同时，陈氏也提出他对报纸的看法，强调新闻应该是"至新至真"的概念，对后来的中文报纸有着一定的影响。不过，该报毕竟不是中国人出资自办的报纸，因此，尽管该报的言论并不像《香港船头货价纸》那样替英殖民当局说话，而是尽量为香港华民的利益着想，但始终只是停留在民生问题及对港民进行启蒙教育等层次的问题上，而未对国家社会正面提出较强烈的主张，其编辑方针可以说是十分稳重的。

例如，在一篇谈论香港供水问题的短评中，《香港华字日报》的前身《中外新闻七日报》首先表示："民非水火不生活，水火之用诚不可一日无也。"接着指出，如果不能使之充足，民众必然会发出怨言，特别是由于近日天时旱亢之香港已达到"各处水喉涓滴俱无"的严重地步。尤其令该报愤愤不平的是，在供水问题上，华人区与西人居住之地有截然不同的现象："附近西人居往之地，则泉源不绝，非近西人居住之地则日夜皆无。"该报怀疑其中有人"暗为扼制"，并指出居港华民在这个问题上，已达到难以容忍的程度（"盖水火之饷，均已按租输纳，固应中外如一，无分彼疆此界"）。不仅如此，该报还主张华民联名向华民政务司申诉，吁请当局以民为本、重视民生的改善。② 这篇批评当局厚此薄彼措施的文章，显然是表达了华民社会的心声，发挥了舆论的一定作用。又如，对英殖民当局公设赌馆征税的政策，《中外新闻七日报》从创刊开始就颇有微词，极力主张香港当局应该明文禁赌。在报道一则因赌而失信的法庭新闻时，该报便借题发挥地写道：

噫！赌博之害人甚矣哉。倾家产、干典刑、丧廉耻、陷性命，其弊必至于如此。此明赌之所以当禁也。③

（3）正面提出强烈的政治主张，对内要求清政府进行变法改革，对外痛斥列强（包括当时明治维新后开始对外扩张的日本）对华政策的，是在王韬

---

① 有关该报的编辑方针与定位，详见本书第一部分第五章。
② 《中外新闻七日报》，辛未年二月二十六日（April 15, 1871, *The China Mail*）。
③ 同上，辛未年二月二十八日（April 18, 1871, *The China Mail*）。

倡办的《循环日报》诞生以后的事。《循环日报》的问世，无疑打破了过去报纸的传统与作风，它揭开了"文人论政"的政论报纸的序幕。它将西方传教士旨在改变中国人对外态度的传播媒介——报纸，转而成为中国人自己论政的讲坛（所谓"以子之矛，攻子之盾"）。该报在积极介绍西方新知识、新制度及经常转录西人、西报言论的同时，在必要时也给予无情的驳斥。例如，在《辟西人立论之谬》一文中，它就论述西人以基督教为本位，鄙视其他国家民族文化与传统之错误。又如在《书西字日报后》一文，它就指出西报将当时在华的洋人分为两类（即教中国兵法、立功杀贼，然后携银归国者和教人为善，以不杀人为原则的传道者）之说法，其实是似是而非的论调。它认为在表面上，上述两种人虽然有所不同，一为"刚道"，一为"柔道"，但"外假仁义，内恃甲兵"，却是西国、西人的共同哲学。它指出，泰西诸国挟着轮、铁甲、巨炮等奇器，"杀人唯恐不多，胜人唯恐不尽"；至于天主、基督虽教人为善，但西国奉行1800年以来，战争从未间断，反而"兵器愈精、兵祸愈烈、而募人为兵者、几于通国"。针对这些可悲的现象，传道者照理应该"痛哭流涕"，但事实上他们却"沾沾自喜其国之强足以制人而服众"。《循环日报》于是向传教士提反问：不是忘了不杀人之原则吗（"岂忘其不杀之本旨哉"）？它还质问这些传教士为什么不先劝其国人不杀人，然后再劝中国人不杀人（"何不以不杀劝其国，而乃以不杀劝中国"）。它最后指出，面对着西方强国之威胁，中国只有在"自立于不败之地"之后，才可以谈杀人与不杀人的问题，"否则我必为人所杀"。至于"布德行仁"却是"中国所恃以为根本者"。它虽然与西方传教士之"不杀之旨"相似，但却有着本质之不同。因为中国的"布德行仁"，无不以"煦照为仁、孑孑为义"为中心思想。很清楚，这篇文章彻底揭穿了西方来华传教士的伪善面孔。它劝告其国人在这非常时刻，不可轻信传教士的所谓放弃武器的理论，而应该时时提高警惕，加强军备与海防。[①]

不仅如此，对于西人、西报任何侵害中国主权的言论，该报也决不保持沉默。例如，在引述英国日报报道西人向中国清政府提出开放市场、疏通入口河道与自由开采矿山等建议时，该报便义正词严地指出：

> 按此英商所举之日者皆和约中所载，其可行与否当听我国自为之，

[①] 有关该报的言论态度，详见卓南生前引书，第九章。

外人不得而越俎也。①

与此同时，该报主笔王韬还主张驻外使臣搜集外国报纸的言论，并将之译为华文寄呈总理衙门，从而使朝廷洞悉外情，而达到"通外情于内"之目的。

从上述三家报纸立论的差异与演变，可以清楚地看出传媒控制权与舆论之间的相互关系。就如前面所述一般，正是在自己的体验与实践的过程中，近代中文报的先驱们渴望自资办一份真正为华人说话的报纸。从这个角度来看，我们可以这么说，早期中国近代报业史，其实就是一部中国人要求摆脱外国势力对传媒的控制，争取言论自由，从而表达国家民族意识的斗争史。当时的香港报人由于最早接触外界，既看清19世纪来华西人的不怀好意，又洞悉国际形势的走向，他们对腐败的中国清政府表示不满，殷切期望中国富强。因此，当他们在争取并掌握传媒这项工具之后，即逐步地发挥了忧国忧民、要求改革的舆论作用。这是我们在回顾与总结早期报业史时，应该予以高度的评价的。

除此之外，应该予以强调的是，从19世纪50年代，近代中文"新报"呱呱坠地的那一瞬间开始，中文报无不标榜（在实际上能否办到另当别论）或强调要为华人社会服务。以"华人资本，华人操权"为号召的《循环日报》，及自我标榜要"沿着华人意向"办报的《中外新闻七日报》不用说，即使是在实际上扮演着香港殖民地中文"官报"的某种角色的《香港船头货价纸》，也不忘经常在其报上表示鼓励读者提供"不论何事但取其有益于唐人，有合于同好者"的消息。如此明确"为华人社会服务"的自我标榜与自我定位，也可以说是华文报与生俱有的传统和特征。

二　早期华文报的自我定位与办报方针

了解了在西报的卵翼下诞生的华文"新报"从一开始就有的上述特征，以及在西报直接、间接刺激下茁长的早期华文报的先驱们强烈摆脱西报操纵的愿望及其表现，我们再回头看看100多年来华文报发展的轨迹和演变，就不难发现当时报人对华文报的自我定位迄今对我们仍然有重大的影响。这些自我定位的主要方针包括：

---

① 《循环日报》1874年6月11日。

（1）作为西力东渐与商品经济刺激下产物的华文新报，充分认识到报纸具有出售包括"商业讯息、船期"及国内外消息等的商品的特性。但与此同时，它与普通商品不能画等号，因为报纸还负有社会的使命。

（2）以"为华人社会服务"及"维护华人利益"为标榜或号召。

（3）重视转移风俗、开启民智，介绍包括西人、西学的新知与教育民众的工作。

（4）在自资办报之后，华文报的先驱们更将忧国忧民、关注国内外形势并积极发挥舆论作用，视为自己的使命。

100多年过去了。上述"新报"先驱们"为华人社会服务"的自我定位及王韬政论报纸忧国忧民的办报方针与精神等对不同时期、不同地区与不同性质的报纸所带来的影响或冲击虽有所不同，但始终贯穿于主流华文报纸之中，成为了华文报的传统。继《循环日报》之后，于19世纪90年代由康有为、梁启超相继创办的政论报章是如此，孙中山为鼓吹革命而在海内外各地陆续创刊的华文报，也沿着相同的风格办报。至于国共长期的相互抗衡、全民抗日时期乃至战后的动荡时代，各地主流的华文报从不放弃其教育民众与重视舆论的工作。各个时期、各家报章的立论也许有异，但关心国事与国家命运的传统却是一致的。它并不会由于报纸已由文人论政的政论报章转为企业时代的商业性报章而告消失。

在这里，应该一提的是，作为华文报业支流的海外华文报（特别是东南亚华文报），在百年的演变史中，也曾经和中国国内的报纸紧密挂钩，扮演着共同的角色。不过，随着战后各地华人相继取得当地公民权并从"落叶归根"的华侨意识转为"落地生根"的华人意识，华人与华文报的效忠对象已从中国转为各所在的国家。虽然如此，为华人社会服务及关心国家社会传统和精神，依然跃然于纸上。各地华文报热心于公益事业及积极参与各所在国战后的建国事业，充分地说明了这一点。换句话说，战后东南亚的主流华文媒体也继承了近代华文报服务于国家社会与人群的传统和精神，并不将报纸视为纯粹的商品。

最后，我想有必要在这里介绍的是近代华文报的先驱们，特别是倡办《循环日报》的王韬在引进和借鉴西方近代报纸的概念和经验时，就曾提出了诸多即使是放诸今日的世界，也不过时的办报方针与哲学：

（1）报纸的基本功用为"广见闻、通上下"，负起"上情下达，下情上达"的桥梁作用。

（2）报纸的报道必须忠实与详尽，有所根据，不应杜撰或夸张。

(3) 报纸的评论必须客观与公正，而且应该"隐恶扬善"，达到教育民众、移风易俗之目的。

(4) 正因为报纸影响力大，因此，主笔人选必须慎重挑选。

(5) 为了杜绝部分报人滥用报纸的影响力，可以仿西方国家制定报纸法令，对报人之权力予以适当的限制，但却不能因此而扼杀新闻自由，因为"防民之口甚于防川"。

(6) 对于不负责，"挟私讦人、自快其忿"的报人与报纸，读者应予以抵制和摒弃。

(7) 自古圣贤都乐于征求民意，中国人论中国事不但未有不宜之处，而且应该受到鼓励。[①]

除此之外，王韬还认为报纸与外交有着密切的关系，当局必须重视媒体。他认为，在中国之"西方日报往往借事生风，冀幸中国之有事以为荣"。为了杜绝这类事情发生，最好的办法便是华人自办西报，从而让欧美人士知道中外关系的真相。

在《使才》一文中，王韬指出："今西国臣之在中国也，动恃一已之见辄肆欺凌，彼国朝廷多未之知也。夫中西之所以隔阂者，原以语言文字之不同耳。每岁西人在中国所行之事，其有关于中外交涉或未循乎约章，显悖乎和谊者，不妨备刊日报，俾其国人见之，庶知迭事生衅者，咎不在华人而实在西人也。此所谓达内事于外也。"[②]

三 如何应付新时代的挑战？

如果我们将上述 100 多年前王韬等报人提出的办报哲学与理想和今日两岸四地及世界各国华文媒体的报道和评论态度的状态相比较，不难发现还有一段不短的距离。100 多年前华文报人痛心疾首的报界弊病仍然未成为过去。世界华文报业要进入更专业化、更受人尊敬的更高境地，还有待报人进一步的努力，也有待华文报读者的严加监督。

当然，在看到华文报上述未臻理想的侧面的同时，我们也很高兴地注意到下列的事实：随着中国进一步推行其改革开放政策，特别是在去年（2001年）中国加入世贸组织之后，中国大陆的新闻传播政策必将相应地进行大调

---

① 详见［新加坡］卓南生《中国近代报业发展史 1815—1874》各版本第 9 章。
② 王韬：《弢园文录外篇》卷二，香港中华印务总局 1883 年版，第 27 页。

整。实际上，面对媒体科技日新月异的神速发展以及来自西方国际传媒大整合带来的新挑战，越来越多的有识之士认识到全球化和媒体开放已经无法回避。

针对来自国际传媒大整合的挑战，新加坡《联合早报》总编辑林任君先生在2002年6月参加香港《大公报》百年报庆的研讨会中，就吁请东亚国家和地区尽早做好准备，建立起一种"负责任的新闻自由"的价值观和竞争环境。他同时期待拥有强势媒体的中国能担负起与巨无霸的西方媒体分庭抗礼的重任，以便面对以西方利益和价值观为依据的国际媒体大整合后带来的严峻局面。[1]

在同一个研讨会上，中国新闻史学界泰斗、中国人民大学新闻学院教授方汉奇先生针对世贸与媒体的改革问题，更幽默地表示：

"狼"是我们（中国）自己请进来的，我们（中国）不但要"引狼入室"，而且还要学会"与狼共舞"。[2]

他认为，入世后中国大陆报业面对的机会与挑战并存。问题在于怎样从实际出发，进行报业体制的改革和促进报业结构的调整。他期待一个绚丽璀璨的报业春天的到来。

对于怎样"与狼共舞"的问题，中国大陆以外的华文报对此毫无疑问地有着更丰富的经验和应对手法，大有角色可以扮演。不管是从互利或互补长短的角度，或者是为面对国际传媒大整合的挑战及掌握中国加入世贸组织后带来的（当然不是马上）机遇来看，世界各地的华文媒体没有理由不能进一步进行密切的合作。各方得突破长久以来存在的各种人为与非人为的障碍，做好一切的准备工作。与此同时，既要吸收西学、西报的优点，又要防止被纳入其轨道而失去亚洲人的自主性，从145年以前就向西方学步办报的华文报显然有必要对这百多年来的经验进行真正的总结。如何在继承报业先驱们既重视经济效应，但不将报纸视为纯粹商品的办报精神，及其重视国家、社会与人群利益的优良传统的同时，进一步提高专业化与企业化的精神，接受新时代的挑战，看来仍然是世界华文报今日肩负的重任。

---

[1] ［新加坡］林任君：《在国际传媒大整合声中呼唤亚洲的媒体巨人》，新加坡《联合早报》2002年6月30日。

[2] 方汉奇：《中国加入WTO后大陆报业所面临的发展机遇与挑战》，新加坡《联合早报》2002年8月11日。

附录一

方汉奇先生与中国新闻史学[*]

如果我的记忆没有错误的话,我第一次见到方汉奇先生,是1987年夏天,地点就在我们今天会议的所在地——中国人民大学。

由于我是在香港临时决定到北京的,因此事前并未致函给神交已久,但未曾谋面的方汉奇先生。这是我第一次到北京。尽管当时新(新加坡)中尚未建交,但官方已开始放松国民到中国旅游或者省亲的限制。一进酒店,我便冒昧地摇电到人大,查询方先生的联系方式,接线员替我转到时任新闻系副主任郑超然老师家。郑老师一听到我的祖籍是潮州就倍加亲切,郑夫人刘明华老师说她访学日本时曾读过我的一本小书《从东南亚看日本——一个报人的观察和体验》,也格外热情。当天傍晚,我和内人史君便应邀作客人大新闻系,共进晚餐。郑老师特地邀来了我慕名已久的两位新闻学界前辈方汉奇先生和甘惜分先生。这是我和中国大陆知名新闻学者面对面交流的第一次,也是我和中国学界结缘的起端。从这层意义上看,今天有幸在我与中国学界结缘的人大新闻系,出席近30年来始终引导和鼓励我从事新闻史学研究,并为我与中国新闻学界搭桥和穿针引线、建立起广泛学术人脉的方汉奇先生的九十大寿学术研讨会,我的内心是十分激动的,也感受良深。

一 我与方先生的学术结缘与受益

我曾在不少场合提过,在我开始摸索新闻学和中国新闻史研究的最初二十多年(1966年至20世纪80年代末期),我基本上只与日本新闻学界接触和交往,受益于日本新闻学界。由于日本新闻学界当时从事中国新闻史研究

---

[*] 本文是作者于2016年12月17日在中国人民大学举行的"方汉奇新闻思想研讨会暨从教65周年纪念会"上主题发言的讲稿全文。曾刊于《新闻春秋》2017年第2期,第91—95页。

者近乎于零,我常有"踽踽独行"之感。直到我认识方先生,并参与由先生等新闻史学界前辈成立的中国新闻史学会的学术交流活动之后,才有"吾道不孤"之感。

以下我想谈谈我与中国新闻史学界接触近三十年来的一些感想,进而引入个人对方汉奇先生与中国新闻史学的粗浅看法。

正如前面所说,我到中国交流之后的第一个感受是新闻史研究队伍人数众多,声势浩大,给我带来了"吾道不孤"的喜悦。特别是在1992年6月中国新闻史学会在北京举办的首届中国新闻史学研究会上,结识了数以百计的中国新闻史的专家和学者,感受是十分强烈和新鲜的。

放眼世界,不论是哪一个国家,就我所知,新闻史学者都为数不多,至于终身致力于新闻史学的研究者,在不少国度里更是屈指可数。从这个角度来看,方先生当年登高一呼,成立中国新闻史学会,促使来自中国全国各地的新闻史学研究者团结在史学会周围,从事新闻史研究和探讨,并长期维持和强化一支强大的新闻史教学与研究的梯队,是独具慧眼的。这是任何其他国家的学者所无法轻易办到的。

我特别注意到方先生在首届中国新闻史学研究会上所作的专题发言《中国新闻史研究的历史与现状》[①]。在这篇主题报告中,方先生不仅总结了1927年戈公振《中国报学史》问世以来中国新闻史学研究的三个阶段(即1927年至1949年新闻史研究的奠基阶段、1949年至1978年"文化大革命"时期及1978年以后"中国新闻史研究的空前繁荣时期")的特征,还及时提出了当时(1992年)新闻史研究者应注意的如下三个问题:

一是加强报刊、重点广播电视、电视台和通讯社的个案研究。

二是重视新闻史资料的累积。

三是加强新闻史研究工作者之间的协作。

针对这三个方面,也许有些年轻的研究者会觉得非常枯燥和老套,没有"新概念"、"新思路"的有趣,或者会发出"研究这些有何意义"的疑问,我本能的反应是治史者就得坐冷板凳。何况在1978年以后,即"中国新闻史研究的空前繁荣时期",上述的工作还具有开荒拓野的意义。作为同样从事新闻史研究,深知治史的苦与乐的一分子,我清楚地认识到这些倡议犹如在盖大楼前强调需要打下牢固地基一般的重要。

在这里,方汉奇先生所说的加强对重点媒体的个案研究,其实就是后来

[①] 见《方汉奇文集》,汕头大学出版社2004年精装版,第67—80页。

方先生再三强调，也被广为引述的"打深井，多做个案研究"的呼吁。①

针对"重视新闻史资料的积累"，方先生语重心长地指出："搞新闻史离不开有关的史料。没有必要的史料，新闻史的研究就成了无本之木、无源之水，是难以为继的。"

第一手资料是木之本、水之源这一论断，即便是在数码化和大数据时代的今天，也未成为过去。

至于第三点，"加强新闻史研究工作者之间的协作"，最明显的成果是在中国各地区各院校各研究所研究者合作下，当时完成了《中国当代新闻事业史》和《中国新闻事业通史》两个研究项目。后者共有24个单位的47名新闻史工作者参与，可以说是尽力调动了研究者协力合作的力量，这是十分难能可贵的。

重读1992年方老师的主题报告，和1998年方先生在中国新闻史学会学术研讨会开幕式上的发言《骅骝开道路　鹰隼出风尘——记中国新闻史学会成立六年来的新闻史研究工作》②，再加上方先生1986年发表的大作《花枝春满　蝶舞蜂喧——记1978年以来的新闻史研究工作》③，我对改革开放以来中国新闻史研究历经艰难的路程有了深一层的认识。我建议年轻的研究者在探讨"中国新闻史研究往何处去"、"研究新闻史有何意义"之前，仔细拜读方先生的这几篇总结报告。这些报告都收录于我和程曼丽教授共同主编的《方汉奇文集》（汕头大学出版社2004年版）。北京大学新闻学研究会已将其增订版列入我们的学术文库（北京大学新闻学研究会学术文库⑫），敬请关注相关的出版消息。

二　《中国近代报刊史》乃不朽经典著作

接下来我想谈谈个人拜读方先生学术著作的一些体会和感受。

谈起方先生的学术著作，谁都不会忘记方先生1981年出版的上下两册《中国近代报刊史》（山西人民出版社）。正如中外新闻史学家所公认一般，这是一部自1927年戈公振《中国报学史》（上海商务印书馆）问世以来条理最为分明、论述最为翔实、最具权威的中国新闻通史。也许是出自"摆脱

---

① 详见曹立新《多打深井多作个案研究——与方汉奇教授谈新闻史研究》，《新闻大学》2007年第3期，第1—4页。
② 见《方汉奇文集》，第81—103页。
③ 同上书，第46—66页。

意识形态"的当代潮流，近来有些年轻研究者不假思索地将方先生的这部巨著，与 1966 年曾虚白主编、上下两册的《中国新闻史》（台湾政治大学新闻研究所，台北）相提并论、等量齐观，简单地将两者归入为各受意识形态主宰而书写的新闻史。我不赞同这样简单和草率的论断。我个人认为，评定一部学术著作，最重要的是考核其学术的含金量及其影响力，不能望文生义，轻易地将之贴上标签。由于这是一个大话题，今天不想深入开展。我希望新生代的有心人，能真正拨出时间与精力，对此课题认真核实与比较，并得出更为公允和有说服力的学术评价。

当然，我同意，不管是戈公振的《中国报学史》还是方先生的《中国近代报刊史》的书写，都刻着时代的烙印和存有其时代局限性。特别是《中国近代报刊史》，出版于改革开放后不久的 1981 年，既积累了作者长期以来的潜心钻研和总结的研究成果与心得，但受制于当时的大环境，也难免还有待补充、修饰和加强的论点和论据。针对这一点，我知道方先生是坦然同意的。在私人的交谈中，我就曾多次征询方先生是否有意出版修订版事宜，方先生风趣地回答道："就让此书成为古董吧！"

将这部巨著称为"古董"，当然是方先生的自谦之言。平心而论，时至今日，此书仍不失为治史者必读的经典著作。这与当下一部分"你中有我"、"我中有你"、纯为应付"教材"或评职称而编写的新闻通史，是截然不同的。

三　如何看待新闻发生史和"古代报纸"

也许是因为我在日本求学时期师从平井隆太郎教授（日本新闻学奠基人小野秀雄教授战后的大弟子）的缘故，我对小野和平井两位老师关心的"新闻发生史"一直保持着浓厚的兴趣。1972 年我提交的日文硕士论文原题就是：《关于 19 世纪华字新闻纸产生之缘由（日文原文为"发生事情"）与特征的考察（1815—1856）——以〈察世俗每月统记传〉和〈遐迩贯珍〉为中心》；1986 年提交的博士论文之原题是：《近代型中文报纸的形成过程与确立——从 1815 年〈察世俗每月统记传〉创刊至 1874 年〈循环日报〉的诞生》。

探讨"近代型中文报纸"（即"新报"）的"发生"缘由、特征乃至"形成过程与确立"，无论如何都绕不开对"新报"之前中国固有报纸的理解和界定的这一大关。在接触以方先生为代表的中国大陆学者的论著之前，我基本上是沿着戈公振《中国报学史》的说法，将之定位为"官报独占时期"。但在细读《中国近代报刊史》及改革开放后陆续出版的几部中国新闻史著作之后，我同意方先生等的看法，"官报"并不足以涵盖"近代型中文报纸"以前中国的所有报纸，因为宋朝已有民间出版、严受官方取缔、查禁的"小报"。到了明清，已有官方的民间报房的存在，尽管报房皆受官方的严密控制和管制。从这个角度看，"近代型报纸"以前的中国报纸虽然不等于一部邸报史，但从总体和本质上看，却与"官报"并无太大的差异。针对这个时期的报纸，方先生和他同年代的中国大陆新闻史学者皆统称之为"古代报纸"，我在接触方先生等的著作之后，也接受"古代报纸"的概念和看法，并反映在我的论文和著作中。

不过，平心而论，我在使用"古代报纸"这四个字时，多少是有些抵抗感和不安感的。问题不在于对"报纸"的定义，而是在于对"古代"这两个字的年代界定。毕竟，邸报问世以来的唐宋明清与"古代"的概念并不太匹配。也许在未来，在更多学者对"古代报纸"（姑且称之）有更深入研究和探讨的基础上，新闻史学界能对此提出更恰当的名词，或对此作更合理的阐释与修订并达成共识。

为了进一步了解中国固有的报纸及其源流，我最近重读了方先生的著名论文《从不列颠图书馆藏唐归义军"进奏院状"看中国古代的报纸》[①]，及方先生1978年撰写、1980年出版的"内部用书"《中国古代的报纸》（中国人民大学新闻学报刊教研室），深受启发。前者对"世界上现存的最古老的一份报纸"——"进奏院状"（公元887年），进行了全面的梳理和考究。后者共分四章，分别阐述了古代的封建官报——邸报；宋朝以后的小报；明清两代的报房及其出版的京报；劳动人民及封建的革命宣传活动。全书有理有据，颇有说服力。

针对"古代报纸和近现代报纸的区别"，方先生在上述研究"进奏院状"论文的结语中，有着如下的说明：

> 是的，唐代的邸报就是这样！它就是当时的报纸！当然，确切地说，是原始状态的报纸。它有点近似于西方中世纪的新闻信，然而却比西方最早的新闻信还要早上好几百年。所不同的是，新闻信主要是为早期的西方资产阶级传达经济情报服务的，而早期的邸报，则主要是为封

[①] 原载1983年1月第5期《新闻学论集》，收录于《方汉奇文集》，第107—132页。

建地方政权了解朝廷消息，巩固和维护他们的统治地位服务的。

　　报纸作为一种新闻手段，从诞生、发展到现在，它不是一下子突然形成的，而是逐渐形成的，形成之后，还有一个逐渐完善的过程。唐代的邸报，正处于这个过程的前期，它仅仅具备报纸的雏形，还很原始，还很不完善。研究它，可以帮助我们更好地了解报纸发展的历史轨迹。

　　"古代报纸"和现代报纸毕竟是有区别的。我们只能实事求是地承认这种区别，不能用现代报纸的模式硬套和苛求古代的报纸。①

这里可圈可点的论点有二：

其一，强调唐代的邸报是"原始状态的报纸"，近似于西方中世纪的"新闻信"，而却比西方最早的新闻信还要早上好几百年。

其二，指出"古代报纸"和"现代报纸"存有差异，不能用现代报纸的模式去硬套和苛求古代的报纸。

放眼世界新闻史，各国新闻史学家对这两个论点并未存有异议。就以研究新闻发生史闻名的小野秀雄先生来说，他在其论著中介绍中国唐代的邸报及宋代的朝报时便指出：

　　中国唐代首都长安系位于亚洲的都市、无论是在政治方面和文化方面的地位，都与欧洲的罗马不相上下。新闻现象滋生于此地并非不可思议。据唐代随笔记载，在有"中兴之祖"之称的玄宗时期就有所谓的"邸报"，报道官廷中的动态及政府公告……时在 8 世纪中叶。三个世纪之后宋朝继承唐制，也发行官报，称为"朝报"。每五日发行一次……"朝报"是世界上最早的官报，同时也是世界上最初的定期刊物。②

由此可见，小野先生对唐代"邸报"和宋朝"朝报"在世界新闻史上所占的地位，与中国学者的看法是近似的。他并非原封不动地将欧美的新闻发生史的概念搬过来理解和审视中国新闻史。

四　日本学界如何看待"瓦版（新闻）"与研究方法论？

　　正是基于各国的新闻产生及其发展过程不尽相同的分析角度和认识，小

---

① 见《方汉奇文集》，第 130 页。
② ［日］小野秀雄：《内外新闻史》，日本新闻协会，1961 年，第 4 页。

野先生不仅和同年代的欧美新闻史学家一样，赞同和认可中国新闻史学家有关邸报的研究成果，也在努力和摸索近代型报纸出现之前日本是否有其独特的"新闻（报纸）类似物"或"新闻信"的存在。在小野先生及其弟子们的共同努力下，终于发现了日本在德川初期也曾发生过将新闻印成单张，或印成小册子的印刷物。这就是今日日本新闻史学家津津乐道的"瓦版（新闻）"。由于贩卖者当时是沿街边读边卖的，"瓦版（新闻）"也被称为"读卖瓦板"。小野先生认为其性质与德国沿街贩卖的 flugblatt（德文原义是"飞纸"，即 flying page）具有相似的性质和功能。

"瓦版（新闻）"写入日本新闻史册，说明日本新闻学家并不样样以西说作为衡量本国新闻发展史的唯一依据和标准。恰恰相反，怎样努力发掘本国确切有力的史料，如何从中辨析本国新闻发生史的特征及其与欧美的差异，是新闻史研究者被赋予的重大课题和使命。也唯其如此，亚洲（其他非欧美源流的国家亦然）的新闻史学家才会获得欧美学界的尊重。

当然，对于"近代型报纸"与旧有的"新闻类似物"、"新闻信"之间是否有其连续性的问题，日本新闻史学界也曾经有人提出质疑和探讨，但很快便达成共识。早在 20 世纪 50 年代前半期，小野先生的高足内川芳美先生便从近代新闻史研究方法论的角度，对两者予以辨析。他表示，将两者"断缘"来研究，有助于我们对两者差异的厘清和认识，但他并不轻易否定两者之间的连续性。（有关详情，我将另文详述。）

同样的，在大众传播学引进日本，成为显学的 20 世纪 60 年代，日本新闻史学界也有人关注其带来的冲击，并提出新闻史学者是否应抛弃旧有的研究方法论的问题。

针对这样的疑问，最早回应此话题的也是内川先生（他也是中国改革开放后首位向中国学界介绍大众传播学概念的外国学者）。他指出，要从大众传播史角度来研究的看法无可厚非，但如果欠缺对个别媒介史具体深入的研究和高质量的成果，作为研究大众传播全过程的大众传播史（尽管这并非等同于各媒介史研究的罗列和总和）原本就不可能存在。

换句话说，内川先生认为，只有当个别的媒介史研究有进展并取得高度受评价的成果，大众传播史才具有成立和发展的必要条件。他当时表示，他尚未看到一部令各方满意的大众传播史。

他山之石，可以攻玉。谨此介绍日本学界对类似学术课题与研究方法论的对应方案，以供参考。

至于有关中国"新报"（近代型报纸）与"邸报"（或中国版的"新闻

信")或"新闻类似物"的连续性与非连续性的问题,我在拙著《中国近代报业发展史 1815—1874》(增订新版)的自序①中有长篇的论述,希望能起抛砖引玉的作用,这里不再赘述。

五 大家风范与史家正气

综上所述,可以看出中日新闻史学家在研究"新闻发生史"时,都曾面对"新报"与"新闻类似物"如何区分的近似难题。

我长期在日本从事中国新闻史研究,尽管我那微不足道的研究成果在日本学界获得一定程度的认可和评价,但我迄今仍然牢牢记住内川老师在我的博士论文答辩会上对我说过的这样一句话:"你的学术成果的真正考验不在日本,而是中国的新闻史学界。"

有一天,内川老师寄来了他到中国访学、考察时带回的一篇有关我的一篇研究论文被翻译成中文并被郑重推荐的复印件。他以欣喜的口吻在信中写道:"你的学术成果已获得方汉奇先生等中国新闻史学家的肯定。"

在内川老师看来,中国新闻史的最高权威就是撰写《中国近代报刊史》,倡建中国新闻史学会创会会长方汉奇先生及其同仁。中国新闻史如何书写,应该是中国新闻史学家说话算数,欧美或日本的"新概念"、"新思维"固然可以,也应该引进和参考,并予以积极对话,但却没有必要亦步亦趋或者为迎合西学而削足适履。

我生在新加坡、求学于日本,无缘成为方老师的入门弟子,但通过对方老师著作的大量阅读及有幸常近距离的接触,我多少领会到方老师的大家风范与史家正气。

记得有一回,一位年轻的老师对方老师研究的"古代报纸"困惑不解,脱口指出这是一个"伪命题",后来觉得不妥,又担心冒犯了大家,请我代向方先生解释他并无恶意,只见方先生幽默地回答道:"研究古代报纸,犹如画鬼。画鬼容易画人难。因为谁也未曾见过鬼,鬼可任你胡画。"

方先生的真意当然不是认为自己研究的"古代报纸"犹如画鬼的伪命题。不过,尽管方先生讲课或聊谈时谈笑风生、轻松活泼,但遇到黑白是非或者应该透彻分析的问题时,他的文字是十分犀利,立场是十分坚定的。

---

① [新加坡] 卓南生:《我对中国近代新闻史研究的若干思考和体会》,《中国近代报业发展史 1815—1874》(增订新版),中国社会科学出版社 2015 年版,第 1—29 页。

我特别爱引用方先生对早期传教士模仿《京报》的册子式出版报刊,并在封面上引用孔子语录的如下评语:

> 这份报纸(按:指《察世俗每月统记传》)的封面是用黄色的毛边纸印刷的,外观很像国内报房出版的黄色京报。……我认为,这和在它的封面上印有孔子说的"多闻择其善者而从之"那句话一样,都是一种包装。用孔子的话,是一种思想上的包装;用黄纸做封面,则是一种发行上的包装,目的都在迎合中国读者的习惯。一个是思想上的习惯,一个是阅读上的习惯。①

我也特别同意方先生 1996 年到大英图书馆看报,获悉英国准备派人到中国交涉如何归还西什库教堂内属于英国的藏品问题时的如下感触:

> 这使我想起了某些人的奇怪的逻辑:"你的是我的"、"我的还是我的",我倒很想问问那位赫德先生,你们打算什么时候把你们从中国巧取豪夺的那些东西还给我们呢……②

我认为这就是史家的正气。没有正气的史家,就不可能是真正令人敬佩的史学家。

我们应当向方先生学习。方先生是我们新闻史研究者景仰的前辈,方先生是中国新闻史学界的骄傲,也是亚洲新闻史学界的骄傲。

谢谢诸位!

---

① 方汉奇:《在大英图书馆看报》,《方汉奇文集》,第 647 页。
② 同上书,第 648 页。

> 附录二

（书评）卓南生：《中国近代新闻成立史 1815—1874》[*]

[日] 西里喜行　琉球大学教授

19 世纪以降中国与欧美接触的过程，是欧美试图依照自身模式改造传统中国的过程，也是传统中国以欧美强加给自己的"近代化"为杠杆，促进自身变革；并逆其道而行之，以反侵略、反殖民地化的手段进行改造和转化的过程。报纸、杂志作为欧美"近代化"概念的象征，获得传统中国的接纳。19 世纪后半期以降，由中国人自己主办的、以中国读者为对象的华文报纸开始发行。这也是中国自我变革、民族主义形成过程中扮演重要角色的一个范例。

一　一部取得划时代研究成果的著作

但迄今为止，有关中国近代报纸、杂志的创立过程的相关研究，由于早期华文报纸、杂志原件的佚失等原因，一直都处于十分不完善、停滞不前，乃至出现"一犬虚吠，万犬实传"的状况。本书可以说是一部大大改变以上研究状况，取得划时代研究成果的著作。本书的结构框架如下：

第 1 章　绪论

第 2 章　十九世纪初期华字月刊纸诞生背景——中外关系以及基督教新教对华的拓教活动

第 3 章　基督教在马六甲的传播和《察世俗每月统记传》的诞生

第 4 章　鸦片战争前的华字月刊纸——着重探讨《东西洋考每月统记传》

---

[*] 本文为日本琉球大学西里喜行教授为卓南生《中国近代新闻成立史 1815—1874》（日文版，ペリカン社，1990 年）撰写的书评，原刊于日本中国研究所机关刊物《中国研究月报》1991 年 5 月号（第 519 号），第 35—36 页。译者为华侨大学日语系杜海怀副教授。

第5章　香港最早的华字月刊纸——《遐迩贯珍》（1853—1856）
第6章　上海最早的华字月刊纸——《六合丛谈》（1857—1858）
第7章　中国最早的中文日报——《香港船头货价纸》及《香港中外新报》
第8章　以反映华人意识为旗号的中文日报——《中外新闻七日报》及《香港华字日报》
第9章　中国人自办成功的最早中文日报——《循环日报》
第10章　总结

所谓的"月刊（新闻）纸"是作者独特的用语，因为这些定期刊物是在当时"报纸与杂志处于尚未严格区分状况"（第15页）下出现的缘故。作者将始于外国传教士主办的华文月刊报纸的创刊（1815）至中国人自办成功最早的华文日报的创刊（1874），历时六十年的华文报纸的发展史划分为"宗教月刊纸时代"（1815—1858）和"'新报'登场时代"（1857—1874）两个时期，并将各个时期主要的中文报纸作为考察的对象。作者彼时正是采取了"极力探求中文原件（或接近原件的相关资料），通过实证性研究，以便了解（各报）内容与特征"（第13页）的研究方法，彻底究明真相的态度，才有了这部著作。绝不轻易追随既有书本的论断，正是此著作的卓越之处。作者为了探求早期华文报纸的原件，遍访中国香港以及日本、英国、美国等世界各地的藏书机构，通过挖掘大量的报纸原件，订正了以往错误的通论，成功地在书中的诸多考究中，提出其创见。以下介绍该著作的概要。

首先，作者将"宗教月刊纸时代"进一步划分为三个阶段。第一阶段（1815年至1830年前后）的代表刊物是传教士米怜在马六甲创办的《察世俗每月统记传》。这份月刊旨在向中国传教，刊登的内容以宗教相关文章为主，其中也掺杂若干新闻或新知识，是最早的一份华文定期刊物。第二阶段（1830年前后至1842年）的代表刊物是《东西洋考每月统记传》以及《各国消息》等。报刊的内容"重点已由传教转为将西洋文明的优越性介绍给中国人"（第264页）。通过刊登于该刊物的广州市价表便可发现该报已经开始超越宗教报纸以往的框架。第三阶段（《南京条约》缔结以后）以《遐迩贯珍》的汉字月刊为代表，其内容、体裁、文字、印刷等已经逐渐接近"近代型"的报纸。在重视西洋文明的宣传和刊登开埠口岸新闻的同时，该报刊也导入了广告栏、经济栏等栏目形式。

二 对香港三大"新报"之考究系压卷之作

代表"'新报'的登场时代"的报纸主要有香港的三大"新报",即《香港中外新报》《香港华字日报》和《循环日报》。围绕着这三大"新报"的诸问题予以分析和论证,是该书的压卷之作。作者首先挖掘出在幕府末期日本曾被介绍,后来却几乎被忽视的《香港船头货价纸》,考证出该报是 The Daily Press 的中文版,创刊日为 1857 年 11 月 3 日,并于 1864—1865 年期间改名为《香港中外新报》,于每周二、四、六发行,1873 年发展为日刊。作者指出,《香港船头货价纸》与《香港中外新报》都无法跳出外国人办报的基本范畴和框架,而发挥着英国殖民地当局的汉字"官报"的作用。但在谈及中国国内的问题时,也会加以"善意的批评","有时不免流露出(中国人编者)对祖国改革的愿望"(第 190 页)。总之,该书披露了许多之前不为人知的事实。接着,作者指出《中外新闻七日报》和《香港华字日报》是"最早以中国人意识为号召的中文日刊",创刊者均为当时学贯中西之名士陈蔼廷。前者创刊于 1871 年 3 月 11 日,系 The China Mail 的华文专页。鉴于《中外新闻七日报》敢于批评香港当局在"水供问题"上厚此薄彼之措施等实例,作者称之为"最早意图反映华人意愿的华文报刊"。作者通过仔细的分析和比对该报的原件,论证出《香港华字日报》系继承《中外新闻七日报》,创刊于 1872 年 4 月 17 日这一事实。历来学界都以为《香港华字日报》创刊于 1864 年,作者通过充分的论据颠覆了这一常说,指明正确的创刊日期,该论证的过程简洁明快,具有说服力。

三 总结《循环日报》的新闻论并订正其创刊日期

最后,作者论证的是由中国人自己创办成功的最早的华文日刊——《循环日报》。作者通过追寻该报创刊者王韬的生平等事实,详细地探讨了王韬的新闻论,诸如:(1)报纸的基本功用为负起"上情下达"的桥梁作用。(2)报纸的报道必须忠实且有所依据。(3)评论必须客观与公正,并且有教育意义。(4)主笔人选必须慎重挑选。(5)确保新闻自由和谨防滥用报纸的影响力,等等。作者不仅总结了王韬办报哲学的精髓,而且还以该报正面提出政治主张等实例,指出该报打破了原有华文各报的新闻编辑方针,强调该报"揭开了文人论政的政论刊物的序幕"(第 268 页)。除此之外,作者还详细考察《循环日报》的版面特征和评论立场。在此,想特别提醒读者注意的是,作者依据其发掘而获得的报纸原件而对该报创刊年月日的订正,已颠覆了迄今为止的通论。

  总之,本书是一部以国际的视野,采用实证的研究方法,成功地描绘了华文报纸的成立过程,并为近代中国新闻史研究开拓了一块崭新的领域,具有划时代作用之著作。当然,瑕不掩瑜,在此也提出几处值得商榷的地方仅供参考。第一,作者在本书提及"创刊于1871年3月的《中外新闻七日报》里连载了《普法战纪》"(第233页),但上海的《申报》却写明《普法战纪》系转载自《香港华字日报》。第二,书中的记述有让人存有英国人似乎没有从事"猪仔"诱拐行业的感觉(第190页),但著名的厦门和记洋行的老板(Syme)就是英国人。以上两个小问题权当意见提出,如系本人之误读,还望作者宽恕为盼。

【作者附言】

  感谢西里教授的书评并惠允转载。有关《中外新闻七日报》与《香港华字日报》何者刊载《普法战争》事宜,笔者依据原件的考察,发现实际的情况是两者皆有连载。鉴于前者(《中外新闻七日报》)是后者《香港华字日报》的前身报,后者发刊后继续连载《普法战纪》可以说是顺理成章,两者并无矛盾之处。另,拙著日文版对英国人与拐骗"猪仔"的相关表述,确有容易让人产生误解之处,拙著中文版的各个版本已予以修正,谨此向西里教授致以谢意。

第二部分

日本的新闻学与大众传媒

第一章

从新闻学到社会情报学[*]

——日本新闻与传播学教育演变过程

为适应经济高度增长与高科技社会的需要,日本的大学正在进行大改组与课程内容的大改革。加之十八岁大学入学适龄人口剧减,各大学更不能不推出具有竞争性与吸引力的新学院、新学系,或开办与增设跨学际(即跨领域)的交叉学科,以求生存与发展。在日本文部省(教育部)的引导下,一部分大学正在朝着"大学院(研究院)大学"的方向发展;与此同时,"国际化"与"情报化"(即信息化)则成为人文学科与社会学科改组、改革的中心课题与主语。

在上述大改组与课程重编的背景下,与社会信息及信息技术变化关系密切的新闻暨传播教育,自然也受到极大的冲击。本章旨在概述日本大专学府有关新闻传播教育课程改组、改革的特征与走向。为方便说明,这里有必要先简介日本新闻学与传播学教育的发展过程与现状。

一 新闻传播教育发展特征

(一)战前德国新闻学派的影响力

在战前,新闻学教育在日本并未受到社会的重视。一个普遍的观念是,正如被喻为日本第一本有关新闻学书籍的作者松本君平在其著作《新闻学》(1899)的序言中所指出一般:"法律家需要法学、经济(学)家需要经济学、医学家需要医学的修养,这是谁也不加以置疑。但却从未听到有人主张

---

[*] 原刊于台湾政治大学新闻研究所《新闻学研究》第54集,1997年1月,第9—31页。本文同时登载于王石番、陈世敏《传播课程规划研究》,"教育部"顾问室专案研究,台北:政大传播学院出版,1996年9月,第58—81页。

新闻记者须具有新闻学的修养。"

日本大专学府之新闻学讲座，可以追溯到1929年设于东京帝国大学（现东京大学）文学部（即"院"）的新闻研究室。但，有关讲座一开始也是由校外热心人士捐助，并在曾任该大学世界新闻发达史"志愿讲师"小野秀雄（1885—1977，日本新闻史研究权威）努力奔波以及文学部对"新闻学教育有一定认识"的个别教授的鼎力支持下，才得以开办的。当时，新闻研究室被赋予的使命，是指导有志于报业学术研究及从事有关行业的学生。因此，在大学的组织结构上，它虽附属于文学部，但"鉴于报业的特殊性"，它实际上是一个与法、文、经三个学部都有密切关系的"特殊组织"。当时，新闻研究室的成员是由上述三个学部各派一名指导教授，再加上一名辅导员及三名研究员所组成。与此同时，新闻研究室也在法、文、经三个学部中招收研究生，展开教育活动。这就是战后发展为东京大学新闻研究所的新闻研究室成立时的雏形。[①]

1932年，同样是在曾任《万朝报》《东京日日新闻》记者，对新闻史与新闻学研究与教育异常热心的小野秀雄的积极参与下，上智大学专门学部新闻学科（即"系"）及明治大学高等部新闻研究科（一年课程）先后开课。上智大学可以说是日本第一所创办完整的正规新闻学科课程的大学。

值得注意的是，尽管美国的"实用新闻学"很早就被介绍到日本（松元君平的《新闻学》就是其中一例），但不管是东京帝国大学新闻研究室或者是上智大学新闻学科，都是以德国新闻学为范本的。在当时的日本学界，只有"德意志学"才被推崇与重视。加之小野秀雄是出身于东京帝国大学德文学科，他最早接触的新闻史与新闻学，都是德国人写的，这就大大地影响了战前日本新闻学研究的方向。上智大学新闻学科的课程，更是在德国大学新闻学科教授的指导下编成的。如果说，东京帝国大学新闻研究室是以培养研究人员为重点的话，上智大学新闻学科却是以培养新闻记者为目的，但两者的共同特征都以德国新闻学派为主流。

针对德国新闻学派在日本的影响力及日本新闻学界与报界之间的关系，一名日本新闻学者曾经作出如下的分析。他表示，从大正至昭和期间，日本固然也有一些新闻从业员喜欢写些有关报业话题的随笔文章，或者有人对新闻事业感兴趣而加以研究，也有人以考究新闻发展史为乐，但大半是具有盎格里·撒克逊教养的人，他们与东京帝国大学新闻研究室的新闻学

[①] 参看东京大学新闻研究所《新闻研究所40年——其轨迹及将来展望1949—1989》，1989年，第22页。

是不易接近的。①

在分析德国新闻学的特征及其影响时，同名学者认为德国新闻学观念性颇强与十分抽象，加之翻译生硬，难以理解。但德意志学的权威再加上东京帝国大学的权威力量，是不能轻易予以忽视的。他还进一步分析道："东京帝国大学新闻研究室孤立的另一原因是，日本的报人多数是（倾向于）英美体系，而（大学）研究室却过于倾向于德国学派。"②

至于教学内容，以上智大学新闻学科为例，主要科目为新闻学概论、日本新闻史、比较新闻学（德国）、比较新闻学（美国）、编辑论、贩售（即发行）论、广告论、新闻广告、印刷史及印刷术、新闻法制、新闻研究等。

简而言之，日本在战前虽然很早就输入美国实用新闻学的理论，但始终未能在学界立足。至于德国新闻学，在新闻学还无法在学界奠定地位的时代里，占有其小小的空间。

（二）战后学界思潮与课程的变迁

战后，随着德国的战败，德国新闻学在日本学界的影响力也告式微。取而代之的，是战胜国美国式的新闻学院（School of Journalism）与大众传播学教育。在美国占领军引导与推动的民主政治与民主教育计划下，东京的东京大学、早稻田大学、日本大学和京都的同志社大学等都纷纷开办新闻学讲座、新闻学科或相关课程。不管是在理论上、方法论上，或者是教学方式乃至课程的内容，重视实证与经验科学的美国思潮都逐步成为日本学界的主流。

在美国占领军主宰日本的战后初期，当时以盟军总司令部（General Headquaters，简称 GHQ）顾问身份抵达日本的美国密苏里大学新闻学院教授弗兰克·莫特博士（Dr. Frank Mott），曾为日本的新闻学教育拟了一份对日本的大学教育颇有影响力的指导纲领。在该纲领中，莫特博士建议在四年制的新闻系课程中，前两年的教学内容应包括文学、历史、政治、社会学、心理学、哲学和外语；后两年则着重新闻学之学习与应用，包括采访、编辑、专题写作、新闻史、新闻学原理和舆论等。他同时还主张由各报馆组成的日本新闻协会资助各大学推动新闻学教育。③

---

① ［日］和田洋一编：《给学习新闻学的人》，东京：世界思想社 1980 年版，第 215 页。
② 同上。
③ Monna, Naoki, "The Current Situation of Mass Communication Education in Japan", *Journal of Applied Sociology* (Rykkyo University), No. 36, 1994, p. 146.

正是在上述美国式新闻教育纲领的倡导下，战后初期日本的大学新闻教育有了长足的进展。但，正如一名日本新闻学者所指出的，由于各大学对新闻学教育的理解与认识存在着一定的差异，新闻学科（或课程等）在不同的大学分属于下列不同的学部与组织[①]：

其一是不把新闻学当作一门独立的学科看待，而将之视为以法学、文学和经济学为基础的一门学问（设于研究院），或者把新闻学和上述学科并列，视之为在学习本科的同时，兼修的一门实用学科。东京大学与庆应大学的新闻研究所（室）就是佳例。

其二是从报纸所扮演的角色及它与政治及舆论关系的角度考虑，而将新闻学科安插在政治经济学部。代表性的例子是早稻田大学和明治大学。

其三是将"新闻学科"设于"法学部"，着重教授新闻法规及有关言论自由的法律制度等问题。例如，日本大学法学部新闻学科。

其四是将新闻学科设于文学部。这类的大学为数最多，但即使是同样设在文学部，也有两个不同的倾向。一是偏重文化科学，如上智大学；二是侧重于社会学及大众传播学，如同志社大学、关西大学、关西学院大学。在后者当中，有些大学索性将有关学科改编入"社会学部"。

除此之外，不同的大学根据不同的需要或教学人员的专长，也在不同的学部，包括经济学部、教育学部开设相关的科目。

与此同时，在20世纪40年代末期和50年代初期，有关大众传播学的概念也开始传入日本，并逐步成为学界的主流。这个动向，具体体现在1951年6月成立的日本新闻学会及该会会员历年来的研究成果中。日本新闻学会是一个以大学教学人员为中心的全国性学术组织，也是战后以来推动日本新闻学研究与教学的主要力量。早在该会成立当初，大众传播学就受到十分重视。该会首届会长，也是东京大学新闻研究所首任所长小野秀雄，在为该会的机关刊物《新闻学评论》（1952年第1期）撰写创刊词时，便开门见山地表示：

> 由于刊名为《新闻学评论》，一看容易令人理解是以新闻学为对象的评论杂志。但实际上，这是日本新闻学会学员发表以报纸为中心，有关大众传播研究心得的机关刊物。

[①] [日] 春原昭彦：《日本的大学培养新闻工作者的现状与课题》，《新闻研究》1994年5月号，第514期，第19页。

第一章 从新闻学到社会情报学

紧随着"大众传播时代"的来临，以及大众传播学概念的日益普及，日本新闻学会更于该会创刊第 11 年的 60 年代初期，将该会宗旨从"对有关新闻事业（Journalism）的研究、调查，并促进研究者之间的相互合作"，修改为"对有关报纸、广播、电影以及杂志等新闻事业和大众传播的研究、调查，并促进研究者之间的合作"。换句话说，新闻学会既是研究新闻事业的学会，也是研究大众传播的学会。①

这个逐步重视大众传播学的倾向，也体现在战后以来一直位居日本新闻传播学界领导地位的东京大学新闻研究所研究部门组织的变化上。1949 年，从新闻研究室升格为新闻研究所时，该所只有三个研究部门，即有关新闻（纸）理论、报道和社论的研究。但三年后，则增设了"大众传播理论"。紧接着，在不断改革与扩充的研究部门中，可以看到大众传播学已逐步成为该研究所的中心研究课题（参看表 1-1）。1980 年，东京大学新闻研究所的日文名称虽未更改（因是国立大学，名称的更改得由国会通过，手续繁杂），但英文名称则从 Institute of Journalism 改为 Institute of Journalism and Communication Studies。

表 1-1　　　　　　　东京大学新闻研究所研究部门之变迁

1949	1952	1953	1957	1958	1974	自 1980 年迄今
有关新闻理论的研究	大众传播理论	基本部门：大众传播理论研究	基本部门：大众传播理论研究	基本部门：大众传播理论研究	基本部门：大众传播理论研究	基本部门：大众传播理论研究
有关报道的研究	有关新闻理论的研究	历史部门：新闻史	历史部门：大众传播史	历史部门：大众传播史	历史部门：大众传播史	历史部门：大众传播史
有关社论的研究	有关社论的研究	特殊部门 I：传播过程研究	特殊部门 I：传播过程研究	特殊部门 I：传播过程研究	特殊部门 I：传播过程研究	特殊部门 I：传播过程研究
	有关报道的研究	特殊部门 II：报纸与杂志的研究	特殊部门 II：大众传播与媒体	特殊部门 II：大众传播与媒体	特殊部门 II：大众传播与媒体	特殊部门 II：大众传播与媒体
			特殊部门 III：舆论与宣传	特殊部门 III：舆论与宣传	特殊部门 III：舆论与宣传	特殊部门 III：舆论与宣传

---

① ［日］和田洋一：前引书，第 222 页。

续表

1949	1952	1953	1957	1958	1974	自1980年迄今
				放送（即广播）	放送（即广播）	放送（即广播）
					情报社会	情报社会
						社会情报系统

资料来源：东京大学新闻研究所：《新闻研究所40年——其轨迹及将来展望1949—1989》，1989年10月，第28页。

至于日本全国设有新闻传播教育讲座、课程的大学，也和日本新闻学会及东京大学新闻研究所相互呼应，相继更改有关科目的名称，形成一股学术潮流。一名详细调查"大众传播研究潮流与全国大学大众传播相关讲座"的学者指出：在1960年，以"新闻"为讲座名称者占大多数，其次是"放送"（即广播），再次是"大众传播"；至于"传播"的讲座，虽然有之，但为数不多。有关"情报"的讲座当时并不存在。但往后"大众传播"讲座的数目却逐步增加而超越"新闻"等（讲座）。[1]

前述研究者的调查同时显示，在1970年，开办有关新闻传播讲座的大学共有32所（341个讲座），但到了1987年，却有125所大学设有相关课程（1119个讲座）（详情见表2）。有关讲座名称在数量上的变化，则如表1-3所示："大众传播"讲座的数目一直名列第一，位居其次的讲座在1970年和1975年是新闻（纸）；1980年以后则为"情报"。

表1-2　　　开办新传播教育的大学及有关讲座数量的变化

	1970	1975	1980	1985	1987
大学（本科四年制）（讲座数目）	32 (341)	77 (617)	114 (1054)	116 (1098)	125 (1119)
研究院（讲座数目）	1 (8)	6 (58)	19 (76)	21 (122)	22 (122)

---

[1] ［日］山田实：《大众传播研究潮流与"全国大众传播相关讲座"》，《综合新闻事业研究》第121期，1987年夏季号，第39页。

续表

	1970	1975	1980	1985	1987
短期大学 （讲座数目）	—	—	25 (53)	27 (83)	33 (104)

资料来源：［日］山田实：《大众传播研究潮流与"全国大众传播相关讲座"》，《综合新闻事业研究》第121期，1987年夏季号，第46页。

表1-3　　　　　　　　讲座名称关键词之变化

关键词	1970	1975	1980	1985	1987
大众传播	57	105	153	199	235
新闻事业（Journalism）	12	32	32	27	27
媒体	14	23	25	43	43
新闻（纸）	45	75	72	73	80
放送	39	58	70	84	87
传播	15	57	69	88	84
情报	7	21	86	109	98

资料来源：［日］山田实：《大众传播研究潮流与"全国大众传播相关讲座"》，《综合新闻事业研究》第121期，1987年夏季号，第46页。

上述有关学科、学部的盛衰及讲座名称数目的改变，反映了战后日本新闻传播教育的重大变化。在20世纪60、70年代，最令学界震惊的是名门大学，也是新闻界人才辈出的早稻田大学宣布停办其新闻学科（1946年创办，1969年送走最后一届毕业生，1970年正式停办）。但与此相反，不少大学却相继开办相关的学科以及增设有关讲座，其中尤以短期大学增加的数目最为惊人。到了80年代，不少大学更相继推出具有特色的科目和讲座，如"印刷文化论"、"记号文化论"、"著作权论"、"妇女新闻事业论"、"行政广报（宣传）论"和"电气通信概论"等。与此同时，各大学也都在积极摸索有关教育课程改革的方向。[①]

[①] 为交换对相关课程诸多问题的看法，日本新闻学会理事会曾在1984年和1986年召集各有关大学的代表，进行多次的"恳谈会"。详情参看［日］岸田功《有关大学"大众传播教育"的课程》，《综合新闻事业研究》第117期，1986年夏季号，第96—99页。

二 20世纪90年代传播暨相关学科改组改革特征与内容

日本新闻传播教育机构的改组与改革,在20世纪80年代虽已在酝酿及推展,但真正起重大变化的还是在进入90年代之后。90年代,最具象征性的变化是东京大学新闻研究所在1992年易名为"社会情报研究所"(Institute of Socio-information and Communication Studies),日本新闻学会于1991年正式易称为"日本大众传播学会"。

接下来谈谈东京大学新闻研究所的改组情况以及其他大学相关学科的创设与特征。

(一)东京大学新闻研究所易名为社会情报研究所

东京大学新闻研究所在改组之前,共有8个研究部门(★符号为实验性部门):

大众传播理论
★大众传播媒介
★传播过程
★放送(即广播电台与电视)
　舆论与宣传
　大众传播史
　情报社会
★社会情报系统(客座)

改组后则规划为下列三大研究领域(★符号为实验性领域),即:

1. 情报与媒体
　　社会情报
　　★大众媒介
　　新媒体
　　★社会情报系统(客座)
2. 情报行动

★情报行动
　　　情报处理过程
　　　情报机能
　3. 情报与社会
　　　情报法与政策
　　　★情报社会与文化
　　　情报环境
　　　★国际情报网络（客座）

在解释该研究所为何有必要易名及进行上述课程之改组时，该研究所在易名前一年（1991年4月）刊印的《迈向社会情报研究所的计划》中，曾以"问与答"方式作出如下的说明：

　　　随着高度情报化的进展，美国与欧洲各先进国都设立专门机构，研究它对人的行动与社会生活的影响或有关的课题，但我国（按：指日本）却未有类似的组织。本研究所成立于41年前，最初是以研究新闻学为目的，后来随着电视的普及和适应情报化社会的发展而增设新的研究部门，从事有关大众传播与情报化问题的研究和调查活动等，并与海外的研究机构进行交流活动。基于此，由本研究所改组，转为前面所述的各先进国所拥有的研究机构，该是再恰当也不过的。

在改组过程中，新闻研究所也向日本文部省提呈关于社会情报研究所的草案[①]，其主要内容为：

【名称与目的】
　　社会情报研究所设立目的如下：通过对社会情报的生产、流通、处理、蓄积、利用的综合研究，对从情报角度出发的人类社会进行社会科学分析，从学术上探讨情报的社会现象的各种课题。
　　为此，研究所研究范围规定如下：在着眼个人行动、企业、产业活动、行政、政治过程、文化以及情报网络、情报系统的构造和机能的同

---

① ［日］滨田纯一：《共同研究：社会情报研究的方向探索（Ⅰ）》，《东京大学社会情报研究所纪要》第17期，1991年，第11—12页。

时，把握和分析微电子及电气通信技术的进步所带来的现代社会情报化在大众媒体、情报产业、企业、行政、地域、家庭、教育等社会各领域广泛深入渗透的状况。

基于对上述研究目的及其范围的考虑，从专业的角度出发，研究所最合适的名称就是"社会情报研究所"，其目的当为"关于社会情报的综合研究"。

【参考】

社会情报：在人们的社会活动中产生的情报，即伴随作为社会基本组成要素的人或组织的生产、处理、蓄积和利用，在这些个人或组织之间流通的情报。在这个意义上说，社会情报不同于单纯的机械性信号情报及生物体内的遗传情报。特别是由于微电子技术及电气通讯技术的发展，社会情报在现代社会所拥有的社会意义以及对社会情报进行研究的重要性均在飞跃地增加。

关于社会情报：社会情报的研究对象不局限于其情报内容，还包括情报生产、流通、蓄积、利用的主体（个人、组织等）。

综合研究：对涉及社会情报的各种问题，不是进行个别的、片段的研究，而是联系现代社会的情报现象的整体加以研究（研究对象的综合性），并且随着研究对象的扩展而打破传统的学术领域的界限，在研究中积极采用综合的跨学科的研究方法（研究方法的综合性）。

为了配合该研究所的改组，以及为这门新学科"社会情报学"奠定研究基础，该研究所在"文部省科学研究补助、重点领域研究"基金的资助下，进行了有关《情报化社会与人》（正式名称为《有关高度情报化下的社会体系与人的行动方式改变之研究》）的四年共同研究计划（1991—1995）。第一年度参加的研究机构共有 70 个，研究成员 145 名，研究费为 1 亿 1100 万日元，四年的研究费共达 3 亿 4548 万日元，参与的研究机构与被网罗的学者遍及日本全国。研究者的专长领域包括：大众传媒研究、大众传播研究、社会学、社会心理学、法学、政治学、经济学、教育学、文化人类学、艺术论、情报工学等，包罗万象。[①]

---

① 详见 ［日］桂敬一《新社会情报学的方向探索》，《新闻学评论》第 41 期，1992 年，第 49—51 页。

与此同时，还成立了 7 个研究班（包括"总结班"），分属于下列五大"研究群"①。

第一群为"高度情报化与社会情报媒体所扮演之角色"，其属下的研究班计有：
  （1）"情报化与媒体"班。
  （2）"地区情报系统实态"班。
  （3）"高度情报化与行政过程"班。
  （4）"情报化与政治过程"班。
  （5）"情报化与大众文化"班。
  （6）"映像情报的开发"班。

第二群为"高度情报社会下人之行动变化"，共分下列六个研究班：
  （1）"情报化和市民的生活意识与行动"班。
  （2）"情报化与情报行动"班。
  （3）"媒体与提高识字率"班。
  （4）"情报教育的现状与课题"班。
  （5）"有关支撑高度情报社会的软件之技术人员工作压力与行动变化研究"班。
  （6）"为开发与研究检查不安和情绪形成之教材——不安感之发展性的变化和降低不安感教育方略"班。
  （7）"情报社会下人们行动之潜在结构研究"班。

第三群为"高度情报化之法制体系与社会制度"，其属下的研究班计有：
  （1）"情报公开与个人情报之保护"班。
  （2）"知识产权之诸多问题"班。
  （3）"高度情报化之通讯与广播制度理念与范畴研究"班。

第四群为"产业社会之情报化与经济系统"，其属下的研究班计有：
  （1）"情报化之进展和经济理论"班。
  （2）"资本主义经济面貌之改革与产业结构重组"班。
  （3）"企业活动与情报管理"班。
  （4）"AI（人工智能）与情报经济"班。
  （5）"高度情报化与经济成长"班。
  （6）"产业社会的情报化对经济结构带来之影响——情报化与多品种及

---

① ［日］桂敬一：《新社会情报学的方向探索》，《新闻学评论》第 41 期，1992 年，第 49—51 页。

少量生产的走向"班。

第五群为"高度情报社会之成立与文化面改变",其属下的研究班共有:
(1)"情报化与多重文化之进展"班。
(2)"情报化与消费社会"班。
(3)"情报化与艺术"班。
(4)"从计算机道德的观点看高度技术社会下道德观念之展望"班。

1992年4月,具有长久历史传统的东京大学新闻研究所,正式易名为社会情报研究所,标志着日本新闻传播研究进入了新的里程碑。

(二)新开设的社会情报学部与学科

在东京大学新闻研究所大改组的前前后后,日本国内的好几所国立与私立大学也在进行类似的改组,或创设相关的学部(即学院)与学系。其中令人瞩目的有:

1. 群马大学社会情报学部(即社会情报学院)

群马大学是创设相关学部的第一家国立大学(东京大学社会情报研究所虽比群马大学社会学部先告成立,但因为前者是以研究及培养硕士、博士班研究生为中心的机构,与群马大学社会学部以培养本科生为主要宗旨之情况,有极大差异)。该大学的"社会情报学部"属下只有"社会情报科"(即"社会情报学系"),共分为下列三个课程:

(1)社会与情报行动课程

主要内容为相当于传统的心理学和社会学等,再加上与社会情报相关的科目。具体科目有:

科目名称	开课年级
情报媒体论	2
情报受容过程论	3
情报机能	3
传播(Ⅰ)	3
传播(Ⅱ)	3
情报处理心理学	2
情报行动发达论(Ⅰ)	2
情报行动发达论(Ⅱ)	3

续表

科目名称	开课年级
集合行动论	2
家族社会行动论	3—4
职业场所行动论	3—4
地区社会生活论	3—4
地区社会史	3
社会伦理思想	2
社会哲学	3
外国文化论	1
日本文化论	1—2
比较文化论	3
社会与情报行动特别讲义	4
社会情报学讨论课	3
毕业研究（课题）	4

（2）政策与行政情报课程

主要内容为相当于法学与行政的科目，再加上与社会情报有关的科目。具体科目为：

科目名称	开课年级
政策情报论	2
公共政策	3
社会政策	4
社会福利论	3
政治过程论	2
行政学	3
行政情报系统论	3
地方行政论	4
立法过程论	2
宪法	1
行政法	2
环境法	3
租税法	4
民事法	3
企业法	3
刑事法	3
情报法	3—4
纷争处理法	3
国际法	4

续表

科目名称	开课年级
国际关系论	4
社会情报学讨论班	3
毕业研究（课题）	4

(3) 经济与经营情报课程

主要内容为相当于传统的经济学和经营学的科目，再加上与社会情报相关的科目。具体科目为：

科目名称	开课年级
经济原论（理）	1—2
计量经济学	3
经济学方法论	1
经济政策	3
产业组织论	3
财政论	3
国际金融论	3
劳动经济论	3
地域经济论	4
国际经济论	3
情报经济论	3
经营学总论	1—2
企业论	2
经营战略论	4
经营管理论	2
人事管理论	3
财政管理论	4
生产管理论	3
市场调查研究	4
经营科学（Ⅰ）	3
经营科学（Ⅱ）	4
经营情报论	4
会计学总论	2
会计情报系统	3
经济与经营情报特别讲义	4
社会情报学讨论课	3
毕业研究（课题）	4

除此之外，该学部还开办"社会情报基础科目"（各课程共通的必修科目），具体内容为：

科目名称	开课年级
社会情报论（Ⅰ）	1
社会情报论（Ⅱ）	4
情报社会论	1
社会调查	2—3
情报行动论	1
情报教育论	4
社会心理学	2
政治社会学	2
法社会学	2
经济社会学	2
情报处理学（Ⅰ）	1
情报处理学（Ⅱ）	1
数据库论	2
统计学	2
基础数学	2
情报数学（Ⅰ）	2
情报数学（Ⅱ）	3
电脑程序语言	3
电脑程序方法论	3
社会情报系统论	3
自然环境论	2
生物环境论	2
人与环境论	3
比较文化基础论	2
专业基础外语	2—3

在阐述上述"专门教育"与"教养教育"课程相结合的重要性时，该校指出：群马大学的教育新方向，是"在于培养既具有企业与行政机构活跃所必备的专业知识和思考力，又富有人情味资质的社会人士。"

2. 札幌学院大学社会情报学部

札幌学院大学创立于1977年，是一所位于北海道新开办的私立大学。该大学的"社会情报学部"成立于1991年4月，是日本首创的"社会情报学部"。在为这新学部定位时，该校强调，"顾名思义，这是一个探讨与追究将社会学和情报学融合在一起的新学问的新学部",旨在"满足学问进步的必然性与社会的需要"。

在解释"社会情报"与"经营情报"之差异时,该校指出后者是一门"以企业或团体等有关经营情报为中心课题的学问"。前者则为一门"除了经营之外,还包揽了探讨各种构成社会的有关组织及集团等问题的学问"。该学部强调其课程为"软性理科与硬性文科"相结合。一年级注重于一般教育及社会学与情报学的基础知识,并学习情报处理;二年级则选修社会学与情报学的科目,三、四年级专修社会学与情报学,并参与讨论课及进行毕业课题研究。

课程分为:

(1) 社会科目群（基础课程）

　　社会学概论

　　情报学概论

　　社会心理学

　　社会学史

　　软件概论

　　电子工学与硬件概论

　　社会情报调查论

　　社会情报学

　　社会情报调查实习

　　经营情报论

　　地域情报论

　　情报媒体论

　　社会人类学

　　社会行动论

　　社会组织论

　　社会情报系统论

(2) 情报科目群（共修科目）

　　情报处理

　　电脑程序语言（Ⅰ）、（Ⅱ）

　　电脑程序讨论课（Ⅰ）、（Ⅱ）

　　画像情报处理论

　　知识情报处理论

数据库论

情报管理论

3. 大妻女子大学社会情报学部

1. 特色：

（1）从情报剖析政治、经济、社会活动和环境问题等社会现象。

（2）从个人及生活者的角度考虑上述问题。

2. 该学部有三个专攻课程，即"社会生活情报学"、"社会环境情报学"和"社会情报处理学"。

以"社会生活情报学"专攻课程而言，各年级学生必修之科目如下：

开课年级	科目
1	一般教育、人文、社会、自然、综合、保健、体育和外语。 共修科目：生活语言论、情报处理实习、生活原论、社会情报处理论与实习、软件概论、社会学、统计学及讨论课。
2	一般教育、人文、社会、自然、综合、保健、体育和外语。 共修科目：程序论及讨论课、科学史与科学论、社会生活情报论、情报社会论、传播论、大众媒体论、现代社会论、生命科学概论、近代思想。 必修科目：社会情报调查论及讨论课、世界经济情报论。
3	共修科目：情报处理应用实习、外语特别讨论课。 必修科目：经济政策、消费生活行政论、生活循环论、生活产业论、情报产业论、社会情报讨论课（Ⅰ）。 可选择的必修课：家庭经济论、生活流通情报论、地域社会论、簿记会计处理论及讨论课、比较文化论、社会生活关连法。 选修科目：市场情报论、服务行业论、社会政策、劳动问题论、社会福利论。
4	必修科目：社会情报讨论课（Ⅱ） 毕业研究（课题） 可选择的必修课：银行论 选修科目：社会福利援助技术论、情报系统处理论、情报网路论等

此外，尚有社会情报特论/专业讨论课和毕业（专题）研究等。

4. 其他大学

除此之外，开办相关学科的大学尚有（国立）名古屋大学大学院（即研究院）人间情报学研究科，该研究院共有下列两项专攻课程：

(1) 物质与生命情报学（1992年4月开课）。
(2) 社会情报学（1994年4月开课）开设如下的讲座：
认知情报论讲座
组织情报论讲座
情报表现论讲座
语言情报论讲座
地域社会系统论讲座
社会情报形成论讲座

与此同时，该大学在1993年10月成立了"情报文化学部"，开办下列课程：
(1) 自然情报学科——内容包括：
情报处理基础学讲座
情报机构学讲座
生物系统论讲座
情报数理解析讲座
技能物质论讲座
环境系统论讲座
(2) 社会系统情报学科——内容包括：
社会数理情报论讲座
情报创造论讲座
情报行动论讲座
情报社会论讲座
地域系统论讲座
比较文化形成论讲座

在"国际化"与"情报化"潮流的冲击下，不少女生大学也在进行大改组，位于名古屋的椙山女学园大学"家政学部"于1991年改称为"生活科学部"，就是其中一例。改组后之"生活科学部"设有下列课程：
(1) 大学院（研究院）家政学研究科
(2) 生活社会科学科：
国际关系系
社会情报系
(3) 生活环境学科：
空间环境

衣生活环境
(4) 食品营养学科：
生活科学课程
营养学课程
食品学课程
另，"社会情报部"则开设如下的课程：
生活经济学（Ⅱ）
生活经济学（Ⅲ）
经济情报论
经济情报讨论班
生活关联法（Ⅱ）
生活关联法（Ⅲ）
政治文化论
国际经济情报论
情报科学概论
情报处理论
传播情报论
情报社会学
女性论
二十一世纪学等

三 今后新闻传播教育之走向

综上所述，可以看出日本新闻传播教育课程与内容，一直紧随着时代的变化及传播技术的改变而改变。以东京大学新闻研究所为例，它一开始是以报纸为研究的中心对象，紧接着则把范围扩大至大众传播学，再来是传播学，现在则把研究对象进一步扩大至"社会情报"。可以想见，在已易名为社会情报研究所的研究架构里，有关新闻学研究的比重将大大地缩小。加之与传播或情报相关的新学科或交叉学科和课程的不断涌现，日本新闻传播教育的确是处在令人眼花缭乱的发展阶段。

为了更好地向学界及社会人士阐明有关学科改组、改革或创设之特征，各有关大学纷纷以示意图表、模型为其组织系统或研究范畴定位。1992年6月，东京大学社会情报研究所的示意图就将其研究范畴，定位为从新闻学朝向社会情报学（见图 1-1，详细说明见注①）。① 图 2 为群马大学社会情报学部教授黑须俊夫于 1993 年 11 月 25 日在札幌学院大学举行的有关社会情报学的讨论会上，阐述该大学社会情报学部的特征，并与札幌学院大学及大妻女子大学的社会情报学部作出相互比较的图表。图 3 是椙山女学园大学为其"生活社会科学科社会情报系"之范畴及课程内容所描绘的示意图（引自《椙山女学园大学生活社会科学科》的介绍小册子）。上述各大学虽将"社会情报"作为共同的关键语，但彼此对此新学科之定义与定位未尽相同。日本社会情报学要在学界真正奠定其地位与达成共识，还有一段路程。

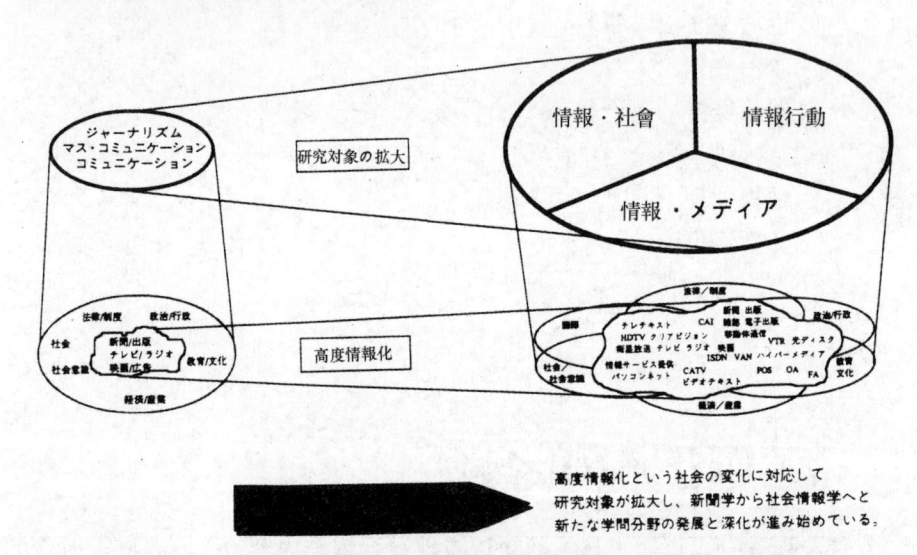

图 1-1　东京大学"从新闻学到社会情报学"的构想
资料来源：《东京大学社会情报研究所简介》，1992 年 6 月。

---

①　王石番、陈世敏：《传播课程规划研究》在刊登本文时，有如下的编者按语（第 77 页）："东京大学'从新闻学到社会情报学'之附图相当复杂，所强调者大意有三：（一）研究对象不断扩张：研究所从传统的报业、大众传播活动的研究，扩增到针对情报活动、社会情报、国际情报、情报媒体、情报社会、应用社会情报等活动。（二）趋向高度情报化：随着传播新科技的发展，情报社会中的媒体不断推陈出新，促使社会趋向高度情报化的境界，亦使得研究者不得不重视新兴媒体的影响。（三）学问分野的发展：由于上述两条件之影响，使得学科的分野必须加以调整，从新闻学过渡到社会情报学，具有高度科技整合之意义。"

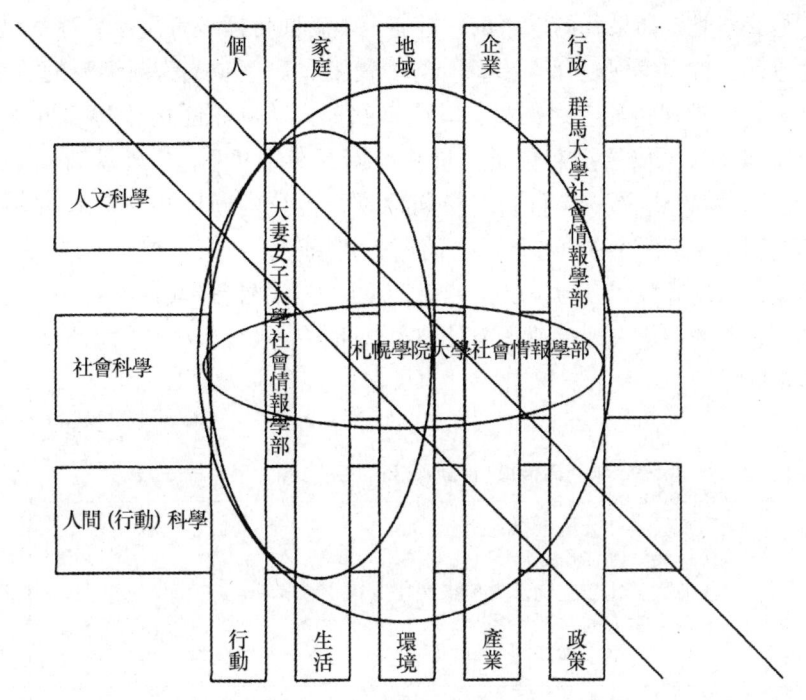

图 1-2 群马大学社会情报学部的教育与研究对象领域图
——与札幌学院大学和大妻女子大学的比较

资料来源：[日] 黑须俊夫，1993 年。

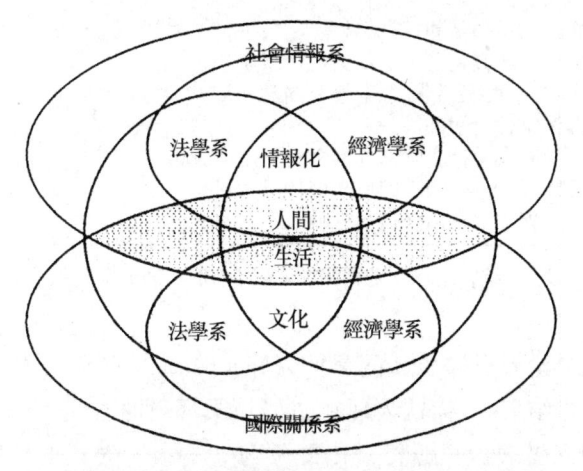

图 1-3 生活社会科学科社会情报系之范畴示意图

资料来源：[日]《椙山女学园大学生活社会科学科》介绍小册子。

与此同时，如果我们进一步分析各大学新闻传播教育院系名称及课程内容的改变，就会发现尽管"传播"与"情报"已逐步成为新潮流的关键语，仍有不少大学保持原有之架构，其中一部分大学例如创立于1932年的上智大学新闻学科，依然沿袭传统，重视"新闻事业史"、"外国新闻事业"、"新闻事业特殊讲义"等科目。换句话说，传统的新闻传播教育并不会在"社会情报"新潮流的冲击下迅速消逝。相反的，各大学相关学科院系的相辅相成，百花齐放，各自发展其特色，也许是新闻传播教育今后发展的另一趋势，表4的一览表即反映了今日日本新闻传播教育多样化的现状及今后的可能走向。

表1-4　　1996年新闻传播研究所、部（院）科（系）一览表

东京大学社会情报研究所
庆应大学新闻研究所
筑波大学比较文化学类情报文化专攻
常盘大学人间学部传播学科
上智大学文学部新闻学科
日本大学法学部新闻学科
立教大学社会学部
东海大学文学部广报学科
东洋大学应用社会学部
成蹊大学文学部文化学科
成城大学文学部大众传播学科
东京女子大学现代文化学部传播学科
文教大学情报学部广报学科
骏河台大学文化情报学部文化情报学科
同志社大学文学部社会学科新闻学专攻
关西大学社会学部
关西学院大学社会学部社会学科
大阪国际女子大学人间科学部传播学科
德岛文理大学文学部传播学科

资料来源：［日］《综合新闻事业研究》第157期，1996年夏季号。

针对一部分论者声称"新闻事业（Journalism）时代已告结束"或"大众传播时代也告结束"，而认为现在是"情报环境的时代"的看法，一名新闻传播学界的元老表示，随着"传播"与"情报"时代的到来，有关"传播"与"情报"在研究与教育上所居的重要性是无法否定的。但与此同时，从"传播"与"情报"全过程的角度看待问题也十分重要。为此，他表示

有必要不断地思考为什么与为谁而搞"传播"与"情报"的课题。他认为离开了"为什么"与"为谁（服务）"的观点来谈"传播"与"情报"，无疑成为了"时代的奴隶"。他表示，新闻事业在于负起对"环境的监视（即担任哨兵）"的首要任务，并不会由于时代的改变而削弱。他不同意新闻事业时代已告结束的论调。①

上述看法，可以说是反映了一部分新闻传播学界人士对今日日本正在开展的新闻传播教育改革的看法。日本新闻传播教育机构今后改组与改革的动向，还有待进一步的观察。

---

① ［日］新井直之：《新闻事业（Journalism）论是重要的——对东大新闻研究所"逐步消失"的看法》，《综合新闻事业研究》第122期，1987年秋季号，第91—92页。

第二章

战后日本新闻(学)界和战前的连续性与非连续性*

——我在日本摸索新闻学的历程与思考

一 日本传媒怎样看待亚洲?

"我们总算走上了留日的道路!"

40多年前(1966年)抵日后不久,在一份留学生刊物上看到了这样的标题,令人感触良深。对于20世纪50年代、60年代最早的几批亚洲留学生来说,要走上"留日"这条道路,并不是那么容易。

首先,是战争的阴影犹存;其次,是各方对日本学术的评价及留日后的出路,与其说是正面和乐观的,不如说是负面和悲观的。

"到那神风敢死队与宪兵队的故乡,到底能学些什么?"

"日本的一切,充其量只是欧美的仿照。同样是付出宝贵的青春到海外取经,为何不直接前往欧美?"

……

在获悉我决定到日本留学时,几乎周围所有的师辈、亲戚和朋友都异口同声发出反对的声音。

"战后的日本有异于战前,饱受战火洗礼的日本人应该会更加珍惜和平。"

"在亚洲研究亚洲问题,应该更为实用。明治百年以来日本近代化成功与失败的经验,可以作为我们的借鉴。"

---

* 本章原为拙著《日本的亚洲报道与亚洲外交》(世界知识出版社,2008年9月)的自序。原题是《我在日本怎样摸索新闻学的道路》,小题略有增删,曾刊于《国际新闻界》2009年第1期,第93—98页。

"正因为这是一条人们少走的道路，更具有挑战性！"
……

不少与笔者同辈的留学生便是在这样的背景下踏上了"留日"的道路。不过，坦率地说，出国前师辈和亲朋好友的劝阻，却在笔者和同年代留日同学的心坎上深深地打下了几个问号，并迫使我们无时无刻不在观察与思考下列问题：

"战后的日本是不是真的有别于战前？"

"日本是怎样看待亚洲的？"

"到日本，到底能学些什么？"

正是抱着探明上述问题真相的态度（日本人所说的"问题意识"），不少与我前后期留日的同学都十分关注日本各个层面的动静与变化，并通过信件、聊谈或向报刊投稿等不同形式向亲友或国人报告他们在日本亲历其境的体验。在有关日本的信息还不那么多的年代里，这些一手的体验记或来自日本的通讯稿，不失为人们了解日本的一个渠道。

笔者是学习新闻学的。打从抵日第二年的1967年开始，为了学以致用，便开始为新加坡的两家中文日报《星洲日报》和《南洋商报》（两报于1983年合并为《南洋·星洲联合早报》，简称《联合早报》）写通讯稿。于是，详阅日本各家大报，便成了我每天的基本作业。1973年，笔者回国出任《星洲日报》社论委员兼研究部主任。在此之后的16年间，作为国际时评工作者，阅读日本各家报章，从日本的"窗口"寻求中英文传媒之外的不同信息与日本舆论走向，更成为我工作上不可或缺的一部分。即便是1989年转入学界之后，日本媒体仍然是我接触与研究的对象。

"日本人是怎样看待亚洲的？""日本的大众传媒怎样报道亚洲？""日本的亚洲观与亚洲外交的基本论调与特征是什么？"……在过去的40多年里，这些问题始终萦绕在我的脑海里。日本大众传媒的亚洲报道与亚洲论及日本的亚洲政策走向，遂成了我在撰写评论与从事教学和研究工作不可或缺的重要课题。

正如前面所述，笔者是抱着"在亚洲研究亚洲问题"的殷切心情与愿望到日本学习的。但坦率而言，这一想法在我抵日后的第一个年头，就已被证明是一厢情愿和行不通。不论是在大学校园里和同学交谈，还是与左邻右舍的市民对话，笔者都深深感受到日本人对亚洲（特别是东南亚）关心程度之淡薄及知识之贫乏。至于一般知识分子的亚洲观，不是停留于空洞无物的观念论（它具体地体现在当时流行的自由派学者与学生当中），就是从战前的亚洲论中求灵感。① 在20世纪50、60年代，由于战争结束不久，那些战争期间为配合"大东亚圣战"而出版的刊物在旧书店还堆积如山。在东京神保町的旧书店街，日币20元、50元的书比比皆是，当时一美元可兑换360日元。

翻翻20世纪30、40年代的出版物，再看看当时日本论坛上某些亚洲问题专家、学者的言论，不少亚洲青年不能不惊叹两者的论调和思维之相似。20世纪60年代日本财界一度甚嚣尘上的"马六甲生命线论"是一个例子；某些专家把"战后的印度尼西亚"比喻为"战前的满蒙（满洲和蒙古）"，大谈"印度尼西亚是日本的生命线"是另一佳例。

不仅如此，为了协助官方与财界制止20世纪60、70年代东南亚的"反日"浪潮和改善日本的形象，日本的新老"东南亚通"们更倾巢而出，出谋献策。特别是在1972年，在泰国学生由于不满日本经济势力长驱直入和不把泰国人看在眼里，而发动了为期十天的抵制日货运动之后，日本的大众传媒与大批的专家、学者都被动员到当地"考察"和"调查"。1974年1月日本首相田中角荣访问东南亚时遭遇泰国和印度尼西亚学生的游行抗议和暴动事件，上述报人、专家与学者更是急于开列各种旨在缓和双方矛盾的"药方"。② 如果将这些"东南亚通"与战前和战争期间的"南洋通"或"宣抚官"③ 相比，不难发现两者有其共同之处：他们与其说是在认真检讨日本南进国策是否失误，不如说是旨在通过"文化力量"等手段达到"感化"对方的目的。战后的"文化交流论"与战前旨在掌握人心的糖衣炮弹——"文化工作论"（其实就是名副其实的"文化侵略论"）最大的区别究竟何在？这不能不令人感到迷惑不解。

至于在日常生活中，常有人向我们提出下列问题："新加坡人是不是也

---

① 有关这方面的观察，详见拙稿《为何"调查"？为谁研究？——怀念一位对东南亚有真挚情谊的日本知识分子》，收录于《日本社会》（《卓南生日本时论文集》三卷本），世界知识出版社2006年版，第204—207页。

② 有关这一时期日本舆论界的动向，参看拙稿《日本的亚洲研究热——日本人为什么令人讨厌？》和《日本人为什么不受欢迎？——且听日本专家的新论调》，收录于《日本社会》（《卓南生日本时论文集》三卷本），世界知识出版社2006年版，第245—256、56—69页。

③ 日本在占领亚洲各地之后，为了促使当地民众"理解"日本和稳定人心，曾派遣大量从事"文化活动"的宣传班人员，他们统称为"宣抚官"。其中"从军宣抚官"的主要任务是发布"对敌宣言"、"归来（指投降）劝告"、"收集情报"、"削减抗日（相关）的物件（指书刊、标语等）"、"展示亲日物件"等。"定点（驻扎当地的）宣抚官"则从事于"救济难民"、"奖励推行日本语的普及活动"、"发行报纸"、"主办演出、展览"等。其目的是"安定民心"。详情参见［日］青江舜二郎《大日本军宣抚官——个（青年）青春的纪录》，芙蓉书房1970年版，第190—191页。

吃大米?"或者"你们对日本有何期待?"(旨在诱导小国国民对大国发出求助声音的典型的"大国期待论")……这些提问,既流露出日本人对亚洲的无知及潜在的优越感,也间接宣判了我们渴求的"在亚洲研究亚洲问题",其实是一厢情愿的美梦。

在研习新闻学的过程中,笔者也曾想过寻找一个日本与亚洲相关的新闻传媒题目来探讨,但认真翻阅前人的研究书刊目录,几乎找不到一篇相近的研究论文。日本的新闻传播学者是不是真的都与亚洲毫无交往而对亚洲毫不关心呢?我曾经存有这样的疑问。不过,在翻阅师辈们的著作与战前的记录及经历过诸多"文化震撼"之后,笔者得出如下的结论:日本的专家学者之所以与亚洲人难以坦诚沟通,仅仅归因于战后日本报界、学界的"脱亚"心态及他们对欧美文化的推崇,并不能说明所有的问题。

原来在当时学界与报界的圈子里,有不少知名的新闻学者和新闻工作者是与"亚洲"有着深厚的渊源的。确切地说,对于其中的某些人来说,"亚洲"简直是他们的事业与人生生涯中永不能磨灭与遗忘的重要部分。

二 东京拜师的文化冲击

在抵达东京向日本新闻学界取经的第一、二个年头,笔者就遇到了这么一位与"亚洲"密不可分,而令我迄今仍难以忘怀的人物……

那年笔者从新加坡转到早稻田大学政治经济学部新闻学科学习,成为二年级的插班生时,就和日本的同学们一同选修了一门据说是非常著名的新闻工作者酒井寅吉(1909—1969)老师的课——《现代新闻论》。这位老师究竟著名在哪里,当时日语还似懂非懂的我不很清楚,只知道他曾经是《朝日新闻》的大牌记者及在新闻传播学界颇有名气的《综合新闻事业研究》季刊当主编。

上完第一堂课,我和酒井老师打了个招呼。老师听说我是来自新加坡的留学生,似乎感到有些突兀。他愣了一阵,然后恭恭敬敬地向我鞠了一个躬,说了声"对不起",即悄然离开课堂。

我一时转不过来,不明白究竟发生了什么事。往后仔细打听,才知道他是当年新加坡沦陷时,亲眼目睹并报道了有"马来之虎"之称的日本将军山下奉文劝降英国白思华将军、迫使后者在"Yes"与"No"之间作一抉择的会谈而驰名天下的《朝日新闻》"从军记者"(即随军记者)。他曾在《大阪朝日新闻》夕刊连载长达33篇的《马来战记》,并"以其美丽的文笔博得百万读者的喝彩"。酒井在回返日本之后还四处演说，介绍东南亚人对日军热烈的欢迎情景，成了当时报界的红人与"演说记者"。

不难想象，作为"大东亚圣战"的随军记者，酒井当时所写的"战记"报道及其"演说"有着怎样的内容。问题是，在战后，作为一名自称颇有"反骨造反精神"的新闻工作者并被卷入"横滨事件"①的酒井，到底怎样看待自己战争时期的战地报道，及如何总结与评价其"从军记者"的作用与影响？很遗憾的是，在整整一个学期《现代新闻论》的授课中，我听不到任何这方面的话题。

笔者是在1942年4月，也就是日军于同年2月15日（农历正月初一）攻陷新加坡并将之易名为"昭南岛"的两个月后出生的。对于日军占领下三年零八个月的恐怖日子，我虽未留下什么记忆，但孩提时从亲历其境的长辈的谈话中，从小学时期同班同学丧失父兄、亲人的具体例子里，可以肯定日军的南侵行为与"大检证"②的屠杀事实是铁证如山的。在日军侵占新加坡时担任"从军记者"，高举《朝日新闻》报旗冲入新加坡的樟宜监牢，比日本侵略军还抢先一步"解放"被关于监牢的日本人的酒井寅吉，当时是怎样记载这段史实的，他在战后又是如何总结这段历史的呢？在战后的大学讲坛上教授《现代新闻论》，强调要"客观报道"与传达真相的新闻学者，其内心的真正看法是什么？我是非常感兴趣的。

有一天，笔者在神田的旧书店看到了酒井战后撰写的回忆录《马来战线从军的回忆——抓住"轰动世界的特种类（新闻）"的昭南事件的记者》。③阅毕不禁震惊不已。原因是口口声声强调"客观报道"与传达真相的新闻学老师，在战争结束已逾十余载的50年代末期，对于自己美化战争的旧著《马来战记》（朝日新闻社，1942年），居然还持以"同样的心情"。他写道："我并不存在着诸如对战争的'罪恶感'之类的心理压力。"

---

① 横滨事件是指日本情报部门于1942年第二次世界大战期间，在国内进行言论思想镇压而制造的一系列大事件。当时共有60余名知识分子因涉嫌所谓"参与共产主义活动"或因有支持败北主义倾向的罪名被捕入狱，著名的中央公论社和改造社等也被情报局命令解散。

② 1941年12月8日，日本军机开始轰炸新加坡，1942年2月15日新加坡沦陷。从2月18日起一连三天，日本占领军在新加坡全岛展开"大肃清"的活动。由于当时凡被审问而获释者皆被盖上"检证"二字，新加坡人称此恐怖的大逮捕活动为"大检证"。据1942年版《朝日东亚年报》之记录，当时共有"70699人被逮捕"。由于当时被逮捕后死里逃生者少有所闻，估计死者不下五万人。详情参见［新加坡］许云樵、［新加坡］蔡史君编《新马华人抗日史料1937—1945》，文史出版社1984年版。

③ 见［日］《丸》1959年2月号，第30—32页。

第二章　战后日本新闻（学）界和战前的连续性与非连续性

从酒井的上述看法，以及他战后一字不提新加坡"大检证"事件，但却缅怀其《马来战记》中歌颂亚洲人认同"相同肤色"的日本兵并视之为弟兄的内容这一态度，不难看出战后的酒井对"大东亚战争"的基本态度依然停留在战前和战争期间。

对此，笔者当时受到的"文化震撼"是巨大的。我曾想进一步了解当时的情况并与老师论理，但据说他已离开世间。酒井老师在课堂上遇到一个在他作为"从军记者"红得发紫的顶峰时期出生的受害国青年，到底持以什么心态？他见到我时，为何要鞠个躬并说声"对不起"，对我来说，迄今仍然是一个谜。

如果说，酒井这名前"从军记者"是我留日期间最早接触的、与亚洲关系密切的新闻学者的话，在20世纪60年代末期与70年代初期我所接触的著名新闻学者当中，与"亚洲"和"战争"有着千丝万缕联系的老师，尚有东京大学新闻研究所的殿木圭一（1909—1994）教授和战前任职于东京帝国大学新闻研究室（东京大学新闻研究所的前身）、战后在立教大学任教的小山荣三（1899—1983）教授。殿木教授在战争期间曾被日本同盟通信社（日本共同社的前身）派往马来半岛，小山教授在战争期间则曾著有《战时宣传论》（三省堂出版社，1942年），是积极主张加强对亚洲占领地展开"宣传和言论对策"工作的著名新闻学者。殿木先生对留学生非常亲切。我曾表示要研究有关日本占领新加坡与马来半岛时期的新闻史，他说那得去打听是否有足够的资料。一个星期后，殿木老师告诉我这方面的资料已不存在，建议我换个研究题目。在谈及他在马来半岛的经历时，殿木老师谈的都是一些轻松的话题。从他口中，我从未听到有关日军统治马来半岛的真相及日军当时的新闻方针和政策，有的只是日常生活的趣闻。

在立教大学的研究生院上博士课时，修小山荣三教授必修课的学生只有我一个人，这些课大都是在大学附近的"吃茶店"（日式咖啡店）上的。我曾多次表示想了解战前日本思想界和舆论界的状态及他对其战前著作的看法，但都被引到其他"开朗"的话题并提前下课。

从殿木教授和小山教授的反应中，我知道，要从与战前的"亚洲"及"战争"关系颇深的日本新闻学者口中获得相关的信息，是不可能的。也许正是因为这样的政治土壤与气候，战前、战时日本"从军记者"、"报道员"的"战记"及当时新闻理论家们的舆论宣传活动和理论，在战后也原封不动，而未受到应有的反思和"检证"（验证）。

这样的情况当然不仅仅发生在殿木和小山身上。就我所知，在战后的日本新闻传播学界,不少颇有名气的领军学者也有着类似的情况。其中包括东京大学新闻研究所第二任所长千叶雄次郎(1898—1990)教授和庆应大学新闻研究所所长米山桂三(1906—1979)教授。千叶教授在战争期间是《朝日新闻》东京本社编集局次长兼(南方)前线局长,曾到"南方"巡视,并主张对"南方"加强"文化工作"。[①] 米山教授在战争期间则著有《思想斗争与宣传》(目黑书店 1943 年版)等旨在加强日本的舆论宣传活动的著作。[②] 他们在战后日本新闻传播学界各占有一定的学术地位并扮演重要的角色。但在他们战后的新闻学术研究活动中,对于其战前、战时的活动,同样都一字不提而留下"空白"。

由此可见,日本战后的新闻界与新闻学界和战前在表面上似乎没有"连续性",但实际上却是有"连续性"的。

三 战后"脱亚论"和"兴亚论"与战前的关系

当然,对于战前与自己结下不解之缘的"亚洲"与"战争",战后一直保持沉默,俨然摆出与自己毫不相关姿态的,并不仅是前述知名的新闻工作者和新闻学者。认真而言,他们只是战后日本文化界的一个缩影罢了。笔者作为来自赤道、一度被改名为"昭南岛"的新加坡青年,对于诸多战争期间被当局征用为"南方文化人"的诗人神保光太郎(1905—1990)、著名作家井伏鳟二(1898—1993)等人抵达新加坡后,究竟从事了什么样的"文化活动",他们战后又对自己的这些"文化活动"如何总结和评价等问题,当时是十分关心的。笔者也曾和他们当中的个别人士接触过,但有关的真实情况皆未得要领。

尤其令笔者感到惊讶的是,20 世纪 60 年代末期和 70 年代初期曾积极从事日中邦交正常化活动的日中文化交流协会理事长中岛健藏(1903—1979),在战争期间也曾被征用至新加坡,但他对这段往事同样采取回避的态度。原来,中岛是当时"日本语普及运动宣言"的起草者。该宣言的目的在于向"天皇陛下(统治)的新赤胆之心"的"马来及苏门答腊的岛民",提倡学习"正确而美丽的日本语"。

---

① 参看〔新加坡〕卓南生《日本的亚洲报道与亚洲外交》,世界知识出版社 2008 年版,第 30—31 页。

② 〔日〕生田正辉:《米山桂三博士还历纪念论文集 日本社会与近代化》,庆应通信 1967 年版,第 593 页。

中岛在当时起草有关宣言，也许有其难言之隐。但在战后，特别是像他这样一位以"自由开明派"姿态出现、积极从事日中友好运动的知识分子，对这段历史显然是有交待清楚和予以总结的必要的。但令人感到遗憾的是，正如一名长期从事日本与亚洲交流活动的日本朋友所指出一般，中岛对此黑暗时代的真相并未留下应该留下的记录。①

正因为战后的日本对战前日本的亚洲报道与亚洲论从未进行过彻底的反思，从亚洲人的角度来看战后日本知识界的相关言论，便有时难免有格格不入之感。

这样的情况并不仅限于某些认同战前"解放亚洲战争观"的"兴亚论"的保守论客。正如前面所述，即使是战后以"自由派"姿态出现的诸多亚洲问题专家与新闻工作者，其言论也有不少令亚洲人感到隔靴搔痒，或者与亚洲的现实社会脱钩之处。他们言行的最大要害是过于概念化。

认真分析，当时的日本人一般对亚洲并不了解，也不关心，即使是当年热火朝天，积极参加反战运动，天天游行反对越南战争的日本大学生也不例外。因为，尽管他们每天在高喊反对越南战争的口号，但归根结底，只是将之视为一个抽象的运动口号罢了。越南究竟是一个什么样的国家？当时东南亚的政治、经济与社会的情况如何？这些似乎并不是他们的关心所在。

针对战后日本人的东南亚观，在20世纪60、70年代，参与发起"越平联"（全称为"让越南和平！市民联合起来！"）市民反战运动的鹤见良行（1926—1994）② 在其著作中曾有如下十分形象的分析：

> 日本人在眺望东南亚时，几乎毫不例外的都戴着眼镜。眼镜有二：其一是国家；其二是阶级。日本人戴着的眼镜，不是前者，就是后者……保守派戴着国家的眼镜，而革新派则戴着阶级的眼镜窥探东南亚。

由此可见，不少自由开明派知识分子的东南亚观，其实是十分观念化，或者说停留于抽象的意识形态的。至于保守派专家的东南亚观，有不少仍然

---

① ［日］田中宏：《中岛健藏氏的〈我的中国〉读后感》，《中日新闻》夕刊，1973年3月3日。

② 有关鹤见良行与"越平联"的活动与评价，参看拙稿《为何调查？为谁研究？——怀念一位对东南亚有真挚情谊的日本知识分子》，收录于拙著《日本社会》（《卓南生日本时论文集》三卷本），世界知识出版社2006年版，第204—207页。

还无法摆脱战前为"大东亚共荣圈"服务的"南方书"的影响,其中有些人甚至是无时无刻不在从"南方书"中找灵感。

除此之外,在战后日本良心派的知识分子当中,还曾经一度流行着如下的看法:"出自对亚洲人民的罪恶感,除非有特别的理由,日本人无法轻易前往亚洲乃至冲绳……"

对于年长一辈,特别是直接或间接参与那场战争的老一辈日本人来说,他们存有如此复杂的心理和感情是可以理解的。可令人费解的是,自称为"自由开明派"的年轻知识分子也以此为理由而力图避开亚洲的话题和现实的亚洲。其结果是,保守派的日本知识分子(出自国策的需要)对亚洲各地的"考察"、"调查"越来越频繁和越来越起劲,而开明派或革新派的日本专家和学者实际上成了远离亚洲的"脱亚论"的实践者,或者虚有同情亚洲的口号而对现实的亚洲保持距离的观念论者。

然而,不管是认同战前"脱亚论"或"兴亚论"的保守派,或者是在实际上执行"脱亚论"精神的观念论者开明派,他们的言行只带来一个结果,那就是促使日本与亚洲的关系"既近又远"。

正因为如此,对于20世纪80年代末以来日本媒体充斥着"亚洲"的关键词和主张"脱美(欧)入亚"、定义不明的所谓"亚洲主义"论调,笔者存有不少疑虑而无法举起双手支持。说得清楚些,在笔者看来,"亚洲人最怕的就是听到倡自东京形形色色的'亚细亚主义'"[①]。

四 当代"藤野先生"的苦恼与焦虑

在笔者7年多的留日期间里,针对日本的亚洲报道问题,能毫不保留告诉笔者真相,并对笔者往后的评论活动产生重大影响的老师,该推立教大学的影山三郎(1911—1992)教授。

影山先生出身于新闻界,曾任《朝日新闻》社论委员和《朝日杂志》(*Asahi Journal*)主编。他当时是立教大学的兼职老师(后来成为专职教授),但他上课时认真之态度及对学生无微不至的关心和照顾,远非其他专职教授所能比。影山老师不仅仔细批改我们的论文,还常邀我们到他家长谈到深

---

① 日文原文刊于《每日新闻》,1995年1月11日,原题为"東京発'アジア主義'の怖さ"。中文版见《"亚细亚主义"为何令人生畏》,收录于拙著《日本社会》(《卓南生日本时论文集》三卷本),世界知识出版社2006年版,第467—469页;本书第二部分第八章附录全文。

夜。有一次，当老师和师母知道我们亚洲留学生在日本租房子常遭到白眼与拒绝时，他们甚至有过将其家的小庭院改建为留学生宿舍的念头，但被我们劝阻。我们不少留学生都为之感动而称影山老师为现代的"藤野先生"。

在笔者所接触的诸多日本师长当中，影山教授是少有的一位对战争问题采取不回避态度，肯正面具体回答年轻人提问的老师。1970年11月，当右翼作家三岛由纪夫"以死谏国"切腹自杀的消息[1]传到我们课堂时，校园里的气氛显得异常阴沉。当天，影山教授以极其沉重的心情，冷静地向我们介绍了战前日本的政治空气以及战后以来日本舆论界诸多触之不得的"敏感问题"的来龙去脉；他还深刻地分析了这些动向所隐藏着的深一层意义。当天的课整整延长了两个小时。影山先生当时为我们揭开日本战前与战后舆论界"黑手"的连续性，迄今仍然深刻地留在笔者的脑海中。

针对战后日本舆论界的走向，影山教授在这之后曾在其连载于《大众传播市民》的系列文章中有进一步的说明。

在一篇题为《逆时针转》的文章中，影山先生对日本一部分新闻学者和新闻工作者一些似是而非的新闻观提出了尖刻的批评。

原来在日俄战争前夕，日本舆论界曾有过主张和平的"非战论"。同样地，在甲午战争前夕，日本报刊也曾有"战争回避论"的主张，但一旦战争开始，哪怕是对"满洲事变（指九一八事件）内心存有质疑者"，都齐步跑到参与战争行列的最前线，"在其报纸的版面上，倾其全力主张动员全民展开扫荡战……"

对此，曾有新闻工作者著书宣扬如下论调："对于（新闻工作者）内心到底在想什么这个问题，其实从一开始就根本没有思考的必要。"

针对如此这般的言论，影山教授表示不能同意。恰恰相反，他认为新闻工作者对于这样的现象应引以为戒，不能重蹈覆辙。他指出新闻工作者对当时日本舆论界"逆时针方向转"的动向应该予以批判。影山老师理直气壮的批判是有说服力的。

不过，坦率而言，要和影山老师那一代与"战争"和"亚洲"问题有直接经历的人坦率探讨有关问题，有时难免会出现情绪失控的时刻。记得有一回，一位同学单刀直入地问道："老师，您当时为何不反抗？"对此，影山先生一面耐心地向我们细述军国主义时代专制统治者的黑暗与残暴，一面也

---

[1] 详情参见拙稿《震撼日本的三岛切腹事件》，收录于拙著《日本社会》（《卓南生日本时论文集》三卷本），世界知识出版社2006年版，第240—244页。

对当时无法阻止军国势力之膨胀而感到悔恨。他越谈越激动，声调也越提越高。他不止一次提高嗓音表示，每每谈起这些往事，他都感到十分难受，甚至想要自尽。

也许是担心我们师生激烈的讨论和争议会闹出问题，影山夫人每每私下暗示同学们转换话题。

正是出自对战前无法阻止军国日本发动战争的悔恨，影山先生对于战后日本的"逆时针转"，特别是日本舆论界这方面的动向，无时无刻不敲响警钟。不过，从他晚年对日本政局与舆论界走向的言谈中，不难观察到他是十分悲观与孤寂的。据影山夫人反映，影山老师晚年的口头禅是："看来日本得再打一场败战，才能与亚洲建立起真正友好的关系。"一位热爱和平，对战前日本深刻反思，充满悔恨的知识分子，到了晚年却说出了对其祖国如此无奈的话，这不能不说是现代日本的悲哀。影山先生的苦恼，可以说是他同年代有良知的日本知识分子的共同苦恼。

由于战后日本的"亚洲热"是在对战前的"亚洲热"并未真正反思的背景下重新掀起的一股热潮，影山先生及其同辈对此不能不采取十分谨慎的态度。20世纪70年代初，《朝日新闻》为了配合中日邦交正常化的政策，正在筹办出版一份以高层知识分子为对象的名为《朝日亚细亚评论》的季刊。记得当时已经退休的影山老师曾为是否要应报社的邀请而肩负起这份以亚洲问题为中心的刊物的副总编辑重任而苦恼。几经犹豫和多方考虑后，他终于承担了有关职务。这足见，对于影山先生及其同辈有良知的日本学者和新闻工作者来说，"亚洲问题"的确是一个既不轻松，也不容易应对的难题。

以上所述的是笔者最初到日本留学，摸索新闻学道路的一段历程。从中不难发现，"日本与亚洲"和"日本的亚洲报道"是笔者抵日后始终不能不关心的重要题目。留日时代是如此，1973年返回新加坡担任华文报社论委员、专职从事时事评论工作时也是如此。1989年笔者转入学界，配合教学和研究的需要，笔者对日本与亚洲各国相互报道、日本传媒的亚洲论调与亚洲外交等话题仍保持密切的关注。呈现在读者面前的几本文集，之所以不离开此话题，原因也在这里。

第三章

日本的新闻学与新闻事业[*]

大家好！我是新加坡人，20世纪60年代我到日本留学；70年代回新加坡报界工作；80年代再到日本，任新加坡《联合早报》驻东京特派员；1989年转入大学教书。个人经历既不曲折，也谈不上复杂，一双脚始终踩在报界和学界这"两只船"上，关注的学术领域主要是新闻学与国际关系。经常会有人很关切地问我，你从报界转到学界有没有什么特别的感受？老实说我没有太大的异样感觉，对我来说这只是一个工作重点的转移。即使在报界工作，我也从未停止过对新闻学和新闻史的学习、思考与研究。在转入大学任教之后，我仍然对时事评论抱有浓厚兴趣，也从来没有停止过时评的写作，可以说从1967年到现在我一直都在为报馆写通讯、写评论。中国报业史，尤其是中国近代报业史的研究，这是一个让我付诸不少心血的学术领域。2002年，我的中文简体字增订版《中国近代报业发展史1815—1874》由中国社会科学出版社出版，有兴趣的同学不妨到图书馆翻阅。日本的政治与外交，从当年的佐藤荣作内阁到今天的小泉纯一郎内阁，是我关注的另外一个焦点。今天我主要是就日本的新闻学与新闻事业这个话题，与在座的各位老师和同学交换一下我的粗浅看法。当然这两个话题都很大，涉及面很广，绝非三言两语所能讲清楚，难免有挂一漏万之嫌，仅供大家批评参考。

一 日本的新闻学

（一）日本的新闻教育

1966年，我到日本留学，作为一个插班生直接进入早稻田大学政治经济

---

[*] 本文为作者应李彬教授邀请在清华大学新闻与传播学院演讲的记录。原刊于李彬、王君超编《媒介二十五讲》，清华大学出版社2004年版。

学部（即学院）新闻学科（即新闻学系）念本科二年级。之前，我在新加坡南洋大学念政治学。当时能进入早稻田大学新闻学科，对我来说是一个非常可喜的消息，因为早稻田大学培养了一批优秀的新闻工作者；而且早稻田大学的学风也比较自由开放。但是，当我怀着喜悦的心情走进早稻田大学的时候，令人沮丧的是，我发现新闻学科实际上已经快要关闭了！当时政治经济学部里的四个学科，分别是政治学科、经济学科、自治行政学科和新闻学科。前面两个是大学科，每年各招生千人以上；后面两个是小学科，每年只各招数十人。那时候整个新闻学科只有一位专职教师，其他都是来自他校的老师或由在新闻媒体工作的人员兼职。直到1969年我毕业，都是如此。前几个月，我出席了早稻田大学新闻学科校友每五年相聚一次的恳亲会，话题仍然离不开早稻田大学新闻学科的复办问题。几十年来，不少校友都在为早稻田大学新闻学科的复办奔走呼号，但都徒劳无功。

为什么早稻田大学新闻学科面临关闭的命运呢？我想这是了解日本新闻教育的一个很好的窗口。我们知道日本是一个报业大国，一个信息传播大国。大家都认为日本的新闻事业非常发达，从而推想其新闻传播教育也一定十分发达。实际情况怎么样呢？绝非如此！这里牵涉到一个问题，就是日本的新闻学教育究竟处于何种地位？

在战前，日本的新闻学一直没有取得日本学术界的认可。所谓"新闻无学论"，这在日本是根深蒂固的。当时历史比较悠久的大学，比如东京大学的前身东京帝国大学，是不能设有新闻学科或新闻学讲座的课程的。1929年，在小野秀雄和几位东京帝国大学教授的努力之下，终于成立了一个小小的研究室，叫做新闻研究室。在这之前，小野秀雄曾担任过东京帝国大学文学部有关世界新闻史的"志愿教师"，不领大学的薪水。这个新闻研究室就是战后大名鼎鼎的东京大学新闻研究所的前身。1932年，在小野秀雄的策划与努力下，私立上智大学设立了一个新闻学科，但是影响不大。小野秀雄被尊称为日本新闻教育的开山鼻祖。

战前日本的新闻学基本上取经于德国模式。德国的新闻学注重理论，把德文翻译成日文显得非常生涩难懂。这种枯燥的理论，在日本业界并没有引起太大的影响。另外，战前日本的宣传技术、宣传手段也深受德国影响。一部分日本学者，如东京帝国大学新闻研究室的小山荣三，庆应大学的米山桂三等也积极介绍和推广德国式的"战时宣传理论"与"文化政策"。我们知道战前的日本或者德国都是法西斯国家，它们信奉"谎言重复一千遍就是真理"的舆论宣传造势。这种舆论宣传操纵的方式，不管是在德国或者是在日本都起着非常大的作用。这是战前日本新闻学或新闻界的一个特征。

在战后,像早稻田大学新闻学科这类学科的诞生,与其说是出自日本社会的迫切需要,不如说是受到当时美国占领军的压力。1945年日本打败仗之后,日本基本上是由美国的占领军单独统治。以麦克阿瑟将军为统帅的"占领军总司令部(GHQ)"的基本政策,就是要让日本成为美国的附庸,构不成对美国的威胁,这是占领军最主要的一个目的。美国在早期也努力推动日本摆脱战前军国主义体制的政策,例如1947年正式实施的战后"和平宪法"等等。这些都是当时一系列"民主化"的改革措施。但这一系列的改革并不是非常彻底的。因为它是从美国的利益来着手的,当然其中也引进了一些欧美的制度。美式的新闻学教育就是作为大学教育改革的一部分,在占领军时期介绍到日本的。早稻田大学也是在这个背景之下,与其他的几所大学同时被指定开设新闻学科。

20世纪50年代至70年代是反对《日美安保条约》和支持《日美安保条约》两股势力针锋相对的一个时期。当时的年轻人有理想有激情,因为受到了战败的冲击,日本知识分子也在反思。在这样的背景下,早稻田大学成了学潮的中心。东京大学也是天天在闹学潮。我在早稻田大学的三年,几乎没有几天真正上过课,有时根本不知道日本同学究竟哪天会上课,哪天会罢课。不过,应该指出的是,当时的日本大学生学习非常认真,喜欢探讨社会问题,特别是哲学问题。他们对战后日本的走向非常关注。在这样的背景下,新闻学研究与社会运动,特别是反战运动的关系是很密切的。当时许多著名的新闻学者,特别是东京大学新闻研究所的学者如日高六郎(1917—2018)等,都站在反对日本军国主义复活的阵线上。他们反对《日美安保条约》,对战前日本军国主义如何利用媒体进行法西斯舆论宣传,对日本媒体与战后民主运动等问题都进行了深入研究与反思,为战后新生的日本新闻传播学做出了重大的贡献。

可是在我1969年毕业那年,早稻田大学新闻学科就关门大吉了。这与有日本特色的人才培养观念有关。日本的大企业包括报馆认为大学只是学识教育,不是技能教育。它们都是通过在职训练,按照自己的需求对大学毕业生重新进行培训,对学生专业出身要求甚少。因此,任何专业的学生同样可以进入报馆,有没有念新闻学科对报馆来说并不重要。早在20世纪60年代中期,就有人提出要关闭早稻田大学新闻学科,个中原因错综复杂,不是外界人士所能了解。但一个公开的理由是,大学当局曾向在报界、广播电视界工作的早稻田大学校友进行了调查,反馈的结果是这些校友对新闻学科的存在持消极的态度。

这与前面提到的"在职训练"的观念有关，也与时代背景密不可分。正如前面所说，50年代、60年代的日本年轻人富有激情。对于保守的管理层人士来说，新记者最好是乖乖听话，不要和我谈什么新闻伦理，不要讲什么言论自由。在他们看来，新闻学科的毕业生最麻烦，他们容易和上司发生摩擦，与其这样，不如干脆不用新闻学科的学生。

一方面战前日本就有"新闻无学"的传统偏见，另一方面是战后日本的报界、广播电视界对新闻学不重视。在这种环境下，早稻田大学新闻学科关闭了，其他大学的新闻学科虽然继续招生但名额有限。最近，日本的个别大学虽然新设有传播学部或社会情报学部（即学院），但全国没有任何一所大学有新闻学院，今后也没有创办新闻学院的征兆。这与中国新闻传播学院如雨后春笋般的兴起形成鲜明的反差。

尽管如此，战后日本新闻传播学界毕竟还保持着一支人数众多、研究成果累累的梯队。就以日本新闻学会，现在改名为日本大众传播学会为例，会员人数超过1000人。在日本全国有100多所大学设有相关课程，共有1000多个讲座（详情参看本书第二部分第一章）。其中，位处领导地位的是前面提到过的东京大学新闻研究所。

（二）东京大学新闻研究所的变迁

接下来我想简要介绍一下东京大学新闻研究所。在日本，东京大学新闻研究所一直处于新闻传播学界的领导地位。其前身就是战前的东京帝国大学文学部新闻研究室，战后也是随着美国占领军的改革从研究室升格成为研究所。许多非常活跃的新闻传播学者都是从那里出来的。东京大学新闻研究所不招收本科生（仅办每年招生50名，面向本科三、四年级学生的两年制"新闻理论与实务"的课程班），但是招收硕士生和博士生。在20世纪50年代至70年代，许多师生对战争的反思和战后民主运动的推动起着非常重要的作用。

1989年到1992年，我在东京大学新闻研究所任副教授。当时我是该所第一个外籍专职教员。因为日本是一个非常保守的社会，在1982年以前法律上是不许外国人在国立大学担任专职教师的，原因是国立大学的老师是公务员，外国人是不被允许当公务员的。之后，尽管在法律上已做了修改，但也是逐步接受的，而且一般都是"聘用制"。我到东京大学新闻研究所任教的时候，还被《朝日新闻》等主流媒体当作一条学界的新闻来报道，从中可以看出日本社会的保守与闭塞。

我在东京大学任教时，正好是新闻研究所为求生存与发展，进行学科大调整的三年。这三年也是教授会议上热烈探讨研究所何去何从的三年。在我离开东京大学的 1992 年，东京大学新闻研究所更名为东京大学社会情报研究所，当时学界有人指出这是新闻研究所逐步消失的一个过程。但也有人认为我们已经从新闻时代进入到传播时代，从传播时代进入到信息时代，因此研究也应与时俱进，新闻学已经落伍，新闻史更不值重视，仿佛这就是大势所趋。紧接着，不少大学也在模仿东京大学的模式，将新闻学研究改称为"社会情报研究"，即"社会信息研究"、"信息研究"等。

针对这股热潮和趋势，当时还在世的著名新闻学者新井直之（1929—1999）就发出警告。他认为，每个时代都有新媒体的出现，大力研究新媒体是无可厚非的，但无论是研究报纸、传播还是网络信息，都不能忘记从新闻传播全过程的角度来思考。作为新闻传播学的学者，新井认为必须不断思考两个最基本的问题：一个是为什么要搞新闻传播研究？另一个是为谁而搞？他表示，研究新媒体仍得面对同样的问题。假如离开了"为什么"和"为谁"这两个基本点，新媒体出现就去"搞"新媒体，网络出现就去"搞"网络，盲目跟风，疲于奔命，那就不是人掌握科技，而是变成科技操纵人，你就会沦为时代的奴隶，变成新科技的奴隶。他认为，东京大学新闻研究所不管怎样改变名称，都不能漠视新闻学的重要性。有关新闻事业（Journalism，指对时事性的问题和事实进行报道和评论的社会传播活动）的研究应该持续。

时过十年，1992 年易名的东京大学社会情报研究所不久前被教育部的一个委员会点名为"无大作为"，并怀疑其生存能力。该所已决定并入学科大调整后的"情报环"，即文理工跨学科的"信息圈研究院"。东京大学新闻研究所原以新闻学研究为母体，是日本全国新闻传播学研究的大本营，是一个有传统、影响力巨大的研究机构。对于这个研究所的即将消失，当然有见仁见智的看法，我个人对此深感惋惜。

日本的新闻传播学，从 20 世纪 50 年代到 70 年代充满着激情而且有理想的研究分野，到如今随着新科技的涌现和信息化时代的来临，沦落到自身定位不明朗的一个学科，甚而丧失了大本营，这是一个值得深思的问题。有人认为，现代经营管理的两大原则是要选择与集中。东京大学新闻研究所舍弃或放松原本以"新闻"和"传播"为中心卖点而不断扩大其研究领域，最终逃脱不了关闭的命运（按：2004年3月17日，社会情报研究所举行闭所仪式）。这也许可以作为前车之鉴。

当然，我个人在长期接触与学习日本的新闻传播学的过程中，对于日本的新闻传播学者，尤其是老一代治学严谨的学者在推动有关学科的建设方面的努力，是十分钦佩的。日本学者埋头苦干与细心求证的态度和精神，也是值得我们借鉴的。这是他们的传统，也是他们的优点。

二 日本的新闻事业

（一）新闻报道三大特征："划一"、"煽情"和"豪雨"

前面已经提起，日本是一个报业大国，一个信息传播大国。拿报纸来说，日本国土面积这么狭小，全国竟然有120多家日报，每天发行5000多万份报纸，平均每2.34人就拥有一份报纸。《朝日新闻》发行量达800万份，《读卖新闻》是900万份，《每日新闻》差不多是400万份，这三家大报占总发行量的40%。如果加上另外两家全国性的报纸《日本经济新闻》和《产经新闻》，那么这五家报纸占了报业市场的50%以上。这意味着什么呢？这意味着日本的报纸影响力非常之大。加之日本大报还经营电视，建立系列企业，其影响力更非同小可。

但是这里也引出了一个问题：发行量数以几百万份的日本报纸是否有可能维持被西方称为高素质报纸的水平呢？所谓"高素质报纸"，就是Quality Paper，是指以政治、经济新闻为主的报纸，比如美国的《纽约时报》《华盛顿邮报》，英国的《泰晤士报》等。这些报纸的一个特点是发行量不多。如果按照这一严格标准，这一类报纸在日本根本不存在。为什么呢？因为像《朝日新闻》虽然也自称为Quality Paper，当然也确实有Quality Paper的一面，但是试想，一家报纸要维持800万份的发行量，它不可能是完全严肃的，它不可能只刊载社会精英和知识分子所需要的资讯，它必须也要迎合小市民的需求。所以，有些新闻特别是社会新闻，如杀人案件等日本各家大报也要炒作。因为如果不炒作，就不可能维持这么高的一个发行量。因此，日本学界有人认为日本的报纸是既有高素质（Quality Paper）的一面，也有大众化（Popular Paper）的一面。如果从严格的角度来看，实际上日本并没有形成真正一家如西方所说的高素质报纸。这也就意味着迎合小市民的煽情的报道方式经常会出现在日本的大报上。另外一点，日本的媒体也经常会采取一种倾盆大雨式的报道或者是狂风暴雨式的报道（日人称之为"集中豪雨"）。每当某一个大事件发生的时候，在拥有36版版面的日本大报，从第1版、第2版、第3版，乃至第34版、第35版（第36版为电视、电台节目表）可能都在渲染同一条新闻。这样一种报道方式，再配上煽情报道，很容易对读者（就是受众）造成很大影响。除此之外，它们还有一个共同的特点就是划一性。所谓"划一性"，其实就是统一口径。日本的媒体在许多问题特别是对外问题上，口径是相当统一的。

日本的新闻媒体善于诱导舆论。所谓"舆论诱导"，其实就相当于中国国内常用的"舆论导向"。但是我想"舆论诱导"这个"诱"字，也许更加形象，因为"舆论导向"，只能算是造势吧。日本的舆论诱导，还有引诱你跟着它的基调走的意味。在日本媒体统一口径，不断、反复地以煽情方式集中报道的影响下，日本人对某些问题很快就会有统一看法。特别是有关外国的问题，看法更快地趋于一致。日本前首相宫泽喜一在当首相之前曾经说过一句很令人深思的话。他指出：不管是战前或者是战后，日本人都比较容易盲从政府。他认为促使日本人民盲从政府的最主要的原因，在战前是政府指定的统一的教科书，也就是国定教科书；在战后取而代之，扮演同样角色的是大众传媒，就是日本的报纸和电视。其结果是，不管战前还是战后，日本人都成了"金太郎糖"，也就是有点类似中国的同心糖，由于糖果是以金太郎的脸孔为模板，日本人称之为"金太郎糖"。这种糖果不论从哪个角度来切割，花样都是相同的，因为它都出自同一个模板。宫泽的意思是说在日本大众传媒的舆论诱导之下，每个日本人的看法都是一模一样的。他认为这是日本的一个优点，但也是日本的一个弱点。

（二）舆论诱导与日本外交

日本的大众传媒，不管是报纸还是电视都很善于造势，统一口径，煽情报道，影响面又很大。在国际问题的报道与评论上，战后日本媒体基本上是以欧美特别是美国为中心，最近十年来虽然逐步重视亚洲问题，特别是对经济问题做更多报道。在日本，经常有人探讨"日本与亚洲"的课题，实际上很多日本人的脑海中并不把自己当作亚洲的一部分，因为在他们看来亚洲是比日本低一等的。无论是战前还是战后，日本的基本思潮都是尊崇欧美，鄙视亚洲，这样的社会思潮是根深蒂固的。在对亚洲的报道上呢，日本人对亚洲基本上也还存有一种强烈的优越感。战后日本对亚洲，特别是对东南亚诸弱小国家的报道有一个模式，就是"期待与不安"论，日媒经常询问亚洲各国人民：你对日本印象如何？你对日本有什么看法？或者你对日本有何期待（即小国对大国的期待）？在20世纪60年代、70年代，关于日本媒体的亚洲报道，特别是对东南亚的报道，这个"期待与不安"论是非常流行的。[1]

所谓"不安"是什么？原来战后的日本回返亚洲，并不是靠着本身的力量，而是依靠美国的力量而回返亚洲的。换句话说，在冷战的体制下，日本以最低的代价回返亚洲。不管是战争责任问题或者赔偿问题等都没有很好地处理就得以重新活跃于亚洲的土地上。这一切都是依靠美国的影响力。正因为如此，不少日本人担心亚洲人民对日本有一种不安全感，担心日本军国主义卷土重来。日本首相、大臣一再强调日本有"和平宪法"，保证军费不超过国民生产总值的百分之一，乃至誓言遵守"非核三原则"——就是日本不制造、不拥有与不导入核武器，这些都是他们自己许下的诺言。1977年日本的首相福田赳夫到东南亚访问，更在马尼拉抛出"福田主义三原则"。"福田主义三原则"的第一个原则就是日本誓言不成为军事大国。由此可见，不成为军事大国等言论实际上与其说是我们要求他们做，不如说是日本为消除各方对它的警惕而许下的诺言。连军事大国都不做，军国主义怎么会复活？这是日本战后对亚洲的一个宣传攻势。这个宣传攻势实际上也反映在日本的大众传媒上。战后以来，日本大众传媒宣传的重点之一，就是要努力消除外国人对日本的不信任感。"期待与不安"论长期地在战后的亚洲报道中占有非常重要的位置。

可到了20世纪90年代之后这个"不安"论就逐步消失了，特别是在海湾危机或者1995年以后，不少保守的政治家和大众传媒认为日本已经到了应该可以成为所谓"普通国家"（日文原文，有人译之为"正常国家"，与原意略有出入）了，认为日本已经战败50年了，很多问题应该解决了，"不安"论应该消失，取而代之的就是渲染各国对日本的"期待"，即渲染各国希望日本能够扮演更加重要的角色，从经济大国到政治大国，等等。

日本的大众传媒之所以会紧紧地跟着政府展开这样的舆论的宣传，我认为跟大众传媒报道的特征有关系，因为日本的大众传媒的一个明显特征是以"国益"为中心，以日本为本位，即所谓"国家的利益"，"企业的利益"，或者以日本人为中心。这些原则在战后是始终如一的。中国国内有些人可能

---

[1] 有关日本的亚洲报道及其特征，详见［新加坡］卓南生《日本的亚洲报道与亚洲外交》，世界知识出版社2008年版。

对日本不是很了解，很容易掉入一个在我看来是不太符合事实的说法的陷阱里。比如说谈到《朝日新闻》，就认为这份报纸是"亲中"的，或者是革新的进步的报纸。这种定位，有时可能是为了说明的方便，但实际上却是一个虚像。因为20世纪60年代、70年代是日本人民反对越南战争，反对《日美安保条约》的高潮，是日本学运、工运蓬勃发展的时期。当时《朝日新闻》确有一些包括本多胜一（1933—   ）、松井依耶（1934—2002）等开明且优秀的记者，该报的一些言论也会反映那个时代的潮流，但如果把该报定位为"亲中"或"左派"的报纸，这是不符合事实的。因为我们知道1972年中日恢复邦交，是有着几股力量推动的。1978年的《中日和平友好条约》的签署也是依靠下面的几股力量在推动。

第一股是反战的和平力量。在反战的势力当中也可以略为分类，有些是真正反战；但也有的是出自官方所说的"恐战"（害怕战争）和"厌战"（讨厌战争），这是由于战争失败的自然心理流露。第二股力量是年纪比较大的人，很多是打过仗的人，他们对亚洲特别是对中国有一种赎罪心态、赎罪心理，他们认为对不起中国。哪怕他们没有勇气或者是不愿意让下一代知道真实的情况，但内心对战前、战时发生的一切是一清二楚的。这批人也会要跟中国恢复邦交。第三股力量是出自意识形态，他们可能比较倾向于社会主义模式，他们也会支持中国，主张和中国恢复邦交。第四股力量其实是日本的资本家、日本的财界。日本财界为什么要积极和中国来往呢？他们认为中国是他们赖以生存与发展之所在地，从战前就是如此。"近水楼台先得月"。如果说美国资本能够进来，为什么他们不能进来？如果欧洲的资本要打进中国，为什么他们不能抢先一步？在推动中日邦交的过程中，《朝日新闻》在当时确实是扮演着重大的角色。但必须指出的是，这和"亲中"与"不亲中"毫无关系。这是日本媒体维护其长期"国益"的自然体现。

在20世纪60年代和70年代日本媒体在越南战争问题的报道上有良好的表现，也是跟时代背景有关系。首先，应该指出的是，越南战争是百年来在亚洲的战场上日本不直接参与的少有的一场战争，尽管轰炸河内的B52美国军机由冲绳军事基地起飞。其次是，当时离开日本战败时间不久，日本人深知战争的悲痛，日本国内反战声势十分浩大。当时出了许多进步的、开明的记者，包括前面提到的本多胜一等。但本多胜一不等于《朝日新闻》。20世纪60年代、70年代的记者是不断在思考的。1973年，我在回返新加坡任职《星洲日报》之前，曾经在《朝日新闻》研习、考察过三个月。在最初的两周里我和年轻的记者们一起在横滨支社睡觉值班，白天一起采访新闻，夜间也一起在居酒屋喝酒。他们很多人都满肚牢骚，个个都想成为本多胜一，因为他们想做好记者工作，想成为名记者，他们也认识到新闻工作者的重要性和特殊性，立志要为人民服务。但是他们知道作为商业报纸的《朝日新闻》需要的是拥有众多读者群的本多胜一，因为这可以替报馆带来可观的商业利益，但它不需要，也不打算刻意培养第二个或第三个"本多胜一"。当时许多年轻的记者都希望自己能够被报馆重用，发挥才干，但结果却令许多人感到失望。这是一个年轻人有理想有激情的年代。

可是到了今天，情况却完全相反。与20世纪60年代、70年代相比较，日本大学生的气质已经完全改观。现在的年轻人进入了一个停止思考的时代，他们不要思考，什么都不感兴趣，既不爱读书也不爱看报。这一点作为在大学教书的我深有体会。他们可以说是很符合某些报馆管理层的要求，就是上司分配你什么新闻你就写什么新闻。对此，在报界工作的朋友颇有怨言，因为现在来的大多是"等待指示的记者"，就是你不推他不动，工作效率低劣。这些不思考或者"等待指示的记者"的涌现，在另外一个层次上也是促使日本的舆论操纵更加容易的重要原因之一。从今天日本的舆论造势，再加上推行狭隘爱国主义的国旗国歌法案等和限制人民言论自由的"盗听法案"和"战争法案"等的相继出现，日本媒体今后离客观报道将越来越远，这是自不待言的。日本大众传媒积极配合与推销保守政坛红人小泽一郎的所谓"普通国家论"，就是明证。

所谓"普通国家论"，实际上就是说让日本松松绑，让日本抛弃"和平宪法"，让日本整军，凡是其他国家可以做的事情日本都可以做。在日本总保守化的政局下，现在日本政坛的游戏规则基本上就是自民党的化整为零或化零为整的重新组合。这种论调也就是近年来日本官方与大众传媒极力鼓吹和推行的所谓"新思考"。

在这样的背景下，日本官方与大众传媒对外的舆论宣传攻势，有以下几条条规：第一是不许谈历史，谁谈历史谁就是"民族主义"，特别是中国。如果再谈历史就会被认为是纠缠过去的问题，是在打"历史牌"，是在揪住日本小辫子不放，就是要敲诈。第二是采取"出口转内销"的舆论宣传攻势。我们知道商品有出口转内销，现在言论也有出口转内销。最近最典型的出口转内销的最好例子，就是被日本媒体炒得火热的某些中国评论家倡议的"对日新思维"。所谓新思维，其实就是变相响应日本的"普通国家论"。日本热炒这所谓新思维，其意图有两个，一是拿来教训日本国内已溃不成军的反战力量，说：连社会主义国家的人都认为日本的历史问题已经解决了，你们还要再吵什么？连中国的一些学者都认为日本整军是没有问题的，日本成为安理会常任理事国是合情合理的，你们还要反对什么？这个出口转内销式的舆论导向，其首要目的是对付日本国内的反战力量。二是作为一个外交的筹码。它强调新思维是邻国应走的道路。在某些保守的日本人士看来，小泉参拜靖国神社已经三次了，亚洲各国应该停止反对的声音。所谓"事不过三"这样的说法是错的，你们应该好好学习马氏之流的正确新思维，每个国家都应该有自己的自由，日本首相参拜靖国神社，要敬仰自己的"军神"，这是日本自己的事情。

由此可见，日本大众传媒的舆论和当局推行的"国益"路线与"国策"是紧密挂钩的。从表面上看，日本各家大报有时候观点似乎有所不同。但深一层分析，却不难发现在重大问题上，特别是在外交问题上，各报的基本看法相差不远，有时只是在扮演着不同的角色。要能分辨日本各大报立场之差异与论点之异同，这需要一定的功力。勤于思考、善于观察，是新闻工作者少不了的作业，每位新闻记者或评论员必须具有敏锐的嗅觉和洞察力。观察日本时局的变化是如此，观察其他国际事务或国内问题也是如此。

在日本"总保守化"和大学生停止思考，以及缺乏新闻学界监督的大背景下，现在的日本报界出现越来越多刚才所提到的"等待指示"的记者。他们丧失了记者独立的价值判断和新闻敏感，造成日本媒体更加容易沦为舆论造势的工具。特别是在对亚洲问题的报道上，以日本为中心的舆论诱导有越来越严重的趋势。有关沈阳日本领事馆的"闯馆事件"和朝鲜"绑架事件"的炒作就是很好的例子。日本大众传媒今后的舆论诱导走向是值得密切关注的。

我和北京大学的程曼丽教授正在为汕头大学长江新闻与传播学院编一套新闻传播史论丛书。不久将推出《方汉奇文集》和《宁树藩文集》（按：已于 2003 年 10 月出版）。无独有偶，两老在后记中都强调探索的重要性。高龄已逾八十的宁老还以"此生不息，探索不已"为结束语。两老的治学精神值得我们每一位从事新闻传播学研究者和同学的学习。我谨将这句话转赠给各位，并愿与诸位共勉之。谢谢！

接下来是"答疑"时间，欢迎各位提问。

三　互动环节

问：中日未来冲突的可能性有多大？
答：这是一个很大的问题，也是个很重要的问题。最近新加坡《联合早报》刊登了我和吴学文教授的长篇对谈。《世界知识》2003年3月15日对我的看法也做了一个详细介绍，就是究竟是谁需要新思维？在这些文章里，我明确提出，当前中日关系，"时"与"势"都已经有所变更。今天日本的社会思潮和二三十年前完全不同，我们需要重新考虑定位问题。在过去我们经常说日本的右翼分子是"一小撮"。这个定位在20世纪60年代、70年代我觉得非常准确。那时每天在大学校园里，都可以看到日本同学在游行示威，维护和平、反对战争，但这已经成为过去。当时要求恢复中日邦交的力量是非常强大的。到了今天，"一小撮"论是不是已经过时呢？我的基本看法是这样的，兴风作浪的右翼也许还是那么一小撮，但由于日本国内原有的制衡力量已经衰微，因此有必要给予重新评估和定义。换句话说，"一小撮"也许真的还是那么一小撮，但是他们的影响力跟20世纪60年代、70年代不同了。因为最主要的反对党日本社会党已经消亡。日本社会党从最大的反对党沦为今天改名换姓的"迷你"政党，叫做社会民主党，从占有国会百分之三十的议席到今天的不到百分之二，这当中当然有各种因素，但正好说明了日本国内保守势力与革新派势力之消长。这是我们在分析中日关系走向时不能不认真思考和面对的冷酷现实。

问： 日本的记者俱乐部到底发挥了怎样的作用呢？

答： 这个问题很好。记者俱乐部在很多国家都存在，比如说美国和新加坡，它的作用是促进记者之间的交流，增进友谊。但是日本的记者俱乐部在新闻采访中扮演很重要的角色，是一个不可或缺的新闻采访活动的基地。这在战前就是如此。日本几乎每个机构，从政府官厅、政党组织到工商团体，每个地方都有记者俱乐部，各家加盟的日报、广播、电视机构都可以派固定的记者去办公。这些记者可以不必到所属的机构报到，但必须去记者俱乐部值班。换句话说，这些记者和受访者的关系是十分密切的。记者俱乐部每天都有次数不等的新闻发布会，如果有重要新闻的话随时都有发布会。在由俱乐部干事主持的发布会上，有关当局会告知记者今天有什么事情发生。

日本记者俱乐部是一个排他性、封闭性很强的机构，常有一些内部规定，也就是所谓的"内规"，对哪些新闻可以报道哪些新闻不能报道，还有在什么时间才可报道等往往达成协议。发布新闻者也会告诉记者，哪些资料只是作参考而不可公开报道。这些规定本来是违背新闻采访原则的，然而在日本却司空见惯。假如一旦有人破坏了俱乐部的内部协定，那么他不仅会被取消成员资格，被禁止参加俱乐部活动，不得出席记者会；而且新闻发布者也可以以这个理由不接见他，不让他采访。这种对新闻记者起约束作用的"内规"的存在，是日本记者俱乐部的一个显著特点。

　　简而言之，日本记者俱乐部的存在是日本新闻报道中造成划一性特征的一个主要因素，也是促使采访者与被采访者相互勾结、操纵舆论的一种机制。有人形容，日本是一个政、官（公务员）、商三者相互勾结，形成"铁三角"的社会，但也有人认为应加上大众传媒，成为"铁四角"的体制。记者俱乐部在促使"铁四角"形成的过程中，无疑扮演着重要的角色。

　　问：请问老师您觉得我们新闻传播学院将来应该如何发展？

　　答：你们学院应该怎么发展，这是院领导应该思考的问题，我不了解情况，也没有发言权。但是新闻传播学院也许少不了培养新闻记者的任务。我个人认为，作为记者要做好几个基本功。首先文字基本功要好。假如你的表达能力不强，假如你的阅读能力不强，假如你的采访能力不强，那就要努力了。这里的文字当然包括中文和外文。如果不行，奉劝尽快离开新闻行业，新闻界不是你的久留之地。有的记者做了五年、十年才发现不合适，要跳槽，实在是太迟了。其次要有丰富的知识，要有好奇心。假如都像今天日本的"等待指示"的记者，那只能算是上班族，朝九晚五，这样的记者不可能当好记者，因为他没有激情，没有使命感。如果只是把记者单纯作为一种职业，那他肯定做不好。丰富的知识应该在本科就打好基础。历史、地理、政治、经济、国际关系，这些基本功，假如你打好基础，就是你的强项。假如你只知道传播理论、传播学、信息学，新闻传播的业界未必要录取你。还有，我认为新闻伦理学，特别是在今天的中国，必须要大力提倡。我们知道，失实报道、"红包"现象在今天中国已经成为"疑难杂症"，很难彻底根治。采访者和被采访者之间的勾结关系如果没有办法剔除的话，那中国的新闻传播行业将是非常危险的。所以新闻伦理学在每个新闻学科里必须大力提倡，在中国更加需要提倡。日本新闻学开山鼻祖小野秀雄曾经说过这么一句话："任何科目在新闻传播学院的学科设置中都可以增加或削减，但有三个科目却是不可或缺的，那就是新闻传播史、新闻传播理论和新闻传播伦理教育。这三个科目是新闻传播学系或学院健康发展的根，是其生命力的源泉。"我在北京大学、复旦大学和厦门大学的新闻院系讲学时，都强调新闻伦理学的重要性，尽管我不是这方面的专家。

　　问：请问老师您认为（日本的）"言论自由"能够真正得到保障么？

　　答：我个人是悲观的。在20世纪60年代、70年代，日本有很多很优秀的记者，比如说刚才提到的本多胜一。他不是新闻学科出身，之所以成为年轻记者的偶像,主要是他写的关于越南战争的战地报道在《朝日新闻》上连载,引起轰动。在战后的很多报道中,日本新闻界得到最高评价的也是有关越南战争的报道。日本对越南战争的报道为什么能得到好评呢?因为正如前面我所说的,越南战争是日本史上少有未直接参与的一场亚洲战争。

同样地,尽管美国标榜言论自由与客观报道,但是在一些影响到它直接利益的时候,比如说伊拉克战争等,我们就可以看出美国大众传媒的报道就并不是那么客观的。日本在越南战争期间,相对是比较客观的,但是即使如此,它也受到美国的压力。在20世纪60年代《每日新闻》的一位国际新闻部长大森实就是在美国驻日大使,也是哈佛大学著名的日本史专家赖肖尔教授的压力下被迫离职的。这位国际新闻部长并不是什么"左倾人士",但由于他在越南战争问题上主张大量报道真实情况,美国大使便利用他的影响力迫使他离开了《每日新闻》。美国一向宣扬与提倡新闻自由与客观报道,但是其前提条件是言论自由与客观报道不能违背"美国的利益"。《每日新闻》和《朝日新闻》头顶的所谓"左倾"、"赤化"的帽子,就是当时美国大使赖肖尔给它们戴上去的。

这里涉及一个所谓"国家利益"的问题。关于国家利益主要看你如何定义。日本保守人士开口闭口"国益至上论"。日本大众传媒经常会指责异议者,说"你的言论是不符合国益的"。但其实所谓"国益",有时候只是某些当权者的利益、某些既得利益集团的利益。我认为,一般而言,为了国家的利益,为了人民的利益等诸如此类的口号都是可以,也是应该提出的。问题是,我们需要不断思索的是,是什么样的国家利益?是不是真的有利于国家和人民的长期利益?我们不要把它泛化,用一个含糊不清的"国益"概念来代替一切,因为"国益"(特别是侵略者的"国益")有时恰好正是狭隘的、排外的国粹主义的代名词。

我们知道,报纸并不是单纯的商品,它是一种特殊的商品,我们在制作过程中要有社会的道义,要坚持真理,坚持事实,对问题的本质要看清楚,明辨是非。至于怎么样达到这样的境界,这要有丰富的知识背景,要有正确的历史观和价值观,要不断思索。这样一来,自然而然地你就知道作为一个新闻记者什么是应该做的,什么是不应该做的。

第四章

日本大众传媒中国报道的特征与走向[*]

我今天的题目是"日本媒体和中日关系"。在谈这个问题之前,首先要稍微介绍一下日本媒体和中日关系,这两个都是大题目,我想先简单地对日本媒体和中日关系的特征作一番介绍,然后再谈谈日本媒体在中日关系上所扮演的角色。

一 "国论二分"时代特征

大家都知道中日关系处在十分恶劣的阶段。我是在1966年到日本留学的,那时中日还没有恢复邦交,1972年日本首相田中角荣访问中国以后才恢复邦交。1966年刚好是1945年二战结束后的21年,也是1964年东京奥运会后的两年。尽管当时官方不承认中国,基本上跟着美国走,中日两国没有正式外交关系,但能感受到日本国内有一股力量在积极地推动中日关系,民间有一股要求中日友好的声音很洪亮。在新闻传媒方面,虽然基本上也跟着官方走,但也有不同声音。第一股力量是来自主张和平的,这其中有的是真正爱好和平的,有的是厌倦或者恐惧战争的,用官方的话就是"厌战病"和"恐战病"。第二股力量就是不少日本人也知道在战争期间对中国做了亏心事,他们也是要求友好和平的。第三股力量是出自意识形态方面的认同,他们向往社会主义,或者说反对美帝国主义,他们也要求促进友好。另外还有一股力量,包括在执政党自民党内部非主流的势力以及日本财界,他们也想促进友好,但主要是出自市场和资源的考虑,他们知道日本的出路主要还是在中国。他们认为中日友好是日本唯一的出路。特别是在60年代日本的信心还没有完全恢复之前,这股势

---

[*] 本文为作者2001年3月30日应清华大学新闻与传播学院李希光教授邀请在该学院讲演记录的摘要。

力是完全不能忽视的。这四股力量发出不同的声音。

另外，从当时日本国内的政治形势来看，一边在反对《日美安保条约》，另一边却在支持它，两股势力经常争论，发出不同声音，即日本人所说的"国论二分"。可以想象，当时日本媒体的观点并不完全统一。

这是我留学时代感受到的气氛。这种气氛也很自然地反映在媒体对中国的报道上。我60年代到日本，当时还没有中国留学生。我们华裔冬天穿着中国棉袄，有时会被称为"支那人"，这是很不愉快的回忆。"支那"这个词充满了轻视，用郁达夫那个年代的人的说法，"支那人"就相当于中国人骂人家是猪猡。

当时的媒体称呼中国为"中共"。日本媒体解释："中共"是中华人民共和国的简称。这当然是强词夺理。可以这么说，日本媒体基本上跟着国策走。尽管如此，当时日本国内（包括日本媒体）还有一股经常制衡的力量。这是恢复邦交之前的情况。有关1972年恢复邦交之后，特别是后冷战的中日关系，稍后将再详述。接下来我想先介绍日本媒体的一些特征。

二 "报业大国"舆论导向

正如上一章指出一般，日本是一个新闻事业非常发达的国家，也自称为"报业大国"。日本总共有120多家日报，共发行5367万份报纸，每2.34个人拥有一份报纸，每1.16个家庭拥有一份报纸。几乎是家家户户订报纸，可见普及率很高。另外，日本报纸的发行量也是很高的。比如说《朝日新闻》超过800万份，《读卖新闻》是900万份，《每日新闻》是400万份左右，这些全国性报纸不只在大城市发行，它们在乡村和小镇也很有影响力。这样大的发行量就决定了它们不能像欧美那些高级报纸（即 Quality Paper）那样保持很明确的办报方针和高水平。

这里就引出一个问题，即日本报纸影响力很大。上述三家报纸就占有了日本40%的报分，如果再加上《日本经济新闻》《产经新闻》这两家全国性报纸，五家报纸的发行量就超过全国总发行量的50%以上。与此同时，日本报纸包括《朝日新闻》在内，经常采用如日本人所说的"集中豪雨式"报道，也就是狂风暴雨式的报道。

报纸普及率高，又采取煽情性报道，而且是狂风暴雨式报道，这意味着日本在短暂的时间内很容易制造某种气氛和舆论，这是日本媒体的一个特色。其他国家当然也会出现类似的情况，但相对而言，竞争越激烈，不同看法也可能越多。而在日本，竞争越激烈，看法却越接近。为什么？除了上述这些特征以外，日本媒体还有一个特征，即在新闻形式和编排方式上的"划一性"，基本上可以说是统一口径。

日本媒体在内容和形式上很接近，再加上前述的特征，如果日本媒体对一个问题集中地报道集中地评述的话，很快便可以在日本国内形成共识，大家都心照不宣，不需要进行什么争论。我曾就这个问题请教日本朋友：为什么你们竞争越激烈观点越接近？他们的回答是：因为我们的读者十分相似。竞争的结果是，这个标题在这个位置最好，这个内容这么写最好，受众的口味差不多。但从另一个角度来看，在促使受众口味接近的问题上，媒体实际上扮演着非常重要的角色。比如说，如果日本媒体说今年汽车流行的颜色是白色，那么几天以后街上可能会涌现大量的白色汽车。到底是大众喜欢白色还是媒体宣传白色的结果，这是说不清的，这有点类似先有鸡还是先有鸡蛋的问题。借用前首相宫泽喜一的说法是：日本人不管在战前还是在战后，对政府都比较盲从。战前促使人民盲从政府的是日本的教科书；而今天促使人民有统一价值观的是大众传媒。他认为大众传媒已经取代了教科书扮演的角色。①

三 记者俱乐部与"内规"

日本究竟是怎样做到的呢？

一个很重要的原因是记者俱乐部的存在。记者俱乐部在很多国家都存在，美国和新加坡都有，它的作用是促进记者之间的友谊，大家到那里喝酒聊天，有时也举行晚宴或舞会，而日本的记者俱乐部则在新闻采访中扮演着很重要的角色，可以说是采访的一个基地。日本几乎每个机构，从政府官厅、政党到工商团体、警察署，每个地方都有记者俱乐部，设立在建筑物的一个角落，各家报馆（加入日本新闻协会的报社）及各电视、广播机构都能派固定的记者去办公。这些记者可以不到报馆或电视广播机构报到，但必须去记者俱乐部上班。换句话说，他们与受访者的关系是十分密切的。记者俱乐部每天都有新闻发布会，一天两次或三次，如果有重要新闻的话随时都有发布。在发布会上，有关当局告诉他们今天有什么事发生，发布会由俱乐部干事主持。这样的俱乐部起了什么样的作用呢？

---

① 详见［新加坡］卓南生《日本的亚洲报道与亚洲外交》，世界知识出版社 2008 年版，第 20—23 页。

这里需要作一个小小的补充。在俱乐部中，他们常有一些内部协定（即所谓"内规"），彼此同意某条新闻可以发，某条不可发。发布新闻者也会告诉记者，哪些资料只是作参考而不可公开报道。这些规定本来是违背新闻采访原则的，然而在日本却司空见惯。如果一位记者写了俱乐部内部规定不能写的新闻，他便会被俱乐部开除，而他在工作单位晋升的机会也会受到很大的影响。

最著名的一个例子是皇太子选妃的新闻。其实大家都早已知道是小和田雅子，但都没有报道。后来由《华盛顿邮报》先独家刊登。很多人就抨击日本报界为什么让外国人抢了先，报界就说，我们早就知道了。但问题是知道了为什么不报道？这其中就是记者俱乐部的"内规"起了作用。俱乐部的存在其实是统一口径很重要的因素。曾经有一位日本记者回忆，他当时驻守在某个市政厅，每天上午十一点发布新闻，按照惯例，在发布新闻后，发布者就拉几个老练的记者去打麻将，到了下午两点左右，市政厅的职员已经帮他们写好了新闻稿，然后分发给记者俱乐部的每个记者参考。很多记者几乎一字不改就发放其稿件了。市政厅为了让记者回去好交代，还从不同角度拍了几张照片分给记者。①

这种"内规"为什么会对记者起这样的约束作用，这固然是俱乐部的一个特色，然而也跟日本社会长期以来养成的风气和文化习惯有关系。在日本，不管是什么样的组织，都有一些不对外公布的"内规"，这些内规往往比正式的法规或条文更有约束力，其成员一旦违反内部规定，在日本社会将比什么都难受。记者一旦违反俱乐部内规，就被开除出去，就会被认为很难与人协调，从此被打入冷宫。这个内规在日本社会的重要性和影响力，我可以举一个例子。

在日本新宿，有很多无家可归者。在我们看来，他们无牵无挂，应该很自由。但有一天我看了报纸上一则颇令人深思的小新闻，内容是这些无家可归者有一天打起架来，其中有两个竟被活活打死了。什么原因呢？原来为了阻止对他们不利的舆论压力，他们聚在一起开会订了不少内规，比如早晨7点整理纸箱去公园散步，直到晚上几点以后才可以回到睡觉的地方等。可是有两个新来的无家可归者不肯接受"前辈"们定下的内规，于是就被活活打死了（后续新闻不详）。从中我们看出日本社会的一个现象，如果你不遵守"内规"或不能被周围人接受，你就很难在这个社会中生存。

---

① [日] 前坂俊之：《記者倶樂部的歷史和問題點及其改革》，现代新闻事研究会编：《記者倶樂部》，柏書房 1996 年版，第 139 页。

四 国际新闻与"国益"论

日本媒体的上述特征反映在国际新闻上又是什么样的呢？第一，在国际新闻报道上，日本媒体基本上是以欧美，特别是以美国新闻为中心，最近十多年来亚洲新闻也有所增加。在这点上，日本报界和日本外交部是很相似的。在外交部，被派到美国的大使是最重要的。在报界，派到美国去的记者和派到亚洲的记者等级是不一样的。被派往美国的一般是大牌的记者。这是跟日本战后的政治密切相连的。第二，日本传媒的报道是站在"国益"（"国家利益"，在实际上往往只是当权者的利益）基础之上的。日本一些多事的评论家经常会把某些报纸分别称为"亲华"或者"反华"报章。某些报章始终贯彻"反华"路线确是事实，但把20世纪60年代和70年代的《朝日新闻》称为"亲中"报纸，我认为并不适当。第三，日本传媒基本上是以"邦人"（即日本人）的利益和日本企业的利益为依归的。有关日本报纸只为日本人或者日本"国益"服务也许会有人提出不同的意见，因为任何国家都要保护自己的利益，但是像日本这么突出的却为数不多。特别是在标榜所谓"客观公正"、"不偏不倚"的"高级报纸"中是比较突出的。这里有一个非常有代表性的例子，也是日本有识之士经常自我反省但却经常发生的例子。如果是发生飞机失事，日本媒体首先确认的是其中是否有"邦人"，如果没有日本人的话，那么这条新闻就没有新闻价值。即使该新闻在早晨7点、8点的时候是头条新闻，到了10点这条新闻也许就会完全消失了。新闻价值取决于与日本是否有关。就以1997年日本驻秘鲁大使馆人质事件的新闻来说，日本传媒在人质被救出当天，始终都在突出"日本人质全员救出"的消息。实际上在这个事件中，除了日本人之外还有其他国籍的人，甚至还有人员伤亡，但始终不被重视。当天早晨我在吃早餐时，从7点到8点都在听广播，自始至终听到的全是日本人全部被救出来了。而读者想要知道的这次行动中有没有其他人质及游击队员伤亡的消息却始终未被报道。针对此事，《朝日新闻》在一个专栏里面曾进行自我反省，批判传媒都在高唱"日本人无事"的曲调，但除了日本人之外，还有其他人因为出席日本大使馆的宴会而成为人质的。照理客人有没有伤亡才是新闻报道重点之所在。

在谈到日本"国益"的时候，首先应该明白什么是日本的"国益"。在冷战期间或者说在日本国内走向"总保守化"道路之前，尽管口径基本上是一致的，但是还有一些不同的声音，日本人称之为"杂音"或者"国论二分"。有些人也许会缅怀战争，但同时还会听到反战的声音。当然这里面的成分是相当复杂的，有的人是从内心里反对战争，有的是和战后日本缺乏信心有关，因为过去打了败仗，所以害怕打仗，害怕打败仗。日本政府之所以在教科书上做手脚，就是为了治疗日本人的"恐战病"和"厌战病"。在此期间，日本的主流媒体看法固然一致，但还是有不同的意见。这样的背景实际上也深深影响了他们对于中日关系的看法。60年代、70年代甚至80年代日本的媒体对于中国的报道在相对上是比较平衡的（仅仅是相对的）。1972年中日恢复邦交以前，当时的佐藤荣作政府推行的是彻头彻尾的反共反华路线，当然这是贯彻美国的意旨。但是，传媒中仍然有不同的声音出现。在战后，日本以"南进"为主。战前日本把中国大陆和朝鲜半岛（即"北进"）作为它发展的对象，认为中国大陆和满蒙都是它的"生命线"。战后的格局如果没有美国的因素，日本肯定得与中国和解，并在彼此互惠互利的基础上发展新的关系。但是当时的国际环境不允许这种局面的出现。换句话说，在日本最弱的时候，它没有走上跟中国大陆和解的道路。恰恰相反，美国要日本在亚洲扮演一个前线哨兵的角色。那么，日本的市场和资源从哪里来呢？解决办法是美国创造条件，让日本在东南亚发展。如果按照正常的情况，日本受其战时形象的影响是没有办法回到东南亚的。它重返东南亚主要依靠的就是美国的力量。当时东南亚各国人民要求赔偿的呼声很高，在美国的帮助下它就以非常低廉的成本（所谓的"经济援助"、"技术援助"）应付了东南亚的赔偿要求。对于这种所谓的援助，日本前首相吉田茂清楚地指出，日本考虑的其实只是买卖，是另一种形式的买卖。马来西亚第一任首相东古·拉赫曼一针见血地指出，日本的经济援助是附带条件的。所谓"经济援助"，就是"左手给你一笔钱，右手拿走一倍以上的钱"。这样的关系一直持续到1974年1月，也就是日本首相田中角荣访问东南亚的时候，终于爆发了雅加达反日大暴动。日本人称之为日本战后"南进的破产"。这就是战后日本与东南亚的基本关系。[①]

五 战后的"北进"与"熊猫热"

应该指出的是，战后的日本财界始终不忘"北进"，不忘向中国大陆寻

---

① 详见《日本大众传媒东南亚报道的特征与基调》，[新加坡]卓南生：《日本的亚洲报道与亚洲外交》，世界知识出版社2008年版，第3—23页。

求发展的机会，但不为美国所允许。到了 1971 年尼克松访华，日本受到了极大的冲击，不得人心的佐藤政权被迫下台。日本国内就掀起了一股要与中国恢复邦交的力量。这就是 1972 年中日恢复邦交前的形势。这段时期日本的新闻媒体是如何看待中国的呢？在中日恢复邦交之前，当时日本传媒都称呼中华人民共和国为"中共"，日本传媒也牵强附会地说"中共"是"中华人民共和国"的简称。这种简称体现了媒体基本上跟着日本政府走的精神。不过，它们虽然把"国益"摆在第一位，但是至少还有各种不同声音的出现。这是因为在恢复邦交之前，日本国内由于意识形态、爱好和平、反对战争等因素的作用也想采取睦邻友好政策，而且日本财界的一些人士也十分重视中国的市场与资源，所以尽管对中国不存好感者有之，但极力推动中日友好运动的人士也不少，这种情况在某种程度上也反映到日本媒体中。特别是在 1971 年尼克松宣布对中国改变政策之后（当时日本人称之为"尼克松震荡"），日本国内的大气候发生了变化，佐藤荣作由于一意孤行推行反共反华政策被迫下台，接着田中角荣上台。在这个大气候的改变过程中，日本传媒反映了各种各样的声音，在促使中日恢复邦交的过程中扮演着重要的角色，并发挥了很好的作用。

1978 年《中日和平友好条约》的签署更是把中日友好关系推至一个新的里程碑。日本人习惯于把 1972 年到 1989 年冷战结束前的这段时期，特别是这一段时期的前半部分称为中日关系的"蜜月期"。我个人认为这种比喻不很妥当，因为中国和日本首先是不可能也不会联姻的，如果我们使用"蜜月期"这一说法，那么就很容易掉入某些日本专家的"俗论"，说什么中日原本互相不了解，现在彼此关系加深了，双方难免产生有如"结婚"之后的吵吵闹闹。如此这般罗曼蒂克的解析，当然不符合中日两国的关系。中日关系虽然曾经有过相对友好的阶段，但并不能与"结婚"联系起来。在 1972 年中日恢复邦交之时，日本财界与日本政界都对中国的巨大市场与丰富资源抱有很大的期望，田中角荣之所以动作迅速地访问中国，原因之一就是要赶在美国之前与中国建立友好关系，以享"近水楼台先得月"之优势。当时日本国内掀起了一股"熊猫热"与"茅台酒热"，日本媒体在其中起了积极的作用。1979 年大平正芳与福田赳夫争夺首相宝座，大平正芳虽然胜利，但不久便病逝了。当时《朝日新闻》曾刊登了一幅对照熊猫去世与大平逝世的漫画，相形之下，为大平正芳去世难过的人寥寥无几，由此可见当时"熊猫热"的热烈场面。

但是这种"中国热"的状况很快就消失了，尤其是在 1989 年之后，由于日本媒体大肆渲染中国负面的东西，结果导致许多日本人对所有的中国人都产生了反感。同时也使得中国的留学生在那段时间内很难找到工作。这其中部分原因也是因为媒体大肆渲染当时出现的"伪装难民事件"，即有一些中国人假装为越南经济难民漂流到日本谋生的事件。在此之前，日本媒体曾经把在日本打工的学生称为"苦读生"，对他们一片同情，从而在日本人中掀起一种"可怜论"，后来则将留学生视为另一形态的"难民"。[1] 当时有一名孟加拉青年客死日本异乡。这名孟加拉青年并不是留学生，也不是学习日语的学生，他到日本的身份只是游客，但日本传媒却将其渲染为"留学生饿死记"。这当然是不符合事实的，因为这位青年并不是留学生，但是经过日本多家报纸的渲染之后，这位青年的身份便从游客变为一名留学生。当时日本曾渲染如下的论调，即如果不救济留学生，将会出现第二个、第三个饿死事件。这也是日本报纸（包括大报章）不负责任的一个表现。实际上，日本媒体之所以这么做，目的是为了配合日本政府的国家政策。当时为了解决21世纪初期日本出生率下降的问题，日本前首相中曾根提出了"10万留学生计划"。而孟加拉青年死亡事件如果只作为单纯死亡事件处理就不是一条大新闻，但是要把他作为一名亚洲留学生在日本饿死事件来看待的话，那就是一条很可以炒作的新闻。因此，媒体为了自己的利益，为了推销自己的商品（新闻）而将其渲染为"留学生可怜论"。然而在1989年之后，"留学生可怜论"又转为"留学生排斥论"，并且主要针对中国留学生。至此，留学生的形象大大恶化，他们认为留学生到日本并非读书，而是为了打工、从事风俗行业，或者作为经济难民，这些负面描述使中国留学生不仅不再是"熊猫"，而且成为被排斥的对象。

六 安保重新定义后的格局

另外一个促使日本媒体对中国问题进行更多负面报道的因素就是政治大气候。这里我想着重分析三个重大的问题。第一个是1996年4月17日《日美安保条约》的重新定义，它在较大程度上影响了美日同盟与中日关系；另外两个是中国国家主席江泽民与国务院总理朱镕基分别于1998年10月和

---

[1] 有关日媒对留学生问题的报道与评论特征，详见《从留学生问题报道看日本传媒的"内部国际化"观》，[新加坡] 卓南生：《日本的亚洲报道与亚洲外交》，世界知识出版社2008年版，第64—86页。

2000年10月对日本进行的访问，这两个访问在日本媒体中都有较大篇幅的报道。（按：有关日媒对这两次访日会谈的报道与评论，拙著《日本的亚洲报道与亚洲外交》有详细论述，本章省略。）[1]

先谈谈《日美安保条约》重新定的背景。在1990年之前，日本经济正处于泡沫经济时期，当时日本的梦想是要成为世界第一。如果说日本人在20世纪60年代、70年代时期还有"厌战"、"恐战"情绪的话，那么在80年代经济泡沫期，媒体却将日本描绘成富裕的"金满国"。当时在谈到21世纪是亚太的世纪时，日本人明确表示亚太的世纪实际上就是日本的世纪，他们认为这是毫无疑问的。因为中国当时尚处在改革开放初期，因此不少日本人认为中国至少要落后日本几十年，不可能对日本构成威胁。当时日本媒体与日本专家集中渲染的一个理论是"亚洲经济雁行论"，它的含义是指日本是亚洲经济的带头雁、领导者，之后紧接着起飞的是亚洲四小龙，再下来是东盟，而中国则位居最后。该理论有两点至关重要，那就是日本必须是带头雁，其次是起飞的顺序也不能改变。所以日本不仅要在亚洲当老大，还要在世界上争夺第一。当时日本传媒界争论的焦点就是日本要不要和美国争夺世界第一，用另外一种表现形式提出了日本到底要走亚洲路线还是美国路线的问题。有人错误地理解为日本只要"脱美入亚"就好，实际上这两者都是可怕的。不少日本人所谓的走亚洲路线并不是像我们想象的那样与亚洲人民平等合作，而是有着浓厚的"兴亚"味道。而无论是"兴亚"还是"脱亚"都是以大日本为中心的，对我们来说都不会有利。这种论争一直延续至日本泡沫经济的破灭才告结束。

在经济泡沫破灭之前，他们经常在谈论"美国病"，掀起了一股讨厌美国的热潮（也就是"嫌美论"）。但是随着日本经济的滑坡，这个争论渐渐消失了。最初日本朋友告诉我，日本的经济泡沫就像啤酒一样，只要把最上面的一层泡沫去掉，就是日本的实力。但事实说明喝掉三分之一的泡沫，还有三分之一的泡沫，再把这三分之一的泡沫吹开仍未见底。后来日本人终于甘拜下风，认为和美国分庭抗礼终究不是一个好办法，日本还必须继续卧薪尝胆。这就是1996年4月17日《日美安保条约》重新定义的背景，重新定义实际上也就意味着美日安保色彩有所改变。如果说，在此之前日美安保的潜在敌人是旧日的苏联的话，那么1996年之后的假想敌人已经转为今日的

---

[1] 详见［新加坡］卓南生《日本的亚洲报道与亚洲外交》第六章"世纪之交的中日关系与日本舆论动向"，世界知识出版社2008年版，第110—143页。

中国。1996年之后，日本虽然仍旧依靠美国军事力量的保护，但是日本也要求扮演某种军事角色。我们不能再以旧安保的眼光来看待日美关系，现在与其说是美国压着日本这么做，不如说日本由于自己没办法争夺第一而不得不勾结本区域以外的强权来共同对付中国。因此在美日安保重新定义之后，出现了一个中国最关心的问题，那就是美日的防范范围及周边事态是否涵盖中国台湾。对于日本或对于美国来说，这是理所当然的事。不少日本政治家和媒体清楚地表示，如果不包括中国台湾那何必要重新定义。但中国在外交上当然会要求日本清楚表态。然而实事求是地来看，日本即使表示其周边事态不包括中国台湾，也不等于日本不会插手中国台湾事务。正如不少日本专家指出的，日本就是为了涵盖中国台湾才与美国重新定义安保的。中日之间的这种交锋从第三者的角度来看其实是一方要另外一方说"此地无银三百两"，而另一方（日本）却连"此地无银三百两"都不愿说。日本官方（包括一部分所谓"鸽派"政治家）就明确表示，模糊就是他们的政策。

　　正如历史问题一样，台湾问题是中日之间战后无法绕开的难题。日本传媒怎样看待这两个问题是令人关注的。

第五章

北京奥运会举办年(2008)日媒的报道姿态与基调[*]

回顾2008年（北京奥运会举办年）的中日关系，我们不难发现一个如下的现象：中日关系"回暖"、中国官民对中日关系普遍持乐观态度，但各种民意测验显示：日本人的中国形象不但未有改善的征兆，反而有每况愈下的现象。日本内阁府2008年底发表的一项调查结果，更令许多人大感惊讶与失望："对中国有好感"的日本人较2007年下降2.2个百分点，以31.8%创下1978年开始调查以来的最低点。[①]

与小泉耍弄"靖国参拜牌"导致中日两国首脑无法会晤时代相比较，东京与北京的关系确已大为改观，两国各个层次的交流活动也很频繁，照理日本人的中国形象也会相应好转，怎么会落到《中日和平友好条约》签署30周年以来的最低点？这究竟是因为日本民间对中国与中国人的认识赶不上日本精英管理层政策之调整，还是另有其他更深层的原因？

要回答这个问题，既得了解小泉时代以后两国首脑互访，共创"破冰之旅"（2006年10月8日日相安倍晋三的访华）、"融冰之旅"（2007年4月11日至13日中国总理温家宝的日本之行）、"迎春之旅"（2007年12月27日至30日日相福田康夫的中国之行）乃至"暖春之旅"（2008年5月6日至8日中国国家主席胡锦涛的访日）的背景，也得探讨日本传媒对上述诸"旅"的解读与舆论诱导[②]；与此同时，还得观察日本两年多来对中日关系问题的基调，特别是2008年1月以来日本传媒对"毒饺事件"铺天盖地的渲染及其影响。

---

[*] 本文为作者2009年8月7日在新加坡南洋理工大学举行的"世界华文传媒华夏文明国际学术研讨会（新加坡，2009年）"发表的论文要旨。

[①]《每日新闻》，2008年12月7日。

[②] 有关日本传媒对诸"旅"的舆论基调，详见拙稿《日中関係の行方——日本のメディアの論調から》（《日中关系的走向——日本媒体论调分析》），日本龙谷大学《国際文化研究所紀要》第11号（2009年），第87—101页。

一 "回暖"声中两国媒体基调的差距

先谈两国首脑互访的背景。对于北京来说,当前首要课题是如何营造一个和平与稳定的国内外环境。出自这样的考虑因素,北京对于邻国的领导人,只要不效仿小泉,不在靖国神社问题上制造麻烦,就将之视为"回暖"的第一步;与此同时,中国的主流媒体也相应给予热烈的掌声。至于负面的报道,则能减则减、能免则免。最明显的例子是,尽管各方对 2006 年新任首相安倍"不说去也不说不去(参拜靖国神社)"的模糊战术并非十分满意,但都持以向前跨进一步(或半步),充满期待的心情和态度。[①]

与此相比较,日本大众传媒对两国首脑之恢复交往固然也予以评价,但花更多的篇幅详述双方决策转变的原因,而不像北京那么乐观和充满着热情。

认真分析,安倍、福田和麻生三任首相对华态度之调整,是与他们不稳定的政治地位密不可分的。安倍得面对一年后参议院的大选;福田和麻生都得面对执政党在参议院大选受挫后、处处受反对党民主党牵制的窘境。

基于此,上述三名首相无不把精力集中于内政,而无暇顾及外交。在对华态度上,三者都倾向于采取相对稳健的态度。因为三者明白,节外生枝并不利于其政权的稳定。与此相反,如果善于与邻国沟通和对话,还可作为刺激其支持率上升的武器。"修宪内阁"首相安倍之所以部分"修订"其史观、积极主张推行"价值观"外交的麻生上台后之所以避谈其"自由与民主之弧"的外交构想,其道理也在于此。至于以"背水一战"为标榜,但在实际上是在推行无为而治的"协调型"政治家福田首相,当然更不希望中日两国此刻增添新麻烦。[②]

由此可见,小泉下台后中日关系之所以能维持着相对稳定的小康状态,并非由于其接班人较为"亲中"或对华态度有着真正意义上的战略转变。也许是因为这个缘故,两年多来日本大众传媒对中日首脑之会谈,最喜爱使用的标题之一是"日中(相互靠拢)演出",有意无意向读者传达如下的信息:"这是一场外交秀"。在这一点上,北京与东京的舆论导向,不能说是差

[①] 见拙稿《日本新相安倍为何急于访问中韩?》,新加坡《联合早报》2006 年 10 月 9 日。
[②] 有关福田首相与麻生首相对华态度调整之背景,详见拙稿《如何解读福田的"背水一战内阁"?》和《日相麻生访华为哪般?——透视错综复杂的中日关系》,分别刊于新加坡《联合早报》2007 年 10 月 5 日及 2009 年 5 月 1 日。

距不大。

有关中日两国之相互报道，如果我们予以追踪与仔细分析，两者之差距就更大了。也许最能体现两者落差的是有关"速冻饺子中毒"的事件。

在这个问题上，中国主流媒体基本上是停留于对事件发生与发展的简单叙述。与此相反，在2008年1月底有关事件曝光之后，日本大众传媒则近乎全力渲染有关事件。在最初的十多天里，"中国毒饺事件"每天都成为各报的头版头条新闻。至于电视，更是夜以继日地反复报道，其间不乏不负责任之煽情言论。一刹那间，"中国产食品"成为了"有毒食品"的代名词。从一般面对小市民的大小餐馆到学校的食堂，纷纷在其显著的紧急布告栏或小黑板上，声明已停止（或从未使用）中国产的食材或配料。

值得注意的是，在上述"谈中国食品色变"的气氛中，部分日本媒体还将此与北京的空气污染相结合，质疑中国办奥的能力，或者进而谈论中国人的"国民性"。日本内阁府公布的外交舆论调查发现有66.6%的接受调查者"对中国没有好感"而达30年来的最高点，显然与上述的舆论诱导有关。

不仅如此，留意中日关系现状与发展的人士不难发现，在中日首脑频繁互访，合唱"战略性互惠关系"主旋曲的同时，一部分日本媒体和智囊却以压力集团自居，发表激进的言论。从表面上看，似乎是在抨击"弱势首相"对中的"软弱态度"，但认真分析，其实是在从侧面为正在进行艰苦谈判的日本官员加码，为正在"演出"不便提出高额要求的首脑喊价。至于猛打"西藏牌"的日本传媒，例子就更多了。它突出体现在中国国家主席胡锦涛访日期间与奥运召开期间和前夕。

二 北京奥运报道何以杂音多

细读西方媒体（包括日本媒体）对北京奥运的报道，我们不能不承认，负面报道的杂音十分多。有曰："这是东西方文明、文化之碰撞"；有曰："这是冷战意识的延长"；有曰："这是西方世界（包括日本）力阻中国崛起的体现"……

冷眼旁观，将"杂音"之根源解读为"不同文明、文化碰撞"之说最欠缺说服力。因为，奥运之初衷原本正是为了给不同源流的国家与民族提供一个大规模交流的场所与契机，从而为一个和平与和谐的大同世界创造良好的气氛与机会。哪有以"文明"、"文化"之名目而将异己者逐出之理？足见所谓"中西方文明相克"、"双方心态有待调整"之说站不住脚。

也许，有些论者要强调的是，在西方媒体眼中，中国现有的社会矛盾与落后现象，尚有大力改善和改革的必要。

纵观改革开放30年，中国的确赢得了不少辉煌的成果，但也付出了不小的代价。趁着北京奥运的喜庆，北京在自我严格检讨与总结的同时，不管是在环保问题、民生改善问题，还是信息更为公开等问题上，确应有聆听来自四面八方意见的心理准备与度量。果真如此，力图与国际接轨的北京之大开国门、迎接四方宾客将具有更深一层的意义。

问题是，西方传媒的某些"杂音"，究竟是旨在传达问题的真相，并负起国际舆论监督的良性作用，还是刻意报道负面的材料，制造或夸大中国社会的矛盾与不稳定？

就以2008年1月底日本闹得满城风雨的中国冷冻饺子中毒事件（日人称之为"毒饺事件"）来说，这原本是一个食物中毒、食品安全的问题，但正如前面所述，一部分日本媒体在真相未明之前，却将之与北京奥运问题挂钩，而不断发出如下的质问："这样的国家能办好奥运吗？"

同样地，对于北京空气污染与水质劣化等公害问题，日本媒体也有言过其实之处。

实际上，如果我们回顾20世纪60、70年代的日本，也就是日本承办东京奥运会（1964年）以及大阪世界博览会（1970年，日本人称之为"万国博览会"）的前前后后，就会发现当时日本列岛的污染状况十分严重。震撼世界的"水俣病"和"痛痛病"，就是在那时为世人所知；至于日本"公害大国"的称号也赢得于斯时。

1973年，也就是东京奥运会结束9年后，或者说大阪世博会结束3年后，日本厚生省鉴于日本海湾污染程度之严重，不得不专门拟定"安全菜单"，呼吁市民自我约制每周吃鱼的数量，日人称之为"鱼骚动事件"[①]。吃鱼的民族没有安全的鱼可以吃，这确是当时日本人的悲剧，也是战后日本为追求利润，只注重工业的高速发展、不重视民生而付出的惨痛代价。日本人民如何为此群起反对公害，并疾呼与力促官方与企业以民为本、整治环境污染的经验，确有值得发展中国家借鉴之处。

日本传媒与其不断质疑邻国办奥之能力和在邻国的"国民性"问题上大做文章，不如将精力置于传达日本"公害大国"如何兴起与消亡的教训与经

---

① 详情参见拙稿：《公害先进国——日本汞中毒与谈鱼色变》，收录于拙著《日本社会》（《卓南生日本时论文集》三卷本），世界知识出版社2006年版，第32—37页。

验，更称得上为善邻之道。

至于日本媒体动辄将北京奥运会与中国民族主义兴起相提并论的指责，如果将之同20世纪60、70年代的日本相比较，问题就更加清楚了。当时，东京当局与日本传媒将1964年东京奥运会、1968年明治百年纪念活动和1970年大阪万国博览会这三大活动捆绑在一起，其舆论诱导之重点，无非是旨在发扬"国威"、赞美战前日本富国强兵的"近代化"路线及恢复战败国的自信心，其中当然不乏不足为师之处。反观北京此次隆重庆祝2008年奥运会的活动，基本上是朝向与世界对话之方向发展，两者是不可同日而语的。

从这个角度来看，不少对政治时事不甚了了、不表关心的"80后"中国青年（包括留学生）在奥运举办期间及其前夕萌生爱国主义与民族主义，其真正的老师与其说是北京，不如说是一部分以嘲讽今日中国为能事、夜以继日"报忧不报喜"的西方传媒（包括日本传媒）。可以这么说，新生一代被喻为"小皇帝"的中国青年的民族主义与爱国热情，固然有时也存有不成熟或偏激之处而有待正确的引导，但将之一棍打死或对之冷嘲热讽，显然既不公平也不合理。

有关中国的环境污染、经济发展不平衡、贫富悬殊现象或者多元民族国家出现这样或那样的问题，北京确有快马加鞭、火速妥善处理的必要。但是，将这些东道国内政问题摆在奥运会赛事之上突出地报道与点评，似乎是罕见与不寻常的。

三 "西藏牌"与"毒饺牌"的妙用

正如前面所述，日本大众传媒对"西藏牌"和"毒饺牌"之情有独钟，并不是因为媒体比官方更为偏激或者说媒体走在官方的前头。确切地说，他们与其说是要给"亲中"的福田首相制造难题，不如说是与官方的政策相互配合，为"软弱"的福田内阁撑腰与助阵，从而协助官方在谈判桌上赢得更多的筹码和实惠。

但与此同时，各方也十分清楚，"过渡期首相"福田康夫此刻的日子也不好过。尽管谁的内心里都知道福田并不是，也不可能是"亲中派"，但要福田摆出2002年他当小泉内阁的管家（官房长官）时，处理"沈阳闯馆事件"的"毅然"姿态，却有些困难。因为，与前任首相安倍一样，支持率每况愈下、随时都可能面临下台危机的福田政权急待外交的成果来扶持（哪怕是些微的提升)。于是乎,大打"西藏牌"与"毒饺牌",迫使北京不能不正视日本高价要求的重大任务,便自然而然地落在日本的大众传媒及一些与官方政策相互呼应的专家、学者等"有识之士"之肩上。

2018年5月4日,就在中国领导人抵日开展"暖春之旅"的前夕,《产经新闻》的社论(《主张》)就以《微笑不能消除不信》为题,猛烈抨击北京在饺子问题、西藏问题和奥运会圣火传递问题上处理态度之不当。社论同时强调日本是"中国经济建设的最大贡献国",并对中国在日本入常问题采取消极的态度深表不满。在结语时,该报还催促福田首相在和胡锦涛主席会谈时,应力劝后者和平解决西藏问题及努力改善人权的状况。社论声色俱厉地指出:如果无法做到这一点,福田首相出席奥运会开幕式将不会得到舆论的支持。

从表面上看,《产经新闻》似乎是在向无为的福田首相施加压力,不让他采取"软弱"的外交路线,但仔细分析,不难看出其真正用意是代替官方亮出此刻官方不便公开放在桌面上的"西藏牌"及"抵制奥运牌"。5月5日,《产经新闻》更再接再厉,在其头版的头条新闻标题,将中国国家主席此行定性为"没有成果之旅",其副题为"明日到访、天然油气田和饺子问题进展无望"。

至于《读卖新闻》,则在同日头版的专栏,刊登了一篇题为《不能称为"互惠"的日中关系》的长篇评论文章,强烈要求中国大幅度地调整其政策。在这篇文章中,作者先是对"与政治问题切开关系的学问"的"日中历史共同研究"的进展表示满意,接着则把焦点对准日本官方在谈判桌上与中方一直谈不拢的三大课题:东海油气田、冷冻饺子和日本入常问题。

他写道:

> 对于两国间悬而未决的最大问题,即如何解决东海油气田问题和查明与食品安全直接相关的中国冷冻饺子中毒真相的问题,中国政府给人的印象是缺乏这方面的意愿和热情。①

他同时指出,中国政府对印度成为联合国安理会常任理事国表示可以接受,但却对日本入常问题采取不认可的做法,是与(北京)要在东亚或全球

---

① [日]山内昌之:《胡锦涛主席到访/不能称为"互惠"的日中关系》,《读卖新闻》2008年5月4日。

范围寻求相互利益的"战略性的互惠关系"的政策不相配称的。他还强调:"如果以为只要中国不进行反日运动,就是对日本的'互惠',那是可笑的。"①

不仅如此,作者还对福田首相不参拜靖国神社是由于对方对此感到不愉快的说法提出异议。他说道:"外交上有时也不能不令对方感到不愉快。"②

在此,这名同时身任日中历史共同研究委员,主张"学术应与政治问题脱钩"的东京大学教授对小泉六拜靖国神社间接表达了其最大的理解和支持,含蓄主张福田首相在必要时也不妨打其"参拜靖国神社牌"。为了进一步阐述其一切错误皆在中方的观点,他还指出:中国对日本采取非妥协的姿态,并不单单只是中国共产党特有的态度,而是与潜伏于中国人国际秩序之意识的"心性"(即中国人的特性)不无关系。他把从孙中山的国民党到由毛泽东继承,以汉族为中心的"中华民族论"定罪为"不仅是反日,而且是有转化为排外民族主义之危险性"的根源。③

出自上述对"大汉民族主义"及其"中华意识"与国际秩序意识(即日本的中国威胁论者最爱谈论的天朝时代"华夷体制"与"朝贡论")的警惕心理,该名学者提醒福田政府在事关国家主权的问题上,不能避开谈论"令对方感到不愉快的事"。因为,如果当局态度不坚决,21世纪的日本说不准就将沦为与被中国视为内海的东海相连接的"渺渺岛国"。④

正是在大众传媒与专家学者煽情的舆论诱导下,再加上2008年1月底以来日本媒体铺天盖地渲染"毒饺子"、"杀人饺子"事件,"暖春之旅"前夕的日本,其政治气候显然并非北京所期待的艳阳天。《每日新闻》2008年5月初民意调查显示,共有51%的受访者主张对北京采取更为强硬的政策,无疑正是此类舆论诱导的结果。⑤

仔细分析日方对中方首脑此行的期待,不外是下列的三大礼物:一是答应不再"纠缠历史问题";二是支持日本"入常";三是在东海油气田问题上让步。

在这三大礼物当中,东京知道最具体但也最费劲的是东海油气田的问

---

① [日]山内昌之:《胡锦涛主席到访/不能称为"互惠"的日中关系》,《读卖新闻》2008年5月4日。
② 同上。
③ 同上。
④ 同上。
⑤ 见《每日新闻》2008年5月8日。

题。因为这既牵涉两国领土主权的敏感问题，也关系两国的切身利益。也正因为如此，围绕着东海油气田问题，两国代表一直处于僵持不下的局面。

但要和北京讨价还价，东京东数西数自己手头上的王牌，除了"毒饺牌"之外，其实就只有"西藏牌"；而这两张王牌的有效期（日人称之为"尝味期"），就将于 2008 年 8 月北京奥运会开幕式当天成双失效。

因为，所谓"西藏牌"，虽然挂的是"人权"与"人道"的旗号，但从一开始就与"抵制奥运牌"紧密挂钩。

而所谓"毒饺问题"，如果是从食品安全和食品犯罪着眼，中日两国确有迅速查明真相的必要。因为，在这人命关天的问题上，没有一方可以推诿其迅速调查与解决问题的重大责任；作为食品输出大国的中国，不管此次事件结果如何，也应该以此为契机，严格管制其食品的生产与流通过程，并拟定其一套有效而令人信服的食品安全管制方法和加强其有关的教育。

但正如前面所述，在日本主流媒体的舆论诱导下，"饺子中毒事件"早已升格为"毒饺牌"。它和"西藏牌"相配套，早成为了日本隐形的"奥运抵制牌"。福田首相之所以迟迟不愿干脆利落地表示他将出席奥运会开幕式，一方面固然与其政权究竟还能支撑至何时有关；另一方面，也是想故弄玄虚，从而抬高其身价。至于扮演舆论压力角色的媒体，更不能不快马加鞭，协助官方猛打其即将失效的这两张王牌。

仔细比较各大报（大阪版）同年 5 月 8 日的报道，不难发现三家全国性大报（《朝日新闻》《读卖新闻》和《每日新闻》）皆未把入常问题列入头版的标题，而把重点放在油气田的协议上。《朝日新闻》的大标题是《油气田协议（进入）最终阶段》，《读卖新闻》是《日中油气田朝向共同开发》；《每日新闻》则为《日中油气田相互靠拢》。

与此同时，三大报在内页的大标题都强调两国首脑共同表示此次访问之成功。《朝日新闻》的标题是《日中的成果、拼命地演出》、《读卖新闻》为《日中"成果"演出》。至于《每日新闻》的标题，则指出《"新阶段的日中关系"之演出》。换句话说，影响力巨大的全国性三大报要传达给读者的信息是：这是一场外交秀。

当然，三大报不突出北京对入常问题的进一步表态（哪怕是外交辞令），并不意味着它们对此表述所含意义之不加重视。在解读有关的发言时，《朝日新闻》（5 月 8 日）就不忘引述日本外务省官员的如下评语："至少（对方今后）不会采取与此相反的行动吧！我们存有如此之期待。"《每日新闻》（5 月 8 日）则进一步作出如下之诠释：（北京）即使是不（正面）支持日本入常，但至少不会在其影响力所及的发展中国家进行反对的工作。这是最起码的保证。

基于上述的信念或者说首脑会谈的成果，福田首相在送走北京客人之后的首项任务，便是在横滨举行的非洲开发会议上，与到会的40余名非洲国家首脑举行马拉松式会谈。日本传媒毫不忌讳地表示此举目的有三：一是确保宝贵的天然资源，即石油和稀有金属；二是展开银弹攻势，大打"经济援助牌"，以便争取各国对日本入常之支持；三是将中国视为竞争对手，谋求制衡对策。

也就是说，中日首脑"互惠"的外交秀刚刚结束，福田转身已瞄准非洲的舞台，摆出和假想敌中国公开打擂台的姿态。

针对中日两国首脑的共同声明，日本传媒另一感到欣慰的是北京领导人这回对战后"和平国家"的日本给予高度的评价，及不再要求日本对过去的战争予以反省或痛感其责任。各报都不忘指出，北京领导人在正式文件中采取这样的态度，这回还是首次。各报同时赞美中国领导人将历史问题与外交问题分开，摆出"未来志向"（即面向未来，着眼于未来的看法）的鲜明姿态。

不过，令人感到惊讶的是，在解读外国贵宾赞美战后日本的和平姿态时，没有一家日本大报（包括以"自由派"自居的《朝日新闻》），结合战后"和平宪法"对日本扮演"和平国家"角色所作出的重大贡献（即对"和平宪法"的贡献），予以进一步的探讨和分析。

四 "大熊猫可有可无"论

与此同时，值得注意的是，针对这回中日首脑会谈的结果，扮演鹰派压力集团的自民党保守派的第一个反应，就像处理其他外交事务一样，先是表示强烈的不满。他们认为，在饺子问题与西藏问题上，福田首相还有向北京施加更强大压力的空间。最先发难的是安倍政权时代的自民党政调会长中川昭一。他说道："（现在）眼睛看得到（具体）的收获，恐怕只有从中国租借到的两只大熊猫。"①

不过，即使是对于这被喻为"唯一具体收获"的一对大熊猫，日本国内也流传于一些不利于"日中友好"与"互惠战略"的流言和论调。先是网

---

① 《每日新闻》2008年5月8日。

上传来了"陵陵遭暗杀"的谣言。理由是上野动物园唯一的大熊猫陵陵为何不先不慢，是在胡锦涛主席5月6日访日之前的4月30日凌晨2时左右死亡，而当时谁也不在场。这个流言迫使负责饲养、看管陵陵的上野动物园当局不得不出面澄清。①

紧接着，是以批骂中国、开口闭口"支那"为卖点的东京都知事石原慎太郎提出的"大熊猫可有可无"论。他表示，大熊猫并不是什么（可供礼拜对象的）"神体"，他不认为日本值得每年向中国付出1亿日元的熊猫租借费。②

石原放出这样的谈话，当然不是因为1亿人口的经济大国付不起一年1亿日元的租借费，也不是出自替东京都市民节省开销的目的，而是要制造花边新闻，引导市民对熊猫的高昂租借费与饲料费的注意力，从而削弱他不愿看到的象征"中日友好"的"熊猫热"。一部分媒体随后炒作的"熊猫高额费用"报道热，无疑正是石原议题设定的效果。可怜中国的大熊猫还未抵达日本，已被刻意塑造了此前从未有过的负面的形象。针对这一点，倒是《朝日新闻》三言两语的"素粒子"专栏作者为大熊猫说了几句公道话："在上野动物园，发现了陵陵的遗书。针对石原都知事，陵陵写道：'有你没有你都无所谓。'"③

此外，一部分日本媒体还将熊猫问题和西藏问题相结合大做文章，提出如下的看法："熊猫产于藏族聚居的四川省，将它作为中国的外交礼物是令人感到可笑的。"

纵观日本政界和大众传媒在北京领导人访日之前、访日期间和访日之后的舆论导向，不难发现"西藏牌"（隐形的"奥运抵制牌"）始终未曾消失过。

至于舆论界，在中日共同声明发表后仍对西藏问题情有独钟而令人侧目的，该推《朝日新闻》的前论说主干、现专栏作者若宫启文的评论文章了。在一篇醒目的短评中，这名曾因邀请日本保守舆论界大佬《读卖新闻》总裁兼主笔渡边恒雄对谈，共同批判小泉参拜靖国神社④而名噪一时的《朝日》

---

① 《福田首相搞熊猫大选！？／中国打"陵陵"外交牌/甚至有会谈前夕死亡之"暗杀说"》，《东京新闻》"我们是特报部"专栏，2008年5月9日。
② 《日本经济新闻》2008年5月3日。
③ 《朝日新闻》夕刊，2008年5月7日。
④ "对谈"刊于《论座》2006年2月号。详见拙稿《虚虚实实的日本舆论"转向"》，收录于拙著：《日本社会》（《卓南生日本时论文集》三卷本），世界知识出版社2006年版，第574—576页。

前论说主干，呼吁中国吸取日本在"九一八事变"后一意孤行的经验教训，妥善处理西藏问题。他写道：

> 例如，在满洲事变（指"九一八事变"）之后，面对着国际的非难，民族主义热气冲天的日本朝着孤立的道路前进。这段历史，对于在西藏问题上，面对着国际舆论（压力）却加强其逆反态度的中国，也许多少有其参考的价值。爱国主义一旦走过头，就将绞住自己的脖子。①

今日中国面对的西藏问题及其推行的爱国主义，与日本发动"九一八事变"侵华战争的国粹主义究竟有何共同之处，若宫并未进一步予以说明。如此这般不对称的比喻，如果是出于日本的保守派，也许并不令人感到特别惊奇，但出自以"自由"、"开明"为标榜的《朝日新闻》的言论界代表，却不能不令人感到困惑。

要解析这一奇妙的现象，也许还得引述渡边在和若宫对谈后的精辟谈话。在澄清外界流传的所谓"读卖新闻转向"之错误信息时，渡边一语道破问题的真相。他说道："今天的产经新闻说读卖越来越向朝日加快速度地靠拢。但在我看来，其实是朝日向读卖接近。"②

若宫的上述史观与评论，恰好印证了把宪法修改视为当务之急、重视修宪大局的老渡边谈话的真实性。这或许也可以作为当今日本政治总保守化大气候下日本舆论界的一个写照。

五 小结

综上所述，不难看出中日两国的相互认识，存在着巨大落差。中日两国对此该作何补救？有曰："当务之急是加强'草根'和青少年之交流。"因为，政治家难免要从国家利益角度出发，未必能够真正做到坦诚的对话，只有民间和青少年才能促进真正的交流，有利两国未来的合作。

有曰："经济力量压倒一切。只要中国人把中国事情办好，日本人自然会调整心态和改变态度，共建东亚之家园。"

---

① ［日］若宫启文：《迈向真正互惠（的道路）、从"教训"中获益》，《朝日新闻》2008年5月9日。

② ［日］渡边恒雄、［日］保版正康（对谈）：《什么是战争责任？》，《论座》2006年11号，第130页。

强调实事求是、做好本分的工作是对的，但过高估计经济力量强弱对比变化所起的作用或者乐观地抱着"船到桥头自然直"的心态，严格而言，并非积极的态度。

至于民间交流、青少年交流乃至战后以来日本与亚洲各国每次发生摩擦，东京必然提倡的文化交流，是不是就真的能医治百病，也有待商榷。因为，"交流万能论"者的大前提是彼此之所以发生摩擦，主因是彼此存在着诸多的"误解"。

一般而言，多接触、多交流就能逐步减少误会，这是对的。但与此同时，人们还得留意，各种层次的交流活动是否建立在平等与真诚的基础之上。20年前，一名出自良好的愿望，每年率领日本学生到东南亚交流的日本教授，曾透露其交流后令人失望的如下结果：大部分学生过后的反馈是"对自己作为日本人感到幸福和骄傲"。[1]

这名教授的例子当然未必是唯一的答案，但从中也反映了一个事实：在交流之前与交流之后，双方所要努力的工作还很多。如何抛弃以自己的民族和国家为中心的思想和民族优越感？怎样面对严酷的史实和建立正确的史观？俨然是一个怎样也绕不开的课题。中日两国如何相互报道及其舆论诱导，显然对两国关系的改善与否及其今后的走向有着重大的影响。

---

[1] 参见［新加坡］卓南生《日本"国际化"背后的优越感》，收录于《日本社会》(《卓南生日本时论文集》三卷本)，世界知识出版社2006年版，第142—144页。

第六章

日媒怎样看待民主党"新政"与鸠山外交*

标榜"新风"、"新政"的"小泽—鸠山政权"成立以来,最令人关注的外交动向,莫过于鸠山首相倡议的"东亚共同体"及其力图向白宫争取"更为对等"的日美军事同盟关系。日本主流媒体如何看待鸠山"东亚共同体"的构想?各媒体怎样解读中美日的三角关系?民主党与自民党在外交问题上是否有其连续性与非连续性?本文尝试从日本主流媒体的反应中观察日本外交之可能走向。

与此同时,为了进一步分析鸠山的"新政"与"新外交"的立足点及其局限性,本文对令人困惑的鸠山的"友爱政治"及一部分论者畅谈的中美日"正三角"论的实质也分别予以探讨。

一 日本主流媒体怎样看待鸠山的"东亚共同体"

针对行色匆匆的日本首相鸠山由纪夫的北京之旅(2009年10月9—10日),日本媒体聚焦的话题是:被视为鸠山外交卖点的"东亚共同体"构想在邻国有何反应?鸠山对此构想有何具体的说明?民主党新政权在这个问题上与自民党的差异究竟何在?

很遗憾,日本主流媒体几乎一致地发现这个在日本国内既未经过周详探讨,也还说不清楚的构想在搬到国际舞台之后,显得更为模糊而令人感到疑云重重。

首先是有关构想的定位问题。在这个问题上,各方最关心的是共同体与美国的关系。在北京的中日韩首脑会议上,鸠山首相表示:"迄今为止,日

---

* 本文为作者在"清华东亚文化讲座"主办的"东南亚与东北亚:复线历史与多元文化的再省思"学术研讨会(2010年2月23—24日,北京昌平)发表的论文。

本略有过于依赖美国之处。"他同时指出："我们在认识到日美同盟重要性的同时，也将制订更为重视亚洲的政策。"①

（一）构想定位含糊不清

针对鸠山的上述表态，《读卖新闻》担忧首相的"东亚共同体"构想会被解读为日本的外交重心已从美国转移至亚洲。在一篇题为《重视亚洲的前提是日美同盟》（2009年10月11日）的社论中，保守的《读卖新闻》写道："日本外交的根基是百分之百以日美同盟为基轴。为了避免引起误解，我们希望首相反复予以强调。"

各报同时注意到尽管鸠山在首相就职的记者会上曾表示"东亚共同体"并无排除美国之意，但外相冈田克也却在不同场合清楚地表示，其成员是"日中韩、东盟、印度、澳洲和新西兰"而未包括美国。他说道："如果美国也加进来，就等于世界的一半。这就说不清楚是什么（共同体）的了。"②

对此，不少日本媒体认为两者的说法前后矛盾，且有因时因地说法不一致之嫌，即日本领导人在访美时刚刚强调日美同盟的重要性和不排除美国，但一转身到亚洲，就对亚洲邻国表示要对"过于依靠美国的政策"进行反思。以保守派"压力集团"自居的《产经新闻》社论就以《日中韩首脑会议／不包括美国的共同体是危险的》（2009年11月10日）为题，着重指出："日本要在亚洲外交发挥领导力量的大前提是必须通过日美同盟的互动与协力。"该报希望首相和外相对此铭刻于心。与此同时，该报还要求当局对不同政治与社会体制的中国在共同体内所处的位置予以说明。

（二）关注主导权之争议

日本媒体对"东亚共同体"构想的另一担忧是共同体的领导权问题。在一篇题为《含糊不清的"东亚共同体"》（2009年11月10日）的长篇背景分析文章中，《每日新闻》就以《"日本主导（权）"不易落实》为副题，突出中日两国对主导权的争夺。

该报指出，中国的共同体构想是以东盟为基轴，而和日本极力主张让

---

① 《每日新闻》2009年10月11日。
② 同上。

澳洲和印度等其他区域的大国参加，从而削弱中国影子之构想有着巨大的差距。

换句话说，《每日新闻》注意到鸠山民主党的东亚共同体，基本上是沿袭着日本原有旨在牵制中国的"10+6"构想（即东盟10国与中日韩3国之外，还加上澳大利亚、新西兰和印度3国），而与北京坚持原有的"10+3"基本看法截然不同。在这里，日本传媒虽然没有点破小泉时代将大洋洲的两个白人国家拉进共同体而提出"10+5"构想及自民党政府后来又积极要把南亚的印度也拉进共同体而提倡"10+6"的潜在意识，就是要加强"价值观相同"的国家在共同体内的发言权，但都坦率承认目的就是为了和中国争夺领导权。也就是说，尽管鸠山以"友爱"为标榜，并比过去几届自民党政府对东亚共同体在姿态上表现得更为积极，但在最关键的"争夺领导权"问题上，民主党新政府实际上并未有丝毫改变外务省外交战略思维的征兆，而是坚守着对日本有利，且有在共同体内变相推行"价值观外交"之嫌的"10+6"路线。

与此同时，不少日本媒体指出"东亚共同体并非鸠山首相所独创"（《每日新闻》社论语）。在题为《中日韩开始摸索"共同体"》（2009年10月11日）的社论中，《朝日新闻》就写道：

> 东亚共同体构想之萌芽，始自马来西亚前首相马哈蒂尔提倡的东亚经济统合的构想。在过去近20年之间，官方或民间虽然曾经提出诸多不同的构想，但都未跨越同床异梦的阶段。

（三）同床异梦与中国问题

"同床异梦"，可以说是日本各媒体谈论有关问题时最常出现的关键词。各报除了罗列东亚各国间政治体制存有差异，及彼此间还有资源与领土纷争等摩擦问题而有别于欧洲的统合之外，都不忘把焦点放在"正在崛起的中国"话题上。《日本经济新闻》在题为《日中韩虽然都在谈东亚共同体》（2009年10月11日）的社论中，便指出："日韩、日中都存在着尚未解决的领土问题纷争。特别是中国，正在急速加强其以海军为轴的军备。"

为此，该报认为对于日本的安全保障来说，和美国结盟是更为重要的。该报还强调："只有进一步加强与美国的关系，日本在亚洲的自主外交目标才能达到。"换句话说，日本传媒在论述与中国相处或竞争的问题时，脑中始终存在着美国和日美同盟的影子。

这些影子之所以挥之不去,自然是与战前日本在亚洲的外交传统战略及战后冷战时期日本外交的基本思维分不开的。所谓传统外交,指的是日本要在亚洲独大,单单依靠本身的力量是不够的,而必须与本区域之外的霸权国家结盟,战前的"日英同盟"和"日德意轴心国"就是如此战略下的产物;战后的"日美同盟"更为战败国日本"回归"亚洲(重点是南进)创造了基本的条件。

说得透彻些,没有战后美国在亚洲推行的冷战战略与美国的扶持,日本休想顺利"回归"亚洲(首先是东南亚),更遑论呈现战后的经济奇迹。

(四)何时不必卧薪尝胆?

也正因为如此,战后日本的领导人对于美国的部署并非事事满意,但基本上是采取唯美国马首是瞻、卧薪尝胆的政策。日本的保守政府当然不愿意长期忍受如此之窘境,问题是什么时候向白宫表态。20世纪80年代末期,也是日本泡沫经济鼎盛时期,自认羽翼已丰的日本就曾露出有意与美国平起平坐,甚至是分庭抗礼的姿态,当时的日本媒体也在开展"日本名列第一"还是心甘屈居第二的大辩论,积极鼓吹大国意识与盟主论。但到头来则证实日本打了败仗,即打了金融败战,日人称之为"第二次败战"(第一次败战是指败于美国的原子弹)。经济泡沫破灭的十多年来(特别是小泉时代)之所以对美国在表面上显得更为驯服和不敢轻举妄动,正是因为受到上述过早表态而严重受挫的结果。

从这个角度来看,日本传媒提醒鸠山首相要以"日美同盟"为重,并非不了解鸠山"保守本流"派(保守正统派)力图在适当时候当家作主的基本思维和苦心,而是要他们小心翼翼,不要在时机还未成熟时亮出底牌而重蹈覆辙,更何况日本要在亚洲当"领头雁"(盟主),还得面对中国的竞争,轻率表示要摆脱美国的保护伞,并非上上之策。

综上所述,不难发现日本传媒针对鸠山的北京之旅,从表面上看似乎是批评声多过鼓掌声,但深一层分析,各报是在与新政府分担喜忧,积极出谋献策。各报所要传达的信息是十分清晰的:

1. "东亚共同体"的构想并非鸠山首相首创。
2. 鸠山"东亚共同体"的构想模糊不清,其具体内涵还有待商榷和补充。

3. 各国对此构想的态度仍停留在同床异梦的阶段。

4. 为了确保日本的主导权,鸠山民主党坚守着自民党时代"10+6"的基本态度。

5. 对于"中国的崛起"及其军备动向,不可掉以轻心。

6. 在有关是否"脱美"或排除美国的问题上,民主党新政府有前后矛盾和因时因地摆出不同脸孔之嫌。

各报吁请新政府摆正态度,不要因标新立异或者试图推行模糊外交而引起长期盟友美国之疑心。不少报章同时还将此问题与中国的定位问题相挂钩,提醒当局要格外小心处理。

(五)"亲美入亚"耐人寻味

在这个问题上,一部分媒体虽然明知鸠山的东亚共同体构想与自民党并无实质性差异,但对其所摆的"亲亚洲"姿态之过于逼真,也有微言而语带讥讽。鸠山首相在会见中国国家主席胡锦涛时曾表示:"新内阁将以史为鉴,面向未来。"《读卖新闻》北京特派员的回应是:"'以史为鉴',这是中国在谈论日本的历史认识问题时的套语。首相使用这个套语,也许就连北京也没有想到的吧!"(2009年10月11日)

与此同时,各报也把注意力集中于中日两国间存在着的"食品安全问题"与事关"国益"的东海油气田共同开发问题。针对东海油气田问题,各报着重指出,鸠山首相对中国船在"白桦"(中国称之为春晓)单独开采表示担忧。各报也同时报道鸠山主张要把东海化为"友爱之海"。对此,中国总理温家宝的反应是基本上赞同,但同时指出此问题还牵涉到国民感情的问题。不过,在报道有关新闻时,擅长图文并茂解读问题来龙去脉的日本报章这回着墨不多,既未详述鸠山为何表示担忧,也未明确地说明"春晓"是位处中国的海域而非两国争执之所在地。

日本媒体如此重视"国益"与关心日本在"东亚共同体"中的"主导权"问题及担心日美摩擦的心态,也充分地反映在各报对2009年10月25日东盟在泰国中部召开的一系列相关会议之反应上。[1]

---

[1] 例如,《日本经济新闻》的社论就以《排除美国无法谈东亚共同体》(2009年10月26日)为题,《读卖新闻》则在《东亚共同体/(让我们)推动开放性的区域合作》(2009年10月21日)的社论中重复前述的观点。

此外，值得注意的是，也许是因为担心白宫对鸠山共同体构想的反应过于强烈及被误解为不以日本"国益"为重，极力主张早日调整战后"过于依靠美国"政策的鸠山智囊寺岛实郎提出"亲美入亚"的口号。① 现任日本综合研究所（IRI）会长、长期以来担任日本企业海外战略顾问的寺岛当然不会不清楚战后日本"回归"亚洲的历史，原本就是一部"亲美入亚"史。正当鸠山积极到处兜售其"东亚共同体"构想的时刻，鸠山外交与安全保障问题高级智囊为何要迫不及待地提倡一个原本就是战后日本外交战略基调的"亲美入亚"论？不能不令人感到费解。

二 日本传媒如何解读中美日三角关系

与1998年时任美国总统克林顿"专程访问中国9天"，路过"盟国"日本不歇的情况相比，日本传媒对2009年11月奥巴马总统"偏重访华"的亚洲之行之反应虽不那么强烈，但字里行间仍流露出了不少醋意。

醋意之一是惊呼"美中G2"时代的即将到来。

针对时下不少论客畅谈的中美两国主导世界的"G2论"，尽管日本传媒也报道中国总理温家宝对此表示反对，并认识到"美中时代"仍存在着包括人民币增值及贸易摩擦等鸿沟，但不忘指出："在（11月17日）美中首脑会谈中，以美中为主导，探讨全球规模问题的姿态已十分鲜明。"②《朝日新闻》的社论则以《"G2"时代的深化与局限》（2009年11月18日）为题，指出奥巴马此行花最多时间在中国，而中国的领导人则总出动，象征着"美中G2"时代的到来。至于保守的《产经新闻》，更以《预感"G2"（时代）的到来》（2009年11月18日）的醒目新闻标题，介绍美中会谈两国攻守地位之微妙变化。

同样的，《每日新闻》在有关美国的对华政策的社论中，着重强调国际事务如果单由美中两国来协调的话，将对本区域的稳定带来不良影响。③

---

① 详见［日］寺岛实郎《美中二极化下"日本外交"该走的道路》，《文艺春秋》，2009年10月号，第114—121页。
② 《日本经济新闻》2009年11月18日。
③ 《美国对中政策/对中国有提出要求负起责任的责任》，《每日新闻》社论，2009年11月18日。

(一) 渲染"美中G2"的互动

酷意之二是渲染奥巴马"协调路线"的低姿态。

在题为《未深入谈"人权问题",美国是否对最大债权国有所顾虑?》的报道中,《读卖新闻》写道:"中国是美国最大的债权国,支撑着经济低迷下的美国经济。在这样的背景下,不可否认地,美国对于'人权'和'台湾'等问题是处在不能不照顾中国立场的地位,而陷入执行'追认现状外交'的路线。"该报在另一篇新闻报道中,还同时提起1998年克林顿总统、2002年布什总统访华时与中国领导人在西藏问题与宗教团体等问题上交锋,指出中美经济力量今非昔比之变化下奥巴马总统的自我克制。

在《奥巴马首次访华/实利优先能否建立新时代?》(2009年11月18日)的社论中,同家报章着重强调:"实利优先固然无可厚非,但应该继续要求中国尊重美国所提倡的自由、民主与人权的原则。"

除此之外,一部分日本媒体还对奥巴马总统在中国"扩军政策"的问题上未提出异议表示强烈的不满。《产经新闻》在《奥巴马周游/默许中国扩军令人感到遗憾》(2009年11月19日)的社论中写道:"我们感到忧虑的是,奥巴马总统对于中国持续加强军备的动向,并未提出应自我约制及军费透明化的要求。"

(二) 疾呼加强日美军事同盟

不过,值得注意的是,尽管不少日本媒体对奥巴马总统北京之行有过于"低声下气"之嫌深表不满,并要求美国不要由于一己之"实利"而忘记自由、民主与人权的大义,但在回头谈论日美的关系时,则疾呼鸠山新政权进一步加强两国同盟的体制。在同篇批评奥巴马默许中国扩军的社论中,《产经新闻》语重心长地指出:

> 日美安保体制一直是美国在亚洲的战略基轴。但为了应对世界规模的问题,可以说已将重心转移至和中国的提携。日本应该坚持日美同盟的路线,阻止'美中G2'走得太远。(日本)已经没有时间可以迷糊。

正是基于上述担忧"美中G2"压倒"日美同盟"的心态，日本主流媒体在谈论中美关系的同时，尽管其中有者也指出并不等于日本的存在已被淹没①，但都对奥巴马此回"访日期间不满24小时"、近似"路过日本"（passing Japan）耿耿于怀，并联想到鸠山政权成立后日美关系呈现不稳定因素的问题。

谈起鸠山走马上任后的日美关系，各方都把焦点集中于两国对于美军在冲绳宜野湾市的普天间基地是否按照自民党政府与华盛顿原定之计划，迁往同县名护市施瓦布基地沿岸，抑或有如民主党上台前所表示一般，将之移出冲绳或日本。由于这项抉择既牵涉到三党执政党联盟竞选期间主张重新审视日美地位协定的共同政策纲领，也直接影响"日美同盟"关系今后之走向，各方都将之视为鸠山外交的一个试金石。

与一部分望文生义或一厢情愿解读鸠山上台前主张将与美国建立"对等"关系的外国媒体不同，日本主流媒体基本上并不相信鸠山政权会真的选择"脱美"或者与美国正面碰撞的道路。因为，各方都知道，与自民党本是同根生的民主党之所以在大选期间提出要重新探讨日美地位协定的主张，一来固然是想贯彻长期以来正统保守派冀图以自卫队逐步取代美军的长远战略；二来无非是想摆个与自民党有所不同的姿态，以便争取更多的选票。但认真分析，该党对此既未有一套完整的方针与蓝图，更说不上有明确的步骤和决心。

就普天间基地搬迁问题而言，在三党执政党联盟中，态度相对较为坚决的是发言权微不足道的小党派社民党。至于民主党内的各派系，从一开始就显露出颇有商谈与妥协之余地。民主党这一飘摇不定的态度，既呈现在外相冈田克也、防卫大臣北泽俊美与首相鸠山三者谈话之前后矛盾与不相一致，也体现在鸠山出尔反尔，迟迟不敢拍板的言行中。

针对鸠山举棋不定的态度，不少日本媒体担心"形象优先"的鸠山假戏真做而弄巧反拙乃至得罪白宫。它们竞相吁请当局吸取20世纪初旨在对抗俄国而缔结的日英同盟在日俄战争20年后解体之教训。

在一篇题为《应该回避日美同盟之龟裂》（2009年11月18日）的署名文章中，《日本经济新闻》记者发出如下警告：

---

① 例如，《朝日新闻》在2009年11月18日的社论《"G2"时代的深化与局限》中就表示："日本没有感到被淹没的必要。"

日美之间的冲突，已经超越普天间基地迁移的技术问题，两国间互不信任的情绪正在滋长而迈向危险的水域。

同样的，一名在20世纪80年代积极提倡"亚洲经济雁行论"的保守学者也在一家日报指出："如果日美同盟不能发挥其应有的功能，日本外交之败北是不言而喻的。"①

两篇文章的矛头无不指向朝鲜和中国。前者指出两国的扩军已对日本构成威胁；后者则警告："朝鲜终归将宣布拥有核武器；至于中国，距离完成其国产的航空母舰，在东海掌握制海权的日子也已为期不远。"

换句话说，不少日本媒体和有识之士固然明白鸠山丝毫并无与白宫主人分庭抗礼的雄心壮志，也缺乏与华盛顿讨价还价的筹码（至少此刻不是适当的时机），但却担忧日美军事同盟的相互信赖关系将在民主党人虚张声势的"对等"要求声浪中受到冲击和损害。

在他们看来，鸠山新政权与其到头来是采取雷声大、雨声小的妥协态度，不如尽早采取较为现实的态度，努力营造日美同盟的友好气氛，修复两者的关系而重度蜜月。何况东京今日面对的不仅是一个重视"实利"而又花心的奥巴马总统，还有口说不跻身于G2行列，但发言权却日益增强的"军事大国"中国。日本已无其他选择的余地与时间。

这也许就是保守的日本舆论界对善摆哗众取宠新姿态的鸠山的忠告，也可以说是日本传媒在奥巴马亚洲访问后分析中美日三角关系的基调。

三 鸠山的"友爱"政治是怎么一回事？

如果说1993年由小泽一郎指挥、细川护熙出面领导，高举"新党、新风"旗号的"非自民党联合政府"是以失败为告终的话，2009年同样是小泽当"幕后将军"，而由鸠山由纪夫出面组阁的民主党联合政府，似乎予人更多的"新风"与"变革"的气息。

新风之一是试图以政治家取代官僚治国的现有体制；新风之二是力图摆脱战后一边倒向美国的外交与安保的政策；新风之三是提倡"东亚共同体"构想，强调回归亚洲的重要性。具体的措施既体现在国家战略局与行政刷新

---

① ［日］渡边利夫：《把"主义"带进外交是危险的》，《产经新闻》"正论"栏，2009年11月18日。

会议之设立及它们对原有官僚机构之牵制,也显露于新政府在美军驻日基地普天间搬迁问题上与白宫之间的争执,及新政府在亚洲积极展开的务实外交上。

(一) "博爱"被译为"友爱"

但与此同时,面对着民主党上述的新姿态及上台以来的表现,人们在静观其变之余,很自然地会提出如下几个问号:民主党的"新政"究竟能走多远?同样是由小泽紧握指挥棒的"非自民党联合政府",这回以民主党为主体、两个小党派陪衬的鸠山内阁,与1993年八个党派抬轿的细川政权最大的差异何在?两者之间在政策上是否有其连续性与非连续性?

要回答上述问题,既得了解"幕后将军"小泽治国之蓝图与基本战略,也得辨析鸠山"友爱政治"、"友爱外交"哲学之根源与含义。与此同时,还得回顾战后以来日本保守政治派系的流变及其核心的思想与理论。

在上述的几个问题当中,也许最容易让人产生混乱与误解的莫过于鸠山开口闭口的"友爱"哲学了。针对这个容易让望文生义者混乱与误解的"友爱"二字,曾被鹰派前首相中曾根康弘讥为"软雪糕"的鸠山就曾撰文指出,他沿袭其祖父鸠山一郎提倡的"友爱",并非"柔弱",而是一个具有革命旗号的战斗性概念。他还解释道,他所钟情的"友爱"其实是指法国大革命的三大口号,即"自由、平等、博爱"中的"博爱"。[1]

那么,"博爱"两个字一到鸠山的口,怎么会变为"友爱"呢?由纪夫对此也有所解释,那是因为鸠山一郎当年在翻译 fraternite 一词(一般译为"博爱")时译为"友爱"的缘故。[2]

换句话说,鸠山所说的"友爱"其实就是"博爱",并没有什么其他高深的特殊含义。不过,鸠山一郎提倡的"博爱"哲学,也有其时代的烙印。其一是为了和当时战后初期日本国内势力神速发展的日本社会党和共产党相抗衡,具有强烈的意识形态色彩;其二是旨在打垮违背"君子协定"、不肯将政权交还给鸠山的官僚派时任首相吉田茂。(由于与战前体制关系密切,鸠山一度被剥夺参政权而将政权交给吉田代为"保管"。)

---

[1] [日] 鸠山由纪夫:《我的政治哲学——向祖父一郎学习"友爱"这一战斗的旗号》,Voice,2009年9月号,第132页。

[2] 同上。

(二) 高举反共与修宪旗号

1953年，鸠山一郎起草的《友爱青年同志会纲领》，其实就是颇具反共色彩的保守宣言。1965年的《自民党基本宪章》也是在上述理念的基础上起草的。①

至于鸠山一郎"友爱"政治的战斗性，最突出的莫过于他对战后和平宪法的强烈不满，从一开始就提出修改宪法的强硬主张。在这一点上，全面继承其祖父"友爱"政治基因的鸠山由纪夫亦步亦趋。1999年秋，鸠山由纪夫在角逐民主党党魁宝座时，便迫不及待地在一家销路广大的保守派月刊上，以《承认自卫队为军队吧！》的煽情标题，呼吁修改日本不得拥有军力的宪法第九条。②

值得注意的是，与前首相麻生太郎的外祖父吉田茂一边倒向美国的态度不同，鸠山由纪夫祖父鸠山一郎从一开始就试图推行其相对自主的外交路线。无奈战后美日国力差距悬殊，一切都得依存于白宫的东京当局，只好采取卧薪尝胆的政策。特别是在亚洲外交问题上，日本之所以得以在战后不久便顺利地"回归"亚洲（特别是东南亚），完全是拜美国之所赐。为此，日本虽早已萌生在亚洲重当盟主之念头，但仍然采取十分谨慎的态度。1990年，东京对马哈蒂尔提倡的"东亚经济协议体（EAEG）"（后易名为"东亚经济核心论坛"即EAEC）在表面上故作"消极"状，就是最好的例子。③

之所以如此，另一个原因是战争期间日军暴行在亚洲留下的阴影，日本要在亚洲获得"行动的自由"，一切都得依靠美国的保护伞。时至今日，"美国对日监视论"在亚洲仍有一定的市场。足见鸠山民主党智囊此刻提倡的"亲美入亚"口号，原本就是战后日本保守政权的基本战略和走过或还在走的道路，并无新鲜之处。问题是，在坚持"日美同盟"基本路线上，自认羽翼已丰的日本何时得以摆脱美国的束缚，何时得以走出战后以来盛行于亚洲的"美国对日监视论"之阴影。

---

① ［日］鸠山由纪夫：《我的政治哲学——向祖父一郎学习"友爱"这一战斗的旗号》，Voice，2009年9月号，第133—134页。

② ［日］鸠山由纪夫：《承认自卫队为军队吧！》，《文艺春秋》1999年10月号，第262—273页。

③ 针对高举"重视亚洲"旗号的日本最初采取顾左右而言他的"静观"态度，美国当局怀疑马哈蒂尔构想的背后是"冀图在此地域强化其领导力量的日本伸张其手脚"。参见［日］船桥洋一《日本的对外构想》，岩波书店1993年版，第95页。

了解了鸠山"友爱政治"、"友爱外交"的基本思维,我们再回头看被视为鸠山政权幕后指挥小泽一郎历来之言行,不难发现两者在宪法问题、安保与外交问题的思路是一致的。鸠山"友爱"的"新政",与小泽"普通国家论"所要达到的修宪目标,可以说是不谋而合。

四 中美日"正三角"论的实质是什么?

认真分析,在新政权"幕后将军"小泽一郎眼中,别说是鸠山的安保想法和他没有两样,就连被视为一边倒向美国的吉田茂,其内心处所想的也大致相似。

1993年,小泽在其被抨击为"国家主义色彩浓厚"的著作《日本改造计划》中,就曾长篇引述前首相吉田茂1963年所写的《世界与日本》,指出被战后自民党人奉为金科玉律的"吉田主义",在战后初期并不是真的不要整军,而是受到当时经济、社会与思想意识等条件的牵制。他同时还强调,当时吉田就已经在其书中提到"在经济上、技术上、学术上已经达到世界一流的独立国家日本,在自我防卫问题上如果继续依赖他国,其实就有如单轮状态的国家。它在国际外交上也绝不会受到应有的尊重"[1]。

由此可见,民主党人此刻畅谈的中美日"正三角"关系并不是一个什么新概念,也不是什么"脱美亲亚"之体现,而是长期以来隐藏于日本保守派内心、与宪法修改紧密挂钩、力图名正言顺地推行富国强兵的基本路线。

从民主党上台以来所实施的"新政"来看,"小泽—鸠山政权"内政与外交基本上是沿着1993年小泽倡议的"普通国家论"路线走;小泽丝毫并未有改变其初衷之征兆。

对于"小泽—鸠山政权"如此这般的保守本质,日本传媒当然了如指掌。在分析自民党何以在大选中惨败时,一名资深的评论员在接受一家外国电视台的访谈中,便一针见血地指出:保守的选民认为民主党比自民党更能有效地推行其保守路线。

(一) 日美分裂 杞人忧天

尽管如此,对于民主党的"新政",特别是对其外交"新"姿态,不少

---

[1] [日]小泽一郎:《日本改造计划》,讲谈社1993年版,第110页。

日本媒体都发出杂音。

正如前面所述，杂音之一是担心激怒美国而有损"日美同盟"的牢固战斗友谊；杂音之二是渲染"中国威胁论"与"朝鲜威胁论"，反对当局与北京走得太近。

对于来自主流媒体的这些忧虑，小泽和鸠山当然不会不清楚。作为务实派的老练政客，小泽之所以对中国大送秋波，率领被喻为"半个国会"的民主党议员访问北京，有如下的两个目的。其一是由于日中经济关系密切，日本的经济复苏有赖中国之支撑，东京必须对北京摆"亲善"姿态；其二是为了显示他在党内位处绝对优势的政治影响力。

除此之外，小泽大打"中国牌"，既有利于民主党在2010年7月参议院大选的宣传活动，也有助增加新政府与白宫争取"更为对等"的地位之筹码。至于所谓中美日"正三角"关系，那只是说说而已，谁也不相信东京有此能力或魄力。原因是今日日本之国力相对上不是在提升，而是在下降。东京不会愚蠢到在此时刻抛弃其联合亚洲境外一大强国，以便抗衡境内劲敌，从而达到日本在亚洲独大目标之传统外交战略。换句话说，在小泽等人看来，日本传媒担心民主党人假戏真做或演出过于逼真而致使日美同盟消亡的想法，可以说是杞人忧天。

(二) 吞吞吐吐 斗而不破

仔细分析民主党人吞吞吐吐，特别是鸠山首相出尔反尔的态度与神情，不难看出新政权对美态度是试图采取"斗而不破"的策略。其基本思维是这样的：

其一，大前提是要维护和加强日美军事同盟的关系，但美国得逐步缩小其驻日军事基地。"毕竟，日本战败已60年，美军仍然驻扎在日本是不寻常的"（鸠山智库语）[1]。换句话说，民主党人所要争取的是如何早日实现自卫队全面接管驻日美军基地的计划。因为，这原本就是战后日本保守阵营的鸠山一郎，乃至其"亲美派"对手吉田想做而迟迟做不到的事，称不上是什么"新"构想。

---

[1] 对于日美安保同盟的走向，鸠山的智囊财团法人日本综合研究所会长寺岛实郎曾表示："外国的军队在战败国暂时驻扎并不稀奇，但像驻日美军一般历经战后60年以上仍然还驻扎的现状来看，是不寻常的。"他指出，战后驻扎在德国的美军基地已经缩小，并已修改其相关地位之协定。详见寺岛实郎前引论文，第114—120页。

其二，在白宫反应粗暴或态度强硬时，优柔寡断的鸠山之做法是采取拖拉或顾左右而言他的应对手法。

其三，是把责任变相推给那个在内阁中势单力薄，充当"新政"的装饰橱窗，但却以"维护和平宪法"和反对驻日美军基地为己任的社民党。

新政府成立以来，每当鸠山改变口风，露出有意对美妥协态度时，社民党便恫言要退出联合政府，而鸠山则以"维护联合政府"为重而摆回原有的姿态。从表面上看，社民党似乎起了举足轻重的作用，但在实际上，该党客观上是在扮演有利鸠山政权对美采取拖拉政策的角色。它予人的印象是："日美摩擦的原因不在鸠山"，而是由于民主党力量不够强大的缘故。因此，在参议院大选未获全面胜利之前，鸠山还得看这小党派的脸色。

但反过来说，如果白宫步步为营，在东京"斗而不破"的策略无法继续施展时，可以想象，鸠山将会毫不犹豫地与社民党切断关系。从修宪派鸠山频频放出修宪言论而与社民党发生摩擦的事件来看，社民党如果要坚持其原有之立场，该党之被迫离开执政党联盟，只是时间上的问题。

在亚洲外交问题上，鸠山首相的一大卖点是提倡"东亚共同体"构想。但正如日本主流媒体一致指出一般，其构想既毫无新意，也十分含糊。不过，正因为如此，各方得以逢场作戏，采取说说不妨的态度。这也许正是鸠山"新外交"此刻未遭受来自任何一方强烈不满之原因所在。因为，只要新政府不在靖国神社等问题上节外生枝，不少邻国便认为民主党政权比自民党前几届政府的亚洲外交有所进步而予以嘉奖。但一触及"东亚共同体"的领导权问题，民主党政府与自民党政府一样，紧紧抓住有利于日本的"10＋6"的王牌，丝毫并未呈现其貌似柔和的"友爱"姿态。

这就是民主党"新政"与"鸠山外交"的实体与真相。

第七章

日本对外扩张与舆论诱导[*]
——辨析日人"日清战争"观背后的逻辑思维

与10年前（2004年）日本主流媒体大肆渲染"日俄战争100年"相比较，日本大众传媒对于今年（2014年）"甲午战争（日人称之为'日清战争'）120年"相关话题的文章并不多见。但如果因此而得出结论，以为日本报界、学界和政界人士对这被他们视为"日本国民国家形成"、奠下日本军国根基的重要纪念日并不关心或已经遗忘的话，却显然是看走了眼。

仔细观察近年来日本大众传媒和政界围绕着"历史"、"靖国"、"领土"、"整军"和"修宪"等一系列话题开展的舆论诱导攻势，及对战后禁区的"突破"，敏锐的政论家都能从中看到"甲午"和"马关"（日人称之为"下关"）挥之不去的影子。说得确切些，对于急于"摆脱战后体制"的现安倍政权及之前同样旨在修宪而制造危机的小泉政权等自民党人，和一度当政的民主党当权派来说，怎样为大日本帝国发动的甲午战争予以"合理化"的解释（包括如何看待《马关条约》），比起如何美化"振奋人心"的"蕞尔东方小国"打倒"白种人俄罗斯帝国"的日俄战争，具有更大的现实政治意义。

一 "释放船长"扯上"三国干涉还辽"

最明显的例子，是体现在2010年中日在钓鱼岛海域发生"撞船事件"之后，日本执政党民主党一部分少壮派议员的激进言行。

---

[*] 本文为作者应新华社《参考消息》特约而撰写的文稿，原刊于《参考消息》2014年7月17日，后收录于张铁柱、刘声乐主编《甲午镜鉴》，上海世纪出版股份有限公司远东出版社2014年版，第324—334页。

针对当时日本官方以日本国内法扣押中国渔船、拘捕船长和渔民（渔民先获释放），后在中国强烈抗议和未获美国首肯的背景下，不得不连船长也释放的事件，一部分民主党议员认为这是"奇耻大辱"。他们形容这是"相当于日清战争后日本面对三国干涉的国难，日本国民对此痛恨至极"。

在一份由前外务政务官吉良州司和前防卫政务官长岛昭久牵头起草的"建白书"（即建议书）中，共有43名民主党议员联名呼吁时任内阁总理大臣菅直人"堂堂正正高举国益旗帜"，掌舵"战略性外交"。

所谓"三国干涉还辽事件"，指的是在1895年日本打败清朝后签署的《马关条约》中，原本还有将辽东半岛割让给日本的条文，但在俄罗斯、德国和法国的干涉下，日本只好忍痛归还中国而代之以3000万两白银作为赎金。俄、德、法三国之出面干预，当然不是出自路见不平、拔刀相助的行为，而是不愿看到日本独享辽东半岛的甜头。但对于当年大日本帝国的臣民（包括在媒体的渲染和鼓动下具有"爆发性的国民意识"的"国民国家"之子民）来说，如此通过武力手段夺取的战胜品却得而复失，是令人难以忍受的。以鼓吹甲午战争为己任的日本报章《国民新闻》主持人德富苏峰（1863—1957）在回忆他获悉这一消息时表示，当时心情简直是达到了"欲哭无泪"的程度。与此同时，另一家报章《日本》也为此刊载了题为《卧薪尝胆》的评论文章，以示对此"奇耻大辱"的"三国干涉"的不满，"卧薪尝胆"遂成为当时鼓励日本人发奋图强、报仇雪耻的流行语。

对于战前满脑袋"皇国史观"和弱肉强食哲学的日本人来说，他们存有如此这般狭隘"爱国主义"的情绪，我们一点也不感到惊奇，但对于在战后"和平时代"（至少在表面上，坚持九条精神的"和平宪法"招牌一直都还挂着）成长起来的少壮派政治家，居然还停留于《马关条约》年代日本人主张"侵略、割地、赔款有理"的精神状态，却不能不令人感到难以理喻。姑且不谈"释放船长"和"三国干涉事件"究竟有何可比性，单单看他们将后者视为"国难"的史观，就足以令人对日本今后走向的不定因素感到忧虑。

2010年，民主党少壮派主张仿照当年"三国干涉事件"后日本举国"卧薪尝胆"而提出的"建白书"，内容包括下列方案：

（1）在加深日美同盟关系的同时，加强日本自主防卫体制。

（2）加强与俄罗斯、东盟和中亚的战略关系，从而削弱对中国的过度依赖，并对中国予以牵制。换言之，即推行现代版的"远交近攻"政策。

（3）主张当局尽速买下现为民间人士所拥有的"尖阁诸岛"（即中国的

钓鱼岛)的私有地,将之转为国有地,建立灯塔等,从而实施有效的统治。

(4)加强西南方面的防卫体制。具体内容包括重新检讨《防卫计划大纲》,进一步强化以冲绳半岛为中心的西南诸岛的防卫体制。与此同时,应尽早在钓鱼岛的周边进行日美的共同军事演习。

这些方案可圈可点之处,其实就是"加强自主防卫体制"、"进一步对尖阁诸岛进行有效统治"(具体方案即将钓鱼岛"国有化")和"采取远交近攻的战略"。当然,这些方案与其说是某些民主党少壮派的"专利品",不如说是日本保守人士"英雄所见略同"的共同方策。

果然,就在"撞船事件"后的4月17日(也是《马关条约》签署纪念日),一向高调主张修宪的老牌右翼政客,也是时任东京都知事石原慎太郎在华盛顿演说时,抛出了东京都有意购买钓鱼岛的"购岛论"。

同年7月7日("卢沟桥事变"纪念日),时任首相野田佳彦宣布中央政府"购岛"(即"国有化")的决定。9月11日,野田政府和"私人岛主"签署购岛合约。石原选择在4月17日(《马关条约》签署纪念日)抛出"购岛论"是否有其特殊的含义或者仅是"偶然",我们不得而知。但从上述三个与军事行动密切相关的日子宣布购岛和接着紧凑的进程表来看,人们不能不为"中央政府"的首相野田与"地方政府"的首领石原共同串演的这幕"双簧"叹为观止。[①]

值得注意的是,尽管日本大众传媒并未大肆渲染前述的"建白书",但从后来东京当局的动向来看,日本外交和军事的走向是与"志士"们之构想与献策(包括将钓鱼岛"国有化")相一致的。正如前面所述,这些方案并非民主党少壮派激进人士的"专利品",它们之付诸实现,也不意味着"志士"们具有掌控日本内外政策的能力,但却反映了具有近似史观的日本保守派对当下的日本出路有着共同的应对处方。

二 "近代化成功神话"支撑"义战论"

不少日本人对甲午战争及随后签署的《马关条约》,为何丝毫不存有"侵略"与"掠夺"的罪恶感呢?这既与战前"皇国史观"的拥护者将这场

[①] 有关日本中央政府与地方政府在购岛问题上演双簧及日本媒体巧妙诱导舆论,制造"舆情"的详情,见〔新加坡〕卓南生《日本的乱象与真相——从安倍到安倍》,世界知识出版社2013年版,第295—305页。

战争定位为"开化之国——日本"与"因循陋习之国——清国",即"文明"与"野蛮"两者之间的"义战"有关,也与战后日本学界和大众传媒对这段历史不彻底的反思和总结不无关系。

支撑日人"义战论"最强有力的思想武器之一,就是以"近代化"与否作为衡量一个国家之行为是否正当,或者一个国家是否值得尊重,乃至是否有前途的重要标准。翻开明治维新史,不难发现不少高举"富国强兵"旗号的明治开国"先贤"与"功臣",满脑袋装的都是弱肉强食与民族优劣论的大道理。最具有代表性的思想家,莫过于著名报人,也是教育家的福泽渝吉(1835—1901)。他在《脱亚论》一文中,将中国和朝鲜等近邻国家明确定位为应该谢绝的"恶友",主张不与他们为伍,强调要力图与西洋的文明国共进退。

在甲午战争期间,日本的政客和各式各样的传播媒介更竭尽其所能为这场"义战"摇旗呐喊、欢呼和鼓舞。

一名日本学者在综述日本媒体与甲午战争的紧密互动关系时,这样写道:

> 日清战争(指甲午战争)同时也是与媒体变革并进的一场战争……这场战争是通过报章、杂志和照片等新媒体传达的。此外,在日清战争期间,演剧(的普及)也达到了转折点。不仅如此,在这场战争的前前后后,对近代日本人的精神产生极大影响的军歌也被推广和流行。[1]

该作者表示,这里所说的媒体并不只是大众传媒,而是指各式各样传达信息的媒介之总称,其中包括各种与战争相关的商品之推出,"祝捷会"、"慰灵祭"和"战争纪念碑"等。[2] 至于以"愚弄和嘲笑支那人"为趣旨和题材的通俗歌谣、图画、报纸杂志和戏剧等,更充斥日本列岛。当时媒体为博取受众"热狂"与"喝彩"的花样,可以说是各显神通。不少日本专家承认,特别是在甲午战争日本打败清朝之后,日本人蔑视中国的感情和观念已被牢牢根植,中国已被定性为"没有能力达成近代化的国家"。

由此可见,所谓"日清战争"促使日本完成的所谓"国民国家",从另一个角度来看,其实是在鼓吹狭隘民族主义情绪、出兵海外,举国卷入战争

---

[1] [日] 佐谷真木人:《日清戰爭——"國民"の誕生》,講談社2009年版,第11—12页。
[2] 同上书,第12页。

的异常兴奋状态下形成和开展的。因此,战后日本人在反思战前的行为及总结战争带来的痛苦经验时,就不能不认真追溯与检讨曾令日人陶醉与兴奋的甲午战争。

实际上,针对官方于1968年隆重庆祝明治维新百年的庆典,日本国内曾展开大论争。歌颂明治维新者都高举"近代化"大旗,予以高度评价;反对者则着重指出,以"富国强兵"为国是的明治政府是引导日本步向战争的起点。这场论争显示,如何看待与解读日本明治维新及其近代化乃至"近代化成功的神话",直接影响着日本人对甲午战争和《马关条约》的反思与评价。时至今日,仍有部分死抱"皇国史观"的政客要为当年得而复失的辽东半岛痛心疾首,正好反映了"近代化论"面纱下以"义战"(后来发展为"大东亚圣战")为旗号的"大义名分"理论在战后的日本仍有一定的市场。

三 "司马辽太郎史观"为侵略"摘帽"

除此之外,促使战后不少日本人对甲午战争(日俄战争亦然)不但不存罪恶感,甚至还引以为豪的,是受到"国民作家"司马辽太郎(1823—1996)以近现代史为题材的长篇历史小说的影响。

在饱尝战后初期战败国痛苦、官方无奈倡议"一亿总忏悔",日本国民对军国时代感情极其复杂,充满悲观、彷徨与不安的年代里,司马辽太郎的诸多长篇历史小说据说唤起了不少日本国民对"日本人"的自信心与活力,司马之所以被称为"国民作家",原因据说也在这里。

然而,对于司马旨在鼓舞战后陷入颓废与自卑的日本民众的历史小说,不少日本有识之士发现其中有不少出自他个人的杜撰与臆测,含有强烈的舆论诱导意图,他们称之为"司马辽太郎史观"。[①]

所谓"司马辽太郎史观",有几个明显的特征。其一是将明治史和后来的昭和史完全剥开。他将明治史断定为"光明的年代",昭和史则称之为"黑暗的年代"。其二是,将甲午战争和日俄战争定位为日本被迫而战的"祖国防卫战争",并强调这两场战争都是"公平的战争"。其三是认为日本之变质,是在日俄战争、日本打败俄罗斯之后。换句话说,明治以来日本的

[①] 针对司马辽太郎史观,不少日本学者提出尖刻的批判,详见[日]中村政则《怎样看待近代史——对司马史观的质疑》,岩波小册子,NO.427,1997年;[日]中塚明:《司马辽太郎的历史观——对其"朝鲜观"与"明治荣光论"的质疑》,高文研2009年版。

对外扩张政策，并非一无是处，也并非都是"愚蠢"与"无谋"之战，至少是在甲午战争和日俄战争年代，日本人的民族主义精神是"健康的"，是值得引以为豪的。

正是通过否定"光明的明治"时期扩张路线与后来的"黑暗的昭和"时代军国路线存有连续性的历史书写手法，司马试图否定甲午战争与日俄战争的"侵略性"，并为明治时期的扩张政策辩护。积极主张行使集体自卫权和修宪的右翼喉舌《产经新闻》之所以多次高调策划、连载司马的长篇小说《坂上之云》，显然是有这方面的特殊用意。同样的，在"日本吞并韩国一百年"前夕的2009年年底，日本准国营电视台——日本放送协会（NHK）也开始放映为期三年、改编自司马辽太郎《坂上之云》的长篇连续剧。不少日本有识之士指出，该连续剧为日本侵略战争辩护（包括对日本吞并韩国的"合理化"解释）的意图比起原著，只有过之而无不及。

四 "东南亚侵略微妙论"为军国"减罪"

值得注意的是，战后日本舆论界在参与否定明治百年来的侵略史时，除了有如司马那样的"国民作家"通过虚虚实实的"历史小说"巧妙手法，先替明治政府"先贤"摘掉发动甲午战争与日俄战争的两顶侵略帽之外，另一个手法，就是利用太平洋战争的"复杂性"，否定太平洋战争为"侵略战争"。持此论者还包括一部分被喻为"开明"与"自由派"的知识分子，如中国文学研究家竹内好（1908—1977）。

竹内是日本亚细亚主义的阐释者和研究者，在20世纪50、60年代，他还曾经是积极反对安保条约的知名人士，但对于他在1941年12月8日公开发表支持"大东亚战争"的宣言《大东亚战争与吾等的决议》。[①] 他始终并不认为有错。在战后总结日本的战争责任时，竹内曾这样写道：

> 日本进行的战争，既是侵略战争，但同时也是帝国主义与帝国主义之间的战争。因此，日本人对于侵略战争是负有责任的，但对于帝国主义与帝国主义间的战争这一部分，就不能只是单方要日本负责。

---

① [日] 中国文学研究会编：《中国文学》第八十号，昭和十七年（即1942年）一月卷头语，原文无署名。

换句话说，竹内把日本的侵华战争和太平洋战争爆发后日本对东南亚的侵略予以区分。对于前者，他承认是侵略战争；对于后者，则将之定位为大日本帝国与欧美帝国之间的战争。前者日本负有战争责任，后者则不能单单责怪日本。

在这里，竹内好显然是忽视了在日本军政三年零八个月期间，受尽日本残暴统治的东南亚各地人民之存在与感受。因为，在竹内眼中，只有后进的大日本帝国与先进的欧美帝国两者之间争夺的殖民地；两者为争夺殖民地而大动干戈，可以说是半斤八两，说不清谁是与谁非。

战后以"良心派"姿态出现的学者如竹内之流尚且持有如此这般的态度，一向处心积虑要为修宪派兵制造舆论的自民党政客之伺机公然反对"东南亚侵略论"，自不待言。果然，就在1994年10月24日，时任通产大臣桥本龙太郎发表了"东南亚侵略战争微妙论"。他表示对于中国，可以说是"侵略行为"，对于朝鲜半岛也可以称之为"殖民地支配"，但对于东南亚算不算侵略，他认为"很微妙"。为什么"微妙"呢？因为东南亚当时是欧美的殖民地，这场战争的对手是美国、英国和荷兰等。

针对桥本这番大胆的谈话，当时日本国内外的舆论界为之哗然，但在当局极力向中韩解释此谈话并未针对中韩及时任首相村山富市的极力掩护下，风波遂告平息，桥本遂成为战后否定侵略战争而不必引咎辞职的首名日本大臣。[1]

综上所述，可以看出否定明治时代的甲午战争与日俄战争的侵略性，和对日本侵略东南亚提出质疑，从表面上看似乎互不相干，但仔细分析，却有着相互呼应的内在联系。说得确切些，在为大日本帝国对外侵略史缩短时间段的问题上，两者发挥了异曲同工之妙。明乎此，人们在回顾和总结甲午战争的历史教训时，就不能仅仅着眼于明治维新政府与清廷谁"强"谁"弱"或者过于热衷比较双方"近代化"与"非近代化"的差距。亚洲国家还得同时留意日本百年来对外战略基本思维的变与不变，并做好应对的方案。

从东南亚的角度来看，今日"和平崛起"中的中国在纪念甲午战争120周年之际，也许还得发出明确的信息，以示中国的"富国梦"和"强国梦"，和明治的"富国强兵"路线有何本质上的差异。一句话，如何全面认识与评价明治维新，关乎亚洲人对甲午战争乃至二战纪念之基本态度与意义。

---

[1] ［新加坡］卓南生：《桥本龙太郎敲响警钟——日本为历史翻案的新篇章》，《日本社会》（《卓南生日本时论文集》三卷本），世界知识出版社2006年版，第463—469页。

第八章

"明治维新"与近代化论争[*]

——从"明治百年祭"到"明治150年纪念"的"舆情"营造

与1968年日本官方高调主导的"明治维新百年祭"及由此产生的舆论界大论争相比较，配合今年（2018年）的"明治维新150周年纪念"，一部分日本报刊和电视台虽也推出专辑，但相对而言迄今尚未被热炒或热议。

1968年"明治维新百年祭"之所以受到各方的密切关注及引发学界、言论界的大争议，是与当时日本国内"国论二分"的政局，及知识界为探索、寻求战后日本出路而不得不面对历史的总结之大背景分不开的。

一 "国论二分"下的"明治维新百年祭"（1968）

所谓"国论二分"，简单而言，就是舆论界分成两个阵营，一边是支持《日美安保条约》，另一边是反对《日美安保条约》。

一般而言，反对安保条约者，同时也是维护战后和平宪法的"护宪派"；反之，支持安保条约者基本上倾向于赞同修改"放弃武力"的宪法第九条，但鉴于国内反战声势之浩大及各国对日本的"重新武装"保持高度的警惕，不敢公然将敏感的"修宪论"摆在桌面上。为此，哪怕是处心积虑要修改宪法的自民党主流派（包括甲级战犯的前首相岸信介），在表面上也要摆出恪守和平宪法的姿态。

由此可见，安保论争在实际上还牵涉到是否赞同今日已被安倍晋三（岸信介的外孙）政府提到日程，快要付诸实现的"修宪"问题上。

---

[*] 本文为作者2018年1月20日在北京大学新闻学研究会主办的"北大新闻学茶座"（60）上的讲稿。原题为《从亚洲视角看日本明治维新150周年》，曾分为两文刊于新加坡《联合早报》2018年2月7日和2月28日。

针对美日缔结军事同盟的安保条约，在当年的反对者看来，无异于将日本捆绑在美国的战车上。他们在高喊"粉碎日美安保条约"口号的同时，也有不少市民团体的支持者走上街头，发出"别把子女送上战场"的洪亮声音。

正是在反战声浪响彻云霄、"好男不当兵"的舆论气氛中，一心一意想要重新武装的自民党当局面对的困境是：其一，怎样分化和瓦解反战（包括反安保）阵营；其二，怎样重新叙述历史，让战败国国民走出战争的阴影，带回"民族的荣光与信心"。

笔者是在1966年3月抵达东京留学的，时逢日本"国论二分"进入深水区，席卷全国的"1960年安保斗争"刚刚过去，狂风暴雨式的"70年安保斗争"即将来临。不管是在校园还是日比谷公园或者新宿、银座的大街上，随时都可以看到大大小小示威游行的队伍和集会。在早稻田大学校园的每个角落，几乎贴满了形形色色不同派系学生"粉碎安保、打倒佐藤（荣作）政权！！！"的标语和口号；在东京大学正门，中间悬挂的是切·格瓦拉和毛泽东的头像，大门两侧的标语则分别为"帝大解体"和"造反有理"。当时，尽管头戴钢帽、手持"格瓦拉棒"（长木棍）的学生派系林立，内部经常武斗，但总体口号都是反对安保和反对战争。

那时距离1945年8月15日日本战败日刚过20个年头，在美国远东战略的部署下，日本免除或减轻了对邻国的战争赔偿，并在朝鲜战争、越南战争"特需"的刺激下，大发其战争横财；与此同时，在美国的特许和扶持下，日本资本向东南亚大举"南进"，逐步复苏了战败国的经济。不过，一般老百姓还患有官方和保守人士所说的"谈战（特别是核武器）色变"的敏感症。不仅如此，在新宿等热闹地区，还常可以见到断手断脚、穿着军装、奏着军歌的"征讨支那××军团第××支队兵曹"在变相乞食的悲凉街景。战争的影子的确还挥之不去！

面对着这样的困境和窘境，时任首相佐藤荣作一再吁请国民要有"保卫国家的气概"。为此，官方及其舆论机构和智囊也在谋求与策划前面提到的有关分化反战阵营的工作。

当局十分清楚，在反战队伍当中，基本上存在着三股力量，其一是坚定果断的反战人士，其二是讨厌战争的"厌战者"，其三是害怕战争的"恐战份子"。坚定的反战人士不易"教化"，但为数毕竟不多；若要医治"厌战"和"恐战"的"病患者"，则除了要多说光明面，还得为日本发动的侵略战争编造"出兵有理"或"迫不得已"的理论和故事。这项说服民众的艰巨任务，最终是落在监管教科书书写的文部省（教育部）和与官方紧密挂钩的大众传媒的肩上。长达35年之久的家永三郎"日本史教科书诉讼案"，正是在这样的背景下发生的。

当时，来自东南亚的留日学生最为惊憾的是，居然有那么多日本人在谈论太平洋战争时，还相信战前日本当局为发动战争炮制的"ABCD包围圈论"。所谓"ABCD包围圈论"，指的是日本是在A（America美国）、B（Britain英国）、C（China中国）、D（Dutch荷兰）包围下，被迫开战的。换句话说，这是一场日本"自我保卫"的战争。

另一个来自保守阵营而令我们震惊的议题设定是，"日本在这场战争中，难道一无是处？"其潜台词是：

（1）大日本帝国打垮白种人的欧美帝国，给亚洲人带来了自信心；

（2）从结果来看，东南亚各国纷纷摆脱欧美的殖民统治，获得独立，不能不归功于大日本帝国。

所谓"日本侵略东南亚有功（至少是部分有功）论"，正是此类的货色。

这样的"大东亚战争观"和"东南亚独立观"，直到20世纪80年代初期仍然根植在不少日本人脑中。1983年1月，远在新加坡《星洲日报》工作的笔者就接到了一封日本读者的来函。来函者自称曾经在50年（正确应该是40年）前到马来半岛作战。这名前"皇军"来信谈些什么呢？

原来他是看了《朝日新闻》的"人物"栏对笔者的专访及对拙作《从东南亚看日本》一书的评介之后，心里感到难以接受，提笔写了密密麻麻的两张信笺来抗议的。

"抗议"的中心内容，围绕着"日军侵占东南亚的功罪"问题。这名前"皇军"的基本看法是：

（1）日本人为了亚洲的解放，曾经流出宝贵的血和汗（他本人还在攻打马来半岛时受伤），亚洲人不应该忘记日本人的"恩惠"。

（2）没有日本人的协助，亚洲各国是无法摆脱白种人而独立的。东南亚人不应该因为日本打了败仗，而忘却日本人的"一番好意"，更不应该落井下石，在日本人脸上涂鸦。

换句话说，这名前"皇军"满脑子装的仍然是战前"大东亚圣战"、"打倒鬼畜美英，解放亚洲"的理论。这样的现象，既反映了战前日本的侵略史观在战后的日本未被彻底清算，也说明了当局战后不遗余力治疗"厌战病"与"恐战病"的药方有其一定的疗效。

二 "百年祭"与重振"国威"紧密挂钩

回头再谈20世纪60年代当局为扭转其困境、窘境而开展的舆论攻势。当时官方除了加强上面提到的对教科书和大众传媒的控制之外,还精心策划了三个旨在渲染日本的光明面,激发国民"爱国心"的大型"演出"的活动。那就是1964年的东京奥运会、1968年的"明治维新百年祭"和1970年的"大阪万国博览会"。

笔者抵达东京于1966年,错失了亲眼目睹一度丧失了"自信"的战败国国民怎样举国为东京奥运会狂欢鼓舞的情景,但从两年后大众传媒及周围日本人的口中,多少还能领略奥运会给他们带来了巨大的兴奋与刺激。当时东京可供游客消磨时间的现代化广场不多,位于千駄个谷(离新宿不远)的东京奥运会遗址,遂成为了市民与游客流连忘返的旅游胜地。笔者在初抵东京的第一年,就不知被带到此遗址游玩了多少遍。

不过,对于1968年日本知识界针对明治维新100周年的大争议,以及1970年大阪万国博览会给"日本大国"带来的影响和冲击,笔者的印象是十分深刻的。

针对耗资超过一万亿日元的大阪万国博览会,此刻刚考进硕士研究生的笔者曾为新加坡《星洲日报》写下好几篇通讯稿。[1] 现摘录其中几则相关报道,借以反映当时日本人对万国博览会的定位:

• 《朝日新闻》的新年特刊,即怀着无比自傲的心情,描绘1970年博览会的到来:"从3月15日开始的半年间,远东的小国将成为世界注目的焦点。"

• 通产省万国博览会准备室的池口小太郎更掩不住兴奋的心情说道:"在日本举办万国博览会是明治以来历经三代(按:指明治、大正和昭和)的民族梦想。"

• 万国博协会会长石坂强调:"万国博览会之主办,也含有将国民之视线,从安保骚动转移开去的目的。"[按:即较早时时任外相三木武夫所说的,1970年不是安保(AMPO)年,而是万国博(EXPO)年。]

---

[1] 详见[新加坡]卓南生《日本为何热衷搞"万国博览会"?》,《日本社会》(《卓南生日本时论文集》三卷本),世界知识出版社2006年版,第5—7页;《不"调和"的大阪万国博览会》,同书,第8—10页。

对此，笔者的通讯稿评介道："连日以来，日本的报章和电台不厌其烦地吹嘘'万国博'为'本世纪最大的祭典'。宣传的目的，其实是要炫耀日本之'国威'和激发日本人的所谓'爱国情绪'，并转移人民对《日美安保条约》的视线。"

同样的，出自炫耀日本之"国威"（歌颂日本战前的光明面）和激发日本人的所谓"爱国情绪"并转移人民对于《日美安保条约》视线的目的，官方在1968年主办"明治百年纪念"的盛大庆典还引发了一场大论争。

三 "百年祭"引发"近代化"论争

与东京奥运年会和大阪万国博览会五彩缤纷的大演出相比较，"明治百年祭"也许规模不算庞大，但论其影响却是不可低估的。因为它牵涉到如何评价近代日本百年史的严肃与敏感的话题。

正如前面所述一般，当时日本社会正呈现"国论二分"的状态。对于明治以来百年走过的道路，日本的知识界也有两种截然不同的看法。正面评价者认为，明治时代英明的圣贤果断地引领了日本人走上近代化国家的道路，促使日本成为亚洲史上最初也是唯一曾经拥有殖民地的亚洲工业强国。

与此相反，反对者认为，正因为百年来日本效仿西方列强，奉行"脱亚入欧"、"富国强兵"、"弱肉强食"路线的结果，日本最终落得一败涂地的战败国悲惨地位，并成为亚洲的孤儿。

不少历史学家指出，明治维新以后的历史（直到1945年8月15日日本天皇裕仁宣布无条件投降为止）就是一部日本对外膨胀的历史。他们对明治"先贤"下列国策的选择与动向，提出了强烈的批判：

- 西乡隆盛的"征韩论"（1873年，明治六年）
- 出兵台湾（1874年）
- 设置冲绳县（1879年），为日本的统合琉球制造既成的事实
- 《军人敕谕》（1882）
- 《教育敕语》（1890）
- 山县有朋发表"外交政略论"（1890），主张保卫"主权线（国境线）"和"利益线"
- 甲午战争（1894—1895）
- 日俄战争（1904—1905）

他们认为，正是在如此这般"国益"、"国威"至上、"扩张有理"的国策

引导下，日本不断向邻国伸出其魔爪，先吞并琉球、朝鲜半岛，后向中国发动侵略战争，并于1941年12月8日偷袭珍珠港，全面开展其"大东亚战争"，而最终把日本带到惨败、痛苦的深渊。他们表示，盲目歌颂明治维新"先贤"的功绩及其道路的选择，无疑意味着日本并未吸取历史的惨痛经验教训。

他们主张借此良机，把明治以来错误的道路作为反面教材予以反思，他们尖刻地批判战前的天皇制，以及知识界在战争期间的"协力行为"。

对于明治维新，歌颂者最大的理论依据，或者最大的武器，就是"日本近代化成功论"。所谓"日本近代化成功论"，当然不是始自今日或者"百年祭"的1968年。

早在19世纪末的1894年日本发动甲午战争时，醉心西学并已取得一定成果的日本"先贤"就将日本定位为"开化之国"，将中国清朝定位为"因循陋习之国"；于是乎，"文明国"讨伐"野蛮国"就顺理成章，成为了其"职责"之所在。日本就是高举着"义战论"的旗号发动这场战争的。这个"义战论"，既是欧美帝国到海外开拓殖民地的"白人负荷论"的变种，也是后来日本军国主义到亚洲各地开疆拓土的"亚洲解放论"的理论雏形与原点。

说也奇怪，对于日本"近代化"靠何起家了如指掌的美国日本史学家、哈佛大学燕京学社第二任社长赖肖尔（E. O. Reischaeuer, 1910—1990）在1961年出任美国驻日大使后，却在大肆鼓吹"日本近代化成功论"、"日本模式论"，而成为了礼赞日本"明治维新百年祭"的最大鼓吹者。当时日本学界称之为"赖肖尔日本史学"。其主要观点包括将日本定位为"唯一以自力发展经济成功的非西方国家"，"日本迅速成为产业现代化的历史经验，可以成为后进开发国的模式和指南"，"对德川时代的封建制给予肯定的评价"，等等。这些论点曾引发日本学界的热烈讨论。

针对赖肖尔刻意忽视日本依靠武力、掠夺邻国财富的基本事实，大谈其"近代化"的神话，比我早几年留学日本，致力于研究日本思想史、日本政治史的台湾大学许介鳞教授一针见血地指出：

"为什么日本能够这么快速地达成现代化，而中国却远远地无法步入现代化的轨道？"如果从美国学者的"现代化"这种价值观看来，日本近代史包括侵略亚洲的轨迹，正是可以被肯定的了。[1]

---

[1] 许介鳞：《近代日本论》（日本文摘书选12），台北：故乡出版社有限公司1977年版，第14页。

许教授这番谈话，对于时下某些不明就里、轻率提出"日本能，为什么中国不能？"的"近代化一切论"者，无疑是敲响了一记警钟。

当然，身兼美国驻日本大使的赖肖尔教授之所以鼓吹"日本近代化成功论"，称赞日本为"优等生"，也与他当时致力于加强《日美安保条约》的职务，和以美国"国益"至上的基本思维密不可分。时逢日本国内反战声势达到顶峰，日本民众不仅对战前老路深恶痛绝，也强烈批判美国发动的越南战争；他（她）们担心日本再度卷入战争。在反战的游行队伍中，除了"粉碎日美安保"、"打倒佐藤政权"之外，另一最常见的标语，就是"反对越南战争！"

对此，身任驻日大使的赖肖尔最大政绩之一，就是当机立断，镇压撒播"反对越战言论"的舆论界。《每日新闻》国际新闻部长大森实（1922—2010）就是在赖肖尔的威压下被迫离开报界的。足见"史学家大使"在那时刻礼赞日本的"近代化"，还有其更深一层的战略意义，而非"纯粹的学术论争"。对此，"大东亚战争"的遗臣们心领神会，自不在话下。林房雄（1903—1975）的《大东亚战争肯定论》，就是在这样的土壤和气候下出笼的。

四　如何看待"甲午战争"、"日俄战争"与"太平洋战争"

了解了"明治百年祭"围绕"近代化"问题展开论争的现实意义，我们再回头考察战后日本官方与某些知识分子对近代日本史的总结，当局舆论诱导的方向就更加清楚了。

在"近代日本难道一无是处？"议题设定下，出题者真正要说的话是，明治百年并非像反对者所说一般，都是负面的。在反战、厌战、恐战居主流的年代里，当局十分清楚，要全面否定战争的祸害，一次到位地清理民众的不满情绪是不可能办到的。为此，将近代史分割成"光明面"与"阴暗面"两部分的历史小说家司马辽太郎的"司马辽太郎史观"，便受到热捧而被誉为"国民作家"。

所谓"司马辽太郎史观"，正如上一章指出一般，就是将明治史和后来的昭和史完全剥开，并肯定前者为"光明的年代"，后者为"黑暗的年代"。其弦外之音是，明治以来的对外扩张政策并非全是"无谋"之战和一无是处。像甲午战争、日俄战争就是日本被迫而战的"祖国防卫战争"、"公平的战争"。他认为，日本之变质是在日俄战争胜利之后，司马辽太郎如此这般重叙历史的写法，对于战败后丧失"民族自信心"，对军国时代日本弥漫不满、悲观、不安情绪的日本人来说，无疑起了激发和重启其"爱国心"的作用。日本的电视台和一部分报刊之所以要反复重播或连载其长篇小说《坂上之云》，是有其道理的。

同样的，在为日本部分战争史"正名"的知识界当中，也有个别被喻为"开明人士"。最著名的莫过于上一章曾提起的鲁迅研究家竹内好。竹内是日本亚细亚主义的研究者和阐释者，在20世纪五六十年代曾经是反对日美安保条约的知名人士，但他对自己在1941年12月8日日本偷袭珍珠港与向东南亚发动侵略战争行为时公开发表支持的声明《大东亚战争与吾等的决意》，却始终不肯认错和收回。他在战后总结这场战争时，还坚持其"大东亚战争"的"二重性"观点，强调"12月8日"以后的战争有别于之前"亚洲人打亚洲人"的侵华战争。

针对竹内这种把侵华战争和太平洋战争爆发后日本对东南亚的侵略予以区分的看法，及他在战后不为其"12月8日"的"激动"宣言感到可耻的态度，也许说得最透彻和不客气的莫过于著名的日本史学家、京都大学井上清教授的如下评语：

> 日本和美、英、荷等国的战争，如果把它从第二次世界大战的整体中分割出来看，的确是帝国主义相互间的战争。因此，说"大东亚战争"一方面也"是对帝国主义的战争"，这也是事实。正确地说，是对帝国主义的，在日本本身来说，也是帝国主义的战争。但是，怎么能够说，由于它是帝国主义相互间的战争，就可以不引以为耻呢？①

井上教授还指出：

> 美帝国主义对日本帝国主义，日本帝国主义对美帝国主义，是不能彼此追究责任审判对方的；但是，被当作双方相互争夺目标的每个民族，则是具有谴责、审判这双方的权利的；日本人民对本国统治者所挑起的"对帝国主义的帝国主义战争"，也是可以反对、谴责，而且必须

---

① ［日］井上清：《戦後日本の歴史》，現代評論社，1966年，第20页；［日］井上清著，天津市历史研究所、南开大学历史系译校：《战后日本史》（内部读物），天津人民出版社1972年版，第22页。

反对和谴责。①

他还同时反问道：

> 帝国主义战争，不论是对弱小民族发动的，还是对帝国主义大国发动的，其同为帝国主义战争，不都是一样的吗？②

井上教授还提醒论者，太平洋战争期间日美两个帝国主义之间的战争，固然是双方为了争夺统治弱小民族的战争，是日本对美帝国主义的战争，但同时也"完全是日本对中国和东南亚的单方面的侵略战争"。他着重指出：

> 区别太平洋战争的二重性是重要的。但这并不是为了替日本帝国主义减免一部分罪责，也不是因此就部分地取消支持这个战争的人们的反省……③

换句话说，井上教授正面反对竹内等为减免日本帝国主义罪责及逃避反省责任而提出的"二重性论"。他认为要真正反思战争，只有从全盘否定"大东亚战争"作为起点。令人感到惋惜的是，在战后一度声势浩大的"革新派"日本知识分子当中，持此明快、坚定态度的学者并未居主流；与此相反，趋向于采取暧昧态度，主张日本发动战争"也有其理"的"反思者"大有其人。如此这般的"大东亚战争"的"二重性论"，正如上一章指出一般，无疑为后来村山内阁的通产大臣桥本龙太郎1994年10月发表的"东南亚侵略战争微妙论"，提供了理论依据。从这个角度来看，此种变相减轻战前日本侵略战争的罪行或者缩短其侵略战争时间段的做法，与"司马辽太郎史观"将甲午战争和日俄战争从日本的亚洲扩张史当中剥开，摘掉其"侵略战争"的帽子，可以说是有异曲同工之妙。

尤有进者，近二三十年来，在人们对战争逐渐模糊与遗忘的年代里，与战前日本军国有着千丝万缕关系的"亚细亚主义"，也有重新被包装与解读

---

① ［日］井上清：《戦後日本の歴史》，现代評論社，1966年，第20页；［日］井上清著，天津市历史研究所、南开大学历史系译校：《战后日本史》（内部读物），天津人民出版社1972年版，第22—23页。
② 同上书，第20页；同译本，第23页。
③ 同上书，第21页；同译本，第23页。

的趋势。

针对有关动向，笔者在日本战败50年的1995年曾为日本《每日新闻》"亚洲动向"专栏，写了一篇题为《来自东京令人生畏的"亚细亚主义"》的评论（见附文）。评论着重指出，"亚洲人最怕的就是听到来自东京形形色色的'亚细亚主义'"，理由有三：

（1）对于不少日本人来说，"亚细亚主义"原本就是一个无法说清楚，但却容易诱人堕入"大国梦"的圈套和陷阱。在一个事事讲究次序排列和力量对比（即弱肉强食，强者有理），且自居亚洲第一的日本社会里，任何形式的亚细亚主义在实际上恐怕都难逃"日本乃亚洲当然盟主"的结论与命运。

（2）近日日本国内"美国乎？亚洲乎？"之类的争论，从表面上看，似乎是"美国重视（亲美）派"与"亚洲重视（亲亚）派"之间看法的对立，但认真分析，却纯粹是以日本利益为依归的"日本重视派"。正如战前亚细亚主义其实就是东洋主义的代名词一般，今日日本大众传媒引为时髦、定义不明且轻易使用的亚细亚主义，在精神实质上与样样只照顾日本利益的日本主义并无太大差异。

（3）对战前名为"解放东亚"，实为取代白色人种、奴役亚洲人民的战前"兴亚"口号，迄今还有日本人信以为真，或者以此作为借口，否定历史事实。通产大臣桥本龙太郎间接承认侵略中韩的部分史实，但却否认对弱小东南亚国家与民族进行侵略（这其实也正是大国欺侮小国的表现）就是一个例子；一部分地方会议冀图通过感谢前皇军"协助亚洲独立"的追悼议决案，更说明了时过50年，不少日本人仍然无法摆脱和清理战前"大东亚理念"的遗毒与包袱。日本与亚洲对历史的认识与评价的差距，与其说是在缩小，不如说正在日益扩大。

五 "明治维新150周年"低调中不低调的修宪动向

综上所述，可以看出，与1968年高调纪念"明治维新"的时代背景相比较，对于当局来说，今年（2018年）的明治维新150周年已欠缺"百年祭"时动员国家机器，大事渲染的迫切需要。

首先是，自20世纪90年代日本政坛进入"总保守化"的时代以来，日本国内种种为战争辩解、翻案的言行（包括教科书、参拜靖国神社等），已逐步可以拿到桌面，成为"舆情"的主流。"明治百年祭"当时旨在分化反战阵营，争取其中的"厌战"、"恐战"的"病患者"的策略，基本上已经奏效。

与此同时，值得注意的是，原本遮遮掩掩，仅在日本国内销售的战前理论"ABCD 包围圈论"和"近代的超克论"（以超越西学为名，实则配合"大东亚圣战"出笼的构思）等，也有被重新包装和出口转内销的趋势。就连外国人（包括受害的亚洲人）也有人认可或体谅日本发动"大东亚战争"乃"不得已"或者有其"超越欧美"、"驱逐英美"、"解放亚洲"的"复杂"的一面，日本人哪有不走出"明治带来战争罪恶"阴影的道理。明治维新肯定派对此感到心花怒放，自不待言。换句话说，对于当局和保守派人士来说，明治先贤的"荣光"及其"英明抉择"（以"富国强兵"和"弱肉强食"为座右铭的"近代化"路线），已经再次获得日本国民"肯定"而达成"共识"，"国论二分"时代对"军国日本"深恶痛绝的"国民情绪"已经不多见。

从这个角度来看，与兴师动众，旨在激励"民族自信心"的 1968 年"明治百年祭"相比较，今年（2018）的"明治 150 年祭"显得相对冷清和低调，是可以理解的。

也许，当局和保守人士此刻最关心的，是如何集中心思，筹划和落实已成定局的宪法修改大事业。安倍晋三首相就曾扬言要在 2020 年付诸实现。果真如此，今年的"明治 150 年祭"虽未大肆渲染，但在不久的将来，师从"先贤"路线的安倍政府将会献出其最大的祭品——抽去"不拥有军力"的第九条条文的新宪法，届时再隆重纪念也为时不晚。

"明治祭"与当今日本政局走向，看似毫不相干，实则紧密挂钩、互为表里，此其理也。

附　文

来自东京令人生畏的"亚细亚主义"[*] 　　　　（卓南生）

"亚细亚、亚细亚！……"翻开日本报刊，没有一家报刊不在为"亚细亚"大做文章。有曰："日本应该尽早'脱美（欧）入亚'"；有曰："亚细亚才是日本的立足点，日本应该赶上'亚洲共同体的列车'，掌握主导权……"

---

[*] 日文原文刊于《每日新闻》1995 年 1 月 11 日，原题为："東京発'アジア主義'の怖さ"，中文版收录于《日本社会》（《卓南生日本时论文集》三卷本），世界知识出版社 2006 年版，第 467—469 页。

与几年前泡沫经济气球吹破前夕，某经济论客趾高气扬地著书鼓吹《莎约娜拉（再见）！亚细亚！》的情形相比较，日本的姿态的确有很大的改变。

日本是亚洲的一分子，这是谁也否定不了的事实。日本人应该摆脱鄙视近邻的"脱亚论"（即摆脱亚洲，耻与亚洲人为伍的理论）的思想束缚，更是理所当然的事。但在倡议"脱美"或"脱欧"之余，谢天谢地，请别主张搞什么以日本为中心的"亚洲共同体"。因为，亚洲人最怕的就是听到来自东京形形色色的"亚细亚主义"。

"大国梦"圈套与陷阱

原因之一是，对于不少日本人来说，"亚细亚主义"原本就是一个无法说清楚，但却容易诱人堕入"大国梦"的圈套和陷阱。在一个事事讲究秩序排列和力量对比（即弱肉强食有理），且自居亚洲第一的日本社会里，任何形式的亚细亚主义在实际上恐怕都难逃"日本乃亚洲当然盟主"的结论与命运。

原因之二是，今日日本国内"美国乎？亚洲乎？"之类的论争，从表面上看，似乎是"美国重视（亲美）派"与"亚洲重视（亲亚）派"之间看法的对立。但认真分析，却纯粹是以日本利益为依归的"日本重视派"。正如战前亚细亚主义其实就是东洋主义的代名词一般，今日日本大众传媒引为时髦、定义不明且轻易使用的亚细亚主义，在精神实质上与样样只照顾日本利益的日本主义并无太大差异。

"大东亚理念"的遗毒

原因之三是，对战前名为"解放东亚"，实为取代白色人种、奴役亚洲人民的战前"兴亚"口号，迄今还有日本人信以为真，或者以此作为借口，否定历史事实。通产大臣桥本龙太郎间接承认侵略中韩的部分史实，但却否认对弱小的东南亚国家与民族进行侵略（这其实也正是大国欺负小国的表现）就是一个例子；一部分地方议会冀图通过感谢前皇军"协助亚洲独立"的追悼议决案，更说明了时过50年，不少日本人仍然还无法摆脱和清理战前"大东亚理念"的遗毒与包袱。日本与亚洲对历史的认识与评价的差距，与其说是在缩小，不如说正在日益扩大。

除此之外，不少政论家在主张日本是亚洲成员的一分子及力促当局早日公开支持马来西亚首相马哈蒂尔倡议的东亚经济核心论坛（EAEC）的同时，并不忘强调太迟表态将丧失日本的主导权。这充分反映了他们基本上还是离不开政治力学的角度来分析问题。在表面上，不少日本政论家虽然表示不该重蹈战前以日本为中心的覆辙，但在内心里却依然存在着想当"东亚盟主"的潜在意识。至于明明白白把 EAEC 视为"大东亚理念"的翻版，或者歌颂当年东京一手策划的"大东亚会议"为"最早的亚洲峰会"者①，他们眼中的 EAEC 到底是什么货色，更不能不令人产生疑虑。由此可见，所谓"支持东亚经济核心论坛与否，乃日本对亚洲友好之试金石"的论调，未必站得住脚。

渲染种族矛盾与摩擦

与此同时，值得注意的是，日本传媒在解释马哈蒂尔提出上述构想及其日本观的背景时，几乎无不例外地拉扯到下列两个因素：一是担心"中国势力抬头"；二是渲染和夸大马来西亚国内华（华人）巫（马来人）之间的矛盾和冲突。

日本传媒把中国视为潜在的竞争对手而大肆鼓吹"中国威胁论"（或者"大中华经济圈崛起"论），是不难理解的。但是，把早已在东南亚各地落地生根的华人规定为中国的"后援者"，无端地要各地华人卷入"中日争霸"的漩涡，这显然是十分荒谬的。

马来西亚是华巫印三大民族组成的多元民族国家（新加坡亦然）。多元民族国家内部存在着这样或那样的矛盾和差距，这是不可避免和十分正常的。这些矛盾和差距只有通过内部协商和合作的态度与精神去协调与解决，任何外来的干预或者煽风点火，在我们看来都是不怀好意的种族主义玩火者。

"分而治之"居心不良

由此可见，一部分日本论客及大众传媒极力强调和夸大马来西亚国内华巫之间的矛盾与摩擦，显然是无视华巫印三大民族和谐相处及各方朝着这方

---

① 例如：[日]深田祐介：《"大东亚会议"（昭和18年）（按：1943年）是歌颂亚洲从欧美支配手中解放的"亚洲峰会"》，SAPIO，1991年11月28日，第11—13页。

面努力发展的事实。如此这般片面夸大民族矛盾的报道手法，使人不能不联想起英国殖民时代及日本在占领新加坡和马来半岛时期推行"分而治之"政策的不良居心。

一边大谈要在美国与亚洲之间作一抉择，以便坐稳亚洲"老大"的椅子，一边则添油加醋，夸大东南亚内部各民族之间的不和谐和鼓吹新的"威胁论"。战后以来在美国的保护伞下，依靠亚洲"分裂国家"之出现而崛起的日本，在后冷战时期将如何为其亚洲的角色定位，是令人注目的。

附录一

凤凰卫视世纪大讲堂：日本修宪声中的乱象与真相[*]

田桐（凤凰《世纪大讲堂》主持人）：2013 年 12 月 26 日，日本首相安倍晋三不顾各界的反对，参拜了靖国神社，这也引发了亚洲邻国的强烈不满。也将中国和日本已经十分紧张的关系，更加的雪上加霜。安倍再次上台执政以来，不断地加快了修宪的步伐，与此同时他在领土问题，以及历史的问题上也是咄咄逼人，引起了国际社会的强烈担心。究竟安倍会将日本带去何方，今后的中日关系又该何去何从呢，我们今天请到的嘉宾是，日本京都龍谷大学名誉教授，卓南生教授。他来为我们剖析的问题是《日本修宪声中的乱象与真相》，有请。

解说：卓南生 1942 年生于新加坡，早年在新加坡南洋大学受教育。1966 年负笈东瀛攻读新闻学，毕业于早稻田大学政经学部新闻系，后获立教大学社会学（主修新闻学）博士学位，先后在东京大学新闻研究所和京都龍谷大学任教，现为龍谷大学名誉教授、北京大学等高校客座教授，新加坡《联合早报》特约评论员。卓南生从事日本问题研究与评论近 50 年，是少数能以亚洲视角长期观察与评论日本问题的东南亚报人与学者之一。主要著作有《日本的乱象与真相——从安倍到安倍》、《卓南生日本时论文集》（三卷本）、《大国梦与盟主论——总保守化的日本政治与外交》等。

田桐：卓教授您好！在去年（2013 年）的 12 月 26 日，也就是在安倍执政一周年的日子，他参拜了靖国神社，虽然说中国和其他的亚洲国家有非常强烈的反响，但是短短的五天之后，他的（内阁成员）新藤义孝又再次参拜

---

[*] 本文为作者 2014 年 3 月 2 日应邀在凤凰卫视《世纪大讲堂》主讲的内容记录。

了靖国神社。您觉得整个的安倍的内阁，它是一个什么样的状态？为什么要一意孤行？

卓南生（龍谷大学名誉教授）：从安倍上台的第一天开始，大家都知道他肯定会参拜，所以我认为这次的参拜是意料中的事。因为在第一次内阁结束之后，他就经常表示对当时没有去参拜，感到非常的悔恨，他甚至曾经说此事令他"痛恨至极"。然后呢，他曾多次地表示，他当时采取的是模糊战术，可见他的所谓"不说去也不说不去"，纯粹是忽悠亚洲人民的。所以，他重掌政权之后肯定是要去参拜的。我们必须注意的是，他此次上台的第一个使命，就是要修改宪法，而修改宪法跟参拜靖国神社，跟歪曲历史其实是相辅相成、相互挂钩的。

田桐：所以无论是我们如何地去谴责他，无论是国际社会如何谴责，如果要达到自己的目的，他是会继续参拜靖国神社是不是？

卓南生：这一切都是在他的估计之内，所以我认为对他来说，遭到反对是必然的，但他会一意孤行。

田桐：那么到现在来说，还有什么能够放慢他修宪的步伐呢？

卓南生：从目前日本政坛的格局，或者日本国内的气氛来看，我看不出有什么能够阻止他修宪。

田桐：自从安倍上台以来，对于钓鱼岛问题他也是非常的强硬。

卓南生：是的。

田桐：您觉得在他强硬地控制钓鱼岛背后，和修宪是怎么样一个联系。

卓南生：我想钓鱼岛问题的纷争不是今天开始的，如果我们回顾日本政坛的发展，还有领土问题的纷争的发展轨迹，或者从它的系谱来看，就会知道原本"搁置争议"的钓鱼岛问题之所以复杂化，是在1996年4月17日，也就是桥本龙太郎跟克林顿签署了《日美安保条约》的重新定义以后。"重新定义"之后，日美之间的共同敌人，或者是潜在的对手，已经从旧日的苏联转为中国，领土纷争的焦点也从"北方领土"，也就是日本人所说的"北方四岛"转为"南方领土"，"南方领土"其实指的就是钓鱼岛。也就是说1996年，日本官方就正式地抛出了否定这个"搁置争议"。不过当时日本方面还是采取比较低调的态度。但是，在最近这几年，随着日本修宪步伐的加速，这个问题就比较表面化，所以这个问题，并不是从安倍开始的，早在安倍的外祖父岸信介那个时候，或者中曾根康弘等等当政时期，或者日本强人小泽一郎等等，都有类似的言行。可以这么说，修宪问题白热化，这是长期累积下来的一个结果。今天的问题，并不是一个突然的变化,现在也许可以说是从量变到质变,到了一个快要翻盘的转折点。

一 安倍欲修宪必须面临"三大门槛"

卓南生:今天我想跟大家谈的问题是《日本修宪声中的乱象与真相》。刚才说过了,安倍参拜靖国神社其实是意料中的事。稍微留意日本政治走向的人都知道,如果安倍不参拜,才是一件怪事。为什么呢?因为我们知道,安倍之所以能够重新跑回首相府,重新组织内阁,他唯一"合理"的解释的理由是,他想要完成他第一次内阁没有完成的事业。没有做完的事业是什么呢?就是"告别战后体制"。什么是"告别战后体制"?"告别战后体制",说白了,其实并没有任何新鲜的东西。它其实就是1984年时任日本首相中曾根康弘提出过的"战后政治总决算",以及1993年小泽一郎提出的"普通国家论"的翻版。换句话说,安倍只是使用一个不同的语言表达这两个口号罢了。这两个口号跟安倍都有一个共同点,就是修改宪法,修改他们认为是战后"万恶之源"的宪法。那么,既然是要告别战后(体制),要修改宪法,安倍就必须比任何政客还更加卖命。怎么样卖命法呢?首先是要营造修宪的气氛,具体地说,就是加速篡改教科书的步伐,就是加强力度向民众灌输,促使民众认可战前日本的战争行为,这也就是为什么安倍想要否定官方三个谈话的原因。三个谈话是指1982年的"宫泽谈话",1993年的"河野谈话",以及1995年的"村山谈话"。这些谈话,都是向亚洲民众表达日本的歉意。但现在安倍却都要否定。与此同时,参拜靖国神社也是一种营造修宪气氛的手法,其实质意义是否定战后,肯定战前,肯定战前的甲级战犯。这些既符合安倍的史观,也符合他们修宪的路线。

接下来也许大家比较关心的是,安倍想要修改宪法是一回事,但他修改的了吗?这是媒体过去一直在争议的问题。如果我们留意日本的动向,就会知道安倍要修改宪法,或者日本保守政府要修改宪法,首先要面对三大关,也就是所谓的"三大门槛论"。其一是"参众两院关",就是参众两院要各获得三分之二议员的同意。第二个难关是公投,就是全民投票,要获得民众的支持。第三个呢,很多人也提起过,美国的态度很重要,即所谓的"美国态度关"。针对这三大关,我认为在传统上这三大关是有说服力的。对于当局来说的确不是那么简单。但对这三大难关,我们要与时俱进,要结合日本国内和国际的形势来看待。我认为这三大关在今天已经起了极大的变化。

首先是参众两院关，我认为在今天已经不成为问题了。为什么说已经不存在问题了呢？在过去，因为保守派内部有争执，特别是参众两院不完全掌握在执政党人手中的时候，难度会比较大。在去年（2013年）7月参议院大选之后，已经没有问题。自民党已经拥有很高的支持率，再加上其盟友等等的支持，我们仔细分析就知道只要他们内部得到一种协调的话，就没有问题。我们知道今天的第一大党就是自民党，是支持修改宪法的，第二大党的民主党基本上是来自自民党，日本经常有人称之为"第二自民党"。这个第二自民党基本上也是支持修改宪法的。更早之前，有人认为民主党内部有一部分来自旧社会党。而这些来自社会党的成员，也许将会成为牵制修宪的一种力量。我认为这个说法，本身就是一个伪命题。为什么呢？因为民主党内的所谓前社会党分子，其实就是社会党内最亲自民党的分子，也是最亲修改宪法的修宪派。当然要他们这些人突然间换一个身份，换一个说法，还有点困难。因此修宪派的前社会党人发明了一个词语，叫做"创宪"，即创改宪法。但我们想一想，如果旧的宪法不摧毁，哪来的创造一个新的宪法。所以创宪也就是修宪，其理自明。再来呢，也有人认为自民党的最佳搭档公明党不一定会完全支持自民党。特别是由于该党经常以一个比较温和的姿态出现，很多人就对它有所期待。所谓"公明党牵制论"，似乎还有一些市场。但是公明党的口号是什么呢，它的口号是"加宪"，加减的加。其实"加宪"这个词汇也是很有趣的。你想，如果不修改宪法，哪来加和减。所以"加宪派"实际上也就是"修宪派"。了解了这些事实，了解了日本第一大党、第二大党、第三大党的基本态度之后，我们可以说参众两院要各获三分之二的支持票，完全不成问题，只要他们内部得到协调。

第二个问题是"全民投票关"。日本国内的空气，已经在20世纪90年代起了极大的变化。特别是在1994年村山富市率领其社会党人投奔自民党阵营之后，整个社会党就面临瓦解。社会党后来被迫改姓换名，成为社民党。到了今天已经面临着分崩离析，再也没有办法跟自民党叫板。那么在这样的一个气氛之下，民众今天如果要投票，其实已经没有一个，对他们来讲，可以发出他们不满的声音，且相对强大而又不同的一个阵营。再加上自民党政府，以及媒体的舆论诱导攻势，原本在日本国内，反战势力是非常浩大的，特别是在我的学生时代，差不多每天都可以看到学生在游行，在示威。但到了今天，情况已经起了变化。为什么起了变化呢，我想这跟官方以及媒体的舆论诱导有密切关系。我们知道当时的反战分子，都是坚持反对修宪的人士。日本官方把他们分成三类。他们认为在反战分子当中，真正坚决反对的毕竟是少数。而这些人，官方是跟他们针锋相对的。但是还有两类人，其实是动摇的。哪两类呢？一类是"厌战分子"，即厌战者。"厌战"是什么，是讨厌战争。还有一类是"恐战分子"。他们恐惧战争，就是害怕战争。要怎样医治"厌战病"跟"恐战病"，可以说是官方在过去几十年来面对的最重要的问题。要医治"厌战病"、"恐战病"，日本保守政客跟他们的御用文人，认为必须篡改教科书，必须美化战前发动的战争，必须参拜靖国神社。只有让这些"厌战"、"恐战"的人士觉得战前他们做得没有错、这个战争不可怕，战死了，国家也不会忘记你，还会向你参拜，他们才会改变态度。经过了这么几十年的努力，日本民众对战争问题已经不像60年代、70年代那么敏感。特别是在官方鼓吹日本受到威胁，有危机感的情况下，不少民众慢慢地从反对修宪，到逐步接受或者甚至是支持修宪。因此"全民投票关"已不再是个大难题。

另外的一个大关是指美国的态度。美国在过去的确对日本有着绝对牵制的力量，特别是在战后初期。可是，这个问题我想也应该用与时俱进的观点来看待。对于基辛格，对于老布什，或者卡特这些老一代的美国领导人来说，他们对于养虎成患这一点还是比较警惕的。可是到了今天，特别是在今天的白宫主人看来，他们有他们自己新的战略的考量。他们强调所谓要重返亚洲，十分在意崛起中的中国。他们对日本的看法就不像过去那么有警惕。再来呢，我个人认为，特别是在"3·11"日本福岛事件之后，日本官方已经没有其他的办法，只好让美国的军部直接插手干预和共同处理福岛的核危机。这意味着什么呢？这意味着美国对日本的核能力的水平与内情已经是掌握得一清二楚。日本人称这个事件为"第三次败仗"。第一次败仗，败于两颗原子弹。第二次败仗，是败于金融危机，金融战争。而第三次败仗，是败在福岛事件的处理。经过第三次败仗之后，我想美国对日本，相对更有把握、更有信心处理。所以也在相对上，可以对日本有限度地放宽其监视。当然，美国是不会主动去支持它修宪，那是不可能的。但我们如果仍然还停留在20世纪80年代，或者70年代的状态一厢情愿地以为美国一定会干预，认为我们大家可以睡大觉，反正最后美国会出来管。这样的一个看法，我觉得已经是不太现实。

二 形形色色源自东京的论调

卓南生：了解了这三大关对日本保守派的修宪已经失去了它的威力之

后，我们要面对的是：修宪后的日本将会往何处去？日本今天开足马力的宣传攻势是强调军事大国不等于军国主义：即使是没有第九条，他们还会遵守着和平的精神。这样的一种论调，是不是有道理呢？如果我们纯粹玩概念游戏的话，我们可以说，军事大国、军国主义，跟修改宪法似乎是三个不同的概念。但是如果我们从日本战后这三个概念的相互关系来看，你就会知道这三者从来就是紧密挂钩的。

先谈谈什么叫"军事大国"。我们知道，战后在 20 世纪 60 年代、70 年代，也就是我的学生时代，日本首相每到一个地方访问，一定要强调"我们会遵守和平宪法，请诸位安心"。1977 年 8 月，福田康夫的父亲福田赳夫首相，跑到马尼拉去发表"福田主义三原则"。第一个原则是，保证不成为军事大国；第二个原则是说我们要"心连心"，第三个原则则强调我们要建立平等关系。第二、第三其实是抽象的，只有第一个原则是比较具体的。为什么要强调日本保证不成为军事大国呢？因为他认为，就连军事大国都不想当了，怎么还会成为军国主义。换句话说，他认为军事大国很可能会被人认为是军国主义的前奏曲。由此我们可以知道，保证不成为军事大国是当时日本官方在 70 年代为了消除人们对军国主义复活的担忧而提出的。

所以，今天来强调"军事大国不等于军国主义"，如果我们从历史的脉络来看，其实是站不住脚的，这一点我想要先提出。因为当时"军事大国"的潜台词，就是军国主义的前奏曲，可是在小泉的时代，这三原则就悄悄地变成二原则。所以包括福田康夫在谈起福田主义三原则时，我非常注意了他们的细节，都只是谈到"心连心"，谈到"对等"，而"不成为军事大国"这一条就悄悄删掉了，三原则于是变成为了二原则。至于刚才我提到的所谓"和平宪法精神继承论"（即表示日本即使修改宪法，和平的精神也会继承），亚洲人民肯定要提出质疑：就连第九条还存在，日本还不可以整军的时候已对整军情有独钟，一旦宪法修改了，日本会真的就对军事不再热衷吗？这一点我想是不成立的。可见"军事大国不等于军国主义"论，或者是"和平宪法精神继承论"都是站不住脚的。

再来，也许还有一种看法，我相信主要也是东京放出的论调，即要以宽怀的心态来看待日本的"正常国家论"。就是说每个国家都很正常，为什么日本就不能够正常？这里我首先想要提起的是，中文的"正常国家"这个字眼，其实是翻译词，跟原文有一点出入。因为小泽一郎提出的时候并没有提出什么正常国家、不正常国家，其日文就是"普通国家"。"普通国家"是什么意思？"普通"国家的对应词就是"不普通"，"不普通"不就是"特殊"吗？那么日本为什么被认为特殊呢，那当然是因为它有前科。而战后它也有它的特殊性，因为它作为一个有前科的国家，对战前没有反思，对战争责任没有反思，对战后的责任包括赔偿等等，这些都做得不好，只要这特殊的国家还没有做好该做的事，未消除它特殊性的时候，让它成为一个特殊的国家，也许大家都会比较安心。但是，当中文把它译成"正常国家"的时候，就好像认为是说不给它修改宪法它就不正常了，这其实是有问题的。因此，所谓"用宽怀的心态来接纳日本"的论调本身在理论上，我觉得是有待商榷的。

那么，我们要怎么去看待日本的"复古情调"跟安倍的修宪动向呢？我发现，不管是在日本的论坛或者亚洲其他地方的论坛，经常会出现一些似是而非的论调。首先最常出现的是把亚洲民众对日本的批判或者日本与亚洲各国两者之间的摩擦，包括史观的摩擦，归结于所谓"民族主义的对立"，或者"民族感情对立"。因此，结论是双方都要自我克制，其实就是各打五十大板，批评者跟被批评者都一起各打五十大板，我觉得这是很奇怪的一件事情。针对民族主义，我们应该要分清楚，它到底是排外的还是合情合理的。以我们这一代的人来说，民族主义实际上是在东南亚抗日、反帝、反殖的过程中成长的，是一个正面的名词，并不是一个负面的名词。我们说民族主义的负面，那是指它的排他性，正确地说，应该是指国家主义或者国粹主义。把两种性质不同的思潮混为一谈，这其实就是在偷换概念。

同样的偷换概念，也常常出现在日本媒体对一些名词的使用，比如说"反日"、"排日"、"侮日"（欺侮日本、侮辱日本）、"仇日"这一类的词汇，实际上是战前日本媒体最喜欢使用的。它的目的是什么呢？是将亚洲各国人民对日本帝国主义的侵略政策的反抗都转换为日本跟外国之间的矛盾，或者是日本民族跟外国各民族之间的矛盾。很奇怪，这样偷换概念的名词，在战后的日本媒体却一直沿袭使用。为什么日本媒体要这么一直使用呢？这是因为以"国益"为至上的日本媒体，沿袭着战前的思维。但最令我感到不可思议的是，华文媒体也经常会出现这些"反日"、"排日"、"侮日"或者"仇日"的字眼。这类字眼其实是忽视了一个问题，忽视了什么呢？忽视了"日"到底是什么，"日"是指日本，是指日本人，是指日本政策，是指日本军国主义，还是指日本企业，都是不明确的。把爱好和平的日本人民，跟发动战争的日本军国主义者混为一谈，其实是偷换概念。因此我认为，这一类的字眼如"反日"、"仇日"等，我们在使用时要非常小心，要不然的话，我们在话语的第一关，已经不知不觉地站在日本这一边了。

再来有一种言论，主要是针对中国，认为中日两国之间的问题，中国也有责任，中国有什么责任呢？说中国现在是一个崛起的大国，大国就要有大国的心态，大国就要有大国的风范。这个观点表面上看来似乎是对的，但仔细分析，其实是在谈论强弱问题。但认真分析这个问题的本质，与其说是大跟小的问题，不如说是是与非的问题，只有先把是与非的问题搞清楚了，强弱的问题再来谈也还不迟，这是我对"大国风范论"的基本看法。

三 牢记历史教训 坚持"是非论"

那么，我们应该怎么去处理日本与亚洲的关系呢？我发现也有几个似是而非的论调。如果我们认真去分析的话，都不难发现它的源头是在哪里。首先有一个论调叫做"日本多次道歉论"，说日本已经道歉多少次了，你们为什么还要它道歉。还有"战后日本和平论"，你们看战后的日本不是很好嘛，它没有侵略过什么国家。但是提出这样看法的人，显然忘记了"战后日本和平论"是建立在战后的"和平宪法"对日本牵制的基础上，一旦"和平宪法"被修改了，日本是否会成为脱缰之马，这是谁也不敢做出的保证。再来就是"文化交流论"，意思是说多交流、多沟通、多理解了，问题也就解决了。这些论调如果我们一个一个地去追根、寻源的话，就会发现没有一个论调不是来自东京，特别是没有一个不是来自1998年中国国家主席江泽民访问日本时，日本媒体反复提出的共同基调。但是很奇怪的，这些言论有时候也出现在亚洲（包括中国）的媒体上，我称它为"日本出口转内销的论调"。这些日本出口转内销的论调的目的当然是很清楚的，特别是"文化交流论"。

对于"文化交流论"，现在可能很多人认为是软实力的问题。但是，如果我们留意日本学者、日本专家怎么看待文化交流的话，也许就会更加清楚。特别是在20世纪70年代，也就是1972年中日恢复邦交的时候，当时日本某些亚洲通已经意识到，今后中国跟日本将会有一些竞争。日本要怎样才能够获得压倒性胜利呢？当时的一名亚洲通就这么说：

> 在战前尽管日本人在倭寇时代，与最近的太平洋战争中曾经尝试通过武力侵占东南亚，它所遗留下来的文化影响，可以说是丝毫也不存在。近代以来，进入该地区的欧洲人，在通过武力进行统治之同时也加紧文化渗透，因此尽管武力统治方面已经崩溃，它的文化影响力还会继续下去。

当时日本的一家主流媒体的编辑，还特别把这段话标出，指出"没有同时展开文化工作，便无法保持永久性的影响力，这便是历史的教训"。所以我认为，我们今天在谈文化交流时，不能忘记了文化侵略是怎么一回事，我们必须牢牢地记住历史的教训。

综合我前面所说的这些内容，我认为，面对着一个即将修改宪法或者迈向修宪的日本，我们亚洲各国人民在谈论日本的历史观问题，靖国神社参拜问题，或者修宪问题时，与其说应重视"强弱论"，或者所谓的"国益论"，不如说应该强调"是非论"，只有牢牢地把"是非论"抓住，不离开这个主线，我想亚洲各国人民对于日本倒行逆施的政客，或者是专家学者的各种似是而非的言论，才不会失去我们应有的警惕性。

四 互动环节

观众1：卓老师好，像安倍刚上台以后他在政治上的一系列活动，他的一系列行为，已经造成了国际上很大的困扰。但是安倍上台后，他在日本的一些经济方面的主张，已经让日本这段时间在全世界经济环境中特别耀眼。我想问一下您，您对"安倍经济学"有什么看法？安倍经济学到底能否拯救日本？能否让安倍在国际的政治上，或者是外交上走出他这种困扰？谢谢您。

答：所谓的"安倍经济学"，其实就是大量印刷钞票，是利用日元变相贬值这个优点，来促进它的对外贸易，然后来拉动经济生产活力。这是大家对它的正面评价，但同时大家也知道，包括前首相中曾根康弘也提出过，真正考验是第二年以后，因为安倍经济搞的那一套，实际上大家都认为"短期有效，长期堪忧"。大家都很担心，而且是非常担心。但是以安倍目前的做法，他跟邻国，特别是跟中国，这么一个拥有广大市场的国家关系搞不好，他的日元变相贬值，是否就能够促使它的出口增加？或者就像日本企业界所担忧的，将是否停滞不前？这将是一个很大的问题。

观众2：卓老师您好，您刚才在讲座中提到的，比如说日本的政界的变化，日本的民众公投，还有美国的态度，都不能阻止日本政客修宪。那么在目前日本国内外，到底有没有一股强有力的力量，来遏制日本呢？比如说日本再经历一场经济危机，能不能阻止日本修宪的步伐呢？谢谢您。

答：我刚才已经说得很清楚了，以我所能感受到的日本的气氛，此刻真正的制衡力量已经没有了。曾经有过那么一个时代，但在20世纪90年代，也就是当村山富市把社会党的家传法宝全部卖得一干二净的时候，就已经没有了。所以村山富市也许会留下了虚有其名的一个"村山谈话"，但他同时也得到了日本右翼政客，比如说前国民新党领袖，也是前自民党的一个政客叫龟井静香的，就直接称他为日本的"名宰相"，认为是吉田茂以来的"名宰相"。什么"名宰相"呢，用中曾根的话来说，"社会党是修宪的最大障碍物"，而这个最大的障碍物没了，谁的"功劳"最大？村山显然是难辞其咎的。

观众3：卓教授您好，现在有一些人认为，在美国的制约下，中国也不必对日本修宪过于认真，您对这个看法认同吗？

答：如果是在过去，"美国制约论"或者说"美国监督日本论"是有市场，是有一定的说服力的。但在今天，美国有美国自己的考量，而实际上今天的日美关系已经起了某些变化，所以在今天，如果我们仍然把这个希望寄托在美国身上，希望美国到最后关头能够给安倍一个颜色看看，这样的想法我觉得是太天真了，是不现实的。国际政治不是这么玩的。

主持人：1995年时任日本首相村山富市发表"村山谈话"，对日本的殖民统治表示了深刻的反省和由衷的道歉。然而近期我们却可以看到，一方面，日本的外相岸田文雄称安倍政府也是沿袭了1995年的"村山谈话"，希望与中国和韩国改善关系，希望得到我们的理解。另一方面，我们也看到安倍政府在不断地扩军和修宪，以及在否认历史。面对这样的乱象，我们今天在听了卓教授的演讲后，也许会对安倍的谎言背后的真正的政治意图有所了解。我们再一次感谢卓教授，感谢您收看本期节目，我们下期再见！

> 附录二

日本媒体的乱象与真相[*]
——聚焦对外传播与文化交流论

《对外传播》编者按：

　　华裔新加坡学者卓南生教授旅日多年，深耕日本问题研究，撰写了大量有关日本问题以及中日关系方面的文章。近年来与中国学术界交流密切，担任多所中国大学客座教授，他的著作《中国近代报业发展史 1815—1874》等为中国文化对外交流提供了第三方视角。他对中日媒体以及两国关系的深入研究对我国的对外传播工作具有重要镜鉴意义。《对外传播》杂志近期就中日关系的走向，日本媒体的保守化倾向，以及中国方面该如何应对等问题专访了卓南生教授。

一　中日不可能结婚　何来两国"蜜月期"？

　　《对外传播》：历史问题已经成为阻碍中日两国关系的最大绊脚石。日本担心中国没有解决"未来的问题"——中国崛起将对日本构成威胁；而中国担心日本没有解决"过去的问题"——历史问题不解决，军国主义就会卷土重来。您觉得该如何化解中日之间这种认知错位？

　　卓南生：这不是认知错位的问题，而是一个如何看待真相的问题。日本社会已经"总保守化"，对战前的历史不肯认错，而且变本加厉地在往回走，具体体现在教科书问题，以及日本领导人参拜靖国神社等问题上。亚洲人民包括中国人民对日本保持高度警惕，这是十分自然的，而且是有必要的，特别是中曾根政府、小泉政府和安倍政府，在这方面的复古色彩越来越浓厚，

---

[*] 本文为作者接受《中国新闻周刊》英文版编辑、《对外传播》特约编辑杜国东的访谈录。全文刊于外文局当代中国与世界研究院《对外传播》2018年8月号（总第263期），第23—26页，原题的副标题为"卓南生谈中日关系与对日传播"。

加之日本《和平宪法》修改已经不是可能不可能，而是势在必行。一旦日本修改宪法，日本难保不成为脱缰之马，我觉得亚洲人民应该明确发出讯号，提高警惕。

战后日本经济高速增长，日本学界曾提倡所谓"亚洲经济雁行论"，日本作为带头雁，接下来是亚洲四小龙，东盟各国，垫底的是中国。这样一种旨在鼓吹"日本盟主论"的所谓亚洲经济运行方式，在日本泡沫期曾经被学界和媒体大肆宣传，但是这个论调最终证明是失败的。中国大陆迅速崛起，GDP超过日本成为世界第二大经济体，日本方面的感受肯定不是那么舒服，特别是和本身"失去的10年甚至20年"的处境相比，心情更加复杂；加之在以"国益至上"为标榜的日本媒体不断煽风点火、大肆渲染下，"中国威胁论"甚嚣尘上。从战后两国道路的选择和政治经济发展规律，及其如何总结及处理邻国关系的视野来谈中日关系问题可能会更加清楚，如果是用"民族性论"或"国民性论"，或者是单纯的"强弱论"来看问题，我相信永远看不明白，中国人民无法理解日本，日本人也无法理解亚洲。

《对外传播》：20世纪80年代中日关系处于蜜月期。1992年中日邦交正常化20周年之际，日本明仁天皇对中国进行了正式访问，把两国友好关系推到顶点。为什么之后会突然出现大逆转？

卓南生：中日之间不可能结婚，所以也就无所谓蜜月不蜜月。在日本天皇访华这点上，中国方面的看法和日本有微妙差异。中国把日本天皇访华视为其外交的突破和业绩，但是在日本看来，这是它战后展开"新天皇外交"的一个大好机会，因为日本在展开"新天皇外交"的时候是有所顾忌的，最大的顾忌是亚洲民众的反应，必须予以试探。为此，1991年9月先以东南亚五国为试点，最初的访问行程是泰国、马来西亚、印度尼西亚、新加坡和菲律宾，后来担心日本二战期间在菲律宾和新加坡有屠杀事件等负面记录而临时取消，那么接下来日本能够展开"新天皇外交"的只有中国和韩国。韩国因为慰安妇问题突出，欠缺访问的气氛，"新天皇外交"的重头戏就只剩下中国了。

由此可见，当年明仁天皇访华，东京方面是有其战略考量的。从战后宪法的条文来看，战后的日本天皇不是政治主脑人物，只是象征，所以不能够有政治行为。日本一些自由派的知识分子之所以对此有所微言，原因之一是，在他们看来这是变相提高了天皇的政治地位。他们认为，天皇与天皇制这是两个概念，个别天皇也许比较温和且有亲近感，但是媒体大可不必为明仁天皇的一言一语而一喜一忧，因为天皇不是问题关键所在，天皇制才是问题之核心，后者是一个运作的方式，一个政治制度。

《对外传播》：20世纪80年代，日本民众有八成认为"对华有亲近感"，世变时移，现在调查问卷显示八成回答"对华没有亲近感"。同样，长期以来中国民众的对日感情也持续走低。您觉得应该如何改善中日之间积怨已久、摩擦不断的双边关系？

卓南生：我想，要改善这个问题，彼此都要走出一些条条框框。比如说，不少日本媒体把任何批判日本的行为（实际上是批判日本当局及其推行的国策，而不是反对日本老百姓）打上"反日"的标签，这是非常不可取的。同样的，中国（亚洲国家亦然）媒体在批判日本时，这个"日"是指日本政府、日本企业、是指日本军国主义分子，还是日本的老百姓，也应该明确予以划分，否则就容易掉入"民族性"、"国民性"论的陷阱。因为，当你把某个民族或国家定性为一个好战的或者是具有侵略基因的民族或国家的话，那就意味着本性难移，无法相处，所以我认为应该走出这种思维误区。

《对外传播》：中日之间政冷经热已经持续多年，国际政治认为两个国家之间没有永远的朋友，也没有永远的敌人，只有永远的利益。您觉得中日两国经济的高度互补和飞速发展，能够维持两国长久和平的双边关系吗？

卓南生：经济互补没有错，但是彼此相互尊重，营造对话的气氛与机制也很重要。一般来说，经济上有所需求的一方最爱倡议"政经分离"，因为政治上它照样可以给你出难题，采取敌对态度，历史教科书可以照样修改，靖国神社可以照样参拜。从另一方的角度来看，如果一方门户开放，提供各种优惠条件，促进经济交流，而另一方却处心积虑采取敌对态度，这是不可能会被接受的。政经分离只是在某个特定的时间段会出现，是不可能长久持续的。

二 日本研究不能割开历史也不能脱离现实

《对外传播》：作为资深中日关系学者，您觉得中日关系今后主要发展趋势是什么？

卓南生：我个人是持比较悲观的态度。我在日本念书、教书，与"日本"打交道差不多半个世纪，在中日恢复邦交之前，对中日关系我们还可以看到一个希望，看到日本民间新生的力量，新生的气息，他们在努力打破僵局，努力寻求良好方向，走一条和平的道路。今天中日两国交流更多了，表面上看似乎相互更加了解，懂日语的人更多了，学习中文的人也不少，但是中日两国的分歧却越来越大。中日之间的三个主要问题，一个是台湾问题，一个是历史问题，再加上一个领土问题，基本问题虽然不变，但比起1972年或1978年，情况显得更加棘手。

《对外传播》：您在2005年与吴学文教授对谈的《中日关系出了什么问题？》一书中，指出日本的中国研究相对扎实，而很多在日的中国留学生对日本的研究流于表面，甚至是重复研究。现在十多年已经过去，这种情况是否有所改观？中国的对日研究还应该在哪些方面下功夫？

卓南生：日本学者对中国的调查和研究一直在十分认真地展开，这和战前他们对中国的研究传统是一脉相承的。中国方面对日本的研究相对显得不够深入，尽管懂日语的人很多，但是对日本的认识和判断似乎还有待进一步的提高，原因之一是有些反应过于僵化与教条，有些年轻研究者欠缺研究的主体性，倾向于向着日本媒体，或者日本学术界取经而不慎跟着日本某些基调团团转。目前这种情况基本上没有改观。也许是因为对于日本的走向，以及中日关系史不甚了了，有个别研究者不知不觉地对某些在历史上，对中国和对亚洲非常不友好的历史人物、文学家、哲学家、历史学家予以过高的评价，甚至无意识间跟着日本的某些舆论诱导方向走，将一些原本黑白是非很清楚的问题搞糊涂。在所谓平衡看待问题的借口下，把某些早已被定位为侵略的理论或人物，变成是有侵略的一面，也有友好的一面，这是非常令人忧虑的动向。

我感觉中国的对日研究目前有一个偏差，就是研究历史的学者未必了解现状，而研究现状的学者对历史问题似乎不够重视。有些人写文章时，很轻易地对于过去的历史一笔带过。要走出这样的窘境，应该从一个历史的长河来看待问题、研究问题、解决问题，既不能轻易解构历史、割裂历史，也不能脱离现实。对中日关系的发展过程、变化过程，以及一些细节问题，年轻学者应改变不肯花时间下苦功研究的态度。

《对外传播》：从传播效果来说，很多日本极端言论就是因为我们的过度专注而对社会产生影响的。对各种仇恨言论和极右言论，采取一种防微杜渐的态度固然重要，但过于在意可能正中那些人的下怀，所以中国方面不必太在意。您认同这种观点吗？

卓南生：我觉得这种说法不成立，什么叫过度关注？我认为中国和不少亚洲国家（韩国除外）的关注度不是走过头，而是不够，对于日本的右倾言论，你必须面对，必须做出相应的反应和批判。比如说"ABCD包围圈论"，这是战前日本为发动战争刻意制造的一种舆论，A 是美国，B 是英国，C 是中国，D 是荷兰，他们说日本是在 ABCD 包围圈中被迫参战的，是防卫战争。这些歪论并不是我们过度关注，它才更加兴奋或者被刺激起来；恰恰相反，对于这种大是大非、黑白分明的问题，我们必须对它的历史根源给出一个明确的态度，我不赞成只看日本领导人是否有表面上的"反思"或"道歉"的表态就满足的看法。

《对外传播》：您觉得对于日本媒体的右倾言论，中国方面应该如何反制？

卓南生：很多亚洲国家包括中国的新闻工作者和研究人员，如果没有及时提高自己的水平与能力，以粗枝大叶的态度来报道和评论，是很难和相对严谨的日本学者和新闻记者进行真正平等对话的。有些媒体人很容易被日本的媒体牵着鼻子走，这是令人担忧的。以日本"国益"（实际上是当权者的利益）为重的日本媒体包括《朝日新闻》的言论其实都具有迷惑性。对于像《产经新闻》这类的极端保守媒体，很多人一眼就看得出来，因为它是清清楚楚告诉你它继承战前的思想，但是对于貌似公正的《朝日新闻》，有时候就会在无意识当中掉进它的陷阱。

举个例子来说，在石原慎太郎提出"购岛论"之后，《产经新闻》跟《读卖新闻》都表态支持，但是《朝日新闻》《每日新闻》以及《东京新闻》就提出不赞同石原慎太郎购岛的构想。一部分中国媒体就认为日本的媒体像《朝日新闻》《东京新闻》等是反对购岛的，是批判力量。其实你再进一步仔细看，《朝日新闻》反对购岛跟中国的反对是两码事。《朝日新闻》反对的是，你身为一个东京都地方政府的知事，无权过问国家大事，这不是你的本分，要购岛，应该由国家出面，这其实是出了一个主意让国家出面去接管。《东京新闻》则提出东京都的钱应该为当地市民谋福利，不应该拿去购岛，弦外之音也认为购岛是国家的事。这种"批判"态度，其实是在为当权者出谋献策，诱导舆论。

由此可见，《朝日新闻》和《东京新闻》的表态跟中国的反对购岛风马牛不相及，但是有些媒体似乎有报喜不报忧的倾向。实际上我跟《朝日新闻》关系很好，我是《朝日新闻》战后第一个外国实习记者，我在那里有很多好朋友。该报馆确有很多好记者，受人尊敬的记者，包括我的好几位老师都是《朝日新闻》出身的，但是我也看到了《朝日新闻》的两面性。应该指出的是，个别好记者不能代表这个报馆的总体方针和走向。有趣的是，《朝日新闻》尽管是一家典型的"小骂大帮忙"的报纸，也不为安倍政府所容忍，觉得是碍手碍脚，所以近年来对《朝日新闻》加强控制并施加影响。今天《朝日新闻》的言论跟《产经新闻》和《读卖新闻》几乎没有什么不同了。这种比过去更为口径一致的"划一性"是当前日本媒体的一个新现象。同样的论调，同样的标签，这是最近日本媒体的一个变化，也是安倍第二次上台之后舆论界的新动向。

三 文化交流的前提是诚挚

《对外传播》：爱国主义教育是中国政府为唤起中国人民的国家意志而实施的一大政策，通过展示和学习抗日战争胜利的历史事实，来唤起中国人的新的国家意识。但是中国近年来的"爱国教育"常被日本媒体解读为"反日教育"，您觉得中国方面该如何消除这种误解？

卓南生：这不是一种误解或误读，而是立场与政策之体现。日本媒体如果认真站在黑白是非的角度，当外国批判日本军国主义的时候，明知是先人犯了错误的报人，应该是参与这个批判。令人失望的是，基于狭隘的民族主义立场，不少媒体对于来自邻国的批判声音，往往先定性为"反日"行为。实际上，就我在中国这十多年来的观察，我觉得中国的爱国主义教育并不像日本媒体所述一般。在市场经济的浪潮下，很多中国年轻人已经对政治不再敏感和关心，和日本相比，我觉得中国年轻人其实更加倾向于个人主义，爱国主义教育其实并没有得到真正的推崇。中国的爱国主义教育被解读为"反日教育"，是20世纪90年代日本保守化大环境下，日本媒体大肆渲染的一个论调，这种论调后来开始出口外销，甚至包括中国的部分学者也跟着反复哼唱，反而帮助日本媒体进行宣传。

《对外传播》：中国和日本虽然咫尺相邻又十分遥远，既相像又不同，既熟悉又陌生，既交往密切而又互不信任，两国之间相互理解非常有限。您觉得加强两国沟通应该从哪些方面着手？

卓南生：文化交流论，或者说青少年交流论都有一个大前提，就是要先有诚心、要有诚意，否则都是外交战里面的烟雾，特别是对于出钱多的一方，其目的无非是要影响另一方。用现在比较流行的话说，是一个所谓软实力的较量，所以交流论其实是另一个战场，并不是说真的通过所谓交流就能够达到相互了解的目的。要得到真正相互了解与和解，也许首先得回答究竟为何交流？为谁交流？只有搞清楚这样的问题，才有真诚交流的可能性，否则其实都是外交战中互相试探、互摸底牌的游戏。我长期在日本的大学教授国际文化交流论，我对文化交流或国际交流的背后更加重视，我认为交流就要有前提，这个前提就是诚挚，否则其实是相互制造"美丽的误会"，无法解决真正的问题。

《对外传播》：中日两国近年来民间外交方兴未艾，中国政府强调青年关乎中日关系的未来，是改善中日关系的关键。您觉得当下该如何针对日本年轻人做好沟通交流工作？

卓南生：沟通、交流我觉得不需要太过刻意安排，最好是自然的交流。据我所知，中国方面曾邀请3000名日本年轻人访华，当时不少年轻人很想了解日本侵略中国的这段历史，但是中国方面也许出自担心"友好气氛"受损的考虑而未答应安排他们去看那些战争纪念馆，担心这些地方对日本年轻人刺激太大。那个时候不少日本青年是真心想了解历史真相的。在"总保守化"的今天，日本青年恐怕已欠缺这样的意愿。我认为，交友之道，贵在坦诚，要敢于让对方青年了解两国关系的真相。

《对外传播》：改善中日关系，您觉得媒体应该发挥什么作用？当下对日传播还应该在哪些方面继续努力？

卓南生：媒体应该就事论事，不要以偏概全，尤其是避免片面地褒贬与定性。举个简单的例子，今天的中国游客在日本或其他国家有一些不礼貌或不文明行为，你可以也应该批判，但没有必要将之升华为国民素质与国民性的层次，否则容易掉入"大和民族优秀论"的圈套。实际上，同样的情形也曾经发生在日本。20世纪六七十年代乃至80年代，当时所有今天中国发生的事情都在日本发生过，我是亲历其境的。

大多数日本人不了解，或者不关心中国的情况是事实，对这些人也许有必要通过各种管道传达更多的真实的情况和信息。在日本的中国人很多，他们可以为双方的沟通做出一定的贡献。我不太赞同通过刻意的宣传，尤其是教条式的宣传（比如简单区分"友好"人士、"非友好"人士来展开宣传）。另外，对日传播不能一厢情愿地表述，比如说有些中国媒体倾向于把田中角荣当作正能量的政治家来看，但在日本田中角荣是"官商勾结"的象征和符号，如果只是进行僵硬的宣传，过于强调"莫忘（中日关系正常化）掘井人"，而遗忘了在这华丽政治舞台背后广大日本民众推动中日走向正轨的力量，其结果恐怕是适得其反。

第三部分

东南亚华文报业纵横谈

第一章

早期传教士在东南亚创办的中文报刊及其影响*

有关中国报纸的起源，众说纷纭，但是在唐代，即一千多年前，中国已有原始形态的"古代报纸"（也可称之为"新闻信"）——"邸报"，却几乎已经是公认的定论。

所谓"邸报"，是中国古代报纸的统称，而不是固定的报名。它是以传播朝廷发布的诏书、法令等官文书为中心内容而发展起来的。在有些文献中，"邸报"也被称为"邸钞"、"阁钞"、"朝报"、"杂报"、"条报"、"除目"、"状"、"状报"、"报状"或"京报"。它起到了传达中央政治中枢讯息给各地诸侯的桥梁作用。在维持与加强当时庞大帝国官僚机构的统治秩序中，曾扮演重大角色。它之受到当时封建社会的封建性与专制性的影响与制约，是不言而喻的。各朝代的中央政府对"邸报"的发布，不但有具体的规定，并进行管理与监督，还禁止"邸报"以外的任何报纸的流传。宋朝当局严禁"小报"的出版，就是佳例。

由此可见，中国的"古代报纸"虽然不能以"官报"一语概括，但从总体和本质上看，却与"官报"无太大差异。

至于"近代报纸"，即19世纪的所谓"新报"，指的是有别于中国传统的"邸报"及《京报》等以刊载奏折、朝廷动静为主的传统媒体，而源自"泰西日报"概念的新型媒体。

在笔者的专著《中国近代报业发展史 1815—1874》（以下简称拙著）中，我把19世纪早期中文报纸分为两个阶段：其一是"宗教月刊时期"；其

---

* 为配合《无限江山笔底收：新加坡早期中文报业》展览会的举办，新加坡晚清园策划了一系列的相关专题演讲。本文为作者2016年9月3日在晚清园专题演讲的内容。文中涉及的诸多考究与探讨，详见［新加坡］卓南生《中国近代新闻成立史 1815—1874》，ぺりかん社1990年版；《中国近代报业发展史 1815—1874》（中文繁体字版），台北正中书局1998年版及其中文简体字增订版，中国社会科学出版社2002年版和增订新版，2015年版第2、3、4章及第9、10章。本章省略注释。

二是鸦片战争后逐步发展为完整日报的"新报的萌芽与发展期"。

世界上最早的第一份近代化中文报刊,是 1815 年由伦敦布道会在马来半岛的马六甲创刊的中文宗教月刊《察世俗每月统记传》(1815—1821);至于中国境内的近代化中文报刊,则以 1833 年在广州创刊,1837 年至 1838 年移至新加坡出版的《东西洋考每月统记传》为最早。

从这个角度来看,这两家早期的中文宗教月刊,既是中国近代中文报刊发展史的源头,也是东南亚华文报业史上不可或缺与忽视的重要组成部分。以下即从这两份早期报刊为切入点,进一步探讨早期传教士报刊对往后近代中文报刊的形成与发展带来的冲击与影响。

一 早期中文报刊的特征

首先,应该指出的是,尽管新闻史学者将上述宗教报刊统称为近代中文报纸的先驱,如果人们单纯以现代报业的眼光来看待这些宗教刊物,它们能否称得上是"报纸",仍有值得商榷之处。因为,尽管它们具有"定期性"的特性,但却每月出版一次,加之是以书本形态编印,因此有人认为它们充其量只能称为"杂志",而不是"报纸"。但这是忽视中文报纸发展史特征和脱离历史大背景谈论新闻史的说法。

正如拙著各版本第一章注释①指出一般,在谈论 19 世纪的早期近代化中文报业史时,我们不能忽视当时报纸的以下三个特征:

一是当时"报纸"与"杂志"尚未严格区分,有人称之为"报纸杂志混合型",或泛称之为"报刊"。

二是报纸的出版周期由长而短,从月刊逐步发展为日刊。尽管办报者未必是同一批人,以及主角已逐步从西方传教士转变为欧美商人乃至中国的知识分子。

三是不管是从报刊形式或者内容的变化(如新闻报道量逐步增加,宗教月刊登载市场消息)等方面来看,这些月刊与后来的日报是有前后相互影响与不易分割的关系的。

因此,尽管这些早期宗教定期刊物在出版周期、版式与内容上与今日之"杂志"颇为接近,但从中国近代报业发展史的角度来看,它们却是近代化中文报纸的重要组成部分与先驱。

同样的,单从内容来看,早期的这些"报纸与杂志混合体"是以宣传基督教教义为主,近似时事性、评论性的文章可以说是少之又少。就以《察世俗每月统记传》为例，严格而言，该刊与其说是"月刊杂志"（"a monthly journal"），不如称之为"定期发行的（宗教）小册子"（"a periodical tract"）更为合适（*The Chinese Periodical Press* 1800—1912 作者白瑞华【Roswell S. Britton】语）。虽然如此，《察世俗每月统记传》的问世，无疑给闭关自守的中国提供了以中国统治阶层人士为对象，以及以朝廷动态的官文书等为中心内容的"邸报"以外的另一种报刊形态。从这个角度来看，这些"报纸与杂志混合型"报刊的出现，是有其特殊的意义的。

二 传教士东来拓教的背景和难题

那么，伦敦布道会的传教士为何要迢迢千里东来创办中文报刊（即办报的动机何在）？他们创办的最早中文报刊为什么不是在中国境内出版，而是问世于远离中国的马来半岛的马六甲呢？要回答上述问题，就得先掌握当时中国社会的背景及其对外关系（特别是中英关系），也得了解早期耶稣基督（新教）传教士到中国传教所处的环境。

先谈谈中外关系的特征。

自从垄断东方贸易的东印度公司在1600年成立以来，英国就一直对中国有浓厚的兴趣。在中英贸易拉开序幕之后，英国更积极地向中国推售其毛织品及印度棉织品等换取中国的茶叶与丝绸等。到了18世纪中叶，英国已凌驾葡萄牙、西班牙等其他欧洲国家而几乎垄断了对中国的贸易。

18世纪后半期，英国已经一跃成为世界上工商业最发达且拥有东方殖民地的强国。为了配合国内的工业革命，东印度公司更进一步要向中国寻求工业产品的市场以及生产原料的供应。然而，当时的中国还停留在以小农业与家庭工业相结合的封建社会，一般老百姓还过着勤劳与贫苦的生活；至于上层社会人士，四季都有其传统样式、使用举世无双的中国丝绸品制作的制服。东印度公司的产品，并非中国人所迫切需要。乾隆皇帝在给英王乔治三世的上谕中就指出："天朝物产丰盈，无所不有，原不借外夷货物，以通有无。"

由此可见，清朝当局对于与外国通商贸易采取的是消极与否定的态度。为此，1757年以来对外贸易只局限于广州一带，并附加各种限制条件。针对中国的这些限制，一心追求高利润及扩大对华贸易的西方国家（特别是英国）当然十分不满。英国除了设法与清廷进行谈判之外，还无视中国的禁烟令，向中国大量输出鸦片。到了19世纪，西方国家输往中国的鸦片价值已凌驾于中国出口丝茶等商品的价值之上，严重打击了中国的经济。在白银外流与银价扶摇直上的背景之下，不但国库收支与货币流通遭到破坏，老百姓的生活也陷入困境。正因为如此，中国官民都对强行推动鸦片贸易的西方国家十分不满。如此这般的中外关系及贸易体制一直持续到鸦片战争并于1842年清廷被迫签署《南京条约》才告结束。

与此同时，值得注意的是，对于地大物博、人口众多的古老封建中国产生浓厚兴趣的，除了欧美的政治家与大商人以外，还有在各地积极开展拓教活动，力图叩开其大门的基督教传教士。1805年，伦敦布道会理事会就通过有关圣经汉译的议决案。

1807年春，首名被伦敦布道会派往中国传教的马礼逊（Robert Morrison, 1782—1834）航渡至广州。当时他被赋予的直接任务是学好中文，编辑英汉辞典及汉译中文，而未赋予"传道与说教"的工作。

当时，他遇到的难题有三：

一是有如印度等英国殖民地人民对传教士所采取的"非友好态度"；

二是得面对在葡萄牙当局的庇护下，已在澳门活动、敌视新教的天主教传教士；

三是如前所述，在清朝政府闭关自守的政策下，对于"外夷"入境的限制是非常严格的，外国人都受到严密的监视。

除了上述三大客观因素造成的困难之外，传教士本身需克服的最大难题，就是掌握被当时的外国人视为几乎是无法学会的汉语。加之中国方言众多，不同地方的中国人也有可能完全无法理解对方的语言。好在中国全国的文字统一，彼此都能通过文字相互沟通。为此，马礼逊在倾其全力学习中文的同时，把重点放在翻译等以印刷媒体为传教手段的"文字播道"的工作上。

对于马礼逊，东印度公司是给予强有力的支持的。这不仅是出自支援新教的理由，更重要的是他一心一意要掌握汉文及编辑英汉词典的工作，对于该公司来说就是有益和值得嘉奖的事业。1816年，马礼逊就曾以秘书兼翻译的身份，随英国特使阿美士勋爵（Lord William Pit Amberst, 1773—1857）前往北京谈判（虽然未取得预期的效果），并在途中获得不少情报，足见英国在华"政"、"教"、"商"一体的关系。

1813年，伦敦布道会派遣年轻传教士米怜（William Milne, 1785—1822）赴华协助马礼逊。但一抵澳门，他就被葡萄牙当局下令离境（在天主教传教士的策动下），只好前往广州，在清政府的严密监视下，过着十分不安定的生活。

当时清政府一再推出严教的谕令，其中还明文禁止传教士刻经传教，违者绞决。面对天主教传教士的阻挠和清政府的严厉取缔的压力，别说是传教，就连安居都不容易，马礼逊于是决定派遣米怜到"某个欧洲新教国家管辖而又距离中国本土不远的地方"建立传教基地，而这个基地正是与本文直接相关，促使《察世俗每月统记传》诞生的所在地——马六甲。

伦敦布道会为何选择马六甲作为对华传教的根据地呢？

原来早在1808年，马礼逊还未就职于东印度公司且面对澳门的居留问题时，首先考虑的目的地就是马来半岛的槟城。理由是：

其一，槟城是英国在马来半岛最早获得的殖民地（政治稳定因素）；

其二，当时已有不少华侨侨居（传教对象的存在）；

其三，靠近中国（方便对华传教）。

除此之外，印尼的爪哇也是被考虑的传教基地。因为当时东印度公司的势力已经席卷马六甲、爪哇和槟城。几经衡量和盘算，曾于1814年考察各地的米怜认为，从华侨人口考虑，爪哇要比马六甲有利，但马六甲距离中国较近，位于印度支那、暹罗与槟城之间，交通方便；加之从健康与学习语言的环境考虑，马六甲也较为适宜，遂作出选择马六甲为新教基地的决定。

1815年8月5日，作为马六甲新教基地"文字播道"的重头项目——中文定期刊物《察世俗每月统记传》遂告诞生。

三 《察世俗每月统记传》的内容与特征

作为"文字播道"的定期刊物，《察世俗每月统记传》（以下简称《察世俗》）的自我定位是十分明确的。在创刊号的序言中，该刊便开门见山，阐明其创刊的宗旨与编辑方针：

> 察世俗书必裁道理各等也。神理、人道、国俗、天文、地理、偶遇都必有些。遂道之重传之。最大是神理，其次是人道，又次国俗，是三样多讲。

换句话说，《察世俗》最重视的内容是"神理"（即基督教教义），其次为"人道"（伦理道德）及"国俗"（各国风土人情）。

对此，编者米怜还有进一步的如下说明：

> 传播基督教的教义，是最主要的目的，但也不忽视其他次要的目的。因为知识与科学就像是宗教的仕女一般，可成为道德的支柱。

换句话说，该刊刊载一般的知识与介绍简易的科学等，与传教的事业是相辅相成，为宗教事业服务的。

他同时也表示，为了打破单调感，他希望内容能够多样化，以便吸引读者的兴趣。他写道："但人最悦彩色云，书所讲道理要如彩云一般，方便众位亦悦读也。"

这些"彩色云"，既包括通俗易懂的天文学入门，又包括历史传记选粹等。

不过，纵观《察世俗》的内容，真正称得上是具有新闻性的文章，可以说少之又少。该刊1815年9月号的《月食》算是一个特例，其全文是这样的：

> 照查天文，推算今年十一月十六晚上，该有月食。始蚀于酉时约六刻，复原于亥时月约初刻之间。若是，此晚天色晴明，呷地（指马六甲各地）诸人俱可见之。

除此之外，与新闻勉强沾上关系的，就是立义馆的《告帖》以及"吗喇甲（即马六甲）济苦会"的会务报告。

至于《察世俗》的版式，正如前面所述，是采用书册式的。这当然是为了迎合中国读者的阅读习惯。在封面的正中，写着该刊的刊名，其上端写明出版年号。刊名右侧摘自《论语》的语录："子曰：多闻择其善者而从之"，左侧则署上编者米怜的笔名"博爱者纂"。

编者之用意是希望借此避免正面抨击儒家思想和刺激中国读者，并进而巧妙地利用一部分儒家的语录宣传基督教教义。

四 《东西洋考每月统记传》的内容与特征

《察世俗》上述版式、封面和内容的特征，为之后西方传教士的中文报刊奠定了范本和模式。1823年至1826年在巴达维亚（现雅加达）创办的中文定期刊物《特选撮要每月纪传》是如此，1833年至1835年在广州创刊、1837年至1838年移至新加坡续办的中文月刊《东西洋考每月统记传》（以下简称《东西洋考》），也不例外。

值得注意的是，《东西洋考》除了继承《察世俗》的基本风格之外，还有以下几个特征和突破。

首先，是在编辑方针上。编者郭士立（Karl Fredrich August Gutzlaff 或 Charles Gutzlaff, 1803—1851）在面向西方人士的创刊计划书中，便清楚表明该刊旨在"维护广州与澳门的外国人的共同利益"。

他表示，《东西洋考》虽然不谈论政治，也不在任何问题上以刺耳的语言触怒中国读者，但却将通过更加有效的手段——即介绍西方的文化、艺术、文明、科学等知识与哲理，证明西方人士并非中国人所想象的"蛮夷"；相反，中国人还有很多方面得向西洋人学习。换句话说，改变中国人对西洋人的偏见——即前述的维护欧美旅华人士的共同利益，是该刊的首要目的。

从这个角度来看，《东西洋考》虽然由传教士创办，但其宗旨已逐步从《察世俗》以"阐发基督教教义为主要任务"的编辑方针，转为将宣传西方文明与西方文化，改变中国人眼中的西方与西洋人的形象，作为最重要的事项了。

《东西洋考》一反此前宗教月刊编辑方针的重点，既与该刊发行期间中英的紧张关系（时值鸦片战争爆发前夕）密切相关，也与该刊的两名编者即郭士立和后期（复刊于新加坡）的另一编辑马儒翰（即约翰·马礼逊，John Robert Morrison, 1814—1843）身兼传教士、外交官与商行谋士等多重身份不无关系。前者是《南京条约》的中文翻译者，后者是继承父业，时任英国驻华商务监督的中文秘书与译员，也是《南京条约》的英文实际起草者。

除了将重点放在宣扬与夸耀西方文明的优越性之外，从华文报业发展史的角度看，《东西洋考》令人注目的动向还包括下列诸点：

其一，几乎每期都设有"新闻"栏，报道各国的近况。1834 年 1 月号，《东西洋考》还刊登了一篇被视为最早介绍西方报业状况的《新闻纸略论》。

其二，重视贸易信息。刊载"各货现时市价"表，详列"省城洋商与各国远商相交买卖各货现时市价"。华文报刊刊载"市价"消息，始于斯时。

特别是在 1837 年，《东西洋考》迁至新加坡出版以后，编者对从商的读者，更为重视。编者在一篇谈论有关《东西洋考》的文章中写道：

> 本年每月应说明广州府、新嘉坡二处之市价。各商知此、有益于行务也。亦说明载入运出之货、而陈经营之形势矣。且传东西洋之新闻消息。各商要投卖货物、或有他事、致可通知、得以明说而登载之。

到了1838年,《东西洋考》更辟有"贸易"栏,力陈"中西通商、外内两相有益"论。

其三,关注中国传统媒体《京报》的动向。在1837年5月号的"新闻"栏中,该刊便转载了原来刊于《京报》的中国官吏《奏为鸦片》的奏文,并在编者按语中给予反论,开启了往后宗教月刊摘录邸钞等中国传统媒体内容的先河和示范作用。

以上着重介绍了西方传教士在鸦片战争之前于东南亚(先是在马六甲、雅加达,后是在新加坡)和广州所办中文报刊的特征和演变,接下来我想把重点转移到《南京条约》签署之后宗教月刊的变化及以报纸形态出现的近代型中文"新报"的诞生与发展。

五　鸦片战争后宗教月刊的变化与"新报"的崛起

在上一节谈论《东西洋考》的特征时,笔者指出该刊不论是编辑方针,还是内容(重视"新闻"栏、"贸易"栏、刊登市场消息等),都有逐步跨出"宗教月刊"范畴的征兆。

紧随着《南京条约》的签署,伦敦布道会把原来被迫设于东南亚的传教基地迁往已沦为英国殖民地的香港及五个通商口岸,中文宗教月刊也相继诞生。其中较为著名的有创刊于香港的《遐迩贯珍》(1853—1856)和创刊于上海的《六合丛谈》(1857—1858),后者可以说是前者的上海版。

《遐迩贯珍》最受人关注之处是,每号都有"近日杂报"的新闻栏,内容包括广东、香港的地方新闻到国际新闻等,可以说是多姿多彩。其中尤其是有关太平天国事件之报道,更受各方重视。

除此之外,该刊还刊登了中国读者的来稿(笔者将之定位为中文报刊中最早出现的"读者之声")。从1855年开始,《遐迩贯珍》更辟有"布告栏",反映香港每月的"洋货时价"和"本地时价"的行情表,其中之"告帖"显然就是商家的广告。凡此种种,象征着鸦片战争后的宗教月刊,已有摆脱原来的传统,导入以广告收入开展近代化报刊经营概念之征兆。

尽管如此,以书册式形态出版、每月一册的《遐迩贯珍》还不敢以"新报"的姿态自居。第一家以"新报"命名的中文近代报刊是由美国传教士玛高温医生(Daniel Jerome MacGowen,1814—1893)于1854年在宁波创刊的《中外新报》(初为半月刊,后改为月刊)。至于真正以报纸形态出现的中文新报,则始自1857年由香港英文日报《孖剌西报》(*The Daily Press*)

创办的《香港船头货价纸》(《香港中外新报》之前身)。

《香港船头货价纸》可以说是当时香港繁忙商业社会(以"船"和"货价"为中心与象征)的产物,也可以说是鸦片战争后西方势力打入古老封建王朝的中国,香港沦为英国殖民地的副产品。随着中西贸易的繁盛及中国商人阶层(特别是与洋人贸易的买办阶层)的形成,社会上有了商业讯息的迫切需要。

《香港船头货价纸》是单张两面印刷的小型报,每周出版三次。19世纪60年代前半期易名为《香港中外新报》,版式改为大版(两页双面印刷四大版),最初也是周三次刊,1873年以"日刊"的姿态出版。

到了19世纪70年代初期,香港的另一家英文日报《德臣西报》(The China Mail)也对办中文报产生兴趣。先是在该报的每周六拨出一全版的中文专页《中外新闻七日报》(1871年3月11日到1872年4月6日),后是让此中文专页剥离母报,改为独自出版的四大版的《香港华字日报》。和《香港中外新报》一样,《香港华字日报》最初是每周出版三次,但从一开始每日便派送行情纸,并于1874年改为名副其实的完整日报。

纵观这两家由香港英文日报出版的中文报(《香港中外新报》和《香港华字日报》),其基本版式是这样的:第一版刊载市价与股市行情,以横线分栏;第二版的主要内容分为"中外新闻"、"羊城(广州)新闻"和"京报"等;第三版和第四版主要是广告。

至于两报的内容(包括两报的前身报《香港船头货价纸》和《中外新闻七日报》),其基本方针都不能离开西报馆主的意旨。如果说两者略有微妙差异的话,也许"以反映中国人意向"为标榜的《香港华字日报》及其前身报比起《香港中外新报》及其前身报,在民生问题上较敢替中国读者说话。

至于正面提出强烈的政治主张,对内要求清政府进行变法改革,对外痛斥列强对华政策的,是在1874年王韬(1828—1897)及其中华印务总局同人合股出版的《循环日报》问世以后的事。

以"华人资本、华人操权"为标榜的《循环日报》,在其《倡设日报小引》中,就一语道破当时华文报纸的缺点及倡办"华人日报"的重要性:

> 然主笔人士虽是华人,而开设新闻馆者仍系西士,其措词命意未免径庭。即或扬力铺张、尊行自负,顾往往详于中而略于外,此皆由未能合中外为一手也。欲矫其弊,则莫如自我华人日报馆始……

显然，在该报问世之后，即体现了截然不同的风格，揭开了中国"文人论政"的政论报纸的序幕。它将早期传教士旨在改变中国人对外态度的传播媒介——"新报"，转而成为中国人自己政论的讲坛。

值得注意的是，对于西人带来的舶来品——新报，最早接触和参与新报或"准新报"活动的中国报业先驱王韬等虽有所心仪，也对泰西日报给予高度评价并力倡推广新报，但从一开始便对"借事生风"或者"冀幸中国之有事以为荣"的西人西报，保持高度警惕。他们深知媒体控制权与舆论之间的相互关系，中华印务总局同人之所以高举"华人资本、华人操权"的旗号，无疑正是报业先驱们对既有"西人新闻馆主"所办华文新报诸多限制不满的结果。

正如拙著结论部分（即第10章）所强调的："这些不满的情绪，正是促使他们出资自办新报的原动力。"

由此可见，盲目颂赞与夸大新报传播"新知"的贡献，突出"近代报纸"在其欧洲发祥地的"民主性"与"开放性"，进而想象东来"新报"的纯朴性，显然是漠视了萌芽期中国新闻纸"形成过程与确立"的基本特征和事实。

最后，我想以拙著《中国近代报业发展史 1815—1874》总结章的结尾，作为今日讲题的结束语：

> 从米怜于1815年在马六甲创办《察世俗每月统记传》，介绍西方"定期刊物"的报刊概念与形式到中国，直到王韬掌握这一传播媒介，倡办"华人资本、华人操权"的《循环日报》，借以维护华人的利益及唤醒其国人与当局力图革新，以应西力东渐之变化，充分反映了这60年间中西关系变化的巨大。这60年间的变化，其实也正是中文报刊从诞生、萌芽、成长而演变为"近代报纸"的过程。《循环日报》在版面编排与内容方面的成熟，正标志着近代中文报业迈入新的里程碑。
>
> 最后，应该指出的是，尽管19世纪的宗教报刊是假外国传教士之手传入中国，但主持《东西洋考每月统记传》的西方传教士从该刊的1837年5月号开始就对流传于中国上层社会的"古代报纸"——《京报》十分重视，予以转载。此后的宗教报刊（如《遐迩贯珍》）也经常选录《京报》的文章。至于香港三大"新报"，更常将"京报选录"或"京报全录"摆在第二版（即新闻版）的头条。由此可见，尽管中国近

代中文报刊的诞生出自外来的因素与刺激，但很快就与中国固有的"古代报纸"有所结合，先是模仿"古代报纸"的书本式，后是转载其一部分内容，并将它吸收为其组成的一部分（后者最终被时代所淘汰），而成为早期中国近代报纸的一大特色。

第二章

新马华文报业的发展与特征[*]

一 前言

1929年是新（新加坡）马（指马来半岛或马来亚联合邦，1963年马来西亚成立后指马来西亚）华文报业史上重要的一个年头。在这一年的1月15日，一家具有深远影响力的华文报——《星洲日报》，在新加坡诞生了。

在新马，一家华文报能够维持超过半个世纪的，先后只有四家。即新加坡的《叻报》（创刊于1881年，停刊于1932年）、槟城的《光华日报》（创刊于1910年），以及在新马广泛发行的《南洋商报》（创刊于1923年）和《星洲日报》（创刊于1929年）。新加坡的《南洋商报》和《星洲日报》已于1983年3月16日宣告合并，改为共同出版《南洋·星洲联合早报》和《南洋·星洲联合晚报》，但从20世纪60年代逐步摆脱新加坡总社而独立的马来西亚《星洲日报》和马来西亚《南洋商报》，却仍然是称霸于马来西亚华文报坛的两大报章。

正因为上述四大报章的报龄长，影响力大，如果要了解新马华文报业发展史（必须指出的是，直到1965年新马分家为止，两地的华文报业史是难以分割的），便不能不着重谈这四家大报。

撇开19世纪初期西方传教士在新马创办的早期华文报（如1815年在马六甲创刊的《察世俗每月统记传》和1837年在新加坡续办的《东西洋考每月统记传》等）不谈，新马华文报业发展史，基本上可以分为下列几个阶段：

（1）萌芽时期。
（2）政论报纸蓬勃发展期。

---

[*] 本文原刊于马来西亚《星洲日报》55周年纪念刊《星洲日报55年》，马来西亚星洲日报社1984年版，第125—129页。

（3）企业化时期。
（4）战后的蜕变期。

二　四大阶段

（一）萌芽时期

这时期的华文报，可以《叻报》为代表。

《叻报》创刊于1881年，比起著名的上海《申报》，迟了九年；比起中国海外的第一份中文日报《旧金山唐人新闻纸》及香港的《循环日报》，只迟了七年。

值得注意的是，《叻报》不像《申报》或《旧金山唐人新闻纸》，是由外国人出资所办，而是和王韬创刊的《循环日报》一样，由华人一手创办的中文日报。

萌芽时期华文报的特征之一是，不管是在形式上或内容上，都深受上海和香港中文报的影响。实际上，主持《叻报》笔政40年的叶季允，原本就是旧学根底深厚，并且曾经在香港《中外新报》当过编辑的知识分子。在这一点上，叶季允的经历可以说和同年代的香港报人王韬有近似之处。两者所写的评论，都带有浓厚的说教色彩，他们俨然以社会导师的姿态出现。两者也都主张"广听远闻"、"开通民智"，但基本分歧是，《循环日报》积极鼓吹政治改良思想，而《叻报》则始终代表保守派。

据陈蒙鹤女士的研究，《叻报》的主要新闻来源有四：（1）转载或摘录自香港、上海及中国其他城市的报章；（2）《叻报》访员的采访（大部分是"有闻必录"，而且重点放在社会新闻）；（3）译自当地的西报；（4）由南洋各地友人及通讯员（由《叻报》的代理商兼任）提供。

早期华文报的另一特征是销量少，读者群有限。就以《叻报》的情况来说，在创刊的前10年，销量始终保持在150份至350份之间。即使是到了1900年，销量也不过550份。至于在1890年创刊的《星报》，虽然宣称其销数比《叻报》为佳，但报史学家表示怀疑。

（二）政论报纸蓬勃发展期

19世纪末期至20世纪初期，是中国保皇派与革命派展开激烈思想论战的时期。前者以康有为和梁启超为代表，后者则由孙中山领导。两派都极其重视报章和出版物的政治宣传作用。

1898年戊戌变法失败之后，康、梁被迫逃亡海外，但他们并不因此而停止其政治活动。相反地，他们在南洋、美洲、欧洲和澳洲各地设立了170个保皇会的分支部，展开宣传工作。因此在1903年以前，海外华文报章几乎都倾向于支持保皇派。以新马而言，当时支持或同情保皇派的报章计有新加坡的《天南新报》（1898—1905年）和槟城的《槟城新报》（1896年创刊，1936年并入《光华日报》）。

至于革命派的报章，则始自1904年新加坡侨商张永福及陈楚楠合办的《图南日报》。但这份鼓吹革命的先驱报章，只持续了两年，便由于资金问题而告停刊。

1905年，中国革命同盟会在东京宣告成立，革命党人更把争夺海外的言论阵地，视为政策的重点之一。当时革命派在南洋各地创办的华文报，大体上可以分为下列两类：

（1）当地同盟会计划性创办的机关报，例如新加坡的《中兴日报》（1907—1910年），仰光与槟城的《光华日报》（仰光：1908—1910年；槟城：1910年创刊）等。

（2）当地同盟会会员自发性创办的报刊，如吉隆坡的《吉隆坡日报》（1909—1910年）、新加坡的《星洲晨报》（1909—1910年）和《南侨日报》（1910年）等。

当时论战的主要场所是在新加坡。革命派以《中兴日报》为代表，保皇派的重要言论阵地则为《南洋总汇新报》（1906—1948年）。

《南洋总汇新报》原名《总汇报》，是革命派张永福等人及其他侨商资本合资办的报纸。张氏原本希望通过该报，负起刚停刊的《图南日报》的任务，继续鼓吹革命思想。但不久之后，由于投资人政见不合而闹分裂，张氏等人退股，《总汇报》即转而成为保皇派的机关报。

《中兴日报》与《南洋总汇新报》论战最激烈的是在1907年至1908年。先后参与论战的名士颇多，《中兴日报》有田桐、居正、黄兴、汪精卫等。孙中山本人还曾以"南洋小学生"的笔名，发表了好几篇重要文章，论述中国需要革命的原因。至于《南洋总汇新报》方面，则由徐勤、欧榘甲、伍宪子等出面应战。这场政论的笔战一直持续了好几年。

上述这些政论报章既然是以宣传各自的政治主张为主要目的，言论当然位居报纸的首要地位；中国国内政治的动向以及海外各地政治团体的动静，也成为各报注视的焦点。除此之外，报龄短，经营困难和销路不大（《中兴日报》虽声称发行 4000 份，但能收到报费的只有 1000 份），可以说是当时政论报章的共同特点。

还有，值得一提的是，当时直接或间接参与报业活动的报人，有不少是为了宣传其政治哲学而特地南下的。他们可以说是新马的过客，他们和其他在南洋定居办报的报人，在一定程度上是有所不同的。

正因为当时办报者的主要目的在于宣传其政治思想，招募新会员加入其组织（同盟会或保皇会），争取读者给予其组织的同情与支持，各地政论报章之间的联系，也显得特别紧密。同一派系报章之间，也相互声援，形成一股强大的海外舆论力量。

与此同时，随着政治环境条件的改变或需要，南洋报人的流动性也颇大。就以缅甸的《光华日报》来说，它原本是仰光同盟分会的机关报，创刊于 1908 年，但却屡遭清廷及当地保守派人士的威胁与为难。1910 年 3 月，它终于被迫停刊，而该报刊创办人庄银安也避居于槟城。当时的槟城已经取代新加坡，成为同盟会南洋支部的所在地。庄银安与当地的同盟会同志陈新政、黄金庆等人谋求恢复该报之出版。1910 年 12 月，槟城《光华日报》终告诞生，成为继《中兴日报》之后，革命党人在南洋地区影响力最大的机关报。

（三）企业化时期

1911 年辛亥革命成功之后，保皇派与革命派之间的论战遂告平息，支持国民政府已经成为时代的主流。蓬勃一时的政论报章也因此日渐式微。

然而，新马华文报章真正朝向商业化或者企业化发展，还是在 20 世纪 20 年代《南洋商报》和《星洲日报》出现以后的事。

《南洋商报》创刊于 1923 年 9 月 6 日，创办人是南洋"橡胶大王"陈嘉庚。陈氏当时办报的目的，可以说是出自商业的眼光。原来当时陈氏种植橡胶发达，已经自设工厂制造胶鞋及其他胶制品，这些远销欧美的产品的标贴与单据的印刷费用，是十分可观的。加之产品的推销，有赖于大量广告的宣传，陈氏便决定自行办报，并承印其工厂的印刷品。

当然，陈氏的商业观点，也不仅适用于他本身的情况。实际上，在《南洋商报》的"开幕宣言"中，他就阐明教育、实业与国家盛衰的关系。他认为，如果没有先进的商业经营和管理学识，教育就无从办好；没有良好的教育设施，国家就谈不上兴旺。《南洋商报》之所以使用"商"字（英文名称为 Chinese Daily Journal of Commerce），目的正是要突出他的上述看法（参看朱炎辉《南洋商报60年史》一文）。

和陈氏具有同样眼光，抱着"在商言商"目的办报的，是卖成药致富的"万金油"大王胡文虎。1929年1月15日他和其弟文豹在新加坡创办了《星洲日报》。

早在《星洲日报》出版之前，胡氏就曾在仰光与友人合资开办《仰光日报》，并独资办了《缅甸晨报》，也曾在新加坡出版小型报《星报》。胡氏创办《星洲日报》的目的之一，就是为了替虎标成药打广告。

胡氏知道，要办好一家报馆，使它一纸风行，除了要敢于投资，购置最先进的机器与设备之外，还得罗致人才，使它一鸣惊人。

果然，《星洲日报》一面世，即受到各方面的重视，报份扶摇直上。特别是在第二年，总经理改由林霭民，总编辑改由傅无闷接任之后，该报在各方面更有了显著地进展。

在最初几年，最令该报主持人津津乐道的几项成果是：

(1) 该报先后出版了四册数十万言至几百万言的纪念刊：
    (a)《星洲日报周年纪念刊》，内容丰富，被认为是华文报史上的创举；
    (b)《星洲日报二周年纪念刊》，内容偏重南洋问题研究以及华侨的教育问题等；
    (c)《星洲日报三周年纪念刊》（《新广东专号》）；
    (d)《星洲日报四周年纪念刊》（《新福建专号》）。

这几本特辑可以说奠定了该报在南洋报林中的领导地位。

(2) 不惜重金，大量采用专电。

(3) 重视南洋问题研究，定期出版有关的副刊。

(4) 多聘用本地记者，并在南洋各地如槟城、怡保、吉隆坡、坤甸、巨港、沙捞越和仰光等地遍聘特约记者；至于远地的通讯员，则遍及上海、福州、厦门、香港以及日本和法国等。

除此之外，该报也十分重视版面的革新以及副刊内容的充实。该报在各方面的创新及改革，对当时的南洋报坛，无疑是一服强心剂。它给新马华文报业所带来的影响是深远的。

与此同时，胡文虎还于1935年在新加坡创办《星中日报》（午报）。第二年，《星洲日报》在槟城发刊槟城版，并于1939年发展成为《星槟日报》。

在《星洲日报》猛烈的攻势下，唯一能与它争一日长短的是《南洋商报》。该报除了和《星洲日报》同样重视出版工作（如出版《南洋周刊》《南洋年鉴》）之外，也重视罗致人才（1937年，该报将《星洲日报》的总编辑傅无闷请了过去，1940年底，又从香港请了胡愈之来主持笔政）。不仅如此，该报还在1938年收购了《新国民日报》。

值得一提的是，从20世纪30年代到40年代初期太平洋战争爆发，也正是日军侵入中国，日本向亚洲发动侵略战争的时期。为了及时向读者报道最新的战局以及中国国内的最新情况，《星洲日报》和《南洋商报》都在1932年初，打破南洋中西各报星期日停刊的惯例，并在同年出版早晚版。以《星洲日报》而言，早版上午六时出版；晚版则刊于下午六时，它采取精编主义，内容包括专电及紧要新闻等。新闻报道的快捷，无疑地刺激着报份的上升。作为横跨新马两地的区域性报章，《星洲日报》和《南洋商报》的发行网与销售量是大大地扩大和增加了。

除了以新加坡为据点的上述区域报章之外，马来亚联合邦各大市镇先后也都有地方性华文报的诞生（例如槟城的《中南晨报》，怡保的《雷报》《中华晨报》和《霹雳日报》，吉隆坡的《新益群报》等），但都维持不久，即告停刊。寿命较长的倒是吉隆坡的《益群报》（1919—1936）。至于1936年在槟城创刊的《现代日报》和1940年在怡保创刊的《建国日报》，在沦陷期间虽告停刊，但战后皆有复办。

简单地说，这个阶段的新马华文报，已经由早期"文人论政"的小报馆，发展到非有雄厚的资金与众多的人才，无法持久的企业化时代。

当然，大报馆摆出"脱离政论报章"的姿态，并不等于从此不过问、不关心中国的政治。相反地，在日军进逼中国，中国人民惨受迫害，抗日浪潮高涨的30年代，几乎所有的海外华文报章都投入支援中国抗战的行列。各报不仅报道战争的详情，发表痛斥日本侵略的言论，还代收救济中国同胞的义款等。"七七卢沟桥事变"之后，华文报章更肩负起向同胞宣扬抗战意识和爱国的任务。这个时期，先后抵达新马的知名南来文化人，包括郁达夫及胡愈之等。

可以这么说，20世纪30年代的华文报，虽然是朝向企业化发展，也重视南洋问题研究，但其基本性格仍是侨报。它对中国的关心，并不亚于萌芽期或政论时代的华文报。

（四）战后的蜕变期

在沦陷期间，日军接管所有报章，并在新加坡及槟城分别出版《昭南日报》和《彼南日报》。不用说，这时期的中文报，完全是日本军政部的工具，旨在协助军部推行其军政及展开宣传活动。

1945年8月15日，日军投降，新马掀起了一股办报的热潮。据统计，从1945年至1959年之间，新加坡前后有16家华文日报，马来西亚的华文报则有12家。战后初期华文报的特点是，小资本的小报社林立，报龄短促。此期间，仍有一部分的报纸具有浓厚的中国党政的色彩，但都无法长久生存。

在华文报林当中，能够横跨新马两地，在两岸广泛发行的，仍然只有《星洲日报》和《南洋商报》。为了扩大发行量，两报最初是采取提早印刷，特备专车连夜开往马来亚联邦各地。接着是包租飞机运送，后来则在联邦建立印刷厂，两地分别印刷。与此同时，两报也在马来亚的各大城市如吉隆坡、槟城等地设立办事处，处理广告、订报、寄稿等实务。这一切，都为两报马来西亚分社的设立，做好了准备工作。除了通过发行网的扩大和缩短报纸运送时间，借以刺激报份的增加之外，不管是在印刷或者是编辑的内容版面设计等方面，战后华文报都有了极大的改善。

尤其值得注意的是，随着战后反对殖民主义，争取民主、独立运动的兴起以及新兴国家的涌现，华文报也积极地参与和推动新马自治、独立运动和国家的建设。新马的华人已经从战前"落叶归根"的侨民意识，发展为"落地生根"，当家作主、以居住地为唯一效忠对象了。

华文报积极支持独立运动和放弃侨民意识，不仅具体地表现在各报对新闻的处理以及评论的立场，也具体地表现在下列事实上：

（1）早在马来亚独立之前，就摒弃"中华民国某年某月某日"，而改用公元年号；

（2）放弃称中国政府为"我政府"的传统称呼。

1957年马来亚联合邦独立、1959年新加坡自治邦成立，更进一步促使华文报的蜕变。紧接着，经过马来西亚的成立（1963年），新马的分家（1965年）等政治历程，华文报都自始至终积极参与建国的工作。

当然，随着政治气候的转变以及新马的分家，两地华文报的分手，也成为无可避免的事实。于是乎，从20世纪60年代成长的《星洲日报》和《南洋商报》的马来西亚版，终于在 60 年代末期或 70 年代初期，逐步摆脱新加坡总社，成为完全独立的马来西亚《星洲日报》和马来西亚《南洋商报》。新马华文报业史从此进入另一阶段。

值得一提的是，战后华文报除了进一步朝向企业化的道路发展，积极参与争取独立，以及在新马建国过程中扮演重大角色之外，另一个特点是，报业从业员已经逐步从战前的"南来文化人"，而由当地土生土长的一代接棒。南洋大学（简称南大）的校友，可以说是 60 年代以后华文报界的主力军。

三 现状与展望

20 世纪七八十年代，不管是在马来西亚或新加坡，华文大报都在经历着重大的变革，其中包括公司组织改组或业主更换等。在新加坡，《星洲日报》和《南洋商报》除了在 1975 年分别改为公共有限公司之外，更于 1982 年同意相互交换股票与合并，并与 1983 年 3 月 16 日改为共同出版《南洋·星洲联合早报》和《南洋·星洲联合晚报》。在马来西亚，由于官方不准外国人控制媒体，星系报业有限公司属下的马来西亚《星洲日报》和槟城的《星槟日报》则于 1982 年由胡氏家族转入建筑业巨子林庆金的手中。与此同时，马来西亚八大华文日报割据的局面也逐步形成。这八大报是：《星洲日报》《南洋商报》《马来亚通报》《新明日报》《星槟日报》《光华日报》《中国报》和《建国日报》。[①]

70 年代与 80 年代也是华文报业竞争激烈的年代。为了争夺报份和增加广告的收入，直到合并为止，新加坡的《星洲日报》与《南洋商报》，可以说是各显神通，耍尽法宝。至于马来西亚的华文报，今后各报之间的竞争，相信还会加剧。

---

① 20 世纪 80 年代后半期，马来西亚华文报业迎来了新局面。1987 年，马来西亚沙捞越州木材商张晓卿（1935— ）斥巨资收购濒临破产的《星洲日报》。在他多年的精心运作和改革下，《星洲日报》重现生机，成为马来西亚第一大华文报。2000 年，该报启动《星洲互动》网站；2002 年，在金边创办《柬埔寨星洲日报》。2004 年 10 月，连同《光明日报》《星洲网站》《亚洲眼》及其他三份教育周刊正式组成"星洲媒体集团"，成为挂牌上市的公共公司。2007 年 1 月，该公司与"香港明报集团"宣布合并，同时邀请"南洋报业集团"加盟。2006 年进军印度尼西亚，人主《印度尼西亚日报》，改名为《印度尼西亚星洲日报》。2008 年 1 月，"星洲媒体"、"南洋报业"以及"明报企业"分别举行股东特别大会，宣布同意合并为"世华媒体集团"。值得注意的是，鉴于南洋报业集团旗下有马来西亚《南洋商报》和《中国报》等媒体，上述三个报业集团合并后，世华媒体集团在实际上近乎垄断了马来西亚华文报的市场。

现阶段报业的另一特点是，华文报的读者数量，达到了空前的顶峰。以新加坡而言，华文日报的销量，从1971年的22万份增至1981年的32万份。11年来华文报读者的稳健攀升，增加了11万份。在马来西亚，据官方较早时期的统计（《1980至1981年政府经济报告书》），华文报章日销22万份，每份报纸拥有7名读者。这些阅读华文报的读者，据称占马来西亚华人读者群的76%。（原编者按：1983年杪估计马来半岛八家华文报日销量共约44万份。）

上述的统计数字，显示着：

（1）华文报业迄今仍然蓬勃发展，它不会轻易衰败；

（2）从纯商业的角度来看，它仍然是有利可图的行业。

但与此同时，人们也注意到一些令人不敢乐观的现象：

（1）不管是马来西亚和新加坡，年青一代华文水平正日益下降；

（2）创办于1955年的南洋大学已于1980年寿终正寝。

从1987年开始，新加坡将不会有华校存在。至于马来西亚，最近华校小学报名人数，也首次出现减退的现象。

这些现象，虽然不至于在不久的将来，动摇华文报坚固的根基，但无疑却亮起了危险的讯号。因为，没有新一代广大读者的购阅和支持，华文报是难以生存和发展的。针对这一点，早在23年前（1960年），已故史学家许云樵在为《光华日报》撰写《金禧盛典话报坛沧桑——五十年来的马来亚华文报业》一文时，就指出："最要紧的，我们得努力培养华文报纸的读者，为百年大计而奋斗，否则'皮之不存，毛将安附'？希望大家警惕，一思，再思，三思！"

怎样培养华文报纸的读者呢？

这个问题关系到客观环境，也和主观努力有关。就报馆而言，它本身能够做到的工作，包括：

（1）提高素质，独创风格，阻止其读者群被其他源流的媒介所抢走；

（2）走浅白化道路，吸引更多的新读者群；

（3）积极主办以华文为媒介的各种讲座和活动；

（4）出版各种中文专书和普及刊物，提高读者阅读中文书籍的兴趣和水平。

要做到上述几点，报馆当局首先必须放弃斤斤计较眼前得失的态度。事实上，从现代企业的角度来看，报馆经营者如果要赢取更多的利润，只有朝向经营多元化道路迈进（当然，多元化的经营应有限度，而不能舍本逐末，否则报馆将沦为"推售商业情报"的机构）；至于报章，除了作为商品出售，还应该肩负传播文化的特性。换句话说，精明的报业经营者，一面通过其他途径赢取更高的利润；另一面则不惜拨出一定的款额，作为研究与发展的用途，吸引更多的读者，为华文报业打下更好的基础。

有关这一点，萌芽期、政论报纸时期，乃至战前报界的先驱，可以说立下了很好的榜样。试想想，如果20世纪20年代末期诞生，销路只有六七千份的《星洲日报》，能够在没有广告资助的情况下，一连四年出版数十万言乃至百万言的几本巨册，并分赠读者，今日企业化的营利大报，为什么不能拨出更多的经费，从事文化活动？何况推广华文的出版事业及改善和提高报业水平，报馆将是主要的最终得益者。

20世纪80年代华文报面对的另一个问题是，随着战前南来文化人和南洋大学毕业生来源的终止，以及新马华文教育水平的日益低落，今后华文报的接班人，应该从哪里去寻找？

此时此刻，提出这个问题，是有其迫切性的。有关这一点，笔者个人认为，马来西亚情况比新加坡的条件为佳。去年（1983年）11月，笔者应邀到槟城韩江专修班新闻系演讲，当时的直接感受是：只要每年都有10名20名青年愿意献身华文报界，马来西亚华文报是不愁没有接班人的。因为，在新加坡，如果此刻要招募华文源流新闻班的自费学生，笔者个人对报名人数是不敢乐观的。

当然，笔者也同时注意到韩江专修班新闻系惨淡经营，师资缺乏、设备不全的事实。笔者认为，各华文报如果要提高新闻从业员的素质和确保华文报有优秀的接班人，开办新闻学院（或者是以韩江专修班新闻系为基础，加以扩大和充实）是急不容缓的。

除此之外，长期以来新马华文报从业员薪金低、专业水平不够以及制度不健全，也有待改善。

总的来说，在80年代乃至90年代，摆在华文报面前的不是一条平坦的道路。华文报要生存，要发展，除了必须继承先驱们的办报精神之外，还得不断求改进，求革新。

在可以看到的将来，罗致最多优秀人才（包括眼光远大的经理层）的报馆，将成为报林的盟主，是可以肯定的。因为报业竞争成败的关键因素，不是别的，而是人才。

脱稿于1984年1月15日

参考文献

(1) Chen Mong Hock, *The Early Chinese Newspaper of Singapore* 1881 – 1912, University of Malaya Press, Singapore, 1967.

(2) 刘问渠编：《1910—1960 这半个世纪：光华日报金禧纪念增刊》（非卖品），槟榔屿光华日报有限公司，1960 年。

(3) 傅无闷编：《星洲日报周年纪念册》，新加坡星洲日报社，1930 年。

(4) 傅无闷编：《星洲日报二周年纪念刊》，新加坡星洲日报社，1931 年。

(5) 傅无闷编：《星洲日报三周年纪念刊》，新加坡星洲日报社，1932 年。

(6) ［新加坡］卓南生编：《从星洲日报看星洲 50 年》，新加坡星洲日报社，1979 年。

(7) 郁树锟主编：《南洋年鉴》，新加坡南洋商报社，1951 年。

(8) 南洋商报编：《新加坡 150 年》，新加坡南洋商报社，1969 年。

(9) ［马来西亚］-朱自存：《从历史演变纵观华文报所走的路线》，马来西亚《南洋商报》1974 年新年刊。

(10) ［新加坡］朱炎辉：《南洋商报 60 年史》，新加坡《南洋·星洲联合早报》，1983 年 9 月 6 日。

(11) 戈公振：《中国报学史》，上海商务印书馆 1927 年版；香港太平书局 1964 年版。

(12) 方汉奇：《中国近代报刊史》（上、下），山西人民出版社 1981 年版。

(13) 冯自由：《革命逸史》，台湾商务印书馆 1969 年版。

第三章

东南亚华文报的过去、现在与未来[*]

今天，我想和大家谈谈有关东南亚华文报的过去、现在与未来。

我想，从事新闻传播史研究的诸位都会知道《察世俗每月统记传》，它被公认为中国近代中文报刊的始祖。但是，不少朋友也许会提出这样一个问题：它是属于东南亚报史的一部分，还是属于中国报业史范畴？有关这个问题，我的回答是：《察世俗每月统记传》既是中国报业史的一部分，也是东南亚报史的组成部分。在拙著《中国近代报业发展史1815—1874》中，其实已经对此有所解答。为什么说它是东南亚报史的一部分呢？因为包括《察世俗每月统记传》《特选撮要每月统纪传》《天下新闻》《东西洋考每月统记传》在内，这些近代中文报刊基本上都是在马六甲、巴达维亚（即现在的雅加达）或者是新加坡创刊或续办的。但是这些报纸为什么又说是中国报业史的一部分呢？我们知道，不管是《察世俗每月统记传》还是《东西洋考每月统记传》等的刊印，都有一个大前提，就是以中国人为其受众，办报者希望能通过侨居东南亚的华侨将这些报纸在中国人之间流传，更希望他们能将之带回中国，扩大影响。

一 "铁四角"体制下的"宗教中文月刊"

那么，为什么会选择在马六甲等地办报呢？这是因为受到政治环境的制约，当时西方传教士要在广州长住都不容易，遑论办中文报。而马六甲等地方距离中国比较近，聚居着不少中国人，又都是在信奉新教的欧洲国家，特

---

[*] 本文为作者2011年11月20日在中国新闻史学会台湾与东南亚华文新闻传播史研究委员会于马尼拉举办的"华文传媒与海外华人社会"学术研讨会上的主题发言摘要。北京大学新闻与传播学院博士生李杰琼记录与整理，曾刊载于《国际新闻界》2012年第1期，第115—117页。

别是英国的势力范围之内，有利于他们办报。[1] 这段报刊史是比较特殊的报刊史，我在我的书中将此时期的中文报刊定位为"宗教月刊时代"。这些报刊的一个特色是，办报者是清一色基督教传教士。当时的传教士实际上是跟他们的国家和商人的利益捆绑在一起的，报纸只是他们宣传西教、西国、西人、西学的手段。这些华文传媒，与"政""教""商"紧密挂钩为"铁四角"关系，自始至终为西人、西国、西教的至高利益服务。[2] 有些年轻的朋友倾向于从"跨文化"的角度正面肯定这些报刊的作用，而忽视乃至否定这些宗教月刊"文化侵略"的性质，我不能赞同这种观点。最明显的例子是《东西洋考每月统记传》的两名编者郭士立和马儒翰，前者是《南京条约》的中文翻译者，后者是这份中英不平等条约的实际起草者。对于这些身兼外交官、传教士身份，出入于东印度公司，直接、间接参与刺探中国各方面情报、中英谈判，乃至行贿等活动的"报人"在同时期或前后时期所办的报刊，怎能轻易以"跨文化"一语来涵盖或者将之捧为"文化交流"的先知先觉？我想，我们研究历史必须回归到历史的语境，也就是历史的大背景，掌握问题的大方向和大量的第一手资料，小心求证，实事求是地寻求问题的本质与真相。

二 是"落叶归根"？还是"落地生根"？

接下来，我想从这些特殊时期，以中国读者为对象，在东南亚刊印的"中文宗教月刊"的话题转入东南亚华侨或华人自办华文报的发展史这个话题。我们知道在东南亚的华人社会，华社、华校与华媒三者是合为一体、不可分割的。可以这么说，有华人的地方就有华社、华校和华报。这是十分特殊的文化现象。这里需要注意的是，在东南亚，华侨和华人有着很大的区别。特别是战后时期，不少原来的华侨已逐步转变为华人。所谓"侨"，就是指"侨居"（暂时居住）的意思，"华侨"是指拥有中国国籍，侨居外国的中国人，而"华人"则不一定是中国人。就东南亚的情况而言，"华人"基本上是指不拥有中国国籍、不以中国为效忠对象的各所在国国民。是视中国为自己的祖国，终将"落叶归根"，还是把所在国当作自己的家国，准备

---

[1] 详情参看［新加坡］卓南生《中国近代报业发展史 1815—1874》增订版，中国社会科学出版社 2002 年版，第 16—17 页。

[2] 同上书，第 59—61 页。

"生于斯、死于斯"地"落地生根",这是我们区别"华侨"与"华人"的一个简单的标准。我们得在这二者当中选择其一,因为,我们东南亚各国都不奉行"双重国籍"政策。

从报业发展史的角度来看,战前东南亚的中文报可称为"侨报时代"。这个时期华文报的特征首先是密切关注中国国内的动静,因为中国是自己的家乡、自己的祖国。与此同时,自从诞生的第一天开始,侨报就以争取和维护当地华侨、华人的合法权益为己任,皆以充当华侨、华人的"喉舌"和反映他们的心声为标榜。这个时期,许多侨报也直接参加或卷入了中国的政治论争中,不管是康有为、梁启超的"保皇派",还是孙中山的"革命派",都曾在东南亚各地办过报纸,而且竞争非常激烈。到了日本侵略中国时期,各地的侨报更积极参与"抗日救亡"运动,是当时东南亚抗日战争和反对日本军国主义南侵的重要文化旗手。也正是在这场反对、抵抗日本侵略的战争中,东南亚各国人民(包括华侨与华人)纷纷觉醒。不少华侨、华人在积极参与这场联手所在国各民族反抗日本南侵运动的同时,也和各民族同样产生了当家作主,共同争取独立,建立新家国的意识和决心。

战后,在反帝、反殖运动汹涌澎湃的背景下,东南亚各国先后宣告独立,不少侨居各地、原本抱有"落叶归根"意识的华侨也逐步转为决心"落地生根"的华人,效忠对象的认同发生了巨大转变。正如前面所述,这种变化其实在抗日战争时期就已经开始了,因为越来越多的人意识到只有当家作主,才能保护自己的生命、自由和财产。以马来亚(马来半岛和新加坡)的情况为例,通过抗日战争、反帝反殖、争取民族独立的运动和投身于建国的事业,人们认识到华人与当地的马来人、印度人已形成了命运共同体。同样的,东南亚各国的华文报也相继将其所在国作为效忠的对象,并在20世纪60年代至70年代相应进行了行政机构的调整和改组乃至资本的转移。以新加坡的情况为例。原本总部设于新加坡的《南洋商报》由于新、马的分家,分别改为新加坡《南洋商报》和马来西亚《南洋商报》两家独立的报社。总部在新加坡的《星洲日报》也是如此,改为新加坡《星洲日报》和马来西亚《星洲日报》。此后,新加坡的这两家历史悠久的华文大报又于1983年合并为《南洋·星洲联合早报》(简称为《联合早报》)和《南洋·星洲联合晚报》(简称为《联合晚报》)。[1]

---

[1] 有关新加坡和马来西亚华文报的兴衰简史,详见本书第三部分第二章。

三 "皮之不存,毛将安附?"

　　这里需要注意的一点是,战后冷战时期的华人社会与华文报业,不论愿意与否,都与中国有着藕断丝连、难以分割的关系。可以这么说,在美国所推动的"反共""反华"二者一体的政治思维与策略之下,东南亚华人不论是"共"还是"非共",其实都有被列为排除或排斥对象的危险性。在这样的一种语境下,东南亚的华文教育也一直在风雨飘摇中度过。1955年,在东南亚华人齐心协力的支持下,一家比香港中文大学创办还早、更有潜力、以华文为教学媒介语的南洋大学在新加坡诞生。但是,在上述的大环境中,自力更生、艰苦支撑的南洋大学(1955—1980)最终还是消亡了。同理,东南亚华文报业也在这样的政治生态中从兴盛逐渐走向式微。例如,在印度尼西亚苏哈托军事独裁统治时期,不要说是办华文报或是办华校,就连学习华文都不被允许。因此,很多人偷偷地在日语学校里面教授和学习华文。针对新加坡和马来亚华校的式微,新加坡著名的东南亚史学家许云樵教授早在1960年为槟城《光华日报》60周年纪念刊撰写报坛沧桑史时,就曾经警告说,如果没有了懂得华文的新读者群,华文报是办不下去的。他写道:

　　　　马来亚华文报业发展到目前的阶段,差堪自慰了。不过今后的发展,就不能如以往的看法。以往只要维持得下去,便能进步,现在独立了,已渡过了一个转捩点,如只顾维持本身,不过仅图眼前利益而已。最要紧的,我们得努力培养华文报纸的读者,为百年大计而奋斗,否则"皮之不存,毛将安附"? 希望大家警惕,一思,再思,三思![1]

　　"皮之不存,毛将安附",确是令我们从事华文报业的工作者或关心华校与华报前途的同人当年不寒而栗的问题。

　　这样的形势之所以能够得到扭转,我们必须承认,是和中国的改革开放有着密不可分的关系。20世纪80、90年代,随着中国和东南亚各国先后建交或恢复正常关系,以及此后冷战的结束,东南亚华文报,特别是在新加

---

[1] [新加坡]许云樵:《金禧盛典话报坛沧桑——五十年来的马来亚华文报业》,刘问渠编:《1910—1960这半个世纪:光华日报金禧纪念增刊》(非卖品),槟榔屿光华日报有限公司,1960年,第180页。

坡、马来西亚之外的许多华文报，也起死回生，如雨后春笋般地涌现。与此同时，随着中国的改革开放及与世界接轨，华文的地位在国际上也得到相应的重视和提升，东南亚华文报的生存空间在一定程度上总算获得了保障。此外，中国新移民的到来也对此产生了刺激的作用。如果没有这两个因素，20世纪80年代中后期以后东南亚华文报的命运，不管是哪一个国家，也许将是另外一个面貌。

四 告别"侨报时代"后的"远亲"情节

最后，我想再谈一谈东南亚华文报与中国的关系。尽管我刚才提及东南亚华文报的发展与中国有着千丝万缕、藕断丝连的关系，但有一点必须强调的是，今日在东南亚各国"落地生根"的华人及其华文媒体的效忠对象已不是中国。尽管东南亚的主流华文报纸仍然十分关注或格外关注中国，但认真而言，这些报纸只是将中国当作"远亲"来看待。这些华文报也许会比其他不同源流的报纸对中国改革开放的每一个辉煌成就给予更多的掌声，也会对中国每一个令人不甚满意的现象与动向给予更加严厉的批评，但已经不是"侨报"。

当然，应该指出，东南亚华文报的生存空间及其国家意识认同感的强弱，也因地因时而有些微妙的差异。在华人人口众多的新加坡和马来西亚，华文报早已结束其"侨报时代"；但有些国家的华文报，其读者层仅停留于为数不多、通晓中文的年长者，而必须依赖新移民或新华侨的购阅与支持。这些以新移民或新老华侨为基本受众的华文媒体，不可避免地或多或少存有侨报的色彩，但并非东南亚华文报纸的主流。

简而言之，直到今天，中国的变化对于东南亚华人社会、华报的生存与发展仍会有直接、间接的微妙互动与影响。中国的一举一动，仍然备受东南亚各国华人社会与华报的密切关注。但这种关注，总体而言（以新老华侨为对象或主要对象的华文媒体例外），已和侨报时代以中国为效忠对象、"心系祖国"的心境与意识截然不同。这是我们东南亚华文报业史研究者首先必须区别与牢记的一点，也是大家解读东南亚华文报业史不可忽视的起点。

谨此恭贺中国新闻史学会台湾与东南亚华文新闻传播史研究委员会的成立，并与大家共勉之。谢谢！

第四章

战后冷战与东南亚华文报的生存空间与嬗变*

在进入正题之前,我想先让大家看这几组照片(图:钟楼、礼堂和大操场)。

华中校友会第三十七周年纪念特刊

---

* 本文为作者 2017 年 12 月 23 日在华侨大学举办的福建省传播学会年会(厦门,2017 年)的主题发言,其摘要曾刊于新加坡《联合早报》2018 年 9 月 24 日。

福建省传播学会的朋友们是不是有"似曾相识"的感觉呢?

这几组照片都转拍自我的母校——新加坡南洋华侨中学(简称华中,创办于1919年)———所在1955年南洋大学诞生前被称为东南亚华文最高学府的历代特刊。

华中的代表性建筑物是钟楼、礼堂和大操场。华中的钟楼与黄仲涵纪念礼堂和集美大学的钟楼与礼堂是一模一样的,华中的大操场和厦门大学的大操场没有两样。这不是一种巧合,而是因为其设计师与蓝图出自同一个人,因为我们都有共同的校主,共同的倡办人——陈嘉庚先生(1874—1961)。

不仅如此,我们华中的校训,也和你们的一样:"自强不息!"

"自强不息"的精神,对于在东南亚求生存与发展的华人来说尤为重要。1955年正式诞生、1980年夭折的南洋大学(也是我的母校)的不成文校训,也离不开"自强不息"和"力争上游"。

一 自强不息:华社、华校与华文报密不可分

翻开战前的东南亚史,不难发现有华人聚居之处,就有华社、华校与华文报,三者的关系密不可分,三者都是在"自强不息"的精神感召下相互支援、相互扶持的。当时华社(包括开明的社会贤达和劳苦大众)都知道"取诸社会,用诸社会"的道理,有钱出钱有力出力,创办了无数大大小小的华文学校,保存与发扬中华文化,也为当地社会培育了不少有用的人才。

至于散落在东南亚各大小城市的华文报,也都将"为华社服务"及"充当华社喉舌"视为己任。我曾就职的新加坡《星洲日报》(1929年创刊),在创刊时就宣称其办报动机之一为"提倡各科教育,沟通中西文化以增高我国华侨的位置"①。即"提高国人知识,补助学校教育之不足"②。

在那个年代,华社的效忠对象,不消说,是中国;华社就是"侨社",华社的领袖就是"侨领"。同样的,华校就是"侨校",华文报就是"侨报"。

也许是因为深刻体会到自己的命运与祖国的国力的盛衰密不可分的缘故,战前走出国门的东南亚华侨对自己祖国和家乡的动静与发展格外关注。他们不仅仅是时局的旁观者,也是积极的参与者。这既体现在20世纪世纪之交时刻康有为、梁启超"保皇派"与孙中山革命派在南洋舆论阵地的争夺战上,也具体反映在20世纪30年代东南亚各地华人响应陈嘉庚先生领导的"南洋华侨筹赈祖国难民总会"(简称"南洋筹赈会")的号召,热火朝天地支援祖国人民抗日救亡的运动。3000余名南侨机工热烈报名,取道安南(越南)或缅甸进入云南,赶往刚建好、充满惊险的滇缅公路运载军事物资,生动地说明了这一点。在这场抗日救亡与新加坡的保卫战中,各地的华文报也发挥了积极的作用。

---

① 见新加坡《星洲日报》1929年1月15日"发刊词"。
② 见《本报简史》,[新加坡]卓南生编:《从星洲日报看星洲50年 1929—1979》,新加坡星洲日报社1979年版,第A5页。

二 抗日、反殖、独立运动催生身份认同的转变

到了战后,东南亚的形势有了极大的变化。首先是东南亚各地掀起民族主义的热潮,反帝、反殖,争取独立运动的声浪响彻云霄。其次是在美苏冷战的体制下,东南亚成为冷战前哨战的所在地。这两个因素无疑地规定与制约了东南亚华文报(与华社、华校的命运一样)生存与嬗变的走向。

先谈谈东南亚民族主义兴起带来的冲击和影响。

经过了 1942 年至 1945 年三年八个月日本侵略军残暴的统治(不少东南亚的教科书称之为"史上最黑暗的年代"),东南亚各国的不同民族(包括华族)从切身的体验中,充分认识到要保卫自己的家园、自己的生命、自由与财产,只有摆脱殖民统治当家作主,争取独立。东洋的军国主义者不可信,西洋的殖民主义者也不可靠。因此,当英美法荷新老殖民宗主国在战后重返其殖民地时,就面对着在战火中诞生与成长的各地反帝、反殖,争取独立运动的民族主义者的强烈反对和抵抗。不少华族人士也积极参与这场反殖运动,他们对当地的认同感有了极大的转变。

面对着这场风起云涌的反殖运动与响彻云霄、要求"孟迪加"(马来语,意为"独立")的呼声,以我较熟悉的新马(新加坡和马来半岛)而言,老牌殖民宗主国大英帝国在一面采取镇压行动的同时,也开始摸索各种以控制代替统治、拖延其撤退时间表的宪制改革方案。1957 年马来亚联合邦的独立、1959 年新加坡自治、1963 年马来西亚的成立、1965 年新加坡脱离马来西亚独立,无疑是在这样的背景下各股政治力量碰撞、博弈与调整的产物。

值得注意的是,正是在这样一个政治大变局的时刻,曾经支援抗日救国、亲历日本残暴统治、直接或间接参与反殖运动的新马华族各界人士也在积极展开争取当地公民权的运动。与此同时,他们也在力争华文教育的平等地位,并在陈六使先生(1897—1972)慷慨解囊与福建会馆的拨地支持下,万众一心创办了中国境外唯一的华文大学——南洋大学。

多灾多难的南洋大学的牌坊建于 1955 年,也是象征第三世界崛起的首届亚非会议在印度尼西亚的万隆举行的年头。那时我上小学六年级,记得当时白天上课听老师谈万隆会议振奋人心的精彩故事(我的第一本剪报集,尽管都是图片,就在那个时候),晚上看四处举行的争取公民权运动的群众大会,偶尔也和同学们三三两两上街或到乡村为支持南洋大学建校基金的篮球

比赛义赛的门票募捐，朦朦胧胧中似乎产生了有别于"华侨"的"华人"意识。

　　特别是在万隆会议上，中华人民共和国总理周恩来还明确表示反对双重国籍，呼吁各地华侨华人在中国与各所在国之间作一抉择，吁请已入籍当地的原有侨民效忠所在国，为所在国社会作出贡献，更给东南亚各地华人社会带来了巨大的冲击。以我个人及同年代年轻人的经历而言，我们究竟是"中国人"还是"马来亚（包括新加坡）人"的论争与身份认同的挣扎，一直贯穿在我们的六年中学生涯中。当时主流的看法是："既生于斯、长于斯，就要落地生根，与所在国其他民族共同为新兴国家的建设作出应有的贡献。"到了南洋大学，这种马来亚本土意识就更加强烈了。由于我们的教学媒介语是中文，就将之戴上"不效忠"的高帽子，显然是不公允的。

　　正是在这样的大变局下，作为东南亚华人"喉舌"的新马华文报也竞相顺应潮流起了变化，最明显的例子之一是以往刊于报纸上端的"中华民国××年×月×日"改为"公元19××年×月×日"，各报也从"侨报"逐步转为与当地接轨的"华文报"。在版面的排序上，各报也逐渐从原本的"国际新闻版"、"本地新闻版"、"南洋新闻版"，改为本地新闻优先的顺序。与此同时，由于新马（新加坡和马来西亚）分家，原本分别隶属于新加坡《南洋商报》和《星洲日报》的吉隆坡分社，也跟着与新加坡的母报分家，并遵循两国官方的协议，长堤两岸不同国度的报章不得越境发行。新马报业进入了一个新的局面。

三　冷战前哨站定位下被扭曲的华人社会形象与论调

　　以上着重谈论了战后东南亚政局的变化与东南亚各地华人从效忠"祖国——中国"转为效忠各所在国，以及各华文报逐步摆脱"侨报"意识的简单背景。接下来，我想扼要地介绍战后冷战对东南亚华文报生存与成长的制约与影响。

　　前面提到，东南亚是战后美苏冷战体制下前哨站的所在地。特别是在1949年中华人民共和国成立之后，"反共、反华"已成了美国亚太战略下配套出笼的公开旗号。加之随后越南战争爆发、激化并促使白宫陷入不可自拔的泥沼，"越南不保、东南亚各国将相继赤化"的所谓"骨牌论"甚嚣尘上。与此同时，将东南亚华侨、华人视为"中共第五纵队"的言论也广被推销。在欧美和日本的"华侨问题"与"东南亚问题"专家的议题设定下，东南亚华人的效忠对象一直备受质疑。日本的某些专家和媒体更公然将华人人口居多的新加坡称为"华侨王国"和"第三中国",并将东南亚各地的华人定位为"中日对决"中"潜在的中共助手"。①

出自同样的战略目的和逻辑,西方世界(包括日本)主流学者与媒体,也在极力鼓吹和渲染"东南亚华侨(或华人)操纵东南亚经济命脉论"。最典型的例子,是反复散播毫无依据的所谓"仅占人口5%(有的说是2%或3%)的华侨却牢控印尼经济80%"的言论。② 这些言论,冀图将东南亚华人制造为"榨取者"(即"剥削者")和"东方的犹太",为东南亚各地的"排华"运动提供口实和"合理性"的理论依据。

一边是怀疑华人的效忠对象,一边是制造"华人剥削者"的形象,东南亚的华人一直蒙受大大小小的"莫须有"罪名和各种苦难。以印度尼西亚为例,不管是1965年9月30日反共军人发动的军事政变,或者是1998年贪污腐败的苏哈托独裁政权被迫辞职的印度尼西亚动乱中,华人都被列为声讨和排挤的对象,成为代罪羊。这样的局面,别说是华文报,就连学习中文、阅读中文的基本权力都被剥夺。在一段相当长的时间里,印度尼西亚、泰国等都不允许有华校的存在。为了让年轻一代学习中文,有些印度尼西亚华人假借日语学校,私下为学生补习中文。由于中文报纸被禁止发行与流传,新加坡的华文报曾一度成为每天被偷运至印度尼西亚的厚利"走私品"。泰国和菲律宾等国家的华校与华文报,尽管在不同时期面对的难题未必完全一致,但都有共同的不幸遭遇和记忆。不少国家允许华校复办和解除华文报出版与流通禁令,是在20世纪80、90年代中国与东南亚各国相继建交或恢复邦交之后的事。

至于华人人口占绝大多数或在比例居高的新加坡和马来西亚,尽管华文报从未走进历史,但华校的存亡与走向一直是两地有识之士担忧之所在。正如前两章所述一般,早在1960年,新加坡的著名东南亚史学家许云樵教授(1905—1981)就发出警告:如果没有懂得华文的新读者群,华文报是办不下去的。

许云樵教授1960年的这番谈话,显然并非杞人忧天。自1987年开始,新加坡华文小学停办,1980年南洋大学被吸收、合并,变相消亡等,印证了

---

① 详见〔新加坡〕卓南生《日本的亚洲报道与亚洲外交》第三章"战后日本的华侨与华人论——日本传媒与专家论调分析",世界知识出版社2008年版,第48—63页。

② 详见《印尼动乱与日本的反应》,收录于〔新加坡〕卓南生《日本外交》(《卓南生日本时论文集》三卷本),世界知识出版社2006年版,第327—331页。

许教授"皮之不存"不祥预兆的提前到来。1983年3月,历史悠久、竞争激烈的东南亚两大华文报《南洋商报》(1923年创刊)和《星洲日报》(1929年创刊),在1983年3月以"为节省人力和资源"为由,宣告合并为《南洋·星洲联合早报》(简称《联合早报》)和《南洋·星洲联合晚报》(《简称联合晚报》),更给华文报从业者及关心华文报前途的人士增添了不安的阴影。如果没有后来大量中国新移民的流入,及电子版在国外普及,新加坡华文报处境恐怕更为堪忧。尽管如此,摆在新马华文报管理层面前的首要难题,仍然是如何保住原有报份而不往下迅速跌落。从这个角度来看,东南亚华文报纸媒今日的困境,远比其他国家面对科技发展而带来的新媒体竞争,还有其与生俱有、难以克服的中文阅读者之日益锐减的难题。

同样的,东南亚其他国家的中文报在中国与各国恢复邦交及新移民涌入的背景下,在表面上中文报虽呈现雨后春笋的现象,但归根结底,其受众仅限于看懂中文的年老一辈及新到的"新华侨"或过客。

四 寄语传统"侨乡"的学界与报界

了解了东南亚华社、华校与华文报战前战后的沧桑史,及华人社会在二战期间及战后紧随着时局变化而产生的身份认同之转变,我们(东南亚各地华人与中国)固然应该珍惜我们的共同血缘关系、文化认同和美好的共同记忆,也应加强联系与互动,发挥最大的正能量,但得认清彼此的关系已转为"远亲"的现实。战前或独立前东南亚各地传统"侨报"的自我定位,也已转为各所在国的"华文报"。

可以这么说,在中国改革开放、中国与各国建立或恢复邦交及随后而来的大量新侨民之前,"华侨"与"侨报"在东南亚已一度成为死语。这是我们在回顾战前、战后东南亚华社与华文报嬗变史时不能不留意之处。

与此同时,对于战后冷战时期源自欧、美、日的东南亚问题专家、"华侨问题专家"形形色色、似是而非的"捧杀论"——"华侨、华人控制东南亚经济命脉论"、"客家人或福建人掌控东南亚论"、"东方犹太论"等得格外留神与保持戒心。因为,与"棒杀论"相比,"捧杀论"在实际上具有更大的杀伤力。

抛砖引玉,谨此与有传统"侨乡"所在地的福建新闻与传播等专业的学界、报界同人共勉之。谢谢!

附录一

我所知道的新马报界前辈冯列山博士[*]

冯列山（1907—1998）生于新加坡，幼时在家乡福建福安读书。1929年毕业于复旦大学。1932年赴德国慕尼黑大学留学。1935年获得新闻学博士学位，成为中国获得新闻学博士学位第一人。先后出任迁往香港的《申报》主笔，新加坡《总汇新报》总编辑，复旦大学、燕京大学和四川大学等高等学校新闻学教授。

抗日战争胜利后，暨南大学在上海复校，冯列山被聘创办和主持新闻学系。1949年，他南下新加坡，担任《南洋商报》主笔。1971年至1972年，他临危受命出任代总编辑兼编辑委员会主席。1998年逝世于新加坡，享年91岁。主要著作有《新闻讲话》等。

也许是自幼即对报人、报学甚感兴趣的缘故，1961年底高中毕业前夕，当班主任也是我们高中三年来的华文老师丘絮絮先生（1909—1967，新马著名小说家、诗人）要我们每位同学填写毕业后的志愿时，我毫不犹豫地写着"升学——新闻学"。

丘老师看后微笑地表示：此地的大学没有新闻系，看来你非到外国留学不可了。

当时新加坡的两所大学——南洋大学和马来亚大学都未设新闻系，其实我事前已经查询清楚。因此，在投考南大——东南亚华校生梦寐以求，并引以为豪的华文民办大学时，我选择了自认为与新闻学最接近的政治经济学系（二年级时，政经系分家，经济系移入商学院，我选择留在文学院的政治系）。

---

[*] 本文系作者为中国暨南大学副教授邓绍根博士编辑的《冯列山新闻文集》（世界知识出版社2015年版）而撰写的序文，原文标题为《我所知道的冯列山先生》。

一　中国的第一位新闻学博士

正因为我对新闻学情有独钟，我很早就知道《南洋商报》有一位老主笔冯列山先生（1907—1998）是新（新加坡）马（马来亚或马来西亚）唯一的新闻学博士，但当时并不知道他同时是中国的第一位新闻学博士，更不知道他是暨南大学战后在上海复校时创建新闻系的系主任。

对于我们那个年代（20世纪50年代、60年代）的新马华校生来说，华文报（特别是发行量最大的《南洋商报》和《星洲日报》两家大报）的存在与影响是十分巨大的。它是我们最主要的精神食粮。

当时的东南亚，东西冷战对峙的局面十分严峻，中国的53家出版社（其中包括两家香港的出版社）的书籍全被英殖民当局禁止进口。为此，我们这些受华文教育的青少年除了依赖港台的部分出版物之外，我们的许多知识、信息与文学、文化的滋养，都得从本地的各华文报中摄取和获得补充。也正因为如此，各华文报从国际新闻、本地新闻、南洋新闻、体育新闻、娱乐新闻到形形色色的副刊都有其固定的广大读者群。从这个角度来看，当时各华文报竞相以"（东南亚）华人社会的喉舌"为标榜和号召，是有其一定的道理和时代的烙印的。

正因为华文报在华人社会当中扮演着如此重大的角色，当时受华文教育的知识青年无不对两大报纸的主笔和名家十分关注和景仰。撰写《海滨寄简》（1—8）的南洋商报主笔连士升（1907—1973）、对晚辈写作者热心提携的《南洋商报》文艺副刊编辑杏影（1912—1967，原名杨守默）和《星洲日报》副刊编辑方修（1922—2010，原名吴之光，也是马华文学史权威），毫无疑问，是当时新马文艺青年崇拜的偶像。

至于关心时事的青年，无不是《星洲日报》主笔李星可（1914—1996）、郭史翼（1915—1994，也是《南洋文摘》主编）及其国际问题特约专栏作者仝道章（笔名仝一，后来出任《南洋商报》总编辑，1920—1995）等的忠实读者。此外，《星洲日报》通讯版常刊载的寄自巴黎的流萤（另一笔名为柳门）时评、发自伦敦的达人通讯稿以及《南洋商报》"综合版"邮自美国的梁厚甫（1908—1999）之国际观察，也都备受各方关注。

相对而言，冯列山先生为《南洋商报》所写的社评和"星期日论文"，也许是因为写得比较含蓄和平稳，似乎并未引起当年热血沸腾、投身反对英殖民统治、争取独立运动的青年读者的特别关注。

不过，据不少曾经在《南洋商报》上过冯列山新闻培训班的记者后来的追述，此刻的冯先生除了撰写社论之外，他在报馆另一重要任务是主持新闻工作者训练班。这些课程的内容从新闻学的理论、伦理到实践，对于当年有志献身于新闻事业的青年来说，无疑是及时雨。不少前学员对此津津乐道，他们后来都成为《南洋商报》乃至华文报合并后的《南洋·星洲联合早报》（简称《联合早报》）的中坚分子。

二 机缘巧合认识冯先生

我认识冯先生是在我留学日本之后，尽管之前在新加坡，早已熟读其大作《新闻讲话》（南洋商报丛书第十七种，1951年）。在那中文书荒的年代里，我虽然经常和同学们逛书店街，但在我书柜里的新闻学书籍，除了冯先生的《新闻讲话》和谢六逸的《实用新闻学》之外，就只有戈公振的《中国报学史》（香港太平书店，1964年）和冯爱群的《华侨报业史》（台北学生书店，1967年）。因此，《新闻讲话》可以说是我接触新闻学最早的启蒙书之一。

1966年，笔者赴日成为早稻田大学政治经济学部新闻学科的二年级插班生。为了学以致用，从第二年开始，我便不断为新加坡的两家中文大报投稿，反映日本的动向。《星洲日报》多刊于"通讯版"，偶尔也刊于星期天附送的《星洲周刊》的"天下事"版；《南洋商报》则登于"综合版"。尽管我寄给《星洲日报》的稿件远远多过投递给《南洋商报》的，但后者为了表示重视，还为我冠上"本报驻日本特约记者"的头衔。作为新闻系的学生，当时的内心是十分喜悦的。

有一年回国度假，我这个谁也不认识的"驻日本特约记者"带着稿费单想顺道到《南洋商报》领取稿酬时，却遇到了一个小难题。原来商报有一个规定："所有稿费，都得在三个月内领取，逾期作废。"为此，我向会计部门解释我身在海外，也没注意到有此规定，但不得要领。这时恰好有一位文质彬彬的老先生经过，问明缘由之后，便带我到一个角落坐下聊谈。他——便是鼎鼎大名的《南洋商报》主笔冯列山博士。

在获知我在日本东京攻读新闻学时，冯博士显得特别高兴和有亲近感。他详问我及内人蔡史君的研究方向，并问我手头上是否有早已绝版的1951年版的《南洋年鉴》，他有多一本想要送给我们并约我们第二天到他家做客，然后一起游车河。冯先生同时向我表示："以后稿件你就寄给我好了，稿酬我代你领取和保管。因为目前报馆的制度不完善，外地作者的稿酬正好处在三不管的地带。"

第二天，我们如约到冯府拜会冯先生及其夫人葛青凡（笔名为芝青，是历史小说家，著有《武则天》《中国行》《日本行》等作品）。葛老师是颇受学生敬爱的新加坡师资训练学院的讲师，战前曾到日本留学，就读于东京明治大学，因此和我们有不少共同话题。

在冯宅聊了一阵之后，冯先生建议开车到新加坡北部的三巴旺海边散步，然后回程在三巴旺九英里一家以"酿豆腐"闻名的客家餐馆用餐。葛老师还补充说道："冯先生特别喜欢开快车。"于是乎，我们四人便有说有笑，按照原定计划抵达海边和用餐，度过了充实的半天。冯先生和葛老师都十分健谈。冯先生和我们讲了不少鲜为外人所知的报坛掌故和新闻理念与实践的诸多矛盾及如何应对的难题。葛老师则向我们介绍了教育界的乱象及新马华文教育界的前途和隐忧。从二老的谈话中，不难看到他们对我们新一代知识青年的关怀，并寄以极大的期待。

如此这般坦率对话与交流的"半日游"，后来几乎成了我们每次回星洲探访二老时的固定行程和公式。印象里，当时年纪已过六十的冯先生已做好退休的准备。

三　临危受命出任编委会主席

1971年5月初，从报上获悉冯列山先生被委任为《南洋商报》代总编辑兼编辑委员会主席和主笔。

行将退休的冯先生为何突然受委以重任呢？

原来在1971年5月2日，政府援引内部安全法令（即不需公开审判和法定程序即可下逮捕令的紧急法令）逮捕了时任《南洋商报》总经理李茂成、总编辑仝道章、主笔李星可（1971年2月1日被《南洋商报》社长以重金从《星洲日报》挖角到商报）和公共关系经理郭隆生。这是新加坡政府对当地华文报和英文报章涉嫌"黑色活动"（据官方最早发表的文告，指的是"由外国组织，通过内在工作人员，在当地制造破坏和麻烦的事件"）所采取的"黑色行动"（Black Operation）的一部分。《南洋商报》的罪名是："大事渲染亲中共的新闻，并且在华文和华人文化问题上发动种族主义的情绪。这种作为，如果不及时加以制止，势将引起种族主义的爆发。"

针对官方的指责，《南洋商报》社长李有成全面否认。以下是新加坡文化部在 1971 年 5 月 25 日发表的文告，及李有成社长在同年 5 月 26 日发表的声明（两者皆刊于《南洋商报》1971 年 5 月 26 日）。

文化部文告照录

【新加坡廿五日讯】文化部今日发表文告如下：

南洋商报社长李有成先生在五月廿四日的报纸所发表的声明中说："南洋商报的政策绝不是炫耀共产制度，我们否认这点。"

但是，该报的总编辑三苏丁仝道章受该报社长李有成先生的训令，在一九七一年四月二日所签发的下列指示，却有不同的交代。

该指示全文如下（附上原文影印本）：

通知

奉　社长谕，自即日起所有有关中国新闻，不论长短，事无巨细，除造谣诽谤者外，全文照译，刊载第一面要闻版，如要闻版版位不够时，可移刊其他版位，敬希注意，为荷。

此致要闻组林品先生

总编辑：仝道章启

一九七一年四月二日，副本：呈社长

本报社长声明

本人兹重申南洋商报的政策绝不是炫耀共产制度。事缘四月一日，当第卅一届国际乒乓团体锦标赛正告结束时，报上刊载中国邀英国、加拿大等乒乓队于世界杯赛过后访问北京。

当时一般读者正热心关注此项世界性乒乓外交动态，我们以新闻事业所应具备的处理应时要闻的方式，必须使有关编辑注意，所以特命总编辑发出书面指示，仝道章先生遵命签发此项工作指示文件，乃公开负起其职分上之责任。足以表明其没有个人成见。此中毫无任何阴谋，可想而知。

我们认为在这期间多刊中国新闻乃应读者热心关注此世界性动态之需求，纯属一种临时处理新闻方法，并非炫耀共产制度。

李有成

从两者的"文告"和"声明"中，双方争执的焦点之一是对《南洋商报》处理中国新闻（包括中国的乒乓外交）的手法和态度有着截然不同的诠释。官方文告认为,《南洋商报》刻意渲染中国新闻,旨在"炫耀共产制度";社长声明则强调"在这期间多刊中国新闻乃应读者热心关注此世界性动态之需求,纯属一种临时处理新闻方法"。

在这非常时刻临危受命出任代总编辑兼编辑委员会主席及主笔的新闻学博士冯列山,又是如何应对这场新马战后以来最大的报业风波呢?

从当时《南洋商报》的版面来看,该报的基本立场是:

(1) 强调官方所说的"黑色活动"与《南洋商报》无关。

(2) 要求当局早日释放该报四名高级职员。

(3) 希望通过协商与对话的途径,化解当局对该报的"误解",从而早日平息报业风波。

(4) 阐述该报的新闻观,特别是对有关报纸与政治关系的看法。

这些呼吁与基本态度,除了体现在该报社长的声明之外,也反映在该报如下一系列的社论(《南洋商报》使用的正式名称是"社评")之中。

1971年5月16日	《"黑色活动"与本报无关——本报被捕职员应即释放》
1971年5月17日	《新闻从业员的责任感》
1971年5月19日	《本月中当地报业的风波》 (文末有如下"附告":"本报四名高级职员被逮捕扣留,迄今已过了十七天,一点消息都没有。被逮捕者的家属忧心如捣,本报同人的工作情绪也深受影响。为此,我们盼望政府能立即将他们释放,以安众心,而释群疑。")
1971年5月20日	《设法平息报业风波》(文末列有如上的"附告")
1971年5月21日	《本报呼吁释放被捕的四职员》(文末列有如上的"附告")
1971年5月22日	《我国新闻事业的重大考验》(文末列有如上的"附告")
1971年5月23日	社评栏开天窗
1971年5月24日	《维护报业应有的权利》
1971年5月25日	《政府对本报缺乏深透的认识》
1971年5月26日	《从"黑色活动"说到报业危机》
1971年5月27日	《以真知灼见澄清一切》
1971年5月28日	《报纸与政治》
1971年5月29日	《我国报业前途蠡测》
1971年6月9日	《国际报业协会与新闻自由》
1971年7月14日	《政府滥用内部安全法令》
1971年7月15日	《寄望于民意的伸张》

上述的社评，当然并不完全是出自冯博士个人的智慧和主张，其中既有李有成社长的指示，也有来自编辑委员会和主笔们共同讨论的结晶。但从不少畅论新闻的本质、政治与民意、新闻工作者的基本责任乃至言论自由与民主社会诸多关系等行文来看，其中倒有不少是新闻学科班出身者最关心的话题与逻辑。加之冯先生是这"危机管理体制"的一把手，他的新闻论与新闻观肯定也会反映在这特殊时期《南洋商报》的言论上。结合此时期《南洋商报》的言论，再细读冯先生早年的新闻观及其《新闻讲话》，也许可以多少考察到他的"新闻理论与实践"的一些基本思路。顺便一提的是，社论开天窗，在新马报业史上（至少是战后时期），这还是第一次。

1972年5月1日，冯博士卸任退休，结束了为期一年，被认为是"挥之不去的阴影"的非常时期代总编辑的日子。

四 重视"新闻平衡论"的"新闻讲话"

1973年夏天，笔者应《星洲日报》总经理黄溢华先生和总编辑黄思先生（1911—1982）的邀请加盟《星洲日报》。

抵新后不久，我和内人便造访冯老先生夫妇。按照固有的行程和路线，冯先生开快车载我们到三巴旺海边散步，照旧在客家餐馆用餐。冯先生和葛老师依然是那么的健谈，只是语气显得较为低沉和谨慎。冯先生似乎有许多话要说，但未明说。临别时，老先生对我这个刚从国外回来、三十刚刚出头、满载"新闻梦"的新科评论员，似有所指地给我留下如是的忠告：

> 我们从事新闻事业的工作者，既不能和政治走得太近，也不能离开得太远。太近了我们难以下笔，太远了又失去了解新闻发展的嗅觉和管道。

换句话说，"新闻平衡论"是冯博士对新闻理论与实践的一大观察与心得；或者说，这是他最想对我说的"新闻讲话"。

记得那年到报馆报到，一走进位于罗敏申路（有舰队街 fleet street，即报纸一条街之称）三楼的《星洲日报》编辑室，黄总编辑便带我到他座位后的一张桌子，说道："以后你就在这儿办公。"

打开抽屉，空空如也，只有一本老主笔李星可先生两三年前离开《星洲日报》，跳槽到《南洋商报》之前与各方笔战的剪报集。可以想象，当年锋芒毕露、舌战群雄的李主笔的不少评论，正是发自我此刻坐着的墙角。

第二天，黄总编辑和黄溢华总经理约我到办公室细谈工作的具体内容。黄总编辑开门见山，表示报馆邀我回国，就是要我逐步取代主笔郭史翼先生的工作。他说道："《大公报》出身的郭先生是李星可转到《南洋商报》后到《星洲日报》当主笔的。但因为他申请的新加坡公民权一直未获当局批准，因此我们只能安排他撰写国际问题的社论。你刚从国外回来，也许不太熟悉此地的空气，你的主要工作就是分担郭先生的国际问题社论，并撰写每周的国际政治热点专栏'新闻眼'（3000字，后改为撰写6000字的'天下事'版）。"

他还补充道："为了减轻政治风险，你虽负起全职的主笔工作，但对外称为'社论委员'为宜，至于所有政治责任则由我来承担。"

除此之外，曾在我陪同下考察《朝日新闻》和《读卖新闻》，上任不久、干劲十足，准备有一番大作为的黄溢华总经理则为我量身定制，给我加上一个头衔，委任我为无兵之将的"研究部主任"（后易名为负责策划、研究和培训的"执行编辑"），直接归他管理。

撰写社论、负责"策划、研究"与报馆内部的记者培训，这些工作其实与冯先生晚年在报馆的工作性质颇为近似。

为此，每当我们拜访冯先生夫妇时，我总爱从他那里寻求相关的经验、智慧与灵感。实际上，我在报馆期间也曾为新记者和《星洲少年》版的通讯员举办过短期的培训课程，但不成气候。

也许，当时我最想问冯博士的一个问题是："一名优秀的新闻工作者要怎样才能做到既跟政治接近，又跟政治保持一定的距离？"但这一句话，我始终问不出口。

1983年，《南洋商报》与《星洲日报》合并为《南洋·星洲联合早报》，见了不少原本隶属《南洋商报》的编辑部人员（其中也有冯先生的前学员），从他（她）们那里听到了不少有关冯先生在商报时期的故事和逸闻。一位和我们同属社论组的同事最喜欢提起的一件事是："冯先生撰写社论当天一定系好领带，神情严肃。"此事我虽未曾确认，但冯先生在撰写社评时十分认真和慎重，是不难想象的。从他撰写的诸多评论中，我就有这样的感受。

1987年，我奉命到东京创设《联合早报》驻外首个特派员的办事处，负责日本和朝鲜半岛的报道与评论工作。1989年，我应聘为东京大学新闻研究所副教授，转入学界。在此之后我返回星洲的次数较少，时间也较短，因此也未拜访冯先生和葛老师。

记得是在90年代的某一个夏天，我有事回国，在途经冯宅之前便拨电话给冯先生表示要去探访他。冯先生非常高兴，但告诉我一个坏消息，葛老师已经因病走了。此时，有一位来自斯里兰卡的女佣在照顾他。

一进冯先生迁移至郊区的屋子，就可以感受到文人独有的书香气息。他带我从前厅到后厅观览挂在墙上诸多旧交的亲手笔迹，其中包括丰子恺的短信等。他和我聊谈了不少报纸和政治的话题，也关心我在日本学界的工作情况。他原本坚持要留我在他家共进午餐，但我因为有约，只好告辞。没想到这一告辞，就是永别。

五 "南来报人"远去 "南大报人"淡出报坛

冯先生是在1998年8月12日逝世的，享年91岁。

我是在他逝世一段时间后才获悉此噩耗的。原来在他病逝之后，报上曾出现有关他安息后遗留下来的藏书如何安置的问题。根据报道，冯博士与葛老师的丰富藏书在新加坡无法觅得适当的去处，而最终只能送出国门到邻国马来西亚新山的南方学院（现已升格为南方学院大学）落户。

几年前，我曾到南方学院访问，想翻阅冯列山夫妇的藏书，但当时据说尚未整理好，不便供外阅览。冯列山·葛青凡藏书的专柜，此刻想必已陈列于该校图书馆。

回顾与冯先生的上述交谊，无非是想让读者对一代报人在南洋办报的生涯有些微的认识。从我们东南亚的角度来看，冯列山先生，正如其他和他同年代的新马名报人，如连士升、李星可、仝道章、郭史翼、黄思、杨守默和吴之光先生等一样，都是从中国南下的"南来文化人"或"南来报人"。他们都曾直接或间接接受"五四文化运动"的洗礼，也都曾经历过从中国人（华侨）转为华人，身份自我认同转变的过程。他们都堪称新马华文报业的先驱。

至于像笔者同年代的新闻工作者，基本上都是本地土生土长的，而其中不少都曾经在风风雨雨的南洋大学（1955—1980）受过教育。

可以这么说，从"南来报人"到"南大报人"接棒，是这几十年来新马华文报坛基本成员转换的一个缩影。

现在，不仅"南来报人"已离我们远去，就是"南大报人"也将逐步淡出报坛，走进历史。值此时刻，出版报业先驱者的文集，不乏其重大的意义。

收集在本文集的，主要是冯列山先生南下之前的文章和评论。如果编者能在此基础上，扩大范围，进一步搜集冯先生到新马后的新闻活动记录及其文集，并从中探讨和研究冯先生战前与战后、南下前与南下后（对我们来说是"南来前"与"南来后"）新闻观与新闻实践的变与不变，对关心新闻学的年轻读者（不论是中国读者还是东南亚读者）来说，相信都会有其借鉴之处。

东拉西扯，天南地北，写了一篇不像序文的序。

草于 2014 年初冬的京都

| 附录二 |

我与《联合早报》的国际时评如何结下不解之缘[*]

1923年在新加坡创刊的《南洋商报》和1929年面世的《星洲日报》，对于我们这一代或者上几代的新马华人来说，影响是十分巨大的。说得确切些，两报既是我们获取中外最新信息的重要来源，也是我们多方面的启蒙老师。与此同时，正如两报各自标榜一般，两者皆为华人社会的"喉舌"与"耳目"，都同时见证了新马殖民统治时期乃至战后人民争取独立自主的浪潮与新兴国家建设的全过程。

也许是因为自幼即对报纸及新闻行业感兴趣，我很早就养成了阅读报纸的习惯。当时两报的头版都是"国际新闻"，其次是"本埠新闻版"、"南洋新闻版"和"综合新闻版"乃至五花八门的副刊等。

一 重视国际新闻的传统

正因为在传统上华文报十分重视国际新闻，战后的两报都有专人负责翻译和综述外电如路透社、美联社、法新社等的新闻稿。

与此同时，为了让读者对国际形势有进一步的认识，竞争激烈的《南洋商报》和《星洲日报》都各辟有"综合版"和"通讯版"，刊载海外名家和通讯员的稿件及译自外电、外报与外刊的时评。

记得在当时的知识青年当中，最有人气的海外通讯稿撰稿人，莫过于寄自巴黎的流萤，其次是邮自伦敦的达人，两者都是《星洲日报》"通讯版"的长期撰稿人，特色都在综述国际问题焦点，并加以点评。当然，由于来稿是以空邮寄出，有时难免略有明日黄花之感。但在当时，能让读者了解瞬息

---

[*] 本文原为新加坡《联合早报》90周年纪念特辑而作，刊于《联合早报》2013年9月6日。原题为《早报国际特派员新日韩三国不了情》。

变化国际事件的背景和来龙去脉,已经是难能可贵。至于《南洋商报》的"综合版",最常见的海外通讯稿,是出自美国梁厚甫之笔。也许是因为后者的观点较为守旧,文体也爱间夹文言文,其读者群似乎仅止于年长一代。

此外,20世纪60年代仝道章(笔名为"仝一")每周日为《星洲日报》的周刊撰写图文并茂的长篇时事专栏,也颇受读者欢迎。

可以这么说,在中文书刊十分贫乏而读者又渴望了解世界动态的年代里,不管是《南洋商报》还是《星洲日报》,都肩负起了传播国际信息、让新马华文报读者与世界接轨的重要角色。笔者在留学日本之前对国际问题(包括日本动向)的粗浅知识,回头一想,其中得益于两报良多。

二　留日期间不断投稿

笔者是在1966年前往日本早稻田大学留学的。由于念的是新闻系,为了让理论结合实践、学以致用,从抵日第二年起,便开始以各种不同笔名向《星洲日报》和《南洋商报》投稿。内容除了一小部分是日常生活的感想外,大多数是政治、外交、经济、军事与文化等方面的介绍与分析。由于笔头勤快,有个时期差不多一两周都有文章见报。《星洲日报》多发表于"通讯版",有时也见于"天下事版",《南洋商报》则刊于"综合版",编辑还特地冠以"本报驻日特约记者"之名,以示重视。不过,总体而言,笔者绝大部分的稿件都投给《星洲日报》。主要原因是,和我有同样留日背景,比我略为年长的黄彬华兄当时已回国任职于《星洲日报》,成为"通讯版"和"天下事版"的编辑。至于投递给《南洋商报》的稿件,则大多经由我所尊敬的新马唯一新闻学博士、时任该报主笔冯列山先生。

为了了解新加坡国内的最新情况及研究与比较报纸采编的动向,笔者还以空邮的方式订阅了《星洲日报》。那时稿费甚低,每千字15新加坡元。年底结算,稿费与报费恰好相抵。如加上在日本购买报刊资料以及空邮投稿等费用,为报馆写通讯稿,自然是"赤字"开支,入不敷出。

不过,不停写稿的刺激与鞭策,使笔者在七年多的留日期间,养成了广泛收集资料,随时观察各方动向的习惯。20世纪60年代后半期至70年代初期,正是日本经济迅速膨胀、各种矛盾显露,日本人为探索新出路而展开全国鸣放争论的年代;倾听各家各派的看法,熟读彼此之主张,比较他们之间的差异,对有志于从事新闻工作的青年来说,倒是一个认识日本、学习解剖日本的良好机会。从这个角度来看,笔者早期对日本的认识,可以说得益于时代匪浅。

1973年初，笔者在立教大学修毕新闻学博士课程，随即前往《朝日新闻》社研习三个月。就在此期间，笔者邂逅了一位之后促使我与华文报结下不解之缘的长者与好友——他就是刚刚走马上任、年方四十出头、意气风发，准备大干一番事业的《星洲日报》总经理黄溢华先生。

黄先生编辑部出身，有丰富的记者经验。在他受委以总经理的重任之后，他决心到海外取经，全方位考察日本两大报《朝日新闻》和《读卖新闻》编辑部、印刷部、发行部乃至经营管理等部门的实际运作情况。在彬华兄的推荐下，我有幸肩负起了义务陪同与翻译的工作。

记得当时我们每天早晨一同从吃牛汁饭开始，便马不停蹄地在两大报各部门转。从黄先生事无巨细一一记录、毫不马虎，并不停地有针对性的提问，以图寻求借鉴的精神中，我深深感受和预测到在魄力超人的黄先生领导下，《星洲日报》将有一番作为。

在整整一个星期忙碌的考察期间，我和黄先生不断地交换和总结对日本两大报方方面面的看法和经验。我们也畅谈华文报的前途和如何进行改革的梦想。

三　加盟《星洲日报》专职撰写社论

也许是因为谈得比较投机，彼此都对华文报事业投以极大的期待与热忱的缘故，黄先生在返回新加坡后不久，便托刚好到东京出差的《星洲日报》文教经理黄锦西先生（后出任《南洋商报》总经理和《联合早报》总经理）捎来口信，邀我加盟《星洲日报》。与此同时，时任总编辑黄思先生（1911—1982）也盛情欢迎我回国撰写国际问题的社论，以便减轻并逐步取代老主笔郭史翼先生（1915—1994）的工作。

撰写社论和时评，是我一向的兴趣所在。作为新闻系毕业生，我自然不愿轻易放弃这个学以致用的机会（笔者原本计划赴英伦搜集有关华文报业史的博士论文资料）。于是乎，笔者便匆匆回国，到有新加坡"舰队街"（Fleet Street，即报馆街）之称的罗敏申路《星洲日报》报到。

笔者当时的职称是研究部主任兼社论委员，前者是黄溢华先生为我量身定制的头衔，直接隶属于总经理，是无兵之将，主要任务是研究、策划和负责培训（后易称为执行编辑）；后者是隶属编辑部，专职撰写社论和国际时评。总编辑黄思先生最早分派给我的任务，除了每周撰写一篇国际问题的社论外，就是开了一个叫"新闻眼"的3000字专栏，要我每周针对国际热门话题写一篇深入分析的评论；后来则改为替周日随报分送的《星洲周刊》撰写6000字的"天下事版"全版专栏。每周要找个国际热点，填满6000字的版位，确实是一项苦差事。何况国际风云变幻无端，不能预先动笔，结果往往得在截稿前开夜车。

四 放眼世界"尽忠报报"

为了捕捉最新信息，我往往是在截稿的前一天晚上9点才开始动笔，第二天一大早赶到报馆，交给排字房工友排版。现在回头一想，工作量虽大，也的确辛苦，但却是一个很好的锻炼和积累。为了应付写作需要，笔者得广泛阅读国内外的时事报刊，尤其留意其社论与专栏的言论态度与表现手法。笔触所至，从留学时期的日本问题，扩展到全球国际事务。当时最怕听到的就是某个国家突发政变。因为，这意味着非要大大"恶补"不可。为了向读者交代事件的来龙去脉与历史渊源，翻阅百科全书和收听海外广播电台是少不了的作业。即使如此，仍常有"书到用时方恨少"的感慨。我想当年黄思先生交给我这份苦差，其实是有刻意栽培我成为专业评论员的用意的。在我的记忆里，往后的同事似乎再也没有人被赋予同样的苦差和"待遇"。从这个角度来看，我还得感谢黄总。

1979年至1983年，作为《星洲日报》社论委员兼执行编辑，笔者除每周撰写两篇（一度增至三篇）有关国际问题的社论外，每遇重大国际事件，均及时在头版的"放眼世界"专栏里提供长篇时事分析（部分文章收录于拙作《国际问题纵横谈》和《汉城风云二十年》）。为了使读者了解最新形势发展，往往是在早上办公之前写出底稿，抵达报馆后，立即翻阅刚收到的各国通讯社的电讯稿，补充后定稿发出。爱开玩笑的同事把忠于职守者称为"尽忠报报的报人"，笔者当时"尽忠报报"的精神，可说是十分彻底。当然，那时"尽忠报报"的同僚比比皆是，自己也并未有丝毫特殊之感。

五 首任海外特派员

1983年3月16日，《星洲日报》与《南洋商报》合并为《南洋·星洲联合早报》（简称《联合早报》）及《南洋·星洲联合晚报》（简称《联合晚报》）。笔者隶属《联合早报》，继续撰写社论及专栏。1987年10月《联合早报》决定在海外设立办事处，东京作为第一个试点，笔者受命为首任驻日特派员，负责日本及朝鲜半岛的报道与评论。一直到1989年4月中旬，笔者过了一段极其忙碌的东北亚特派员生活。竹下登的上台与被迫同意下台、"黑色星期一"的股票大风暴、韩国总统的直接选举、利库特丑闻的爆发与收场、日皇裕仁病危及逝世等一系列大事件，都发生于这一时期。

1989年4月中旬，笔者离开报馆转至东京大学新闻研究所任教，开始人生另一旅程。虽然如此，笔者与《联合早报》密不可分的关系并未至此了结。因为就在报馆批准我辞职的同一天，我也接到馆方"本报国际问题特约政治评论员"的书面委任状。

六　遥祝《南洋·星洲联合早报》万古长青

自那时起，笔者一如既往地为《联合早报》不断供稿。只不同的是，内容已不再是包山包海的国际问题纵横谈，而是聚焦于我较为熟悉的日本问题与东北亚局势。2006年，笔者长达180万字的三卷本日本时论文集《日本政治》《日本外交》和《日本社会》，以及不久前面世的《日本的乱象与真相——从安倍到安倍》，其中绝大多数的文章都先刊于《联合早报》或其前身《星洲日报》与《南洋商报》。

应该这么说，笔者从获取国际信息到撰写国际时评的经历与成长过程，始终未离开过《联合早报》及其前身报。值此90周年喜庆之际，笔者在回顾自己与《联合早报》结下不解之缘全历程的同时，不禁要为自己的幸运感到高兴，也得向《联合早报》说声谢谢！

谨祝《南洋·星洲联合早报》万古长青！

附录三

五四运动对新马华文文化界的冲击和影响[*]

在进入正题之前，也许有必要对三个名词予以简单的界定和说明。

- 其一是何谓"新马"？

"新马"（在过去，也写为"星马"）在传统上是指新加坡和马来半岛，1963年马来西亚成立、1965年新加坡脱离马来西亚独立之后是指新加坡和马来西亚。独立以前的"新马"，因为同属英国殖民地，社会结构近似，彼此命运相同，两地人口也常移动，因此一向有"新马一家，难分彼此"的说法。实际上，不少活跃于20世纪50、60年代新加坡政界、学术界和职工组织的人士（包括新加坡自治邦或独立后的首届内阁部长）出身于马来半岛。

- 其二是有关新马华文文化界的组成分子

我们知道，早年到东南亚谋生的华族人士多数出身于中国农村的劳苦大众，其中不少是文盲，当然也有少数的知识分子。而这些少数的知识分子即肩负起普及华文教育的重任。在战前，华人社会团体、华文学校和华文报纸三者是相互扶持的。因此要了解东南亚的华文文化界，就不能离开对这三者密不可分关系的认识。

就以1919年五四运动发生的那个年头来说，南洋（东南亚）的第一所华文中学——南洋华侨中学（简称华中）才于同年的3月21日在新加坡宣告诞生。当时的华中被称为"南洋最高学府"，是由陈嘉庚先生（1874—1961）倡办的（比厦门大学早办两年）。

换句话说，在五四运动发生当年，新加坡华文正规教育的在籍学生最高班级只有初中一年级，但通过报章等途径提高文化水平者不在少数。在这一时期，"南来文化人"无疑扮演着重要角色。

---

[*] 本文为作者于2019年5月25日在第八届新闻史论青年论坛与北京大学新闻学研究会2019年年会："守正与创新：五四运动以来中国新闻事业的回望与前瞻"国际学术研讨会（南京，2019）的主题发言稿。

- 其三是对"马华新文学"的认识与界定

所谓"马华新文学",也许大家会比较生疏,但对于东南亚的华文文化界来说,却是普及和推动华文文化发展的重要力量。依据"马华新文学史"研究的先驱方修(原名吴之光,1922—2010)先生的权威定义是:

> 马华新文学,简括说来,就是接受中国五四文化运动影响,在马来亚(包括星加坡、婆罗洲)地区出现,以马来亚地区为主题,具有新思想、新精神的华文白话文学。①

一 新加坡华文媒体怎样报道"五四运动"

了解了这三个名词的简单界定,接下来我想介绍五四运动发生后新加坡华文报章的反应及其主要论调。

在五四运动的1919年,后来成为新马两大华文报的《南洋商报》(创刊于1923年)和《星洲日报》(创立于1929年)尚未诞生。新加坡国立大学黄贤强副教授等曾专文对当时新加坡的《叻报》和《新国民日报》对五四运动的报道和反应进行追踪研究和考察②,该论文发现如下的几个事实:

其一,由于通讯设施等原因,五四运动发生之后,消息并没有马上传入新加坡,迟至1919年5月12日,《叻报》和《新国民日报》才同时开始报道巴黎和会的情况和中国国内的反响。(见该论文第362页)

其二,尽管这报道来得较为晚些,但从两报有关的电报数量和电报的标题措辞,已经能够清晰地感觉到,新加坡华文媒体对于山东问题的密切关注以及和中国国内同样的反对割让山东权益的态度。例如5月19日《叻报》的长篇"论说"就写道:

> 何也青岛不能争回,则附带青岛之山东问题之路权矿权亦不能争回,山东问题不能解决,即民国受某国挟制所定侵权辱国之条件,亦不能取消,换言之,青岛问题非山东的局部问题乃全国的问题,又中国存亡生死之一大问题也。(转引自同论文第362—363页)

---

① [新加坡]方修:《总序——马华新文学简说》,方修编:《马华新文学大系(一)理论批评一集》,新加坡:星洲世界书局有限公司1972年版,第3页。
② 详见黄贤强、施彦《五四纪念在新加坡——以华文报章的报道和华社记忆为中心》,北京大学《"五四的历史与历史的五四"学术讨论会论文集》,2009年,第360—372页。

其三，两报虽未正面提出抵制日货运动，但在实际上抵制日货的行动已经展开。自6月21日起《叻报》便"停刊某国广告"，自5月20日起，《新国民日报》在涉及"日本"两字时逐渐全部用"□"代替。自6月中下旬开始，两报的广告栏，刊登不少商家广告，表示不采买日本货。有的商家连续数天登报澄清没有与日本货品往来。（见同论文第363页）

值得注意的是，新加坡华人对有关事件的强烈反应，不仅只是报纸上的诸多言论，一部分青年还于6月19日晚在华人集居地的牛车水等地区发生反日骚乱事件。第二天，英殖民新加坡总督颁发戒严令。

二、二战前"五四精神"的传播和体现

在这之后，据不完整的资料，新加坡不少华校每年在5月4日皆以停课方式纪念五四，有关具体情况虽不清楚，但据不久前出版的《华中百年情1919—2019》的记载，在第二次世界大战后的1948年，华中（新加坡南洋华侨中学）学生自治会在五四当天举行纪念活动。此活动虽经时任校长薛永黍先生（1890—1951，有"南洋蔡元培校长"之称）的批准，但不为教育部提学司同意(尽管薛校长为此而被迫离开华中)①。由此可见，二战后"五四精神"的传承在新加坡仍然受到重视。

"五四运动"在新马的另一重要影响，是催生"马华新文学"的诞生与发展。

有关"马华新文学"的定义，正如开头部分引述的方修先生的说法，其特征是"接受中国五四文化运动影响，在马来亚地区出现，以马来亚地区为主题，具有新思想、新精神的华文白话文学。"

其具体内容有三：

一是反侵略、反封建的基本精神。

二是受新兴阶层的思想指导。

三是以人民大众为主要服务对象。

针对"反侵略、反封建"的基本精神，方修先生指出这既与新马皆为"殖民地"有关，也与当时华族的侨民多来自乡村，并带有浓厚的封建思想的因素密不可分。换句话说，新马当时基本上是一个"殖民地"与"封建

---

① 华中董事部、华中校友会出版，［新加坡］寒川主编：《百年华中情 1919—2019》，新加坡：焦点出版有限公司2019年版，第35页。

性"的社会。面对这样的一个社会结构与环境，接受五四运动新思想、新精神的文艺工作者，特别是年轻人，其题材必然是反对殖民统治、反对侵略战争，并对封建性持批判态度。与此同时，他们的作品也必然反映对民主改革和民族独立的要求与愿望。①

这样的"马华新文学"特性及其由此而产生的文化运动，当然与殖民宗主国的英国利益不一致。也正因为如此，马华新文学的发展并非一帆风顺。用方修先生的话来说，高潮是短暂的，而更多的时候是处于低迷的状态。但这低迷的状态实际上是在为高潮时期做好积累和准备。方修先生认为二战前的高潮期有二：

一是1924年至1931年的"南洋新兴文学运动"期。

二是1937年至1942年的抗日、援华、援英、援苏、卫马时期。

前者可以说是受郭沫若、蒋光慈等"普罗文学"的影响，其作品大都是反映当时南洋群岛各地劳苦大众（包括"猪仔"等）的生活、思想、愿望以及初期职工运动的情况，如矿场胶园的劳资冲突等。后者则鼓吹救亡、鼓舞士气、惩戒汉奸、抵制日货、抚恤伤兵难民、组织机工赴华服务等，可以说是马华新文学史上最热闹、最壮阔的局面。②

之所以能够掀起如此大规模的马华新文学运动，一方面固然是因为日本侵华及准备南侵的罪恶言行唤醒了东南亚各地人民的觉悟；另一方面也与英殖民地（同样面对日本的威胁）放松言论统治的政策有关。加之20世纪30年代，有不少"南来文化人"如郁达夫、胡愈之等南下加盟《星洲日报》等，发表大量的时评并培养了不少优秀的新闻工作者与文艺工作者。

值得注意的是，与中国的文学作者都有定期性的刊物如《新青年》不同，马华文学的作品有90%都发表在报纸的副刊上。从这个角度来看，新马报纸副刊的作用与影响远超于中国。这是马华文学发展的另一大特征。加之写作者频频更换，流动性大（基于各种理由），真正名存史册并持久长期执笔者为数不多。尽管如此，从文学史的洪流来看，马华新文学深受五四精神之影响，在五四精神的感召下，以反殖、反侵略、反封建为旗帜的方针从未褪色。③

---

① 有关方修先生对"马华新文学"特征与分期等的诸多诠释，本文除依据前述方著《马华新文学大系》的"总序"之外，主要是参看［新加坡］方修《马华新文学及其历史轮廓》，新加坡：万里文化企业公司1974年版和陈映真等著、方修编《新马文学史丛谈》，新加坡：春艺图书贸易公司1999年版。

② 同上。

③ 同上。

综上所述，可以看出马华新文学不管是在萌芽期或成长期，都深受中国新文化运动，特别是五四精神所影响；与此同时，值得注意的是，从1927年开始，有识之士就开始提出要发展具有"南洋色彩"、"南洋文化"的文学创作的道路，他们主张服务于当地的人民大众，倡议撰写带乡土气息的文学。换句话说，战前的"马华新文学"并不能有如某些西方学者所述一般，将之与"侨民文学"简单地画等号。借用方修先生的话来说，战前华族的"侨民身份"并不妨碍他们为当地服务的精神与意愿。实际上，这样的"南洋色彩"与"南洋意识"和后来抗日战争期间及战后华人积极参与反战、反殖民运动的精神是一脉相承的。战前华人参与抗日卫马的活动显然不能将之简单地定性为"爱国华侨支援中国"的范畴。①

以上介绍的是五四运动对二战前东南亚华侨华人社会，特别是文化界带来的冲击和影响的轮廓。

三 二战后"五四精神"的继承与发扬

在介绍二战后新马文化界的变化之前，也许有必要略为补充日本南侵对新马（东南亚其他地区亦然）居民带来的惨痛经验教训。经过"三年八个月"被喻为"史上最黑暗的日子"的日据时期，东南亚各族人民都深刻感受到只有当家作主，摆脱殖民统治，才能保护自己的生命、自由和财产，残暴的日本军国主义的花言巧语不可信，在危急时期一走了之的殖民主义者也不可靠。此时期也是新马华人从抗日卫马到反殖争取独立，国家意识转变的重要时期。为此，在日本战败之后，当欧美殖民统治者重返东南亚时，它们所面对的已非战前的"顺民"，不管是在哪个地区，殖民统治者都面对各地人民要求"默迪卡"（马来语"独立"的意思）与民族自决的呼声。

在这样的形势之下，英殖民当局的应对手法有二。一是继续采取高压的政策，二是逐步实施宪制改革措施。前者旨在拖延各地独立的进程表，后者的目的无非是在搜索与寻求以控制代替直接统治的各种方案与措施。

一边是民众要求独立的呼声热火朝天，另一边是殖民统治者为了保住其

---

① 详见前述方修《马华新文学大系》的"总序"，及〔新加坡〕方修《马华新文学及其历史轮廓》，新加坡：万里文化企业公司1974年版和陈映真等著、方修编《新马文学史丛谈》，新加坡：春艺图书贸易公司1999年版。

既得的利益正在做最后的部署工作，加之朝鲜战争、越南战争之爆发与美苏冷战之发端与激化，这就决定了20世纪40年代末至50年代、60年代乃至70年代的东南亚地区必然要进入一个所谓"激动的年代"。

换句话说，1945年日本投降后东南亚各地出现的民主和平的气氛只持续非常短暂的时刻。

以新马而言，从下面的大事表可以看出其"动荡"或"激动"的一面。

- 1948年，英殖民当局在新马实施"紧急法令"，授权警方可在没有任何理由的情况下拘留任何人士。
- 1949年，中华人民共和国成立。
- 1953年，华校学生毕业后无法到中国大陆升学，为解决华文中学师资来源，陈六使先生（1897—1972）登高一呼，号召创办南洋大学，获得东南亚各阶层人士热烈的响应（为了筹款建立南洋大学，三轮车夫义踏、理发师义理、舞女义舞等，充分地体现了这一点），南洋大学终于在1956年正式开学。这是一所中国海外首家以华文为教学媒介语的大学，也是东南亚华人共建的民间大学。
- 1954年5月13日，新加坡华文中学生因为不愿意充当殖民地战争中的炮灰，上街前往总督府请愿游行示威，反对英殖民政府的"抽兵法令"，带动了新马民主运动的蓬勃发展，有人称之为新加坡的"五四运动"。
- 1955年，亚非首脑会议在印度尼西亚的万隆召开。
- 1957年，马来亚联合邦成立。
- 1959年，新加坡自治邦成立。
- 1963年，马来西亚成立。
- 1965年，新加坡脱离马来西亚独立。

在这样一个动荡与激动的年代里，新马华族青年并未置身于度外。确切地说，在反殖、争取独立运动与国家建设的各个行列中，都有他们和其他不同民族共同奋斗的影子。如果说，1954年的"五·一三事件"是战后新马华校生继承五四精神，开展反殖民主义的青年运动的象征的话，在1955年南洋大学诞生之后，新马五四的火炬已由南大生接棒。事实上，数十年来南大生已遍布新马文化界、教育界、工商界乃至政界，并在不少领域独领风骚，为国家社会作出了相应的重大贡献。从这层意义上来看，今日各方高度评价与怀念的"南大精神"，其实是"五四精神"的东南亚版。"五四精神"并不局限于中国，而是放射于世界的五湖四海，这是我们在回首五四运动

100周年，谈到它对东南亚的冲击与影响时，不能不牢记之处。

今天，多灾多难的南洋大学已经不存在，南大最后一届（1980年）的毕业生也已经进入花甲之年，但正如"五四精神"永垂不朽一般，我们深信并期待"南大精神"会延绵流传、遍地开花。

第四部分

与青年学者分享研究的苦与乐

第一章

正本清源新闻史
纵横策论天下事[*]

访谈者：章　彦　王永亮

早在拜访卓南生先生之前，我们就听中国新闻史学会会长、中国人民大学教授方汉奇先生对他有过如下的评价：

> 近二十年来，新加坡的卓南生教授以国际问题评论家和新闻史研究专家蜚声于海内外。作为国际问题评论家，他的文章毛举鹰击，纲领昭畅，议论豪健，字挟风霜，经常以如椽之笔，剖析形势，使奸邪为之辟易，使公理和正义得到伸张。作为新闻史研究专家，他对近代中国新闻事业史的发展，特别是19世纪初叶到70年代中期的那一段新闻事业的历史，有十分独到的研究，在中外新闻史学界有很大的影响。

方汉奇老先生与卓南生教授相识相知20年，我想用他的话来评价卓先生应该是最恰当不过了。如今我们还能想起采访的那个下午，天虽然沉闷，但卓先生的言谈却让我们如沐春风，面对着这样一位蜚声国际的大学者大评论家，我们感觉不到紧张和拘束，于是，提问很快随意地展开了。

一　孜孜探求历史真相

记者： 卓先生，您好！我们知道您是一位地道的新加坡人，可是当初您却选择了研究中国新闻史，这里面有什么曲折的经历吗？

卓南生： 其实，我最初并不是要研究中国新闻史，那时候我最想研究的

---

[*] 原载于王永亮编《传播精神——高层权威解读传媒》，中国传媒大学出版社2005年版，第403—418页。

是新马报业史，就是新加坡和马来半岛的报业史，特别是在日本占领之下那一阶段的报业史。既然留学日本，就得充分利用有利的条件来研究与我们密切相关的课题，如日本人怎么利用传媒舆论来维持和加强对新马地区的军政统治。

但我没有想到到了日本就碰了个钉子。因为许多老师都把这段报史视为敏感的课题。1966年我到早稻田大学不久就遇到一位《朝日新闻》出身的兼职老师酒井寅吉。他听到我来自新加坡，便在我自我介绍后向我鞠了一个躬，说声"对不起"，当时我不明白他为什么这么做，后来才知道原来他就是《朝日新闻》大名鼎鼎的随军记者，曾经跟随军队攻打新加坡，有"马来之虎"之称号的山下奉文迫使英军司令白思华降服的那条轰动性新闻就是他写的。后来他就凭这条新闻及一系列歌颂"皇军赫赫战果"的战地报告文学一举成名，四处演讲，成为"演说记者"，是军国时代的宠儿。战后则摇身一变，成了一名民主人权的拥护者，并在课堂上大谈言论自由。可是他在战后撰写的回忆录，却对以前写的那些报道不但丝毫不悔过，而且还认为日本对东南亚的独立是有功劳的。换句话说，他仍坚持"侵略有功"那一套理论。这是我在日本碰到的第一个和东南亚有关系的新闻学老师。

接下来我到东京大学上了一年课，跟着一位曾经在马来半岛当过随军记者的老师殿木圭一教授学习。这位老师对留学生非常亲切，他会说几句中文，也会一点广东话。当他知道我要研究这么一个题目时皱了眉头，他说，要去看看有没有足够的资料可以研究。第二周，他告诉我，这方面的资料已经完全佚失，还是换个题目吧！从日本老师们的反应中，我知道要在日本研究日本占领下的报纸是行不通的。由于我的强项是中文，所以我就朝中文报纸方向发展，但我还是以新马地区报纸为出发点。我知道第一家近代中文报刊不是出现在中国国内，而是在海外，是在马来半岛马六甲创刊的《察世俗每月统记传》，后来比较出名的是《东西洋考每月统记传》，这一份报纸是在广州办的，后来转到新加坡续办。我当时想，虽然我不研究日本占领时期的报纸，但之前的报纸我还是要研究的。

记者：说到您的《中国近代报业发展史 1815—1874》这本书，我们知道它在新闻学界享有盛誉，方汉奇和宁树藩两位新闻史学界前辈都对它做出了高度评价。如今终于出了中文版，我们也有机会一睹为快了，我们想听听您自己是怎么看待这本书的，您觉得书中有哪些重大发现？

卓南生：这本书里的一些内容和结论，我曾陆续以论文的方式发表在日本和中国大陆与台湾地区的一些专业期刊上，主要是对自戈公振以来中国新闻史学界对早期近代报纸的一些以讹传讹的错处进行辩证，正本清源，还报史的真面貌。

日本近代报纸的源头之一是中文报刊。当时幕府为了获取海外信息，十分重视中国沿海的报刊。他们曾将不少中文报刊删改出版，称之为"官版翻刻汉字新闻"。最早注意到这些报纸的是日本新闻史与新闻学教育开山鼻祖小野秀雄先生。但他一开始以为日本版《香港新闻》是来自中国相同名称的一份杂志，后来戈公振先生向小野先生借到了《香港新闻》，并且在他以后的著作里一直将《香港新闻》当作杂志来写，以至于后人都沿用了戈公振的这种说法。但后来，小野秀雄发现《香港新闻》其实不是一份杂志。他手头上有一份名曰《香港船头货价纸》手抄版的报纸，其内容和《香港新闻》有诸多相似之处。因此他提出了一个新的看法，就是《香港新闻》的原名可能是《香港中外新报》，而《香港中外新报》和《香港船头货价纸》应该是同一个系统的。可惜的是这个结论来得太晚，当时戈公振先生已经去世，同时由于那时的大陆还比较闭塞，所以大陆的新闻史学界一直没有订正以前的错误说法，台湾和香港的新闻学界也没有加以订正。而且当初小野秀雄的这个说法只是通过间接资料推断得来的，没有经过第一手资料的印证，我由此萌生的念头就是去找原版的《香港中外新报》和《香港船头货价纸》，而我最大的发现之一就是我找到了它们。

我是在英国剑桥大学图书馆发掘留存于世的最早的《香港中外新报》（1872年5月4日）的。另外，我知道《香港中外新报》是英文报 The Daily Press 的附属中文报，于是我就开始留意 The Daily Press。在美国的一个 Essex Institute（现易名为 Peabody Essex Museum）图书馆，终于觅到了79份《香港船头货价纸》的原件。有位日本学者按图索骥，也去翻找，但就是找不到。原来作为香港 The Daily Press（孖剌西报）附属的中文报纸，《香港船头货价纸》在发行初期可能随英文报纸派送，而一齐被送往美国，我所发掘的《香港船头货价纸》79份原件就是阴差阳错地被装订在1859年 The Daily Press 两本合订本中的一本。因此，如果只查阅中文目录和资料，或者没有同时仔细翻阅 The Daily Press 同一年份的两册合订本，是永远无法找到《香港船头货价纸》的大量原件的。接下来我就把这79份《香港船头货价纸》的日期、编号等和日本版的《香港新闻》,《香港新闻纸》和《官版香港新闻》（按："官板"或"官版"皆依当时各报刊的原件书写，统称时笔者倾向于使用"官版"）等一一对照，发现它们的出版日期相差不远，内容十分相近，个别字句还一模一样，等等，所以可以断定《香港船头货价纸》就是日本版《香港新闻》的中文原报，因此彻底推翻了前人的说法。《香港中外新报》及其前身报被称为中国第一家中文日报，在中国近代报业史上占有极其重要的地位。早期报纸原件的发掘和研究，毫无疑问有助于我们了解中国近代报纸雏形的真实面貌。与此同时，这些原件的发掘与辨析也澄清了《香港新闻》的身份，即在中国新闻史上从未有过《香港新闻》这份杂志，它只是《香港船头货价纸》流传到日本后经过日本人的改头换面而产生的日本版。

另外一个发现是找出了《香港华字日报》确切的创刊时间并进行了考证。以前根据戈公振的说法，一直都认为《香港华字日报》创刊于1864年，而且《香港华字日报》在1934年出版的71周年纪念刊也自称创刊于1864年。但我一直怀疑这个定论，原因是该纪念刊所刊载的1873年6月4日《香港华字日报》影印本的右上角明确标注"第一百七十六号"，并以阿拉伯数字写上"No. 176"，这与被喻为1864年创刊的日期显然有巨大的差距，是无法自圆其说的。《香港华字日报》是 The China Mail（即《德臣西报》）附属的中文报，而《德臣西报》在大英图书馆和香港大学图书馆都有原件保存，于是我便从《德臣西报》着手。在翻阅相关时期的《德臣西报》的过程中，我先是留意到该报计划出版中文报的一则广告，后来又有了意外的收获，即发现从1871年3月开始的一年间，《德臣西报》每个周六都有一版中文专页，名为《中外新闻七日报》。与《香港船头货价纸》不同，《中外新闻七日报》并不是单独发行的报纸，而是《德臣西报》不可分割的一部分。后来该报于1872年演变为单独出版的《香港华字日报》。通过这层层考查核实，因此我证实了《中外新闻七日报》就是《香港华字日报》的前身，并且《香港华字日报》的创刊时间不是"公认"的1864年，而是1872年。

我现在正在整理的中文增订版出版后的一些新发现与研究成果，希望不久后能与读者见面（按：增订新版已于2015年面世）。

记者：您的这些研究经历向我们展示了您对学术的忠诚和对真相的坚持，那么您孜孜不倦地做了这么多的第一线研究，能否传授一下您做实证研究的经验呢？

卓南生：实证性的报史研究需要大量地占有资料，掌握史料的最终目的是为了以史为鉴，而在这个过程中，就牵涉到如何判断历史的真伪和解析历史，也就是报史研究中如何评价的问题。在评价和解析的过程中，很多朋友都说我们要质疑，要反思，这是十分正确的，也是值得鼓励的。但反思和质疑并不等于"想当然"，我们应该有明确的科学的史观，作为对历史透彻与深入探讨的基础。

改革开放后，中国大陆很多学者特别是年轻学者由于对现状不满或是对过去过于偏重政治的反感，因此提出要从另外的角度对过去进行反思，我认为反思并没有问题，也是应该的，但是一定要建立在客观的基础上。有些人认为现在是改革开放，思想也开放，所以觉得凡是以前和鲁迅打过笔仗的人，都要从另外的角度来看待，像林语堂，他在我们这一代了解新加坡南洋大学沧桑史的东南亚华人知识界，是一个难以恭维的人物。但近年来在中国大陆似乎有过高评价的倾向。例如，林语堂对中国报业史根本就未曾真正下过工夫，只是用英文写了一本面对英文读者，且有不少明显错误的《中国舆论发展史》，但居然有人奉之为"报业史研究专家"。

目前，有人认为以前西人来华办报是不怀好意的结论也应该改了，实际上这也是因为没有经过实证研究而随意下的结论。以《东西洋考每月统记传》及其创办人郭士立为例，他实际上身兼数职，既是报刊的主编，也是外交官，同时还跟东来的欧美商人勾结；他曾多次搭乘英国东印度公司的船只对中国各港口进行侦察，收集中国各个海港的军备、战舰与炮台布局等军事情报，还绘制了详细的航海地图，并出谋献策，建议贿赂清朝官员，从而达到扩张鸦片销路的目的。郭士立同时也是《中英南京条约》起草文的中文翻译者，这样的主编所创办的《东西洋考每月统记传》等报纸怎能予以正面的评价？而对《东西洋考每月统记传》报纸的内容分析也佐证了这一观点。郭士立在面向西方读者的英文媒体中，就清楚地表明其主旨在于如何维护在华洋人的共同利益；而面向中国人的《东西洋考每月统记传》则大肆宣传"中西一家"，应该互通有无，求同存异。如果我们忘记了上述的基本事实，仅停留在对其貌似公正的言论或旨在改善西洋形象的说教文章及对西方粗浅科技知识介绍等表面文章，孤立地进行内容分析和整理，从而误信这些报刊旨在促进中西文化交流并予以高度的评价，显然不符史实与有欠公道。这正如我们可以充分利用殖民主义者为其本身目的而铺设的铁道、大桥，并对其具体作用和影响进行详尽的分析，却不能轻易得出殖民统治也有其光明的一面，或"殖民统治也有功劳"的结论。

另外，我现在和北京大学的程曼丽教授与陈昌凤教授有个共同研究的项目，就是研究日本侵华时期日伪创办或扶持的报纸，如著名的《新民报》《华北新报》等等。如果根据其内容孤立地进行分析，那么它们可能是天下最好的报纸，它们提倡"共存共荣"，强调"日支（中）命运共同体"，就是你中有我，我中有你，用今天的话来说，有人可能会联想到"双赢"。但是汉奸报就是汉奸报，它怎么也不能在历史上翻案成为革命报或普通的商业报章，如果我们还去美化它们，还为它重新定位，那么就是在支持"侵略有功论"。由此可见，不作本质上的分析，不对史实有个清晰的认识，不对报纸的资金来源及其办报的背景与目的进行追踪，不对它的编者和它的宗旨进行深入调查，不反复核对它面向中文的读者和外文读者之异同，那就不可能发现其赤裸裸的文化侵略！

一句话，实证研究需要辛苦的工作，我们的客观分析就是建立在占有大量史料和掌握时代背景与史实的基础上，不能搞片面的、轻易信赖孤证的研究。

二 循循善诱门下学子

记者：作为一名新闻学教育工作者，您认为青年学子应该如何写论文和做选题？

卓南生：这个问题，我和好几位同事都有以下共同的看法，假如一个人写博士或硕士论文的时候写得不像样，那么他以后的发展可能就很难说，因为写博士或硕士论文这一阶段是我们人生当中最能全心全意做学问的时段，或者说是最好的锻炼时段，这个阶段没有把握好，那以后想写出更好的论文恐怕就更加不容易了。反之，如果一个人在他年轻的时候能够竭尽心力写出好的博士或硕士论文来，他的论文课题可能会奠定他未来的研究基础和方向，或取之不尽、用之不竭的研究源头。我常常这样劝诫我的学生，一定要把论文写好，如果只图过关，这样的论文肯定拿不出去，别人更不会看！当然我并不是说，一个人的博士或硕士论文要是写得不行，那他以后就肯定没戏。我的意思是希望大家在写学位论文时坚持严谨的治学态度，倾全力投入其研究工作。

另外，很多同学问我如何选题，选题确实十分重要。选错了题就和选错了辅导教师一样。在学生时代，我们同学间经常开的玩笑，就是说进错系，选错题或者找错辅导教授有如"投错胎"。这里并不是在质疑辅导老师的素质，而是指你选择的导师所从事的研究方向与自己的兴趣挂不上钩。因此，我想，选题的首要问题是要找到一个自己有强烈的研究意愿的题目，如有可能这个题目并不只是为了应付这两三年学业和论文，而是往后五年、八年或者更长的时间里关心焦点之所在。当然在这个过程中，可以不断地把课题加大挖深，但是不能跳题跳得太厉害。因为跳来跳去看似无所不通，实际上是不专一，而不专一是我们搞研究最忌讳的。我想我们要重视选题，借用学界最常用的套话来说，就是要有一个很强烈的问题意识，即为什么要研究？研究又是为了谁？这个问题必须了然于胸。只有抱着强烈的研究欲望和探索欲望，才能有研究的原动力。假如没有研究的原动力，只是为交论文而写论文，那就只能是敷衍塞责，应付了事了。据我所知，在国外很多老师在面试学生时，一个关键的问题就是看你的选题，他们首先会问的是你想搞什么题目，为什么选择这个题目及准备如何着手研究，如果你不知道自己要搞什么题目，那一切都免谈。

记者：您能否结合为学治史的经验深入谈谈问题意识？对大陆留学生有何裨益？

卓南生：从1966年我到日本留学开始，到我在东京大学新闻研究所当副教授为止，我发现该研究所研究生院的入学考题似乎都少不了一个基本论题，文字表述可能有所差异，大意都是问：你要研究的题目是什么？你为什么要研究？你将如何研究？你已经做了什么相关研究或者相关的准备工作等。

这样的出题看起来好像是老师在偷懒，图省事，但是这里面反映出来的一个理念是，日本学界对学生是否具有问题意识非常重视。但是中国留学生在这方面的意识就显得十分薄弱。多年以来，常有中国大陆学生找我商量，他们不知道自己要搞什么。他们进了我的研究室，先自我介绍，说他们在国内念了什么学校，或拿了什么学位。我就问，你要搞什么研究呢，大多数都答不上来，于是就来这么一句"老师你搞什么，我就搞什么"，我也就跟他们说实话："如果是在面试，这样的回答可能就没戏了。"因为很少有老师希望他的学生和他搞一模一样的研究，因为这样的回答清楚地表明了这名学生自己丝毫没有问题意识，没有明确的研究目的。

"问题意识"确实值得我们大家重视。正因为这个原因，我最初并不积极招收没有问题意识的研究生，因为根据老规矩这是不能收的。不过，最近日本的大学在这方面已经有所松动，招收博士时也许还卡得比较严，招收硕士时就不那么严格了，因为硕士学历在日本已经很普遍了。如果我们仍然严格执行日本学界的老标准，那么也许中国留学生不易考进研究院，因为大多数中国留学生都没有带着题目来研究。这个问题我曾和中国学界朋友探讨过。根源也许和中国国内的学术状态不无关系。因为中国在过去搞的是计划经济，搞学问也离不开计划研究，所以不少学生很迟才选题和开题，而且很多学生是等着老师来帮助选题，甚至是等待老师来分配题目。对于这样的学生我们确实感到头疼,如果说我们要招收他们的话,那也必须退而求其次,先帮他们选题,选择一个方向让他们去"大翻书""乱翻书",可能这样的做法还是比较合乎实际情况的。

在选题时,留学生可能还会碰到另一个问题,那就是牵涉到观点、立场和意识形态等问题。在国外留学的同学在这方面有时还会多一点苦恼。假如不幸地投到了一个样样以其本国利益至上,旨在贯彻与推受其"文化政策",或者以反华反共为其天职的老师的门下,那可就真的是投错胎了,这里面有很多基本观点和价值观的相互矛盾,有民族利益的尖锐冲突,还有意识形态问题的差异等,这是我们念文科的学生经常会遇到的问题。在我们的学生时代,不少同学(包括到欧美,特别是到前殖民宗主国英国留学的同学)之优先考虑导师,而不是其所属的大学,原因之一也在于此。

记者: 我注意到您经常说到的几个词,那就是"大翻书"和"乱翻书",您能具体地解释一下它们的意义吗?

卓南生: 这个问题和选题与写论文是联系在一起的。年轻人要写论文,首先得多看书。有些同学常抱怨不知道选什么题,其实提出这个问题的同学往往是看书不够,或者是看书不精。我和许多年轻朋友都说过,要来一个"大翻书"、"乱翻书"的阶段,你没有必要每本书都从头到尾看完,但是至少得争取每本相关的书籍都浏览一番,前言后记、作者生平、内容要点等等,都要知道。学中国新闻史的就要知道我们新闻史上有过哪些主要著作和论文,现在中国国内大师级老师的书,像方汉奇、宁树藩老师的文集,大家都应该在选题之前认真阅读,特别是方汉奇老师有关报史定位的提出;宁树藩老师的文章是在不断的思考之下出炉的,很有启发性。

其实我们搞新闻史研究,投入大量精力和时间但却没有收获也是常有的事情,比如你要研究某一个问题,需要找一份原始资料或相关资料,在图书馆里待了几个月但却找不到一点线索,这种事是会常发生的。当初我在大英图书馆就花了两年时间翻阅报纸。在研究传教士的报纸时,首先得查阅基督教组织伦敦布道会的某些档案和资料。这里可能有些东西与我研究的课题是没有直接关系的,但这就是一个"乱翻书"的阶段,这是必经的过程,不一定是浪费!多翻书,多读书,可能某些书的内容在现阶段用不上,但说不定哪天就能派上用场。

现在,有一些人还是认为新闻学没有太多深奥的理论,从戈公振时代到今天一直还有人持"新闻无学论"。之所以会有这种观念,只能说这些人对新闻学知之甚少,新闻理论看起来没有学问,但是如果深入接触与研究,就会发现，其中大有学问。我想不管是不是学新闻出身的，都应该好好梳理国际的和国内的新闻学理论及其发展史。只有了解了新闻学界最基础的东西如新闻理论、新闻史和新闻伦理等等，才能知道在哪一方面自己能有所发挥，哪一方面是有人做过但还做得不够完整的，哪一方面的问题有人做了但是却还有偏差的，因此还大有可为的，或者是哪些史料已经被利用了，哪些史料还没有被充分利用等等。要掌握这些状况，需要付出大量的心血、时间和精力。我本身是研究新闻史的，也知道这种读书的道路是非常曲折的，不仅曲折而且是十分孤独的。

记者： 您研究新闻史这么多年，在这个领域内存在哪些误区和弊端呢？

卓南生： 年轻人不肯集中精力认真对某个专题、某个案例作艰苦和深入的钻研，而喜欢一下子就写通史，或者投机取巧找个省事而容易哗众取宠的题目与亮点研究，可以说是中国国内最常见的恶习与误区。我不赞成，更不提倡年轻人写概论、写通史和忙着编教科书。写这些东西，对于不少年轻人来说，说穿了，有时除了抄袭，没有别的办法。因为宏观的通史与概论的书似乎最好写，其实是最难写，这类的书籍可以让资深教授牵头，或编写，或总结。年轻人应该先看书，看大量的书，多充实自己，可以多从事断代史和个案的研究，深入地发掘资料，对有可疑的定论提出质疑，反复思考，通过实证性的研究做出客观、可靠、可信的结论，并从中吸取前人的经验与教训。在遇到问题解决不了的情况下应脚踏实地地请教专家，请教各个领域的专家，史学界的、经济学界的、政治学界的，各个相关学界的专家、老师和朋友，只有这样才是严谨的治学态度。

论及时弊问题，我想这个问题可能不是单单关系到新闻史学研究，它还关系到我们这个时代新闻传播研究的方向问题。现在在中国、日本和欧美都掀起新媒体研究热，但是如果我们深入分析，就不难发现每个时代都曾出现新媒体，都曾出现类似的现象和论争。比如，广播媒体问世的时候，人们都一窝蜂地把注意力集中于当时的新媒体——广播；后来，"声画合一"的媒体——电视出现了，它具有广播无法比拟的优越性，于是又掀起一股研究电视新媒体的热潮，人们都在纷纷谈论印刷媒体是否会被电视媒体所取代；20世纪八九十年代，网络时代到来了，网络媒体作为多媒体融合的平台，互动性强，信息存储量大，具有许多新的特征，现在人们又一窝蜂地转向了最新媒体——网络媒体的研究。我们只要把近年来各高校的论文进行统计，其结果不难想象。我认为，当新媒体出现时，理所应当有一部分人及时地研究新媒体的形态、特征和影响，"与时俱进"是时代的要求。但不能因此而忽视或抛弃了对旧媒体及新闻学的基础研究。

我曾经多次提到一位已故日本资深报人、著名新闻学者新井直之(1929—1999)教授，他说任何时代都有新媒体，他并不否定从"传播"与"信息"的全过程探讨问题的重要性，但不管是研究"传播"或"信息"，都同样得面临一个为谁研究、为何研究的问题。他表示，在思考这两个基本问题时，不能避开新闻学的原点。他认为，有关新闻事业的研究是十分重要的，特别是在传播、信息走红的时代，更突显其重要性。他指出，离开了为谁研究与为何研究的视点的传播论和信息论，充其量只能成为时代的奴隶。他不同意新闻事业（Journalism）时代已告结束的说法。换句话说，扩大研究领域，或对新领域进行探索无可非议，但必须牢记自己研究的范畴和原点。因为，我们的研究胃口不是越大越好，也不能一味地扩大，最后来个蛇吞象。有人用现代管理的经验比拟，指出经营范围并不是越大越好，而应该是有所选择，有所集中。"有所为有所不为"，也是最有所为的选择。具体到新闻学研究上来说，有些科目就是你始终不能放弃的。东京大学新闻研究所首任所长小野秀雄曾经说过："任何科目在新闻或传播学系的学科设置中都可以增加或削减，但有三个科目却是不可或缺的，那就是新闻传播史、新闻传播理论和新闻传播伦理教育。这三个科目是新闻传播学系健康发展的根，是其生命力的源泉。"

记者：对于搞活新闻史学界的学风，您有什么意见？

卓南生：搞活新闻史学界的学风首先是明确研究目的、方向，然后是要认真考究，反复思考，并秉持认真严谨、一丝不苟的研究态度。

换句话说，就是要带着问题去学习。这也就是我前面提到的要有问题意识。有了明确的问题意识，再进行深入的探讨和研究。只要认真研究，你对自己得来不易的研究成果肯定会有一定的满足感。如果连自己都对自己的"成果"不满意，遑论引起其他学者的共鸣。因此，我想要搞活新闻史（其他学科亦然），首先得告别浮躁的学风。写论文要尽可能查找第一手的资料，不能投机取巧，存侥幸心理，以为将几篇前人撰写的论文改头换面就能炮制出一篇新论文，这种不老实的态度在学术界要坚决抵制和清扫。学风要改变不容易，新闻史学讲的并不是东抄西录或陈词滥调，不是标新立异就能搞出名堂，就能搞新搞活的。

同时，新闻史学界的学风也有赖于青年人的努力，你们的学习热情和学习态度直接决定了学风，治学的严谨和审慎是在什么时候都不能放弃的。

三　侃侃而谈中外对比

记者： 您长在新加坡，学在日本，多年来致力于研究中国新闻史，您能谈谈新、日、中三国的新闻报业方面的异同吗？对中国而言，新、日的新闻学教育有什么值得借鉴呢？

卓南生： 日本新闻事业十分发达，有"新闻大国"之称。但严格而言，日本没有一份像《纽约时报》《世界报》《泰晤士报》那样能称得上是"高素质报纸"（Quality newspaper）的报章。像《读卖新闻》拥有1000万份，《朝日新闻》拥有800万多份的发行量，它们为了争取读者必须照顾到方方面面，不能不迎合各方面读者的口味。此外，日本大众传媒的特点之一是统一口径，它们的报道还经常是有策划性的、排山倒海式的、倾盆大雨式的，且具有煽情的倾向，这样的报道容易在短时间内促使读者形成共识，形成"舆论"。对于这种报道方式，一般日本小市民甚至是不少知识分子已习以为常。在大众传媒的渲染下，不少日本人对政府有一种盲从心理，这一点连日本前首相宫泽喜一也不得不承认。他表示这既是日本人的优点也是缺点。在大众传媒的舆论诱导下，宫泽喜一认为日本人都成了从"金太郎"模式里制造出来的"金太郎糖"一般，没有个性。特别是在20世纪90年代，日本政坛进入"总保守化"时代以后，日本的大众传媒在国际问题的报道与评论上，更与当局的外交战略紧密挂钩。在许多重大且敏感的问题上，大众传媒可以说是紧紧跟着当局的"国益"路线。20世纪50年代至80年代持批判精神的言论已经少见。

新加坡是一个弹丸小国，是一个多元民族的移民国家。我们当然也有我们的敏感问题，如语文、宗教和种族问题等。在冷战时期，意识形态问题和中国问题也是十分敏感的。新加坡的新闻学教育并不很发达。我的学生时代新加坡没有新闻系，因此我最早在南洋大学念的是政治系，后来转到日本，才改读新闻学。现在新加坡南洋理工大学有个传播学院，基本上是美国式的传播学教育。

至于日本的新闻学教育则是个大话题，现在令人关注的是日本新闻学教育的走向，可以说是进入了一个比较微妙的阶段。在过去的十年里，日本新闻传播教育不断地发展和扩大，开拓了不少新领域。有人形容，从印刷媒体到大众传播，从传播时代到信息时代，就像从专卖店发展到连锁店然后又成了超级市场，在不断扩大，什么都卖。从1989年到1992年间，我在东京大学新闻研究所任副教授。这三年也是该研究所在考虑脱胎换骨，进行学科大调整的三年。在每周的教授会议上，如何改组与怎样为研究所重新定位或摸索新方向，一直是会议的中心内容。在传统上，东京大学新闻研究所以报纸研究为中心，其中最高成就之一就是新闻史研究。但在信息科技日新月异的冲击下，东京大学新闻研究所于1992年易名为"东京大学社会情报研究所"，也就是社会信息研究所。这个社会情报研究所已于2004年3月并入东大校内横跨文理学科的"情报环学府"。情报也就是信息。普天之下无所不是信息。有人担忧，研究领域的不断扩大，可能会造成学科定位不明确的问题。

记者：很显然，您对它的发展感到当担忧，当时日本学界有何反应？您觉得这种现象对中国的新闻学教育有什么警示作用？

卓南生：还是新井教授那句话说得好，不论搞新闻学研究，搞传播学研究或信息学研究，都要明白是在为谁研究、为何研究这两个问题。他表示，新闻事业（指对时事性的问题和事实进行报道和评论的社会传播活动），在于负起"环境的监视"（前哨兵）的首要任务，并不会由于时代的改变而削弱。他认为新闻事业和新闻学仍应受到重视。我知道中国国内现在也在搞学科大调整，不少教学人员为了申请学科基地，为申请硕、博士点而疲于奔命。如果处理不当，这可能会剥夺或削减了不少有才气的学术人员从事其研究活动的时间与精力，或者影响他们思考学科建设的内涵和素质。这里比日本更为严重的是，在学科调整和转型的过程中，显得更缺乏秩序。如果不及时进行合理的整合，也许有一天会出现新闻传播学科泡沫的破灭！当然我们希望目前的一切只是一个过渡期的现象。

记者：您站在一个旁观者的位置上，怎样来认识和评价中国的对外传播和国际报道？

卓南生：我认为中国对外传播最大的弱点就是还不能放开地去报道和评论，从外面来看中国的报道总觉得有点僵硬。其实在很多问题上，中国是有理的，但由于文章是八股式的，让人看了提不起劲，所以有些说法显得缺乏说服力，有理也变得无理了。还有一点就是在很多问题上，有报喜不报忧的倾向。我对很多中国朋友都很坦率地说到过这个问题，比如日本媒体对中国有时有些不一定是正面的报道，或者甚至是抨击性的言论，可是经过中国的媒体后，那些最尖锐最带刺的部分就给磨平了和去掉了，以致中国读者看了那些报道后得不到全面的信息。我知道日本某家大报曾经写过一篇有关中国改革开放二十年的社论，这篇社论的前部分是对中国改革开放的一片赞美，说中国取得了怎样的成就，但是文章的压轴部分在后面，主要谈了两点，一点是说中国的领导人老是在纠缠历史问题，在给日本难堪；另一点是说邓小平在1978年访问日本时曾说了一句幽默的话，对中国的贫穷自我解嘲，并希望日本照顾"贫穷的邻人"。显然，这篇社论真正要传达的信息是说如果中国再纠缠历史问题，日本企业就不去中国投资！这很明显流露出了某些日本人的优越感。因为所谓投资，并不是一种富者对贫者的施舍，投资是一种互惠互利的交易，实际上，日本的资金需要寻找出路，日本企业需要低廉的劳动力、资源和广阔的市场。

碰巧的是看到这篇社论的那天我正好从日本飞往北京的途中，第二天在北京时，我在一家中国的报章上看到了同篇社论的报道，但是它把社论原来在后面的那一部分删掉了，只留下了前面称赞中国改革开放的那部分，这是让我难以理解的。中国有句话叫作"画龙点睛"，可现在我看这种做法却像是"画龙去睛"似的，因为它去掉了最重要的部分。我们说知己知彼，百战百胜。在传达对方的信息时，把重头戏给省略了，那如何再去分析与研究。不客气地说一句坦率的话，对这条新闻要么就干脆不报道，但千万不要把对方的核心内容删掉，因为这是最吃力不讨好的事情。日本报人看了这种报道肯定不高兴，因为这个报道不客观、不公平，没有传达他们要传达的信息。而中国的读者看到这样的报道呢，也不见得有什么好处，他们得到的是错误的或者说是不完整的信息，这样的危害可能更大！

最近以来，在中日问题上，中国的一部分媒体和有识之士也许是从大局着想，倾向于采取息事宁人、自我约制的态度，而未把问题说个清楚。与此相反，日本的主流媒体几乎是一边倒，倾向于渲染"问题出在中国"的论调。

在中国，比较热的也许是网络新闻和网民评论。日本对待中国网上言论的态度是非常"灵活"的。当中国网民在BBS上抛出对本国的问题发表批判性或偏激的观点时，日本媒体就给予高度评价，喻之为体现了中国正在民主化的进程；而当中国网民对日本的一些做法有所抨击（其中当然也有过于情绪化或对事实不甚了了的言论）时，日本主流媒体却将之划归为中国的激进"民族主义"并归咎于中国的"反日爱国主义教育"。弦外之音是中国的网络新闻和言论应该受到规范和约束，中国应停止"反日爱国主义教育"。从这里可知，日本某些媒体看待问题的"两面性"，充分体现了其狭隘的民族主义。1974年日本首相田中角荣访问印度尼西亚时曾遭遇了"反日"游行大示威，当时日本媒体也归罪于印尼的"民族主义"；韩国民众抗议日本篡改历史教科书时,日本方面也有人指责他们的"民族主义"。针对日本这些说法,当时的韩国和包括新加坡在内的东南亚国家,没有人理会它。因为,在亚洲各国看来,如果教科书是忠于史实,传达历史真相,而不是刻意渲染,这与所谓"反日教育"根本是风马牛不相及的事。

记者:我们在中国人民网日本版的"专家论坛"里经常能见到您的文章,因此向您请教一下中日关系方面的问题是再合适不过了,我们想问的是在您眼里的中日关系是个什么样子的呢?

卓南生:如果从新闻史的角度来看的话,中日关系源远流长。远的不说,在日本近代的幕府末期,一批在中国东南沿海地区与香港发行的汉文报刊流传到日本,当时幕府政府为了获取新知识和海外信息,就把部分报纸改头换面,编成所谓的"官版翻刻汉字新闻"。但是风水轮流转,后来中国在报纸上的发展迟缓,而日本方面则有了长足的进展。战前的中国留学生利用当时的政治环境在日本办报,有的就是为了促成国内革命,如孙中山领导的辛亥革命。在这样的过程中,日本的一些办报理念和现代社会科学思潮等都被带入中国。那时候,中日两国之间的交流是积极而活跃的。但是这一切在日本军国主义泛滥和侵华之后都出现了大转弯,中日两国关系跌入了低谷。

从那时到现在,中日关系有起有落,今日有人说中日关系是"政冷经热",就是政治和经济的交流不相匹配。在我看来,主要原因并不在于两国国力之消长。其实,日本在中国无法赢得良好形象,并不是一个孤行的现象,而是亚洲的普遍的现象。根源之一是战后的日本并未改变其传统的亚洲邻国观,还未完全放弃其战前"一等国",要高人一等的思维方式。用日本有良知的知识分子常用的话来说,就是尚未彻底处理其战争责任与战后责任。

应该这么说,战后的日本确曾出现过对战前反思的思潮,包括知识界对"脱亚论"及"兴亚论"的批判,但不彻底。20世纪80年代初期,鹰派首相中曾根康弘提出了"战后政治总决算"的路线,实际上是在引导日本向战前的思维认同。教科书与参拜靖国神社问题与上述路线可以说是互为里表、相互呼应的。这其实也就为日本与亚洲(包括中国)埋下计时炸弹。当然,中日之间还有其他的棘手问题,包括"台湾问题"和领土纷争。在20世纪90年代以后,随着日本政坛的"总保守化",及日本把中国视为潜在的对手,采取联美制衡中国的政策,特别是在1996年4月美日对安保条约"重新定义"之后,中日关系更被置于难以扭转的恶劣境地。

如果说1972年中日恢复邦交时,日本对华态度友好是主流,那么到了

20世纪90年代，情况已有一些微妙的变化。日本国内最大的变化是，社会党作为一支制衡日本右翼的主体力量基本上已经不存在了，易名后的社会民主党已沦为"迷你"政党。在20世纪70年代，就连"保守本流"派的首相福田赳夫也不得不自我宣称和保证日本不成为"军事大国"，借以消除各国对日本军国主义复活的不安。如今日本则提出了一个新论调，就是"军事大国不同于军国主义"，意图推翻1977年福田首相在马尼拉宣布的"福田主义三大原则"中最受各方重视的信条。可以想象，在美国对日本的"监视"有所松动的背景下，日本宪法修改已近在眼前，日本对军事又有重振的大动作。有些年轻人不了解真相，他们对日本鹰派政治家小泽一郎提出的"普通国家论"不甚了了，只从字面上理解，觉得日本这样做并没有错误，总不能老是因为它过去犯的错误而阻止它发展成"正常"（日文原文为"普通"，即"非特殊"）的、拥有军力的国家吧。实际上，这样的想法主要是不了解历史背景，包括战后日本人民反战思潮居主流的那一段历史和对中日关系变化无知的反映。

记者： 我们的确不太了解这个"潜在的对手"，但"冰冻三尺非一日之寒"，您能解释一下这种现象出现的深层原因吗？

卓南生： 我想，误信日本宣传的亚洲人毕竟还是少数，这其中可能有信息不够的原因。此外，我和不少搞日本研究的中国朋友还有这样一个看法，就是认为中国目前存在着一个急待解决的问题，那就是尽管学习日语的中国人不少，到日本留学的中国学生还排名在日本的留学生的第一位，但中国研究日本的队伍并不是在相应逐步地扩大。对日本的研究是必需的，要费时费力去做，没有十年八年的功夫是很难算得上研究了日本的。但是不少中国的留学生去了日本之后，由于生活的压力或者为了研究方便而改行。比如说有些日语系出身，对日本有所关注和研究的学生去了日本，原本可乘势深入研究日本问题，可是他们却转行搞起了中国研究。搞中国研究也不是不可以，毕竟中日两国有深厚的渊源关系，有些研究是可以在日本挖掘到有用线索的。在日本研究中国，把正确的信息和研究成果传递给日本学界，促进交流，阻止日本走回老路，同样是做出了贡献。但关键的问题是中国（其他亚洲国家亦然）需要长期保持一支研究日本的精锐梯队，需要培养一大批头脑清醒真正了解日本、研究日本，且有独立思考能力的可塑之材之接班人。今天的局面是日本研究中国（及亚洲的其他国家）的队伍越来越强，因为他们的财力雄厚，可以网罗各国（包括中国）的人才。相反，中国或亚洲其他国家对日本及其文化宣传攻势的研究，比起日本对包括中国在内的亚洲各国的研究，在人力、财力和注意力上已经落下了一大截。这是一个很不平衡的现象。

记者：您四十余年来笔耕不辍，写评论，出著作，直到现在仍是新加坡《联合早报》的特约评论员，那么最后我想替那些有志于投身新闻行业的青年人提出一个他们最迫切想问的问题，就是您认为要写出为人称道的评论文章，需要具备什么样的素质？

卓南生：从事大众传媒这个行业的青年必须要有非常敏锐的嗅觉，要有新闻眼、新闻鼻，要有知识的积累，熟知史、地、文、哲等，要牢记时间和空间。作为一名新闻评论员，当人们谈到1972年，说到中日问题时，你就要快速反应到那是中日恢复邦交的年头；如果说到日俄问题，那么你应该能马上想到1904年的日俄战争，想到战后以来两国的西伯利亚石油的开发计划和"北方四岛"的领土纷争等问题。总之，要对相关的背景和历史有起码的知识。

此外，就是文字功底要好，包括熟练地掌握一两门外语，如英语、法语或日语等。当然，更重要的是要有自我分辨是非的价值观，要有一套自己处世和行文的哲学与基本原则，这样才能体现出报人的文风与气质，才能扮演新闻工作者负责"环境的监视"（前哨兵）的任务，对时事性的问题和事实，进行负责任的报道与评论的社会传播活动。

至于对新闻这个行业要十分热爱和坚持不懈的锻炼，更不在话下。我1966年到日本留学，从1967年起就开始为新加坡的两家报纸写通讯和评论，勤于笔耕从未中断。正是在这样的基础上我才获得报馆老总的认可，邀我回国接替当时快要退休的老主笔的工作。回到新加坡后，老总给我很大的压力，让我每周交出一篇6000字热点评述的"天下事"板块文章，还有一两篇千余字的社论，加起来每周分析时评的工作量近万字。那时我最怕的就是有哪个地方发生政变，因为这意味着我必须恶补。为此我每天清晨得常听海内外电台的最新消息，翻阅大百科全书，去泡图书馆，从而充实我的评论。那时才真正体会"书到用时方恨少"。就这样，我经常在截稿前夕写到凌晨三四点，然后在第二天一大早匆匆赶到报社交给排字房排稿和付印，确实很辛苦，但也确实是难得的锻炼。我迄今对已故老总黄思先生仍十分感激。因为，他提供了一个给我学习的良好机会，满足了我们同年代的青年对报业充满热爱、忠于新闻事业（我们常戏称自己为"尽忠报报"）的愿望。

2004年8月采访于北京广播学院

第二章

研究的起点是找准自我定位[*]

访谈者：陈 娜

许多年前，卓南生曾特别强调自己是一位"来自一度被改名为昭南岛的新加坡青年"，这句意味深长的身份表白在他其后几十年旅日生涯的映衬下显得耐人寻味。出生于被日军占领时期的新加坡，求学于战后"国论二分"时期的日本，成名于传达"亚洲心声"的国际时评，那个当年带着满腹疑问负笈东瀛的狮城青年，在执着求索、学以致用的人生旅途中绘就了一幅博学、明辨、善察、慎思的个人画像。值得一提的是，从20世纪70年代开始辗转走上的中国近代报刊史研究之路，又让卓南生与同根同源的中国结下了更深的渊源。然而，他时至今日在字里行间对"华侨"、"华人"、"华裔"的审慎区别，又不由得让人体察到这位古稀老人的内心深处对政治身份和文化归属的敏感与自尊。

从新加坡到日本再到中国，从政论家到记者再到学者，从观察政界到蜚声报界再到投身学界，卓南生用"吾道不孤"来纪念他羊肠九曲、栉风沐雨的追问之路。而陪伴与慰藉他的，除了高山流水的同道知音，更重要的，是他对真相、真知、真理的求证精神与敬畏情怀。从就读命运多舛的南洋大学到力排众议、选择不被看好的赴日求学，在谈及早年人生转折的最初心路时，卓南生神思凝重："我们那是个不平凡的时代，你必须在这个错综复杂的社会中，对你的身份认同有自己的定位。"

一 "我们那个时代经历了身份认同的挣扎"

"我出生在新加坡，我的父母是20世纪30年代从中国广东省的潮汕到

---

[*] 本文为作者接受天津师范大学新闻与传播学院讲师陈娜的访谈稿，原刊于《新闻爱好者》2014年3月号（总第435期），第56—60页。

南洋谋生的，先到泰国，后在新加坡定居。1942年2月15日，日军攻陷新加坡并且改名为'昭南岛'，我就是在这两个月之后出生的。虽然在三年零八个月的日军占据时期，我完全没有什么记忆，但是小时候，家长吓唬不听话的小孩时都会说'日本兵来了'、'宪兵队来了'。长大一点后，我从左邻右舍或长辈们的聊谈中，从小学同班同学们丧失亲人的遭遇中可以肯定，日军的南侵行为和'大检证'①的屠杀事实是铁证如山的。日军占据时期是新加坡的一场灾难。所以，日本到底是一个什么样的国家？日本人到底是什么样的人？日本兵为什么会来到新加坡？我从小就多少想要了解了。"

"在我成长的五六十年代，新加坡和马来半岛一直是作为一个单元（即马来亚）来讨论的。那时候，东南亚的民族主义可以说是风起云涌，我们不管走到哪里都可以看到群众大会。特别是1955年召开了万隆会议，那年我十二三岁，正在读小学六年级，但是在学校的课堂里，同学们已开始关心时事。1957年，马来亚联合邦获得独立；1959年，新加坡获得自治；1963年，马来西亚成立；1965年，新加坡被赶出马来西亚被迫独立。我从小学到大学经历了这样一个不平凡的时代，所以在那个大背景下，我们这些青年人都很关心政治，因为你不管政治，政治会管你。同时，大家都比较有抱负，都会有一种'梦'，都有'理想'——该怎样为新生的国家做一些事情。"

卓南生说道，"我在新加坡接受的是比较完整的华文教育，小学换过几所学校，1956年到1958年读初中，1959年到1961年读高中。我们学生时代的老师基本上都直接或间接地受过五四运动的洗礼，所以像鲁迅、巴金、老舍的作品，我们在很年轻的时候都看过。中国的近现代历史和中国文化，虽然教科书中介绍的不多，但基本的脉络还是有所了解的。我从小就比较倾向文科，对政治、经济、社会都比较关心，对记者这个行业也非常感兴趣。万隆会议那一年，我的一位老师每天都会给我们讲故事，讲印度尼西亚的苏加诺总统、印度的尼赫鲁总理、缅甸的吴努总理、中国的周恩来总理，我的第一本剪报集（尽管都是照片）就是关于万隆会议的，现在还保存着"。

"我们这一代人，是经历过身份认同的挣扎、矛盾和心理斗争的。我出生的时候是日本'昭南岛'市民；1945年日本走了，新加坡又变回了英国殖民地；1959年新加坡获得自治而非独立，因为英国不太放心；1963年新

---

① 1942年2月15日新加坡沦陷，从2月18日起一连三天，日本占领军为报复新加坡华侨对中国抗战的支援以及华侨对日军的抵抗行动，在新加坡全岛展开针对华人的所谓"肃清行动"。由于当时凡被审问而获释者皆被盖上"检证"二字，故被称为"大检证"。当时被逮捕后死里逃生者少有所闻，估计死者不下五万人。

加坡作为马来西亚的成员后,我们又有了马来西亚的国籍;等到 1965 年新加坡被迫脱离马来西亚独立,我们又成为了新加坡公民。正是因为这段历史,我们对华侨、华人、华裔分得很清楚,并且能够说得很清楚。万隆会议对我们的冲击很大,所以初中的时候就有许多同学争论,你究竟是中国人、是华侨,还是马来亚的华人?争论的结果是更多的人认为自己既生于斯,就应该留下来为新生的国家去奋斗和努力。当时非主流的思潮就是回到自己的祖国——中国,所以我有一些小学和初中同学(为数不多)悄悄地跑到了中国。"

卓南生停顿片刻道,"我为什么要提到这些呢?——因为在那个年代,经过了第二次世界大战的洗礼和战后的反殖运动,我们摆脱了殖民地的命运,每个人都有了自己的思考,思考自己应该为新的时代、为新生国家做些什么。像'为谁读书?''为何读书?'这些问题,虽然那时候没有很明确地提出来,但是大家心里都在想,都在寻找自己的定位"。

"1962 年,我进入南洋大学念政治学,其实我从高二开始就一直想念新闻学,但那时候新加坡的两所大学都没有新闻学方向的院系,并且当时新闻学的书籍也非常贫乏,市面上最多只能找到两三本。我觉得对文科比较执着的人要么学史地,要么学政经,而后者好像和新闻学关系更紧密,是最挂钩的一门学科。当时南洋大学的政治经济学系还没有分家,我是一年之后才转到政治系的。"

在南洋大学学习了两年多之后,卓南生就走上了留学的道路。但他并没有选择当时学位受官方承认的英联邦国家,而是执意去到了日本。卓南生回忆道,"其实我高三时就想过要留学。60 年代初,在'科伦坡计划'[①] 的推动下,战后的日本首次派专家到新加坡来免费讲授日语,我高中刚一毕业就被学校推荐去学了几周的日语课程;到了南洋大学后也一直在学日语。后来我申请到日本留学,与这段经历也有一些关系"。

二 "我是带着问题留学日本的"

卓南生解释说,"我之所以选择去日本,主要有几个方面的原因:一方

[①] 科伦坡计划(Colombo Plan)是世界上第一批援助计划之一,它在 20 世纪 50 年代由英联邦国家发起,旨在通过以资金和技术援助、教育及培训计划等形式的国际合作,来加强南亚和东南亚地区的社会经济发展,它是英国在南亚、东南亚推行冷战政策的产物。

面是在'科伦坡计划'下学过一些日语，我比较感兴趣；另一方面是中学时代看过鲁迅、郭沫若、郁达夫这些有留日背景的作家写的东西，我对日本这个国家很好奇；还有一个原因就是我们当时的青年人对英语世界多少有种抵触感：为什么一定要到殖民地宗主国留学？为什么只有去英国或者英联邦国家才能获得认可？我想走一条别人没走过或少走过的路，去看看一个不同的国家。此外，更重要的是，我当时坚持认为，在亚洲来看亚洲问题，会与去欧美看亚洲问题的视角有所不同。所以，我决定试一试"。

然而，卓南生的留日之路并非一帆风顺，正如他所说的，"对于20世纪五六十年代最早的几批亚洲留学生来说，要走上'留日'这条道路，并不是那么容易。首先，是战争的阴影犹存；其次，是各方对日本学术的评价及留日后的出路，与其说是正面和乐观的，不如说是负面和悲观的"。

尽管有父兄师长的劝阻，但卓南生还是踏上了东渡日本的求学之路。"我们那时候的年轻人都比较追求梦想，没有太多从现实去考虑。但是亲朋好友们的劝阻也给我留下了一个探讨问题的起点，那就是：我去日本究竟要看什么？我想，我要看的，就是它的变与不变。"

在深思熟虑之后，卓南生萌发了他最早的"问题意识"：战后的日本是不是真的有别于战前？日本是怎样看待亚洲的？促使日本国策变与不变的因素究竟是什么？"这些问题对我的冲击很大，我就是带着这些问题留学日本的。并且一到日本，我就培养起了善于观察的习惯。"

1966年，卓南生成为了日本早稻田大学政治经济学院新闻系二年级的插班生。"因为留学日本一直都是少数派，所以早稻田大学的新加坡学生非常少，特别是文科。我刚到日本时，第一年几乎都在学日语，除了必修课的外文课（英文）和体育课之外，没有拿到什么学分。实际上，我是在接下来的两年时间里修了三年的课程，并且在1969年拿到了本科学位。"

卓南生饶有兴致地谈到，"一个很有趣的现象是，我一进早稻田大学被接纳为新闻系学生的时候，老师就告诉我，这个系要关门了，你是最后一个学生。等到我本科毕业时，这个学科就真的关闭了。这种现象跟日本的特殊情况有关：日本新闻教育与新闻实务界的关系是比较特殊的，日本的传媒机构并不指望新闻教育界为其培养人才，而是希望每个进入传媒机构的新人都是一张白纸，这样就可以比较容易地调教成听话的'雇员'。所以，日本的新闻学并不是一般想象的那么蓬勃发展，在战前日本的主要大学也一直没有新闻系。比如东京帝国大学（现为东京大学）就认为新闻学只是一门实用的学科，并没有深厚的学理，不能够登大雅之堂。因此东京帝国大学只是在

1929年成立了一个新闻研究室，直到1949年才升格为新闻研究所。创建人就是日本新闻学研究和新闻教育的奠基人小野秀雄，他也是我老师的老师"，说到这里，卓南生亦不无自豪。

本科毕业后，卓南生准备继续攻读硕士学位，由于早稻田大学新闻系已经关闭，所以只好转校。他也曾考虑师从记者出身的殿木圭一教授。

"殿木老师是东京大学新闻研究所的资深教授（曾任研究所所长），他会说一点中文和马来文，对留学生也非常好。他在战争期间曾被日本同盟通信社（共同社前身）派往马来半岛，所以我曾向他表示想要研究有关日本占领新加坡与马来半岛时期的新闻史，他说那得去打听是否有足够的资料。但是一个星期后，殿木老师告诉我这方面的资料已经不存在，建议我换个题目。"

结合殿木老师的反应和一名曾目击新加坡沦陷的前《朝日新闻》从军记者，也是早稻田大学新闻系兼职讲师酒井寅吉战后写的文章，卓南生认为："要想从与战前的'亚洲'及'战争'关系颇深的日本新闻学者口中获得相关信息，是不可能的"。①

几经辗转后，卓南生只好放弃他最初的研究计划，转而将视角投向了日本学界因为并不关心所以也不会敏感的中国近代报刊史。当然，他最初的关心点，仍然是放在与新马关系密切的近代华文报起源史。1970年，他最终进入立教大学攻读硕士学位，并且师从以研究"瓦版（新闻）"而闻名的日本江户传播史权威——平井隆太郎教授。也正是在平井老师的引荐下，卓南生有幸两次拜访日本新闻学泰斗小野秀雄，并对他日后的研究之路产生了深远影响。

三 "踽踽独行，摸索中国新闻史研究"

"小野秀雄是日本新闻史学的开山鼻祖，相当于中国的戈公振。平井隆太郎是小野秀雄战后的嫡系大弟子，在平井老师的推荐下，我得以拜访了当时已年逾八十高龄的他。那时小野先生虽已离开了由他一手培植的东京大学新闻研究所和上智大学新闻系，但却退而不休，正在撰写其学术生涯史：《新闻研究五十年》。"卓南生对初次见面时的情景仍记忆犹新，"第一次去，

---

① 详情参看［新加坡］卓南生《日本的亚洲报道与亚洲外交》，世界知识出版社2008年版，第5—8页。

小野先生就从衣柜里取出了用布巾包裹着的他在大英博物馆查阅《察世俗每月统记传》时做的手抄读报笔记。他还拿出了一册私藏的《遐迩贯珍》原件给我看,并且建议我最好从资料较易找到的汉文报刊着手研究"。

正是因为这次见面,卓南生"萌发了步中国报史专家戈公振先生及日本新闻史学者小野先生后尘,前往英国伦敦查寻早期报刊原件及相关资料,以便整理近代中文报史的念头",并最终在"跑遍了日本各大学的图书馆,东京神保町附近的旧书店,东京的东洋文库,东京大学新闻研究所图书馆、明治新闻杂志文库和东洋文化研究所图书馆,并且横跨东西两洋,访遍大英博物馆东方图书研究室,伦敦大学亚非学院图书馆,剑桥大学图书馆,美国麻省皮博迪·埃塞克斯博物馆(Peabody Essex Museum)以及香港大学图书馆等等公私图书馆和文献资料收藏中心"之后,通过翻阅大量的近代早期中文报刊原件,对《察世俗每月统记传》《特选撮要每月纪传》《遐迩贯珍》等宗教月刊和《香港船头货价纸》《香港中外新报》《中外新闻七日报》《香港华字日报》《循环日报》等中文报刊进行了考订精详的论证,并先后于1972年和1986年完成了硕士论文《关于19世纪华字新闻纸产生之缘由与特征的考察——以〈察世俗每月统记传〉和〈遐迩贯珍〉为中心(1815—1856)》和博士论文《近代型中文报纸的形成过程与确立——从1815年〈察世俗每月统记传〉创刊至1874年〈循环日报〉的诞生》。

卓南生说,"小野秀雄很追求新闻的发生史,戈公振也很重视这一点,但由于戈公振英年早逝,小野秀雄在这方面的成果和影响要比戈公振大些。在一些交叉性的史料中,我发现戈公振还留下不少可让后人探讨的空间。我的研究重点就是解析中国近代报纸从何而来,它与传统的'邸报'等之间的联系性与非联系性,其实就是在小野秀雄和戈公振的研究基础上去填补或者纠正了原有史料的一些混乱"。

在谈及论文撰写的过程时,卓南生毫不讳言当时的孤寂与隐忧,"我在写硕士、博士论文的时候,可以说是完全在孤立的环境下自娱自乐,因为在日本没有任何的中国新闻史专家或者同学可以交流,虽然起步研究的时候我会尽可能地向日本新闻史学界的老师学习其严谨的治学态度与方法论,他们也会对我给予鼓励,但基本上就是自己一个人在摸索"。而即便是在论文完成之后,卓南生依旧心存忐忑,"我的研究在80年代末期以前都是孤军奋战,也没有人给我一个正式的反馈。东京大学新闻研究所的内川芳美教授曾对我说,'真正的考验要在中国'"。

幸运的是,内川芳美教授(时任日本新闻学会会长)在20世纪70年代末第一次访问中国之后,就与中国新闻史学界常有交流并将卓南生的研究介绍给了中国。有一天,他很高兴地向卓南生传递了一个信息:中国新闻史学界特别是方汉奇先生等对卓南生的研究给予高度评价。原来在80年代,卓南生有关中国新闻史几篇论文的日文稿经由复旦大学的张国良教授翻译成中文,先后刊于《新闻传播》(中国黑龙江省新闻研究所)、《新闻大学》(复旦大学新闻系)、《新闻研究资料》(中国社会科学院新闻研究所)等学术刊物上,开始逐渐得到了中国新闻史学界的关注,复旦大学的新闻史学家宁树藩教授更是热情地为他撰写了推荐文。

在获得中日学界广泛认可的同时,卓南生于1986年9月获得立教大学首个社会学(主修新闻学)博士学位,他也是当时日本新闻学界少有的博士。

"那时候日本对学术看得很崇高,据说早年东京帝国大学要颁给小野秀雄博士学位,但是被他婉拒了,因为他怕玷污了新闻学的招牌。就连小野秀雄都不肯要博士学位,所以他的学生们,其中包括我的老师——平井隆太郎、内川芳美、香内三郎、荒濑豐,也就没有一个人提交博士论文。"卓南生说:"当时日本的学术风气非常严谨,因为这些原因,平井老师在70年代中期几次催我提交论文,我都推辞了;东大新闻研究所的香内三郎老师要我把硕士论文中的《遐迩贯珍》那篇发表出来,并且学术刊物都为我联系好了,但我还是以必须到大英博物馆补读完整原件为由婉拒了。"

所以,卓南生在1986年拿到新闻学博士学位算是一件比较轰动的事情。"因为我是社会学研究院第一个提交博士论文的学生,审查答辩的时候立教大学也没有什么程序经验,请来了东京大学的内川芳美和立教大学的三位教授,大家就是喝茶、聊天,讨论要怎么跟出版社谈出书条件,因为专门出版人文学术的书籍百利坚出版社的社长救仁乡建早在两年前就曾从东京亲自打电话到新加坡表示有意出版",卓南生举重若轻地笑道。

实际上,从1972年开始读博,到1986年2月完成博士论文,再到同年9月获得博士学位,卓南生的留日求学生涯不可谓不艰辛。子曰:"君子以文会友,以友辅仁",卓南生也终以他令人敬服的才、学、识、德赢得了学界的认可和尊重。

四 "与日本相比,中国是另外一种学术气氛"

回忆他与中国新闻史学界的结缘,卓南生说:"1992年,我来北京参加中国新闻史学会的成立大会,会上宣读了已在日本发表的有关《循环日报》

的考究论文,并结识了不少中国新闻史的专家和学者。能和这么多的同行进行交流,对于长期寓居东瀛,在中国报刊史领域踽踽独行的我来说,感受是十分强烈和新鲜的。"

实际上,卓南生真正投身学界是在1989年,而此前,他一直在为报社撰写社论和时评。"我从1967年就开始写通讯稿,算是比较勤奋的自由撰稿人。1973年正式加入报馆后,我担负起了新加坡《星洲日报》的社评工作,并且历任《星洲日报》社论委员兼执行编辑、《南洋·星洲联合早报》(简称《联合早报》)社论委员兼东京特派员。"

卓南生继续回忆,"大概是在1987年夏天,我那时已经接获香港浸会学院(现香港浸会大学)传理学系高级讲师的内定聘书,可是报馆又准备派我去做东京特派员,考虑到一方面特派员制度是我曾向馆方极力建议设立的;另一方面,我总觉得,只是写评论,没有丰富的采访经验就去当新闻学的老师,心里有点不满足和不踏实。所以1987年我选择作为《联合早报》首名海外特派记者,重返东京。"

卓南生说,一年半后他能进入东京大学新闻研究所任教,成为该研究所的首位外籍教师,还得感谢当时已从东大退休到私立大学任教的内川芳美教授。"有人告诉我,是内川教授极力推荐我到东大任教的,因为80年代以前日本的国立大学在法律上是明文规定不允许聘请外籍人士,所以我算是一个突破。"当时不仅《朝日新闻》刊登出了卓南生的就职新闻与照片,《读卖新闻》还在头版以显著的版位图文并茂地刊载了有关专访,卓南生一时成为了东京大学"国际化"的象征。

可说到这里,卓南生却难掩遗憾,"从1989年到1992年,我在东京大学新闻研究所担任副教授的三年间,所里一直都在讨论寻找出路的问题。在东京大学弱肉强食的学科博弈中,作为校内的一个小单位——新闻研究所必须求新求变才能生存和发展"。卓南生说,"其实,当时新闻研究所虽然只有二十个人,但它却是全日本受到高度评价的研究所之一,因为这里名师荟萃,几乎每一位老师都是新闻学相关领域的最高权威。可是1992年,新闻研究所改组为社会情报研究所,研究的范围和视野扩大了,并且将注意力转向了新媒体与跨学科。2002年,日本教育部认为社会情报研究所十年来成果欠佳,于是就宣布解散了,当年还举行了闭所仪式。尽管有人认为社会情报研究所的命运归结于时代的潮流,但也有人认为,最重要的原因还在于社会情报研究所失去了新闻研究所时期对学科本身的明确定位,失去了研究的主体性。在这一点上,东京大学的经验也许可以作为中国的前车之鉴"。

"我第一次从新加坡来中国是在1987年夏天，那时新加坡和中国还未正式建立邦交。1989年转到东大新闻研究所任教之后，我还受托专程去过上海与复旦大学洽谈办学合作的项目。"卓南生回忆说，"第一、二次来大陆时，中国刚刚改革开放，觉得很新鲜，毕竟与我们是同一种文化"。1992年，卓南生再次来到北京，参加中国新闻史学会成立大会，当他看到中国有成百人都在搞新闻史的时候非常兴奋，"我在日本生活了那么久，面对的都是日本学者和学生，我写的中国新闻史基本上也都是给日本人看的，没有对话的环境，更谈不上相互切磋和交流。看到中国新闻学界的盛况，这使得我很想过来"。1994年，卓南生转至日本京都龍谷大学任教，1998年，他以龍谷大学国际文化学部教授的身份参加了北京大学百年校庆的一次研讨会，"这次行程让我觉得来北大也会很有意思。所以2000年，我利用学术年假，作为北京大学国际关系学院客座教授在这里教了一年书。当时学校安排我住在未名湖畔的'健斋'专家楼，在那里留下了美好的回忆"，卓南生欣慰地说道。

"那时候北大生很想了解世界，我也很想了解北大和中国，所以我们师生之间的关系非常好。当时北大正在筹建新闻学院，在这个过程中我也有所参与，包括在《亚洲周刊》《联合早报》上广加介绍，也通过老同学、老同事李奕志兄联系香港的《南华早报》，促成多项合作计划，等等。"谈及与北京大学新闻学院的渊源，卓南生兴致盎然，"2005年，我将自己客座教授的关系转入已经成立了的新闻与传播学院，2010年我提前从龍谷大学退休，将大部分的时间都放在了北大"。

就此，卓南生成为了北京大学新闻学研究会[①]和北京大学世界华文传媒研究中心的核心人物之一。在时任学院副院长，也是研究会副会长兼秘书长，现执行会长程曼丽教授的领导和卓教授的共同主持和推动下，"北大新闻史论师资特训班"和"北大新闻学茶座"两项系列学术活动成为了中国新闻传播学界交口称赞的亮点。

"毕竟我们都是五四运动的受益者，心中还有一份北大情结，我和程曼丽老师有一个共同的梦想，就是将新闻学研究会作为一项事业来发展。我感觉这里和日本相比，又是另外一种学术气氛"，卓南生无比珍惜。

[①] 北京大学新闻学研究会成立于1918年10月14日，由时任校长蔡元培亲自发起并担任会长，由徐宝璜和邵飘萍任研究会导师，研究会于1920年12月停止活动。2008年4月15日，北京大学新闻学研究会正式恢复成立。

五 "我希望能在教育界做点事"

正如当年带着问题留学日本一样，旅居中国的卓南生同样对这个正在发生巨变的国度充满了他的观察与思考。

"起初来到中国的时候，我看到的是比较传统的研究模式，基本停留于教科书。用今天的眼光来看，就显得比较单一，比较粗浅。但是我也感受到了这里的知识分子求知欲很强，有很大的动力。再往后呢，我慢慢发现了中国学界的一个特征，就是随着学科视野的扩展，对西方的理论学说有些饥不择食、生吞活剥，甚至造成了历史观的模糊与混乱。同时，中国学术研究的体制与思维也存在一些偏差的问题，比如在过去一切都跟着计划走，而现在呢，一切都跟着市场走，或者围着课题转，学术研究失去了应有的主体性。说得严重些，在某种程度上，学术水平不但没有因为改革开放的到来而提升，相反，中国的知识分子面临着一个更加彷徨与混乱的时代。"

对于这些问题，卓南生深感忧虑，"1966年我刚到日本不久，时逢日本的知识分子在为明治维新百年（1968年）的庆典展开大辩论。如何评价日本的近代史，怎样看待日本的近代化进程与走上侵略道路之间的关联，是当时争论的焦点。可惜的是，当时正值中国的'文化大革命'，有关明治维新的论争没有传到中国，日本学界对近代化的反思没有引起中国知识分子精神深处的共鸣。像中国现在的公害问题、雾霾问题、官商勾结问题等，认真分析，其中不乏日本近代化过程中的翻版。日本当年就是走进了一个死胡同，过于相信近代化，相信武力，导致物质上虽然进步了，精神上却失去了仁义。"

除此之外，卓南生指出，"在新媒体的推波助澜下，近年来一部分研究者似乎有从旁支末节中断章取义的倾向，形成了'历史解构'热。这种学风显然有碍学术研究的正常发展和提高，是不应该提倡的。"

即便如此，卓南生也表达了他对中国知识分子的理解与敬意。"中国'文化大革命'的过程，我基本上是在日本看到的。从'海瑞罢官'到打倒'四人帮'，'文革'的每个动静我都很关心，'两报一刊'的所有东西，我也非常关注。中国的学者失去了一个十年，但真正的影响可能还不止十年。那时候，我们这些华裔人士在不同的国度，可以自由地吸收知识，写我们想写的文章，看我们想看的书籍，思考我们想思考的问题，是相对比较幸福的。所以我总觉得和中国的知识分子相比的话，我很佩服他们。至少他们在那样的情况下还能坚持做学问。假如我们在某一些方面比他们的认识稍微深刻一些，看到的问题多一些，或者比他们多读了一点书，我真的不认为有什么优越的。相反的是，我认为我们之间可以有一些互补，特别是这些年跟年轻学者在一起交流，我也从中收获不少，挺有意思。"

聊到这里，卓南生不无期盼，"我对自己有过这么一个总结：作为时事评论家，或者作为研究者，在日文世界里和海外华文圈，基本上我能做的事情，我都尽力而为。但是作为教学者，我觉得自己还很欠缺。我46岁才转入教育界，不像方汉奇老师培养出了众多弟子，这一点我觉得方老师是令我望尘莫及的。所以到了这个年纪，还是希望能在教育界做点事。作为教育者，我自认还有一些剩余价值"，卓南生笑道。

在程曼丽、卓南生和能干的青年秘书团的共同努力下，北京大学新闻学研究会自复会以来招收了五届共一百名新闻史论师资特训班的学员，每一年的暑假，这位谦谦儒雅的老先生都会奔忙于特训班的前前后后，将他几十年来的治学心得毫无保留地传达给来自五湖四海的年轻学者。"师资特训班的学员，不一定是来自名校，或者有很多成果的精英，而是要他们带着问题，愿意求学才过来的。我们这一百位学员来自中国和海外的六十多所院校，我的想法是，提供条件、不求回报，假以时日，如果这些学员能在各自的园地里开花结果，我们作为教育者也就心满意足了。"

在谈到育人理念和选才标准时，卓南生强调，"我的第一要求是学生必须脚踏实地地做事，先去大翻书乱翻书，再从中寻找灵感。研究新闻史的学生要去看原件，还得能找原件。第二是必须认真，安心向学同样重要。还有就是我一直教育学生，历史一定要做得很细，只有在别人无懈可击的时候，才有办法站住脚。这绝不是为考据而考据，毕竟只有足够的严谨细致才能保证历史的信度"，卓南生语重心长。

"主体"与"定位"，是卓南生在谈吐间虽不经意却频繁触及的词语，这与他极力倡导的"问题意识"似乎存在着某种深刻的关联。国家命运的跌宕起伏，个体身份的曲折归属，多元文化的交织撞击，历史定论的莫衷一是……这些在七十余年的过往人生中所经历的一切，造就了卓南生对于"我是谁"、"我为谁"这些关乎存在与价值的问题，保持着慎始慎终的思考。透过他的累累硕果，卓南生的"主体意识"与"自我定位"如影随形般地渗透在他的政论时评、学术研究、教书育人之中。无论是当年在新加坡拒绝盲从欧美风潮的他，还是后来在日本摆脱"国际化装饰品"身份的他，或是如今在中国希图超越自我、实现育人宏愿的他，这位已然功成业满的老者，仿佛从未放松过对自我的认识与诘问。

正因如此，从出发到回首，人们眼中的卓南生，始终一面在彼岸，一面在起点。

参考文献：

(1)［新加坡］卓南生：《日本的乱象与真相——从安倍到安倍》，世界知识出版社2013年6月版。

(2)［新加坡］卓南生：《卓南生日本时论文集》（全三卷），世界知识出版社2006年3月版。

(3)［新加坡］卓南生：《日本的亚洲报道与亚洲外交》，世界知识出版社2008年9月版。

(4) 吴学文、［新加坡］卓南生：《中日关系出了什么问题?》，北京大学出版社2005年9月版。

(5)［新加坡］卓南生：《中国近代报业发展史1815—1874》（增订版），中国社会科学出版社2002年9月版。

第三章

中国近代新闻史研究的
虚像与实像*

今天跟大家交流的题目是"中国近代新闻史研究的虚像与实像"。实际上，这个题目早在我们各届师资特训班中和学员们交流过，也体现在2015年出版的拙著《中国近代报业发展史1815—1874》（增订新版）的自序中。经过这20多年来与两岸三地的交流，特别是在过去五届师资特训班学员的互动当中，我深深感受到有必要把这个问题讲得更明确些。拙著（《中国近代报业发展史1815—1874》）增订新版主要增加了两篇文章，其中一篇是两万多字的自序，即"我对中国近代新闻史研究的一些思考"（详细考究，请参阅此文）。今天尝试用比较简单明了的语言表达我的基本看法，至于互动，留待明天的茶座。

先解释一下我跟中国近代新闻史学界交流的一个背景。我是新加坡人，我是在20世纪80年后半期才开始到中国大陆跟新闻史学界打交道的。可以这么说，在我起步摸索中国新闻史研究的最初二十年，基本上只和日本新闻史学界交往。在那个年代，不管是老师也好学生也好，日本新闻学界基本上是没有人搞中国新闻史的，我曾经用"踽踽孤行"和"自娱自乐"来自我解嘲我当时的心情。此后二十多年，也就是我跟中国新闻史学界交往之后，我慢慢了解到中国新闻史学界对中国近代新闻史研究的状况，并不是像我那样可以置身度外、自娱自乐式的回答一些学术问题，彼此既有共识也有困惑与争议。在跟特训班学员的交流中，我更深深体会到有必要把某些基本的问题说清楚。我发现，今天中国国内的有些争议，从我的角度来看，并不是根据实际的情况提出的，用中国国内流行的用词来讲，有些争议是来自所谓的伪命题。

---

* 本文为作者2015年10月在北京大学新闻学研究会与厦门大学新闻传播学院共同主办的"北京大学新闻学研究会年会暨第五届新闻史论青年论坛"上的主题发言。记录与整理：湖南大学新闻传播与影视艺术学院副教授阳美燕。本章省略注释。

一 焦点：近代报纸跟"古代报纸"有没有关联性？

争议的焦点是什么呢？首先，是关于近代报纸跟"古代报纸"到底有没有关联性。一种说法是，近代报纸是舶来品，因此跟"古代报纸"没有任何关系；另一种说法是，两者有其共性。那该怎么看待这个问题呢？接下来我会跟大家细谈。

我研究中国新闻史是从 1970 年硕士研究生时开始的，现在回头来看，也许我那时候的选题，有更加明确的问题意识。当时我研究的重点是"关于 19 世纪华字新闻纸产生之缘由与特征的考察"，案例是以《察世俗每月统记传》和《遐迩贯珍》为中心。实际上，当时的问题意识很明确，就是：19 世纪中国近代新闻纸到底是怎样产生的？它的特征又是什么？到了博士论文阶段，我研究的时间段从 1815 年延长到 1874 年，我将之定位为中国近代新闻纸从萌芽、成长到确立的全过程。当时日本出版社认为谈"形成过程与确立"之类的书不好卖，所以最后将书名改成《中国近代新闻成立史 1815—1874》（日文版，1990），而后来到台湾出版时，书名就改为《中国近代报业发展史 1815—1874》（中文繁体版，1998），到大陆出版时，也是《中国近代报业发展史 1815—1874》（中文简体增订版，2002）。这次出版的是增订新版。其实，最能准确回答问题的，就是我博士论文的题目：《近代型中文报纸的形成过程与确立——从 1815 年〈察世俗每月统记传〉创刊至 1874 年〈循环日报〉的诞生》，即中国近代报纸到底是怎么产生的，其形成过程与确立又是怎样的，全书通过具体的文献考究来呈现。

二 从概念到概念的误区："近代报纸"才是报纸？

接着，就得回答这么一个问题：早期宗教月刊与后来成型的"新报"，两者之间存在着怎样的连续性与不可分割性？现在学界有一种说法是，中国的古代报纸不是报纸，洋人近代引介进来的报纸才叫报纸，这两者之间是毫无相干的，你把"古代报纸"与近代报纸相提并论，是非常滑稽可笑的。这样一种套用西方关于报纸概念的说法，似乎言之有理。但我个人认为实际上是站不住脚的。为什么呢？

有些中国学者喜欢咬文嚼字，热衷于概念游戏。例如，有人从今日的概念出发，强调杂志是杂志，报纸是报纸，报纸跟杂志是两个概念，杂志是书册型的，报纸是印报机印的，不可混为一谈。也有人不顾历史背景，不假思索地说，《察世俗每月统记传》是在马六甲办的，它不能称为中国的报纸，所以要推翻戈公振和方汉奇的说法。这样的看法应该怎么对待呢？其实当这些论争出现时，我就很自信地认为这些问题在我的书里都有了明确的答案。后来在历届特训班的培训中，我认为这一类的观点需要回应，于是把我书中绪论的第一个注解拿出来详加解读，因为这个问题在我起步学习近代报业史的20世纪70年代就已经解决了。

三 近代化中文报纸的萌芽期特征："报纸"与"杂志"尚未严格区分

首先，关于报纸周期的问题，我的书绪论的第一个注解的开头语是这么写的："19世纪萌芽期近代化中文报纸的特征之一是'报纸'与'杂志'尚未严格区分，有人称之为'报纸杂志混合型'"。"报纸杂志混合型"，这是中国早期近代报纸的一个特色，其实日本报纸也是这样，即先有一个混合时期，后来出版周期由长而短，前后具有不可分割的关系。说得浅白些，我们不能说，蝌蚪不是青蛙。在形成青蛙之前有一个蝌蚪的阶段。有的人咬文嚼字说，这（蝌蚪和青蛙）是两码事。但如果经过实证研究的话，就会发现，《察世俗每月统记传》跟后来的报纸有着不可分割的关系，有关这一点，我在书中的各个章节都有明确的论证。我坚持一个看法：论从史出，而不是先有论，然后再去找证据，牵强附会地去论证。

另外一个问题是，《察世俗每月统记传》是在马六甲办的，为什么要在马六甲办？当时西方传教士是出于什么考虑？……认真考察时代的背景和史实，不难发现当时传教士是因为不能在中国办报与居留，在不得已的情况下跑到东南亚去办报的。他们当时在寻找具体办报地点时，有两个考虑：一是不要离开中国太远，二是该地点要有很多华侨。至于发行的地区与对象，更明确定位为是中国与中国人。这就说明了，《察世俗每月统记传》既是东南亚近代中文报纸的起源，同时也是中国近代中文报纸的鼻祖。如果忽视了这一时代背景，而只是咬文嚼字来论述，说它是在马六甲办的，就不是中国报纸，我觉得，这不是从史实出发、实事求是看问题的观点和研究态度。

那么，近代型报纸（即"新报"）跟传统的邸报之间有没有差异呢？肯定是有的，戈公振将近代型报纸之前的报纸定位为"官报"，后来有一种看法认为官报的说法并不完全准确，因为宋代已有民间报纸。为此，我们不能因为邸报是封建王朝时代的报纸，就说它不是报纸，跟近代报纸完全没有关系，这一观点需要论证。我的基本看法是：洋人早期来华办报时，口口声声强调他们所办的是"新报"，实际上就意味着他们脑海中是有"老报"或"旧报"概念的。当年传教士报人是怎样理解"新报"与"邸报"的差异的？有关这一点，在我书中的第五章早已介绍①。1853 年，《遐迩贯珍》编者麦都思在其序言中就对此有所说明。可见有关洋人眼中"新报"与"老报"概念的差异，并不是什么新发现，新闻史学界早已知晓。

四 宗教月刊的首要宗旨："必载道"而非"传新知"

另外，有些研究者似乎持有某些一厢情愿的想法，以为"文以载道"是中国知识分子的传统，是士大夫阶层的特性，西方人办报秉持的是"客观"与"平衡"的专业精神。怎么跑到中国来就变成了"文以载道"呢，而且文人爱发议论，就是不客观，不专业！这样的想法和定位其实并不符合当时实际的情况。我在 20 世纪 70 年代细阅《察世俗每月统记传》的原件时，就发现了这样的基本事实：这份洋人所办第一份中文宗教月刊的发刊词，即 1815 年 8 月 5 日该刊的第一页，就已经讲得清清楚楚，"察世俗必载道理各等也……最大是神理。其次人道。又次国俗"。至于所谓"新知"，知识与科学，编者米怜很明确地将之定位为"宗教的仕女"。换句话说，所谓"传播新知"并非摆在首位，而只是视之为手段，因为如果只是传教的文字，刊物肯定没人看，所以我们不能仅从表面现象，就不假思索地认为西方传教士东来的首要目的是传播西方文明，即"新知"。这只要看看早期传教士实际上是怎么来到中国的，答案就非常清楚。他们当年是跟着西方的炮舰、跟着寻求广大市场与低价原料的商人、跟着鸦片、跟着"猪仔"买卖一起来的，传教士身兼外交官、鸦片买卖掮客，在中国实行欺诈、贿赂等手段。从这些不可否认的事实来看，严肃的新闻史研究者就不会轻易夸称西方传教士是来进行文化传播或者视之为跨文化传播的。

五 洋人在华"新报"特征："国益"优先与"双重标准"

正如前面所说，《察世俗每月统记传》从创刊第一天开始，就开宗明

---

① 详见拙著简体字增订版第 77 页，增订新版第 77 页。

义，强调该刊每期"必载道"，即我们所说的"文以载道"。由此可见，西方人有西方的文人办报，东方人有东方的文人办报，旨在传播其认可的道理，在这一点上中西方是相同的，问题的区别在于：为何办报、为谁办报？传教士为的是宗教与欧美政府及其企业的利益，封建时代中国文人为的是维持统治者帝王的体制。《东西洋考每月统记传》是中国境内的第一份中文宗教月刊，现在有了影印本，对研究者来说当然是一件好事。如果是在原件影印本的基础上，再借助它的历史背景，和它的中英文发刊词，及其报人在同一年代的活动，你就会知道，编者郭士立和小马礼逊来华是不怀好意，这是一个不争的事实。实际上，编者在面向英文读者的刊物中就说得很清楚，这份报刊要出版，是为了维护在华欧美人士的共同利益，旨在改变中国人对西洋人的偏见。用今人常用的话说，是要改变西方在中国人心目中的形象。编印《东西洋考每月统记传》的这两个报人的另一种身份是什么呢？郭士立曾三度乘着鸦片船去侦探中国各港口的军事设施，也曾通过贿赂的手段买通清朝官员，是鸦片贩卖的协助者，同时还是《南京条约》的中文起草者。至于小马礼逊，是英国在华最高官员商务代表，英国全权特使兼驻华商务监督义律及其继任者璞鼎查的随员与翻译，在《南京条约》谈判的过程中，对英国利益的维护，比其他英国官员有过之而无不及。当你知道了这些基本事实，再来看其报刊中的所言所语，到底哪个是虚是实，就很清楚了。

同样的，美国传教士在中国所办的中文报也有类似特点。1854年，美国传教士玛高温医生创刊于宁波的《中外新报》是第一份以"新报"命名的中文报，该报有几个特色：一是美国人在中国办的第一份中文报纸；二是以传教为主线；三是编辑方针将美国利益摆在至高无上的地位，还有就是报道、评论态度持"双重标准"。谈到中国问题时，该刊对人权问题、道德问题、教育腐败、缠脚陋习等等，描绘得很深刻；但一谈到美国的利益时，它就坦然表示，那是两回事，美国的利益是不可退让的。这一点跟今日美国的CNN、英国的BBC、*The Times*的中国报道态度其实是有想通之处的。这次中国国家主席习近平访英，如果有留意《泰晤士报》的态度就会一目了然。西方主流媒体亚洲报道的这种"双重标准"，到了今天仍然一点都没有变。换句话说，美国人在中国办的第一份中文报纸或者说英国教会在中国境内办的第一份报纸，带来的并不是某些人士一厢情愿想象的那么"客观"与"平衡"。

六　如何评价"新报"带来的冲击？

　　那么，对"新报"这类报纸，我们该怎么看待呢？我基本上没有否定它带来的办报模式及其正面影响，因为邸报或者《京报》等官报有它的局限性，但对于这些"新报"带来的冲击，实际上当时中国的报人已经看到了（其优缺点），而要怎样利用这些优点和克服这些缺点，在我书的结论里、特别是在有关《循环日报》的小结中已经说得很清楚。当时的报人包括王韬等，将西方传教士旨在改变中国的西洋形象的传播媒介——近代报纸，转变成为中国人维护自己权益的论坛。他们知道报纸的功能，因此也知道，只有中国人自己办报，才能为中国人的利益呼喊，因为他们都明白，中国早期报馆是洋人出资经营的，中国人只是在洋人的报馆打工，报纸由谁出资，老板是谁，就得为谁说话，中国编辑没办法在那里发出自己的声音。因此，西方报纸带来的冲击、给中国先驱报人带来的启示，就是自己出资，自己操权，办一份为中国人说话的报纸，"以子之矛攻子之盾"，反向形成了中国近代报业发展的原动力。在我的书里，有关《香港中外新报》《香港华字日报》《循环日报》三者的对比，很清楚地回答了这个问题。当时香港报人由于最早接触外界，既看清来华西人的不怀好意，又洞悉国际形势的走向，他们也对腐败的中国政府表示不满，殷切期望中国富强。因此，当他们在争取并掌握了报纸传媒这个工具之后，即逐步地发挥了忧国忧民、要求改革的舆论作用。这是我们在回顾和总结早期报业史时，应该予以高度评价的。

　　可以这么说，王韬这些知识分子在特定时期，对洋人所办的"新报"也曾有过期待、有过幻想，但最终他们决定自己集资办报，哪怕是广告不多，却是自力更生的途径。

七　宗教月刊（编者）如何看待中国"古代报纸"？

　　接下来我想谈谈报史学界近年来关心的另一个问题，即"近代报刊"（"新报"）与"古代报刊"是否有关联的问题。早期的宗教月刊，特别是鸦片战争后具有"准新报"特色的"宗教月刊"，究竟是怎么看待中国的"古代报纸"，怎么看待邸报的呢？我的研究结论是，当时"宗教月刊"的编辑们都知道中国有着传统的媒体邸报（即"古代报纸"），因此为了要迎合中国人的阅读习惯，比如，《察世俗每月统记传》的封面会引用中国人熟悉的

"人无远虑必有近忧"这些语录,所以他们是以"老报"、《京报》的读者群为对象办报的。从另一个角度来看,他们后来都自称为"新报",正好说明了他们意识到了中国有"老报"或"古代报纸"的存在,而不是说,洋人来了,中国才突然有了一种"报纸"。从方法论来研究,我个人认为辨析"新报"和"老报"两者之间的巨大差异是对的,但如果是说两者毫无关系,那就说过头了。有关这一点,我很赞同方汉奇教授在大英图书馆阅读早期报刊原件后的如下看法:

> 这份报纸(指《察世俗每月统记传》)的封面是用黄色毛边纸印刷的,外观很像国内报房出版的黄皮京报,我认为,这和它在封面上印有孔子说的:'多闻,择其善者而从之'那句话一样,是一种包装。用孔子的话,是一种思想上的包装;用黄色纸做封面,是一种发行上的包装,目的都在迎合中国读者的习惯。①

方老师跟我个人交谈时,还提到戈公振的《中国报学史》1927年版、1928年版的封面及其第一页,都是与京报一样的黄色,这明确地告诉读者,中国的近代报纸和古代报纸是前后有关联的。实际上,我在中国大陆出版的《中国近代报业发展史 1815—1874》增订版和这次的增订新版之所以用黄色作为封面的主色,也是有这种含义,即近代报纸和古代报纸有其连续性,有共通、相通之处。

八 早期商业报纸如何安置邸报?

"新报"和京报曾经有一段时期是两者同时存在的,那么,当时两者的关系是怎样的呢?宗教月刊第一次转载京报内容的是郭士立的《东西洋考每月统记传》,时间是1837年5月17日,当时编者最感兴趣的是清朝大臣关于鸦片问题的奏章,但我发现该报跟后来的《遐迩贯珍》都有同一个现象:它不是无条件地原文转载,而是有倾向性、引导性,附有编者按语,加上诸多点评。《东西洋考每月统记传》表面上看来是到中国传播"新知",但实际上当它把"新报"的概念传到中国时,是带着强烈的舆论诱导目的的。该

---

① 方汉奇:《在大英图书馆看报》,《方汉奇文集》,汕头大学出版社2004年12月精装版,第647页。

报刊是为何、为谁服务的呢？它的定位很明确，是为在华洋人的共同利益服务。对于西洋或洋人不利的言论，怕读者被"误导"，《东西洋考每月统记传》及宁波《中外新报》等经常都会以"余思"、"窃思"之语来点评或夹叙夹议。有人批评现在媒体在报道时夹叙夹议，渗入诸如"我认为"之类的词语"不客观"，认为这是有引导性的中国文人论政的写法，殊不知洋人东来办报、传播"新知"时，就是带来如此这般不平衡、不专业的模式。

那么，商业报纸，即《香港船头货价纸》等出现之后，这些中文"新报"又是怎样安置"老报"、邸报的呢？我的研究发现，它跟传教士办报有若干异同：第一，商业信息虽然大量增多，但重视《京报》这一点没变；第二，在转载《京报》时不加评论，而是把《京报》完完整整地全录或者选录。我发现的早期《香港华字日报》不仅非常重视清朝的科举考试，还在报纸上刊载考试录取者的名单。为什么呢？因为它十分重视中国《京报》原有的读者群，要争取这些传统的读报人。从这点上来看，该报在处理《京报》的内容时，比传教士办报时似乎更加宽松与客观。可以这么说，在某个阶段，"古代报纸"跟"新报"同时存在，两者并存，甚至于有一个时期实际上"新报"的头版头条新闻全都是录自《京报》，我认为这是《京报》"回光返照"时期。当然，最终，《京报》随着它所依托的封建王朝的消亡而被历史淘汰，这是历史的必然性。但是，把近代报纸和古代报纸完全分割开来看，认为两者完全没有关系的说法，我认为是不成立的。

九　结论

下面，我简单地介绍我对"新报"与邸报两者关系的结论：

（1）中国近代报刊之诞生，并非出自中国的"内因"，而是来自"外因"。

（2）东来拓教的西方传教士之所以引介"新报"的概念，并不是为了传播"新知"，而是为了"载道"。

（3）在西方传教士、政客和商人，也就是教、政、商"铁三角"相互扶持、相互呼应的背景下，宗教月刊一打进中国本土，就很明确地自我定位为要为在华欧美人士的共同利益服务，为改变中国人对洋人的印象而办报。最明显的例子就是《东西洋考每月统记传》。同样地，美国人在中国办的第一份中文报纸即宁波《中外新报》，在引介泰西日报的概念时，其编辑方针就是高举美国利益至上的"国益论"和双重标准，远离客观和平衡的原则。

现在有些学者想当然地认为西方的客观、平衡原则就是从那时开始的，但认真研读原件，不难发现这并不符合基本事实。

（4）洋人在引进"新报"（包括其先驱的宗教月刊时期）的概念时，也留意到《京报》受众的阅读习惯并试图迎合他们，用方汉奇教授的话来说，"用孔子的话是一种思想上的包装；用黄色纸做封面，是发行上的包装"。正因为西方传教士报人心中有着邸报和《京报》，因此他们得向读者说明他们所办报纸与中国原有报纸之间的差异，于是自称为"新报"，这种以"新报"自称的做法，其实就是承认中国有"老报"或"旧报"的存在。

（5）这些"新报"在宗教月刊时期就十分重视京报，但在转载时经常不忘加上按语或注解；到了商业报纸时代，《京报》更备受重视，新闻版常将之摘录或全文刊登。

（6）对于"新报"的政治倾向，王韬等最早接触"新报"的人士都有所感慨，他们经常批判西报借事生风、制造混乱，他们强调办"华人资本，华人操权"的报纸的重要性，这成为他们后来决心创办《循环日报》的动因：中国人自办中国人的报纸。

换句话说，这些不满的情绪正是促使他们出资自办"新报"的原动力。从这个角度来看，萌芽期中国近代报业发展史，其实就是一部中国人要求摆脱外国势力对传媒的控制、争取言论自由，从而表达国家民族意识的斗争史。由此可见，盲目颂赞与夸大"新报"传播"新知"的贡献，突出"近代报纸"在其欧洲发祥地的"民主性"与"开放性"，进而想象东来"新报"的纯朴性，显然是漠视萌芽期中国近代新闻纸的形成与确立之基本过程、特征和事实。年轻朋友们对欧美的自由、民主也许十分憧憬，但我是新加坡人，作为大英帝国与大日本帝国统治下的殖民地人民，从我们睁开眼睛第一天开始，就知道东、西洋人的民主与客观是怎么一回事。近代报纸在其欧美的母国，在特定时期也许还有体现"民主"、"自由"的某种机制的一面，可是当它输出或引介到殖民地或者比他们落后的地方时，其体现方式和内容从开始就完全两样。

在研究方法论上，我同意区别"新报"跟"古代报纸"的差异，将两者作为不同的事物来考察，辨析两者的概念与实质之异同是有生产性的。但如果因此而不假思索、欠缺论据地将两者全面剥开，否定其联系性，或者全面否定"古代报纸"存在的说法，我想这不是脚踏实地的研究态度。我认为，我们研究报业史，必须坚持正本清源、论从史出的大道理。

参考文献：

《我对中国近代新闻史研究的若干思考和体会》，［新加坡］卓南生：《中国近代报业发展史 1815—1874》（增订新版）自序，中国社会科学出版社 2015 年版，第 1—29 页。

第四章

日本新闻学界与知识界之观察

一 历史与现状：日本新闻学教育与新闻实务的发展轨迹[*]（访谈录）

《新闻大学》编者按：

在"中国新闻史学会换届暨'98中国新闻史学术研讨会"（1998年5月10日—5月13日）期间，本刊就日本新闻学教育与新闻实务的有关问题专访卓南生教授。

● 卓教授多年从事新闻实践与新闻学教育，可否对日本新闻学教育的历史沿革作一简要描述？

日本的新闻学教育与中国类似，是从报业史开始的，就像中国的戈公振一样，日本的小野秀雄就是新闻史奠基人和最早的新闻教育家。传统上，战前日本接受的是德国新闻学的影响，当时仅有两所大学关注新闻学，一是以小野先生为骨干的东京大学新闻研究室，另一是小野先生创办的上智大学新闻系。战后美式新闻教育开始导入，如我的母校早稻田大学新闻系，在20世纪50—60年代是最好的新闻系之一，培养了许多杰出的人才。如果从学术地位看，当时处于主导地位的是东京大学新闻研究所，不招收本科学生，只有硕士、博士班，同时每年招收50名来自各大学不同科系的三年级以上的本科学生，开设为期两年的新闻学专业课程，造就了一大批知名的新闻记者与专家学者。在50年代，日本新闻学教育的基本结构仍然是由传统的新

---

[*] 本文原刊于《新闻大学》1998年秋季号，第93—94页。访谈者为复旦大学新闻学院陆晔副教授。

闻理论、新闻史和报馆经营管理组成。到 60 年代，大众传播学的影响日益扩大。1969 年，早稻田大学新闻系关闭，给日本的新闻学教育投下阴影。1980 年，东京大学新闻研究所日文名称不变，英文名称则改为新闻与传播研究所（Institute of Journalism and Communication Studies）；1992 年，经国会批准更名为社会情报研究所，但在英文名称中保留了"传播"（Institute of Socio-information and Communication Studies），体现出新闻学教育与研究朝向传播学和信息学的转向。日本新闻学会则于 1991 年改名为日本大众传播学会。

- 这种转向在新闻学教育和研究者当中是否能够达成共识？

这种从新闻学向传播学，特别是向信息学的转向，在学术界确实引起了相当大的争论。反对的意见主要来自两方面：一是年长的新闻学者担心新闻学的传统和光荣会被削弱或消失；二是有学者认为这种转变，特别是情报学（信息学）的偏重，使得研究对象变得模糊化，不明确。一些日本的著名新闻学者认为，新闻学的定位是研究传媒而不应成为传媒的奴隶，不能因为新的传媒不断出现而丧失研究的核心内容和对象；是教育和研究者研究传媒而非传媒掌握教育和研究者的方向。他们认为，日本传统的新闻传媒研究正在萎缩，新闻史少人问津，是不对的，即使是研究传播学，传播史也应该受到重视，传统的新闻学在媒介的变化过程中，是完全可以找到适当的定位的。

- 在传统新闻学中，对"术"即对新闻采编业务的重视程度是相当高的，即便在新闻理论和新闻史当中，也有所体现。而大众传播学更多地重视理论研究而非操作技巧，那么，日本新闻学向信息学的转向，对新闻实务界带来什么样的影响？

日本新闻教育与新闻实务界的关系是比较特殊的，日本的传媒机构并不指望日本教育界为其培养人才，媒介从业者在日本越来越呈现出"雇员化"的趋势，媒介希望每个进入传媒机构的新人都是一张白纸，可以比较容易地调教成听话的"雇员"，只要是个好素材，是否受过正规的新闻教育则在其次。因此大学的新闻教育也并不与未来要从事的新闻工作挂钩，不以培养专业的新闻实际人才为目的。这恐怕也是当年早稻田大学新闻系关闭的原因之一。

- 卓教授在日本多年，对日本新闻界有相当深入的了解，您认为日本的新闻传媒机构，其特色何在？

日本的新闻传媒上的信息非常丰富，而且日本的翻译业十分发达，从日本传媒上可以得到许多信息，开阔视野。但长期观察日本传媒，就会发现存在另外的偏差，即"信息泛滥"。对于受众来说，如何对信息进行选择，就是一门很高的艺术。而且，尽管日本的传媒都标榜"不偏不倚"，但实际上对于现实社会的反映，存在很大的偏差。一是信息的"同质性"或称"统一性"高。各家报纸从形式到内容、标题文字、照片排列、版面风格等等，都十分类似。二是五家大报发行量占全国报纸发行量的二分之一以上。报道的"同质性"不但给受众提供同质划一的信息内容，而且形成类似的价值观。三是日本的媒体极善于策划版面及进行有计划的系列报道，这种策划性较强的一窝蜂式的报道方式被称为"豪雨式报道"，对于形成舆论的影响力极大，这也是日本大众传媒的一大特色。上述三方面的问题导致受众在一定时期内从不同媒介接受的都是类似的信息和观念，既造成信息流通的不平衡，也使得舆论对公众的影响偏差很大。它体现在国际问题的报道与评论上，尤为明显。

- 为什么会出现这种"同质性"偏差？

这主要是记者俱乐部的问题。日本是一个"内规"非常严格的社会，记者俱乐部是会员制的，排他性甚强，对新闻记者的影响力很大。它促使记者与采访对象关系过于密切，曾有记者反思日本社会的"铁四角"现象，即政、官、财、传媒，相互勾结；加上媒介之间竞争激烈，谁都害怕遗漏重要新闻而私下有"君子协定"之默契，因此，"同质化"在所难免。这种在貌似客观、公正的立场下的舆论诱导，危害更大。此外，这也和日本传媒的企业管理运作体制有关。由于分工过于细化，记者仅仅是信息的采集者，像工蜂一样，非常辛苦，但缺少成就感、满足感。除了大牌的评论员和特派员，一般记者在报纸上是很少有署名文章的，记者的个性及其才能很难充分发挥。

- 那么，在国际问题上，所谓的"同质性"报道的偏差，具体体现在哪些方面？

在国际报道中，至少存在以下偏差：一是偏重美、欧，派往美欧的记者不仅数量多，而且都是较优秀的。二是在国际报道中以日本、日本人和日本企业为中心。比如国际上出现一起重大空难，日本的传媒往往只关注机上有否日本旅客，如有，日本旅客安否，等等，对于与日本无关的重大事件则很快便消失。此种自我中心的新闻处理手法其他国家也有，但不像日本那么明显和极端。三是在以"国家利益"（国益）为中心的旗号下，倾向于配合国策进行报道和评论。为此，有时甚至会巧妙地掩盖某些事实真相。仅以亚洲为例，日本战后与亚洲各国始终不能很好地沟通，除了民族文化背景的不同外，与日本传媒在亚洲报道中不能完整准确地提供亚洲各国的信息是有关的，传媒应负相当的责任。

- 最后，能否请卓教授谈谈对于大陆新闻与传播学术研究的看法？

大陆一些年轻学者很喜欢搞一些宏观的东西，如果作为入门，从宏观的东西开始学习是第一步，但不能停留在这个层面上。不应该总写些概论或类似教科书的文章，也不应轻易下结论。要下苦功，脚踏实地地、深入地作些实在的专题和调查研究工作。另外，西方的研究比较强调模式，当然模式的确重要，但模式不是一切，应避免把模式当成拙劣的装饰，把简单的问题复杂化，这样反而会损害研究本身的深度和成果。最后，对于年轻学者来说，我想有一点应该强调的是，如果对自己国家的历史、社会和文化不了解，也无法了解别人，丧失掉自己的一切去追求时髦或一味盲从别人，是非常危险的，这种倾向值得重视。

二 日本新闻与传播学教育的变迁与特征[*]（"北大新闻学茶座"记录）

2015 年，新加坡旅华学者卓南生教授的专著《中国近代报业发展史1815—1874》（增订新版）由中国社会科学出版社出版，作为"北大新闻学研究会学术文库"中的一册和读者见面。该书以卓教授的博士论文（日文）为基础，对 2002 年中文简体字版的内容进行修订补充而成。中国新闻史学会创会会长方汉奇教授曾评价此部专著"达到了中国境外学者研究中国新闻史的新的高峰"。

卓教授 1966 年负笈东瀛攻读新闻学，毕业于早稻田大学政经学院新闻系，后获立教大学社会学（专攻新闻学）博士学位。自 20 世纪 80 年代末起，他先后在东京大学新闻研究所和京都龙谷大学国际文化学部任教。

从学生到报社评论员，从评论员到学者，五十年间，卓教授见证了日本

---

[*] 本文为作者 2016 年 1 月 17 日在"北大新闻学茶座"第 51 期活动的主讲内容摘要。记录与整理：北京工商大学艺术与传媒学院副教授李杰琼。

新闻传播学教育的兴衰、改革和转型。2016年1月17日,在北大新闻学茶座第51期活动中,他以自己的经历、观察及其与日本学者的对话探讨为基础,对日本新闻与传播学教育的变迁与特征进行了梳理。

20世纪80年代后半期,卓南生教授初访中国大陆并开始了同中国新闻史学界的学术交流。此前,他长期寓居日本,只能同日本新闻史学界交往和切磋。2015年,在其学术生涯的不同阶段对他有过启蒙、指导或影响的三位老师——鹤见俊辅(1922—2015)、平井隆太郎(1921—2015)、高木教典(1931—2015)——相继辞世。卓教授的忆述便从与师辈的接触开始。

(一) 与日本新闻学界的交往

20世纪60年代末,在风起云涌的学潮热浪中,东京各间高校基本处于半停学状态。因此卓老师从东京转至相对平静的京都,到同志社大学继续求学,准备师从开明派新闻学者和田洋一(1903—1993)教授。在此时期鹤见俊辅先生给他留下了深刻印象。鹤见俊辅是日本战后有代表性的哲学家、社会活动家和新闻学研究者。1960年,为抗议国会强行通过日美安保条约的决议,他辞去东京工业大学的教职,后到同志社大学任教。1969年春,卓老师到同志社大学念书时,"情报化"(即信息化)已被视为未来发展的一个趋势,彼得·F. 德鲁克(Peter F. Drucker, 1909—2005)此时期的新作《断层时代》(*The Age of Discontinuity: Guidelines to Our Changing Society*)在日本学界风靡一时。鹤见老师便将此书列为课程的必读文献,引导学生详加研读,讨论气氛十分热烈。不到两个月,同志社大学也开始罢课,卓老师遂返回东京学习。翌年3月,警察冲进同志社大学,鹤见俊辅再度辞去教职抗议。由此可管窥20世纪60、70年代新闻学研究者与日本政治运动的紧密关系以及当时动荡的社会气氛。此后,卓老师便无缘与这位启蒙老师有近距离接触。他与鹤见先生重逢,是在90年代到京都任教之后的事情。

平井隆太郎是继小野秀雄之后最著名的江户时期"瓦版(新闻)"史研究专家。其父平井太郎(笔名江户川乱步)被誉为日本"侦探推理小说之父"。平井隆太郎是卓教授硕士论文、博士论文的指导教授,在他的引荐下,卓教授得以两度拜访日本新闻学的一代宗师小野秀雄先生。20世纪70年代,立教大学的学分制度较为开放灵活,允许32个学分中的一半学分在东京其他高校修读。平井老师当时担任代校长,忙于处理校务和应对学潮,经他允许和推荐,卓老师前往东大新闻研究所选修香内三郎(1931—2004)和荒濑豐（1930— ）两位名师的课程，与东大结下深缘。

1989年，高木教典担任东大新闻研究所所长时期，为体现学术研究的开放性和国际性，打破前例，特聘外国学者卓老师为该所专职"文部教官助教授"（即教育部教官副教授），此事一度成为日本传媒报道的热点。卓教授在东大担任教职、从事教学和科研的三年，亲历了东大新闻研究所改名为东大社会情报研究所的全过程。据他回忆，当时每周的教授会议都要围绕此课题学习并进行热烈的讨论。

（二）日本新闻学教育在战后的改革

卓教授指出，日本战前的新闻学教育并非想象中那样发达，仅有东京帝国大学（东京大学的前身）、上智大学、明治大学等零星几间大学破例开设新闻学讲座或课程。这主要在于日本学界认为大学本质上是象牙之塔，把哲学视为最高的学问，新闻学这种实践性学科是专科学校的任务。由松本君平撰写、被认为是日本第一部新闻学专著（对中国新闻学亦产生过重要影响）的《新闻学》一书在这种评价系统中也被认为是实践经验的总结，难登学术的大雅之堂。

1929年，东大的文学部终于同意附设新闻研究室。该研究室的目的不在于培养新闻实践人才，而是培养有学术研究和思考能力的学者。研究室由文学部、经济学部和法学部共同管理，并承担指导任务。直到20世纪80年代，东大新闻研究所的师资来源仍主要集中在上述三个学部。

日本战前新闻学教育的另一个特征是"德意志学"受高度重视，即德国新闻学范式居于主流。小野秀雄及其弟子小山荣三是当时有代表性的学者。小山荣三是东大新闻研究室的第一届毕业生，他的研究与日本国策紧密挂钩。他战前为日本法西斯的宣传服务，战后即刻受命为美国占领军服务。有日本学者发现，其战前、战后的著作内容几乎如出一辙，由此揭示出日本战前的纳粹新闻学与战后美国式的大众传播学之间有着微妙的内在传承关系。

但在美国驻日盟军看来，战前日本的新闻学教育和研究之所以走上纳粹新闻学的道路是因为其内容缺乏民主思想。战后的新闻教育民主化改革在盟军最高司令官总司令部（GHQ）的主导下进行，美国式的新闻传播学作为传播民主思想的正统学问被引入东大。GHQ原定计划将原有的新闻研究室变为培养实践人才的新闻学院。在校方和小野秀雄等学者的反对和建议下，新闻研究室虽于 1949 年升格为新闻研究所，也开设面向高年级本科生的课程，但仍以学术研究为重心，延续了此前人才培养的模式和目标。

在新闻教育民主化改革的背景下，早稻田大学、同志社大学、日本大学、上智大学等高校被 GHQ 指名开设新闻学专业。一个有意思的现象是，这些大学并非全盘接受美国的指导，而是保留了一定的自主性，因此早稻田大学的新闻学专业（最后一届学生毕业于 1969 年，新闻学专业于 1970 年正式停办）设在政治经济学部，同志社大学和上智大学的新闻学专业设在文学部，日本大学的新闻学专业设在法学部。

（三）东京大学新闻研究所的变迁

东大新闻研究所不仅是日本新闻与传播学教育的权威机构，在战后日本的言论史上亦具有特殊地位。20 世纪 50—70 年代新闻研究所的诸多开明学者作为活跃在舆论界的代表人物，他们虽支持民主化改革，但反对日美安保同盟，同情或支持学生运动，并提出了不少令保守派不悦的批判性言论。卓教授以新闻研究所在战后的转型为例，展示了新闻学与大众传播学融合，并逐渐转向社会情报研究的过程。他指出，这个案例也反映了日本新闻与传播学教育的焦点从清晰到模糊的过程。

战后初期东大新闻研究所主要从事三类研究：新闻理论研究、报道研究、社论研究。日本的新闻学主要是新闻纸学（即报学）研究，因为报纸是当时最有影响力的大众传播媒介。直至 20 世纪 60 年代末，电视作为一种新媒介在日本社会的普及率和影响力都不如报纸。不过，值得注意的是，日本的新闻学并非仅针对报纸，而是从很早就将涵盖广播、电影、出版等传播媒介的新闻事业作为其研究对象。因此大众传播学被引入日本后，新闻学水到渠成地成为其中的一部分，日本学者并不认为两者存在不可逾越的隔膜。

1952 年，东大新闻研究所导入大众传播理论研究，从聚焦于新闻学逐步扩展到大众传播学研究。1980 年，东大新闻研究所的日文名称未变（因为东大是国立大学，修改日文名称须在国会通过，手续较为繁杂；修改英文名称不存在此问题），英文名称顺应学科发展的趋势由 Institute of Journalism 改为 Institute of Journalism and Communication。在 90 年代改组前，新闻研究所内基本分为大众传播理论、大众传播史、大众传播过程、大众传播媒介、舆论宣传、放送（即广播）、情报（即信息）社会、社会情报系统八个研究部门。虽然新闻学成为大众传播学的一部分，但自始至终新闻史（而后是大众传播史）是研究的主流，发表的成果也最多。

对应研究领域的扩展，当时东大新闻研究所开设的硕士、博士的主要课程包括：大众传播理论、大众传播史、大众传播调查方法、比较大众传播理论、言论与表现的自由、大众传媒产业论、大众传播法制、世论、广告与公共关系、新闻论、放送论、出版论、杂志论等。由此可见，直至20世纪90年代初，东大新闻研究所围绕着一个清晰的焦点（即新闻传播活动）在开展研究和教学。

1992年，新闻研究所改为社会情报研究所后，原有的八个研究部门改组为三个研究领域，即情报与媒体、情报行动、情报与社会。研究分支包括社会情报、大众媒体、新媒体、社会情报系统、情报行动、情报处理过程、情报机能、情报法与政策、情报社会与文化、情报环境、国际情报网络等。十年后，教育部的一个委员会点名社会情报研究所"无太大作为"，并怀疑其生存能力。接着，该所决定并入学科大调整后的"情报学环"，即"信息学圈"（对应的教育机构为"学际情报学府"，即"跨学科信息学府"）。

（四）日本新闻与传播学教育的变与不变

卓教授认为，日本的新闻与传播学教育自始至终重视学术与学理，与职业教育完全分离。职业记者的训练是在学生毕业后进入新闻机构才开始的。

20世纪50—70年代，以东大新闻研究所为代表的学界对战前日本的法西斯新闻体制、政府对言论的压制等进行了深刻的反思，在缺乏公家经费的支持下，发表了很多有分量的学术论文。在当时反战、反对《日美安保条约》、反对军国主义复活的气氛中，学界对西方大众传播学的引入也保持了相对审慎与批判的态度，当时不少学者敏锐地看出这是冷战意识形态的产物。在革新、开明知识分子占据学界主流的环境中，新闻学被认为是一门有抱负和令人期待的学科。因此，20世纪90年代以前，很多年轻人带着梦想进入这个学科，不少优秀的记者也将新闻事业视为社会的公器。

20世纪90年代，随着传播科技的日新月异，以及日本政治进入总保守化时代，学科建设开始了大洗牌，朝着跨学科的方向发展。新闻与传播学也起了相应的变化，成为通识教育的一环。以东大新闻研究所的改组为嚆矢，其他大学也跟着做社会情报研究，设立社会情报专业。一时间社会情报研与教育风靡日本。然而，日本学界和教育界对新闻与传播学该往何处去、学科主体性何在等问题至今尚未完全达成共识。

基于上述变化，卓教授认为在外部环境发生转型的信息化时代，研究者或许无法拒绝相应的变化，但在主观上应有意识地思考如何保持学术研究的主体性和独立性，避免随波逐流或追赶时髦，否则所在的学科可能难以摆脱被边缘化或被收编的命运。这是战后日本新闻与传播学研究和教育值得反思之处。参加茶座的研究者围绕此问题展开了热烈讨论。

本次茶座由北京大学新闻学研究会主办、《国际新闻界》杂志协办，北京大学新闻学研究会副秘书长刘扬博士担任主持。北京大学新闻学研究会执行会长程曼丽教授出席活动并致辞。参与座谈的研究者主要来自各高校新闻院系、新闻研究机构，包括北京大学、中国人民大学、中国传媒大学、山东大学、华中师范大学、北京工商大学、首都经济贸易大学、劳动关系学院、人民网研究院等。

三 战后日本的知识分子与舆论界[*]
——以20世纪六七十年代为中心（"厦大新闻学茶座"记录）

2016年3月18日，"厦大新闻学茶座"（18）在春雨的奏鸣中拉开帷幕。新加坡旅华学者、厦门大学新闻研究所所长卓南生教授结合自身留学经历，围绕20世纪六七十年代日本的知识分子与舆论界同与会者进行了深入交流和探讨。

本次茶座由厦门大学新闻研究所主办，《国际新闻界》协办，新闻研究所副所长曹立新博士主持。曹博士指出，20世纪60年代，以"巴黎红五月"为标志的青年运动曾席卷全球，因此，回望20世纪60年代对于探讨知识分子与社会的关系，寻找理论和现实的关联具有重要意义。

（一）日本新闻（学）界知识分子作何抉择？

卓教授首先解释了何为"战后"，继而从自身半世纪前留学日本时所经

---

[*] 本文为作者2016年3月18日在"厦大新闻学茶座"第18期活动的主讲内容摘要。记录与整理：厦门大学新闻研究所特约研究员吕艳宏。

历的"激动时代"谈起。

他指出，1945年日本裕仁天皇"玉音放送"宣告投降，迎来战后，给那一代日本人带来的巨大冲击是难以想象的。随着美国结束对日本的占领，《旧金山条约》《日美安保条约》两个条约在1952年4月28日生效及同日《日华和平条约》（有人称之为《日蒋条约》）的签署，战后日本在外交与防卫问题上采取了唯美国马首是瞻的政策。另外，50、60年代日本乘借亚洲冷战、朝鲜战争和越南战争之机迅速崛起而被称为"火凤凰"的"日本经济奇迹"，怎样看待其背后亚洲人民利益的牺牲，特别是朝鲜与越南，是当时日本知识分子必须面对与思考的问题。

卓教授回顾自己1966年到日本留学的年代，大学校园罢课、游行已是家常便饭，他所在的早稻田大学也不例外。青年带着火炎瓶（一种自制燃烧瓶）、手持"格瓦拉棒"，全副武装走向街头，军警手持盾牌，戴防毒氧气面罩，丢催泪弹；当时的政治斗争异常激烈，日本人称这个时期为"激动时代"。大学生为何呐喊与造反，主要出于以下几个方面：反对腐败的教育制度，尤其是反对"产学协同"、企业利益优先的体制；反对《日美安保条约》；反对越南战争以及美日政府的相互勾结。日本学运并非孤立现象，从1966年美国国内反对越战，中国的"文化大革命"和1968年法国的"5月风暴"来看，汹涌澎湃的学运是席卷全球的。

面对战后日本社会矛盾总爆发与"国论二分"的困境，日本知识分子不得不思考如何看待日本的侵略战争以及摸索战后日本的出路。卓教授就自己所接触的日本新闻学者，分别介绍了当时观点相左的两派知识界人士来检视他们的战争观和新闻观。早稻田大学兼职讲师、《综合新闻事业研究》季刊主编酒井寅吉（1909—1969），战争期间为《朝日新闻》从军记者，曾目睹有"马来亚之虎"之称的山下奉文迫使英国司令官白思华降服、新加坡沦陷的情景。针对当年美化战争的《马来战记》等作品，战后以"自由派"自居的酒井仍然表示："我并不存在着诸如对战争的'罪恶感'之类的心理压力。"（《马来战线从军的回忆》，《丸》，1959年2月）立教大学的小山荣三（1899—1983）战前是引介纳粹德国新闻学，鼓吹战时宣传研究的第一人，著有《战时宣传论》《人种学概论》《民族与人口理论》《新闻社会学》《比较新闻学》和《广报学》等。1949年应美国占领军总部的邀请，调查日本国民舆情之走向并于1963—1983年出任日本广报协会理事长，成为战后大众传播学界的红人。

与上面两位不同，东京大学新闻研究所的内川芳美、荒濑豐、香内三郎和高木教典等新闻学者都对日本战争期间的法西斯新闻学进行了深刻的反思，而日高六郎更是因 1969 年抗议武警冲进东大而辞职。同样，鹤见俊辅因 1970 年抗议武警进同志社大学而离开大学。立教大学教授，原《朝日新闻》社论委员、《朝日杂志》主编影山三郎，在反思战前的法西斯新闻控制方面也是不遗余力的。

（二）日本亚洲问题专家为何反思？

针对日本亚洲问题专家的走向，卓教授较详尽地为大家介绍了印度史专家、东京大学讲师石田保昭（1930—　）的观点。此人出身军人家庭（父亲为陆军中将），从小唱军歌长大，自称"比天皇还忠于天皇的天皇主义者"。他对天皇宣布投降，一直不能接受，直到东京裁判时才知道南京大屠杀和日本发动的是侵略战争，也因此受到巨大的冲击。后来，石田考进东京大学东洋史学科，远离国史学而攻读了印度史。他认为国史学在战争期间是为大日本帝国国策服务的，学生上课前都要先向天皇参拜，所以他不愿意在那种气氛里学习，想要逃得远一点。后来他受到著名朝鲜史专家旗田巍（1908—1994）的启发，知道日本的所谓东洋史学跟法国的印度支那学、英国的东方学同样都是在各为其帝国扩张政策服务。他同时也从中认识到日本东洋史学仿自西洋史学，系从另一个角度研究中国史，讲究"科学性"、"客观性"，而与传统的汉学有所区别。日本东洋史学以治学严谨闻名，但得认真了解它的如下研究倾向与特征：其一，异常重视地名考证，"满铁内历史地理研究会"的研究方向就是很好的例子；其二，与其说是重视中国本土，不如说重视寨外（即域外）的研究；其三，忘记人之存在。石田认清了前辈所走的道路后，他既不愿沉浸于毫无生气的中世纪印度王朝的研究，也不想为战后日本企业开拓印度市场而展开调查研究。在思想和行动上他既反对"皇国史观"，也参与当时学界反对美国的"亚洲基金"、"福特财团基金"等与美国冷战政策紧密挂钩的学术资助的运动。

卓教授还介绍了早稻田大学政经学部讲授"中国经济论"的安藤彦太郎（1917—2009）教授的观点。他至今还记得安藤老师在开课第一天分发的问卷：中国的正式名称是什么？大多数人回答为"中共"，因为当时的日本报纸紧跟日本政府不承认中华人民共和国的政策，辩称"中共"是中华人民共和国的简称。结果，全班一百多名学生当中只有四个人答对。安藤比较激进，由于不了解"文化大革命"的真相，早年曾经发表了一些倾向于"文化大革命"的观点。但他对日本战前中国学的演变做出了详细的梳理和深刻的反思。他指出,早期的日本汉学家都是因为喜欢中国、羡慕中国或者崇敬中国古代的文化而研究中国的,到了明治维新以后,东洋学的研究方法论是向西学取经的,虽有其"科学、客观"的一面,但却以西方价值观,即"近代化"与"西方文明"为基准来衡量中国。他同时指出,以西洋史为蓝本的东洋史研究,其内容实质上是"洋学"(即西学)。最明显的例子是著名的东洋史学者白鸟库吉(1865—1942)从文献实证着手,架空中国古代帝王尧、舜、禹的存在,起了"偶像破坏"(即解构之前中国史的书写)的作用,给当时奉之为"古代圣人"的日本汉学家带来了极大的冲击。安藤还引述学界前辈的看法,点破"否定中国古代传说还意味着否定中国人的思维方式与对中国文明的侮视"。加之战前的"东洋学"、"支那学"研究者们的研究与日本侵华的国策紧密挂钩,安藤认为,这些战前对中国的庞大研究积累给战后日本的研究者留下了不少值得反思与纠正的良好素材。

(三)官方如何诱导"舆情"?

卓教授指出,针对战后日本知识分子的反思风潮与"造反",日本政府处心积虑,采取了各种"反击"措施。具体而言,除了加强"日美安保体制"、推行"教科书检定"制度和镇压学生运动之外,还通过东京奥运会(1964)、明治维新百年纪念(1968)与大阪万国博览会(1970)来宣扬日本国威,推售日本特殊论。1970年,三岛由纪夫切腹自杀,冀图唤回"大和魂",更给日本社会带来巨大的冲击。

卓教授强调,迄今为止明治维新应该如何评价是问题的关键所在。1968年明治百年纪念引发日本国内的论争,当时日本思想界有两条路线的论争,这场论争对今天的日本是走战争路线还是和平路线,仍然发挥着作用。卓教授指出,明治百年该不该庆祝,最早提出这个话题的学者之一是20世纪60年代反安保的著名中国学研究专家竹内好(1910—1977),尽管后来自民党政府出面隆重庆祝时他未参与。竹内好声称反对中日战争,因为是亚洲人打亚洲人,但他对日本侵略东南亚的行为又采取暧昧乃至肯定的态度。他在战后对其战争期间支持"大东亚战争"的错误言论仍未收回和反思,而遭到同年代不少日本开明学者的抨击。

中国改革开放以来,有些知识分子到日本之后由于不了解上述情况,再加上改革开放后的中国本身也在为摸索和迈向近代化道路而苦恼,所以想当然地对明治维新以后的日本给予过高的评价，而忘记其黑暗与罪恶的一面。他认为这一点直到今天在中国的思想界，还存在其负面的影响。卓教授强调由于明治维新之后日本的侵略性，如，1874年日本已经出兵中国台湾，1894年甲午战争以及1941年以后对东南亚的侵略战争等，并没有被充分检视，因此日本范本的"近代化"，"以日为师"路线的议题还有待深入研究和探讨。

（四）讨论环节：以史为鉴 理论关照现实

本次茶座除了新闻传播学院的师生之外，还吸引了外文学院、人文学院、国际关系学院和经济学院等跨领域茶友的参与。

新闻研究所副所长毛章清老师就战后日本知识界、舆论界与政党如何互相结合，促使日本最终抛弃"国论二分"走向总保守的道路提出疑问。卓教授主要从天皇制的保留（尽管战后象征性天皇与战前天皇在宪法上的地位截然不同）、战前与战后思想的连续性和记者俱乐部三个方面进行了解析。他谈到战后在美国亚太战略思维下保留下来的象征天皇制，迄今仍然在精神层面对日本产生影响。战前曾经是法西斯的一员，战后换张面孔变为"开明派"的大有人在；更有甲级战犯摇身一变成为日本首相；与战争有着千丝万缕的大财阀曾有过解体的表象，但到70、80年代已全面恢复原状。再加上日本的新闻体制是建立在闭塞的记者俱乐部制度的基础上，舆论诱导攻势不亚于其他任何国家。卓教授补充说明"讲究空气"是日本社会的一大特色，空气即是气氛，知识分子和政治家都懂得识时务者为俊杰的道理。

参会者吕艳宏针对日本知识分子对于明治维新评价分歧的问题，请卓教授结合中日知识界、舆论界，进一步展开解析"近代化史观"对当代中国知识分子的启示。卓教授表示，"近代化史观"在他留学时代基本上都会被当作"赖肖尔史观"。赖肖尔是日本史专家，在越战时期曾任美国驻日本大使，并在《日美安保条约》续约时扮演了重要角色。与当时众多日本史学者反思明治维新的观点相反，赖肖尔肯定日本明治维新的近代化路线，认为日本尽管不能和欧美比拟，但与亚洲其他国家相比是优等生。由此，赢得了自民党官方及保守派学者的支持，所以整个明治维新的百年纪念活动就是避开侵略战争话题，大力宣扬工业化为日本的繁荣打下了基础，进一步要为明治维新的那些先贤们包括伊藤博文树碑立传，令亚洲人，特别是韩国人十分不满。实际上，赖肖尔还曾迫使报道美国惨无人道轰炸越南的《每日新闻》国际新闻部部长大森实（1922—2010）离职，成为当时言论自由的最大干扰和破坏者。卓教授进一步指出，当时支持明治维新近代化路线与否成为判断是保守派还是革新派的一个标志。但在今日的中国，国民党外交官蒋廷黻不问近代化手段，只谈近代化成功与否的"近代化压倒一切论"史观似乎很有市场。卓教授强调，近代化本身没有问题，但如将日本视为近代化范本或倡议"近代化万能论"，则大有商讨的余地。他认为，对待这类问题要尽量回归历史的大背景，还原历史真相，实事求是。

除此之外，来自不同学院的师生还针对战后日本政界与学术界的诸多问题提出探讨，卓教授都一一予以作答。本次茶座在热烈的讨论气氛中落下帷幕。

第五章

研究方法论之探讨（一）
——问题的提出与思索

一　新闻史论研究"问题意识"再思考[*]
——北京大学新闻学研究会复会十周年有感

今年是北京大学新闻学研究会成立100周年，复会十周年。对我个人而言，复会十周年也是我与中国新闻学界，特别是中国新闻史学界深入打交道的十年。

如果从1987年夏天我首次到北京，并拜访中国人民大学新闻学院的方汉奇教授和甘惜分教授算起，我与中国新闻学界结缘已过30年。之后虽曾两度利用学术年假（2000年和2005年）到北京大学讲课，但与中国学者和青年学子面对面相互切磋、共同探讨与思考广泛的新闻史论课题的，是在2008年北京大学新闻学研究会复会、2009年"新闻史论师资特训班"开班，2010年我从日本的大学提前退休，到北京大学全面参与研究会复会后的教学、科研与出版活动之后的事。

从这个角度来看，复会以来的十年也是我对中国新闻学，特别是中国新闻史学深刻思索的十年。

（一）十年前倡议思考"问题意识"的背景与意义

对于中国新闻史学界，我最初最大的感触是：阵容浩大，青年学子求知欲望强烈。特别是与我在日本孤军奋战摸索中国新闻史研究途径的状况相比较，更成为了鲜明的对照。

---

[*] 本文系作者2018年10月13日在第七届新闻史论青年论坛暨北京大学新闻学研究会年会（2018·北京）大会上的主题发言稿。

但与此同时，在频繁接触青年学者及阅读他们的研究报告的过程中，坦率而言，我也逐步发现了一些在我看来是不可思议的问题。其中最惊讶的是考研或者正在攻读硕士、博士学位的研究生迟迟对自己的研究方向和选题欠缺基本的思考和认识。这样的情况，当然不是我到中国的高校讲学时才发现。早在1989年，当我从报界转至学界时，就常有陌生的中国留学生到我的研究室商谈考研问题。在询及具体研究方向或选题时，最常见的回答是："老师，您研究什么我就研究什么。"最初，我还以为这是特例，但慢慢地我理解到这不是个别的现象。特别是在参与中国高校考博的面试与评审的过程中，我深深地体会到中国高校研究生总体上都没有明确的"问题意识"。这和日本学界对考生严格追诘其研究题目、思路与文献阅读状况及欧美大学对研究生撰写、修改研究计划书的重视，可以说有天渊之别。以传统的日本学界来说，一名考生在面试后如果有老师认为是"欠缺问题意识"，那就意味着"没戏！""不用考虑"。"老师研究什么我就研究什么"或者"我有两个乃至三个选题"之类的回答，都会毫无疑问地被纳入"欠缺问题意识"之行列。

正因为对中国学生欠缺问题意识有着强烈的感受，我在2009年北京大学新闻学研究会首届史论师资特训班上着重谈了有关"问题意识"的重要性。首届特训班的学员相信都还记得，"问题意识"的提出，曾给今天也在座，并已成为学界中坚力量的认真学员刘泱育带来了巨大的冲击。据说他为此失眠，整整一晚在苦思何为"问题意识"，传为当时班上的一大佳话。

泱育学员为何会因为"问题意识"而失眠深思？不少学员为什么会对此名词感到陌生与新鲜？我曾就此和青年学子广泛讨论过。其简单的答案是：一是先考研，后思考研究方向与题目，在中国是普遍的现象，可以说是常态；二是等待导师分配选题与阅读书目，在中国学界更被认为是天公地道的正常运作程序。

（二）中国青年学者缘何欠缺"问题意识"？

针对这样的现象，我当时试图归因于中国长期推行"计划经济"→"计划研究"政策的结果。因为，既然一切都在等待指示和分配，青年学子大可不必为选题而苦恼或纠结，久而久之，不少可造之才成为了学术思考的懒汉。因为从踏入学术大殿门槛那天开始，求知欲照理应该是最为旺盛的他（她）们就欠缺或丧失了学者应有的学术思考思维与意愿，遑论学术追求与创新的野心。

这样闭塞的研究风气，在改革开放之后照理应该是逐步改善，而在实际上也的确有了极大的改变。但仔细观察，谁都不难发现，另一同样是导致青年学子无法纳入学术正轨的"功利型"研究现象，已在中国滋生与成长。君不见有多少青年学子与"青椒"（青年教师）在紧追、紧跟着课题或围绕着导师的项目团团转？

当然，这种"课题导向"的现象并非中国的专利品。说得确切些，这是百分之百源自欧美日学术研究诱导方式的"舶来品"。长期以来，西方（包括日本）各国官方与各式各样的财团与机构就是通过"课题"与"基金会"，捆绑着"学术"巨轮沿着各自的研究诱导方向向前推进的。我个人并不否定也无意否定"课题"（特别是有意义的重大课题）与"基金会"对学界的贡献与正面作用，但当"课题"与"课题费"成为了学界（特别是精力旺盛的青年学者）最关心的一大话题（这也许是当下中国学界的独特现象），却不能不说这是学界不健康的趋势和走向。从这个角度来看，今天中国学者醉心课题带来的负面作用，远比其他国家为大。

针对这个问题，我在七八年前曾请教一位我十分敬重的日本新闻史学家，也是学生时代对我影响较大的恩师。他的简洁回答是，日本某些学科的"堕落"（原话）与走下坡，是在20世纪70年代接受某"重大课题"项目之后（尽管日本学界对课题并不像当下的中国那么重视）。我曾就此要和他深谈和记录为文，但因话题较为敏感，他答应另外择日接受我的专题采访。当他知道中国学界正在掀起"课题热"时，他语重心长地表示："千万别走这条道路！"之后曾两度再和老师联系，皆因健康欠佳而未再深入探讨此话题。几年前，我在新加坡获悉他病逝的噩耗。我除了深切致哀之外，也为未能完整地把老师对日本学界相关弊端的批判声传达给中国学界感到惋惜。

(三)"问题意识"从何而来？怎样寻找研究题目？

在历届的特训班上，每谈到"问题意识"时，总有学员问我："问题意识'从何而来'？""怎样寻找'研究题目'？"

我本能地回应道：一是每位研究者都应有过"大翻书、乱翻书"的阶段。然后从中"寻觅"与"发现"自己的研究方向与兴趣。二是研究者应不忘思考"为何研究"与"为谁研究"的问题，即研究的"初心"与"原点"究竟是什么？

在怎样引导青年学子"发现"其研究"初心"与"原点"的问题上，我的一位日本同僚对其韩国留学生的诱导方式曾给我带来了很好的启示。事缘该名留学生对其选题老是处于犹豫不决的状态。但在老师的追诘下，这名同学终于透露出他当年之所以想要念新闻学，是因为他在高中时目睹全斗焕军事政权无情镇压民主人士的光州事件（1980年），受到极大冲击，因此萌生研究韩国媒体与政治的相互关系。话说至此，他的指导老师说："对了！这就是你研究的初心，你的'问题意识'其实就在这里，你可沿着这个思路去博览群书，去发现更为具体与有益的研究课题。"

（四）"问题意识"普及后的今天对"问题意识"的再思考

与10年前相比较，"问题意识"在今天的中国学界已不是一个陌生和新鲜的词汇与话题。但仔细分析，我发现不少论者其实只是停留于"方法论"、"技术论"的表层。至于深一层"问题意识"的探讨，则往往采取回避或忽视的态度。

深层的"问题意识"为什么不易推广和开展呢？

我想，这既与中国的国情有密切的相关，也与如何看待与处理如下的几个问题不无关系。前者指的是僵化的二元对立论带来的不良影响与发酵，致使不少研究者对哪怕是黑白是非原来就十分清楚的问题不愿意轻易表态。后者涉及的问题则包括：

一是多元化的提倡是否没有边界和底线。这其中包括如何看待"宽容"与"包容"的问题，或者误把无原则的"默许"等同于"客观"或"专业"看待。

二是对于与中国或亚洲情况未必相符，或者出自不同时期、不同国家或机构的不同战略目标，应运而生的东西洋"学术舶来品"，是否应该照单全收？

有关这两个问题，我想以下的几个实例来和大家一起探讨。

（五）案例探讨

首先，谈谈戈公振的名著《中国报学史》在昭和17年（1942年）被译为日文版《支那新闻学史》出版的背景。

针对其出版动机，译者小林保在其"译者序"中是这样写的：

　　在大东亚战争的局势下，正当人们再认识到报纸使命的重要性时刻，如果从报纸对政治、文化各部门的渗透力来考量，报纸在日华两民族提携的当前课题上所扮演的重大角色超过其中的一半。从这个层次的意义来看，掌握中国的报业历史是有必要的，这其实也是本书被纳入《支那文化丛书》之原因所在。

换句话说，小林之所以翻译戈公振之名著，《支那新闻学史》之所以被纳入《支那文化丛书》，并不是为了中日两国友好的文化交流，而是有着如下明确的"问题意识"：

其一，在日本侵华战争，特别是"大东亚战争"（1941年12与8日）爆发之后，为了配合日本国策的需要，报纸的功能和使命受到军国日本的格外重视。

其二，从报纸对政治、文化各部门的渗透力来看，报纸对"日华两民族提携"的提倡与宣传效果占据一半以上。

其三，为达到上述目的，掌握中国报业史的发展脉络刻不容缓。

了解了日本军国御用文人（包括汉学家）旨在为大日本帝国效劳而翻译中国（其他亚洲国家亦然）名著或研究中国（其他亚洲国家亦然）的"学术成果"，亚洲学者就不可能和战后日本的某些学者（包括其"开明知识分子"）那么轻松地将之称为"帝国的学知"与"文化遗产"，遑论对其"科研成果"之赞赏与歌颂。

针对这一点，战后早期留学日本的亚洲学者是高度警惕的。

针对20世纪70年代日本学界卷土重来的"华侨问题研究"热潮，一名台湾出生的旅日华籍学者就直截了当地指出，其目的是为了配合日本企业战后南进的需要。他同时指出战前有关华侨问题研究之基本特性，并提出了今日研究者所应持有的态度。他写道：

　　……我们的研究者得注意到：战前的研究者是应日本帝国的邀请——首先是以"满洲事变"为契机，以南洋华侨对中国的支援日益增强为背景，即为了制定缓和抗日色彩浓厚的抵制日货运动（的政策）而进行华侨（问题）的研究。接下来直接的研究动机，是为了掌握对日本侵略中国及进出东南亚的核心"抗力"之一的华侨实态。进而为了实现

"大东亚共荣圈",在非把华侨拉进此构想不可的背景下,不得不对华侨进行深一层的研究——即被动员并自我投入于此研究的。①

换句话说,战前日本的"华侨问题研究"是与"大东亚共荣圈"的构想和实践紧密挂钩的。正因为洞悉战前战后日本研究"华侨问题"的来龙去脉及其特征所在,这名研究者吁请战后的日本学界端正其研究的"问题意识":"我们不应该沿着(日本)学界前辈的研究轨迹,或在其延长线上进行有关的研究。"②

"我们不应该沿着(日本)学界前辈的研究轨迹,或在其延长线上进行有关的研究。"——这是战后旅日亚洲学者对日本学界何等珍贵的忠告与郑重的呼吁!但令人失望的是,尽管战后日本的知识界也曾有过一股清流对其战前不光荣的记录予以反思,但未汇成洪流。与此相反,随着日本政界的"总保守化",日本学界反思的声音日益削弱。

在"科学的研究方法"与"摆脱政治思维"的借口下,有人把战前的"涉华学术调查"与"研究",定性为日本"学术精英"的杰作(美其名曰"学知");有人则以"怀旧""乡愁"的心态而复制战前大日本帝国鼎盛时期的"满铁地图""满洲生活手帐(即记事本)",但就偏偏不追问与交代战前日本学界前辈"为何"、"为谁"进行"涉华"或"涉南洋"的"调查研究",也不谈谈其"怀念"的是谁的土地与故乡。

不过,对于这些今日被部分知识分子誉为日本帝国精英"知识生产"的结晶,倒是侵华期间编印《支那新闻的排日面相——膺惩暴日、抗日宣传》(东京:先进社,1931年)的编著者和推荐者对其性质说得较为坦率与清楚。

在为大泉忠敬编著的这本书撰写序文时,《东京日日新闻》经济部长杉山幹开门见山写道:

> 针对满洲事变,美国和国际联盟都在密切关注。他们对于我们极尽事理提出的主张为何无法理解?答案就在本书中。

---

① 戴国煇:《华侨——从"落叶归根"到"落地生根"的苦闷与矛盾》,东京:研文出版社1980年版,第49页。另,有关日本对华侨问题研究的动向及其研究的"问题意识",详见卓南生《日本的亚洲报道与亚洲外交》第三章《战后日本的华侨与华人论——日本传媒与专家论调分析》,世界知识出版社2008年版,第48—63页。

② 戴国煇:《华侨——从"落叶归根"到"落地生根"的苦闷与矛盾》,东京:研文出版社1980年版,第49页。

不消说,了解有关日支关系妥当化的事态是有必要的。但与此同时,正视支那在国际间发放其声音并讲究应对策略绝对有其必要。我敢断言,随着时局的重大变化,通过本书了解支那的宣传手法显得更为重要。

这段序文要表达的意思有三。

一是"满洲事变"有理的是日方,但却未被密切关注此"事变"的美国和国际联盟所"理解"。要知道其原因所在,得看本著作。

二是伸张"日支关系"的合理化固然重要,但与此同时,还得充分掌握"支那"如何发出其声音的具体情况,并进而有针对性地拟定应对策略。

三是随着战局的演变,该书提供的内容日益显得重要。

一句话,该书的出版是为了配合日方扩大战线的迫切需要,以便在"知彼知己"的有利情况下开展其国际舆论宣传战。

认识了战时日本学界与报界人士倾其全力投身(即所谓"总动员")于军国侵略活动的"调查"和"研究"的真相,人们在今日重读其对策的"结晶""科研成果"或者是其重量级领军人物的所谓"理论创新"与"富有想像力"的"构想"或"学知"时,当然不会以赞美、景仰的口吻或心情予以评价,负责任的学者更应留意并剖析其所设的宣传陷阱与圈套。倘若欠缺如此明确的研究问题意识,误把沦陷区日军或日伪的宣传品视为"客观的素材"予以传播和宣扬,高谈什么"满洲国时代"也有"光明面"或强调其民众生活的"多样化"(如集邮藏画、吟诗作对、中秋赏月等),无疑是在重新为"皇军"塑造"王道乐土"的形象。至于借口战前日本文化侵略大家精心炮制的"理论"的"学理的复杂性",进而盲目推崇与鼓吹其学术的"权威性"与"前沿性",则无异于变相地在为"大东亚共荣圈"构想重新包装与生产。

"问题意识"的提出,显然不能仅停留于论文写作技巧或方法论的层次,而应该提高至学术研究的原点、真谛与内涵。

二 再谈"新闻传播史研究的'诱惑'与'陷阱'"[*]
("北大新闻学茶座"记录)

2002年,《国际新闻界》刊发新加坡旅日学者卓南生教授彼时在清华大

---

[*] 本文为作者2017年9月17日在吉首大学举办的"北大新闻学茶座"第57期活动的主讲内容摘要。记录与整理:重庆大学新闻学院讲师李松蕾。

学和北京大学新闻与传播学院研究生课堂的讲稿《新闻传播史研究的"诱惑"与"陷阱"——与中国青年谈治史的苦与乐》[1]，从学风、治学之道与史观三个层面陈述中国新闻史学界存在的偏差，引发学界关注和讨论。15 年后的 2017 年 9 月 17 日，在北京大学新闻学研究会和湘西吉首大学文学与新闻传播学院联合主办的第 57 期北大新闻学茶座中，卓南生教授结合长期在中国各高校讲学的体验和观察，重谈"新闻传播史研究的'诱惑'与'陷阱'"，并以战后日本新闻传播学界对西学的反应和反思为参照，分享他对厘清中国新闻史研究风气、困境与走向的思索。

（一）15 年前的观察与直言：中国新闻史研究的偏差

卓南生教授于 20 世纪 80 年代后半期初访中国大陆开始与中国新闻史学界进行交流，自 2000 年起在中国各大学开课并兼任硕士、博士生导师。2002 年，有感于中国新闻史学界存在的一些偏差，在刚成立不久的清华大学新闻与传播学院与北京大学新闻与传播学院的研究生课堂上，卓教授以《新闻传播史研究的"诱惑"与"陷阱"》为题，从当时青年学子中普遍存在的"报史研究轻松论"、"无用论"论调和"新媒体研究热"的风气谈起，分享从存疑、推敲到试探各种寻求原件渠道的报史研究经验，提倡论从史出、史论结合的传统史学方法论，强调任何质疑与反思都不能脱离史实和实证研究的严谨治学态度，即在大量占有可证实的一手资料的基础上，把握历史发展的主线，以明确的科学的史观为指引，对史料去伪存真、科学推断、小心求证。

卓南生教授表示，这是 15 年前他刚到中国讲学不久，以"圈外人"的身份对中国新闻史学界的个人观察与至诚感触。15 年来，卓教授从"圈外人"逐步转为中国新闻史教学与研究的"参与者"，尤其是 2009 年以来身兼北京大学新闻学研究会主办的五届"新闻史论师资特训班"的学术总指导，与来自全国各大新闻院校青年教师学员的直接对话与交流，对于中国新闻史研究的特征与倾向有了更深层的认识。

---

[1] ［新加坡］卓南生：《新闻传播史研究的"诱惑"与"陷阱"——与中国青年谈治史的苦与乐》，《国际新闻界》2002 年第 3 期，第 110—115 页。本文系根据作者 2002 年 3 月 18 日和 22 日分别在清华大学和北京大学为新闻传播学专业研究生演讲的讲稿整理而成（整理人：中国人民大学新闻学院研究生刘波，殷新宇），后收入作者专著《中国近代报业发展史 1815—1874》简体字增订版和增订新版附录，中国社会科学出版社分别出版于 2002 年和 2015 年。

(二) 15年来的体悟与感受:"报史研究轻松论"、"无用论"缘何而来

卓教授分析,"报史研究轻松论"、"无用论"本质上其实是"新闻学无学论"或者说"新闻史无学论"。早在1899年日本第一本新闻学著作——松本君平的《新闻学》就已问世,1903年中译本出版,也是中国第一本新闻学译著;1922年,日本新闻史学奠基人小野秀雄刊印其代表作《日本新闻发达史》,1927年戈公振的《中国报学史》出版,"新闻学"和"新闻史学"迄今已存在百年。卓南生教授指出,作为一门新兴学科,新闻学在日本最初被定位为"实用学科",难登"学术大雅之堂",但随着新闻学研究与教育的开展,"新闻学无学论"在战后的日本已渐渐消弭,20世纪六七十年代,因新闻史研究硕果累累,愈加受到重视,严肃的学界再无"新闻史无学论"。

反观中国新闻传播学界,15年来"新闻史研究轻松论"、"无用论"、"无学论"仍然普遍存在,究其原因,卓教授认为,主观因素源自部分拙劣通史、概论、教科书与长话短说(有些实际上是整合文章)的核心刊物论文。不少初入专业的本科生和研究生抱持"报史研究轻松论"、"无用论"、"无学论"的想法,实际上是误把某些"你中有我、我中有你"整合改写而成的某些报业通史、概论乃至教科书或重复前人写过的论文与报史研究画等号。此外,中国学界的评估体系与核心期刊选稿的基准,尤其是严格的字数限制使得新闻史论文或只有结论而无论证过程,或只简单梳理前人成果而毫无原创性,这也是初学者难以找到良好论文范本的原因之一。至于有增无减的整合性论文的错误"示范",更是严重削弱了新闻史研究在学界的声誉和地位。

(三) 整合型论文的病端与伎俩

卓南生教授将整合型新闻史论文写作的常见伎俩总结为以下八种:
一为掩他人之美,不引述其论文参考或受益最多的学术著作。
二为提升其论文"博览群书"的"含金量",多加引述几本原本就是欠缺学术味的整合型书籍与论文。
三为佯装细阅原件,实际上不少是"孙引"(即"转引")的加工,但

不做任何的交待。

四为按照前人著作的注解或引文，改写或引申为新发现的"论文"。

五为重复论证。你引外文原著，我引中文译版（或者相反）。

六为前后次序更动，再加一些欠缺深层论证或无关紧要（乃至结论相反）的评语，可以说是另类的拿来主义。

七为他人引用的图表、例子照收不误，只是略为改变表达方式。

八为虚设无中生有的"定论"，进而以简单事例推翻前人的"定论"以达哗众取宠的传播效应。

卓教授还指出，有些老练的"新闻史整合师"采取的手法是文中（或书中）时而提及他人的研究成果，时而半引半抄，有时甚至索性不提出处，俨然像是自己的"新发现"，如此这般的研究"范式"，新闻史之被置于死地自不待言。

在新媒体和信息科技日新月异的影响下，卓教授指出，新闻史研究面临的另一个问题就是"新媒体研究热"的现象，每个时代都曾出现新媒体，每个时代也相应地都有与时俱进的新媒体研究热，这无可非议，但不等于因此传统媒体就失去了研究价值。

对于新媒体研究提倡的"跨学科对话"，卓教授认为，这有助于学术视野的开拓与交流，但其中亦有不少"诱惑"与"陷阱"。对新闻史研究者而言，也得留意如下的动向。其一，西力东渐带来的"近代报纸"（"新报"）与传统的"邸报"、《京报》等是否有其连续性与非连续性？[1] 其二，20世纪五六十年代，大众传播学被介绍到亚洲，给新闻学界带来不小的冲击，大众传播史该怎样研究与书写？其三，近年来欧洲盛行的媒介文化论被引入中国，在此学术视野下的新闻史研究往何处去？

（四）借鉴日本新闻传播学界：他山之石　可以攻玉

结合自身在日本求学、治学与教学数十年的经历与观察，卓南生教授将日本新闻传播学界四位代表性学者对上述问题的反应与对策作为参照，用以镜鉴中国新闻史研究的困境与走向。

卓教授介绍，他的导师平井隆太郎是日本新闻学和新闻史研究开山鼻祖

---

[1] 详见［新加坡］卓南生《中国近代报业发展史1815—1874》增订新版的自序《我对中国近代新闻史研究的若干思考和体会》，第1—29页。

小野秀雄的战后嫡系大弟子，在平井老师的推荐下，他曾二度拜访当时年逾八十高龄的小野教授。作为历史主义者，小野秀雄为搜集史料曾两度奔赴大英图书馆，并十分重视江户时代的新闻类似物"瓦版（新闻）"的研究，战后在美国占领军"民主化教育改革"的影响下，日本新闻学教育相对受到重视，但小野先生并不全盘接受西方学说，而是批判性地引进美国的大众传播学，强调日本文化有其自己的源流与传统。卓教授研读博士课程时的另一位老师，被认为是功能主义的代表人物小山荣三，则在战后摇身一变，从法西斯新闻论的鼓吹者转为美国大众传播学"舆论调查"的旗手，后来成为日本新闻传播学界的笑谈。第三位是关注中国新闻史研究，并与方汉奇先生等老一辈学者多有交流的内川芳美教授，堪称战后日本大众传播学与大众传播史研究的领军人物，在美国大众传播学兴起，尤其是西方热议"史学危机"之时，提倡冷静探讨近代新闻史的研究方法论，在尊重和继承前人研究成果的基础上，批判性地吸收西学理论。最后，卓南生教授还提到了他任职东京大学新闻研究所时的年轻同事、日本媒介文化研究的新秀和代表人物吉见俊哉。在引介西方媒介学的过程中，吉见教授首先清晰地梳理了各媒体研究的脉络，尤其重视小野秀雄、内川芳美等前辈的论著，以严谨、谦诚的治学态度和深入浅出的文字辨析其背景与发展。

卓南生教授分析指出，总体而言，日本新闻学界在西方新学说的冲击之下表现出如下特征。其一，与时俱进、批判性地引进各种新说和方法论，但决不现炒现卖西方流行的理论；其二，研究方法论是建立在继承、确认本国前辈研究的基础上，从未出现"今人笑古人"的现象，且对日本新闻发达史及其源流的研究高度重视与评价，对日本曾出现的本土新闻类似物"瓦版（新闻）"引以为荣。换句话说，日本的新闻传播学者大都充满文化自信，决不妄自菲薄。其三，严谨治学之风迄今在学界仍被高度推崇，传统正派新闻史研究后继有人。

本次茶座由北京大学新闻学研究会执行会长、北京大学国家战略传播研究院院长程曼丽教授主持。来自北京大学、中国人民大学、中国传媒大学、天津师范大学、台湾政治大学、华中科技大学、北京工商大学、首都经贸大学、湖南大学、湖南师范大学、重庆大学、澳门大学、吉首大学、武汉纺织大学、暨南大学、日本龙谷大学和人民网研究院等海内外高校、研究机构的学者和青年教师，结合各自在研究教学中的困惑与思考，在互动环节就新闻史研究的风气、理念与方法以及新闻史教学被边缘化的现象，与卓南生教授、出席茶座的汪琪教授、彭家发教授、吴廷俊教授等进行了交流与探讨。新闻史论师资特训班同窗会会长刘扬博士、秘书长李杰琼副教授等积极发言，表达了新生代的看法。

程曼丽教授在总结时表示，卓老师15年前以"圈外人"的身份发现中国新闻传播史研究的偏差与误解，15年后以"参与者"的身份再谈仍存在且蔓延于新闻史研究中的"诱惑"与"陷阱"，虽是旧话重提，但新内容和新见解的加入带来了新的启示，尤其是对于从事新闻史研究的学人来说更具警示意义。方汉奇先生曾讲，新闻史为新闻学这门学科打下了坚实的基础，新闻学是在新闻史的基础上发展起来的，新闻史是新闻学的功勋和祭师，因此，程教授强调，新闻史研究的偏差是关系整个学科生存与发展的重要问题。针对新闻史研究与教学被边缘化的现象，程曼丽教授呼吁研究者除了加强使命感、责任感、紧迫感与企图心之外，还要有信仰、有信念、有操守，通过坚实的努力，共创新闻史与新闻学研究更好的未来。

本次茶座由《国际新闻界》协办。这是继2015年在厦门大学、2016年在吉林大学分别举办第48期、第53期北大新闻学茶座之后，北大新闻学研究会再次走出北大、走出北京的学术交流活动。

三 新闻史研究方法论的再思考[*]
——从《香港华字日报》大量原件之发掘谈起

原编者按：

卓南生教授通过多方求索，在日本国立国会图书馆发现了《香港华字日报》创刊初期两年又三个多月（1872年5月6日第9号至1874年8月25日第442号，内有缺号）多达400余份报纸原件，根本改变了此前研究者只能凭借一份报纸原件推断该报早期情况的研究困境。2014年11月6日，在"北大新闻学茶座"第42期活动中，卓先生进一步阐明这项重大发现的背景、过程及意义，并由此展开，与出席本次活动的青年师生分享了他对新闻史研究方法论的思考。

---

[*] 本文原刊于李杰琼、李松蕾编《北大新闻学茶座精编1》，清华大学出版社2015年版，第44—54页。系作者在"北大新闻学茶座"第42期活动（2014年11月6日）的发言内容摘要。记录与整理者：清华大学新闻与传播学院博士生李海波。

（一）确认《香港华字日报》创刊日期的考证

1895年1月,《香港华字日报》报馆起火,创刊以来经年累积的旧报存刊,悉数焚毁。此后数十年,因为史料奇缺,这份近代中文报业发展史上极为重要的报纸,其早期历史便一直云雾迷蒙,面目模糊,甚至连报馆后人也理不清自家身世。1923年,该报筹备"六十周年纪念刊",将创刊年份确定为1864年。事后证明,该报摆了大乌龙,把生日提前了八年之久。在这次纪念庆典中,报馆曾经悬赏征求旧报,结果仅有一位澳门读者应征,献出一份1873年6月4日的报纸(第176号)。这份报纸,便成了唯一存留于世的早期《香港华字日报》,后来的研究者只能凭借这一份报纸,来推断该报的早期情状。

但我对该报"创刊于1864年"的说法是抱有怀疑的,因为按照简单的推算,从1864年到1873年十年时间里,如果每周一、三、五出版三期,报纸的总期数肯定远远不止176期。为了正本清源,解决这个难题,在多方求索之下,我在20世纪70年代于大英图书馆和香港大学图书馆发掘出了《香港华字日报》之前身报《中外新闻七日报》长达一年的原件。该报在诸如"告白"等内容中,明确表示将在1872年4月易名为《香港华字日报》,自行刊印(此前以中文专页的形式,作为英文母报《德臣西报》不可分割的一页,每周六出版)。

凭借着上述直接证据,以及《香港蓝皮书》等多则间接史料,旁参互证,我撰写了论文《〈香港华字日报〉创刊年号考》,得出该报创刊于1872年4月17日的结论,并推断该报是在1873年6月4日之后才发展成为完整的日报,从而推翻了流传许久的"创刊于1864年"的"定论"。这篇论文最早发表在1985年的日本《综合新闻事业研究》上。

拙著《中国近代报业发展史1815—1874》(各版本及更早之前的日文版《中国近代新闻成立史1815—1874》)的第8章,依据《香港华字日报》之前身报《中外新闻七日报》的原件、该报创刊初期硕果仅存的第176号影印件及众多相关史料,对这份报纸的早期面貌(包括创刊日期、版面形式及内容等)进行了全面的考察和细致的描述。

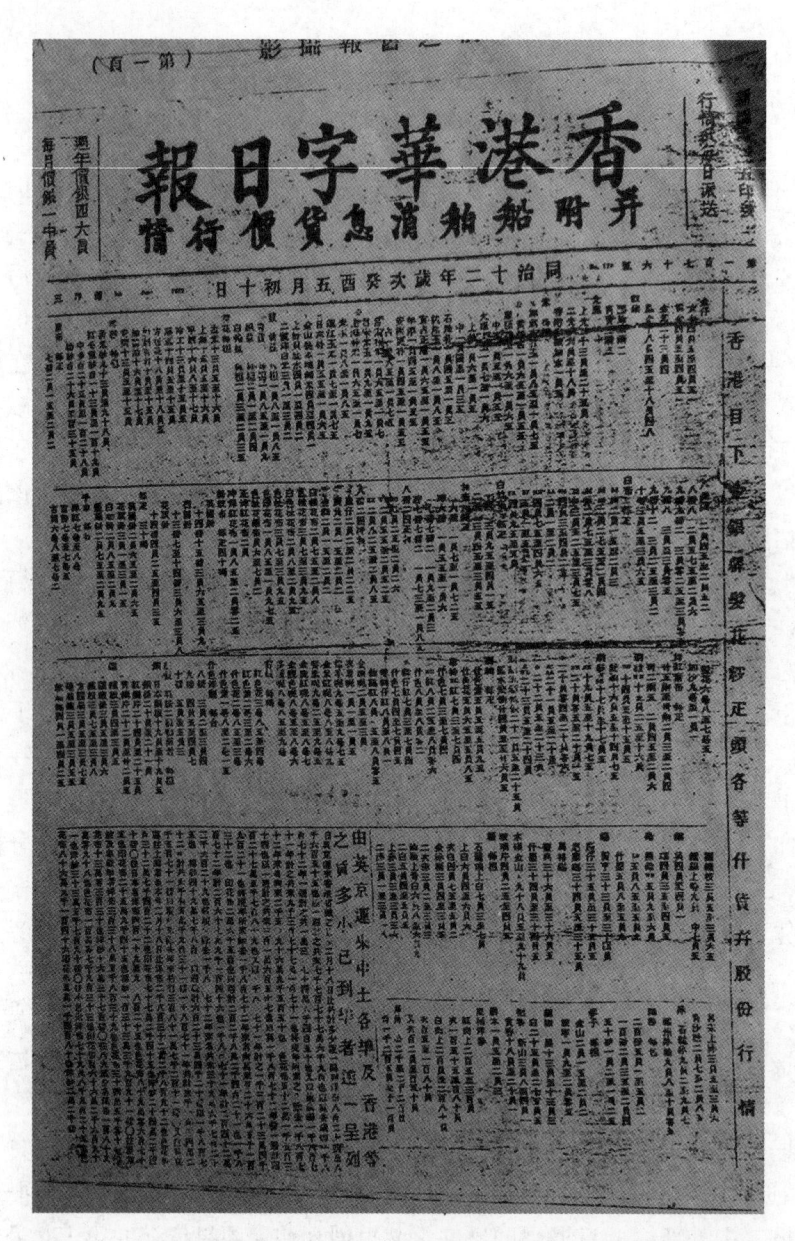

图 5-1 长期以来被视为唯一留存的早期《香港华字日报》
（"176"号）影印件

在拙著简体字增订版出版（2002年）后不久，我在日本国立国会图书馆又发掘出了《香港华字日报》从1872年至1874年两年又三个多月400余份的报纸原件,这样一来《香港华字日报》的第一手资料就一跃成为香港早期三大中文报刊中原件保留最丰硕的报章:19世纪70年代香港并存的三大中文日报中,目前所能看到的《香港中外新报》的原件仅存一份;《循环日报》约有半年的原件。

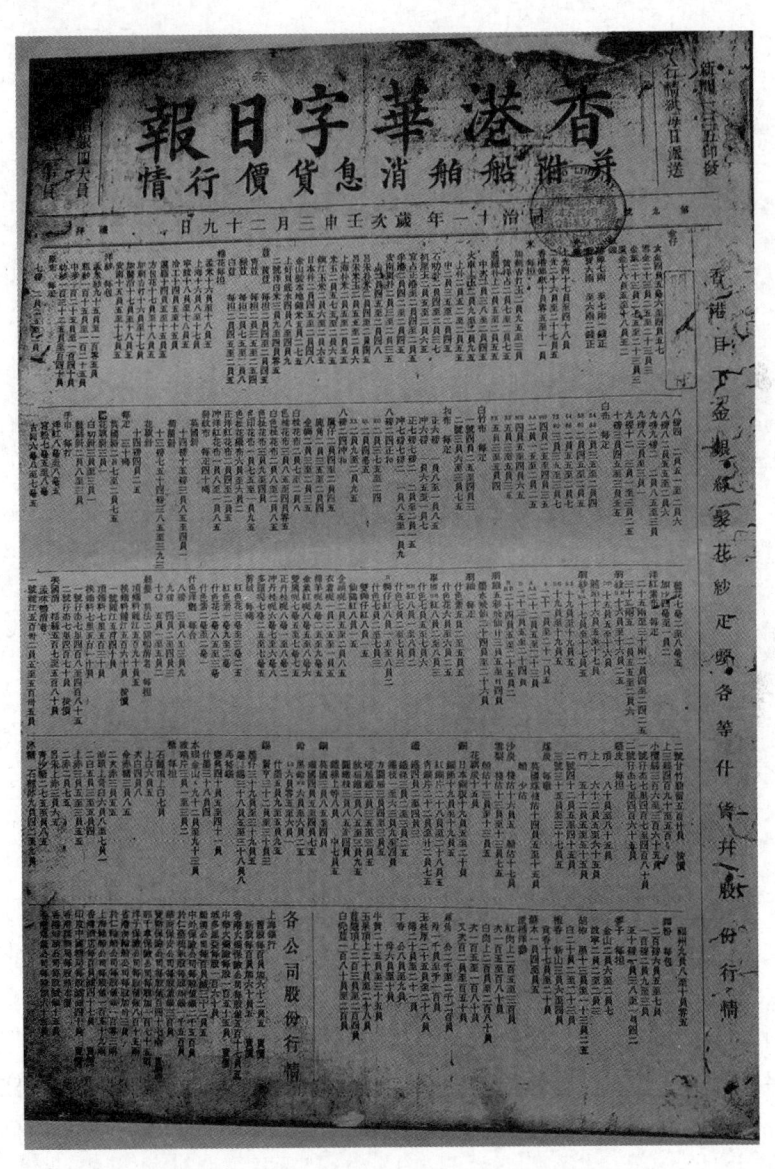

图5-2 新发掘的最早一期《香港华字日报》原件:第9号
(1872年5月6日)

通过这 400 多份第一手资料，我得以进一步厘清《香港华字日报》创办早期的面貌和特征，不仅确认了自己在 20 世纪 80 年代对该报创刊日期等诸多推断，而且订正了该报从"周三次刊"改为日报的准确日期：1874 年 2 月 21 日。

这篇最新研究成果《〈香港华字日报〉创刊初期大量原件的发掘与意义》①已经刊登在 2014 年第 10 期《国际新闻界》上，有兴趣的老师、同学可以找来读一读。我在刚刚结束的中国新闻史学会年会上，做了一个主题发言，也向中国新闻史学界的各位同仁报告了这个最新研究成果，同时分享了我从事新闻史论研究的心得。

（二）"诠释"、"解析"新闻史不能离开论据

有些学界同仁给我贴上了"考据派"的标签，甚至开玩笑说我有"考据癖"。我想说的是，我确实十分重视原件，但并没有考据癖。新闻史研究需要大量地占有第一手资料，但新闻史的研究者经常要面对资料残缺的情况；甚至可以说，残缺不全才是常态。找资料需要下苦功夫、硬功夫、死功夫。

中国近代的早期报刊，除了《六合丛谈》等少数原件在大陆有所存留之外，大部分都已佚失。20 世纪 20、30 年代，戈公振先生曾专程赶往英国伦敦大英博物馆查阅部分原件，他撰写的《中国报学史》是中国新闻史研究的奠基之作，被后来的研究者奉为圭臬，乃至在长达半个世纪的时间里，新闻史学界对近代早期报刊的研究未能发掘更多史料，只能重复戈公振先生的"定论"，其中不乏以讹传讹的情况。

受到戈公振先生和日本新闻学奠基人小野秀雄先生的启发，我在学生时代萌发了前往伦敦查寻早期报刊原件的念头。从此一发不可收拾，我遍访了世界各地的主要图书馆、大大小小的旧书店还有各地的收藏家；搜寻范围除了中国香港、台湾等地区之外，重点放在日本和欧美等国家。

寻找资料的过程往往是曲折、漫长且孤独的，很多时候像是在黑暗中踽踽独行，不知道光明在哪里。比如当初我在大英图书馆，花了两年时间乱翻

---

① 已作为补章，收录于《中国近代报业发展史 1815—1874》（增订新版），中国社会科学出版社 2015 年版，第 213—236 页。

报纸,当中有时一连几个月毫无收获,整天被挫败感笼罩着,那种日子非常难受。但是突然有一天就出现了转机,机缘巧合之下我有幸被破例允许到大英图书馆尚未整理完毕,也未对外开放的藏报库,最终发掘了报刊目录中不存在的《循环日报》创刊初期五个月的原件。再比如,备受关注的 79 份《香港船头货价纸》原件,这份中国第一份以单张报纸形式出版、双面印刷的近代化中文报纸,以往新闻史学界几乎未闻其名。这份报纸的原件是怎么发现的呢?我经过多方打探,知道美国 Essex Institute 图书馆(后易名为 Peabody Essex Museum)存有 1859 年《孖剌西报》(*The Daily Press*)的两册合订本。我所发掘的 79 份《香港船头货价纸》,就是被阴差阳错地装订在其中一册。我们知道,《香港船头货价纸》及其易名后的《香港中外新报》都附属于英文《孖剌西报》。于是这些沉睡百年的旧报刊再见光明。

这些发现看来似乎是偶然,但其实是长期探究与耕耘的必然。试想如果我当时仅仅止步于查阅中文的报刊目录,不同时去探寻和查阅《孖剌西报》两册同年份的英文报合订本,可能就永远不会"意外"发现《香港船头货价纸》的原件。所以,新闻史研究并不轻松,只有下苦功才能有突破。

我一向对我的学生强调,从事新闻史研究应该尽量依据原件说话,如果证据、资料不充分就妄下结论,是非常危险的。当然,还需要注意的是,占有资料要避免沦为史料的奴隶;掌握史料的最终目的是为了厘清新闻事业创办的背景、由来、社会联系以及其具体运作,弄清楚一份报纸、一家电台究竟是"为谁而办"、"为何而办",从而判断历史的真伪,对新闻事业的社会影响进行评价和反思,达到以史为鉴的目的。

回到《香港华字日报》的问题上,这 400 多份原始资料的发掘具有什么意义呢?这些原件为我们探讨近代中文报业早期历史的一些关键问题,特别是报业转型期的特征,提供了新的线索与依据。

(三)印证华人报业先驱艰辛的"自我操权梦"

香港是中国近代报刊史的重要源头。中国近代报业,也就是所谓的"新报",正是鸦片战争以后在香港兴起的。其中,19 世纪 70 年代尤为关键,在这个重要的历史时刻,中文报刊开启"双重转型",一方面纷纷由"周三次刊"转变为名副其实的日报,在更深刻的层面上,则是中国报人逐渐摆脱外资操控,开始独立办报。

以当时的三大中文报纸为例,最早于 1857 年创刊的《香港船头货价纸》

(《香港中外新报》的前身报）和易名后的《香港中外新报》，附属于《孖剌西报》，形式、内容及立场与英文母报高度相似，堪称英文母报的中文版；1872 年创刊的《香港华字日报》及其前身《中外新闻七日报》，虽然号称服务于华人世界，但因为附属于《德臣西报》（The China Mail）体系之下，其言论立场仍难免受制于外资；直至 1874 年以"华人资本、华人操权"为号召的《循环日报》诞生，香港的中文报纸才真正地独立自主，代表华人发出声音。

通过对比上述并存于香港的三份报纸在编辑立场、方针等方面的异同，我在《中国近代报业发展史 1815—1874》总结部分指出："萌芽期中国近代报业史，其实正是一部中国人要求摆脱外国势力（原编者按："西士馆主"）的控制，争取言论自由，从而表达国家民族意识的斗争史。"

1871 年陈蔼廷主持《中外新闻七日报》时，该报只是寄生于英文《德臣西报》、每周六出版一次的中文专页，但从筹备创刊伊始，该报就打出"沿着华人意旨办报"的旗号，该报当年 5 月份的一篇文章中写道，"华人居港者现以英俊鳞集，记录一事固有笔挟风霜成链锷者，但无自设之新闻纸，则凡有要事关涉华人者，每欲传达而究不克"，流露出陈蔼廷等先驱报人渴望摆脱西人控制，自办新闻纸的心境。

同年 7 月 8 日陈蔼廷在该报发表《创设香港华字日报说略》，再次表达了同样的意愿，陈蔼廷写道："盖华字日报胥属西人而承办，今忽以华人而为主宰，则提挈之惟我，左右之惟我，此其事虽因而其举又实创也。"

不过，因为《香港华字日报》仍由《德臣西报》出资推动，陈蔼廷等人所追求的独立办报梦想，事实上并未实现，正如《循环日报》创刊词所说，"然主笔之事虽系华人，而开设新闻纸者仍系西人，其措辞命意未免径庭"。这其实正是中华印务总局的同人痛定思痛、决心集资创设一家"所有资本及局内一切事务皆我华人操权"的新闻纸的原动力所在。

在这场艰辛曲折的斗争历程中，《香港华字日报》无疑占据着承前启后的显著地位。如今，凭借新发掘的创刊初期 400 多份报纸原件，我们可以对中国报业先驱者们早期争取"独立操权"的那段斗争史，以及在此过程中同心同德、共克时难的具体表现有更深一步的了解。在此我想通过一个例子来说明。

《香港华字日报》和《循环日报》当时并存于香港，按照常理推断，两报应该为竞争关系。不过，翻看报纸原件则发现，《香港华字日报》从 1873 年 2 月至 1874 年 2 月连续一整年的时间里，近乎每期都刊载《循环日报》

出资方"中华印务总局"的启事，包括宣布《循环日报》即将创刊和已创刊的告白。1873年2月3日，《香港华字日报》刊登《中华印务总局告白》，宣布该公司正式成立，文中写道："本公司之设，原为专益唐人起见，所举值理三位为梁鹤巢、陈瑞南、冯明珊，总司理一位为陈蔼廷，正主笔一位为王紫诠（原编者按：即王韬）。此后拟创倡行日报，每日颁发……凡诸君赐顾者可至其地交易或交陈蔼廷先生。"

由此看来，主持《香港华字日报》编务的陈言（即陈蔼廷或陈霭廷），同时也是中华印务总局的行政主管和实际负责人。1873年9月5日，后来成为《循环日报》的主笔王韬所撰写的《普法战纪》，由中华印务总局出版，当天的《香港华字日报》便在第一时间刊登《普法战纪刻成》的启事，而且从9月10日开始，在相当长的一段时间里，这则新书出版的消息一直摆在《香港华字日报》第二版（即新闻版）之首，成为该版的头条新闻和告示。

上述新发现显示，早期的《香港华字日报》和《循环日报》关系密切，相互呼应。结合当时中文报刊谋求独立的历史背景来看，两报之间的密切合作，恐怕不能简单归结为商业（广告）往来或文人之间的志趣相投，而是具体体现了中国报业先驱们齐心合力，致力于"专裨益我华人"的共同新闻事业而彼此支援。

（四）"新报"与"邸报"的关联性与连续性

根据这400多份原件，我认为还有一个现象值得研究者特别关注，那就是《香港华字日报》对邸报、《京报》等内容的转载情况。翻阅新发掘的大量原件可以发现，该报在1874年2月改版（由"周三次刊"改为日报）时曾宣称，将以《京报全录》代替《选录京报》，即从部分转载改为全部刊登。果然，改为日刊之后，《京报全录》经常占据了新闻版面全版的三分之一甚至三分之二。而且，改版后《京报》内容转载的版面位置也变得更为重要——改版前的顺序是：《中外新闻》《羊城新闻》《选录京报》，且《京报》转载经常省略；改版后的顺序则为：《京报全录》《羊城新闻》《中外新闻》。

同样的现象也呈现在另外两家中文报刊《循环日报》和《香港中外新报》的新闻版面上。由此可见，在19世纪70年代香港中文报业激烈竞争的转折期，《京报》的内容是各中文报刊不可或缺的重要组成部分。这也进一步印证了我在《中国近代报业发展史1815—1874》一书中的论断："尽管中国近代报刊的诞生出自外来的因素与刺激,但很快地就与中国固有的'古代报纸'有所结合,先是模仿'古代报纸'的书本式,后是转载其一部分内容,并将之吸收为其组成的一部分(后者最终被时代所淘汰),而成为早期近代报纸的一大特色。"

上述新材料说明,在"新报"蓬勃发展的时期,作为"旧报"的《京报》曾有过回光返照的现象,这是中国近代报业史上的一大特色。我想,寓居"新报"的《京报》缘何一度受到格外关注与重视,又缘何没落和最终被时代所淘汰,这是值得进一步研究和探讨的话题。

从研究方法论的角度来看,为区分"新报"与《京报》("古代报纸"是否为最恰当的用语固然可以探讨)之差异,将两者分割开来辨析,或许有其积极意义的一面,但全面否定两者之间的关联性与连续性,恐有欠妥之处。有关这个问题,我曾在多个场合做过讲座,今天就不展开讨论了。

现在不少学者表达了对新闻史研究边缘化的焦虑。对此,我的看法是,要搞活新闻史研究,必须摒弃浮躁的学风,不能有投机取巧的心理。我赞同方汉奇先生新闻史研究要"挖深井,做个案"的观点。新闻史研究是一门严肃的学问,研究者必须经过大翻书、乱翻书的阶段,精细地发掘资料,在占有大量史料和把握时代脉络的基础上,得出客观、可靠、可信的结论,并从中吸取前人的经验教训。这才是新闻史研究的目的与意义所在,同时也是研究的基本原则和方法。改善新闻史研究的学风,有赖于诸位青年学者和研究生的努力。谢谢!

| 第六章 |

研究方法论之探讨（二）
——个案的研究与实例

一 明确问题意识、啃尽原件与紧扣主线——
阳美燕：《日本在华首家政论报纸〈汉报〉（1896—1900）研究》序[*]

（一）

"要先有问题意识与明确的研究方向和题目，才去尝试轻敲研究生院的大门。"这是20世纪60年代末笔者本科毕业投考硕士时非成文的"考生须知"的基本常识，也可以说是当时日本各高校对考生要求的首要铁则。由于研究生院的定位是在培养学术专才与确保大学的教师阵容与梯队，各高校从硕士班（基本上是硕博连读）招考开始便卡得很紧，每年各专业仅招收若干名，如无适合考生，宁可宣布"本年度录取者为零名"。

也许是受到学生时代日本严谨学风的熏陶和影响，1989年当笔者从报界转入学界时，尽管有"好为人师"的热情与欲望，但绝不以降低学术要求录取学生。特别是作为东京大学新闻研究所首名外籍专职教员，更不能不十分谨慎，严守此严正的学风，以免有"外国人教员包庇外国学生"（因投考者多为留学生）之嫌。也因为如此，尽管有不少"慕名而来"的中国留学生曾到我的研究室商讨攻读硕士的问题，但在简短的对话之后，我都不轻易鼓励他（她）们投考，原因是来者几乎都没有基本的"问题意识"。

1994年转至京都龙谷大学之后，尽管日本学界对研究生的定位已有从以往的培育少数学术精英逐步转为大量生产专才的征兆，但对于录取没有"问

---

[*] 本文是作者为阳美燕博士专著（《日本在华首家政论报纸〈汉报〉（1896—1900）研究》，中国社会科学出版社2015年版）撰写的序文。

题意识"的学生,笔者基本上还是采取消极的态度。

2000年,笔者利用学术年假,有幸在北京大学度过了一年愉快的客座教授的校园生活。通过课堂的交流、演讲会的互动、课堂后与同学们的热辩,以及谈不完的学术乃至中国社会的众多话题,我深深地感受到中国大学生求知欲的强烈和探求真理的精神,相比当时已逐渐消失"梦想"的日本大学生,显然是有巨大的差距。记得那年严冬在未名湖畔的雪境中接受新加坡电视台《焦点30分》的专访时,我毫不犹豫地表示:"北大生的学习热忱与求知精神远在东大生之上。"

不过,当时我也很惊讶地察觉到,尽管北大生学习热忱高、思维敏捷和开放,但从他(她)们交来的期末报告等来看,未经思考的整合性、非原创性的论文占绝大多数。说白了,同学们都欠缺"问题意识",基本上都不是带着问题去写论文或报告,而是在等待老师的指示和分配研究题目。推究其因,是与长期以来中国推行"计划经济→计划研究"的体制与学术界的风气和习性分不开的。

了解了中国大学生的特征与研究困境之后,笔者对于此前不少抱着"老师,您研究什么,我就研究什么"或者在等待老师分配研究题目的留学生,就不再那么反感和感到"不可思议"了。

为此,笔者开始积极招收留学生,并摸索指导留学生撰写论文的途径。方法当然不是任意分配研究题目,而是在和研究生不断的对话过程中,逐步发现他们的研究方向、专长与兴趣,然后鼓励他(她)们大翻书、乱翻书,进而引导他(她)们从中逐步得出自己具体的研究对象。

2004年,受时任华中科技大学新闻与信息传播学院院长吴廷俊教授的委托,我接受他的博士生马嘉(现任沈阳师范大学教授)到龙谷大学进修数个月,并承担副指导教授的任务。以此为契机,笔者在龙谷大学深草校区旁侧具有传统的喫茶店"绿",每周一开了一门以讲华语的师生为对象的讨论课。这门义务的讨论课没有学分、不拘形式,有时是让硕士生、博士生轮流发表自己研究的个别章节,有时是共读一本书,类似读书会;有时则探讨热门的新闻话题。每堂课的重头戏是在自由与坦诚的氛围中交换意见与点评。特别是通过对硕士生、博士生论文逐章或逐节的发表与相互点评,我对中国留学生的问题意识与写作能力和技巧,有了深一层的认识。这门每周一晚上约两三个小时的课外课,一直延续到2010年3月我提前从龙谷大学退休为止。出席者一直保持在10人以下。除了我在龙谷大学直接指导的硕士生、博士生(也有个别的本科生)之外,还包括历年来在不同时间段我邀请到龙谷大学长期访学的中国学者和到龍谷大学交流、由我接纳、指导的中国大学在籍博士生等。

也许是因为有着上述的机缘，我已较有指导中国研究生的自信，也很乐意成为华中科技大学的兼职博导。本书的作者阳美燕同学，便是我在华中科技大学以我的名义招收的第一个博士生。

当然，与在京都每周定期和研究生见面、随时得以交流的情况相比较，仅靠"集中讲义"的远距离指导确有其不同的难度。好在我对中国大学生的基本思维及优缺点已有一定的自信和掌握，因此，在初次见面、了解学生的基本思路、兴趣和愿望之后，我并不为学生"问题意识"的不明确感到惊讶或困惑。我的第一个建议是先到图书馆大翻书、乱翻书，先对我们新闻与传播学专业现有的研究状况与成果有个轮廓的认识；其次是，也许因为我是搞新闻史出身的缘故，我对研究生的基本要求是，不管未来的研究方向是否与新闻史直接挂钩，一定要对新闻发展史有个鸟瞰图式的认识。

正是沿着这样的思路，我也布置了一些作业，其中包括梳理两湖新闻事业发展史的系谱（考虑到阳同学的乡缘及其求学所在地的因素）。

在发现阳同学对研究两湖新闻事业甚感兴趣之后，我让她整理了两湖报纸原件的存佚表，及其收藏与保存的情况。因为，在我看来，如果是要搞新闻史，一定要接触原件或准原件，单凭想象或人云亦云、再加上一些与亚洲或中国时空风马牛不相及的所谓"理论"的华丽包装，而炮制的"研究成果"是不靠谱的。《汉报》研究的这个选题，便是阳同学在历经上述过程和奔波与浸泡于不少相关图书馆之后敲定的。

在敲定了研究题目与确保了基本研究对象（原件与准原件）之后，除了得认真、仔细阅读这些原件（或准原件）之外，还得对两易其主的《汉报》之创刊背景、外人在华办报的目的及其传播技巧与对象有清楚的认识。要达到这一点，必少不了一番对中外关系史的恶补。换句话说，如何掌握时空的基轴、紧抓时代脉络的主线，是研究者不可或缺的基本功。几经波折，我发现阳同学都一一克服了其面对的难题。尤其难能可贵的是，在觅得大量的原始资料与明确其研究定位之后，阳同学可以说是全神投入其研究工作。在几次研讨会的短暂见面期间，她都拖着内藏不少原件资料的笨重行李同行，目的无非是随时可以将资料取出，以便讨论。阳同学认真钻研、不懈努力的精神，也为她近年来在学界逐步受到认可奠下了不可替代的条件和基础。

呈现在读者面前的这部著作，即见证了阳博士对学术的忠守、务实和努力的成长过程。

（二）

　　以上着重谈论笔者参与指导中国研究生撰写学术论文的一些机缘与感想。接下来我想谈谈本书作者研究《汉报》面对的难题、被赋予完成的任务和取得的成果。

　　首先是理清该报的一些基本情况，包括两易其主及报名的来龙去脉。在这一点上，我认为作者基本上可以说充分利用现有材料，回答了该回答的问题。特别是对英资《字林汉报》的发掘与介绍，尽管现有的原件只有两份，却由此可让我们窥见该报面貌之一斑。在新的原件尚未被发现或发掘之前，研究者能觅得并将这尚未被充分利用的珍贵原件"啃得一干二净"，其实就是一个贡献。从这个角度来看，报史研究者不该将原始资料的残缺不全视为畏途；恰恰相反，如何充分利用这残缺不全（在不少的情况下，这是报史研究者面对的常态）的原件，为我们提供一些有用线索和答案，无疑是考验研究者的学术素养和嗅觉之处。

　　其次是，如何为日资《汉报》这一日本在华首家政论报纸予以明确的基本定位，应该是本书的中心内容和是否有说服力的关键所在。这既得对当时的中日关系、日本的"北进"政策与日、英、俄等国图谋在中国角逐其"国益"错综复杂的关系有深刻的认识，还得透析日本"大陆浪人"的本质及其为配合日本国策，如何利用中文媒体展开舆论诱导的使命、技巧和功能。说得更加明确些，日本"大陆浪人"在华办报，与19世纪早期的传教士报人"学了中国人的口气，办给中国人看的报纸"（方汉奇语），有异曲同工之妙。两者都各有其话语体系、献身精神并各为其主卖命的事实是不容置疑的。西方传教士报人身兼政教商和媒体人等的多重身份，日本谍报人员则直接或间接向外务省、台湾总督府或情报组织部门等定期或不定期汇报、领取资金或补贴，其办报动机和目的，不言而喻。只不同的是，日本"大陆浪人"使用汉语的能力和水平远在一般洋"中国通"之上，他们所办的中文报对中国的旧知识分子（特别是力图改革但苦无出路的维新人士）具有更大的迷惑力和欺骗性。

　　就以在甲午战争后诞生的日资《汉报》来说，正如作者指出一般，该报所标榜的"汉报主义"（即"一、介绍日本之实情于支那之官民，以令其信于我；二、明唇齿相依之义，行一脉相承之实；三、抑制旧党援助新党，以助维新之气象"），其首要目的无非是要通过大力宣传日本的先进和强威，激发中国人"师日"之心和对日本的信任之情,以扭转甲午战争引起的"排日"舆论之不利影响。

甲午战争已时过两个甲子,仔细阅读作者对《汉报》内容的分析,其中不乏迄今仍然值得借镜和警惕之处。在纪念甲午战争120周年之际,只停留于"强弱论",不与"是非论"挂钩的"师日论",为何在今天仍有很大的市场?不重视历史教训,只着眼于如何"崛起",高倡"近代化万万岁"的论客,为何仍有人气?这是值得人们深思的。

紧扣主线、反复咀嚼和思考《汉报》的内容如何与其编辑方针相互呼应,是本书的看点之一。附录的《〈汉报〉(1896—1900)馆主宗方小太郎的间谍生涯及其"中国经营论"》一文,更有画龙点睛之妙,谨此予以推荐。

当然,应该指出的是,本书是阳美燕博士为回应方汉奇教授"挖深井,多做个案研究"号召而辛勤耕耘的初步成果和结晶。本书的面世毫无疑问只是她从事新闻史研究、纳入正轨的起点而非结束。

谨此预祝阳博士百尺竿头,更进一步!

草于星洲百馨园
2014年8月20日

二 告别概念游戏迷思 摸索梳理碎片化史料路径——
李杰琼《半殖民主义语境中的"断裂"报格:北方小型报先驱〈实报〉与报人管翼贤》序[*]

2005年春天,笔者利用学术年假,再度到北京大学讲学。上半年的任务是为国际关系学院本科生开了一门"日本的政治与外交"(和2000年为研究生开的课同课名),目的无非是想多接触本科生,了解中国优秀青年学子的求知态度和想法;下半年则为已从国际关系学院分家并和其他院系合并成立的新闻与传播学院的研究生开了一门有关日本新闻事业与日本外交相关的课程。

除此之外,笔者还想趁这个学术年假,了决与世界知识出版社早已签约的三卷本书稿《卓南生日本时论文集》。为此,笔者拜托程曼丽教授帮我找

---

[*] 本文为作者为李杰琼博士专著(《半殖民主义语境中的"断裂"报格:北方小型报先驱〈实报〉与报人管翼贤》,中国社会科学出版社2015年版)撰写的序文。

一名助手协助校阅长达180万字、横跨近40年的时评书稿。助手的任务有三：一是一般的校阅，即订正错别字等；二是如发现有些词汇难以理解或存疑的，不妨提出。因为，绝大多数的原文是为新加坡、马来西亚报章而写的，其中难免掺杂些新马特有的"南洋口语"；三是坦直提出自己阅后的感想，因为这套书毕竟是面向中国大陆的读者（特别是青年读者）。校阅者——第一个读者的反应，我是十分重视的。记得当年笔者和黄彬华兄共同主持新加坡《星洲日报》（《南洋·星洲联合早报》，简称《联合早报》的前身报之一）的笔政时，我们两人除了互看各自撰写的社论的最终稿（曾有一段时期，社论的执笔者只有我们两人）之外，笔者还有一个习惯，就是喜欢请路过我们社论委员室的新记者看稿。一来是想了解年轻人的反应；二来是我和彬华兄都有留日背景，平时接触日文较多，有时恐怕在撰写中文书稿时不自觉地渗入日语，污化中文的纯正性（近来在各中文报刊中，常可看到刻意将日文渗入以示时髦的词汇，如"看板"、"研究分野"等，不禁令人感慨万千）。让年轻记者看稿，既符合我写时评"心目中要有读者"的座右铭，又能减少一些可能会被视为不规范的文字表述，从而拉近写作者与读者的距离，何乐而不为？

在了解我对助手的基本要求之后，程老师向我推荐了一名大四的本科生。推荐的简单理由是这位同学已被保送念硕士，相对有较充裕的时间，不妨让她试试。

几天之后，一位有点日本"新人类"装束打扮的少女来到我们家。她就是程老师推荐的李杰琼同学——大家都叫她小杰。寒暄之后，得知她是日本的动漫迷，也学了一些日语。但能否胜任我对助手赋予的任务，老实说，我心里没底。不过，既然是程老师推荐且保送攻读硕士班的北大生，我想应该不会有太大的差错。

于是乎，我便开宗明义，向李同学说明助手的任务，并将一小部分稿件交给她带回去看稿。我们同时约定，每周到我们家一至两次。一来是共同审定她带回去校阅并发现有差错或质疑的文字与内容；二来是听取她阅后的感想，并交换彼此的看法。结束后则和我夫人蔡史君教授一同到附近的餐馆共进午餐或晚餐，高谈阔论。

这样的相处和对话方式一直持续着，差不多贯穿了我学术假整整一年的时间。在这一年里，我不但完成了三卷本的书稿，也从小杰口中得知了许多我们在书报中了解不到的中国"80后"青年的思维和梦想。

记忆里，小杰虽然已经被保送念硕士，但从一开始就没有念博士的意愿，这和我与内人早年在日本留学年代"硕博连读"的基本常识，是不太相符的。特别是从她认真仔细校稿并坦直提出各种存疑或者感想当中，我发现她是一个可造之才。

在共同审定最终稿时，我们桌上都备有几本中、日文乃至英文辞典。一有争执，小杰都耐心地一一查明，以便定夺是否合乎汉语规范。我的基本原则是，文字尽可能保持原状（哪怕是带有"南洋口语"而不离谱者），但如果读者阅后不易理解的则只好舍弃或修改。

记得有一次争议最大的是小杰发现我文中用了"在在"两个字，认为不符合汉语规范，但我则坚持我们从小就经常使用，意思是"处处"或"到处"。几经争执并动用了我们家里的所有辞典，结果说明我们都没有错：在今天中国大陆的书刊中，作为书面语的"在在"的确已经少用或不用了；但在港台或新马，"在在"可以看到类似的文字或表述，这两个字的使用还是合乎我们的汉语规范的。

通过一年频繁的接触与交流，特别是对各种学术话题的探讨，我们察觉到，学习和工作态度毫不马虎、对各种新知识反应灵敏且求知欲强烈的小杰，不朝向学术的道路跑是十分可惜的。于是，我们经常给她鼓励。2005年的下半年，已是硕士生的小杰很自然地成为我课堂的助教，我们谈论学术的机会就更多了。也许多少是受到我们的影响，有一天，她主动向我们表示，她有意考博。我们听了都为她高兴。

既然是有意读博，我个人的经验和一向的看法是：硕士和博士的研究方向（乃至研究题目）最好是相同或者相去不远。硕士论文一个方向、博士论文另一个截然不同的研究领域，固然称得上是"跨学科研究"，也似乎是合乎某些学界人士此刻提倡的时尚，但平心而论，在研究时间和付出精力等条件不变的情况下，改换专题研究而质量优秀的博士论文并不多见。说得刻薄些，不少此类的博士论文在实质上只能说是同名研究生的第二篇硕士论文。

为此，在征得李同学导师程曼丽教授赞同的情况下，我鼓励小杰在硕士课程较早的阶段，便尝试摸索和寻找一个硕、博可以连续研究、扩展和深入探讨的论文题目。20世纪前半期曾经名噪一时的北京小型报《实报》及其颇具争议性的主持人管翼贤的相关研究，便是李同学在几经折腾、反复思考并涉猎不少原件之后敲定的研究专题与方向。

针对北平小型报《实报》和管翼贤的选题，小杰早在硕士课程"大翻原件、乱翻原件和准原件"的阶段，就存有不想以传统的、简单的"二元对立论"来撰写论文的念头。她曾不止一次地对我表示,她对某些以简单黑白答案代替研究、毫无生气的"学术论文"的厌恶。这是可以理解的。环顾众多学术刊物(包括核心刊物),千篇一律、以简单的"议题设定"炮制的论文不乏其数。但与此同时,我也注意到十年来中国大陆的学术界充斥着不少也许是想摆脱旧有教条框框但却沦为"为创新而创新"(实际上是标新立异)、远离其初衷的"学术作品"。

年轻人不满旧框框、想要寻求突破和创新的精神,是可取也是值得鼓励的。但要做到这一点,既要有更明确的问题意识(特别是对"为何研究、为谁研究"问题的思考),也得付出更多的时间和精力,倍加努力。对于有意从事新闻史研究的年轻人,我的劝告是:一要对现存的原件或准原件看得细些,并从其碎片化的信息当中疏理或归纳出其特征及所含的意义;二要对时代的背景和相关报刊诞生的缘由、资金来源和办报理念与目标有深刻的认识;三要在引用或利用新闻学乃至大众传播学的理论或概念时,一定要深入考察该理论或概念是否合乎其研究对象的实际情况。生吞活剥东西洋的某些理论,或者随意摘取一两个来自名家的新鲜名词与概念,来套用或解读中国新闻史,有时难免会令人有削足适履之感。

消化源自原件和准原件的碎片化信息与资料、理清其时空的大背景(以本书的作者而言,似乎更喜欢称之为"语境"),是每个新闻史研究者无法绕开的漫长和痛苦的最初过程。我曾遇到不少中国大陆的研究生,在未做任何上述功课之前就问我该如何切入课题撰写学术论文,或者大谈预定撰写的学位论文的"创新性"或"填补学界的空白"(当然,有不少纯粹是为了应付大学当局"开题报告"刻板式的要求)。我的简单回应是:此刻探讨这些问题,还为时过早。这犹如厨师在未知手头上有何新鲜蔬菜与鱼肉等素材之前,大谈将推出美味可口的"法国经典大餐"或者"中国×方私藏名菜"一般,毫无意义。

小杰在撰写硕士论文期间,倒是脚踏实地地埋头于原件及其相关资料,也力图对《实报》与管翼贤所处的时代"语境"有个较为清晰的认识,但对于研究方法论和如何得出更有说服力的结论,确有困惑之感。这个困惑,突出地体现在她博士论文的开题报告中。

在其洋洋数万字的开题报告中,不难看出这是作者费了不少心血的结晶。从其"自圆其说"的角度和分量来看,也堪称开题报告的佳作。但报告中涉及的诸多西方学术理论和概念,究竟与《实报》和管翼贤研究的特定时空及问题的本质如何扯上关系?老实说,我看不透。

不过，通过小杰堂而皇之的开题报告，我也略为领会中国青年学子为遵循当今学术游戏规则而炮制的"论文选题"的思维和苦心，也进一步了解她在研究过程中面临的迷惑与困境。

为了更好地和研究生沟通和交流，我仔细地看了小杰开题报告中所列举的西方学术书目，也对其中的若干内容进行恶补。结合包括其他院校硕士生、博士生的相关研究，我很惊讶地发现到，中国的硕士生和博士生在梳理前人研究成果或借鉴研究模式时，比起我们在中国大陆境外的学术环境成长的学人，更热衷于套用与亚洲社会（包括中国）未必一定能挂钩的西方学理和模式。就以在中国大陆风靡一时的本尼迪克特·安德森的《想像的共同体——民族主义的起源与散布》一书来说，此书的日文版比起中文版的问世要早得多，但该书在日本学界的冲击和影响领域远不及其在中国学界（特别是在日本新闻与传播学界，此书并未受到特别重视）；反观中国学界（包括新闻与传播学界），却似乎有趋之若鹜乃至牵强套用的现象。"想像的共同体"，遂成为了一部分研究者解读中国诸多错综复杂问题，包括民族主义与印刷媒体、现代化等相关问题的关键词乃至万宝丹。

不过，我也察觉到小杰对西方学术的舶来品的着迷与困惑，主要是在撰写博士论文开题报告的前后。一来也许是对硕士论文的结语还有"言犹未尽"或"欠缺满足感"；二来可能是为了应对开题报告时必须回应的诸多成文要求。但当她静下心来认真钻研和撰写论文的具体章节时，我发现其思路有了极大的改变。

小杰思路最大的改变，应该是发生在2010年至2011年她在中国国家留学基金委员会的资助下到日本龍谷大学进修的一年。在这一年时间，她不但接触了不少东京大学前新闻研究所新闻史名师（如内川芳美教授、荒瀬豊教授和香内三郎教授等）在战后初期剖析日本法西斯新闻管制及其思潮的相关书籍与论文，也从其弟子们撰写的新闻史，特别是前日本大众传播学会会长有山辉雄撰写的《近代日本新闻事业的结构：大阪朝日新闻白虹事件前后》一书获得了不少书写新闻史的智慧和启发。小杰几篇投递给中国国内核心刊物的论文（也是后来构成其博士论文的主要章节），便是在这段时间完成的。

除此之外，值得一提的是，自从2006年开始，小杰和现任职于人民网研究院的刘扬博士，就是程曼丽教授和我共同主持的"北大新闻史论沙龙"的基本成员，也是推动沙龙活动的得力助手。2009年之后，这一学术沙龙更发展为由复会后的北京大学新闻学研究会主持、面向中国境内外学员的"北大新闻学研究会新闻史论师资特训班"（连办五届，毕业学员共计一百名）。

与此同时，北大世界华文传媒研究中心也从2010年开始每月定期举办"北大新闻学茶座"，并不定期但却持续地举办"北大华媒读书会"。

这些"师资特训班"、"茶座"和"读书会"一直都有刘扬、小杰和后来也成为秘书处秘书的崔远航博士及李松蕾同学的踪影。他（她）们既是我们的基本工作人员，也是上述学术活动的积极分子。确切地说，他（她）们都为这些活动付出了不少心血和劳力，但同时也在这些活动中大量吸取了学术的阳光和养分，他们在实际上也可以说是这些活动的直接获益者。特别是通过和境内外著名专家、学者和业界人士的面对面交流与接触，以及集体精读一部分时下被喻为经典的著作（包括有争议性的作品），我发现学员们或参与者的视野更加宽畅了，其学术素养更加丰富了。

体现在小杰身上的，就是这部以其博士论文为基础，改写而成的学术著作。

《半殖民主义语境中的断裂"报格"：北方小型报先驱〈实报〉与报人管翼贤》，无疑是记录了李杰琼博士摸索中国新闻史研究的全过程，也见证了她执着于新闻史研究的成长过程。她在试行错误的曲折道路中摸索，并逐步纳入学术正轨的精神和成果，是应该给予鼓励和正面评价的。特别是对时下"营业化报章至高无上论"或者纯粹从"排错队论"角度和"报人、报格境遇论"来片面论述历史人物的是非曲直的趋向，本书的作者都通过详尽的史实和论据，有力地给予驳斥和回应。新闻史论的研究，显然并非善于咬文嚼字或玩弄概念游戏（有时是偷换概念）者的专利品。

值得庆幸的是，随着北京大学新闻学研究会新闻史论师资特训班同窗会的成立及其分会的相继诞生，我们看到一支新闻史论研究的新梯队正在逐步形成与成长。

谨此预祝与李杰琼博士同样肯脚踏实地、辛勤耕耘的新生代快快成长，异军突起，早日接棒！

草于星洲百馨园
2014年8月29日

三 曹聚仁研究的当今意义与路径——从贺心颖《报人曹聚仁（1900—1972）的报刊活动与思想研究》说开去[*]

北京大学新闻学研究会"新闻史论师资特训班"第二届学员贺心颖博士经年累月的心血结晶——《报人曹聚仁（1900—1972）的报刊活动与思想研究》即将付梓，作为十年来见证她在这一领域从摸索、苦恼、碰撞到突破并出成果的成长全过程的笔者来说，内心是十分喜悦的。在祝贺此书问世并予以推荐的同时，也想谈谈个人对曹聚仁研究的一点感性认识及鼓励心颖研究此课题的缘由与契机。

（一）既熟悉又陌生——南洋文教界眼中的"第三势力"文化人

提起曹聚仁（1900—1972），对于我们在新（新加坡）马（1963年马来西亚成立之前指"马来半岛"或"马来亚"，之后指"马来西亚"）土生土长、接受华文教育的老一辈华族知识分子来说，既熟悉，也很陌生。

说熟悉，因为曹聚仁所撰写的《文坛五十年》和《鲁迅评传》曾在新加坡两大华文报之一的《南洋商报》（另一华文大报为《星洲日报》，两报在1983年合并为《南洋·星洲联合早报》，简称《联合早报》）的著名副刊"商余"版，自1954年至1956年连载了整整三年。在那华文读物十分匮乏、备受排斥的年代里，华文报几乎是我们唯一（至少是主要）的华文读物与精神食粮。因此，不管对文坛往事是否深感兴趣，读报者对每天连载于副刊上的著名作家"曹聚仁"三个字都留有深刻的印象。何况他所写文字还涉及新马华文文化界景仰的文坛巨子鲁迅先生。

说陌生，我们除了知道在1949年新中国诞生之后有一批流落于香港，被称为"第三势力"的文人（曹聚仁也是其中的成员）之外，就只能从曹著《采访外记》《采访二记》《采访三记》《北行小语》《北行二语》《北行三语》等中多少领略其思路倾向乃至"转向"的趋势。

针对"第三势力"，新马华文文化界一般上既不看好，也不认可。特别

---

[*] 本文是作者为贺心颖博士专著（《报人曹聚仁（1900—1972）的报刊活动与思想研究》，中国社会科学出版社2020年版）撰写的序文。

是对于参与战后东南亚各国反对殖民主义、争取独立运动的时代青年来说，"第三势力"几乎与"投机分子"画等号。这不仅因为在战后冷战初期，美国曾有过试图利用这些流落于香港的落魄文人"取代"逃亡至台湾的蒋介石政权的构想与行动，也与此构想被放弃之后英美试图利用这批文人（与原本在东南亚各地的保守文化人汇流）在东南亚建立"反共堡垒"，扮演各式各样的"御用文人"记录有关。

也许是因为这个缘故，曹聚仁在《南洋商报》连载其对鲁迅诸多贬义的文章时，即遭到新马文教界，特别是年轻人的强烈不满与讥讽。曹的"鲁迅论"，一时成为当地文化人的谈资话题。

1956年，一份对青年学子颇有影响的刊物刊载了一首广为同学们传颂的打油诗《乌鸦，闭住你的嘴!》，署名为"曹聚不仁"。① 不消说，此诗的作者并不认同曹的观点。而年轻人之所以对此"曹聚不仁"产生共鸣，无非是对"第三势力"文化人的不满与否定。当时的我们（至少是初中一年级的我）并不知道"乌鸦主义"系曹聚仁本身对自己"钟摆式立场"的自我解嘲或自我定论与自我标榜，只是觉得他的"杂音"令人感到厌烦。记得有一位中学的老师在阅读《鲁迅评传》后将书送给我，嘱咐要将之作为"反面教材"阅读，尽管当时的我还欠缺足够理解的能力。

同样的态度也反映在这份刊物较早时发表的另一篇题为《不许歪曲鲁迅——为导师逝世十九周年纪念而作》的文章上。② 作者开门见山，指出鲁迅是"一面鲜明的旗帜，一个坚定的方向，一条康庄大道"。

接着，将矛头指向曹著："但是，今天有一种人却狡猾地应用一种偷天换日的手法，尽情歪曲着鲁迅的真正面貌，不断地奏着实质上是反鲁迅的调子。应用这种手法，唯一目的在于使我们的健壮的文艺行列脱离鲁迅的方向，引导我们的文艺行列走向十字路口。"③

同名作者还将曹著定位为"世纪末的怪论和自大狂"的作品。④

不仅如此，新加坡的马华新文学史学家、著名报人方修（原名吴之光，另一个常用的笔名为观止，1922—2010）更以《鲁迅为什么被称为圣人?》

---

① 全文为："乌鸦，你从南飞到北/从北飞到南/你颈上戴着一个白圈/在为谁戴孝?/你从早到晚喳喳叫/歪曲了真理的发展/否定了青年的力量/闭住你的嘴吧/让你的叫声去送你自己的丧!"刊于新加坡《时代报》半月刊1956年第2卷第8期，第14页。
② 作者为麦野。见新加坡《时代报》半月刊1955年第2期，第15页。
③ 同上。
④ 同上。

为题（1956年8月14日）对曹著《鲁迅评传》予以猛烈抨击，指责他妄图"利用一个人的生活琐事来施展他的曲解诬蔑的技（伎）俩"，系"标新立异""颠倒黑白的手法"。①

在新马乃至港台华文文学界具有巨大影响力的方修对曹著的如上看法，哪怕是到了20世纪70年代、80年代也未改变。1972年，针对"乌鸦文人"在报纸发表的几十篇文章，方修的评语是："多半还是从前那一套'炒冷饭'"；他同时指出："炒冷饭的时候加进一点砒霜去，这个老习惯也似乎始终未改，在涉及文学或思想问题时尤其如此，什么启明老人怎么说，尼采、杜威又怎么说，鲁迅毕竟没有什么了不起，钱某的国史大纲怎样的精深高超等等，大都就属于这一类。"② 1988年，在谈到曹聚仁的鲁迅观时，方修仍然保留其如下观点："我也不认为由于曹聚仁晚年在某一方面'好象表现还不错'就应该避开学术思想问题不谈。再说，纵使曹聚仁晚年在某一点上有了些少'表现'，他在鲁迅研究这一方面却始终是一个死硬派，其谬托知己、歪曲鲁迅的作为是至死不变的，需要给予正视的。"③

在这里，方修所说的曹聚仁晚年的"表现"，显然是指他在20世纪50年代以后充当"两岸密使"，致力于两岸和平统一工作而获各方高度重视与评价这件事。

换句话说，方修主张将曹聚仁晚年的政治表现或评价与他的鲁迅观分开看待，论者不能因为曹聚仁晚年的政治"转向"就想当然地轻易认可其文学观或鲁迅观。

就事论事，不采取"一刀切"的手法定断历史人物或有争议性的"人"与"事"，方修先生倡议客观论证、具体问题具体分析的态度是正确的。笔者虽不治文学史，但也许是因为早年接触较多香港版中国新文学名家作品和深受师友影响的缘故，对于华文文学史及文艺界的动向还是十分关心的。特别是在1973年结束留学日本生活回返新加坡，加盟《星洲日报》最初的一段日子里，几乎每晚都与方修先生和另一位编辑部同事一起宵夜，倾听方先生论古说今，畅谈报坛掌故和文坛往事，得益匪浅！周树人、周作人两兄弟，以及郭沫若、郁达夫等有留日背景的作家，不消说，是方修先生十分熟悉和经常点评的人物；曹聚仁等旅港"第三势力"作家和报人的动向及其文

---

① 详见［新加坡］方修《避席集》，新加坡：文艺出版社1960年版，第77—79页。
② ［新加坡］方修：《沉沦集》，新加坡：洪炉文化企业公司1975年版，第18—19页。
③ 详见［新加坡］方修《方修自选集（1955—1977）》，新加坡新天书局、北京现代出版社1988年版，第279页。

学观、政局观,也常成为我们三人吃夜宵时热议的话题。

可以这么说,作为五四运动折射下的新马华文文化界,尽管我们对国家效忠的对象和身份认同感已经有了根本的改变,即从落叶归根的"华侨意识"转为落地生根的"华人意识",但我们对于中国文化界的一举一动还是格外关注的。

之所以说新马文化界是五四运动折射下的产物,以笔者同年代的情况而言,我们的老师或老师的老师有不少是来自中国的"南来文化人",他们或多或少都直接、间接参与或受到五四运动新精神的影响和冲击;加之20世纪50、60年代东南亚正处于民族主义兴起,反帝反殖、争取独立的运动进入高潮之际,善于思考与行动的华族青年无不以"五四精神继承者"和"鲁迅的子弟兵"自居,参与各所在国争取民族自决的独立运动及其建国事业。换句话说,"五四精神"(1919)与"万隆精神"(1955)是当时东南亚时代青年的两面鲜明旗帜,国民意识与身份认同感的改变并不会影响新一代青年知识分子对这两面旗帜的认同和坚守。

也许是与上述的时代背景有关,笔者虽对奉行"乌鸦主义"的曹聚仁并无太多的好感,但对于这位身处乱世的中国知识分子的生平及其内心世界的变化与其诉诸各种言行的"表现",是十分感兴趣的。曹聚仁的政局观、文学观与报刊活动,对我们来说,并非有着遥不可及的距离。

(二)交流与切磋——见证学员"问题意识"之发掘与学术成长过程

2010年春天,笔者提前从京都龙谷大学退休,转移至北京大学继续从事教学与科研工作。在时任北京大学新闻与传播学院副院长程曼丽教授的倡导与努力下,具有历史意义的北京大学新闻学研究会已于2008年复会,并通过"新闻史论师资特训班"等学术活动,吸引了不少青年学子的积极参与。笔者在抵达北京之后,除了继续承担"特训班"的策划重责和学院的部分教学任务之外,更全面参与北京大学新闻学研究会和北京大学世界华文传媒研究中心(同样是由程曼丽教授主持)的会务活动,并以这两个团体为平台,定期举办"北大新闻学茶座"与"北大华文传媒读书会"等小型学术交流会,与青年学子展开坦诚与热烈的论议。

结合20年来在北京大学等各大学讲学与考察的经验,笔者深感中国青年学子之求知欲与对中国境外世界想要了解的热忱,远比日本大学生更为强烈。特别是2000年笔者首次利用学术年假在北京大学讲学的一年里，更有此感受。当时只要在三角地贴上讲座的海报，吸引三两百名学生出席并热烈讨论并非难事。尤其令笔者震撼的是，在讲座结束之后，经常还有不少同学围绕着主讲者继续长达半个小时乃至一小时的交流。这样热烈的讨论现象在当时的日本校园已不存在。与笔者留学日本的20世纪60、70年代大学生经常通宵达旦（日本人爱称之为"彻夜"）读书，爱谈哲学，激烈论争的情景相比较，90年代以后的日本大学生多沉迷于漫画、动漫，不爱说话，不善于与人交流。记得在一次研究生入学面试（东京大学）结束后，一名日本同事不禁发出如下感叹："怎么近年来报考的学生（尤其是男同学）都是那么欠缺活力与生气？"

与日本同年代的学生相比较，中国的大学生是生龙活虎的，尽管不少学生在考研或考博时欠缺明确的问题意识，但在其脑子里其实存有不少想要了解或力图寻求其答案的动力（这其实就是问题意识之所在）。

但与此同时，我也发现不少中国青年学子尽管都很聪明，很好学，但似乎还不适应"讨论课"（Seminar），也不擅长撰写学术论文或学术报告。

在欧美和日本，"讨论课"是十分受到重视的。以笔者在日本各大学的教学经验而言，不少大学在大一就设有必修的"基础讨论课"，目的无非是让学生从单方面接受老师授课的"高中生"，转为师生、同学间相互交流，相互启发的"大学生"思维模式。到了大三和大四，学生更应有明确的"问题意识"，在诸多讨论课老师当中选择其指导老师，并在后者的面试、接纳与指导下撰写毕业论文。这个指导毕业论文的讨论课可以说是本科课程里的重中之重。至于硕士班或博士班，讨论课更是课程的核心内容。不少学生的硕士论文与博士论文都是在讨论课上通过不断发表与讨论定调和完成的。

有鉴于此，笔者在参与设置"北大新闻学茶座"和"北大华媒读书会"的小型交流活动时，正如师资特训班一般，十分重视互动环节。在笔者看来，茶座主讲者最重要的任务是向与会者提供一个有意义、有助于大家进一步思考和探讨的学术话题。主讲者与其说是高高在上的"嘉宾"，不如说是能和大家坦率交流、激发大家论议，乃至"思想碰撞"的引导者和参与者。

换句话说，茶座的成功与否，除了前半部主讲者的内容是否充实之外，更重要的是取决于后半部的互动，即能否引起与会者的共鸣或热议。笔者倾向于鼓励年轻人，特别是让不爱发言者多思考并提出其成熟或未成熟的意见。因为，只有通过这样热烈和坦诚的对话，才能达到彼此之间"知识的刺激"的作用。至于相关的新闻稿，除了对主讲者内容予以重点简介之外，也要重视对话的部分。论资排辈、礼貌式发言的部分则大可删去。

至于"读书会"的读物选择，个人倾向于先从既有话题性且有争议性和开拓性的入门书籍着手，作为大家共同阅读的"试点"。

在一个聚会上，我向几位"茶座"的常客介绍了在旅游时偶然买到的一本曹聚仁写的《中国近百年史话》（生活·读书·新知三联书店2008年版）。这是一本五六万字的近代史普及读物，由于文笔流畅，简洁生动，观点明确，颇有可读性。

时值辛亥革命100周年，文化界正在掀起民国史研究热，各种重新审视民国的"人"与"事"的文章常见诸报刊与新媒体，其中不乏发人深思的佳文，但也有不少远离史实乃至杜撰的"一家之言"。与市面上流传的一些欠缺依据的"新发现""新见解""新思维"相比较，笔者深感自称为"钟摆式"文人曹聚仁的这部普及读物更有吸引力和说服力。

在征得大家同意之后，我们决定先精读这本小册子，并以此为契机，继续深读当时颇被部分文人高度评价，但同时具有争议性的蒋廷黻的《中国近代史》乃至印度裔美国学者杜赞奇撰写的《从民族国家拯救历史——民族主义话语与中国近代史研究》和日本学者沟口雄三的《作为方法的中国》等名著。

结合上述名家的史观与当时不少媒体抛出的标新立异的新论断，不少读书会成员发现原本不被大家看好的"第三势力"报人曹聚仁的近代史观，比起上述主张"近代化一切论""复线历史观"等的海内外专家的论著更有激情和底线。报人曹聚仁的近代史观是怎样形成的？他在不同时期的政局观有何特色？他的一生办了多少报刊？他在报界、文学界乃至政界曾扮演什么角色……引发了大家浓厚的兴趣。

（三）告别"民国热"炒作与"一刀切"思维——脚踏实地地回归历史现场

当时，已考进中国传媒大学博士研究生的青年教师贺心颖对此课题尤为热心。从其认真发表的报告中，及在读书会上迅速记录并归纳各方面看法投射于教室的银幕供大家参考的认真态度中，可以感受到她对读书会有强烈的认同感。在多次的交流中，我察觉到她对此课题颇感兴趣，但对能否发展为博士论文存有不少疑虑。我的基本看法是：曹聚仁是一个颇具争议性的人物，他身为报人、学人，并与不少政界与文学界诸多有影响力的人物有密不可分的关系。梳理和研究他一生不同阶段不同角色及其基本思维的变化与不变，是十分有意义的事，这个题目完全可以发展为博士论文。但要写好曹聚仁研究并非易事，这得有心理准备。首先，得对他的一生有个总体的把握，详细占有并仔细阅读他在不同时期的作品和了解他参与的报刊等言论活动。其次，对他所处的时代得有个相对清晰的认识，这等于要恶补并厘清时下众说纷纭的"民国史"，任务不轻。换句话说，先从曹的一生整理其年谱着手及对其时代背景有个相对清晰的鸟瞰图，再结合其作品、报刊活动（尽可能找到原件或准原件并消化其内容与倾向），是人物研究无法绕开的第一步。

与此同时，还得对他不同时期的不同主张与理念，交往人物予以追踪与探究，颇费周章。至于要如何盖棺定论，得出相对有说服力的结论，显然不是三五年的工夫就能达成。

在充分认识这些困难并决心予以克服，且确认有充分的一手资料可资研究的情况下，我建议心颖学员和其指导教授何兰老师好好商榷，并听取其意见。

经过一番思考并对基本资料搜索、接触、梳理且获指导教授同意和支持之后，我知道心颖开始了她大量阅读（"大翻书"、"乱翻书"）、并做笔记的艰苦作业。

在往后几年的日子里，从心颖学员逐篇发表的书稿中，以及她在北大新闻学研究会每年年会和青年论坛诸多虽未完全成型的论文和研究心得（包括苦恼）的发表中，我深深地感受到她正朝着我们期待的如下学术路子走：

其一是，广泛搜集并详细占有相关资料，丝毫不采取投机取巧的"拿来主义"的态度。搜集资料，特别是不易获得的原始资料或者尚未被他人充分使用或发掘的资料，这是一项十分艰苦的工作，但同时也是最能考验学者是否能够沉得住气专注学术研究的起步式。

其二是，在觅得和占有相关资料之后，就全力以赴予以仔细地阅读和分析。这是不少"聪明"的青年学子视为畏途的，但心颖学员面对现实并不绕道而行。

其三是，鉴于报人曹聚仁的政局观、文学观牵涉到不少不易了解的"人"与"事"，心颖学员显然花了不少心血予以恶补。

换句话说，在选定这一课题之后，心颖学员基本上是沿着方汉奇先生倡议的"挖深井"的路子走。她并不跟着时髦的"框架论"公式或虚张声势、虎头蛇尾的"概念论"创作"论文",而是脚踏实地、一步一个脚印地克服挡在她面前的诸多困难。

在心颖的博士论文完成之后,我有幸得以先睹为快。正如更早时预料一般,鉴于曹聚仁牵涉的"人"与"事"甚多且广,尽管心颖已经倾其全力完成了学业,但要相对完整地展现曹聚仁的诸多面貌,论文还有进一步润色和提升的空间。我建议她在出版之前,再花一些精力予以修改和补充。在当今中国的学界,要年轻老师延后出版专著,无异于要他(她)们延迟职称的评定,不少青年老师都婉转表达不做此"傻事",心颖学员则欣然同意并决心付出其代价和努力。呈现在读者面前的,正是她在博士论文的基础上几经折腾、查证和修饰的心血作品。

与此同时,我也向她透露了笔者在本文开头部分叙述的有关曹聚仁研究的感性认识,表示如感兴趣,不妨补写一章专论曹聚仁1954年至1956年先后在《南洋商报》连载的《文坛五十年》和《鲁迅评传》及其反响。要专题另写一章探讨此二书,当然得费更多的时日,还得掌握两书出版时期的社会背景并深入调查各界(包括中国学界不熟悉的东南亚华文文化界)的反响。

对此,心颖倒是愿意接受此挑战。于是乎,从细读两书、整理其论点及各界对曹著"新论"赞否的观点并予以总体的评价,心颖不减当年撰写博士学位论文时的热情。

不过,在完成初稿之后,心颖学员也有其沮丧时刻。事缘她曾将其雏形论文在一两个研讨会上发表,似乎未获得好评与认可。但对我而言,这是十分正常的现象。问题的关键是,这篇初稿未获评价是因为论文本身研究之不足或表达尚欠缺说服力,还是由于论文的核心内容与时下论坛"民国热"的"常识"不吻合,或者是受人物论"一刀切"公式的影响。如果是前者,作者确有加强论据,回答评者质疑之处,这其实也正是出席研讨会,相互交流、切磋之意义所在,学无止境,不足为惧;如果是后者,大可不必为之心烦。因为针对时下某些过热的"民国人物"炒作乃至言过其实的"新定论"发出不同声音,或者纠正学界人物论"一刀切"的传统与偏差,回归历史现场,原本就是治史者的基本任务和使命。观点可以不同,也可以争议,最重要的是要有理有据,而非标新立异或哗众取宠。正是在虚心听取各方的反馈、加强论据和反复思考与细心修饰下,补章堪称作者辛勤劳作的另一收获。

从模糊到清晰、从困惑到逐步掌握新闻史论研究的基本信条与路径,心颖学员的努力及其治学"苦"与"乐"的经验,显然可供年轻同道者分享与借鉴。

是为序。

2019 年秋脱稿于京都

> 附录一

北大再造传播新摇篮[*]

——与北大新闻与传播学院创院常务副院长龚文庠教授一席谈

《亚洲周刊》按：

北京大学新设新闻与传播学院，重现当年北大新闻系光荣，发扬"以天下为己任"精神，培养面向世界的新闻及传播人才。

被中国新闻史学家喻为"中国新闻学和新闻教育摇篮"的北京大学，已于2001年5月28日召开新闻与传播学院成立大会。作为北大国际关系学院国际传播与文化交流学系（新学院的组成部分）客座教授，作者与北大新闻与传播学院常务副院长龚文庠教授作了访谈。以下是访谈摘要：

卓南生（以下简称卓）：很高兴得知北大新闻与传播学院成立，你可以向我们介绍一下学院成立的背景吗？

龚文庠（以下简称龚）：其实我们在这件事上已有了十年的努力。早在十年前，一些北大的老师，也包括我，就开始向校方呼吁，希望在北大重建新闻传播专业。从我个人来讲，我在读高中时就想到北大学习新闻专业。但可惜那时北大没有，只好改报别的专业。我很希望现在的青年能够实现自己的愿望。从大的方面来说，成立这样一个学院有利于北大自身发展。1998年北大百年校庆时已对此进行了许多讨论。北大要建成世界一流大学，当今世界已进入资讯时代，新闻与传播学是相当重要的学科。如果没有这样的学科，对北大来说是非常可惜的。

卓：北大曾是中国新闻教育的摇篮，你是否可以具体地谈一下北大和新闻学教育的渊源呢？

龚：近两年来，通过新闻学界、新闻史学界的介绍，我对此有了更多的

---

[*] 原载于香港《亚洲周刊》2001年6月4日—6月10日号，第52—53页。

了解。其中给我留下最深刻印象的是方汉奇教授,他是中国新闻史学界的权威,是国务院学科评议组新闻传播学学位组负责人。他说北大是中国历史上第一个设立新闻学系的大学,解放后经过院系调整,50年代后期移到了中国人民大学;北大也是第一个设新闻学专业的大学。我们不仅希望恢复北大的新闻学专业,也想建立一个崭新的新闻与传播学院。

卓:在新闻与传播学院建立以前,你是北大国际关系学院国际传播与文化交流学系的系主任。那么新的学院是否以你们这个系为主体呢?

龚:北大已新建了很多学院。我们的新闻与传播学院和它们都不同。因为以往建立的学院都以某一个或几个系为基础。我们学院的不同就在于是以整个北大为基础。我们既有在国际关系学院从事国际传播与文化交流研究的老师,也有艺术系广告专业的老师,以及信息管理系编辑出版专业,和中文系、哲学系、社会学系等单位相关学科的老师。他们都将和我们携手共同建设新的学院。这在北大是一个全新的模式。我们还将发扬北大"海纳百川"的精神,从国内外广招贤才。

卓:学院的建制是怎样的呢?

龚:我们学院设有三个系:新闻学系、传播学系、新媒体与网路传播系。新闻学系包含国际新闻学;传播学系则既包括传播学理论、语言传播、跨文化传播、国际传播等,也包括大众传播,如:广告、公关、影视。新媒体与网路传播系是顺应时代潮流而产生的。当今社会,信息科技、传播方式的发展非常引人注目,我们称之为"信息时代",如:卫星传播、数位压缩技术以及因特网(网际网路)的技术给人类的传播行为带来了革命。新学院将从理工科的角度和人文、社会学科的角度来进行研究和教学,培养信息时代要求的掌握网路传播基本功的人才。我们还将设立"信息与传播研究所"和"多媒体实验室",以适应当今新闻与传播的要求。

卓:新闻传播学院的学生来源将是怎样的?你们想要什么样的学生?他们毕业之后出路如何?

龚:北大的新闻与传播学院一定要有自己的特色。学生仍通过全国联考的形式招收,研究生和博士生也是通过从全国招考,我们一般要求学生的外语水平要比较好,因为我们的目标之一就是培养"胸怀祖国,眼望世界"的国际型人才。

至于学生的出路问题,以我们1983年创设的国际传播与文化交流学系为例,毕业生主要是到外交部门,还有一些政府部门,如国务院新闻办、文化部外联局，以及新华社、中央电视台等大媒体和大专院校。还有其他涉外单位，包括外国在华的企业、媒体和信息专业公司等。

卓： 这个新的学院是不是也招收海外留学生，还有对于在职记者、政府工作人员是不是也有一定的培训制度？

龚： 我们非常欢迎来自海外、港澳台的学生，我现在有一位博士生就是来自台湾。新闻与传播这个专业特别需要交流，需要打破国界。一方面为了培养人才，另一方面希望能够教学相长，吸取来自不同国家、不同地区的新的思想和观点。另外，我们必须面向社会，开门办学，从社会实践中吸取营养，因此我们会与媒体和新闻工作者们进行频繁的联系和交流，一是为在职人员开办短期培训班；二是开办学历班，在职人员可以念大专、本科、硕士乃至博士的课程，考试合格者发给修业证书，可以继续申请学位论文答辩；三是学位班，在职人员要修完一定的学分，通过有关硕士学位资格的考试，完成学位论文，就可授予学位。

卓： 新的学院会和海外的学术机构或者媒体进行合作吗？

龚： 这也是我们在建院后要花大力去做的事情。其实在建院之前，我们就已经开始了一些努力。比如，美国斯坦福大学和加州大学伯克利分校，我们和它们都进行了一些交流并准备建立长期的合作关系。还有我们和明尼苏达大学、波士顿大学、美利坚大学、哥伦比亚大学等也正在建立联系。我们与日本的静冈县立大学、日本大学和龙谷大学开展了学术交流，与欧洲的一些大学，比如牛津大学的比较媒体研究所也从去年（2000年）就开始了接触。同时，我们对于亚洲地区的媒体很感兴趣，比如香港的《亚洲周刊》《南华早报》，新加坡的《联合早报》和马来西亚的《星洲日报》等，希望将来能与它们有更广泛的合作。日本经济新闻社主动提出与我们建立合作关系，并决定今秋派专家来北大讲授经济新闻方面的课程。

卓： 目前在新闻传播教育方面，中国国内综合性大学中比较著名的有中国人民大学和复旦大学。北大的新闻与传播学院成立后，再加上清华大学的新闻与传播学院，以后在中国的新闻教育中就有了竞争与合作，你怎样看？

龚： 中国目前大约有50多万人从事新闻工作，但其中接受过新闻专业训练的可能只有几万人，这不能不说是一个遗憾。有人说现在国内新闻学专业办得太多了，我也同意。但如果从对社会的贡献来说，能够高质量、高起点地办新闻与传播学的在国内并不多。中国人民大学、北京广播学院、复旦大学、暨南大学，还有比如以信息科技为依托的华中理工大学，它们的新闻传播专业都各有特色。这样，北大以及清华大学加入进来绝对是一件好事。

任何事业如果没有竞争就不会有健康的发展。

卓：学院和其他院校最大的不同在哪里？

龚：我想我们的特色首先就体现在北京大学本身。北大有一百多年的历史，经历了很多变迁，但它一脉相承的传统却始终如一。这种传统至少要包括它不断向上的精神、以天下为己任的、革新的精神。第二，我们起步晚了一些，但可以发扬网路时代的特色，最贴近信息科技高速发展的时代精神。新媒体深刻地改变着社会的各个方面，而这些怎样体现在我们的新闻与传播教学中，是我们在培养新一代传播人才时的一个目标。第三是要体现北大学生眼望世界的特色，我们要在学生的外语方面要求高一些。第四个特色就是我们想发展传播管理这样一个专业，我们希望能与光华管理学院联合，造就媒体传播大军中的将领，而不仅仅是战士。

卓：既有优良的传统，又有抱负，而且还放眼世界，这和我们时代的脉搏也是相通的，让我们来共同预祝北大新闻与传播学院在未来取得更大的成功。

龚：我也要感谢卓教授的关心。因为我们从两年前开始商谈这个学院的时候，卓教授就来参加了我们的座谈，也等于参与其事了。衷心感谢你对新闻与传播学院做出的贡献。

附录二

我与华中科技大学的一段缘[*]

如果说，我与中国学界结缘的起点是 1987 年我首次到北京并拜访中国人民大学方汉奇和甘惜分两位教授的话，我与华中科技大学（当时为改名前的华中理工大学）的交往是始自 1995 年参加华中理工大学承办的"第一届世界华文传媒与华夏文明传播国际学术研讨会"（另外两个发起主办的单位是中国新闻史学会和新加坡南洋理工大学）。

这个大规模的研讨会是颇有创意和令人怀念的。其创意首先体现在研讨会的地点不在特定的某个建筑物或讲堂，而是在从荆州至重庆"三峡游"的白帝号游轮上。于是乎，研讨会也随"景"显得十分灵活和有趣：有景就到露台看奇山异石的美景，无景则回到严肃的会议室继续发表论文报告和开展热烈的讨论。

其次，这是两岸三地和其他国家华媒研究者和新闻工作者少有的一次坦率学术交流的大会。

中国新闻学界的学术领军人物方汉奇、甘惜分、宁树藩、丁淦林、赵玉明等名家不消说，台湾地区的李瞻、朱传誉等著名教授等都参加。加之来自海内外各地的老中青学者，可以说是济济一堂，堪称"华夏文明新闻传播"交流的一大盛会。

结缘始自"华夏文明"游轮上

对我而言，此盛会迄今记忆犹新者有三。

一是朱传誉教授在会上分发其回忆录《两字破家，一叶知秋：从我的文字狱看台湾人权》，并痛诉他在 20 世纪 60 年代研究中国新闻史被国民党政

---

[*] 原刊于张昆主编《三十五年回眸：喻家山下的新闻传播教育情缘》，华中科技大学出版社 2018 年版，第 408—415 页。

府无理迫害的冤狱史（今已获得平反）。

二是甘惜分教授发表的论文《爱国主义——海外华文报纸的重大主题》，不为我们几位来自新加坡的出席者赞同而引起"小争议"。

三是对于热情洋溢，也是承办研讨会最卖力的时任华中理工大学新闻系副主任吴廷俊教授留下深刻印象，尽管我们在1992年中国新闻史学会在北京举办的首届中国新闻史研究会上就已结识。

著有《宋代新闻史》等名著的朱教授是台湾地区被公认为对中国新闻史研究最为执着、最有成就、最有才气的学者，我们不禁为他个人的遭遇愤愤不平，也为朱教授后来无法在宝岛学界贯彻其新闻史研究计划与教育的心愿感到十分惋惜。这是中国新闻史学界的一大损失！

与甘惜分教授的"小争议"，则充分反映了双方欠缺交流产生的小矛盾。据说甘老最初对此感到有点伤心，认为海外华侨对祖国欠缺"祖国心"，但在听取各方解析，知道二战后东南亚各地"华侨"早已转为各所在国的"华人"，国家意识认同已有巨大改变，"侨报"基本上已不存在的情况之后，他老人家心情才逐步平静并欣然接纳大家的看法。之后，甘老还当众挥毫送我墨宝，并为我和内人史君在三峡拾到的美石题字。华夏传播学者多交流有利彼此的相互认识和友谊，在此得到明证。

同样的，通过在游轮上和吴廷俊教授多次坦率的交流，我对中国新闻学教育在各地的开展及面对的诸多问题，有了深一层的了解和认识。

2003年底，在武汉举行的一个研讨会上，已成为老友的时任华中科技大学新闻与信息传播学院院长吴廷俊教授问我能否为他的一名博士生马嘉同学创造到日本短期访学，以便收集博士论文研究资料的机会。我表示只要能力所及，必当仁不让。

返回京都之后我便积极筹办此事。先是在教授会议上获得认可，后与教务科磋商落实具体程序和手续。几经探讨，达成如下共识：一是马嘉既非正规的交换留学生，也非正式应邀访学的学者，我们得先为她提供一个"身份"，方可申请日本的入境签证。为此，我们为她创造了一个"特殊委托研究员"的名衔，并由我担任入境保证人办理诸多手续。二是鉴于大学并无接受"特殊委托研究员"之前例且系临时的安排，校方无法提供住宿的方便。三是"特殊委托研究员"每月得向大学缴纳若干研究辅导费。

在向吴院长汇报校方的上述决定时，我表示入境手续的办理和教育辅导费我可全责承担，我也将让我的博士生协助安排大学附近费用不高但相对简朴的住宿，吴院长则表示他可从其课题研究费中拨款为其学生提供往返旅费。于是乎，不久之后我在京都迎来了一名为"搜集日本大众传媒教育相关资料"的华科大博士生马嘉同学。

为了有效履行吴教授委托的"副指导教授"的重任，我在安顿马嘉的住宿（全靠几位中国留学生的帮助与协调）之后，决定以此为契机，每周一的傍晚在龍谷大学深草校舍（著名的旅游胜地稻荷神社旁）附近一间有读书会传统的喫茶店"绿"开一门以中文为教学媒介语的自由讨论课。这门校外义务课以我直接指导的来自中国大陆和台湾地区的博士生、硕士生和我接纳的访问学者为主要对象，也开放给有志考研的本科高年级学生和京都其他院校在读的研究生和博士生，人数尽量保持在10名以内。

通过这每周两三个小时轮流发表与坦率的自由讨论课，我发现出席者的学习热忱都有所提高并且有更多的研究心得。一来是因为自由讨论课是以汉语发言和讨论，留学生（包括马嘉）们得以摆脱用不熟练的日语表述的困境。二来是彼此教育背景不尽相同，研究题目迥异，更能相互产生日本人所说的"知识的刺激"效应。三来是因为这并非大学规定的正规课，出席者都是抱着想学习的愿望而来的，因此态度十分认真和积极。

正是在这样一个既严肃又轻松的"喫茶店"读书会的气氛中，出席者逐步形成了一个小小的学术共同体，彼此对成员中的研究方向、学习进展状况也都相互关心和相互鼓励。马嘉同学之所以选择京都同志社大学新闻学专业作为其论文考察对象的焦点之一，一来固然是因为同志社大学是关西地区新闻学教育最有代表性的学府，另一因素是在我的自由讨论课中有来自同志社大学念新闻学的研究生。他积极配合马嘉的需要，引领她到其大学的资料室收集各相关资料。从这个角度来看，我之所以能够如期完成吴院长委托的任务，该归功于此小小学术共同体成员的相互学习与帮助。由于读书会的学习效果不错及同学们学习情绪高涨，我这每周星期一傍晚的华语义务课一直延续到2010年3月我提前从龍谷大学退休时才告停办。继马嘉之后，到我这里访学或进修的中国学者和博士生皆依例参加我主持的"喫茶店"读书会。

正因为有着上述的机缘，我对指导中国研究生有较大的自信。2005年，我欣然接受吴院长的邀请，担任华中科技大学的兼职博导。

面试考场惊睹高校教育"原生态"

值得一提的是，尽管我在中国国内的其他大学在这之前或之后曾对研究生或博士生负起指导教授的职责，但以我的名义正式招收博士生的，仅有华中科技大学。从这个角度来看，我在华中科技大学一连三年（2005年至2007年度）招考博士生，无疑是提供了我深一层了解中国式博士人才培养全过程（从入学考试至毕业）的机会。因为在其他大学，尽管我也挂名客座教授并出席博士生开题报告和担任毕业论文答辩的评审，但从未参与入学考试的环节，也不了解中国式的面试与筛选的过程和标准。

博士生的生源从何而来？他们是抱着怎样的心态来敲打研究院学术大殿的大门？这是我极感兴趣和充满好奇心的问题。

也许是因为与日本的研究生院入学考试的情况反差太大，我迄今留下深刻印象的有三：

其一，考生几乎全无考博的"问题意识"。这与在日本"要先有问题意识与明确的研究方向和题目，才去尝试轻敲研究生院大门"的非成文"考生须知"的基本常识，是相违背的。

中国学生欠缺"问题意识"，我在日本和留学生接触时已有所体会并对此有心理准备，但在正式的博士生入学面试的考场上，堂堂正正表示"尚未考虑清楚研究方向"或"我有两个至三个（截然不同）研究题目"，对我而言，却不能不说是一大震惊。因为在日本学界，这是一大禁忌，只要有老师当场或过后放话："此考生欠缺问题意识"，就意味着他宣判此生被拒于校门之外。

其二，有一名考生在面试时提呈其硕士论文导师的一封信，证明其导师的某本著作中的某章是由考生执笔（旨在说明考生有考博的水平和能力），而引起评审者的哗然。这当然是个案，但从中却让我接触了中国教育界乱象丛生的"原生态"。

其三，在和考生非正式的面试中，我惊讶地发现有些学生对基本史实的认识与史观有着严重的欠缺和偏差。在谈到中日关系问题时，居然有一位考生认真地表示，"说不准有一天中日两国会合并成为一家"。此考生不经意的如此回答，使我想起了一名中国学者到日本访学不到三个月，就接受"司马辽太郎史观"的影响，轻易接受某些日本学者鼓吹的"甲午战争和日俄战争不是侵略战争"的歪理，也让我联想起几日前日本首相安倍晋三访华时，一部分不明就里、不知日本国情与当代中日关系史的论者为配合与营造"友好"气氛，轻易跟着日本"官制舆论"的指挥棒，高唱"感谢日本ODA曲"，而令人啼笑皆非的情景。

欠缺问题意识、中国教育界的乱象和年轻人对基本史实认识之不足与史观的混乱，当然不是华科大考生特有的现象。但对我而言，却是一个难得的观察并促使我认真思考中国高校教育问题的重要契机和渠道。

应该这么说，我后来在复会后的北京大学新闻学研究会参与主持五届"新闻史论师资特训班"和设定课程时，无时无刻不牢记上述华科大入试的经验与冲击。

摸索引导青年学者踏入学术正轨途径

学生欠缺"问题意识"，该如何引导？考生没有具体的研究题目，应如何处理？……这些问题我在日本指导留学生时，也曾面对过。不同的是，在日本我是全职教员，每周都会和学生见面并让学生定时发表读书报告和研究心得，但在华科大，作为兼职博导，我每年最多只能到武汉三两次，且不能久留（每回约三两天）。为此，如何与学生密集探讨研究课题并了解其研究进度，尤为重要。

加之我所指导的两名博士生（2005 年度录取一名、2006 年度未录取、2007 年录取一名）的第一志愿皆非我专长的新闻史或国际传播学，而分别为媒介经营管理和广告学，我更感到为难和压力的沉重。

在和原本志在研究媒介经营管理学的博士生阳美燕（我在华科大的开门弟子）初次接触时，我直截了当地提出一个"君子协定"：如果对我的指导方式不适应，请随时坦率提出，也可尽早更换指导教授。接着，在了解学生的基本思路和兴趣、愿望之后，我的第一个建议是先到图书馆大翻书、乱翻书，先对我们新闻与传播学专业现有的研究状况与成果有个轮廓的认识；其次，也许因为我是搞新闻史出身的缘故，我对研究生的基本要求是，不管未来的研究方向是否与新闻史直接挂钩，一定要对新闻发展史有个鸟瞰图式的认识［详情参看阳美燕《日本在华首家政论报〈汉报〉（1896—1900）研究》的卓序，中国社会科学出版社 2015 年版，第 1—3 页；卓序全文收录于本书第四部分第六章］。

为此，我布置了一些作业，包括梳理两湖新闻事业发展史的系谱。在发现阳同学对两湖新闻事业甚感兴趣之后，我让她整理了两湖报纸原件的存佚表及其收藏与保有的状况，并从中发掘其研究题目与方向。

同样的，对于志在研究广告的汪前军同学，我也建议他先大翻书和乱翻书，并对报业史（特别是广告史）先有一个宏观的认识并对其谱系予以梳理。我对他们的共同劝告是，如果要研究新闻史或广告史，一定要接触原件或准原件，单凭想象或人云亦云，再加上一些与亚洲或中国时空风马牛不相及的所谓"理论"与"框架"的华丽包装而炮制的"研究成果"是不靠谱的。

在两位的研究题目先后敲定之后,我便要求他们定期汇报其读书或读报的心得与进展。我发现两位的文字驾驭能力超强。特别是前军同学,只要题目或立论一定,他都能在短短的几个星期内写下洋洋洒洒几万字的作业,我不得不经常提醒他们要写得慢一些、精确些,极力删除一些华丽但欠缺有力依据的文字,并将其提交的"论文"定位为"读书报告"。

对于我再三强调要接触和充分利用报纸原件的建议,前军同学是有所为难的。记得他第一次跑进华科大图书馆翻阅馆藏的《大公报》时,曾经吐槽道:"看到那么多的报纸,我就头晕了!"

尽管如此,在往后的日子里他还是下定决心,耐心面对令他"头晕"的报纸,并对其广告形式、内容与变化进行分类、比较,从而得出他对《大公报》广告发展史的独特看法与心得。2010年4月,他携带着繁多的研究资料前往巴基斯坦访学,在一边教学、一边继续学业的情况下,他顺利完成了博士论文。其博士论文《〈大公报〉(1902—1916)与中国广告近代化》已于2014年在中国社会科学出版社出版,深获各方好评。

至于阳美燕同学,正如她自己在其前述著作的后记所述一般,原本之决定选我为导师只是权宜之计,并不打算研究新闻史。其原话是希望"快快补上我的历史'短板',做一阵人渐稀疏、日渐冷淡的新闻史领域的'过客',然后疾驶向传播理论的目的地"。

不过,在恶补中国近代史及中外近代关系史和理清两湖报业发展史之后,我发现她对新闻史研究的真谛和兴趣日益浓厚。除了我协助她复印一部分《汉报》原始资料并托恰到我校访问的吴廷俊院长带回给她研究之外,她严守我倡议的"原件主义",曾"北上南下"四处寻觅相关的第一手资料。在几次研讨会的短暂见面期间,阳同学都拖着内藏不少原件资料的笨重行李同行,目的无非是随时可以将资料取出,以便讨论。如此认真钻研,不懈努力的精神,无疑为她近年来在学界逐渐受到认可奠下了不可替代的条件和基础。

"过客"与华科大情谊从未间断

当然,华科大新闻学院的优秀博士生不仅仅是阳、汪两名同学。在我兼任博导期间(2005年至2012年),每次到华科大时学院都会安排我讲一节课和一至两次与研究院师生面对面探讨学术课题的研讨会。从同学们在课堂与讨论会上提出的尖锐问题与热烈讨论的气氛中，我深深地感受到同学们求知欲望之强烈及学术的正气。每回在华科大讲课及出席由孙旭培教授为我主持的讨论课，遂成为我到华科大的一大亮点和乐趣。

与此同时，为了让我劳逸结合，吴院长每回都劳驾屠忠俊教授陪我到近郊的公园或东湖游玩。屠老师为人和蔼可亲，尽管他的湖北腔华语有一半我听不懂，但从中却能领会（多半需经通译）到其幽默与风趣。

除此之外，每次到华科大的另一乐趣是顺道与曾在京都访学，和我1994年初到京都时住同座外国教师宿舍的好友张星久教授见面。在张教授的引荐下，我第一次到武汉时就认识了时任武汉大学新闻学院副院长的张昆教授，并被安排为该院开个讲座。如果我的记忆没错，那是武汉大学新闻与传播学院成立后的第一个公开讲座，出席者据说有700名，时在1995年10月，也就是本文开头部分提到的我与华科大结缘起点，即出席"第一届世界华文传媒与华夏文明传播国际学术研讨会"的前夕。之后，在我兼任华科大博导期间，如果时间许可，每回到武汉都会和武汉大学的两名张教授相聚，并时而和他们的学生分享诸如日本的政治与日本传媒的看法。从这个角度来看，我与后来调至华中科技大学接任新院长的张昆教授一点也不陌生。际此华科大新闻学院35年院庆，张院长要我这华科大的"过客"写我与华科大的机缘，我虽知无充实的内容可陈，也无太多趣闻可述，但却难以推却，遂即兴提笔将上述片断的回忆缀文交差。

最后，我想补充的是，作为华科大新闻与信息传播学院的"过客"，我虽在2012年5月前军同学的博士论文答辩那天就完成兼职博导的任务，但我与华科大的情谊并未就此宣告结束。实际上，在我后来参与主持的北京大学新闻学研究会的五届新闻史论师资特训班的学员当中，每届都有来自华科大新闻学院的博士生和毕业生。至于吴廷俊老院长、孙旭培教授和张昆院长等老友，更常在中国新闻史学会、北京大学新闻学研究会等主办的诸多活动中见面。彼此的学术友谊并未因我少到武汉而告结束或间断！

附录三

从"自强不息""新闻学教育摇篮"到探索学术传承之道*
——《厦大新闻学茶座》出版有感

新闻研究所成立迄今匆匆已过五年,作为研究所例常学术交流活动的"厦大新闻学茶座"也已连续举办了五载。藉此纪念小册子付梓之际,谈谈当初倡议定期举办"茶座"的构思、参考模式与契机,也谈谈个人与厦门大学、新闻传播学院和茶座结缘的心路与感想。

为方便叙述,先从后者谈起。

厦门大学——对于我们新(新加坡)马(1963年9月16日之前指马来半岛或马来亚[包括新加坡],之后指马来西亚)接受华文教育者来说,一点也不陌生;特别是对于我们出身新加坡南洋华侨中学(简称华中)的校友来说,一提起厦大,很自然地就有一种与生俱有的亲近感。这不仅因为两校的大操场一模一样,更重要的是我们有共同的校主——陈嘉庚先生(1874—1961)和共同的校训:自强不息!

陈嘉庚精神与"华中的蔡元培"校长

正是在陈嘉庚先生精神与"自强不息"校训的引导下,比厦大还早创办两年(1919年)的华中在创立后的较早年代,特别是20世纪30年代,迎来了不少厦大精锐的老师,奠下了华中美好的校风和校誉。掌管华中11年(1937—1942;1945—1948)、对华中贡献殊大、被称为"华中的蔡元培"的薛永黍校长(1890—1951),在赴任华中之前,是厦大历史系教授。1939

---

* 本文为作者(厦大新闻研究所所长)为毛章清、曹立新、吕艳宏编著《厦大新闻学茶座》(中国社会科学出版社2020年版)撰写的序文。

年，为华中校歌另作新词的邵庆元老师（1895—1950，曾任厦门鼓浪屿毓德女中校长），也是薛校长在厦大的同事。歌词中"猗与华中/南方之强/我中华之光/雄立狮岛/式是炎荒/万世其无疆"，充分反映了校歌新词填词人对雄立于狮岛的"华中"子弟存有与对"厦大"学生力争"南方之强"的同样胸怀与期待！

我到华中念初中一年级是1956年，当时来自厦大的名校长薛先生已经离校且逝世，因此无缘直接体会与感受其治校的开明方针与魄力，但据不久前出版的《百年华中情1919—2019》有关华中校史的记载①，让我留下深刻印象的有下列几段相关文字：

- 他可以说是华中转折点的灵魂人物。
- 原是厦门大学历史系教授的薛校长上任以后，治校方针注重课内和课外生活的调剂，注重人格感化，但是管理严格。
- 薛校长的胸襟广阔，宽以待人，思想开通，兼容并包，这成为他治校的特点。任何身份、背景、思想的教师，只要在课堂上不谈论政治，不作任何与政治相关的活动，且教学态度认真，教课质量高，他都一概予以任用。故此，他被誉为"华中的蔡元培"。

1938年10月10日东南亚各地筹赈会在华中召开大会，并成立"南洋华侨筹赈祖国难民总会"（简称"南侨总会"或"南侨筹赈会"，主席是陈嘉庚先生），更带动了华中子弟对局势的关心，他们时常要求老师讲中国的时事。时逢乱世的薛校长则引导学生参加救亡工作。

尤其难能可贵的是，在新加坡沦陷之后，薛校长以身作则，与以"曲线救国"为名、实则充当日本傀儡的"维持会"（"昭南华侨协会"）人士划清界限，体现了厦大人与华中人"吾猗当自强"的骨气与精神。华中文物馆对此有如下的评述：

当时，曾有人介绍薛校长到《昭南日报》（按：日本占领新加坡之后创办的华文傀儡报章）或日军机要部工作，他都严辞拒绝，并且愤然

---

① 有关薛永黍校长的介绍与评价，详见新加坡华中董事部、华中校友会出版，寒川主编《百年华中情1919—2019》（新加坡：焦点出版有限公司2019年版）的"百年校史沧桑路"（第28—35页）及同书华中文物馆《华中的蔡元培——薛永黍校长其人其事》（第205—206页）。

表示：做人要有起码的道德品格，宁可饿死，也不愿事敌为生。铮铮铁骨，于此可鉴。①

战后冷战体制断绝正常交往

不仅如此，对于二战后东南亚各国蓬勃发展的民族独立运动，薛校长也予以理解和支持。他认为这是历史的必然规律，主张教育的发展必须相应地朝着自治独立的道路前进。为此，"在遵照教育法令的前提下，采取更开明的教育方针，着眼于启发学生的自动、自发、自治精神……"薛校长不顾英国殖民当局的压力，赞同1948年华中学生自治会纪念五四运动而被迫离开华中，虽属无奈，也为华中百年史写下了威武不屈的一页。在薛校长的引导下，战后复办的华中（即薛校长治校的1946年至1948年），被誉为"华中迈入自建校以来的首个全盛时期"。②

在往后的中国与东南亚交流史里，由于战后冷战体制的关系，东南亚华裔别说是到中国升学，就连观光旅游或探亲的机会与权利都被限制或剥夺。以新马而言，45岁以上华籍人士方可申请赴华特批。否则一旦踏上中国大陆的土地，就不能回返新马；从事文教的工作者即使已达到退休年龄，特批审查严格。至于从中国大陆南下，从事文教工作的更被一律禁止入境。时任新加坡福建会馆会长，也是陈嘉庚集美同乡的陈六使先生（1897—1972）之所以登高一呼，倡议创办中国海外唯一的华文大学——南洋大学（1955—1980），首要的目的，就是为了解决当时新马华校师资不足的问题。

在这样的背景下，东南亚的华文教育者与中国大陆可以说是处在近乎完全隔离的状态。中国大陆50多家出版社和两家香港出版社的出版物一律被禁止进口与流通，就是明显的例子。自此，哪怕是"雄立于狮岛"，歌唱"猗与华中/南方之强"的华中学生，对于厦大的印象也日益淡薄和模糊。记忆里，到了20世纪六七十年代，除了偶尔听到厦大有开办面向海外人士的函授班中文进修课程（但碍于当局的取缔，苦于无法就读）之外，就再未有厦大的话题与信息。

厦门大学——离我们是越来越远了！

---

① 见新加坡华中董事部、华中校友会出版，寒川主编《百年华中情1919—2019》（新加坡：焦点出版有限公司2019年版）的华中文物馆：《华中的蔡元培——薛永黍校长其人其事》，第206页。

② 同上。

九七香港回归萌发厦大访学契机

东南亚各国放松国民对华交流的政策，是在20世纪80年代中国改革开放，也是战后冷战体制濒临结束时逐步实施的。以新加坡而言，则在1990年新中建交的前几年才开始启动。

1987年夏天，我在出任新加坡《联合早报》驻日特派员之前在香港临时办了往返北京的签证，并幸运地获得新加坡驻港专署当局的迅速批准。借此机会，我拜访了神交已久的中国人民大学新闻学院的方汉奇教授和甘惜分教授。这是我的第一次北京之旅，也是我与中国学界交往的第一页。至于与厦门大学的交流，则始自1996年我与内人蔡史君教授（东南亚史学家）参加中国华侨历史学会主办、厦大南洋研究院承办的国际华侨、华人研究学术大会"世纪之交的海外华人"。通过这次的研讨会，我们结识了时任南洋研究院副院长庄国土教授等诸多厦大师友，对厦大留下了深刻的印象。

1997年是香港回归中国的重要年头。当时我虽已离开报界，但出自昔日的职业病与对"临场感"的渴望，我在7月1日前夕抵达香港并办了记者证，出入于新闻发布会中心，全程感受这具有重大历史意义的中英主权移交的仪式，目睹港人热情欢呼回归中国的各种动人场面。

第二天，我在报摊购买了数十份大大小小、不同语言、立场相异的港台报刊，并拖着这些沉重的报刊去和几位旅日厦门人、厦大人一起用餐。

无独有偶，厦大出身、获日本京都大学文学博士、时任香港天地图书有限公司副总编辑的孙立川兄也拖着和我近乎相同重量的报刊赴约。

"我是念和教新闻学的，我买这些报刊要作为研究和教学的用途。你怎么也购买了这么多香港回归的纪念刊？"

"哦！我的一位好友，也是中文系的前同事陈培爱老师不久前当了厦大新闻传播系系主任，我想将这批'文物'送给他们。"

紧接着，立川兄侃侃而谈，力倡陈嘉庚精神，鼓励我们多到厦大新闻传播系交流。他表示，同样受恩于嘉庚先生的学子应相互支援。当时尚未留日，也是厦大出身（日文系）的林少阳兄（后获东京大学博士学位并在东大任教，现任香港城市大学教授）及厦门人的大阪阪南大学洪诗鸿教授也发出同样的声音。这应该说是我萌发到厦大新闻传播系交流念头的契机。

2001年初，我和内人在结束北京大学国际关系学院为期一年的访学之际，曾到厦大南洋研究院访问。当时我便向庄国土院长透露想拜访新闻系主任陈培爱教授的心意。在庄院长的安排下，我们见了立川兄介绍的陈主任，交谈甚欢，一见如故。次日，培爱教授为我们安排了一个交流会。正是在这个交流会及会后的聚餐中，我们结识了新闻传播系许清茂、黄星民、黄合水等老师和曾留学日本，且获京都立命馆大学新闻学博士学位、时任厦门晚报老总朱家麟等师友，并与对新闻史情有独钟，大家都称他为"毛委员"的"小毛老师"（毛章清）建立了牢固的友谊。

2001年冬天，陈培爱老师利用学术假，到我任教的京都龙谷大学访学半年，我们对厦大，特别是厦大新闻传播系的情况有进一步的了解。

自2002年始，我和内人都常分别为厦大新闻传播学系（院）和南洋研究院不定期开课或做学术报告。厦门大学——对我们来说，不再是那么遥远！

全面参与北大新闻学研究会活动

前面提及，我与中国学界交往始自1987年夏天的北京之旅。因为在此之前，我们受制于当时亚洲的冷战体制，既不能前往中国大陆访问或旅游，就连其出版物也一概被拒于国门之外。在当时东南亚的华文世界里，我们所能获得的中国信息，除了当地报刊取自欧美通讯社的外电之外，就只能依靠港台地区的出版物了。从这个角度来看，我对中国大陆情况有进一步的了解，应该是在20世纪60年代后半期留学日本期间，透过日本传媒及东京的内山书店、大安书店等中文书局的途径获取的。

我的研究分野是中国新闻史，但在漫长的留日期间（包括回返星洲后一边就职一边撰写博士论文）基本上都处在十分孤立和孤独的环境。因为，当时的日本学界对中国新闻史感兴趣或从事相关课题的研究者近乎于零。1992年，我参加中国新闻史学会在北京广播学院（现中国传媒大学）召开的首届国际学术研讨会，惊见近百名中国新闻史研究者赴会。现在回想，仍掩不住当时"吾道不孤"之喜悦。

1998年出席北京大学国际关系学院为庆祝北大百年校庆举行的国际研讨会，我首次走进北大校园，并于2000年利用学术年假为北大国际关系学院日本研究方向及新闻传播学方向的研究生分别开课。

以华语面向中国大学生讲课和讨论，对我而言，是十分新鲜的乐事。因为自从20世纪60年代离开以华语作为教学媒介语的母校南洋大学之后，就再也没有接触这样的教学语言环境和机会。对于我们这一代的华裔来说，北大是我们景仰的五四新文化运动的发祥地。能在五四精神发祥地和朝气蓬勃的年轻人以华语直接交流与对话，别有一番风味。更何况当时的中国青年求知欲异常高昂，与我在东瀛长年相处、正在沉迷于漫画、动漫、不爱思索的日本大学生（包括不少东大生）恰成了强烈对照。

2008年，在时任北京大学新闻与传播学院副院长程曼丽教授的积极推动下，成立于1918年、由蔡元培校长亲自担任会长、被认为是"中国新闻学教育摇篮"的北京大学新闻学研究会宣告复会。我有幸被聘为导师兼副会长，参与复会后的会务活动。

2010年，我提前从日本龍谷大学退休，搬迁至北京，以北京大学新闻学研究会和北京大学世界华文传媒研究中心为平台，全力协助这两大机构的核心人物程曼丽教授（现任北大新闻学研究会执行会长），推动相关的新闻传播学教育、研究与出版的活动。具体内容包括一连举办五届的"新闻史论师资特训班"（毕业学员共达一百名）、定期或不定期主办"北大新闻学茶座"、"北大华媒读书会"和持续出版"北京大学新闻学研究会学术文库"等。①

通过上述的学术活动，我和前面提及的厦大"小毛老师"加强联系与合作。毛章清老师不仅是北大新闻史论师资特训班首届学员并赢得该届学员"男一号"的美誉，还在特训班课程结束后与其他毕业学员共同发起组织同窗会并成为同窗会创会会长。

同窗会的毛会长对北大新闻学研究会推行的各项活动是极力支持并积极参与的。几经探讨和筹划，我们觉得北大模式其实也可以在厦大实验与推行。2014年5月，在时任厦门大学新闻传播学院院长张铭清教授、常务副院长黄合水教授和学院党委书记郑树东先生的支持下，我们的新闻研究所正式成立，并于7月14日举办了第一期的"厦大新闻学茶座"。

"北大茶座"的范式与实践

我们之所以认为北大模式可以在厦大尝试和推行，一来是因为新闻研究所之成立，不仅获得厦大新闻传播学院诸领导的支持，也得到学院陈培爱教授、黄星民教授和许清茂教授诸元老和朱家麟老总等老友的赞许；二来是除

---

① 有关该会复会后的活动，详见刘扬、李杰琼、崔远航编著《北大新闻学研究会复会新篇章》，清华大学出版社2018年版。

了毛老师，厦大新闻传播学院有方汉奇先生的高足、治史严谨的曹立新副教授可以成为研究所的主干，和毛老师共同肩负起副所长的任务。此外，厦门还有好几位北大师资特训班的校友，包括学院的谢清果教授等。我们同时也邀请留日归来，也是北大新闻学研究会新闻史论师资特训班首届毕业学员、研究会积极成员吕艳宏为特邀研究员，协助毛、曹开展研究所的学术活动。

限于主客观条件，我们当然无法全面复制北大的模式。在起步时，我们首项可行的活动，就是定期举办与"北大新闻学茶座"近似的"厦大新闻学茶座"。

在开展"北大新闻学茶座"时，我和程曼丽教授及秘书处团队对茶座的性质和定位，达到如下的共识：

- 茶座以从事新闻学研究，特别是新闻史论研究的中青年研究者为主要对象，也向感兴趣的新闻工作者、新闻与传播学专业的高年级本科生开放。我们之所以重视史论，原因是这是任何学科最重要但却经常受忽视且欠缺交流平台的基本课题。
- 茶座的主题并不囿于狭义的新闻学范畴，而是涉及历史学、政治学、传播学、文学等多个学科领域。
- 茶座有别于专题讲座，我们虽广邀名家主讲并提出其论点与大家分享，但更为重视互动环节的讨论。

换句话说，茶座旨在提供一个平台，促使新闻学研究者或新闻从业人员和学界各领域的专家直接坦诚对话、互动，从而提高其史论素养和更为开阔的观察视野。从表面上看，茶座的形式似乎很随意和散漫，但在实际上，我们对每期的茶座都十分重视。从主讲者人选、内容的敲定到新闻稿的撰写乃至全文的整理都由研究会导师和秘书处团队精心策划和跟进。茶座的内容，除了每期以学术动态报告的方式刊载于茶座的协办单位《国际新闻界》之外，部分专题也以比较完整、扎实的内容在《世界知识》《北大新闻与传播评论》、新加坡《联合早报》《怡和世纪》等海内外园地发表，以期扩大其影响力。这些学术动态报告或完整稿的整理，基本上都由秘书处年轻成员或茶座常客负责，再经研究会导师细心修改，力求准确表达并突出中心主题及茶座互动引发的思考。由于态度认真和要求严格，我们秘书处历届的成员逐步养成了详尽记录与不断思考、不写空话、套语的写作习惯。几名茶座的勤奋撰稿人已成今日老练的写手或改稿人，也许多少与此经历有关。

"厦大茶座"的特点与优势

当然，与北大或在北京的条件相比较，在厦大或厦门定期举办茶座确有其大不相同的环境。

首先，要物色并邀请适当的专家学者做客茶座并不那么简单，何况作为学术交流的平台，我们的茶座（不管是北大或厦大）原则上只承担主讲者交通费而不支付劳务费。

其次，北大新闻学茶座在起步时就以偏重新闻史论为号召，可以说是高起点。但因为北京的高校林立、新闻媒体从业人员众多，因此尽管我们的茶座并未完全开放，并不愁基本成员的来源。

针对这两个问题，我们在启动"厦大新闻学茶座"初期，确有不安感，但很快地我们就找到了应对的方式，并发现了我们自己的模式。

几经尝试，我们发现新闻传播学院的师生（特别是研究院和本科高年级同学），是参与茶座活动的主力军。与此同时，有些专题还吸引了不少厦大其他院系，包括外语学院、国际关系学院等乃至集美大学、华侨大学、嘉庚学院等高校师生的出席。可以这么说，茶座的号召力超乎我们的想象。主讲者人选的挑选，厦门当然没有北京那么优越的条件，但也有可行的方案。

首先是充分利用厦大和厦门的资源，邀请和我们领域相近的专家学者，分享其研究心得和经验。时任新闻传播学院院长张铭清教授在宣布研究所成立当天为我们开讲其专长的两岸问题，无疑为研究所的成立和茶座打响了第一炮。紧接着，学院的元老，也是广告学界"黄埔军校"的领军人之一陈培爱教授，厦大前副校长、唐史泰斗郑学檬教授，台湾研究院前院长、台湾问题研究知名学者陈孔立教授相继做客茶座，为我们打了强心剂。

与此同时，我们也邀请到时任厦门日报社长、总编辑李泉佃先生，《台海》杂志社总编辑年月（原名连月美）女士等业界人士和与会者共同分享他（她）在新闻传播事业上的实践与面对的挑战。

除此以外，鉴于位处华南的厦门与海峡对岸的台湾和香港乃至东南亚有较频繁的交流，我们有时也可以乘顺风车，邀请来自各地的朋友坐客茶座，提供他们的研究心得，扩大与会者的视野。曾经为东南亚华文报长期撰稿的台湾旅欧学者、时事评论家俞力工教授，香港大学荣誉教授、前香港特别行政区全国人大代表薛凤旋，台湾资深教授林念生，台湾新一代新闻传播学知名学者夏春祥、林鸿亦教授，厦大校友的香港天地图书有限公司总编辑孙立川博士，日本阪南大学洪诗鸿教授和新加坡南洋大学香港校友会会长林顺忠先生等，从不同的研究角度与人生阅历，坦率地与出席者进行交流，更为厦大新闻学茶座添加了独特的色彩。

值得一提的是，就在我们研究所成立的第二年（2015年），乘着北大新闻学研究会暨第四届新闻史论青年论坛在厦大召开的良好时机，我们还和北大新闻学研究会举办了一次"联合茶座"："中国近代新闻史研究方法的再思考"。这是"北大新闻学茶座"走出北大、走出北京，在异地举办的第一次活动，也是"厦大新闻学茶座"与"北大新闻学茶座"联合举办，相互观摩的交流活动。在联合茶座上，北大新闻学研究会执行会长程曼丽教授、副会长兼导师吴廷俊教授对茶座在厦大召开，都感到十分亲切，并语多勉励。

五年来，茶座动态的报告，也与"北大新闻学茶座"一样，大部分皆刊于协办单位的《国际新闻界》，一部分较完整的记录和加工整理后的论文则分别刊于《厦门大学学报》《新闻与传播评论》和新加坡《联合早报》等。

今天，呈现在大家面前，由毛章清、曹立新和吕艳宏共同编著的《厦大新闻学茶座》，既是五年来诸位共同努力的心血结晶，又是研究所五年来走过路程的记录。藉此机会，谨向所有直接或间接支持和参与我们活动的师友，包括默默耕耘，确保茶座正常运营的历届秘书处秘书张肇祺、张雪、邹文雪和尤佳同学致以谢意。茶座的五年，也见证了她们在工作中学习、在学习中工作的成长。

"侨乡"海外华媒研究优势与误区

综上所述，不难看出我们的茶座基本上是沿着北大新闻学茶座的理念与范式，再结合本地的地缘、血缘和学缘（人脉）的特点和优势开展的。

所谓北大新闻学茶座的范式，正如前面所述，限于主客观的条件，我们把重点放在新闻史论或与新闻事业相关的课题的探讨，旨在激发与会者的问题意识及对各相关课题的思考。换句话说，一时性的、空泛的时髦理论或单纯的技术论与技巧论，不是我们关心之焦点所在。

至于有关厦门或厦大在地缘、血缘和学缘（人脉）的特点与优势，除了加强与台海对岸的交流之外，今后也许可以考虑重视对东南亚等区域新闻传播事业的研究与交流。

研究东南亚的新闻传播事业或者与东南亚学者、报人建立紧密的联系，华南地区的有利条件，除了在地理上相近之外，另一个有利的因素是福建省（广东省亦然）是两个世纪以来东南亚各国华侨华人的传统"侨乡"，彼此之间有着广泛的人脉关系。本文在开头部分细说的新加坡华中与厦大有共同的校训与共同的校主陈嘉庚先生，充分地说明了这一点。

但与此同时，值得注意的是，随着二战后东南亚各地反帝反殖、民族主义的兴起，积极参与各所在地独立运动和建国事业的"华侨"已融入各国成为其国民而成为"华人"。特别是在1955年印度尼西亚万隆举行的亚非会议上，中国总理周恩来先生宣称不承认双重国籍，鼓励各地华籍人士在所在国与中国之间作一选择之后，情况已经起了巨大的改变。

正是在这样的语境下，绝大部分人士的身份认同与效忠对象，已从"落叶归根"的"华侨"转为"落地生根"的"华人"。

事实上，在中国改革开放、中国与东南亚各国建交或恢复邦交及随后而来的大量中国新移民或新侨民之前，"华侨"与"侨报"在东南亚已成为死语。

因此，如果中国的东南亚问题或东南亚华文媒体研究者还停留于二战前的"华侨"或"侨报"认识，也许容易陷入混乱的境地。

针对相关问题，笔者2017年12月在华侨大学举办的福建省传播学会年会大会上，曾予以详细的分析。① 在"寄语传统'侨乡'的学界与报界"的结语中，笔者指出：

- 了解了东南亚华社、华校与华文报战前战后的沧桑史，及华人社会在二战期间及战后紧随着时局变化而产生的身份认同之转变，我们（东南亚各地华人与中国）固然应该珍惜我们的共同血缘关系、文化认同和美好的共同记忆，也应该加强联系与互动，发挥最大的正能量，但得认清彼此的关系已转为"远亲"的现实。战前或独立前东南亚各地传统"侨报"的自我定位，也已转为各所在国的"华文报"。

- 与此同时，对于战后冷战时期源于欧、美、日的东南亚问题专家、"华侨问题"专家形形色色、似是而非的"捧杀论"——"华侨、华人控制东南亚经济命脉论""客家人或福建人掌控东南亚论""东方犹太论"等得格外留神与保持戒心。因为，与"棒杀论"相比，"捧杀论"在实际上具有更大的杀伤力。

---

① 详见本书第三部分第四章《战后冷战与东南亚华文报的生存空间与嬗变》。

从这个角度来看，对于不少还停留于"华侨"想象的研究者或新闻工作者来说，"地缘"、"血缘"或"人脉"不但不是有利的条件，反而成为容易妨碍彼此相互认识的误区。但也正因为如此，加强联系与深入研究，纠正固有脱离现实的观念或错觉，重新相互认识与交流，显得更有其迫切性与必要性。

除此以外，鉴于媒体技术的革新与日新月异的变化，新闻从业者主客观的条件已起了巨大的改变。与时俱进，充分认识并思考新环境下新闻传播学者与业界面对课题的变与不变，也是刻不容缓的事。在这方面，我们庆幸原任人民网总编辑的新闻传播学院院长余清楚教授上任后，即表明全面支持研究所的发展和茶座的活动。余院长为茶座主讲的"正能量、主旋律的声音如何唱响网络"，既填补了我们对网络媒体关注之不足，也指出了研究者命题与立论不可忽视的重点和方向。

细水长流，谨此期待"厦大新闻学茶座"持续发挥其学术传承的正能量！

索　引

A

"ABCD 包围圈论"　280,288,305
安藤彦太郎　417

B

白鸟库吉　418
白瑞华(Roswell S. Britton)　71,313
《报业旬刊》　123,125—135,138—143,150,155,156,159,161
"报纸杂志混合型"　89,105,312,399
"北大新闻学茶座"　278,393,410,427,432,450,454,455,476,477,479
北京大学世界华文传媒研究中心　393,454,476
北京大学新闻学研究会　60,173,278,360,393,395,397,415,421,422,428,431,441,445,449,450,454,468,470,476
《北行二语》　451
《北行三语》　451
《北行小语》　451
本多胜一　229,230,233
《比较新闻学》　416
彼得·F. 德鲁克(Peter F. Drucken)　411

《彼南日报》　328

C

《采访二记》　451
《采访三记》　451
《采访外记》　451
曹聚仁　450—454,456—458
《察世俗每月统记传》(《察世俗》)　30,61—64,78,88,101,102,104,164,179—181,312,313,315,320,322,333,370,390,398—400,402,403
《产经新闻》　226,236,250,258,262,263,265,276,306,307
《朝日新闻》　213,214,216,218,220,224,226,229,230,233,234,236,239,241,252—255,259,262,264,280,281,306,307,352,357,370,379,389,392,416,417
《朝日亚细亚评论》　220
《朝日杂志》(Asahi Journal)　218,417
陈蔼廷　120,162,163,165,182,438,439
陈嘉庚　325,339,340,360,471—474,480
陈六使　341,365,473

索引

陈蒙鹤 323
陈培爱 474—476,478
程曼丽 3,34,123,173,231,373,393,
　　395,415,431,432,445,447,449,
　　454,476,477,479
"从军记者" 213—215

D

达人 346,355
"大东亚战争"（"大东亚圣战"）
　　131,132,135,140,143—145,147,
　　212,214,215,275,276,280,283—
　　286,288,418,425
《大东亚战争肯定论》 284
《大公报》 170,352,469
大泉忠敬 426
大森实 234,284,419
《大众传播市民》 219
戴国煇 426
《德臣西报》(The China Mail) 162,
　　165,319,372,433,438
德富苏峰 272
德国新闻学派 187,188
"邸报" 3,61,65,176,177,311,313,
　　400,430,439
殿木圭一 215,370,389
丁淦林 464
东京大学新闻研究所（室） 70,188,
　　190—192,194,198,205,215,216,
　　222—225,292,353,359,375,378—
　　380,389,390,392,407,408,410,
　　413,416,431,441
《东京日日新闻》 70,188,426
《东京新闻》 254,306

《东西洋考每月统记传》（《东西洋
　　考》） 30,64,86,88,102,103,164,
　　181,312,316—318,320,322,333,
　　334,370,373,401,403,404
"东亚共同体" 257,258,260—262,
　　265,270
"东亚命运共同体" 131,144
《读卖新闻》 226,236,250—252,254,
　　258,261,263,306,307,352,357,
　　379,392
渡边恒雄 254,255
《断层时代》(The Age of Discontinuity,
　　Guidelines to Our Changing Society)
　　411

F

蕃书调所 14,61
方汉奇 5,170—173,178,179,332,
　　369,370,376,391,395,399,403,
　　405,410,421,431,432,440,444,
　　445,457,461,464,474,476
《方汉奇文集》 172,173,175,176,
　　179,231,403
方修（吴之光） 346,361—364,452,
　　453
冯爱群 63,347
冯列山 345—348,350,353,354,356
弗兰克·莫特(Frank Mott) 189
"福田主义三原则" 228,297
傅无闷 326,327,332

G

甘惜分 171,421,464,465,474
高木教典 411,412,416

戈公振　5,6,13,27,32,60,62,66,67,70—76,80,81,83,172—174,332,347,370—372,376,389,390,399,403,407,424,425,429,436

龚文库　460

"古代报纸"　61,65,174—176,178,311,320,321,398,402—405,440

《官板巴达维亚新闻》　77,78

《官板六合丛谈删定本》(《官板六合丛谈》)　5,14,66,79,87,89,101

《官板中外新报》　5—7,10,12—15,17—23,25,27,32,37,41,45—47,51,55,57,66,68,71—73,75,76,79,82,101

《官板中外杂志》　66,69,78,80—84,87—101,105

"官版翻刻汉字新闻"　60,61,65,77—79,82,371,382

《官版香港新闻》　13,14,66,68,71,73,74,80,371

管翼贤　445,447,448,450

《广报学》　416

郭沫若　363,388,453

郭士立　30,86,87,102,103,317,334,373,401,403

郭实猎（Karl Friedrich August Gutzlaff 或 Charles Gutzlaff）→郭士立

郭史翼　346,352,353,357

《国际新闻界》　210,333,415,427,428,432,436,477,479

《国民新闻》　142,272

"国益论"　34,59,300,404

H

《汉报》　443—445,469

"汉报主义"　444

和田洋一　189,191,411

鹤见俊辅　411,417

鹤见良行　217

"黑色行动"（Black Operation）　348

胡文豹　326

胡文虎　326

胡愈之　327,363

《华侨报业史》　347

《华盛顿邮报》　226,238

"环境的监视"（前哨兵）　380,384

荒濑豐　391,411,416,449

黄胜（黄平甫）　120

黄思　351,353,357,358,384

黄溢华　351,352,357

J

吉见俊哉　431

《吉隆坡日报》　324

《建国日报》　327,329

蒋光慈　363

金太郎糖　227,379

"近代的超克论"　288

《京报》　3,35,40,61,65,99,100,103,108,164,178,311,318,320,402,404,405,430,439,440

井伏鳟二　216

井上清　285,286

酒井寅吉　213,214,370,389,416

《旧金山唐人新闻纸》　323

救仁乡建　391

L

赖肖尔（E. O. Reischaeuer）　234,283,

284,419
"赖肖尔史观"　419
《叻报》　322,323,361,362
《雷报》　327
李茂成　348
李星可　346,348,351－353
李有成　348,349,351
李瞻　464
连士升　346,353
梁发(梁亚发、梁阿发)　64
梁厚甫　346,356
林柏生　124—128,137,143,145,146
林房雄　284
林庆金　329
林任君　170
《铃木大杂集十六》　15,17—22,26
流萤　346,355
《六合丛谈》　3,4,9,14,35,38—40,53,66,68,70,71,73,79,80,82,84,87—89,98,99,101,104,181,318,436
《鲁迅评传》　451,452,458

M

马华新文学　360—364,452
《马来亚通报》　329
《马来战记》　213—215,416
马礼逊(Robert Morrison)　62,63,87,314,315,317,401
马儒翰(约翰·马礼逊,John Robert Morrison)　317,334
玛高温(Denial Jerome MacGowan)　3—10,12—14,23—28,30—32,34,35,37—42,44,45,49,50,52—54,56,58,64,72,73,75,77,82,88,89,102,104,318,401
麦都思(Walter Henry Medhurst)　3,98,400
麦嘉湖(John MacGowan)　80—89,91,98,100—102,104
《每日新闻》　71,218,226,234,236,245,251—253,258,259,262,284,287,288,306,419
米怜(William Milne)　63,64,78,87,101,181,314—316,320,400
米山桂三　216,222
《缅甸晨报》　326
《民国日报》　140—142,154

N

南大精神　365,366
"南方书"　217,218
《南华早报》　393,462
"南来报人"　353,354
"南来文化人"　329,353,360,363,454
《南洋商报》　211,322,325,327—329,332,335,342,344—352,355—359,361,451,452,458
《南洋·星洲联合早报》(《联合早报》)　211,322,329,332,335,344,347,352,358,359,392,446,451
《南洋总汇新报》(原名《总汇报》)　324
内川芳美　177,390—392,416,431,449
"内规"　232,233,237,238,409
宁树藩　370,376,391,464
《宁树藩文集》　231

P

《霹雳日报》 327
《平报》 142
平井隆太郎 174,389,391,411,430
《普法战纪》 183,439
"普通国家论" 230,268,294,383

Q

旗田巍 417
千叶雄次郎 216
"侨报" 337,340,342,344,465,480

R

《人种学概论》 416
《日本初期新闻全集》 14,15,82
《日本改造计划》 268
日本记者俱乐部 232,233
《日本经济新闻》 226,236,254,259,
    261,262,264
《日本新闻发达史》 66,70,71,81,
    429
日本新闻学会(日本大众传播学会)
    12,13,67,70,190—194,224,390,
    408,449
"日本语普及运动宣言" 216
日高六郎 223,417
若宫启文 254,255

S

社会情报学 187,196—204,206,207,
    224
《申报》 67,70,183,323,345
神保光太郎 216

石田保昭 417
《实报》 447,448
《实用新闻学》 347
"双重标准" 59,400,401
"司马辽太郎史观" 275,284,286,
    467
《思想斗争与宣传》 216
松本君平 187,412,429
松井依耶 229

T

《特选撮要每月纪传》 30,88,316,
    390
《天南新报》 324
《天下新闻》 64,333
仝道章 346,348,349,353,356
《图南日报》 324
"脱亚论" 216,218,289,382

W

"瓦版(新闻)" 176,177,389,411,
    431
《外国新文集》 10,15
《万朝报》 188
万隆精神 454
万屋兵四郎 14,79
王韬 60,120,162,164,165,167—
    169,182,319,320,323,402,405,439
伟烈亚力(Alexander Wylie) 3,6,7
"文化工作论" 212
《文坛五十年》 451,458
"乌鸦主义" 452,454
吴廷俊 431,442,465,469,470,479
五四精神 362—366,454,475

X

西里喜行 180

《遐迩贯珍》 3,4,9,15,35,38—40,53,59,64,66,67,70,71,82,84,87—92,98—104,180,181,318,320,390,391,398,400,403

"厦大新闻学茶座" 415,471,476—479,481

《现代日报》 327

《香港船头货价纸》 52,59,65,71,73—75,79,104,107,108,110—121,162—165,167,181,182,318,319,371,372,390,404,437

《香港华字日报》 120,162,164,165,181—183,319,372,390,402,404,432—435,437—439

《香港新闻》 14,66,68,70,71,73,74,77,371,372

《香港新闻纸》 74,77,117,371

《香港中外新报》 5,6,52,65,71,73—76,79,104,107,120,162—164,181,182,318,319,371,390,402,435,437,439

香内三郎 391,411,416,449

小林保 424

小山荣三 215,222,412,416,431

小野秀雄 10,12—15,17,61,66,67,70—73,76—79,81,174,176,188,190,222,233,371,378,389—391,407,411,412,429—431,436

谢六逸 347

"新报" 3,9,12,26,61,64,65,89,104,105,162—164,167,168,174,177,178,181,182,311,318,320,398—405,430,437,439,440

《新国民日报》 327,361,362

新井直之 209,225,378

《新明日报》 329

《新闻传播》 391

新闻发达史 188,431

新闻发生史 174,176—178

《新闻讲话》 345,347,351

"新闻类似物" 61,62,177,178

"新闻平衡论" 351

《新闻社会学》 416

"新闻无学论" 222,376

"新闻信" 61,176,177,311

《新闻学》 187,188,412,429

《新闻学评论》(《大众传播学评论》) 12,13,67,190,196,197

《新闻研究五十年》 67,71,389

《新闻研究资料》(后易名为《新闻与传播研究》) 391

《新闻月刊》 125,137,138,142,143,155,156,159,161

《新益群报》 327

《新中国报》 142

"兴亚论" 216—218,382

《星报》 323,326

《星槟日报》 329

《星中日报》 326

《星洲日报》 211,229,280,281,322,325—329,331,335,340,342,344,346—348,351,352,355—359,361,363,392,446,451,453,462

《星洲周刊》 347,358

杏影 346

许介鳞 283
许锡庆 128,129,135,136,138
许云樵 214,330,336,343
《循环日报》 104,120,162,164—168,181,182,319,320,323,390,391,402,405,435,437—439

Y

"亚细亚主义" 218,286—289
"亚洲经济雁行论" 243,265,303
《亚洲周刊》 393,460,462
洋书调所 14,15,18,61,71,78,79,87
《仰光日报》 326
叶季允 323
"义战论" 273,274,283
《益群报》 327
应思理（Elias B. Inslee） 4—7,9,10,12—14,17—27,29—32,34,37,40,41,45,47,51,52,54—58,72,73,75,77,82,89,102
影山三郎 218,417
有山辉雄 449
郁达夫 236,327,363,388,453

Z

"战后政治总决算" 294,382
《战时宣传论》 215,416
张国良 391
张昆 464,470
张晓卿 329
《昭南日报》 135,327,472
赵玉明 75,464
《支那新闻的排日面相——膺惩暴日、抗日宣传》 426

《支那新闻学史》 424,425
《中报》 143
中岛健藏 216,217
《中国报》 329
《中国报学史》 5,6,13,27,32,66,70—72,74—76,80,81,172—174,332,347,403,424,429,436
《中国古代的报纸》 175
《中国近百年史话》 456
《中国近代报刊史》 173—175,178,332
《中国近代报业发展史 1815—1874》 5,7,15,30,61—64,79,104,107,117,162,169,178,221,302,311,320,333,334,370,396—398,403,406,410,428,430,433,436,438,439
《中国近代新闻成立史 1815—1874》 7,61,79,180,311,398,433
中国新闻史学会 75,78,172,173,178,333,337,369,391,393,407,410,436,464,465,470,475
《中华晨报》 327
《中华日报》 124,139,141,142,152,159
中华印务总局 169,319,320,438,439
《中南晨报》 327
《中外新报》 3—10,12—15,18—59,64—66,68,71—77,79,82,89,101,102,104,318,323,401,404
《中外新报钞录》 15,16
《中外新闻七日报》 120,162,163,165,167,181—183,319,372,390,433,438
《中外杂志》 14,66,69,78,80—84,

87—89,101—105
《中兴日报》 324,325
"中央报业经理处" 123,125,127—
　　136,138—145,147—159,161
朱传誉 464
《猪仔论》 108,117,121
竹内好 276,277,285,418
《孖剌西报》(*The Daily Press*) 104,
　　107,117,118,120,162—164,318,
　　437,438
《字林汉报》 444
宗方小太郎 445
《总汇新报》 345
《综合新闻事业研究》 192,193,208,
　　209,213,416,433

后　记

　　正如自序中指出的，本书日文版《东亚新闻事业论——从官版汉字新闻、战（争）时（期）傀儡政权的新闻统制到现在》（东京：彩流社，2010年），可以说是笔者从报界转至学界（1989年）后出版的《日本的亚洲报道与亚洲论》（东京：日本评论社，2003年）一书的续篇，也可视为拙著《中国近代新闻成立史 1815—1874》（东京：百利坚社，1990年）的补充与延伸。该书同时也是2010年笔者提前从日本龙谷大学退休时对东亚近代新闻发生史及其衍变与影响的研究的初步总结。

　　至于中文版，则在日文版的基础上，大幅度增加了面向中国青年学者与读者撰写的相关文章、讲稿或访谈录。特别是第三部分"东南亚华文报业纵横谈"和第四部分"与青年学者分享研究的苦与乐"，不少是在笔者2010年转至北京大学（以北京大学新闻学研究会和北京大学世界华文传媒研究中心为平台）后，为了回应来自五湖四海的青年学者提出的诸多困惑与话题而探索与撰写的。

　　换句话说，中文版还涵盖了笔者最近10年来旅华期间对相关领域的所思所考。但也正因为如此，中文版不仅比日文版增多了一倍的篇幅，各章节的体裁与格式（既有严谨考究的论文，也有相对轻松的对话）有不尽统一之处。所幸中心主题与开展的逻辑思维还一以贯之，也就敝帚自珍，合为一书付梓。

　　从宏观角度来看，本书既是笔者半个世纪以来在日本、新加坡与中国从事"新闻发生史"、"实际应用新闻学"、"中日新闻事业（学）比较论"研究与考察的"未完结成果"，也是1987年初访北京拜会新闻史学界泰斗方汉奇教授，并在方教授引领下与中国新闻学界结下深缘后对相关领域探讨与交流的产物。谨此向终生献身于新闻史学研究的方先生等老一辈学者致以敬意，也向20年来在诸多场合与笔者坦诚对话，并提出诸多尖锐问题共同切磋，促使原本在新加坡或日本对某些课题从未思考（或习以为常）的笔者不得不面对与回应的中青年学者（包括"北大新闻史论师资特训班"的历届学员）说声谢谢。真正意义上的学术交流有益于彼此"知（识）的刺激"（日语），此其理也。

感谢所有关心本书的出版及在本书出版过程中予以协助的朋友，也向在不同岁月协助本书繁琐的校阅等工作的青年学者特别是毛章清、阳美燕、李杰琼、李松蕾、吕艳宏、刘扬、张肇祺、邹文雪和王保平等致以谢意。

最后，应该感谢本书的责任编辑田文主任。正是在田主任的积极推动与策划下，本书得以早日面世，并作为拙著《中国近代报业发展史1815—1874》（增订新版）的姐妹篇，以相同开本并列于中国社会科学出版社书店的书架上。

卓南生
2020年7月书于疫情中的厦门

北京大学新闻学研究会学术文库

主编：程曼丽　［新加坡］卓南生

① 《中国报学史》（1927年商务版影印本）　　　　　　　　　戈公振
② 《东亚新闻事业论》　　　　　　　　　　　　　　［新加坡］卓南生
③ 《〈蜜蜂华报〉研究》（简体字版）　　　　　　　　　　　程曼丽
④ 《北大新闻史论青年论衡》　　　　　　毛章清　阳美燕　刘泱育 编
⑤ 《北大新闻学研究会复会新篇章》　　　刘扬　李杰琼　崔远航 编著
⑥ 《北大新闻学茶座精编（第1辑）》　　　　　　李杰琼　李松蕾 编
⑦ 《北大新闻学茶座精编（第2辑）》　　　陈开和　刘小燕　吕艳宏 编
⑧ 《中国近代报业发展史 1815—1874》（增订新版）　［新加坡］卓南生
⑨ 《日本在华首家政论报纸〈汉报〉（1896—1900）研究》　　阳美燕
⑩ 《半殖民主义语境中的"断裂"报格：北方小型报
　　先驱〈实报〉与报人管翼贤》　　　　　　　　　　　　李杰琼
⑪ 《中国新闻学的筚路蓝缕：北京大学新闻学研究会》　　　邓绍根
⑫ 《方汉奇文集》（增订版）　　　　　　　　　　　　　　方汉奇
⑬ 《宁树藩文集》（增订版）　　　　　　　　　　　　　　宁树藩
⑭ 《新时代新闻论》　　　　　　　　　　　　　　　　　　李　彬
⑮ 《新时代中国新闻事业的"内"与"外"》　　　　　　　　刘　扬
⑯ 《从国际传播到国家战略——程曼丽研究文集》　　　　　程曼丽
⑰ 《报人曹聚仁（1900—1972）的报刊活动与思想研究》　　贺心颖
⑱ 《大道同源：当代中国新闻传播学术精神寻踪》　　　　　陈　娜